Desempenho Hospitalar no Brasil

Desempenho Hospitalar no Brasil

Em Busca da Excelência

Gerard M. La Forgia
Bernard F. Couttolenc

THE WORLD BANK
Washington, D.C.

IBEDESS
Instituto Brasileiro para Estudo e Desenvolvimento do Setor de Saúde

Editora Singular

Dados Internacionais de Catalogação na Publicação (CIP)
(Câmara Brasileira do Livro, SP, Brasil)

L16d La Forgia, Gerard M.
Desempenho hospitalar no Brasil: em busca da excelência. / Gerard M. La Forgia, Bernard F. Couttolenc. São Paulo: Singular, 2009.

496 p.
ISBN: 978-85-86626-45-6

Tradução de Hospital Performance in Brazil: The Search for Excellence.
Apoio do Instituto Brasileiro para o Estudo e o Desenvolvimento do Setor de Saúde (IBEDESS) e do Banco Mundial.
1. Hospital, administração. 2. Hospital, análise, Brasil. 3. I. Instituto Brasileiro para o Estudo e o Desenvolvimento do Setor de Saúde (IBEDESS). II. Banco Mundial. III. Couttolenc, Bernard F. IV. Título.

CDD: 362.110981

Revisão Técnica: Bernard F. Couttolenc
Assistência Editorial: Paola Morsello
Diagramação Eletrônica: Microart

Editora Singular, Rua José Nóbrega Barbosa n.º 100, 02336-090 São Paulo – Brasil
Tel/Fax: 55 11 3862-1242
www.editorasingular.com.br

Índice

Prefácio xiii
Apresentação xv
Agradecimentos xvii
Sobre os autores xix
Sumário Executivo xxi
Siglas xlvii

1 Introdução 1
Por que Este Livro É Necessário? 2
Objetivos, Abordagem e Estrutura Conceitual 4
Público-alvo e Ambiente Político 7
Sumário dos Capítulos 9
Fontes e Advertências 16
Notas 17

2 O Setor Hospitalar Brasileiro: Estrutura, Financiamento, Gasto e Resultados 19
O Setor Saúde no Brasil 19
O Setor Hospitalar Brasileiro 31
Financiamento e Gasto Hospitalares 39
Resumo da Avaliação 44
ANEXO 2A: Um Método Indireto para Estimar o Gasto Hospitalar 47
ANEXO 2B: Dados Complementares 48
Notas 51

3 Análise Comparativa de Custos e Eficiência 55
Custos Hospitalares: Desafios de Mensuração e Resultados 57
Análise da Eficiência 71
Conclusões e Recomendações 100
ANEXO 3A: Metodologia de Análise de Custos: A Metodologia de Estudo de Custos de Matos 104
ANEXO 3B: Informações Complementares 108
ANEXO 3C: Custo Médio e Coeficiente de Variação para os Procedimentos Hospitalares Pesquisados 110
ANEXO 3D: Metodologia da DEA 114
ANEXO 3E: Estudos Brasileiros sobre Eficiência Hospitalar 121
Notas 124

4 Mecanismos de Pagamento Hospitalar e Arranjos Contratuais 129
Mecanismos de Pagamento para Serviços Hospitalares no Brasil 130
Análise Crítica dos Mecanismos de Pagamento a Prestadores (MPP) no Brasil 133
Dificuldades dos Hospitais Privados Contratados pelo SUS 142
Mecanismos de Pagamento e Desempenho 144

Contratualização com Hospitais Privados no SUS 148
Conclusões e Recomendações 157
ANEXO 4A: Características e Efeitos dos Principais Mecanismos de Pagamento a Prestadores (MPP) 163
ANEXO 4B: Histórico dos Mecanismos Públicos de Pagamentos a Hospitais 166
ANEXO 4C: Mecanismos de Pagamento a Prestadores Utilizados pelo SUS 168
ANEXO 4D: Aumentos Diferenciais nas Tabelas de Reembolso, 1995-2001 170
ANEXO 4E: Da AIH ao DRG 171
Notas 175

5 Arranjos Organizacionais e Desempenho dos Hospitais Brasileiros 179
Arranjos Organizacionais: Marcos Conceituais e Literatura 180
Arranjos Organizacionais nos Hospitais Públicos Brasileiros 183
Análise Comparativa das Características Organizacionais dos Hospitais Públicos 194
Estruturas Organizacionais do Setor Privado e Arranjos de Governança 197
Comparação do Desempenho de Hospitais sob Diferentes Arranjos de Propriedade e Organizacionais 204
Resumo da Avaliação 212
ANEXO 5A: Arranjos Organizacionais em Hospitais Públicos e Privados no Brasil: Resumo 218
ANEXO 5B: Matriz: Características dos Arranjos Organizacionais nos Hospitais Públicos Brasileiros 222
ANEXO 5C: Metodologia para Análise de Hospitais Alternativos e Tradicionais 228
ANEXO 5D: Metodologia para Análise Comparativa de OSS e Hospitais da Administração Direta 232
ANEXO 5E: Matriz: Arranjos Organizacionais em Hospitais Europeus 233
Notas 235

6 Abrindo a Caixa-Preta: A Relação entre Arranjos Organizacionais, Comportamentos Gerenciais e Desempenho em Hospitais Públicos e Privados 241
Práticas Gerenciais em Hospitais Públicos 242
A Experiência Brasileira com Conversão de Hospitais: Superando Obstáculos na Gestão Financeira e de Recursos Humanos 261
Experiência Internacional com Conversão de Hospitais 270
Práticas Gerenciais no Setor Privado Filantrópico 274
Resumo da Avaliação e Recomendações 278
Anexo 6A: Pontos Fortes e Fragilidades do Regime Público de Compras, Recursos Humanos e Orçamento 285
ANEXO 6B: Comparação das Características do Regime de Trabalho dos Médicos sob Diferentes Arranjos Organizacionais em Hospitais Públicos e Filantrópicos 287
Notas 289

7 Qualidade da Atenção: Ainda o Componente Esquecido? 295
A Qualidade, a Melhoria da Qualidade e os Custos 296
A Qualidade nos Hospitais Brasileiros 298
Resumo da Avaliação 321
ANEXO 7A: Inovações em Políticas e Gestão em Algumas Especialidades Médicas, 2000-2005 323

ANEXO 7B: Problemas Relacionados a Processos nos Hospitais Brasileiros e suas Possíveis Causas 324
Notas 326

8 Avaliação e Melhoria da Qualidade 329
Acreditação e Certificação Hospitalar no Brasil: Adesão, Desafios e Oportunidades 330
Outras Iniciativas de Avaliação e Aperfeiçoamento da Qualidade 344
Coordenação Assistencial entre Níveis de Atenção 349
Resumo e Recomendações: Diretrizes para o Aperfeiçoamento Sistêmico da Qualidade 355
ANEXO 8A: Um Exemplo de Padrões de Qualidade da ONA e Elementos de Desempenho: A Área de Obstetrícia 363
ANEXO 8B: Iniciativas Governamentais de Capacitação Nacional para a Melhoria Contínua da Qualidade, 1997-2001 365
ANEXO 8C: Definindo um Marco de Política e Institucional para a Medição Sistemática da Qualidade e sua Melhoria: Exemplos dos Estados Unidos, do Reino Unido e da Austrália 367
ANEXO 8D: Relatórios de Desempenho Hospitalar: Como Motivar os Hospitais? 369
ANEXO 8E: Contratualização Baseada na Qualidade em Países da OCDE 370
Notas 372

9 Conclusões e Recomendações 377
Problemas do Setor Hospitalar Brasileiro 378
Aproveitando a Base de Inovações e Experiências Brasileiras 384
O que Pode ser Feito? Políticas Prioritárias 388
Implementando as Mudanças 401
ANEXO 9A: Políticas e Ações Recomendadas 405
Notas 410

Bibliografia 411
Índice Remissivo 431

Figuras

1.1 Marco Conceitual para o Desempenho Hospitalar 5
2.1 Principais Atores e Fluxos de Financiamento no Setor Hospitalar Brasileiro 28
2.2 Distribuição do Gasto Nacional em Saúde, por Fonte, 2004 (em milhões de R$) 29
2.3 Tendências no Financiamento do SUS, por Fonte, 1985-2004 29
2.4 Fluxos de Pagamentos e Repasses para Hospitais do SUS 32
2.5 Hospitais, por Tamanho e Esfera, 2002 33
2.6 Tendências de Longo Prazo na Oferta de Leitos, 1976-2002 34
2.7 Pacientes Privados e do SUS, 2002 38
2.8 Internações, por Clientela e Esfera do Hospital, 2002 39
2.9 Fontes de Financiamento da Atenção Hospitalar, 2002 40
2.10 Gasto Hospitalar, por Esfera e Natureza dos Hospitais, 2002 41
2.11 Gasto Hospitalar, por Elemento de Despesa, 2002 41
2.12 Gasto Hospitalar do SUS, por Tipo de Serviço, 2002 42
2B.1 Custos Hospitalares Totais por Tipo de Gasto, EUA, Ano Fiscal 2003 51
3.1 Distribuição de Casos e Custos, por Índice de ***Case Mix***, 2001 62

3.2 Distribuição de Procedimentos, por Intervalos de Custos, 2001 63
3.3 Custos por Tipo de Hospital, Ajustados e Não Ajustados por ***Case Mix***, 2001 63
3.4 Principais Fontes de Variações nos Custos Hospitalares, 2001 65
3.5 Coeficiente de Variação para Casos Cirúrgicos e Clínicos, 2001 66
3.6 Composição do Custo de Procedimentos, por Tipo de Serviço da AIH, 2001 67
3.7 Distribuição da Amostra de Hospitais, por Tamanho e Esfera, 2002 77
3.8 Complexidade Tecnológica, por Esfera, 2002 77
3.9 Internações Hospitalares, por Clientela, 2002 79
3.10 Níveis de Eficiência Total, por Tamanho do Hospital, 2002 80
3.11 Níveis de Eficiência, por Esfera do Hospital, 2002 81
3.12 Níveis de Eficiência, por Complexidade Tecnológica, 2002 82
3.13 Níveis de Eficiência, por Característica de Ensino, 2002 82
3.14 Índice de Giro de Leitos, 2002 84
3.15 Taxa Média de Ocupação nos Hospitais de Curta Permanência do SUS, por Esfera, 2002 85
3.16 TMP nos Hospitais de Curta Permanência do SUS, por Esfera, 2002 86
3.17 Razão e Composição de Pessoal, por Leito, 2002 87
3.18 Razão Total de Pessoal por Leito Ocupado, 2002 88
3.19 Número de Pacientes Cirúrgicos por Sala Cirúrgica, por Ano, 2002 89
3.20 Índice de Complexidade Tecnológica por Leito, por Esfera, 2002 90
3.21 Qualidade e Eficiência nos Hospitais Brasileiros, 2002 92
3.22 Proporção de Internações por Condições Sensíveis à Atenção Ambulatorial 95
3D.1 Relação entre Diferentes Tipos de Eficiência 114
3D.2 Eficiência Técnica e Alocativa 115
4.1 Financiamento Hospitalar, por Mecanismo de Pagamento, 2002 140
4.2 Razão Média entre Valor de Tabela do SUS e Custo, por Complexidade do Procedimento, 2002 141
4.3 Níveis de Eficiência Total, por MPP, 2002 144
4E.1 Estrutura Hierárquica e Critérios de Classificação dos DRG 171
5.1 Pontuações de Hierarquia e Flexibilidade para Estruturas Organizacionais, Hospitais Alternativos e Tradicionais, 2000 197
5.2 Porcentagem de Executivos em Dedicação Integral e Voluntários em Hospitais Filantrópicos, por Categoria de Unidade, 2000 204
5.3 Mudança Percentual em Taxas de Mortalidade Selecionadas, Hospitais Alternativos e Tradicionais, 1998-2003 207
5.4 Mudança Percentual em Indicadores de Eficiência Selecionados, Hospitais Alternativos e Tradicionais, 1998-2003 207
5C.1 Custos Ajustados Baseados em Valores de AIH, 2003 230
5C.2 Valores de AIH, por Tipo de Hospital, 2003 230
6.1 Pontuação Estratégica e Normativa para Hospitais com Comportamento Alternativo e Tradicional, 2000 244
6.2 Correlação entre Pontuações Estratégicas e Flexibilidade, Unidades Alternativas e Tradicionais, 2000 245
6.3 Atrasos na Aquisição de Materiais e Serviços, Conforme Relatado por Gerentes de Hospitais Estaduais e Municipais, 2003 246
6.4 Principais Problemas Relacionados com Recursos Humanos Identificados por Dirigentes de Hospitais Estaduais e Municipais, 2003 249
6.5 Informação Financeira em Unidades de Saúde, 2003 253

6.6 Pontuação de Desenvolvimento Gerencial em Hospitais Filantrópicos, por Categoria, 2001 277
7.1 Pontuação da Avaliação PNASS de Unidades de Saúde, 2005-2006 302
7.2 Controle de Infecções Hospitalares, por Nível de Complexidade Hospitalar 317
8.1 Elementos Constitutivos para Avaliação, Gestão e Aprimoramento de um Sistema Nacional de Qualidade 356

Tabelas

2.1 Tendências Demográficas e de Saúde 25
2.2 Custos Financeiros e Econômicos Relacionados à Carga de Doenças Não-Transmissíveis (DNT), 2005-2009 26
2.3 Comparação Internacional de Gastos com Saúde, 2002 26
2.4 Comparação Internacional de Gastos e Resultados em Saúde, 2002 27
2.5 Hospitais por Esfera, 2002 32
Pagamentos Federais a Hospitais, por Esfera e Natureza, 1981-2002 36
2.6 Disparidades em Indicadores de Saúde no Município de São Paulo, 2002-2003 39
2.7 Gasto Hospitalar do SUS, por Nível de Atenção, 2002 44
2.8 Padrões Brasileiros e Internacionais de Alocação de Recursos Hospitalares 46
2B.1 Unidades de Saúde, por Região 48
2B.2 Distribuição Geográfica da Infraestrutura Hospitalar 48
2B.3 Variações Regionais em Indicadores Socioeconômicos, 1998-2002 49
2B.4 Financiamento Hospitalar, por Fonte, 2002 49
2B.5 Gasto Hospitalar, por Fonte de Financiamento, 2002 50
2B.6 Gasto do SUS, por Natureza e Esfera do Estabelecimento, 2002 51
3.1 Variações e Intervalos de Custos, Totais e Intra-Hospitais, para Procedimentos de Alto e Baixo CV, sem Ajuste por ***Case Mix***, 2001 66
3.2 Composição dos Custos Hospitalares, por Esfera e por Elemento de Despesa, 2002 68
3.3 Custos Médios no Setor Privado, 2002-2004 69
3.4 Resumo dos Resultados da DEA 79
3.5 Redução Necessária na Utilização de Recursos, por Esfera do Hospital, 2002 79
3.6 Densidade de Equipamentos no Brasil e em Países da OCDE, 2002 91
3.7 Oferta de Equipamento de Imagem em Relação à Necessidade, por Região, 2002 91
3.8 Resumo de Indicadores de *Benchmarking*, por Nível de Eficiência Total 93
3.9 Resultados da Regressão de Tobit para a pontuação de Eficiência Total 94
3.10 Cirurgia de Implante Coronariano no Brasil, 1995 97
3B.1 Comparação entre a Amostra de Matos (2002) e os Dados da AIH 108
3B.2 Regressão de Tobit para a Ineficiência Total Hospitalar, Utilizando o Modelo de Governança 2 109
4.1 Principais Características dos Mecanismos de Pagamento a Hospitais Utilizados no Brasil 131
4.2 Indicadores de Eficiência e Produtividade, por Mecanismos de Pagamento 145
4.3 Custo Médio de Procedimentos Típicos, por Grupo de MPP, 2001 147
4.4 Qualidade, Mecanismo de Pagamento e Natureza do Hospital, 2002 148
4.5 Indicadores de Desempenho Vinculados ao Componente Variável do Financiamento por Orçamento Global das OSS, Estado de São Paulo, 2002-2004 155
4.6 Comparação das Principais Características dos Contratos das OSS com o Modelo de Contrato entre o SUS e os Hospitais-Escolas 156

4E.1 Comparação entre os Sistemas AIH e DRG 173
5.1 Arranjos Organizacionais em Hospitais Públicos e Privados no Brasil, 2005 184
5.2 Comparação dos Componentes dos Arranjos Organizacionais em Hospitais Públicos Brasileiros 185
5.3 Hospitais Públicos: Perfil de Pacientes e Fontes de Financiamento, por Arranjo Organizacional, 2002 195
5.4 Hospitais Privados: Perfil de Pacientes e Fontes de Financiamento, por Arranjo Organizacional e Natureza, 2002 198
5.5 Gestores Responsáveis pela Administração de Hospitais Filantrópicos, por Tamanho e Tipo de Hospital, 2002 202
5.6 Nível de Autonomia de Decisão Relatado por Administradores de Hospitais Filantrópicos, por Função, Tamanho e Tipo de Unidade, 2002 203
5.7 Pontuações da DEA, por Natureza e por Arranjo Organizacional, em Hospitais com Mais de 25 e Mais de 50 Leitos, 2002 205
5.8 Comparação de Indicadores Selecionados de Qualidade e Eficiência, Unidades Alternativas e Tradicionais, 2003-2004 206
5.9 Cumprimento de Metas de Produção e Desempenho Estipuladas nos Contratos de Gestão das OSS, 2002 e 2004 209
5.10 Comparação entre Hospitais Selecionados sob Administração Direta Municipal e Estadual com Unidades Administradas sob o Regime de OSS, 2003 209
5.11 Comparação de Indicadores de Qualidade e Eficiência Selecionados, Hospitais sob Regime de OSS e Administração Direta, Estado de São Paulo, 2003 211
5C.1 Resumo dos Indicadores de Recursos, para Hospitais Tradicionais e Alternativos, 2004 229
5C.2 Comparação de Indicadores Selecionados de Qualidade e Eficiência, Hospitais-Escola Alternativos e Tradicionais, 2003 231
5D.1 Comparação de Indicadores Selecionados, OSS e Hospitais da Administração Direta, Estado de São Paulo, 2003 232
6.1 Autonomia Gerencial em Arranjos Organizacionais do Setor Público 260
6.2 Hospital Municipal de São José dos Campos: Comparação dos Indicadores Disponíveis de Produtividade, Eficiência e Qualidade Antes e Após a Conversão 266
6.3 Cargos Formais de Gestão em Hospitais Privados Filantrópicos, por Função Principal e Categoria do Hospital, 2001 275
6.4 Instrumentos e Práticas Gerenciais Formais em Hospitais Filantrópicos, por Categoria, 2002 276
7.1 Avanços Significativos na Pesquisa Médica Brasileira, 2000-2005 300
7.2 Condições Físicas nos Hospitais de São Paulo, por Tipo de Propriedade, 2003 304
7.3 Salas de Cirurgia com os Equipamentos Mínimos Necessários no Estado de São Paulo, por Tipo de Propriedade, 2003 305
7.4 Equipamentos em UTI no Estado de São Paulo, por Tipo de Propriedade, 2003 305
7.5 Adequação do Registro de Prontuários Médicos em Hospitais do Estado de São Paulo, por Tipo de Propriedade, 2003 306
7.6 Qualificação de Hospitais do SUS para a Acreditação de Nível 1 da ONA em um Estado Brasileiro, 2002 307
7.7 Ações Disciplinares contra Médicos no Brasil e nos Estados Unidos, 2001-2005 312
7.8 Presença de Normas Padronizadas de Práticas Clínicas ou Protocolos de Tratamento, Serviços de Maternidade em Hospitais de São Paulo, por Esfera, 1997-1998 315
7.9 Incidência de IH em UTI para Adultos, Brasil (exceto São Paulo), 2001-2003 319

7.10 Existência e Funcionamento de Comissões Hospitalares Obrigatórias, Estado de São Paulo, 2003 320
8.1 Comparação dos Três Principais Sistemas de Acreditação Hospitalar 334
8.2 Número de Hospitais Acreditados, por Tipo e Localização, 2003 334
8.3 Custos e Investimentos Envolvidos na Obtenção do Nível 1 da ONA, 2002-2004 335
8.4 Ferramentas de Gestão Hospitalar Utilizadas para Obter Acreditação, com a Respectiva Escala de Efetividade, 2002-2004 339
8.5 Eficiência e Qualidade nos Hospitais com e sem o Selo de Qualidade CQH, Indicadores Selecionados, 1999-2003 341
8.6 Resultados do PGQ na Santa Casa de Porto Alegre 344
8.7 Estado de Minas Gerais: Gastos com Internações por Condições Sensíveis à Atenção Ambulatorial (CSAA), por Tamanho do Hospital, 2002 354

Quadros

2.1 Uma Breve História dos Hospitais no Brasil 35
3.1 Tipos de Eficiência 57
3.2 Estrutura de Custos Hospitalares no Brasil e no Canadá 68
3.3 Vantagens e Limitações da Análise Envoltória de Dados 72
3.4 Experiências Internacionais em Avaliação de Sistemas de Saúde e ***Benchmarking*** 74
3.5 Tomada de Decisões Racionais sobre Investimentos Hospitalares 100
3D.1 A Medição de Complexidade Hospitalar, ***Case Mix*** e Qualidade a Partir de uma Pesquisa de Estabelecimentos de Saúde 119
4.1 AIH e DRG: Semelhanças e Diferenças 134
4.2 Dois Estudos de Caso: Terceirização de Serviços Médicos no SUS 152
4E.1 Passos para a Elaboração de um Sistema DRG 174
5.1 Flexibilização das Relações de Trabalho no Modelo de Administração Pública Direta: A FUNDACOR 190
5.2 Características Principais dos Hospitais que Operam no Modelo de Organização Social de Saúde (OSS), Estado de São Paulo, 2004 192
5.3 Governança e Gestão de Hospitais 201
5.4 Em Direção à Maior Independência dos Hospitais Públicos: Lições da Europa 213
5.5 Modernização Administrativa de Hospitais Filantrópicos: Lições dos Estados Unidos 216
6.1 Formas Organizacionais e Comportamento dos Trabalhadores da Saúde 247
6.2 Características de um Sistema de Planejamento e Orçamento Bem Gerenciado 252
6.3 Avaliação de Processos e Práticas Gerenciais em Hospitais sob Regime de Administração Direta e OSS, Estado de São Paulo, 2003 255
6.4 Aspectos Políticos da Implementação das OSS no Setor Saúde 262
6.5 Conversão de Hospitais no Brasil: Limites Legais e Oportunidades 269
7.1 As Dimensões Principais da Atenção à Saúde de Boa Qualidade 297
7.2 O que Está Acontecendo com a Qualidade da Educação Médica no Brasil? 310
7.3 Problemas com Qualidade e Possíveis Causas: Percepções de uma Revisão da Literatura 313
7.4 Processos Inadequados como um Problema de Primeira Ordem: Interação entre Estrutura e Prática em Enfermarias Neonatais 318
8.1 Acreditação, Licenciamento e Certificação 330
8.2 Estrutura de Governança na ONA 331

8.3 *Benchmarking* 345
8.4 O que é uma Rede Organizada Regional? 350
9.1 Aprendendo com as Inovações e Experiências Internacionais 385
9.2 Recentralização na Escandinávia? Alcançando a Coordenação entre Entidades Político-administrativas 395

Prefácio

O setor de saúde brasileiro conheceu avanços significativos nos últimos anos, não obstante os grandes desafios que se apresentam.

Nossa população cresce e se torna mais idosa, mais urbana e também mais consciente dos seus direitos relativos à saúde. Taxas crescentes de doenças crônico-degenerativas e de violência, além de níveis ainda elevados de doenças infecciosas, afetam desigualmente os vários segmentos sociais do País.

Apesar da expansão de sua cobertura, nosso sistema de saúde ainda enfrenta limitações na qualidade da atenção, na incorporação de novas tecnologias, na gestão de seus recursos e na distribuição equitativa dos serviços.

Conscientes da necessidade de mudar esse cenário e superando suas divergências históricas, algumas das mais representativas entidades de saúde de Minas Gerais criaram o Instituto Brasileiro para Estudo e Desenvolvimento do Setor de Saúde – IBEDESS. Sua finalidade é buscar soluções inovadoras para os problemas do setor saúde, que resultem no maior benefício possível para toda a população.

Para isso, o IBEDESS vem promovendo o diálogo das entidades de saúde com os cidadãos e as instituições, que utilizam seus serviços e financiam sua operação. Também busca novas formas de cooperação entre o SUS e a Saúde Suplementar, visando elaborar proposições mutuamente satisfatórias para os problemas comuns.

Como parte desse esforço, o IBEDESS tem a honra de patrocinar a publicação, em Português, deste livro em parceria com Banco Mundial, que promoveu sua publicação original em Inglês, com o apoio do Department for International Development (DFID), do Reino Unido.

Nosso reconhecimento a Jerry La Forgia, do Banco Mundial, e a Bernard Couttolenc, da Faculdade de Saúde Pública da Universidade de São Paulo, que foram os responsáveis pela preparação desta preciosa obra, baseada em diversos estudos avaliativos realizados por outros renomados especialistas brasileiros.

Depois de uma análise das características essenciais do setor hospitalar brasileiro, o livro focaliza várias dimensões específicas relacionadas com a eficiência, a organização e o desempenho dos hospitais, assim como a qualidade da atenção por eles prestada. No capítulo final, são apresentadas as conclusões e recomendações de políticas para superar os problemas identificados, fomentando a reflexão e a produção de consensos que contribuam para a perspectiva de uma reforma hospitalar no médio prazo.

O IBEDESS está confiante de que esta publicação contribuirá muito efetivamente para a definição e a implementação de soluções adequadas para muitos dos problemas atualmente enfrentados pelo sistema de saúde brasileiro.

Belo Horizonte, 31 de julho de 2008.

Carlos Eduardo Ferreira
Presidente do IBEDESS

Entidades integrantes do IBEDESS:

Associação Brasileira de Medicina de Grupo de Minas Gerais – ABRAMGE-MG

Associação de Hospitais de Minas Gerais – AHMG
Associação Médica de Minas Gerais – AMMG
Associação dos Serviços Assistenciais de Saúde Próprios de Empresas de Minas Gerais – ASASPE
Federação Nacional das Cooperativas Médicas – FENCOM
Federação das Santas Casas e Hospitais Filantrópicos de Minas Gerais – FEDERASSANTAS
Federação das UNIMEDs do Estado de Minas Gerais – UNIMED-MG
Sindicato dos Hospitais de Minas Gerais – SINDHOSP-MG
Sociedade Mineira dos Médicos Gestores – SOMIMG
União Nacional das Instituições de Autogestão em Saúde de Minas Gerais – UNIDAS-MG
UNIMED Belo Horizonte Cooperativa de Trabalho Médico – UNIMED-BH

Apresentação

A atenção à saúde representa um quebra-cabeça para todos os países, e os hospitais são os componentes mais importantes e onerosos de qualquer sistema de saúde. Nos países de renda baixa e média os hospitais são o centro do sistema de saúde. Mesmo nos países mais pobres, os hospitais constituem o foco primordial da capacitação profissional e a referência para todo o sistema de saúde. Nesses países, os hospitais formam a base para um bom atendimento à saúde. No entanto, em muitos dos países em desenvolvimento os hospitais têm sido sistematicamente negligenciados.

A gama de serviços oferecidos pelos hospitais – de tratamentos clínicos de alta tecnologia a cirurgias complexas, da contabilidade complexa a serviços básicos de hotelaria – torna a sua administração complexa e cara e a sua supervisão e controle extremamente desafidores. Assegurar o controle sobre essas complexas entidades requer profundidade e amplitude de conhecimentos para compreender todos os componentes de um hospital e integrá-los efetivamente, ao passo que monitorar o desempenho e o uso dos recursos requer informações confiáveis e atualizadas – o que pode ser difícil de alcançar nos países em desenvolvimento. Desse modo, nos países em que os hospitais são o centro do sistema de saúde e uma expressiva parcela dos gastos em saúde se destina a mantê-los, os hospitais podem se tornar "caixas-pretas" dispendiosas, que devoram recursos mas oferecem um conjunto de produtos pouco homogêneo e difícil de quantificar.

Este livro combina um abrangente panorama do setor hospitalar brasileiro com análises em profundidade dos elementos-chave necessários para promover e assegurar a excelência no desempenho hospitalar. Isso é feito de uma maneira acessível e dentro do contexto organizacional e financeiro do país. Assim, o livro oferece recomendações específicas que chegam ao âmago dos problemas, bem como aponta quais abordagens e modelos são adequados nesse contexto. As próprias recomendações são baseadas nas experiências bem-sucedidas no Brasil, e também remetem a experiências internacionais pertinentes ao contexto brasileiro a fim de ampliar as opções de políticas. Mas os autores dão um passo além ao oferecer recomendações sobre implementação, enfatizando a necessidade de fortalecer as estruturas de governança, melhorar a responsabilização e aperfeiçoar o gerenciamento dos recursos.

Um dos maiores desafios do sistema de saúde brasileiro consiste em compreender as experiências altamente criativas porém não sistemáticas que surgem na gestão da saúde em vários pontos do País. Tendo sido um dos pioneiros no financiamento de hospitais sob a modalidade de grupos de diagnóstico relacionados (reembolso de um valor fixo por diagnóstico), o SUS deixou de avaliar adequadamente a efetividade da implementação desse sistema ou de adaptá-lo a um contexto em rápida transformação. Em consequência, não foram colhidos todos os benefícios potenciais dessas inovações.

De modo similar, o Brasil tem introduzido modos inovadores de responsabilização dos hospitais públicos. Um exemplo importante é a experiência do estado de São Paulo em tornar os hospitais públicos mais autônomos e atribuir aos gestores a responsabilidade pelo desempenho dessas unidades, propiciando ao mesmo tempo incentivos ao desempenho e flexibilidade na implementação. Essa experiência representa um avanço importante não só em virtude de seu quadro de referência criativo, mas também porque foi efetivamente implantada – um fator crucial, já que muitos hospitais que desenvolvem experiências similares são limitados na sua capacidade de tomar decisões, o que enfraquece sua autonomia. Este livro reuniu uma abundância de experiências e evidências que irá informar os governos federal, estaduais e municipais, bem como os hospitais privados, sobre esforços bem-sucedidos, como aquele de São Paulo, para aumentar a eficiência e a qualidade dos hospitais.

O livro oferece uma importante orientação para os formuladores de políticas no Brasil, mas contém lições para outros países de renda média que enfrentam problemas similares para avaliar seus hospitais e buscam encontrar soluções inovadoras e efetivas para problemas difíceis. As relações entre arranjos organizacionais, práticas de gestão e desempenho são problemas universais, e novas ideias podem ser replicadas se forem cuidadosamente avaliadas e compreendidas. Por exemplo, os países da Organização para a Cooperação e Desenvolvimento Econômico (OCDE) continuam a buscar melhoramentos em seus sistemas de saúde. O desafio maior entre os países mais ricos é como, ao mesmo tempo, manter a qualidade e conter os custos.

As ideias aqui apresentadas oferecem sugestões valiosas para o duplo problema da qualidade e da contenção de custos.

O livro é leitura imprescindível para formuladores de políticas e, administradores e planejadores hospitalares tanto do setor público como do setor privado. É um guia para uma melhor assistência à saúde, algo sobre o que todos concordamos ser um bem universal e uma prioridade pública.

Maureen Lewis
Economista-chefe de Desenvolvimento Humano
do Banco Mundial

Agradecimentos

Este livro foi patrocinado pelo Banco Mundial e recebeu apoio financeiro adicional do Department for International Development (DfID), do Reino Unido. Os autores agradecem a esse apoio. Gerard M. La Forgia, do Departamento do Desenvolvimento Humano para a América Latina e Caribe do Banco Mundial, idealizou e coordenou o trabalho. Contou-se no Brasil com a colaboração do Ministério da Saúde, da Agência Nacional de Vigilância Sanitária (ANVISA), da Fundação Oswaldo Cruz (FIOCRUZ), e da Organização Nacional de Acreditação (ONA). O livro se baseou amplamente em estudos elaborados para o Banco Mundial e seus associados pelos seguintes pesquisadores:

Nilson Costa, Escola Nacional de Saúde Pública (ENSP/FIOCRUZ)

Bernard Couttolenc, Interhealth Ltda e Universidade de São Paulo (USP)

Afonso José de Matos, Planejamento e Organização de Instituições de Saúde (PLANISA)

Leni Dias, PLANISA

Flavia Freitas, ANVISA

Fábio Gastal, ONA

Marcos Kisil, USP

Adélia Marçal dos Santos, ANVISA

José Mendes R., ENSP/FIOCRUZ

Eugenio V. Mendes, consultor independente

Luis Fernando Rolim Sampaio, consultor independente

April Harding foi co-autora do capítulo de conclusão e também contribuiu com valiosas observações sobre outros capítulos. James Allen auxiliou no esboço do capítulo 7. Maureen Lewis, Loraine Hawkins, André Medici e Toomas Palu ofereceram comentários muito úteis para a revisão (*peer review*). Também gostaríamos de agradecer a Kathleen A. Lynch por sua rigorosa revisão do original em inglês e a Marize Fatima de Santos, Carla Zardo e Adriana Paula Sales Correa por seu auxílio na formatação da versão original em inglês.

Sobre os autores

Gerard (Jerry) M. La Forgia é especialista-chefe em saúde do Banco Mundial e atualmente trabalha em São Paulo. Já atuou nos seguintes países: Argentina, Colômbia, El Salvador, Equador, Guatemala, India, México, Nicarágua, Panamá e Uruguai. Sua produção recente inclui a organização do volume *Health system innovations in Central America: lessons and impact of new approaches* (Banco Mundial, 2005) e a coordenação do estudo "Brasil: governance in Brazil's Unified Health System (SUS)" (Banco Mundial, 2007). Anteriormente, foi pesquisador-associado do Urban Institute (Washington, DC) e especialista em saúde do Banco Interamericano de Desenvolvimento. Tem doutorado em administração de serviços de saúde pela Faculdade de Saúde Pública da Universidade de Pittsburgh.

Bernard Couttolenc é doutor em economia da saúde pela Universidade Johns Hopkins (Baltimore) e mestre em administração de serviços de saúde pela Escola de Administração de Empresas da Fundação Getulio Vargas (São Paulo). Tem mais de vinte anos de experiência em consultoria nas áreas de economia da saúde, administração e planejamento de serviços de saúde e reforma do setor saúde. Trabalhou em vários países em desenvolvimento, incluindo Angola, República Dominicana, República do Laos e Belize. É professor e pesquisador da Faculdade de Saúde Pública da USP.

Sumário Executivo

Os hospitais são o centro do sistema de saúde no Brasil e são cruciais para a saúde da população. Ao adoecer, muitos brasileiros vão diretamente ao hospital por falta de um médico de família ou de uma rede de atenção básica. Os hospitais consomem uma expressiva parcela do orçamento do governo, absorvendo cerca de 70% dos gastos públicos com saúde. Eles influenciam os altos e baixos das carreiras de políticos quando os problemas dos hospitais aparecem nas manchetes da mídia ou, quando enfocam os hospitais com alto desempenho. Os hospitais estão entre os temas principais das discussões sobre políticas de saúde no Brasil. Esses debates refletem as promessas dos hospitais enquanto centros de inovação tecnológica e de avanços médicos, e também disseminam a preocupação com seus custos e qualidade. Desse modo, os hospitais brasileiros são importantes para muitas pessoas, e por muitas razões. O que os torna importantes é fácil de entender. A dificuldade está em identificar o que os faz oferecer uma assistência de boa qualidade com eficiência ou não.

Desafios do Sistema Hospitalar Brasileiro

O sistema hospitalar brasileiro é pluralista. Tanto no setor público como no privado existem múltiplos arranjos de financiamento, propriedade e organização, e há uma longa tradição de financiamento público a estabelecimentos privados. O sistema é também altamente estratificado. Alguns poucos hospitais são centros de excelência, e atendem uma minoria privilegiada. Mas a maioria dos estabelecimentos – que atendem brasileiros que não podem pagar uma consulta ou um seguro de saúde privado – encontra-se abaixo dos padrões mínimos aceitáveis. Esses hospitais, muitos deles dependentes de financiamento público, oferecem serviços ineficientes e de baixa qualidade, a julgar pelos dados disponíveis.

Embora os hospitais sejam de fato o componente predominante do sistema de saúde no Brasil, até recentemente vinham recebendo pouca atenção como organizações de saúde, tanto por parte dos formuladores de políticas como dos pesquisadores. Desde meados dos anos 1980, as políticas de saúde no Brasil têm se concentrado na descentralização da prestação dos serviços, na redução das disparidades financeiras e na implementação do acesso universal à atenção básica. As questões relativas ao desempenho hospitalar, qualquer que seja a sua definição, têm sido deixadas relegadas a preocupações das unidades hospitalares individuais.

Em 2004, uma publicação do Ministério da Saúde (MS) sobre reforma hospitalar manifestou a necessidade por mudança. Foi o primeiro documento do MS a enfocar exclusivamente o setor hospitalar, e gerou uma discussão nacional sobre os problemas, o desempenho e o potencial dos hospitais. As diretrizes gerais de políticas ali traçadas alinham-se com as recomendações de políticas contidas neste livro. O MS conclamou as comunidades do setor hospitalar e de pesquisa a colaborar com seus esforços para fortalecer a análise do desempenho hospitalar e formular uma perspectiva estratégica para uma reforma hospitalar. Foi com esse espírito de colaboração que este livro foi produzido.

O desafio não é exclusivo do Brasil. Implementar políticas de reforma hospitalar é sabidamente difícil, e é ainda mais problemático quando a propriedade, a gestão e o financiamento dos hospitais apresentam formas extremamente variadas, como ocorre num Estado federativo como o Brasil. Todavia, a natureza pluralista dessas configurações é igualmente um ponto forte do setor hospitalar brasileiro. Como se demonstra ao longo deste volume, não faltam no Brasil abordagens, ideias, inovações e iniciativas para a correção das deficiências dos estabelecimentos com baixo desempenho. Os fundamentos para a mudança que visam melhorar o desempenho estão presentes por todo o sistema hospitalar do país. Resta saber se tais ideias e inovações serão disseminadas e absorvidas pelo sistema.

O Brasil pode melhorar o desempenho de seus hospitais? As evidências apresentadas neste volume sugerem que sim. No entanto, a mudança exigirá uma liderança vigorosa, esforços coordenados dos governos federal, estaduais e municipais, o envolvimento direto do setor privado de saúde, além de visões, políticas e ações sistemáticas e contínuas. De modo geral, esses fatores favoráveis têm sido frágeis ou inexistentes no sistema de saúde brasileiro. Iniciativas promissoras têm sido frequentemente deixadas de lado com as mudanças de governos.

As Principais Mensagens do Livro

Este livro enfatiza as seguintes mensagens de políticas para melhorar a assistência hospitalar no Brasil:

- O governo precisa fortalecer a autonomia e responsabilização dos hospitais públicos.
- Os governos e os pagadores privados de atenção hospitalar precisam aproveitar e exercer o poder que detêm, pelos mecanismos de financiamento, de influenciar a conduta dos hospitais.
- É preciso aperfeiçoar a coordenação entre hospitais, e entre hospitais e outros tipos de prestadores de serviços.
- A qualidade da atenção deve ser elevada a padrões aceitáveis em todos os hospitais.
- A ausência de informações confiáveis sobre qualidade, eficiência e custo dos serviços hospitalares, contribui para esses problemas e dificulta quaisquer esforços para melhorar o desempenho.

Fortalecer a Autonomia e a Responsabilização dos Hospitais Públicos

Quaisquer esforços para melhorar a qualidade e a eficiência dos hospitais públicos terão de passar pelo aumento da motivação e da capacidade de iniciativa dos dirigentes hospitalares. Sob as condições vigentes, mesmo os gestores mais motivados e qualificados terão sérias dificuldades para melhorar o desempenho. Muitas decisões fundamentais são tomadas fora do hospital, e rígidas restrições ao gerenciamento efetivo solapam os esforços para aumentar a responsabilização. Para conferir autonomia aos hospitais públicos, será preciso desenvolver estratégias voltadas a converter tais instituições em entidades organizacionais autônomas e a validar essas estratégias em face das experiências brasileiras e internacionais. Embora a autonomia seja um ingrediente indispensável para as reformas, não pode por si só promover a melhoria do desempenho nos hospitais públicos. São igualmente necessários a contratualização de serviços, a cobrança dos contratos, o financiamento com base no desempenho, o gerenciamento flexível de recursos humanos, e um ambiente sólido de informações.

Exercer o Poder de Financiamento de Modo a Influenciar a Conduta dos Hospitais

O governo e os pagadores privados de atenção hospitalar não estão utilizando o potencial do financiamento como instrumento para influenciar a conduta dos hospitais. Em alguns casos, o modo de financiamento prejudica o desempenho. A maioria do financiamento não é associada ao desempenho, e não incentiva o uso responsável dos recursos. Ainda que nenhum sistema de pagamento hospitalar seja perfeito, muitos países têm vinculado a remuneração aos custos do tratamento com base no diagnóstico, com ajuste de acordo com a gravidade dos casos. Nos Estados Unidos, instituiu-se o sistema de pagamento baseado em grupos de diagnósticos relacionados (*Diagnosis-Related Groups – DRG*), a fim de aumentar a eficiência e controlar os custos.

No Brasil, o mecanismo da Autorização de Internação Hospitalar (AIH) pode servir como base para a introdução de um sistema de pagamento baseado em DRG. Nessa transição, a primeira providência seria alinhar as tabelas do sistema AIH aos custos dos serviços. O desenvolvimento de um sólido mecanismo de pagamento baseado em DRG também reduziria as distorções decorrentes da fragmentação dos sistemas de pagamento, caso os pagadores privados e públicos mudassem para o mecanismo de pagamento. No entanto, a responsabilização pelo desempenho hospitalar requer mais do que financiamento (ou autonomia) com base no desempenho. Arranjos contratuais sólidos são necessários para definir o conteúdo dos acordos de financiamento e, por conseguinte, associar o financiamento ao desempenho. Ademais, arranjos contratuais bem-sucedidos requerem monitoramento e cobrança dos contratos. Iniciativas baseadas no orçamento global combinadas com contratualização estão em andamento em diversos estados e municípios. Há evidências de que essas iniciativas promissoras levam à melhoria do desempenho.

Aperfeiçoar a Coordenação entre Todos os Prestadores de Serviços

A coordenação, tanto entre os hospitais como entre estes e outros prestadores de serviços, é crucial para a melhoria da qualidade. Também contribui para aumentar a eficiência e ampliar a equidade ao racionalizar a oferta de leitos hospitalares e de tecnologias médicas de alto custo. No Brasil, a coordenação é dificultada pela autonomia decisória e financeira outorgada a estados e municípios, pela ausência de laços com os prestadores privados fora do Sistema Único de Saúde (SUS), pela fragilidade da administração pública e dos instrumentos de coordenação existentes, como a Programação Pactuada e Integrada (PPI). Considerando o custo monetário e em termos de qualidade dessa fragmentação, o Brasil se beneficiaria imensamente com a implementação de mecanismos para fortalecer a coordenação relativa à assistência hospitalar. Essa coordenação pode ser melhorada mediante o estabelecimento de arranjos contratuais baseados em financiamento, o compartilhamento do financiamento e a criação de entidades regionais com poder de decisão sobre a distribuição dos recursos entre municípios, ou mediante o fortalecimento das regulamentações orientando as relações entre prestadores de serviços. Alguns estados e consórcios municipais já estão experimentando um ou mais desses mecanismos, e essas experiências podem fornecer a base para uma efetiva coordenação. Para reduzir a duplicidade e o desperdício relativos a infraestrutura e equipamentos, dois elementos finais são necessários: uma estratégia de investimentos baseada em políticas e prioridades de saúde e um sistema forte para a avaliação e alocação de tecnologias em saúde.

Elevar a Qualidade da Atenção a Níveis Aceitáveis em Todos os Hospitais

O governo é responsável por garantir a qualidade em todos os hospitais, tanto públicos quanto privados. Padrões de qualidade já existem sob a forma de requisitos para licenciamento e sistemas de acreditação sancionados pelo governo, mas têm sido minimamente cumpridos. Para promover a observância desse padrões, o SUS e os planos de saúde privados poderiam condicionar o recebimento de recursos ao cumprimento em determinado prazo de metas, e vincular o financiamento ao licenciamento e à acreditação, seguindo o exemplo de vários países que usam o poder do financiamento nesse sentido.

No entanto, alcançar padrões estabelecidos não é por si só garantia de qualidade. Muitas das ações imprescindíveis para melhorar a qualidade da assistência hospitalar ocorrem no nível dos próprios hospitais, sob a liderança de sua direção. Uma delas é a implementação de programas de melhoria contínua de qualidade, que compreendem avaliações de desempenho, efetivo trabalho em equipe, uso de tecnologias da informação, incorporação de evidências na prática médica, desenvolvimento e uso de diretrizes clínicas e coordenação da assistência dentro dos hospitais e com outros prestadores de serviços em outros níveis. Os hospitais atuando isoladamente dificilmente poderão ir muito longe nesses quesitos. A melhoria contínua da qualidade requer uma abordagem sistemática amparada por um sólido sistema nacional de apoio, que inclui políticas e estratégias para o aprimoramento da qualidade, o apoio à pesquisa sistemática sobre a satisfação dos pacientes e à avaliação das práticas clínicas, e a criação, por meio de parcerias público-privadas, de institutos para mensuração, monitoramento e *benchmarking* da qualidade, bem como para prover orientação e apoio aos hospitais individualmente. Por fim, é preciso enfrentar a baixa qualidade de algumas faculdades de medicina e fortalecer a capacidade institucional para lidar com a imperícia médica.

Aumentar a Confiabilidade das Informações Gerenciais Básicas

A ausência de informações confiáveis sobre qualidade, eficiência e custos da atenção hospitalar está na base de todos os problemas e dificulta quaisquer esforços para melhorar o desempenho. Desprovidos dessas informações, os formuladores de políticas, assim como os pagadores públicos e privados, tateiam no escuro. Essa situação é insustentável. Há necessidade urgente de desenvolver e implementar sistemas padronizados para avaliar os custos e a qualidade. Esses sistemas devem priorizar informações críticas à tomada de decisões, e sua configuração deve levar em consideração as necessidades dos gestores locais. Ao mesmo tempo, devem se basear em padrões, para permitir um *benchmarking* entre hospitais e entre estados.

O restante deste sumário desenvolve essas cinco mensagens chave. As evidências e análises que fundamentam essas mensagens e o diagnóstico dos problemas subjacentes são apresentadas ao longo deste volume. As estreitas conexões entre os temas (enfocadas no capítulo 9) tornam inevitáveis algumas sobreposições. Em virtude dessas conexões, uma determinada política pode não surtir o efeito desejado isoladamente.

Analisar ou avaliar hospitais, especialmente os hospitais públicos, não é tarefa fácil. A literatura oferece pouca orientação sobre as metodologias apropriadas. Os estudos disponíveis geralmente provêm dos Estados Unidos e de alguns países europeus, e seus resultados podem não ser aplicáveis a países de renda baixa ou média, que dispõem de menos recursos na área da saúde. As conclusões e as recomendações apresentadas neste livro são baseadas em evidências disponíveis no Brasil, extraídas de uma série de fontes. Limitações relativas à disponibilidade e à qualidade dos dados e ao uso de amostras pequenas, restringiram a abrangência e a profundidade de algumas das análises relatadas.

Problemas do Setor Hospitalar Brasileiro e Recomendações de Ações

Esta seção examina os principais problemas observados no setor hospitalar brasileiro. Para cada um deles são sugeridas ações de curto e médio prazo visando sanar suas deficiências.

Gestão Hospitalar Rígida e sem Responsabilização: Tipos de Hospital e Desempenho

Os incentivos gerados por mecanismos de pagamento, acordos contratuais e regulamentações exercem nítida influência sobre a conduta dos prestadores. No entanto, os hospitais não reagem da mesma maneira a incentivos semelhantes. A reação de um hospital aos incentivos com que se defronta depende de sua forma organizacional. As evidências apresentadas neste volume indicam que os arranjos organizacionais influenciam no desempenho hospitalar.

Ao longo dos últimos 50 anos, verificou-se o surgimento de diversos tipos de hospitais no Brasil, particularmente no setor público e no segmento dos hospitais privados filantrópicos. A modalidade de administração direta domina a paisagem organizacional do setor público, representando mais de 97% dos hospitais nesse subsetor. Estes são os estabelecimentos com pior desempenho entre todos. Alguns hospitais públicos que operam sob modelos organizacionais autônomos apresentam produção, eficiência e qualidade superiores às dos estabelecimentos sob administração direta; na verdade, sua eficiência rivaliza com aquela dos hospitais privados com fins lucrativos (ver figura 1). Eles também parecem obter maiores ganhos em eficiência e qualidade ao longo do tempo do que os estabelecimentos não autônomos.

FIGURA 1
Pontuações de Eficiência da Análise Envoltória de Dados (DEA), por Arranjo Organizacional e Esfera, Hospitais com mais de 50 leitos, 2002
(N = 248)

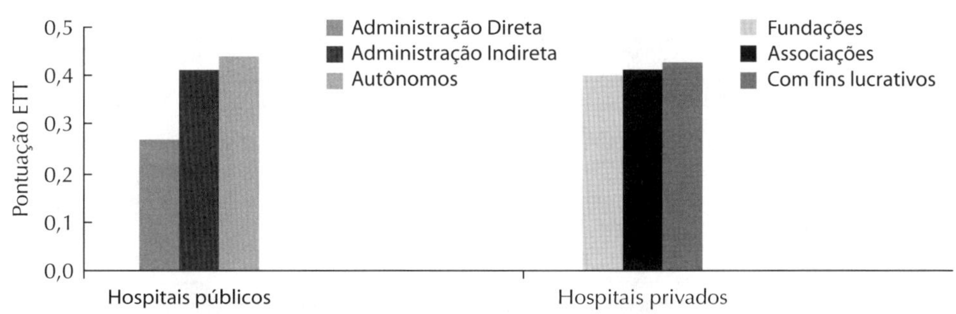

Fonte: Tabela 5.7, capítulo 5 deste livro.

Algumas características das formas organizacionais existentes sugerem as razões dessas diferenças. Os hospitais sob administração direta apresentam uma rigidez administrativa que é inerentemente incompatível com uma gestão hospitalar moderna. Em face das regras organizacionais existentes, mesmo os dirigentes motivados e dedicados só podem fazer melhorias limitadas. Administradores hospitalares que não têm autonomia para gerenciar pessoal, reorganizar departamentos ou reconfigurar serviços simplesmente não conseguem introduzir mudanças que poderiam melhorar substancialmente seus desempenhos. Muitas funções gerenciais são baseadas em normas rígidas e centralizadas em níveis administrativos superiores, no âmbito das Secretarias da Saúde, da Fazenda e da Administração de estados e municípios. Além de estarem muito distantes da linha de frente da prestação dos serviços, os gerentes nos níveis centrais geralmente carecem de conhecimentos, motivação ou informações para gerenciar os hospitais. A excessiva centralização das funções gerenciais, combinada com as normas rígidas do funcionalismo público, interferências políticas e falta de informação, gera um ambiente organizacional que priva os gerentes dos estabelecimentos dos recursos para gerenciar e melhorar o desempenho.

Práticas de governança e arranjos organizacionais deficientes também contribuem para o baixo desempenho em muitos hospitais privados. No entanto, a natureza dos problemas desses hospitais é qualitativamente diferente daquela das instituições públicas. Em razão da falta de informações, ainda se desconhece a relação entre o desempenho e os arranjos organizacionais nos estabelecimentos privados, mas é provável que a sobreposição de funções gerenciais e a informalidade da governança (ver tabela 1), combinadas com um ambiente de monitoramento frágil e com informações precárias, possam comprometer o desempenho. Isso se aplica especialmente às instituições filantrópicas de pequeno porte, que correspondem à maioria dos hospitais privados financiados pelo SUS. A debilidade das pressões contratuais e a falta de competição fazem com que os hospitais tenham poucos incentivos para melhorar o desempenho e consequentemente para sanar as deficiências organizacionais. Certos hospitais parecem servir mais aos interesses de seu pessoal médico do que ao sistema de saúde.

TABELA 1

Executivos Responsáveis pelo Gerenciamento de Hospitais Filantrópicos, por Tamanho e Tipo de Hospital, 2002

(%)

	Instalações individuais		
Tipo de executivo	*Pequenas (N = 69)*	*Grandes (N = 15)*	*Instalações operadas por conglomerados (N = 80)*[a]
Executivo baseado no hospital	49	33	99
Executivo estatutário da entidade filantrópica	22	33	0
Diretor Executivo da entidade e executivo estatuário	29	33	0
Total	100	100	100

Nota: Pequenas, média de 67 leitos. Grandes: média de 576 leitos. Conglomerados: média de 136 leitos. As colunas podem não somar 100% por causa do arredondamento.

a) Onze conglomerados com um total de 80 hospitais. Informações indisponíveis para uma unidade.

TABELA 2

Comparação de Indicadores Selecionados de Qualidade e Eficiência, Hospitais sob Arranjos de OSS ou da Administração Direta, Estado de São Paulo, 2003

	Hospitais OSS (N = 12)		*Hospitais da administração direta (N = 12)*[a]	
Indicador	*Média*	*Variação*	*Média*	*Variação*
Qualidade (taxa de mortalidade)				
Geral[b]	3,3	2,7–5,8	5,3	3,2–9,1
Cirúrgica[b]	2,6	1,7–4,8	3,6	0,9–10,3
Clínica	11,6	9,5–14,0	12,0	10,7–14,1
Pediátrica	2,8	1,7–4,2	2,6	1,1–4,9
Eficiência alocativa				
(horas: equivalente a período integral)[c]				
Médico	143	95–273	203	90–339
Enfermeiro	54	24–100	41	7–64
Auxiliar	234	78–385	257	89–391
Eficiência: estatísticas descritivas				
Taxa de giro de leito[e]	5,2	3,7–7,6	3,3	1,9–4,8
Taxa de substituição de leito[e]	1,2	0,1–3,8	3,9	1,7–9,7
Taxa de ocupação de leito[d]	81	52–99	63	38–76
Tempo médio de permanência (TMP)[d]	4,2	3,8–5,6	5,4	4,1–8,1
TMP para Cirurgia [b]	4,8	3,0–5,7	5,9	2,3–7,7
Eficiência Técnica (altas/leito)				
Geral[e]	60	43–94	46	32–73
Cirúrgica[d]	71	24–103	44	27–84
Clínica[d]	86	25–198	53	17–101
Obstétrica/Ginecológica (N = 20)[b]	96	34–169	58	24–80
Despesa anual (R$ mil)				
Gasto/leito	177	116–279	187	149–227
Gasto/alta[d]	2,9	2,3–3,9	4,3	2,9–7,0

Fonte: Costa e Mendes 2005.

a) Para eficiência alocativa e estatísticas descritivas, N=10.

b) $p< 0,10$.

c) Equivalente a período integral = total de horas/40.

d) $p< 0,05$.

e) $p < 0,01$.

Prioridade Política: Fortalecer a Autonomia e Responsabilização nos Hospitais

- Desenvolver uma estratégia, um marco regulatório e um plano de implementação para converter os estabelecimentos da administração direta e indireta em arranjos organizacionais alternativos que propiciem autonomia decisória e gerenciamento flexível dos recursos humanos.
- Formular uma política de investimentos que promova a adoção de arranjos organizacionais autônomos em todo hospital público novo.

- Estabelecer mecanismos público-privados para fortalecer as estruturas de governança em hospitais privados contratados pelo SUS, incluindo uma reforma regulatória e sua implementação, o fortalecimento da contratualização e o estímulo à competição.

A gestão dos hospitais públicos brasileiros tem seu modelo mais promissor na experiência das Organizações Sociais de Saúde (OSS) do estado de São Paulo. Como mostra a tabela 2, os hospitais administrados por OSS se mostraram mais produtivos e eficientes do que aqueles sob administração direta, oferecendo serviços de maior qualidade que hospitais semelhantes da administração direta, e gerando maiores resultados com os recursos empregados. Os elementos do modelo das OSS merecem, portanto, a atenção dos formuladores de políticas de saúde. As evidências sugerem que esse modelo organizacional se beneficia de um arranjo de responsabilização que inclui cinco elementos fundamentais: autonomia, gerenciamento flexível de recursos humanos, contratação estratégica, cobrança de contratos e um informações sólidas. Esses elementos deveriam ser os fundamentos de qualquer estratégia de reforma do setor hospitalar brasileiro. Uma proposta apresentada pelo MS em 2007 referente à criação de uma nova forma institucional para os hospitais públicos – a das "fundações estatais" – contém todos esses elementos e representa um promissor passo adiante.

A autonomia parece ser o aspecto crucial dos modelos organizacionais. Políticas voltadas a intensificar a autonomia da administração hospitalar pública são um pré-requisito para enfrentar a maioria das questões de desempenho nos hospitais públicos discutidas neste volume. Muitas das atuais discussões sobre políticas hospitalares enfocam a ampliação dos recursos e a capacitação, mas nenhuma dessas ações terá o efeito desejado se os dirigentes hospitalares não tiverem flexibilidade suficiente para realizar as mudanças necessárias. Diversas estratégias podem ser exploradas nesse sentido: alguns países implementaram modificações organizacionais sistêmicas na governança dos hospitais públicos, enquanto outros têm adotado uma abordagem gradual nas reformas da governança.

Implantar por decreto mudanças organizacionais nos novos hospitais – como no caso das OSS – é um primeiro passo importante, mas não terá nenhum efeito nos hospitais existentes onde a maioria dos pacientes é tratada. A recente proposta do MS de converter os hospitais públicos em fundações estatais independentes de direito privado estabeleceria uma política robusta e um marco regulatório para a gestão autônoma dos estabelecimentos públicos. De todo modo, parece claro que é preciso desenvolver uma estratégia de implementação e transição para os hospitais existentes. São necessárias ações para desenvolver estratégias de conversão hospitalar e testá-las em face das experiências brasileiras e internacionais. Em razão das espinhosas questões de financiamento e de recursos humanos envolvidas, a conversão irá exigir liderança e um marco sólido de política. Mudanças pontuais dificilmente aperfeiçoam estruturas organizacionais.

A governança frágil não se limita ao setor público. Embora os hospitais privados não padeçam da rigidez e da falta de autonomia decisória observadas nos estabelecimentos públicos, a informalidade e a ausência de linhas de autoridade claras contribuem para deficiências em seu desempenho. É preciso consolidar e fazer cumprir regulações específicas sobre arranjos e funções de governança nos hospitais filantrópicos. Adicionalmente, devem-se fortalecer os instrumentos de contratualização e promover a competição por contratos com o poder público. Essas medidas intensificariam as pressões por desempenho, o que estimularia os esforços para corrigir as deficiências de gestão. Em alguns casos seria preciso modificar os arranjos de governança de modo que o estabelecimento de saúde seja responsabilizado por buscar os objetivos do sistema de saúde.

Financiamento Passivo, Distorcido e Diluído: Limitações dos Mecanismos de Pagamento Utilizados no Brasil

Mecanismos de pagamento a prestadores (MPP) referem-se aos mecanismos pelos quais instituições compradoras remuneram os prestadores de serviços de saúde. Pelos incentivos que trazem embutidos, os MPP influenciam a conduta dos prestadores de serviços, e, consequentemente, seu desempenho. São instrumentos poderosos que tanto o governo quanto as operadoras privadas podem usar para incentivar os prestadores a seguir políticas prioritárias como a melhoria da qualidade, o aumento de eficiência, a ampliação do acesso e o controle de custos.

No Brasil, os mecanismos de pagamento são pouco utilizados como instrumentos de apoio a políticas prioritárias e de incentivo ao desempenho nos hospitais. Os MPP adotados no país são em geral deficientes: não são associados aos custos dos serviços, nem vinculados aos diagnósticos, nem ajustados à severidade dos casos.

Alguns mecanismos, como o orçamento por elemento de despesa (a forma predominante de financiamento nos hospitais públicos), contribuem para a ineficiência e para custos mais altos. A alocação de recursos através desse tipo de orçamento é baseada em padrões históricos de insumos e gastos, sem nenhuma recompensa para a melhor qualidade ou o melhor controle de gastos. Modalidades orçamentárias de financiamento oferecem poucos incentivos ao aumento da produtividade, à incorporação de inovações gerenciais, à promoção de maior flexibilidade gerencial, à racionalização da oferta ou ao estabelecimento de um ambiente sólido de informação. Em virtude das limitações desse mecanismo de pagamento, a maioria dos países de alta renda que vinha usando orçamentos tradicionais para pagar os hospitais está substituindo-os por sistemas mais sofisticados, que contêm fortes incentivos ao desempenho.

Em contraste, nos últimos anos, o SUS tem ampliado o sistema de orçamentos tradicionais como principal mecanismo de pagamento aos hospitais públicos. Essa tendência corresponde ao crescente uso pelo governo federal de transferências diretas ("fundo a fundo") aos estados e municípios, que por sua vez essas transferências em orçamentos tradicionais para os hospitais. Uma vez que essas transferências não são associadas ao desempenho, os estados e municípios têm pouco incentivo para desenvolver e implementar para os hospitais MPP com forte orientação ao desempenho.

O mecanismo de pagamento da AIH, que consiste em uma tabela de valores predefinida para os serviços prestados, é usado para remunerar hospitais privados conveniados com o SUS e, em princípio, poderia promover um uso mais eficiente de recursos. Tal como vem sendo aplicado, porém, contribui apenas modestamente para o controle de custos, já que os valores de reembolso estão seriamente distorcidos. São pagos valores muito abaixo do custo para a maioria dos serviços de internação e substancialmente acima do custo para uns poucos tratamentos e procedimentos, sobretudo os de alta complexidade (ver figura 2). O resultado é uma forte ênfase na prestação de uns poucos serviços "lucrativos" e uma oferta insuficiente dos muitos serviços remunerados abaixo do custo. Esse desequilíbrio prejudica seriamente o acesso do paciente aos tratamentos de que necessita e o uso custo-efetivo de recursos públicos. É também um dos principais fatores da propalada crise financeira do setor hospitalar filantrópico, que depende fortemente do financiamento do SUS. Ademais, pode levar os hospitais a duplicar serviços, a fraudar contas pela cobrança de procedimentos melhor remunerados, a especializar-se em tratamentos lucrativos e a buscar (e depender de) repasses financeiros governamentais de emergência para fechar as contas.

Os tetos financeiros impostos pelo SUS estabelecem um limite geral de gastos mas não promovem condutas para o uso eficiente dos recursos pelos estabelecimentos de saúde. Esses tetos são baseados em tendências históricas, de modo que perpetuam ineficiências que se enraizaram ao longo dos anos. Além disso, são ajustados conforme as receitas tributárias arrecadadas durante o ano fiscal. Além disso, os hospitais frequentemente reduzem a oferta de serviços perto do final do ano, à medida que se aproximam dos tetos a eles atribuídos, e então exercem pressões políticas para receber repasses orçamentários adicionais, ou podem reduzir gastos planejados para a manutenção de equipamentos e a aquisição de insumos materiais. De modo geral, a utilização de planejamento e gerenciamento financeiros, ou de esforços para aumentar a eficiência no uso de recursos para permanecer dentro dos limites financeiros, são raros. A utilização passiva e não estratégica dos recursos do SUS para a assistência hospitalar chama a atenção, já que em sistemas hospitalares pluralistas o financiamento público comumente é o instrumento mais influente utilizado para induzir a busca de eficiência e qualidade.

FIGURA 2
Razão Média entre Valores da Tabela do SUS e o Custo Real dos Procedimentos, por Nível de Complexidade, 2002
(N = 107)

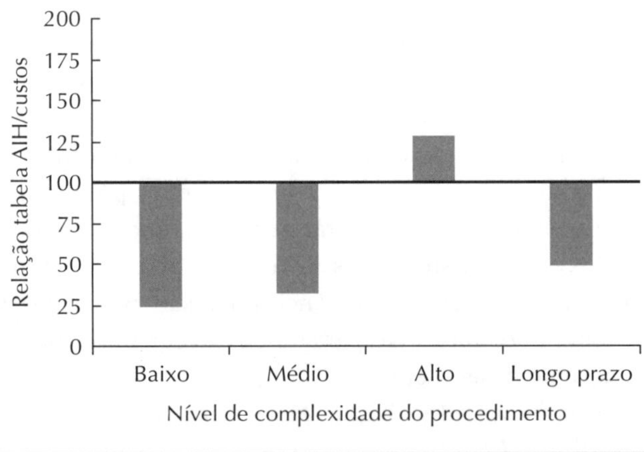

Fonte: Dias, Couttolenc e Matos 2004.

Os sistemas de pagamento adotados no setor privado também estimulam os prestadores a aumentar a produção de serviços, por vezes levando a uma sobreoferta daqueles mais lucrativos e a custos desnecessariamente mais altos. A maioria das operadoras de planos de saúde privados remunera os serviços de assistência hospitalar por uma tabela de valores por serviço, predefinida e negociada com os hospitais. Os sistemas de pagamento baseados em tabelas de preços utilizadas pelas operadoras privadas estão associados a uma utilização mais eficiente de recursos, mas isso talvez se deva ao fato de que os estabelecimentos privados geralmente atendem menor proporção de casos complexos e graves do que muitos hospitais públicos, além de desfrutarem de autonomia gerencial muito maior. A definição dos valores de tabelas de reembolso tem pouca relação com os custos reais dos serviços ou com o uso de recursos, em parte por causa da ausência de informações confiáveis e de controle sobre custos tanto por parte dos prestadores quanto das operadoras. Assim, como no caso do SUS, as discrepâncias entre preços e custos no setor privado não têm sido objeto de análise sistemática, mas as disputas em torno dos valores de reembolso entre pagadores e prestadores, frequentemente veiculadas pela imprensa, sugerem que essas tabelas não refletem os custos. O impacto dessas tabelas de pagamento na contenção de custos parece, quando muito, modesto, já que os estabelecimentos privados, assim com os hospitais financiados pelo SUS, têm um incentivo para oferecer preferencialmente os tratamentos mais bem reembolsados.

Os múltiplos sistemas de pagamento com os quais se depara o gestor hospitalar típico diluem o impacto dos incentivos embutidos em qualquer um desses mecanismos individualmente (ver figura 3). Os incentivos para a melhoria da eficiência e da qualidade ou para o controle de custos em um dos MPP podem ser contrabalançados por desincentivos em outro. Discrepâncias nas tabelas de reembolso podem contribuir para distorções ao nível do sistema como um todo. Por exemplo, pagadores que remuneram mal, como o SUS, podem levar os hospitais a "economizar" na qualidade, transferir custos para pagadores que remuneram melhor, ou transferir casos mais complexos para estabelecimentos públicos que não dependem de remuneração baseada em produção e são obrigados a atender todos os casos. Os hospitais privados cada vez mais buscam atrair pacientes cobertos por planos de saúde privados, que pagam valores mais altos que o SUS e cobrem pacientes com renda mais alta. Isso contribui para uma estratificação do sistema hospitalar.

FIGURA 3
Financiamento Hospitalar por Mecanismo de Pagamento, 2002
(N = 428)

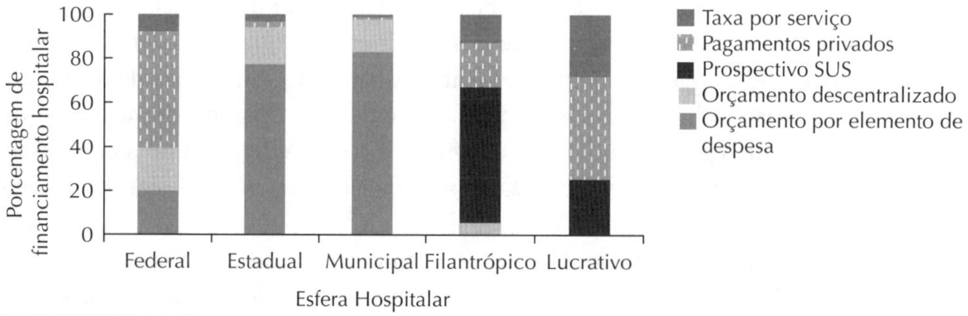

Fonte: Couttolenc et al. 2004.

A relação financeira entre pagadores e hospitais frequentemente envolve contratação. Os contratos fazem parte de muitos mecanismos de pagamento porque especificam os termos e as condições do pagamento. Embora o SUS tenha uma longa história de contratação de estabelecimentos privados para prover serviços hospitalares, utiliza para isso um instrumento contratual passivo, o convênio, que não especifica funções, não define produtos e não estabelece metas de desempenho em contrapartida ao financiamento. Os convênios são essencialmente um instrumento legal para distribuir recursos orçamentários a prestadores privados tradicionalmente vinculados ao sistema público. Como instrumento de contratação no entanto, o convênio é desprovido de mecanismos de responsabilização e não é utilizado para gerar incentivos relativos a produção ou eficiência.

O que Pode ser Feito?

Fortalecer o Poder Indutivo dos Fluxos de Financiamento para Melhorar a Eficiência, o Controle de Custos e a Qualidade

- Fortalecer o poder indutivo dos fluxos de financiamento público (SUS) mediante:
  1. a implementação de sistemas de pagamento alternativos para os hospitais públicos, tais como orçamentos globais associados ao desempenho, a fim de substituir os orçamentos tradicionais e estabelecer fortes incentivos à melhoria da qualidade e da eficiência;
  2. o aprimoramento dos arranjos contratuais com a aplicação de instrumentos que especifiquem o volume e o tipo de serviços e definam metas prioritárias, vinculando uma proporção da remuneração ao desempenho e ao cumprimento das metas acordadas;
  3. o aperfeiçoamento do sistema AIH/SIA,[1] alinhando os valores de pagamento aos custos e gradualmente convertendo-o em um sistema semelhante ao DRG.
- Iniciar uma reforma regulatória que aperfeiçoe os fluxos de financiamento privados (para limitar o repasse de custos e intensificar a contenção de gastos e a disciplina fiscal), promova a consistência do sistema de pagamento e gere incentivos para a eficiência nos hospitais e entre os administradores hospitalares.

A adoção de um sistema de orçamento global em todos os hospitais públicos promoveria melhorias de desempenho. Alguns estados e municípios já vêm introduzindo sistemas de orçamento global que definem tetos de recursos e vinculam uma parcela do pagamento ao desempenho. Outro aspecto importante desses sistemas é que concedem aos gestores hospitalares a flexibilidade suficiente para alocar recursos entre categorias de despesas, de modo a melhorar a produtividade e a qualidade. As evidências disponíveis sugerem que os sistemas por orçamentos globais, quando combinados com medidas como a concessão de maior autonomia e a contratação estratégica (discutida a seguir), intensificariam a responsabilização e o desempenho.

Uma autêntica responsabilização dos hospitais requer mais do que arranjos de gestão e financiamento com base no desempenho. Requer uma clara definição das funções e responsabilidades dos hospitais públicos e de seus gestores, de modo que as ações necessárias para cumprir essas obrigações sejam claramente compreendidas. Um delineamento preciso das expectativas de desempenho torna mais fácil identificar e corrigir as deficiências.

Essa clareza pode ser melhor alcançada mediante arranjos contratuais que definam o conteúdo dos acordos de financiamento. Esses arranjos entre o SUS e os hospitais públicos e privados por ele financiados devem estabelecer objetivos claramente relacionadas ao desempenho – incluindo a especificação de produtos e resultados, bem como os recursos para alcançá-los. Os contratos também devem especificar a porção do financiamento que é vinculada ao cumprimento dos objetivos, como sugerido acima.

A mudança do conteúdo dos acordos de financiamento entre o SUS e os hospitais é necessária, mas não suficiente: a forma de relacionamento também precisa mudar. Como demonstrado pela experiência com as OSS e em vários países-membros da Organização para a Cooperação e o Desenvolvimento Econômico (OCDE), a capacidade do financiador de gerenciar o processo de contratualização e de monitorar e fazer cumprir os contratos, contribui de forma crucial para os resultados. Muitas iniciativas bem sucedidas de contratualização com hospitais contaram com um programa de capacitação em gestão de contratos em sua fase inicial.

A relação contratual também precisa minimizar as possibilidades de vieses na contratualização pública com estabelecimentos públicos. Nos arranjos organizacionais como o da administração direta, os estabelecimentos são essencialmente unidades orçamentárias da agência financiadora, e isso cria um conflito de interesses. Alguns países conseguiram estabelecer uma relação mais "distanciada" mediante a implementação de reformas que separam o ente pagador público dos prestadores. Em outros, onde vários hospitais públicos permanecem sob administração direta, constituíram-se órgãos externos para supervisionar o processo de contratação e o cumprimento das cláusulas contratuais. Esta última opção foi adotada no estado de São Paulo a fim de assegurar a visibilidade e a imparcialidade na implementação dos contratos com as OSS.

Para que o sistema de pagamento possa motivar todos os hospitais a melhorar seu desempenho, o sistema de remuneração dos hospitais privados filantrópicos conveniados com o SUS também precisa ser alterado. É importantíssimo que os arranjos financeiros proporcionem reembolsos que cubram os custos, de modo a assegurar a estabilidade financeira e níveis mínimos de qualidade nesses hospitais. Uma vez que as tabelas de reembolso sejam ajustadas para cobrir os custos, é importante caminhar para a adoção da prática de contratualização para induzir melhorias em qualidade e em eficiência. Onde houver capacidade de oferta suficiente para que a produção de certos serviços seja distribuída entre múltiplos hospitais, deve-se introduzir a contratação seletiva e a competição entre prestadores para esses serviços. Em um ambiente competitivo, no qual os hospitais correm o risco de perderem serviços lucrativos, eles naturalmente adotarão uma estratégia mais proativa no que diz respeito à melhoria da qualidade e contenção de custos.

Nenhum mecanismo de pagamento é perfeito; por isso, vários países têm adotado métodos de ajustamento dos valores pagos em função da complexidade dos casos (*case-based adjustment*), como o dos DRG, seja para remunerar diretamente os hospitais, seja para apoiar e fortalecer os sistemas de orçamento global. Ainda que os DRG tenham suas limitações, têm estimulado a melhoria da eficiência e o controle dos custos na atenção hospitalar. À diferença do sistema da AIH, que é baseado principalmente em procedimentos – isto é, serviços prestados – e nas características dos hospitais (por exemplo, universitários e não universitários), os DRG também refletem as características dos pacientes, tais como diagnóstico e idade, bem como os custos (ou uso relativo dos recursos). Assim, um sistema baseado em DRG é mais eficaz do que outros na vinculação da alocação dos recursos a padrões de morbidade, riscos e custos.

O sistema da AIH constitui uma base importante para a implementação dos DRG no Brasil. No entanto, o desenvolvimento dos DRG exigiria, além da eliminação das distorções nos dados sobre procedimentos disponíveis na AIH, o fortalecimento da coleta de dados sobre diagnósticos, para permitir o ajustamento por casos, e a implantação de um sistema padronizado de coleta de dados sobre custos.

Um mecanismo bem desenhado de pagamento com base em DRG contribuiria ainda para outra recomendação feita neste livro – a redução da fragmentação nos sistemas de pagamento – caso os financiadores privados pudessem ser motivados, por regulação ou outros meios, a utilizar uma base de pagamento comum. Na situação vigente, com sistemas de pagamento múltiplos e muitas vezes mal desenhados, os gerentes hospitalares se deparam com uma combinação de incentivos frequentemente contraditória e com disparidades na remuneração que levam ao sub ou ao superfinanciamento de determinados serviços, dependendo do pagador e do mecanismo aplicado. Um primeiro passo para corrigir essa situação seria a análise da experiência internacional na elaboração de sistemas de pagamento uniformes. De todo modo, alcançar a uniformidade da remuneração será impossível sem um mecanismo de pagamento solidamente elaborado – tal como o DRG –, que possa ser igualmente utilizado pelo SUS e pelos pagadores privados.

Coordenação Frágil e Ausência de Planejamento da Capacidade Instalada

A prestação de assistência hospitalar requer estreita coordenação dentro do hospital e com outros prestadores de serviços (de especialidades, de diagnóstico ou de atenção básica). Para que os sistemas de saúde funcionem bem e para que a população tenha um bom atendimento, os prestadores precisam se coordenar de múltiplas formas: entre si (por exemplo, compartilhando informações sobre pacientes para assegurar a qualidade do atendimento e o acompanhamento); com o sistema de saúde pública (por exemplo, em casos de doenças de notificação compulsória para efeito de vigilância epidemiológica); com os órgãos reguladores e autorreguladores, para o controle da qualidade (por exemplo, comunicando erros médicos, eventos adversos e estatísticas sobre prática médica para identificar problemas); e com financiadores e órgãos de planejamento e regulação (por exemplo, solicitando aprovação para a compra de equipamentos de alto custo ou para a expansão da capacidade).

De modo geral, os hospitais brasileiros que contam com financiamento público não se coordenam entre si ou com outros prestadores para atender, encaminhar ou acompanhar pacientes. Mesmo os hospitais e outros prestadores controlados ou financiados por uma mesma entidade, como uma prefeitura específica, não trabalham efetivamente juntos. Não existe coordenação entre os hospitais privados vinculados e não vinculados ao SUS. Isso ocorre não porque as pessoas envolvidas não se importem, mas porque não existem mecanismos que motive e favoreça essa coordenação. E mesmo nas melhores circunstâncias, a coordenação assistencial é difícil de alcançar, em parte por causa da estrutura federativa do Brasil que confere considerável autonomia aos governos estaduais e municipais. A coordenação é ainda dificultada no âmbito subnacional por uma administração pública frequentemente frágil, pela fraca capacidade de gestão nos hospitais públicos, pela definição pouco clara das responsabilidades entre os estados e municípios, por sistemas de referência precários, e pela ausência de cooperação com os prestadores de serviços privados não vinculados ao SUS. Essa situação tem ensejado um jogo de empurra entre autoridades federais, estaduais e municipais acerca de financiamento, responsabilidades e resultados, que frequentemente acaba se manifestando mais fortemente no setor hospitalar. Além disso, a maioria das prefeituras – que gerenciam diretamente mais serviços de saúde do que os outros atores – possui uma área de abrangência muito pequena. Na ausência de coordenação regional ou intermunicipal, não pode haver economias de escala, e ocorrem repasses de custos entre prestadores.

Escala e Localização Problemáticas

Evidências obtidas mediante a metodologia da Análise Envoltória de Dados (*Data Envelopment Analysis* – DEA) e apresentadas neste volume demonstram que o tamanho do hospital é o fator mais importante na determinação da eficiência (ver figura 4). No Brasil, muitos hospitais são pequenos demais para operar eficientemente ou com garantia de qualidade. Cerca de 60% dos estabelecimentos têm menos de 50 leitos, ao passo que a evidência internacional sugere que o tamanho ideal varia entre 150 e 250 leitos. Pior que isso, os pequenos hospitais são extremamente subutilizados, o que indica que a demanda pelos serviços que oferecem é limitada. A despeito da baixa eficiência e da subutilização, muitos desses hospitais sobrevivem à base de subsídios e auxílios de governos estaduais e municipais. Esses recursos são de modo geral mobilizados por pressão política e representam gastos adicionais que muitas vezes não são registrados claramente nas contas dos governos subnacionais.

FIGURA 4
Pontuação de Eficiência (DEA), por Número Médio de Leitos
(N = 428 com 25 ou +leitos)

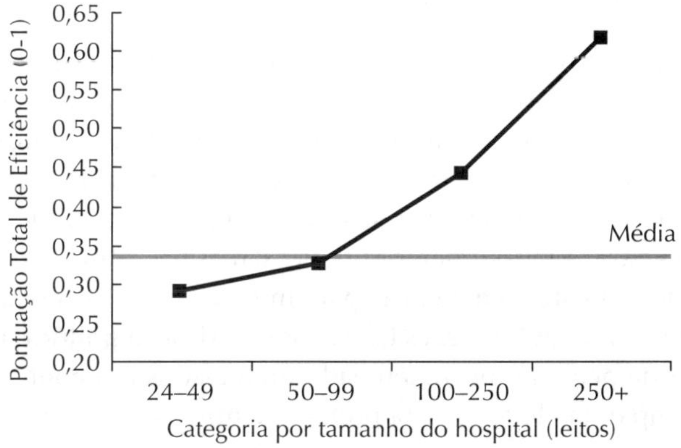

Fonte: Couttolenc et al. 2004.

A pequena escala também contribui para gastos mais altos e qualidade mais baixa. O estado de Minas Gerais, por exemplo, estimou que estava gastando muito com o tratamento hospitalar de casos de baixa complexidade, em vez de atendê-los em unidades básicas a custos menores. Em 2002, essas condições sensíveis à atenção ambulatorial representaram 40% das internações e 25% dos gastos hospitalares nas unidades com menos de 50 leitos, mas somente 13% das internações em unidades com mais de 200 leitos.

A maior escala de produção é reconhecidamente associada a melhores resultados, em particular para procedimentos complexos, e o Brasil não é exceção. Em 1995, as mais altas taxas de mortalidade por cirurgia de revascularização do miocárdio foram encontradas nos hospitais que realizaram menos cirurgias (ver tabela 3). Como observado acima, o volume de pacientes está estreitamente associado ao tamanho do estabelecimento de saúde.

TABELA 3
Cirurgia de Implantes Coronarianos, 1995

Cirurgia por hospital	*Número de hospitais*	*Total de operações*	*Total de mortes*	*Taxa de mortalidade (%)*
1–9	22	93	12	12,9
10–49	31	681	86	12,6
50–149	43	2.947	264	10,0
150–299	23	8.077	509	6,3
300+	5	4.269	228	5,2

Fonte: Noronha et al. 2003, WHO 2003a.

No Brasil, há excesso de equipamentos de alto custo em algumas regiões e falta em outras. A sobreoferta, a subutilização, a alocação inadequada (em hospitais pequenos e com baixo volume de pacientes) e a concentração iníqua de equipamentos médicos exacerbam os problemas de acesso e solapam a eficiência. A distorção da capacidade hospitalar torna os serviços muito mais dispendiosos do que o necessário e compromete a sua qualidade. No Brasil, todas as esferas governamentais e muitas entidades não-governamentais possuem hospitais; nesse contexto, todos esses "proprietários" de hospitais tomam decisões importantes sobre investimentos em equipamentos em grande medida isolados uns dos outros.

Distorção da Capacidade Instalada, Ausência de Redes e Gestão Fragmentada

O financiamento de investimentos hospitalares também dificulta e muitas vezes impede a coordenação. A localização, a escala e a configuração dos serviços dos hospitais influenciam fortemente o custo dos serviços, de modo que os governos em muitos países orientam o desenvolvimento da capacidade hospitalar. No Brasil, os mecanismos de financiamento para a reposição de capital são inconsistentes e suscetíveis a pressões políticas. O sistema vigente estabelece prioridades para os investimentos públicos, mas não com base em uma rigorosa avaliação das necessidades. O sistema é ineficaz para impedir os investimentos não relacionados às prioridades estabelecidas, muitas vezes feitas com motivação política. Por exemplo, muitos hospitais municipais de pequeno porte têm sido financiados por conta do cumprimento de uma promessa de campanha eleitoral para prefeito. Outro aspecto importante da fragilidade das políticas de investimentos é que geralmente as decisões não são, em geral, vinculadas a um planejamento de recursos para cobrir os gastos correntes associados a esses investimentos. Em consequência, algumas unidades de saúde são construídas e equipadas mas permanecem fechadas por longos períodos em virtude da falta de recursos orçamentários para cobrir despesas operacionais e com pessoal.

O financiamento de investimentos raramente é incluído nos orçamentos anuais ou nos mecanismos de pagamento hospitalares. Ao contrário, os investimentos hospitalares dependem de mecanismos de financiamento pontuais, que não estimulam o planejamento e a tomada de decisões racionais. Por exemplo, uma significativa fonte para esse tipo de financiamento é o empréstimo internacional por agências de desenvolvimento multilaterais. Esses empréstimos são esporádicos e geralmente destinados a áreas específicas. Outro mecanismo, mais comum, é o das emendas parlamentares apresentadas por legisladores em favor de projetos especiais em seus respectivos distritos eleitorais. O MS tem buscado oferecer diretrizes para esses investimentos a fim de compatibilizá-los com as políticas e prioridades de saúde, mas nem sempre tem sido bem-sucedido. Ao contrário do que ocorre em outros países com sistema hospitalar pluralista, como a Alemanha e a França, não existe uma orientação geral para o desenvolvimento da capacidade hospitalar por prestadores independentes com base nas necessidades e demandas da população.

O sistema de saúde brasileiro, e em particular o setor hospitalar, é organizado, sobretudo, para prover atendimento a casos agudos em estabelecimentos isolados. São raras as estruturas em rede, em que diversos prestadores se juntam para formalizar acordos em prol da gestão e da prestação de serviços de saúde. A organização vigente é inadequada para lidar com a crescente incidência de doenças crônicas, que requer estruturas de tratamento integrado e contínuo envolvendo múltiplos prestadores.

O que Pode ser Feito?

Buscar Sistematicamente a Coordenação de Serviços e o Planejamento da Capacidade Instalada

- Desenvolver e implementar planos diretores em âmbito estadual para a coordenação assistencial e para o estabelecimento de redes regionais.
- Fortalecer a estratégia nacional de racionalização da oferta hospitalar, contemplando a transformação ou o fechamento de hospitais de pequeno porte, e o aumento da cobertura e da qualidade da atenção básica.
- Fortalecer o financiamento de investimentos para hospitais com base em políticas claras, aprovação regulatória ou planos diretores de investimento.
- Desenvolver um sistema nacional para a avaliação e a alocação de tecnologia.

As dificuldades aumentam quando se trata de assegurar a coordenação assistencial entre entidades político-administrativas em sistemas altamente descentralizados como o brasileiro, em que os governos locais possuem hospitais. Nesses casos, em que a abrangência político-administrativa é muito menor do que a população adstrita ou coberta pelos estabelecimentos, é fundamental que os governos locais estabeleçam mecanismos de coordenação entre si e com os prestadores privados. No Brasil isso significa que o planejamento e o funcionamento dos hospitais devem ser coordenados entre diversas esferas de governo e prestadores.

Pode-se identificar ao menos três formas de coordenação de serviços. (i) Onde há co-propriedade das unidades prestadoras de serviços e, portanto, vínculo administrativo, a conduta do prestador é coordenada com base nas relações hierárquicas ou de emprego. No setor público isso normalmente envolve regulamentos ou normas operacionais. Esse é o atual *modus operandi* para prestadores públicos no Brasil, e não tem funcionado bem, em parte por causa das restrições discutidas acima. (ii) As empresas (públicas e privadas) que possuem uma ampla rede de prestadores são outro exemplo de coordenação por propriedade ou administrativa. (iii) A "coordenação por contrato" se dá mediante procedimentos de contratualização e exigências relativas à coordenação entre financiadores e prestadores contratados.

Os órgãos governamentais não controlam diretamente os hospitais privados, e, dadas as limitações da coordenação baseada em normas, nesse caso as abordagens administrativas para fortalecer a coordenação não são exequíveis. A coordenação baseada em financiamento e exercida mediante arranjos contratuais pode oferecer maior chance de êxito, mas precisa ser complementada pelo compartilhamento do financiamento e da autoridade entre municípios. O financiamento conjunto implicaria reunir recursos federais, estaduais e municipais em um único fundo para remunerar todos os serviços e programas em uma rede envolvendo vários municípios com numa população definida.

A coordenação efetiva entre prestadores de serviços só será possível se houver uma estrutura de comando com real poder de decisão sobre uma área de abrangência definida, bem como uma rede de unidades de atenção básica, diagnósticas e hospitais financiados pelo SUS, que inclua os estabelecimentos filantrópicos. Para possibilitar o financiamento e supervisão compartilhados, uma entidade de coordenação provavelmente irá requerer uma estrutura de governança que envolva consórcios municipais ou fundações públicas porém autônomas. Um braço executivo gerenciaria a rede. Embora arranjos de governança e gestão possam ser altamente específicos ao contexto, entidades de coordenação precisam ter autoridade suficiente para alocar recursos - inclusive humanos - no âmbito da rede (ou seja, distribuir os recursos do fundo comum aos prestadores no âmbito de uma determinada microrregião que englobe diversos municípios), para tomar decisões estratégicas sobre investimentos de capital, configuração de serviços e incorporação de tecnologia, e para direcionar ou proporcionar incentivos ao desenvolvimento estratégico dos hospitais - mas não para gerenciar as atividades do dia-a-dia.

Muito mais precisa ser feito no que diz respeito à sobreoferta de pequenos hospitais e à distribuição desigual de recursos tecnológicos. A atual estratégia do MS a respeito dos hospitais de pequeno porte não avança o bastante no sentido da redução do desperdício de recursos escassos com esses estabelecimentos. Requer-se uma política mais abrangente que coloque em questão a necessidade de se ter estabelecimentos com menos de 100 leitos. Evidentemente, alguns hospitais pequenos são justificados em áreas rurais remotas. Ao longo dos últimos 20 anos, porém, as melhorias na rede viária têm expandido consideravelmente o acesso da população a estabelecimentos maiores e melhores. Todos os investimentos deveriam ser baseados em políticas explícitas e ser previstos em planos de investimento coordenados, conectados às redes de atenção. A combinação de recursos em um fundo comum poderia reduzir os problemas associados aos pequenos hospitais.

O ônus de ter hospitais errados em locais errados é uma despesa com a qual o Brasil não pode arcar por muito mais tempo, tanto em termos de custos como de qualidade. Podem-se obter ganhos significativos orientando-se a capacidade do setor hospitalar para uma melhor distribuição geográfica, uma escala mais econômica e uma melhor configuração dos serviços entre estabelecimentos. A melhor resposta à fragmentação e influência política nos investimentos hospitalares consiste em uma estratégia de investimentos e um mecanismo de financiamento baseados em políticas públicas. Tanto uma exigência regulatória direta para todo o setor de um certificado de necessidade, quanto um plano diretor obrigatório e vinculado ao financiamento público poderiam funcionar para o Brasil. Ambas as medidas se mostraram eficazes em outros países com sistemas hospitalares pluralistas, permitindo que os investimentos de capital fossem empreendidos por uma ampla gama de atores tanto governamentais como não-governamentais. A rigorosa alocação de fundos de investimento baseada em políticas claras impede a construção de hospitais ou alas hospitalares desnecessários e a aquisição de equipamentos onerosos. O mecanismo alocativo também pode ser utilizado para assegurar que a nova capacidade seja situada em locais onde a população está em crescimento. Em sistemas pluralistas, costuma-se elaborar planos diretores que contemplem projeções de médio prazo para o desenvolvimento da capacidade hospitalar. Somente os estabelecimentos e unidades cujas capacidades estejam previstas nesses planos têm seus serviços financiados com fundos públicos. Assim, se um governo municipal constrói um estabelecimento não incluído no plano diretor, não há nenhuma garantia de que algum serviço venha a ser remunerado com fundos públicos.

Embora o MS venha discutindo mecanismos para promover uma avaliação rigorosa de tecnologias, essas iniciativas têm sido tímidas. Para reduzir a duplicação, o desperdício e a ineficiência, é necessário constituir um sólido sistema nacional de avaliação e alocação de tecnologia. Tal sistema requer não apenas a elaboração e a implementação de uma metodologia de avaliação de tecnologias, mas também o treinamento de um número suficiente de especialistas para aplicar e interpretar os resultados das avaliações. Sobretudo, requer mecanismos para fazer valer as recomendações ou decisões do sistema. Essa cobrança pode ser obtida com mecanismos de financiamento (alocando-se fundos públicos apenas para tecnologias comprovadamente custo–efetivas – o procedimento preferido pelo SUS), regulação (a abordagem viável no setor privado sem financiamento público), ou ambas as medidas. No plano internacional, muitas iniciativas bem-sucedidas nessa área têm constituído órgãos nacionais independentes e vigorosos, com ampla participação dos atores envolvidos.

Ausência de Programas Sistemáticos e Contínuos para Aplicar Padrões e Mensurar e Garantir a Qualidade

"Qualidade" é uma noção abstrata – fácil de descrever mas difícil de operacionalizar. Uma "boa atenção à saúde" é difícil de definir e frequentemente depende dos padrões estabelecidos pelas agências reguladoras de cada país. O Brasil de fato possui alguns estabelecimentos de saúde de categoria internacional, mas as evidências sugerem que muitos hospitais são simplesmente precários, com sérias deficiências em estrutura, processos e resultados. Além de colocar em perigo a saúde das pessoas, a baixa qualidade gera muitos custos desnecessários, que corroem a capacidade de custeio do sistema de saúde. A má qualidade resulta em maiores gastos com saúde em razão da sobreutilização, subutilização, erros, eventos adversos, perda de informações, diagnósticos e procedimentos repetidos e reinternações hospitalares.

A melhoria da qualidade tem sido mencionada em quase todas as declarações governamentais sobre políticas de saúde ao longo dos últimos 15 anos, mas poucas estratégias e ações têm sido postas em prática para enfrentar sistematicamente a questão da qualidade nos hospitais públicos. A situação é semelhante no setor privado. A imprensa parece fazer um trabalho melhor de monitoração da qualidade do que os atores do sistema de saúde, como o SUS, as operadoras privadas ou os prestadores de serviços. Contudo, a mídia não é o melhor meio de monitoramento da qualidade dos serviços. Apesar do amplo reconhecimento de que dados sobre a qualidade são essenciais para a avaliação e a melhoria da atenção hospitalar, as pesquisas e a literatura abordadas neste volume sugerem que mensurar e comparar a qualidade não é um tema prioritário de análise.

Uma medida da qualidade estrutural comumente usada envolve o estado das instalações e da infraestrutura em um complexo hospitalar. Vistorias realizadas por diversas entidades estaduais e nacionais verificaram que um número surpreendentemente pequeno de estabelecimentos estão em conformidade com os requisitos de licenciamento (tabela 4).

Em outros países, esses hospitais seriam considerados inseguros e obrigados a se adequar aos padrões ou a fechar as portas. Informações obtidas nos prontuários médicos de pacientes mostraram que a gestão clínica também é deficiente (tabela 5).

TABELA 4
Condições Físicas dos Hospitais em São Paulo, por Esfera, 2003
(N = 743)

	Pública			*Privada*			
Área Física	*Todos*	*Estadual*	*Municipal*	*Todos*	*Filantrópica*	*Com fins lucrativos*	*Total*
Adequado (%)	50,0	45,7	46,5	44,0	30,3	62,8	45,4
Inadequado (%)	47,6	51,4	50,5	53,9	68,8	33,3	52,5
Sem informação (%)	2,4	2,9	33,0	2,1	0,9	3,9	2,2
Número (total)	164,0	35,0	101,0	579,0	337,0	231,0	743,0

Fonte: CREMESP 2004a.
Nota: Os critérios de qualificação são baseados na legislação de licenciamento.

TABELA 5
Adequação dos Prontuários Médicos nos Hospitais do Estado de São Paulo, por Esfera
(N = 743)

	Pública			*Privada*			
Características dos prontuários	*Todos*	*Estadual*	*Municipal*	*Todos*	*Beneficente e filantrópica*	*Com fins lucrativos*	*Total*
Prontuários preenchidos adequadamente (%)	31,7	42,9	23,7	16,6	10,7	23,4	19,9
Informações incompletas (%)	55,5	42,9	62,4	71,8	80,7	60,2	68,3
Sem informação (%)	12,8	14,2	13,9	11,6	8,6	16,4	11,8
Número	164,0	35,0	101,0	579,0	337,0	231,0	743,0

Fonte: CREMESP 2004a.

As ações que vêm sendo empreendidas para melhorar a qualidade não têm sido suficientes, embora tenham tido algum impacto. No âmbito da América Latina, o Brasil foi um dos pioneiros no desenvolvimento de programas de acreditação hospitalar, mas os respectivos padrões não são utilizados ou aplicados na maioria dos hospitais. Somente 55 dos mais de 6.500 hospitais brasileiros estavam acreditados em 2003, sendo que a maioria deles obteve a acreditação de Nível 1 da Organização Nacional de Acreditação (ONA), que é essencialmente um licenciamento básico. Há evidências de que os hospitais acreditados ou com certificação externa superam os não acreditados em qualidade e eficiência. Em 2005, o Programa de Controle da Qualidade Hospitalar (CQH), um programa de certificação hospitalar sediado em São Paulo, realizou uma análise comparativa dos hospitais que participaram de seu programa "Selo de Qualidade" entre 1999 e 2003. Os estabelecimentos certificados superaram de longe os não certificados em quase todos os indicadores de eficiência e qualidade incluídos no estudo.

Tem-se verificado que os hospitais que participam de programas de acreditação desenvolvem e implementam programas de melhoria contínua da qualidade. A acreditação os obriga a averiguar suas competências, avaliando e comparando os serviços que oferecem em face dos padrões. Assim, a conformidade com os padrões se torna fator de impulso para o processo de melhoria da qualidade em toda a organização. Infelizmente os hospitais parecem ter poucos incentivos externos para procurar a acreditação. A acreditação ainda não faz parte da agenda política do SUS, apesar do apoio do MS na fundação da ONA, e nem mesmo os pagadores privados lhe dão muita ênfase.

No que diz respeito à competência e à conduta profissionais, há uma surpreendente coexistência de atenção e negligência. Por exemplo, recentemente o Brasil implementou a recertificação médica obrigatória, mas não tem nenhum sistema para certificar a competência dos formados pelas faculdades de medicina. Quanto à imperícia médica, embora o Brasil tenha regulamentações e mecanismos institucionais para proteger os cidadãos, tais mecanismos são muito fracos. Em parte por causa do corporativismo da categoria, os Conselhos de Medicina regionais e federal raramente cassam licenças médicas, sendo mais propensos a emitir advertências ou reprimendas confidenciais (ver tabela 6). Nos Conselhos Regionais, os limites da responsabilização parecem difusos, porque nem a população nem o governo são representados.

TABELA 6
Ações Disciplinares contra Médicos no Brasil e nos Estados Unidos, 2001-2005

País ou estado, e ação	*2001*	*2002*	*2003*	*2004*	*2005*
Brasil					
Casos (número)	141	184	239	231	344
Suspensão da licença, 30 dias (%)	4	3	3	4	8
Cancelamento da licença	4	8	4	4	2
Estados Unidos					
Casos (número total)	4.758	4.946	5.342	6.261	6.213
Restrição de licença (%)	25	25	25	21	22
Suspensão de licença (%)	35	36	34	34	32
Califórnia					
Casos (número total)	495	569	572	651	624
Restrição de licença (%)	26	25	29	24	23
Suspensão de licença (%)	34	33	36	33	35
Nova York					
Casos (número total)	503	461	508	534	534
Restrição de licença (%)	19	21	28	38	29
Suspensão de licença (%)	51	49	46	42	39

Fonte: Brasil: Conselho Federal de Medicina 2006; Estados Unidos: Federation of State Medical Boards 2006.

Os inúmeros mas isolados esforços para melhorar a qualidade hospitalar no Brasil precisam se articular num movimento nacional. Poucos esforços sistemáticos e contínuos têm sido empreendidos; há uma generalizada ausência de políticas, programas e sistemas nacionais para apoiar a medição e avaliação da qualidade, a análise e comparação do desempenho em qualidade, a capacitação para a melhoria de qualidade, a disseminação de pesquisas baseadas em evidências e a transparência pública. Ademais, não existe uma infraestrutura institucional para desenvolver, implementar e coordenar tais políticas. Existem algumas iniciativas promissoras por parte do MS e de entidades regionais, bem como programas de melhoria da qualidade ao nível dos hospitais, que são abrangentes e contínuos, mas não se sabe se são passíveis de reprodução porque não têm sido avaliados. Sem uma política coordenada e um esforço institucional para enfrentar a questão da qualidade, qualquer progresso real será efêmero.

O que Pode ser feito?

Elevar os Padrões de Qualidade em Todos os Hospitais

- Desenvolver e implementar uma estratégia nacional para avaliar e melhorar a qualidade baseada em três elementos: apoio sistêmico, mecanismos de responsabilização, e desenvolvimento organizacional (ver figura 8.1 no capítulo 8).
- Instituir um rigoroso exame nacional de licenciamento para os diplomados de faculdades de medicina.

Nenhuma pessoa doente atendida em um hospital brasileiro deveria deparar-se com riscos desnecessários associados ao tratamento. É imprescindível uma liderança nacional para desenvolver políticas e estruturas institucionais que apóiem a melhoria da qualidade em todo o sistema de saúde, mas particularmente nos hospitais. É necessária uma ampla participação dos atores envolvidos para formular uma estratégia nacional e desenvolver a infraestrutura institucional necessária para medir e monitorar a qualidade, conduzir pesquisas avaliativas sobre qualidade, e propiciar apoio técnico para as unidades de saúde que busquem desenvolver programas de melhoria contínua de qualidade.

Outra prioridade é levar rapidamente todos os hospitais brasileiros a oferecer os padrões mínimos de qualidade prescritos nos requisitos de licenciamento. Deveria se exigir que todos os hospitais cumpram esses requisitos imediatamente. Na maioria dos países, padrões mínimos são alcançados por meio de regulação – por exemplo, suspendendo-se ou revogando-se a autorização de funcionamento dos hospitais que não estejam de acordo com os padrões. No Brasil, tais normas regulatórias já estão em vigor, mas não são cobradas. Muitos estabelecimentos não estão em conformidade com as regras de licenciamento relativas a padrões estruturais mínimos e deveriam ser fechados se a observância desses padrões fosse exigida.

De todo modo, uma vez que a maioria dos padrões de licenciamento se refere apenas aos aspectos estruturais da qualidade, é improvável que a conformidade com esses padrões tenha impacto suficiente na qualidade dos serviços. Por conseguinte, é preciso, ao mesmo tempo, expandir o(s) sistema(s) de acreditação para motivar os hospitais a monitorar e aprimorar os processos de cuidados e seus resultados. Nesse caso também, o Brasil já possui programas de acreditação bem elaborados, mas seu alcance é limitado a uns poucos hospitais que atendem à elite do país.

É preciso desenvolver uma estratégia alternativa tanto para o licenciamento como para a acreditação. A melhor estratégia de implementação talvez consista em uma diminuição gradual dos valores de tabela pagos aos hospitais (ou sua manutenção nos níveis vigentes) para aqueles que não sejam licenciados ou acreditados, com a utilização dos valores economizados para aumentar o reembolso aos hospitais que estejam em conformidade com os padrões.

Essa medida deveria fazer parte de um sistema de contratualização estratégica a ser adotado tanto no SUS quanto no setor privado, visando fortalecer a conformidade com os requisitos de licenciamento e promover a acreditação. Em diversos países a acreditação é amplamente implementada por meio de critérios de financiamento público. Nos Estados Unidos, por exemplo, o programa Medicare não reembolsa hospitais não acreditados. Na Espanha (região da Catalunha) e na Bélgica também se exige a acreditação para que os hospitais recebam financiamento público. As reformas relacionadas ao financiamento discutidas acima devem incorporar incentivos financeiros para que os hospitais obtenham a acreditação.

Melhorar a qualidade implica mudar o comportamento das equipes de saúde e cultivar dentro da organização um ambiente favorável ao desenvolvimento do seu trabalho. Um pequeno número de hospitais implementou programas de Melhoria Contínua da Qualidade (MCQ) que visam a mudanças nos processos ou ambientes nos quais surgem os problemas de qualidade. Os princípios básicos da aplicação da MCQ na saúde consistem em liderança, avaliação sistemática do desempenho, trabalho em equipe, iniciativa para mudanças, uso de tecnologias da informação, enfoque na melhoria de todos os processos de cuidado, incorporação de evidência na prática clínica, e coordenação da atenção entre diferentes tipos e níveis de prestadores. Programas de MCQ precisam ser estendidos a todos os hospitais.

Essas ações decisivas devem ocorrer sob a liderança da direção do hospital, e é necessária uma série de políticas para promover a mudança. Os gestores precisam estar altamente motivados para melhorar a qualidade. Tal motivação pode ser intensificada mediante práticas de contratação via mercado, incentivos nos arranjos de financiamento dos hospitais, e clareza quanto às responsabilidades da direção do hospitale às expectativas de desempenho previstas nos arranjos contratuais. Mesmo que essas políticas aumentem a motivação dos dirigentes, também é preciso atribuir a esses dirigentes maior liberdade de ação, como já foi ressaltado na discussão sobre as reformas de governança.

Os gestores hospitalares precisarão de importante apoio técnico e de capacitação por parte das estruturas nacionais para que consigam desenvolver, introduzir e manter programas de melhoria da qualidade. Melhorias contínuas da qualidade requerem uma abordagem sistemática com uma sólida infraestrutura nacional de apoio. Essa estrutura compreende, entre seus principais elementos, a elaboração de políticas ou estratégias nacionais para a melhoria da qualidade; a criação de instituições (públicas ou privadas) para medir e monitorar a qualidade, orientar as organizações de atenção à saúde, e fortalecer sua capacidade; o fornecimento de apoio para pesquisas sistemáticas sobre a satisfação dos pacientes e para a avaliação das práticas clínicas. Recentes iniciativas na Austrália, no Reino Unido e nos Estados Unidos colocaram a qualidade na agenda das políticas públicas e suscitaram uma série de ações que, em conjunto, podem ser vistas como o alicerce para estruturas e instituições nacionais especializados em avaliação do desempenho em qualidade, monitoramento e capacitação. Tais experiências podem oferecer importantes lições e orientação para o desenvolvimento de iniciativas similares no Brasil.

Em várias faculdades de medicina brasileiras a qualidade da educação é insatisfatória. Avaliações voluntárias de recém-formados sugerem que algumas dessas faculdades não formam adequadamente seus alunos para a prática da medicina. Ainda que um exame de licenciamento não implique diretamente uma melhoria da qualidade, pode pressionar as faculdades de medicina a melhorar a qualidade do ensino. A divulgação dos resultados relativos a cada instituição possibilitaria aos futuros alunos escolher melhor a faculdade e consequentemente pressionaria as escolas com baixo desempenho.

Falta de Informações para a Tomada de Decisão

A ausência de informações úteis sobre a qualidade, a eficiência e os custos de assistência hospitalar está subjacente a todas as questões em pauta. Em todos os níveis, informações cruciais para fundamentar as decisões são inexistentes ou incompletas. A qualidade hospitalar, por exemplo, frequentemente é baseada em afirmações subjetivas e estratégias de marketing que alegam "prestígio", "confiança" ou a utilização de "tecnologias de ponta". Sem dados sobre processos e resultados, é difícil averiguar tais alegações. Talvez o achado mais preocupante deste volume seja o de que a qualidade dos serviços oferecidos na maioria dos hospitais é na verdade desconhecida e quase impossível de avaliar em razão da falta de informações. Pior do que isso, quase nada está sendo feito para monitorar e avaliar sistematicamente o desempenho em termos de qualidade.

Deficiências dos Sistemas de Informação Hospitalares

A ausência de informações sistemáticas e confiáveis sobre custos, produção de serviços, resultados e características dos pacientes impede o desenho de mecanismos de pagamento sólidos. O SUS e os pagadores privados constantemente entram em conflito com os hospitais com relação aos níveis de financiamento e valores pagos, mas a discussão carece de substancialidade em virtude da ausência ou da pouca confiabilidade das informações sobre custos de tratamentos e procedimentos (ver figura 5).

FIGURA 5
Informação Financeira Disponível nas Unidades de Saúde, 2003
(N = 49)

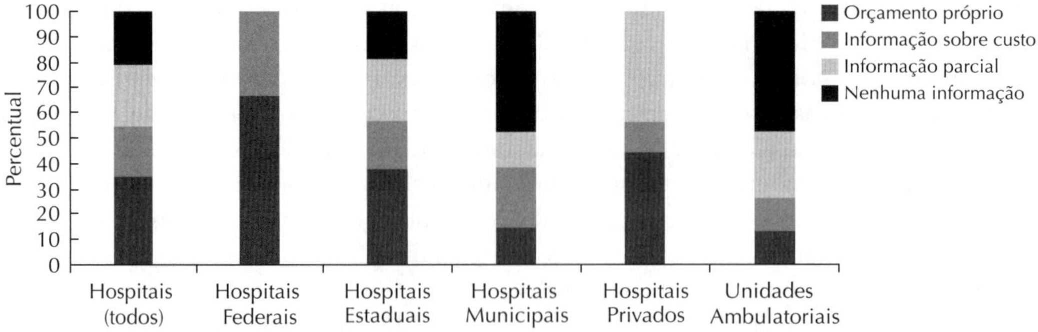

Fonte: Banco Mundial 2007.

Sem uma coleta de dados sistemática, avanços em termos de qualidade, resultados, eficiência e custos não podem ser monitorados, analisados ou comparados. Os dados disponíveis frequentemente não são confiáveis por causa de variações na definição e na mensuração das variáveis. A pouca disponibilidade de dados consistentes e o alto custo de coletar dados primários nas próprias unidades de saúde obrigam os pesquisadores brasileiros a realizar estudos em pequena escala, a custos razoáveis, mas que em sua maioria não podem ser generalizados. Essa situação restringe a quantidade e a utilidade de pesquisas sobre desempenho hospitalar que sejam relevantes para a definição de políticas.

Os formuladores de políticas federais, estaduais e municipais são forçados a tomar decisões-chave sobre alocação de recursos sem ter sequer informações mínimas acerca da qualidade e do custo dos serviços. Tampouco os dirigentes hospitalares têm as informações de que necessitam para identificar problemas críticos de qualidade ou para reorganizar pessoal e outros recursos a fim de aumentar a qualidade e a produtividade. Os tomadores de decisão tateiam no escuro quando buscam avançar na melhoria dos hospitais.

O que Pode ser Feito?

Fortalecer o Ambiente Institucional Relativo ao Uso dos Recursos e à Gestão do Desempenho

- Promover o uso efetivo de tecnologias da informação para apoiar a medição do desempenho e resultados, a coleta e a análise de dados sobre custos, o acesso à informação clínica, a tomada de decisão clínica e a coordenação entre organizações e equipes assistenciais.
- Apoiar a modernização das estruturas e práticas gerenciais nos hospitais públicos e privados financiados pelo SUS.
- Desenvolver um sistema de *benchmarking* de âmbito nacional e um boletim de desempenho público (*report card*) visando a eficiência e a qualidade.

Os hospitais precisam de sistemas de informação que possibilitem avaliar a qualidade, identificar problemas e definir ações para saná-los. Esses sistemas devem gerar informações relacionadas tanto à qualidade quanto aos custos e à eficiência. Para que sejam úteis aos formuladores de políticas, devem ser padronizados em toda a rede de hospitais financiados pelo SUS. Relatórios e análises padronizados, e a divulgação de informações habilitariam instituições financiadoras e pacientes a decidir com inteligência onde procurar atendimento, e essas escolhas poderiam, por sua vez, pressionar os hospitais a introduzir melhorias. O governo federal deveria estabelecer padrões para o desenvolvimento de um *benchmarking* por hospitais e por estados. O recebimento de fundos ou prêmios do SUS deveria ser condicionado à disponibilidade de informação confiável, a fim de motivar os hospitais a desenvolverem e utilizarem esses sistemas de informações padronizadas.

Sistemas de orçamento global foram aqui recomendados como um mecanismo para o financiamento dos hospitais públicos. No entanto, esses sistemas nem sempre geram informações sobre o custo dos serviços; é preciso adaptá-los para que apóiem a montagem de uma base sólida de informações. Posteriormente, será possível basear a remuneração dos hospitais no custo real dos serviços.

Para que quaisquer das iniciativas aqui descritas tenham efeito, os dirigentes hospitalares brasileiros precisam ter habilidades gerenciais modernas, e poucos atualmente têm essa capacitação. Sem ela, atuam como administradores de rotinas. Deve-se empreender um grande esforço de capacitação dos gestores para que eles possam atuar como líderes estratégicos e proativos.

Três aspectos adicionais e desejáveis devem ser considerados na montagem desses sistemas de informação:

- *Seletividade*. Os sistemas devem coletar e gerar informações que sejam úteis para a tomada de decisões. Uma grande quantidade de dados é rotineiramente coletada no SUS, mas muitos deles são irrelevantes e não são utilizados para a tomada de decisões.
- *Utilidade*. Sistemas de informação devem ser desenhados com o foco nas necessidades dos gestores locais, de tal modo que eles possam efetivamente usar as informações geradas para monitorar e avaliar os serviços que gerenciam.
- *Padronização*. Os sistemas de informações de custos devem ser desenhados com vistas à definição de preços de procedimentos, tratamentos e diagnósticos específicos. Os dados gerados formariam a base para um banco de dados e sistema de pagamentos similar ao DRG.

Nota:

1. AIH/SIA significa Autorização de Internação Hospitalar/Sistema de Informação Ambulatorial.

Siglas

ABC	Activity-Based Costing (Custeio Baseado em Atividades)
ACERP	Associação de Comunicação Educativa Roquette Pinto
ACO	Avaliação das Condições de Oferta
AIH	Autorização de Internação Hospitalar
AMB	Associação Médica Brasileira
AMS	Assistência Médico-Sanitária [um censo nacional de estabelecimentos de saúde]
ANS	Agência Nacional de Saúde Suplementar
ANVISA	Agência Nacional de Vigilância Sanitária
APM	Associação Paulista de Medicina
CBA	Consórcio Brasileiro de Acreditação
CC	Centro Colaborador
CDC	Center for Disease Control (Centro de Controle de Doenças – EUA)
CHI	Commission of Health Improvement (Comissão de Melhoria da Saúde)
CLT	Consolidação das Leis do Trabalho
CNES	Cadastro Nacional de Estabelecimentos de Saúde
CNRAC	Central Nacional de Regulação de Alta Complexidade
CONASEMS	Conselho Nacional de Secretários Municipais de Saúde
CONASS	Conselho Nacional de Secretários de Saúde
CQH	Controle de Qualidade Hospitalar
CQI	Continuous Quality Improvement (Melhoria Contínua da Qualidade)
CR	Central de Regulação
CREMERJ	Conselho Regional de Medicina do Estado de Rio de Janeiro
CREMESP	Conselho Regional de Medicina do Estado de São Paulo
CSAA	Condições Sensíveis à Atenção Ambulatorial
CV	Coeficiente de Variação
DALY	Disability Adjusted Life Years (Anos de Vida Ajustados por Incapacidade)
DEA	Data Envelopment Analysis (Análise Envoltória de Dados)
DNT	Doenças Não-Transmissíveis
DRG	Diagnosis-Related Groups (Grupos de diagnósticos relacionados)
EET	Eficiência Econômica Total
ENC	Exame Nacional para Cursos Médicos
EP	Empresa Pública
EPNL	Entidade Privada Não Lucrativa (Filantrópica)
ESE	Empresas Sociales del Estado [Colômbia] (Empresas Sociais do Estado)
ETI	Eficiência Técnica Interna
ETT	Eficiência Técnica Total
FA	Fundação de Apoio
FBH	Federação Brasileira de Hospitais
FE	Fundação Estatal
FIDEPS	Fator de Incentivo ao Desenvolvimento de Ensino e Pesquisa em Saúde
FIOCRUZ	Fundação Oswaldo Cruz

FNQ	Fórum Nacional de Qualidade
FTE	(Full-Time Equivalent) Equivalente de tempo integral
FUNASA	Fundação Nacional de Saúde
FUNDACOR	Fundação Pró-Coração
GRP	Grupo para a Resolução de Problemas
HC	Hospital Cliente / Hospital das Clínicas
HMO	Health Maintenance Organization (Operadora de Plano de Saúde nos
HU	Hospital Universitário
IBGE	Instituto Brasileiro de Geografia e Estatística
ICM	Índice de *Case Mix*
IDSM	Instituto de Desenvolvimento Sustentável Mamirauá
IGL	Índice de Giro de Leitos
IH	Infecção Hospitalar
IMPA	Instituto Nacional de Matemática Pura e Aplicada
INAMPS	Instituto Nacional de Assistência Médica da Previdência Social
INCA	Instituto Nacional do Câncer
INCL	Instituto Nacional de Cardiologia de Laranjeiras
INSS	Instituto Nacional de Seguridade Social
IOM	(Institute of Medicine) Instituto de Medicina (Estados Unidos)
IVH	Índice de Valorização Hospitalar
JCAHO	Joint Commission on Accreditation of Healthcare Organizations (United States)
JCI	Joint Commission International (Comissão Conjunta Internacional)
MAC	Média e Alta Complexidade (mecanismo de pagamento)
MCQ	Melhoria Contínua da Qualidade
MDC	Major Diagnostic Category (Principal categoria de diagnóstico)
MF	Ministério da Fazenda
MPAS	Ministério da Previdência e Assistência Social
MPP	Mecanismo de Pagamento a Prestadores
MS	Ministério da Saúde
NHS	National Health Service (Serviço Nacional de Saúde)
NICE	National Institute for Health and Clinical Excellence (Reino Unido)
NOAS	Normas Operacionais de Assistência à Saúde
NOB	Normas Operacionais Básicas
OCDE	Organização para a Cooperação e Desenvolvimento Econômico
OFB	Organização Filantrópica ou Beneficente
OMS (WHO)	Organização Mundial da Saúde (World Health Organizaton)
ONA	Organização Nacional de Acreditação
OPAS	Organização Pan-Americana de Saúde
OS	Organização Social
OSCIP	Organização da Sociedade Civil de Interesse Público
OSS	Organização Social de Saúde
PAB	Piso de Atenção Básica
PAS	Plano de Atendimento à Saúde

PETS	Public Expenditure Tracking Survey (Pesquisa de Rastreamento do Gasto Público)
PGQ	Programa de Gestão da Qualidade
PIB	Produto Interno Bruto
PNAD	Pesquisa Nacional por Amostra de Domicílios (IBGE)
PNASH	Programa Nacional de Avaliação dos Serviços Hospitalres
PNASS	Programa Nacional de Avaliação de Serviços de Saúde
PNHAH	Programa Nacional de Humanização de Assistência Hospitalar
PNQ	Prêmio Nacional de Qualidade
PPI	Programação Pactuada e Integrada
PPP	Parceria Público-Privada
PROAHSA	Programa de Estudos Avançados em Administração Hospitalar e de Sistemas de Saúde
PROHOSP	Programa de Fortalecimento e Melhoria da Qualidade dos Hospitais
PSF	Programa de Saúde da Família
RCE	Retornos Constantes de Escala
RM	Ressonância Magnética
RVE	Retornos Variáveis de Escala
SAMPHS	Sistema de Assistência Médico Hospitalar da Previdência Social
SIA	Sistema de Informações Ambulatoriais
SIH	Sistema de Informações Hospitalares
SIOPS	Sistema de Informações sobre Orçamentos Públicos em Saúde
SIPAC	Sistema de Informaçoes para Procedimentos de Alta Complexidade
SSA	Serviços sociais autônomos
SUS	Sistema Único de Saúde
SVS	Secretaria de Vigilância em Saúde
TC	Tomografia Computadorizada
TCU	Tribunal de Contas da União
TMP	Tempo Médio de Permanência Hospitalar
TQM	Total Quality Management (Gestão de Qualidade Total)
UNIDAS	União Nacional das Instituições de Autogestão em Saúde
UNIMED-BH	Cooperativa de Saúde de Belo Horizonte - MG
USP	Universidade de São Paulo
UTI	Unidade de Terapia Intensiva

1

Introdução

Os hospitais são o centro do sistema de saúde no Brasil. Sozinhos, respondem por dois terços dos gastos do setor e boa parte dos serviços produzidos. Neles está empregada a maioria dos médicos, enfermeiros e outros profissionais da área de saúde. As instituições hospitalares lideram a prestação de serviços de saúde e empregam os profissionais de ponta do País. São também centros de treinamento e o principal ambiente de desenvolvimento e adoção de novas tecnologias.

Ao contrário da maioria dos países, o Brasil tem um sistema hospitalar altamente pluralista, composto por uma gama de arranjos financeiros, organizacionais e de propriedade (natureza e esfera administrativa na nomenclatura do SUS) que abrangem tanto o setor público quanto o privado. O Brasil também é único em sua longa tradição de financiar prestadores privados com recursos públicos.

Porém, como na maioria dos outros países, o sistema brasileiro é altamente estratificado. Um pequeno número de hospitais é centro de excelência mundial, mas, ainda que o país apresente um sistema universal de saúde, essas unidades tendem a atender apenas a uma minoria privilegiada. A maioria dos hospitais depende de financiamento público e está abaixo do padrão razoável de qualidade. É a eles que recorre a grande massa de brasileiros que não pode pagar por tratamento médico ou contratar um plano de saúde privado.

O dinamismo é a característica mais interessante do sistema hospitalar brasileiro. Não faltam ideias, inovações e iniciativas para tentar corrigir as deficiências de hospitais com baixo desempenho. As bases para a mudança estão presentes em todo o sistema hospitalar.

Os hospitais têm uma relação ambivalente com a sociedade brasileira. São, ao mesmo tempo, objeto de admiração e de desconfiança; venerados, mas temidos. Para médicos especialistas, são o ambiente em que ocorrem revoluções no tratamento, inovação tecnológica e avanço científico. Para os profissionais da saúde pública, representam uma espécie de império do mal, que privilegia a medicina de alta tecnologia e consome grandes quantidades de recursos, mas pouco contribui para a saúde da população.

A maior parte dos brasileiros valoriza os hospitais. Para o bem ou para o mal, a população os considera a primeira opção quando busca atendimento médico. Além disso, a qualidade e o tempo de espera observados em um hospital são o parâmetro para julgar todo o sistema de saúde.

Os políticos consideram os hospitais uma grande oportunidade de angariar votos e costumam se fazer fotografar na inauguração de uma nova ala, na entrega de um pronto-socorro reformado ou ao lado de um equipamento de última geração. O comportamento de uma autoridade muda quando resultados negativos ou falhas hospitalares aparecem na capa dos jornais locais. Para a imprensa, os hospitais são fonte certa de notícias – tanto no caso de inovações médicas e curas milagrosas como quando ocorrem eventos adversos e mortes evitáveis. Em anos recentes, uma onda ininterrupta de notas negativas na imprensa – quase sempre ligadas a casos isolados – levou à impressão geral de que muitos hospitais não são seguros. Uma parte das críticas é injusta. Não se pode culpar um hospital quando pacientes em estado avançado de uma doença que envolve risco de morte – mulheres grávidas com pressão alta ou convulsões, crianças gravemente desidratadas ou pessoas vítimas de acidente vascular cerebral com pressão arterial descontrolada – acabam num pronto-socorro, sofrendo as consequências da falta de acesso à atenção primária, quando essas complicações potenciais poderiam ser tratadas num estágio inicial.

Por que Este Livro É Necessário?

Ainda que os hospitais provavelmente sejam o componente principal do sistema de saúde no Brasil, eles receberam muito pouca atenção como organizações de saúde tanto por parte dos formuladores de políticas como por parte dos pesquisadores. Desde meados dos anos 1980, o desenvolvimento da política de saúde no Brasil se concentrou em descentralizar a prestação de serviços, reduzir disparidades financeiras e alcançar o acesso universal aos cuidados básicos. Questões referentes ao desempenho hospitalar, qualquer que seja a sua definição, têm sido deixadas a cargo de unidades individuais.

Porém, à medida que os custos na área de saúde sobem rapidamente, as autoridades financeiras do governo passaram a se preocupar mais. É cada vez mais urgente conter gastos e aplicar melhor os recursos existentes. Os gastos com saúde já ultrapassam 8% do Produto Interno Bruto (PIB) brasileiro. Além disso, as proporções do PIB correspondentes à dívida pública (45%), gastos públicos (mais de 40%) e carga tributária (35%) são significativamente maiores do que na maioria dos países de renda média. Como os hospitais são a maior fonte de gastos dentro do sistema de saúde brasileiro, e quase 60% desse gasto é financiado por dinheiro público, a contenção do aumento de gastos se tornou um tema importante para a política de saúde em todos os níveis de governo.

Ainda assim, os hospitais sempre reclamam de insuficiência de recursos. Representantes de grupos de interesses ligados a hospitais pressionam o governo por aumentos no orçamento hospitalar e nos valores de reembolso, bem como pela compra de mais equipamentos e pela ampliação de unidades.[1] Outros grupos, dentro e fora do governo, fazem *lobby* por aumentos no financiamento para a atenção básica e medicamentos essenciais, aumentos de salário para profissionais da saúde e reduções das disparidades regionais. Administrações municipais, que apoiaram a municipalização dos hospitais federais nos anos 1980 e 1990, enfrentam dificuldades crescentes para arcar com seus gastos. Alguns desses municípios, pressionados pelos custos ascendentes dos antigos hospitais federais, querem devolvê-los ao governo central – num processo de recentralização hospitalar.

Sob um clima de frustração que às vezes beira a hostilidade, é conveniente culpar a falta de recursos pela precariedade evidente na área hospitalar. Não figura no debate sobre insuficiência de recursos, porém, qualquer discussão a respeito do custo e da eficiência dos serviços hospitalares. Será a falta de recursos a maior causa do baixo desempenho? Qual é a influência dos custos e das tabelas de pagamento ou reembolso? É possível aumentar a eficiência e, caso o seja, como fazê-lo? Por meio de uma análise comparativa detalhada dos custos e da eficiência dos hospitais, este livro tenta lançar luz sobre essas questões.

Espelho das divisões sociais no Brasil contemporâneo, a estratificação do sistema de saúde é cada vez mais evidente. Uma pequena minoria de hospitais, eséicialmente grandes instituições privadas e instituições públicas ligadas a universidades, desenvolveu e adotou novos arranjos organizacionais, técnicas modernas de gerenciamento e práticas de melhoria da qualidade. Com isso, essas instituições se transformaram em centros de excelência comparáveis aos melhores hospitais existentes em países de alta renda. Esses hospitais também costumam liderar os avanços em biomedicina e pesquisa clínica. A maioria ganhou o reconhecimento de programas nacionais e internacionais de acreditação. A cultura organizacional presente nessas instituições permite a adoção rápida de mudanças em tratamentos e tecnologias. Algumas dessas unidades obtiveram conquistas impressionantes, evidenciadas pelo reconhecimento internacional de sua qualidade de tratamento. Este livro busca reunir as lições obtidas dessas instituições de alto desempenho, em particular no que diz respeito à estrutura organizacional e à gestão da qualidade.

Mas, na grande maioria dos hospitais brasileiros, o desempenho deixa a desejar, o que é particularmente verdade em unidades que atendem à população carente. Nelas, falta informação, a baixa qualidade do atendimento é sempre notícia, a produtividade é minada pela ineficiência e a responsabilização (*accountability*) é obscura. Muitos estão em desacordo com a legislação sanitária brasileira. Essas unidades têm dificuldade em se adaptar a mudanças, fazendo uso de práticas e métodos de gestão ultrapassados. Quais são as condições necessárias para transformá-las em centros de alto nível? Ou estarão fadadas à condição de unidades de segunda ou terceira classe? Este volume busca responder a essas questões por meio de uma avaliação comparativa entre hospitais de baixo e alto desempenho no Brasil.

Como ocorre em todos os países, as evidências apontam cada vez mais para amplas variações na qualidade, na produtividade e nos custos nos hospitais brasileiros. À luz dessa evidência, cresce a demanda para que formuladores de políticas e atores do setor entendam os fatores presentes por trás de tais disparidades, a estrutura de incentivos que as produzem e, o mais importante, ofereçam soluções viáveis para corrigir essas deficiências. Este relatório tem por objetivo preencher lacunas analíticas, lançando luz sobre fatores de sucesso e de fracasso. Também busca evidenciar mudanças efetivas possíveis, trazidas da experiência brasileira e internacional, que possam conduzir a uma estratégia de reforma hospitalar e a um programa de fortalecimento de longo prazo.

Finalmente, formuladores de políticas públicas no Brasil cada vez mais se deparam com questões a respeito da configuração do subsistema hospitalar, do tamanho das instalações existentes, do papel dos hospitais no sistema de saúde e da complexidade dos tratamentos oferecidos. No Brasil, como em países de renda mais alta, doenças crônicas são as principais causas de doença e morte. O tratamento de doenças crônicas é realizado mais adequadamente por meio de redes organizadas de atenção que coordenam o atendimento entre prestadores e organizações de saúde em diferentes níveis. No entanto, as unidades de saúde independentes voltadas para o tratamento de casos agudos dominam o panorama hospitalar brasileiro. Arranjos de redes ou atenção integrada entre níveis diferentes do sistema são raros, mesmo entre prestadores públicos. Em parte devido às deficiências do sistema de atenção primária, um número inaceitável de internações é por condições que poderiam ser tratadas de forma mais eficiente e mais barata em nível ambulatorial. Além disso, embora pesquisas internacionais estabeleçam que os hospitais devam ter entre 100 e 200 leitos (Posnett 2002), para obter economia de escala e escopo e para garantir volume de atendimento suficiente para gerar ganhos de qualidade em procedimentos específicos, a maioria dos hospitais no Brasil tem menos de cinquenta leitos. Com base em dados disponíveis, este relatório busca analisar tendências na estrutura e composição do sistema hospitalar, com destaque especial para as questões supracitadas.

Objetivos, Abordagem e Estrutura Conceitual

Este livro tem três objetivos: contribuir para o desenvolvimento de uma estratégia de reforma hospitalar no médio prazo; desenvolver opções viáveis para aprimorar o desempenho de hospitais que atendam à população carente; e construir consenso sobre a reforma hospitalar entre formuladores de políticas e atores principais do setor. Para atingir tais objetivos, o relatório recorre, sempre que possível, a avaliações e pesquisas baseadas em metodologias consagradas.

Os formuladores de políticas de saúde brasileiros têm observado e até fomentado a expansão contínua da rede hospitalar nas últimas décadas, mas poucos questionaram o papel deles em um sistema de saúde eficiente. Como na maioria dos países, problemas persistentes relativos a financiamento, eficiência e qualidade da atenção hospitalar têm forçado governantes e operadoras de planos de saúde a considerar políticas para tratar tais deficiências de forma sistemática. Como era de se esperar, a necessidade de racionalizar a oferta de serviços hospitalares, aplicar recursos de forma mais eficiente e aumentar a qualidade da atenção deverá orientar a reforma hospitalar no Brasil. Será fundamental o desenvolvimento de uma visão estratégica da reforma, baseada em um conjunto de princípios e políticas que possam provocar mudanças na organização e no comportamento dos hospitais. Embora evidência sobre a combinação exata de políticas para fomentar a mudança ainda esteja se desenhando, a análise de tendências e estratégias na atenção hospitalar e na reestruturação hospitalar, em países desenvolvidos e em desenvolvimento, sugere um marco conceitual formado por três dimensões analíticas que determinam o desempenho do sistema:[2]

- *Ambiente externo.* O ambiente externo é composto por políticas, regulamentos, condições de mercado e mecanismos de pagamento que, juntos, são decisivos para a conformação do sistema de incentivos de um hospital.
- *Ambiente organizacional.* É determinado pelo conjunto de estruturas e arranjos organizacionais que permitem ao hospital responder aos incentivos produzidos pelo ambiente externo.[3] Esses elementos incluem a estrutura e formalidade dos mecanismos de responsabilização (*accountability*), a amplitude da autoridade para tomada de decisões, o grau de exposição ao mercado e a disciplina financeira.
- *Ambiente interno.* É no ambiente interno que se observa a influência dos ambientes externo e organizacional, e é nesse âmbito que recursos são convertidos em serviços prestados. Elementos comportamentais importantes incluem práticas de gerenciamento de recursos (humanos, materiais, clínicos, financeiros etc.); características estruturais da prestação de serviços como instalações, equipamentos e mão de obra; e processos de tratamento.

Em conjunto, essas esferas afetam diretamente os resultados do hospital, medidos pelo impacto no nível dos pacientes, pela qualidade de tratamento, pela equidade, pela eficiência e pela satisfação dos pacientes. A figura 1.1 descreve esse marco conceitual.

Este estudo enfoca elementos de cada uma das três dimensões analíticas, separando-as em seis dimensões de políticas que constituem elementos essenciais para o desenvolvimento de uma estratégia coerente e viável de reforma hospitalar: estrutura e tendências do subsistema hospitalar; alocação e uso de recursos no âmbito dos hospitais; mecanismos de pagamento hospitalar; arranjos organizacionais e de governança; práticas de gestão; regulação e qualidade.

O Subsistema Hospitalar: Estrutura e Tendências

Os hospitais fazem parte de ambientes políticos, de mercado e financeiros mais amplos. É difícil entender a situação atual dos hospitais brasileiros sem primeiro compreender a política de saúde e o ambiente de reforma, os elementos de oferta e demanda que estruturam o sistema hospitalar, os sistemas de alocação financeira e de recursos dos quais os hospitais dependem e as tendências e padrões históricos de gastos que se desenvolveram em resposta a essas condições. Esses temas são discutidos no capítulo 2, que trata de questões como: Qual é o papel dos hospitais no processo de reforma do sistema de saúde que gerou o Sistema Único de Saúde brasileiro (SUS)? Quanto o Brasil gasta em atenção hospitalar, por fonte, mecanismo de pagamento, tipo de unidade e propriedade (esfera e natureza)? Quem são os maiores compradores de serviços hospitalares, e como eles alocam recursos?

FIGURA 1.1
Marco Conceitual para o Desempenho Hospitalar

Fonte: Elaboração dos autores.

Alocação e Uso de Recursos nos Hospitais

Um elemento decisivo para determinar a eficiência de um hospital é a maneira como ele utiliza os recursos disponíveis para produzir tratamentos e outros serviços clínicos e não-clínicos. A aplicação inadequada de recursos impede a prestação eficiente de serviços, compromete a qualidade e resulta em custos mais elevados. No capítulo 3 o uso de recursos em hospitais brasileiros é analisado a partir de várias perspectivas: *eficiência técnica* (grau em que os hospitais obtêm o máximo de produto a partir de um conjunto dado de insumos); *eficiência alocativa* (grau em que os hospitais combinam os insumos na proporção ótima diante de determinado preço e tecnologia); e *eficiência de escala* (se os hospitais operam com retornos de escala ótimos). Outras questões abordadas no capítulo são: Quais são as causas das variações de eficiência observadas nos hospitais brasileiros? Quais são as características das unidades de saúde eficientes?

Mecanismos de Pagamento Hospitalares

Os mecanismos de pagamento são elementos do ambiente externo que determinam o comportamento dos hospitais. Eles criam incentivos que mobilizam os arranjos organizacionais e as práticas gerenciais internas, que, por sua vez, contribuem para a eficiência, a equidade e a qualidade. O Brasil apresenta um mosaico de mecanismos de pagamento que muitas vezes se sobrepõem, e em seu conjunto confundem os incentivos embutidos em cada um. O capítulo 4 examina os sistemas de pagamento utilizados no Brasil e seu impacto sobre custos, eficiência e qualidade. As questões principais discutidas no capítulo incluem: Qual é a relação entre os custos e os níveis de reembolso pagos pelo SUS e pelo setor privado? Como os sistemas de pagamento afetam as decisões dos gestores no que diz respeito à alocação e ao uso de recursos? Quais opções em termos de sistemas de pagamentos e fórmulas de determinação de preços refletiriam de forma mais realista os custos dos serviços, tendo em conta a severidade dos casos, e ofereceriam incentivos adequados para estimular o uso eficiente de recursos na prestação de serviços?

Arranjos Organizacionais e de Governança

Os incentivos derivados dos sistemas de pagamento e dos ambientes de políticas e de mercado afetam o comportamento dos hospitais, mas hospitais com diferentes configurações organizacionais e de propriedade respondem de forma diferente dependendo de seu grau de autonomia, responsabilização e exposição ao mercado. Tais arranjos organizacionais têm relação direta com a habilidade dos gestores hospitalares de atuar em função dos incentivos externos. O capítulo 5 analisa os vários arranjos e modelos organizacionais presentes nos hospitais brasileiros e como eles se relacionam a comportamento e desempenho. Entre as questões estudadas estão: Que arranjos organizacionais alternativos e técnicas inovadoras de gestão foram introduzidas nos hospitais financiados com dinheiro público, e quais foram seus efeitos comparativos em termos de eficiência, qualidade e satisfação dos pacientes? Quais são os arranjos organizacionais e de governança mais e menos importantes e quais são seus efeitos sobre a responsabilização dos gestores diante da comunidade e dos proprietários dos hospitais? Quais as melhores práticas identificadas relacionadas ao desenvolvimento e à aplicação de arranjos organizacionais alternativos, particularmente em hospitais públicos?

Práticas de Gestão

Práticas gerenciais são comportamentos organizacionais que respondem aos incentivos embutidos em arranjos organizacionais, sistemas de pagamento e ao ambiente de políticas de saúde. A gestão é composta por uma ampla variedade de funções clínicas e não-clínicas. Funções relacionadas à gestão de recursos humanos são particularmente importantes para o desempenho, assim como as de compras, gestão financeira e contratualização. O capítulo 6 examina essas funções em hospitais públicos e privados do Brasil e sua relação com os modelos organizacionais, na tentativa de responder às seguintes questões: Como práticas de gestão se relacionam com formas organizacionais? Como a relação entre práticas de gerenciamento e arranjos organizacionais contribui para o desempenho? Pode o gerenciamento, sozinho, aprimorar o desempenho de forma sistemática, sem que antes se dê a modificação das estruturas organizacionais? Como hospitais públicos com arranjos organizacionais e práticas de gerenciamento deficientes podem ser convertidos em centros de alto desempenho?

Regulação e Qualidade

No Brasil, assim como em outros países, a qualidade da atenção se constitui numa preocupação crescente. Embora seja difícil de definir e ainda mais difícil de operacionalizar, a qualidade é geralmente aceita como fator determinante para julgar o desempenho de um hospital. A melhoria da qualidade envolve três tipos de intervenção: criar um ambiente de estímulo à qualidade por meio de um marco regulatório e de incentivos financeiros; assegurar os meios e instrumentos para apoiar a qualidade ao nível do sistema de saúde; e estimular funcionários atuando na linha de frente em pronto-socorros, salas de cirurgias e enfermarias a mudar seu comportamento. O capítulo 7 descreve o estado atual da qualidade nos hospitais brasileiros, ao passo que o capítulo 8 analisa mecanismos regulatórios e iniciativas para melhorar a qualidade de atendimento nos hospitais brasileiros. Algumas questões abordadas pela pesquisa são: Quais são os maiores problemas de qualidade e erros médicos encontrados nos hospitais brasileiros? Quais abordagens voltadas para medir a qualidade de forma sistemática e garantir essa qualidade em hospitais funcionam no Brasil? Que lições podem ser tiradas dessas experiências? Quais abordagens adotadas internamente pelos hospitais foram bem-sucedidas em identificar deficiências e modificar práticas clínicas? Qual foi o impacto do sistema de acreditação unificado estabelecido pelo Ministério da Saúde (MS) em 1997? Como expandir a acreditação para mais unidades?

Público-alvo e Ambiente Político

O público-alvo deste livro inclui primeiramente autoridades federais, estaduais e municipais responsáveis por financiar, contratar e administrar a atenção hospitalar. Operadoras de planos de saúde, proprietários de hospitais e administradores hospitalares também constituem outro público importante. O setor hospitalar brasileiro exibe uma grande variedade de arranjos financeiros, organizacionais e de propriedade – propriedade e administração públicas; propriedade e financiamento público com gerenciamento privado; financiamento público com propriedade e gerenciamento privados; e financiamento e propriedade privados. Vários outros países têm pelo menos um desses tipos de configurações, e portanto uma audiência secundária é constituída pela comunidade internacional interessada em questões relativas ao desempenho hospitalar e políticas de reforma hospitalar.

O ambiente político é atualmente muito favorável para uma análise sistemática das questões essenciais que afetam o desempenho dos hospitais no Brasil. Todos reconhecem haver necessidade de desenvolver um marco de políticas coerente, que leve em conta o contexto interno e externo dos hospitais, com o objetivo de promover o uso eficiente de recursos e melhorar a qualidade do atendimento e a satisfação dos usuários, ao mesmo tempo em que aumenta a efetividade geral do sistema. O Ministério da Fazenda clamou por mais eficiência na organização e prestação de serviços sociais. Aumentar a eficiência e a efetividade nos gastos públicos, especialmente em áreas sociais, é um dos principais objetivos estratégicos apoiados pelo governo (Banco Mundial 2006b).

Por sua vez, o MS deu alguns passos no sentido de colocar o desempenho hospitalar na agenda política. No final de 2004 o Ministério publicou uma proposta de reforma hospitalar que incluía uma avaliação das deficiências na atenção hospitalar.[4] Seis principais problemas foram destacados: oferta desorganizada de leitos, com excesso em algumas regiões e carência em outras; práticas administrativas deficientes; falta de informação sobre eficiência e qualidade; mecanismos de pagamento hospitalares que induzem a distorções; ausência de arranjos em redes vinculando os hospitais à atenção ambulatorial; e alta variação no volume e na qualidade de serviços entre hospitais. O presente livro apresenta uma análise aprofundada desses problemas.

A proposta do MS continha uma longa lista de recomendações para aprimorar a gestão, o financiamento, a eficiência e a qualidade dos serviços hospitalares. O Ministério tem atuado, entretanto, em apenas um pequeno número dessas recomendações: promovendo a redução voluntária de leitos em pequenos hospitais (com menos de 30 leitos) ou a conversão desses hospitais em centros de atenção ambulatorial; implementando contratos ou compromissos de desempenho com hospitais universitários e vinculando uma parte do seu financiamento a um subgrupo de indicadores negociados; estabelecendo normas para a certificação de "hospitais-dia"; e criando núcleos de vigilância epidemiológica em hospitais.

Infelizmente, há pouca informação disponível sobre a extensão em que tais medidas foram implementadas. A proposta desencadeou um debate ainda em andamento a respeito de questões hospitalares em nível municipal, estadual e federal. Constituem temas centrais abordados neste relatório algumas das recomendações propostas com o objetivo de aprimorar a autonomia hospitalar, simplificar e consolidar mecanismos de pagamento, estabelecer redes de atenção organizadas e avaliar e melhorar a qualidade.

A Agência Nacional de Saúde Suplementar (ANS), órgão regulador dos planos de saúde privados, em coordenação com seguradoras e operadoras de planos de saúde, organizou um grupo de trabalho e uma série de encontros sobre políticas e práticas para aumentar a eficiência e a qualidade de hospitais contratados por esses operadores privados. Um importante tema em discussão é o desenho de incentivos financeiros para melhorar a qualidade do atendimento. Iniciativas do setor privado para melhorar o desempenho são um dos temas deste estudo.

Em 2006 o MS anunciou uma série de reformas, conhecidas como Pactos pela Saúde. Essas reformas representam os primeiros passos de uma importante mudança nas relações entre a esfera federal e as esferas subnacionais na área de saúde. Ao contrário de regulamentos anteriores, que especificavam um modelo único de organização de serviços, os pactos têm por objetivo conceder às entidades subnacionais a flexibilidade de determinar e organizar seus sistemas de atenção à saúde de acordo com o contexto local. No Brasil, o governo federal co-financia o sistema de saúde, fazendo uso principalmente de um sistema de transferências financeiras, e estados e municípios têm a responsabilidade pela prestação dos serviços. Os pactos especificam metas de desempenho a serem negociadas com cada nível de governo, e especificadas em contratos de gestão ou *termos de compromisso* intergovernamentais.[5] A ideia é que futuros aumentos no financiamento federal sejam vinculados a indicadores de desempenho estipulados nos contratos.[6] A nova política também consolida mais de 80 modalidades de repasse em seis grandes blocos. Embora essas mudanças ainda estejam em processo, os pactos estabelecem a base para uma orientação mais forte do governo federal para resultados.

Finalmente, no início de 2007 o MS desenvolveu uma proposta de lei para converter hospitais públicos da administração direta em fundações independentes, regidas pelo direito privado. A proposta envolve o estabelecimento de conselhos de governança, com autoridade para tomada de decisões referentes à utilização de todos os recursos. Até a finalização deste relatório (dezembro de 2007), o projeto de lei ainda dependia de aprovação no Congresso.

Sumário dos Capítulos

Para auxiliar os leitores que desejem se concentrar em partes específicas deste livro, apresentamos a seguir sumários detalhados dos capítulos.

Capítulo 2. O Setor Hospitalar Brasileiro: Estrutura, Financiamento, Gasto e Resultados

O capítulo 2 apresenta informações gerais sobre o setor saúde no Brasil, além de um panorama do setor hospitalar – estrutura, financiamento e gasto. Tanto o setor saúde quanto o subsetor hospitalar são estruturados pela configuração do SUS – com suas características de descentralização e financiamento público – e por um vigoroso setor de seguro privado. O sistema de saúde resultante é pluralista e amplo, com cerca de 7.400 hospitais e 67 mil unidades ambulatoriais. Abrange uma combinação complexa de fluxos de financiamento, arranjos organizacionais e de propriedade, públicos e privados, e mecanismos de pagamento difíceis de coordenar, monitorar ou avaliar. Pela reforma sanitária que levou à criação do SUS (o que ocorreu formalmente em 1988), a maior parte da responsabilidade pela prestação de serviços de saúde foi descentralizada para os municípios e, em extensão bem menor, para os estados. Essa descentralização é financiada em parte por repasses diretos de recursos federais a estados e municípios. Os governos federal, estaduais e municipais desempenham funções complementares e por vezes até concorrentes.

O Brasil gasta mais com saúde do que outros países de renda média: 8,2% do PIB (US$ 753,00 *per capita* em paridade de poder de compra) em 2006, sendo que 45% desse valor provém de fontes públicas. Mesmo assim, o país obtém apenas resultados medianos. Isso também é verdadeiro em relação ao subsetor hospitalar, que conta com cerca de meio milhão de leitos e produz 20 milhões de internações. O cenário é dominado por prestadores privados, que respondem por 70% de todos os leitos, mas a maior parte do atendimento hospitalar é custeada pelo SUS por meio de uma variedade de mecanismos de repasses e pagamentos que vêm sendo consolidados e racionalizados.

Os pronto-socorros, em geral, são a porta de entrada do sistema de saúde no Brasil. O país depende grandemente de hospitais: eles respondem por 70% dos atendimentos de emergência, 27% do atendimento ambulatorial e por quase todas as internações. Além disso, empregam 56% dos profissionais da saúde e recebem 67% de todo o gasto com saúde. Dada a natureza "hospitalocêntrica" do sistema de saúde e a ênfase no atendimento hospitalar para o tratamento de casos agudos, o Brasil parece despreparado para enfrentar a incidência crescente de doenças crônicas, que requerem atenção coordenada entre vários prestadores de serviços de saúde.

Desde a fundação do SUS, uma política implícita de promover a expansão da rede hospitalar com o objetivo de melhorar o acesso resultou na proliferação de pequenos hospitais – 60% de todas as unidades em funcionamento têm menos de 50 leitos. Esse movimento teve implicações importantes para a eficiência e a qualidade do atendimento. Apesar da expansão, graves disparidades regionais ainda persistem, especialmente no que diz respeito aos serviços de referência e alta complexidade. Essas disparidades também indicam a existência de ineficiências, já que muitas áreas metropolitanas apresentam densidade de equipamentos maior do que nos países industrializados. A abundância de serviços de alta tecnologia e alto custo, nos quais o Brasil é uma referência internacional, contrasta com níveis medíocres em indicadores básicos de saúde, como a mortalidade materna e neonatal. As questões de eficiência e qualidade, além dos fatores que os determinam, são tratados nos capítulos subsequentes.

Capítulo 3. Análise Comparativa de Custos e Eficiência

O capítulo 3 analisa a eficiência hospitalar e suas implicações sobre os custos e sua contenção. Na primeira parte do capítulo é apresentada uma análise comparativa dos custos de procedimentos hospitalares e das variações de custo existentes dentro de um mesmo hospital e entre uma unidade e outra. Para ajudar a entender a relação entre custos e eficiência, são apresentados os resultados de uma análise envoltória de dados (DEA), *benchmarking* e análise de regressão para uma amostra ampla e representativa de hospitais brasileiros.

A análise de custos revelou amplas variações para o mesmo procedimento, tanto entre casos como entre unidades hospitalares. As razões principais são as grandes diferenças existentes em práticas clínicas (atribuídas ao uso muito baixo de protocolos clínicos), de acordo com levantamento feito em prontuários médicos; o tipo de procedimento (por exemplo, maior variação em casos clínicos do que cirúrgicos); e diferenças de *case mix* (perfil de pacientes) entre hospitais. Outras características dos hospitais também exercem influência, como o papel de hospital de ensino e a natureza (propriedade) da unidade; diferenças no tempo médio de internação, associadas à severidade de casos individuais ou à eficiência na utilização de recursos; a falta de padronização em metodologias de custeio; e sistemas deficientes de informação de pacientes. Mesmo após ajustes por *case mix* e duração da internação, subsistem variações significativas de custo, mesmo para procedimentos idênticos efetuados no mesmo hospital. As conclusões sugerem que a variação nos custos é causada fortemente pela falta de padronização em práticas clínicas, que gera diferenças no uso de recursos.

A análise envoltória de dados estimou os *scores* de eficiência relativa para os hospitais da amostra e comparou a média de *scores* entre grupos de hospitais, visando identificar fontes de ineficiência. A média de eficiência técnica total, em uma escala de 0 a 1, foi de 0,34, o que revela uma grande diferença entre a maioria das unidades e os poucos hospitais de alto desempenho. O desempenho foi fortemente afetado pela escala de operação, com a maioria dos hospitais operando abaixo do tamanho ideal. Hospitais públicos regidos por arranjos organizacionais autônomos e hospitais privados foram mais eficientes do que o hospital público típico.

A análise de *benchmarking* também indicou ampla variação entre hospitais, conforme o tipo de propriedade (federal, estadual, municipal, privada com fins lucrativos e privada filantrópica). A taxa média de ocupação dos leitos foi baixa (menos de 40%) e muito aquém dos padrões internacionais, especialmente em hospitais de pequeno porte. Tanto os resultados da DEA quanto as razões de funcionários por leito indicaram um excesso de empregados em comparação com instituições de alto desempenho. O uso excessivo de recursos humanos representa uma grande fonte de ineficiência, e a taxa de funcionários por leito está muito acima dos padrões internacionais. Outros indicadores de produtividade e uso de recursos confirmaram as deficiências detectadas nas análises da DEA e de *benchmarking*. A análise de regressão mostrou que o tamanho das unidades, o giro de leitos e a relação entre o número de atendimentos de emergência e o número de altas hospitalares tiveram um efeito positivo e altamente significativo no desempenho, confirmando os resultados da DEA.

Também foi observado que 30% dos casos de internação poderiam ter sido tratados em ambulatório. Essa taxa, considerada bastante alta, poderia ser reduzida significativamente se a rede de atenção básica fosse mais resolutiva. Nenhuma evidência conclusiva foi encontrada de que maior eficiência resulta em menor qualidade do atendimento.

Finalmente, a inexistência ou a precariedade de políticas nacionais de investimento em saúde resultam em oferta excessiva de infraestrutura hospitalar e equipamento de diagnóstico de alta tecnologia em algumas áreas metropolitanas. Enquanto isso, áreas mais remotas são carentes nesses quesitos.

Capítulo 4. Mecanismos de Pagamento Hospitalar e Arranjos Contratuais

O capítulo 4 aborda a questão dos mecanismos de pagamento a prestadores (MPP). O Brasil utiliza uma variedade de MPP para o financiamento dos hospitais. A maior parte dos hospitais privados e um número crescente de hospitais públicos recebem fundos de múltiplas fontes e fluxos, o que resulta em incentivos pouco claros ou conflitantes para os administradores hospitalares. Tanto o SUS como o setor privado debatem atualmente a adequação desses mecanismos, e algumas propostas de mudança vêm sendo levantadas.

Os diferentes tipos de MPP utilizados pelo SUS e por financiadores privados são analisados criticamente, e suas vantagens e desvantagens são avaliadas. Uma comparação entre as tabelas de pagamento do SUS com os custos reais de uma amostra de procedimentos de internação mostra que, em média, o SUS paga valores bem inferiores ao custo. Além disso, os incentivos embutidos nas tabelas de pagamento são distorcidos. Procedimentos de alta complexidade, como cirurgia cardíaca e transplantes de órgãos, são reembolsados bem acima do custo, enquanto procedimentos básicos, de baixa complexidade, são remunerados a menos de 30% do custo, em média. Essa estrutura de incentivos distorcida ajuda a explicar o excesso de oferta de equipamentos e serviços de alta complexidade e a crescente especialização de hospitais privados nesses procedimentos lucrativos. O capítulo também mostra que pagamentos abaixo do custo contribuíram para a crise financeira das instituições filantrópicas, altamente dependentes do SUS. Essas unidades recorrem cada vez mais a subsídios públicos pontuais ou de emergência para fechar as contas. Essas transferências emergenciais, por sua vez, oferecem pouco incentivo para a busca da eficiência.

O relatório mostra que os mecanismos de pagamento afetam a eficiência e os custos hospitalares. Hospitais públicos financiados pelo orçamento público tradicional (estruturado por elemento de despesa) são os menos eficientes, ao passo que aqueles financiados por orçamentos globais e outras modalidades descentralizadas de orçamento se equiparam a prestadores privados financiados principalmente por planos de saúde pré-pagos. Hospitais privados tratam pacientes por um custo menor, mas as diferenças praticamente desaparecem uma vez que se ajustam os custos por *case mix*. Hospitais privados que dependem dos pagamentos fortemente deficitários do SUS alcançam bons índices de eficiência, mas exibem baixa qualidade, sugerindo que a remuneração insuficiente a prestadores privados é prejudicial à qualidade do atendimento.

O capítulo também avalia a experiência de contratualização do SUS. Embora o SUS tenha um longo histórico de contratação de hospitais privados e de terceirização de serviços médicos e não-médicos em hospitais, os contratos em geral são instrumentos passivos que carecem de especificação dos serviços a serem prestados e da definição de resultados a serem alcançados. O desempenho, quando abordado, não está vinculado com o financiamento. Da mesma forma, os preços estipulados não têm relação com custos, e a gestão e monitoramento dos contratos é fraca.

De forma geral, o capítulo aponta que os incentivos embutidos nos mecanismos de pagamento são diluídos por conta de sua grande diversidade e inapropriados porque não têm relação com o custo real dos serviços. A ausência de informação confiável e sistemática a respeito dos custos, a falta de ajuste em função da severidade dos casos e as distorções no sistema de pagamento de internações do SUS (SIH, Sistema de Informação Hospitalar) tornam urgente a necessidade de reforma nos mecanimos de pagamento hospitalares no Brasil. Qualquer reforma deve ter ainda como preocupação central vincular o pagamento a resultados, por meio de contratos de desempenho.

Capítulo 5. Arranjos Organizacionais e Desempenho dos Hospitais Brasileiros

O capítulo 5 examina os arranjos organizacionais dos hospitais brasileiros e sua relação com o desempenho. A análise se concentra em três tipos de arranjos organizacionais predominantes no setor público: administração direta, administração indireta e administração autônoma. Embora a administração direta seja a modalidade dominante no setor público, respondendo por 97% das instituições, nos últimos 25 anos apareceram arranjos organizacionais autônomos sob a forma de fundações privadas de apoio, empresas públicas e organizações sociais de saúde (OSS). Neste livro a discussão do setor privado é em geral restrita aos hospitais filantrópicos, que dependem fortemente do financiamento público do SUS.

A análise desses arranjos visa determinar em que medida eles promovem condições favoráveis – por exemplo, autonomia na tomada de decisões – para que os gerentes de hospitais consigam realmente gerenciar suas unidades, e sejam responsabilizados pelo seu desempenho, e até que ponto a maior autonomia e responsabilização influenciam a eficiência, a contenção de custos e a qualidade. Com essa finalidade, são apresentadas as conclusões de quatro análises: 1) uma comparação da eficiência relativa de hospitais regidos por arranjos organizacionais diferentes, nos setores público e privado; 2) uma análise comparativa entre hospitais "alternativos" e "tradicionais"; 3) uma avaliação de indicadores de eficiência e qualidade para uma amostra de hospitais geridos por organizações sociais (OSS) no estado de São Paulo, em comparação com uma amostra equivalente de hospitais da administração direta no estado; e 4) um estudo de arranjos organizacionais em hospitais privados filantrópicos.

A evidência encontrada indica que os arranjos organizacionais influenciam o desempenho hospitalar. As entidades lucrativas são as mais eficientes, seguidas pelos hospitais públicos autônomos. Hospitais públicos sob arranjos organizacionais flexíveis, que conferem aos diretores autonomia de decisão, são as instituições públicas de melhor desempenho, em termos de produtividade, eficiência e qualidade. Hospitais públicos governados por arranjos organizacionais de administração direta ostentam os piores desempenhos entre todos. Hospitais públicos autônomos também parecem conseguir maiores ganhos de eficiência e qualidade com o passar do tempo do que seus equivalentes não-autônomos.

O tipo de arranjo organizacional mais promissor é o dos hospitais públicos administrados por OSS no estado de São Paulo. Entidades desse grupo rivalizam em eficiência com os hospitais privados com fins lucrativos, e a qualidade de atenção por eles proporcionada é superior à de hospitais públicos semelhantes, regidos por arranjos organizacionais tradicionais. A experiência das OSS mostra que hospitais com independência e flexibilidade para gerenciar seus recursos, definir o perfil de pacientes a serem atendidos (*case mix*), ajustar a capacidade, realocar recursos e realizar outras funções gerenciais apresentam melhor desempenho que instituições equivalentes que não gozam de tal independência.

Embora a independência seja um ingrediente necessário para melhorar o desempenho, pode não ser suficiente. Como é mostrado no estudo das OSS, mecanismos de responsabilização, como financiamento e contratos vinculados ao desempenho, combinados com o gerenciamento e monitoramento firmes dos contratos, contribuem para o desempenho.

Finalmente, embora hospitais privados filantrópicos demonstrem um nível intermediário de eficiência, a insuficiência de informação impede que qualquer conclusão definitiva possa ser tirada acerca da relação entre os vários arranjos organizacionais encontrados entre os hospitais filantrópicos e seu desempenho. A sobreposição de funções de governança e gerenciais, junto com arranjos informais de tomada de decisão, comprometem o desempenho dos hospitais filantrópicos.

Capítulo 6. Abrindo a Caixa-Preta: A Relação entre Arranjos Organizacionais, Comportamentos Gerenciais e Desempenho em Hospitais Públicos e Privados

O capítulo 6 parte das conclusões trazidas pelo capítulo anterior e relaciona os arranjos organizacionais e o desempenho hospitalar. A questão central abordada no capítulo é a relação entre práticas gerenciais e arranjos organizacionais e sua influência sobre o desempenho. Esta questão é respondida analisando práticas gerenciais relacionadas à gestão de recursos humanos, aquisição de materiais, gestão financeira e contratualização. Uma comparação entre hospitais públicos sob arranjos organizacionais "tradicionais" e "alternativos" estabelece que comportamentos gerenciais diferem de acordo com a estrutura organizacional de um hospital.

Como várias funções gerenciais são executadas fora das unidades de saúde públicas, o capítulo relata as conclusões de uma pesquisa de rastreamento do gasto público (conhecida pela sigla PETS – *Public Expenditure Tracking Survey* – em inglês) realizada junto a secretarias de saúde, hospitais e unidades ambulatoriais municipais e estaduais. Os resultados destacam problemas relacionados com a administração pública em geral e com a administração de saúde especificamente.

Embora a autonomia pareça promover melhores práticas gerenciais e melhor desempenho em hospitais públicos, parece não ter tanta influência em hospitais privados filantrópicos. As práticas de gerenciamento adotadas por unidades filantrópicas no entanto estão longe do ideal, especialmente em unidades menores. Muitos hospitais de pequeno e médio porte aparentam ser administrados informalmente ou até não ter uma gestão efetiva, o que acarreta ineficiência e baixa qualidade. Na ausência de exigências contratuais ou competição de mercado, há pouca pressão para a obtenção de resultados.

O capítulo examina por que as OSS demonstram melhor desempenho do que as unidades da administração direta. Diretores de OSS respondem ao ambiente de incentivos inerente ao arranjo de organização social, aplicando a legislação privada ao gerenciamento de recursos humanos, desenvolvendo e implementando processos de compras ágeis, demonstrando responsabilidade por meio da conformidade às exigências contratuais e gerenciando e realocando recursos para atingir metas de produção e qualidade. Igualmente importante é a disposição que o governo do estado de São Paulo tem demonstrado no sentido de impor o cumprimento dos termos contratuais, por meio da redução ou suspensão de pagamentos ou do cancelamento de contratos. Em contraste, o arranjo organizacional da administração direta não consegue criar um ambiente propício à gestão e ao desempenho efetivos.

Dois estudos de caso no Brasil destacam oportunidades e obstáculos relacionados à conversão de hospitais públicos para arranjos organizacionais autônomos. A experiência internacional de conversão de hospitais públicos também é examinada. A partir da experiência bem-sucedida das OSS, o capítulo recomenda uma estratégia para a reforma dos hospitais públicos baseada em cinco elementos: autonomia, flexibilidade na gestão de recursos humanos, compra estratégica de serviços, cumprimento dos contratos e um ambiente de informação adequado.

Capítulo 7. Qualidade da Atenção: Ainda o Componente Esquecido?

O capítulo 7 avalia as condições atuais da qualidade assistencial nos hospitais brasileiros. Embora a melhoria da qualidade tenha sido mencionada em praticamente todas as declarações governamentais sobre políticas de saúde nos últimos 15 anos, poucas estratégias e ações se concentraram de maneira sistemática na questão da qualidade nos hospitais públicos. A situação é semelhante no setor privado: poucas operadoras de planos de saúde monitoram a qualidade do atendimento prestado pelos prestadores contratados.

Duas falhas na área da qualidade são discutidas. A primeira é a dissociação entre pesquisa e prática médica no Brasil. Por exemplo, as evidências apontam que, apesar de o país ser líder mundial em pesquisa no tratamento do câncer, a qualidade do atendimento para a maior parte dos pacientes com a doença é sofrível. A segunda falha se dá entre a qualidade do atendimento oferecido por um pequeno grupo de centros de excelência mundial e a apresentada na vasta maioria dos hospitais. Enquanto esses centros de excelência operam segundo padrões internacionais de qualidade, a maior parte dos hospitais luta para manter níveis básicos de infraestrutura, pessoal e serviços.

O capítulo analisa a qualidade da atenção hospitalar segundo o marco conceitual proposto por Donabedian (1980), que se baseia em três componentes: estrutura, processo e resultados. A partir de microestudos e pesquisas amostrais limitadas, as evidências apontam sérias deficiências em todos esses componentes nos hospitais brasileiros. Muitos hospitais não oferecem segurança, como indica a dificuldade em atingir os níveis mínimos exigidos pela legislação em termos de infraestrutura, equipamentos e recursos humanos, ou em cumprir a regulação quanto ao controle de infecções hospitalares. Os processos clínicos são deficientes, resultando em uma variedade de erros médicos, eventos adversos e práticas de baixa efetividade, que contribuem para resultados insatisfatórios em termos da saúde dos pacientes.

A qualidade da prática profissional também é examinada neste capítulo. A implantação da reavaliação de profissionais de medicina obrigatória está em andamento, mas o Brasil carece de um sistema para certificar a competência dos egressos das faculdades de medicina. Os resultados apresentados sugerem que algumas faculdades não preparam seus estudantes para a prática médica de maneira adequada. Mecanismos disciplinadores para proteger os pacientes da má prática médica parecem ineficazes. Dos poucos casos levados a conselhos médicos, apenas 10% geram ações disciplinares.

Talvez a conclusão mais preocupante seja que a qualidade de atendimento na maioria dos hospitais é desconhecida. É consenso que a existência de dados confiáveis sobre qualidade é essencial para avaliar e melhorar a atenção hospitalar. Mesmo assim, as pesquisas e a literatura analisadas no capítulo sugerem que medir e comparar a qualidade dos hospitais não constituem preocupações prioritárias das políticas de saúde.

Capítulo 8. Avaliação e Melhoria da Qualidade

O capítulo 8 examina sistemas e programas de melhoria de qualidade de âmbito nacional, local e internos a instituições de saúde. Entre as iniciativas mais importantes estão um sistema de acreditação financiado pelo governo, um programa de certificação e *benchmarking* estabelecido por uma sociedade médica estadual, um esquema de contratação de prestadores baseado em qualidade desenvolvido por uma operadora de plano de saúde e um pequeno número de programas governamentais de origem estadual e federal. Embora essas iniciativas signifiquem avanços importantes, a maioria delas é isolada, fruto de esforços solitários. A implementação mais ampla por parte de hospitais e operadoras de planos de saúde tem sido limitada. Alguns desses esforços tiveram curta duração, e nenhum deles foi avaliado sistematicamente.

O Brasil é líder na América Latina no desenvolvimento de sistemas de acreditação hospitalar. Porém, apesar da abrangência dos sistemas de certificação e acreditação em operação, a baixa participação tem sido frustrante. Em 2003, apenas 55 hospitais, entre mais de 6.500, tinham sido acreditados. Há poucos incentivos para a participação e o cumprimento dos requisitos para obtenção da acreditação. Uma análise comparativa entre hospitais participantes de programas de acreditação e hospitais não-participantes descobriu que entidades participantes têm índices maiores de eficiência e qualidade. Infelizmente, a expansão da acreditação não faz parte da agenda do SUS, apesar do apoio do Ministério da Saúde no passado, e a acreditação também não é uma consideração central entre as operadoras de planos privados.

Os programas de acreditação forçam os hospitais a examinar sua competência, avaliando e comparando o atendimento por eles prestado com padrões estabelecidos. A experiência de alguns hospitais de ponta no Brasil mostram que o sucesso na implantação de programas de acreditação depende da adoção de programas de melhoria de qualidade, que, por sua vez, têm sua implantação facilitada pela aplicação de uma ou mais ferramentas de melhoria da qualidade. O capítulo relata os resultados de uma pesquisa feita junto a hospitais que aplicaram ferramentas de gestão no intuito de alcançar a acreditação.

Um número desconhecido de hospitais no Brasil desenvolve programas de melhoria de qualidade, mas muito poucos avaliaram seu impacto por meio de análises comparativas. Um estudo de caso de um hospital que foi avaliado antes e depois de implantar um desses programas documenta os processos de mudança gerencial e as ferramentas de gestão da qualidade implementadas ao nível da instituição em um período de 10 anos, que resultaram em um salto de qualidade significativo.

A tendência do sistema de saúde brasileiro nos próximos anos não é no sentido da atenção hospitalar curativa (voltada para casos agudos), e sim da coordenação e integração da prestação de serviços entre diferentes prestadores e modalidades de prática clínica. No Brasil, apesar da aparente integração dos sistemas operados pelo governo (em municípios, especialmente), muitas unidades de saúde operam isoladamente, com fluxos de referência deficientes com a atenção primária, ambulatorial e diagnóstica. Muitos especialistas nessas unidades agem como "profissionais independentes", e não como membros de uma equipe integrada de saúde e de uma organização que articula e dá suporte ao assistência integral à saúde. A ausência de um marco de políticas focado na organização dos serviços também dificulta o desenvolvimento de redes assistenciais. Alguns poucos estados e municípios, entre eles o estado de Minas Gerais e a cidade de Curitiba, têm desenvolvido arranjos de redes organizadas de serviços.

Esforços isolados para a melhoria da qualidade são comuns no Brasil, mas ainda precisam se aglutinar em um movimento nacional pela melhoria da qualidade. É extremamente necessária uma liderança nacional que estabeleça políticas e arranjos institucionais para apoiar a melhoria da qualidade em todo o sistema, e particularmente nos hospitais. Melhorar e manter a qualidade requer uma combinação de ações em três níveis: apoio ao nível do sistema como um todo, controles e mecanismos externos de responsabilização e desenvolvimento organizacional.

Capítulo 9. Conclusões e Recomendações

O capítulo 9 sintetiza as conclusões destas pesquisas e apresenta recomendações para a melhoria do desempenho hospitalar a curto e médio prazo. Descreve um conjunto de melhores práticas e inovações promissoras, baseadas na experiência brasileira e destacadas no livro, que podem servir de base para a mudança. Ao final do capítulo são apresentadas sugestões de ações prioritárias para facilitar a implementação das recomendações.

Fontes e Advertências

Os leitores deverão ter em mente que a análise ou a avaliação de hospitais, especialmente públicos, é tarefa árdua. A literatura oferece pouca orientação a respeito de metodologias apropriadas. Os estudos existentes, via de regra, vêm dos EUA e de alguns países europeus, e as conclusões podem não se aplicar a países de média e baixa renda, com menos recursos disponíveis para a área de saúde.

As conclusões e recomendações deste volume são baseadas principalmente em evidências disponíveis no Brasil, colhidas de uma variedade de fontes. Limitações referentes à disponibilidade e à qualidade dos dados e o uso de amostras pequenas restringiram a abrangência e profundidade de algumas das análises apresentadas. Sempre que possível, experiências internacionais foram consultadas para preencher essa lacuna.

Este volume é baseado numa combinação diversificada de pesquisas e estudos avaliativos. Algumas das análises quantitativas (sobre eficiência, por exemplo) usam grandes amostras nacionais de unidades de saúde. Outras, como aquelas referentes a arranjos organizacionais e qualidade, são baseadas em amostras pequenas e locais. Estudos de caso e análises qualitativas foram aplicados para complementar as pesquisas quantitativas. Novamente, a pesquisa foi limitada pela disponibilidade de informação, pela qualidade das bases de dados nacionais e pelo custo de ser obter dados primários. Como consequência, a combinação de análises e métodos aplicados varia de um capítulo a outro.

O relatório se baseia principalmente em estudos encomendados especialmente para esta tarefa.[7] Os estudos selecionados compartilham as seguintes características: partem das recomendações de relatórios anteriores, particularmente as do Banco Mundial (1994, 2002); expandem os resultados e fazem uso de bases de dados derivadas de estudos recentemente concluídos que empregaram metodologias sólidas; aplicam métodos de pesquisa quantitativa e avaliativa; preenchem lacunas analíticas e de informação reconhecidas, identificadas por análises aprofundadas da literatura; e são factíveis e economicamente viáveis no que diz respeito ao escopo, amostragens, coleta de dados e métodos de análise. O volume também utiliza outros estudos que aplicaram rigorosos métodos avaliativos e de pesquisa. Uma parte desses estudos, porém, é baseada em amostras pequenas, tornando difícil fazer inferências estatísticas e generalizações. Essas limitações são apontadas no texto.

Este estudo não pretende ser uma avaliação exaustiva da situação dos hospitais brasileiros. Ao contrário, adota uma abordagem focada nas lacunas de informação e análise específicas, referentes a cada uma das seis dimensões (ou áreas de políticas) listadas anteriormente. Como já foi apontado, o escopo do trabalho foi limitado pela disponibilidade de informação e por restrições orçamentárias. Muitos dos problemas enfrentados pelos hospitais brasileiros são conhecidos informalmente, mas não foram analisados de forma sistemática, ou foram analisados sem o devido rigor metodológico. Como é enfatizado ao longo do relatório, o próprio Brasil já desenvolveu soluções potenciais para os problemas observados no sistema de saúde. Programas inovadores e intervenções já validadas pela prática podem servir como pontos de partida, lançando luz sobre soluções viáveis em cada dimensão analisada. A abordagem geral adotada no livro foi de identificar experiências que funcionam no Brasil, e por que; a experiência internacional é citada em casos apropriados ao contexto brasileiro. A vocação deste livro é, portanto, de levantar informação e apresentar evidências sobre estratégias efetivas de mudança, que, em conjunto, possam orientar uma estratégia geral de reforma hospitalar e um programa de longo prazo para o desenvolvimento do setor.

Notas

1. Por exemplo, em outubro de 2002 a Federação Brasileira de Hospitais (FBH), uma associação que representa principalmente hospitais filantrópicos conveniados com o Sistema Único de Saúde (SUS), enviou uma carta aberta (Carta de Brasília) ao novo governo destacando a delicada situação financeira dos hospitais filiados. A carta declarava que o sistema de reembolso abaixo do custo do SUS estava levando o setor à falência.
2. Entre as análises citadas estão McKee e Healy (2002); Saltman e Figueras (1997); Preker e Harding (2003); Eriksson, Diwan e Karlberg (2001).

3. Há alguma intersecção entre os ambientes externo e organizacional. Ambos exercem considerável influência sobre o comportamento dos hospitais e, como consequência, no seu desempenho.
4. As conclusões foram baseadas nos resultados de oficinas ocorridas em 2003.
5. As áreas prioritárias incluem, entre outras: saúde do idoso, controle e prevenção de câncer, saúde materna e neonatal, controle de doenças transmissíveis, promoção da saúde e atenção básica.
6. O Departamento de Atenção Básica (da Secretaria de Assistência à Saúde) do MS já propôs um mecanismo semelhante de financiamento vinculado ao desempenho.
7. Os artigos consultados constam da Bibliografia.

2

O Setor Hospitalar Brasileiro: Estrutura, Financiamento, Gasto e Resultados

O setor hospitalar brasileiro é amplo, com mais de 7.400 unidades e cerca de meio milhão de leitos. É também complexo, compreendendo uma multiplicidade de arranjos de financiamento, tipos de propriedade e arranjos organizacionais. Entender as relações entre as partes que o compõem é uma tarefa desafiadora, mesmo para analistas brasileiros.

A estrutura da área de saúde é determinada pelo Sistema Unificado e Descentralizado de Saúde (SUS) – financiado pelo poder público – e por uma poderosa indústria de seguros privados de saúde. Os governos federal, estadual e municipal possuem e operam muitas unidades de saúde. A maior parte dos hospitais são privados, e boa parte deles possui convênio ou contrato com o SUS. Os gastos com saúde no Brasil são altos se comparados aos de outros países de renda média, e as despesas com hospitais representam uma parcela significativa do gasto total com saúde no Brasil.

O SUS é a principal fonte de financiamento para a atenção hospitalar. Ainda assim, até recentemente não havia informações precisas sobre quanto o SUS gastava com hospitais. As lacunas de informações prejudicam a obtenção de estimativas sobre os gastos do SUS com atenção hospitalar (ver anexo 2A). O ritmo acelerado da transição epidemiológica e a escalada das doenças crônicas podem levar a um aumento expressivo de custos nos próximos anos.

Este capítulo examina o sistema de saúde do Brasil e as principais características do setor hospitalar. Entre as questões abordadas estão: Como está configurado o sistema hospitalar dentro da área de saúde? Quais são as principais fontes de financiamento? A que tipos de atendimento esses recursos são destinados? Como os hospitais brasileiros alocam recursos entre os diferentes insumos utilizados? Quanto é gasto por categoria e tipo de hospital?

O Setor Saúde no Brasil

A área de saúde no Brasil compreende dois sistemas principais: o SUS, que é financiado e operado pelo estado e foi originalmente concebido como um sistema de seguridade social, e um vasto sistema custeado pelo setor privado, que consiste principalmente de seguradoras privadas e operadoras de planos de pré-pagamento.

A Reforma Sanitária e a Criação do SUS

Em meados dos anos 1980 o Brasil passou por reformas ambiciosas que mudaram a estrutura, a organização e o financiamento da área de saúde, resultando na criação do SUS. A primeira onda de reformas (1984-89) se concentrou na reestruturação institucional, na descentralização para o nível estadual e no estabelecimento de mecanismos de participação social, com o direito universal à saúde surgindo como princípio central do sistema. A segunda onda (1990-95) enfatizou a consolidação do sistema unificado, a municipalização da prestação de serviços e a implantação de mecanismos financeiros de alocação de fundos federais. A terceira onda, iniciada em 1996, tentou reorientar o modelo de atenção básica, definir melhor papéis institucionais, efetivar mudanças legais e regulatórias e introduzir mecanismos alternativos de alocação de recursos para fortalecer a atenção básica. Regulações recentes sugerem o início de uma quarta onda, descrita a seguir, orientada no sentido de aprimorar o foco em resultados nas relações entre governo federal e instâncias subnacionais.

O estabelecimento do SUS em 1988 foi o resultado de um processo de reforma de quase uma década. A Constituição definiu o sistema como o principal prestador de serviços de saúde no Brasil e limitou o setor privado (financiado com recursos privados) a um papel marginal, mas mal definido de "suplementar". O acesso aos serviços prestados pelo SUS é universal e gratuito por preceito constitucional, e os brasileiros têm em princípio direito a todo o atendimento de que precisarem. Na prática, porém, menos de 60% da população, principalmente a população de baixa renda, usa os serviços do SUS como fonte principal de atendimento, de acordo com pesquisas locais (IBGE 2000b). Muitos brasileiros de renda média e alta que possuem um plano de saúde privado, entretanto, usam o SUS ocasionalmente, em especial para serviços de alta complexidade ou para serviços não cobertos por seus planos.

O SUS pode ser caracterizado pelos seguintes elementos: descentralização da organização e prestação de serviços para os governos municipais e, em menor escala, estaduais; financiamento público dos serviços de saúde prestados por estabelecimentos públicos e privados; uso de repasses federais para co-financiar o atendimento em níveis subnacionais; e mecanismos de participação social formalizados.[1]

A reforma sanitária, ocorrida durante a maior parte dos anos 1980 e o começo dos 1990, redefiniu as responsabilidades e papéis dos diferentes níveis de governo e instituições públicas no sistema de saúde. De acordo com a legislação básica do SUS,[2] essas responsabilidades são:

- *Coordenação do sistema e formulação de políticas.* Essa responsabilidade cabe principalmente ao Ministério da Saúde (MS), embora secretarias estaduais e municipais de saúde tenham participação em detalhar e adaptar políticas federais. A sobreposição de responsabilidades é uma fonte constante de tensão no SUS. Embora a coordenação intergovernamental em termos de planejamento, financiamento, investimento de capital e prestação do serviços seja uma característica essencial do SUS, sua efetivação ainda está em andamento.
- *Regulamentação.* Como no caso das políticas, a regulamentação é principalmente responsabilidade do governo federal, por meio do MS, mas estados e municípios complementam e adaptam regulações federais e têm o poder de publicar regulações locais. A legislação federal, porém, sempre prevalece em relação a leis estaduais e municipais. Órgãos regulatórios federais independentes foram criados no final dos anos 1990: a Agência Nacional de Vigilância Sanitária (ANVISA), que regula as indústrias farmacêuticas e os serviços de alimentação e de saúde, e a Agência Nacional de Saúde Suplementar (ANS), que regula os planos de saúde privados. Organizações privadas – por exemplo, associações de planos de saúde, de hospitais e de profissionais – têm tradicionalmente autorregulado suas áreas de interesse (por exemplo, a prática médica e de enfermagem), mas as autoridades do governo raramente reconhecem o papel regulador do setor privado.[3] O conflito entre leis

federais e a legislação infranacional resultou em marco legal e regulatório intrincado, em que qualquer iniciativa pode ser apoiada e desafiada em bases legais na mesma medida.

- *Financiamento.* O financiamento público é dividido entre vários órgãos de governo. O Ministério da Fazenda (MF) arrecada impostos e taxas federais e contribuições de seguridade social, e o MS aloca e distribui a maior parte dos fundos federais. O MS também é responsável por cobrar e arrecadar o reembolso de operadoras privadas pelo atendimento a pacientes de planos privados tratados em unidades do SUS.[4] Os governos estadual e municipal recolhem suas próprias taxas e impostos e as aplicam no atendimento à saúde por meio de suas respectivas secretarias de saúde. Também recebem repasses de fundos federais. De acordo com a legislação do SUS, a maior parte do financiamento derivado de todos os níveis de governo é depositada em um fundo geral de saúde criado e administrado por cada nível de governo (federal, estaduais e municipais). Por exemplo, municípios depositam todos os recursos financeiros recebidos dos governos federal e estaduais, bem como seus recursos próprios não destinados ao gastos com pessoal, em seus fundos municipais de saúde.
- *Prestação de serviços de saúde.* A responsabilidade pela prestação dos serviços é dividida entre estados e municípios, geralmente de acordo com o nível de complexidade. Como regra geral, o atenção primária e secundária é de responsabilidade dos governos municipais, ao passo que o estado assume responsabilidades pela atenção de nível terciário e de referência. O Ministério da Saúde e o Ministério da Educação operam poucos hospitais, a maioria universitários e de referência. A importância relativa de estados e municípios na prestação de serviços hospitalares – bem como a capacidade subnacional de operar e administrar tais unidades – varia consideravelmente. Em resumo, a realidade é muito mais complexa do que a legislação de saúde prevê.[5]

A descentralização foi a característica definidora da reforma sanitária que resultou na criação do SUS. A autonomia significativa dos níveis estaduais e municipais foi um produto direto do processo de democratização que emergiu em reação a 20 anos de regime militar centralizador. Um observador descreveu a descentralização como um "choque de sistema" (Akhavan 2001), em parte porque as instâncias subnacionais estavam em geral muito despreparadas para absorver a responsabilidade pela prestação de serviços de saúde. Nos anos 90 o MS estabeleceu critérios de habilitação que, quando satisfeitos, certificavam o *status* de entes descentralizados do SUS aos governos subnacionais, permitindo-lhes receber transferências federais recentemente definidas.[6] O acesso a esses repasses criou um forte incentivo financeiro para a busca pela habilitação por parte dos governos subnacionais.

A habilitação era baseada na capacidade de estados e municípios de planejar, organizar e administrar níveis específicos de atenção. Por exemplo, no caso da *gestão plena da atenção básica*, um município é responsável por prestar serviços de atenção básico e por administrar e aplicar verbas federais diretamente nesses serviços, mas não por prover serviços de maior complexidade. Na *gestão plena do sistema*, um município ou estado assume a responsabilidade pela administração e supervisão de todos os serviços, atividades e programas financiados com recursos públicos dentro de sua circunscrição geográfica e por administrar todos os recursos financeiros do SUS, tanto o próprio orçamento como as verbas repassadas dos níveis mais altos de governo. Em meados de 2006 682 municípios (12% do total) estavam habilitados para a gestão plena do sistema, e quase todos os restantes estavam habilitados para a gestão plena da atenção básica.

A habilitação é essencialmente um processo burocrático e tem pouca relação com a capacidade real para supervisionar, gerenciar ou prestar atendimento de saúde. Por exemplo, embora todos os municípios tenham conseguido ser habilitados para a atenção básica, um número indeterminado ainda não estruturou um sistema para tal, nem oferece cobertura significativa à sua população. Devido à diversidade das condições locais e às diferentes capacidades para planejamento, análise, gestão e monitoramento, a implantação da descentralização foi desigual. Por exemplo, alguns recursos financeiros são administrados pela federação e outros por estados e municípios, dependendo do nível de habilitação e capacidade gerencial dos níveis mais descentralizados do SUS. Em geral, municípios maiores foram habilitados para a gestão plena do sistema e realizam razoavelmente essas funções. Embora a maior parte dos municípios desempenhe funções relacionadas à atenção básica, deixando serviços de maior complexidade a cargo dos estados, municípios maiores geralmente oferecem uma variedade maior de serviços de média e alta complexidade.

No passado, o MS usou de seu poder regulatório e de sua influência financeira para encorajar autoridades subnacionais de saúde a adotar políticas e programas federais. Por exemplo, o critério de habilitação de estados e municípios tendia a impor um modelo assistencial padronizado e pouco flexível, baseado numa visão de planejamento da oferta. Embora a maior parte dos governos subnacionais se adapte à regulação e políticas federais, eles não estão legalmente obrigados a isso. Uma vez habilitadas para as responsabilidades descentralizadas do SUS pelo MS, autoridades de saúde subnacionais têm autonomia suficiente para determinar a organização e a prestação de serviços dentro de sua área de abrangência, inclusive com relação à combinação de prestadores de serviços. Em outras palavras, no SUS, diferentes níveis de governo têm pouca influência direta uns sobre os outros, seja verticalmente (isto é, o federal sobre o municipal ou o estadual sobre o municipal) ou horizontalmente (entre municípios). Também não é comum níveis superiores de governo fazerem uso de instrumentos financeiros – transferências fundo a fundo, por exemplo – para influenciar níveis mais baixos do sistema. Por exemplo, as Normas Nacionais de Assistência à Saúde (NOAS), aprovadas em 2001 e 2002, determinaram a regionalização da assistência de média e alta complexidade e definiram o papel das secretarias de saúde estaduais no âmbito de um sistema regionalizado de atenção. A implantação, contudo, tem sido limitada, em parte porque os estímulos inerentes às estruturas e incentivos financeiros do SUS garantem autonomia significativa aos governos subnacionais.

Regulamentações recentes tentaram equacionar os problemas causados pela autonomia excessiva dos municípios – junto com sua capacidade limitada e a falta de coordenação – no planejamento e gestão de seus sistemas de saúde locais. As NOAS definiram uma estratégia para a regionalização de certos serviços municipais articulados entre si. A regulamentação adotada em 2006 representou um avanço, porque fortaleceu a estratégia de regionalização e definiu o papel dos estados, aumentando suas responsabilidades em um sistema regional em desenvolvimento. Um decreto federal de 2006 revisou a legislação referente aos consórcios municipais e forneceu maiores incentivos para que municípios compartilhem certos serviços entre si. Ainda assim, embora algumas experiências estejam em curso, a estruturação de serviços regionalizados e coordenados de saúde ainda precisa se fortalecer no Brasil (o capítulo 8 apresenta uma discussão sobre a coordenação de serviços).

O SUS estabeleceu uma rede complexa de mecanismos de participação social e criação de consenso no sentido de complementar a autoridade regulatória e formuladora de políticas do MS e equilibrar as tensões internas do sistema. Esses mecanismos são constituídos por conselhos de saúde em nível subnacional, além de comissões conjuntas (bi ou tripartites) com participantes de dois ou mais níveis de governo. Os conselhos, compostos por representantes do governo, prestadores de serviços,, profissionais e usuários do sistema de saúde, analisam e aprovam todos os planos e políticas do setor. Em teoria, o propósito dos conselhos é assegurar a democracia nos processos de tomada de decisão.[7] As comissões conjuntas de saúde são os principais fóruns para a negociação de políticas, e sua aprovação ou rejeição tanto em nível estadual quanto municipal. Ao nível estadual, a comissão bipartite é formada por autoridades de saúde municipais e estaduais. Em nível nacional, a comissão tripartite reúne autoridades de saúde municipais, estaduais e federais.

A combinação de autonomia dos níveis subnacionais com mecanismos participativos mandatórios resultou em um complexo sistema de compartilhamento de responsabilidades e negociação na tomada de decisões. O sistema funciona por meio de um processo decisório misto – ao mesmo tempo de baixo para cima e de cima para baixo – que implica sucessivas rodadas de negociações em múltiplos níveis (ver análise em Banco Mundial 2007). Embora o MS seja responsável por definir prioridades e políticas nacionais de saúde, estados e municípios são autônomos e não estão legalmente obrigados a seguir as políticas federais, contanto que suas ações não infrinjam diretamente a legislação federal. A consistência e a implantação de políticas e prioridades nacionais de saúde são garantidas por meio de conselhos participativos e comissões e, em menor extensão, por incentivos financeiros contidos nos repasses federais a estados e municípios para programas específicos.[8]

Como sugerido antes, a descentralização se concentrou no fortalecimento do poder dos governos locais e não no fortalecimento de gestores de programas ou unidades de saúde. Na maioria dos casos, a autoridade decisória foi centralizada nas secretarias de saúde estaduais ou municipais ou em outras instâncias da administração pública. A reforma alterou pouco a maneira como a maioria dos hospitais públicos são governados ou gerenciados, ou como os hospitais privados no âmbito do SUS são contratados e monitorados.[9] Com exceção de reajustes periódicos nos mecanismos de pagamento a hospitais, até bem recentemente os hospitais recebiam pouca atenção sistemática por parte dos formuladores de políticas de saúde. Em resumo, as reformas introduziram poucas mudanças na organização e prestação de serviços hospitalares.

Finalmente, as características de negociação e financiamento do SUS foram fortalecidas no início de 2006 com a aprovação de um pacote de medidas conhecido como Pactos pela Saúde 2006 – Consolidação do SUS.[10] Esta quarta onda de reformas representa o primeiro passo para uma importante mudança nas relações entre federação, estados e municípios na área de saúde. Ao contrário de regulações anteriores, que definiam um modelo assistencial único e padronizado, os pactos visam oferecer às entidades subnacionais flexibilidade para desenvolver e organizar seu sistema de atenção à saúde de acordo com seu contexto. Os pactos especificam metas de desempenho para cada nível de governo e estipulam passos práticos para a regionalização dos serviços e a coordenação intergovernamental. Embora ainda estejam em desenvolvimento, os pactos estabelecem a base para que o governo federal exerça um papel mais forte, utilizando seu poder econômico para fortalecer o desempenho dos níveis subnacionais do sistema de saúde. A política é inovadora na medida em que promove mudança em três frentes: direciona recursos para áreas prioritárias; simplifica a administração e o financiamento do SUS; e introduz a contratualização no relacionamento entre entidades públicas de saúde. Além disso, traz a possibilidade de criação de mecanismos de pagamento vinculados ao desempenho, um elemento-chave para promover mudanças. Alcançar as metas de desempenho estabelecidas, porém, exigirá o desenvolvimento de instrumentos voltados para o monitoramento do desempenho de estados e municípios por parte do governo federal, bem como o fortalecimento da capacidade subnacional em planejar, gerenciar, elaborar orçamentos e monitorar a prestação de serviços de saúde. Afora isso, porém, as reformas não enfrentam o espinhoso tema da autonomia de estados e municípios.

Apesar dessas limitações, a implantação do SUS reestruturou o sistema de saúde pública no Brasil e foi bem-sucedida em vários aspectos. Criou um sistema nacional de saúde, racionalizou os papéis dos diferentes níveis de governo, melhorou a coordenação entre eles e descentralizou a prestação de serviços de saúde para o âmbito municipal. A reforma também expandiu a cobertura a toda a população (ainda que 1/4 dos brasileiros escolha não utilizar o SUS como fonte principal de atendimento) e reduziu as desigualdades no acesso à saúde. Finalmente, o SUS trocou uma abordagem verticalizada, focada em doenças, por um modelo de atenção integrada à saúde e garantiu a participação da sociedade civil no planejamento e avaliação das ações de saúde.

O Desafio da Transição Epidemiológica

A reforma sanitária, como mencionado anteriormente, foi implementada em ondas sobrepostas e se deu de modo incremental, mas não linear. Medir o impacto dessa reforma é difícil porque mudanças ocorreram em todo o sistema, e não foi levantada uma linha de base. Mas dados longitudinais sugerem avanços significativos na situação da saúde nos últimos 25 anos (tabela 2.1). A mortalidade infantil caiu consideravelmente; as taxas de mortalidade de crianças por doenças preveníveis por imunizações são insignificantes; e as doenças diarréicas são responsáveis por menos de 7% das mortes entre crianças com menos de cinco anos de idade. O número de novos casos de HIV/AIDS se estabilizou, em parte graças a uma estratégia agressiva e abrangente de prevenção, promoção e tratamento. Por falta de dados passíveis de comparação, é quase impossível atribuir essas conquistas às reformas do SUS, mas programas específicos desenvolvidos e implantados pelo SUS (por exemplo, Saúde da Família, Vigilância Epidemiológica e HIV/AIDS) contribuíram para a melhoria do estado de saúde, especialmente em termos de expectativa de vida e mortalidade infantil (MS 2005, 2006a; Macinko, Guanais e Souza 2006).

As taxas de mortalidade materna e neonatal, que estão fortemente relacionadas à qualidade e eficiência da atenção hospitalar, mostram um progresso bem mais lento, considerando-se que no Brasil mais de 90% dos partos ocorrem em hospitais. A taxa de mortalidade materna registrada em 2004 foi de 53,9 por 100 mil nascidos vivos, contra 67 em 1980 (tabela 2.1). Esses indicadores, porém, são muito subestimados, e a projeção ajustada do MS para 2004 (não mostrada na tabela 2.1) era de 75,4 por 100 mil nascimentos. Identificar uma tendência de longo prazo para esses indicadores é difícil, devido à ausência de dados precisos. Mesmo assim, dados disponíveis sugerem uma lenta queda a longo prazo, pouca evolução na última década e uma piora em 2004. Dados não ajustados sugerem uma estagnação desde 1996, primeiro ano de registro sistemático, quando a taxa de mortalidade materna era de 51,6 (MS/Datasus 2007; IBGE 2004b).

Nas últimas duas décadas, o Brasil passou por uma transição demográfica, com a taxa de crescimento populacional caindo de aproximadamente 2,3 para 1,4% (tabela 2.1). Isso, associado à transição epidemiológica que se deu paralelamente, levou a uma mudança na carga de doenças, de um perfil predominantemente de doenças infecciosas para um perfil principalmente de doenças não-transmissíveis (DNT). Estas agora respondem por cerca de 2/3 da carga de doenças (medida em anos de vida perdidos ajustados por incapacidade, DALY). As principais causas de mortalidade são doenças circulatórias (33% de todas as mortes), acidentes (16%) e câncer (14%).[11]

TABELA 2.1
Tendências Demográficas e de Saúde

Indicador	*1980*	*1990*	*2004*
Crescimento populacional (%)	2,28	1,71	1,43
Taxa de Dependência (menores de 15 anos)	66,2	59,5	42,8
Taxa de Dependência (maiores de 65 anos)	6,9	7,1	9,1
Taxa de fertilidade	4,06	2,8	2,3
Expectativa de vida ao nascer (em anos)	62,6	66,6	71,6
Mortalidade infantil (por mil nascidos vivos)	69,1	47,0	26,6
Mortalidade materna (por 100 mil nascidos vivos)	67,0	51,6	53,9
Mortalidade neonatal (por mil nascidos vivos)	26,7	17,8	16,5

Fonte: IBGE 2004b; MS/Datasus 2007; Siqueira et al. 1984.

Nota: Taxa de dependência é a proporção da população do grupo etário específico em relação ao grupo em idade economicamente ativa (15 a 64 anos).

O ritmo acelerado das transições epidemiológica e demográfica aumentará a demanda por serviços de saúde e a pressão sobre recursos financeiros. A incidência de DNT provavelmente aumentará à medida que a população brasileira envelhecer. O sistema de saúde atualmente enfrenta um desafio duplo: continuar lidando com a incidência de doenças transmissíveis e com problemas relacionados à saúde materna e infantil, ao mesmo tempo em que reestrutura o modelo assistencial e direciona recursos para atender ao desafio crescente das DNT.

O tratamento de DNT já consome quase metade do gasto hospitalar (Banco Mundial 2005a). A manutenção da situação atual (sem mudança significativa do modelo) deverá levar a um aumento dos gastos com saúde no Brasil em US$ 34 bilhões nos próximos cinco anos e também resultará em impactos econômicos da ordem de US$ 38 bilhões em perda de produtividade (tabela 2.2). Em 2003 os custos financeiros e econômicos somados representaram cerca de 10% do PIB brasileiro. A situação atual referida é caracterizada pela insuficiência de ações de prevenção e promoção da saúde, deficiências dos sistemas de referência, falta de disseminação e aplicação de tratamentos custo-efetivos e ausência de redes funcionais que facilitem a aplicação de protocolos de gerenciamento de casos em todos os níveis de atendimento (ver capítulo 8).

Gasto com Saúde e seu Impacto

A questão do gasto com saúde no Brasil é controvertida. Autoridades em todos os níveis de governo geralmente defendem que a insuficiência de recursos públicos para a área é a maior causa dos problemas do setor, particularmente no âmbito do SUS.[12] Em relação ao seu nível de renda, porém, o Brasil gasta muito na área de saúde, mas obtém resultados apenas medianos. O gasto nacional com saúde no Brasil em 2004 chegou a R$ 147 bilhões (cerca de 50 bilhões de dólares), cerca de 8,3% do PIB.[13] Essa proporção é maior do que a da maioria dos países de renda média e é comparável à média dos países membros da Organização para a Cooperação e o Desenvolvimento Econômico (OCDE). Mesmo em valores *per capita*, o gasto do país é comparável ao de outros países de renda média (tabela 2.3). Ainda assim, os recursos públicos provavelmente são insuficientes, devido à característica universal do SUS. Por força constitucional, o SUS oferece gratuitamente a todos os brasileiros um conjunto amplo de serviços, comparável com os oferecidos em países de alta renda, mas a sua capacidade de financiamento é compatível com o de países de renda média.[14] Também vale notar que a proporção do gasto público sobre o gasto total com saúde no Brasil é mais baixa do que na maioria dos países de renda média e alta (tabela 2.3).

TABELA 2.2
Custos Financeiros e Econômicos Relacionados à Carga de Doenças Não-Transmissíveis (DNT), 2005-2009
(em bilhões de dólares)

Doença	*Custos financeiros*	*Custos financeiros e econômicos*
Isquemia cardíaca	26,3	39,3
Doença vascular cerebral	3,5	19,7
Diabetes mellitus	1,2	3,9
Doença pulmonar obstrutiva crônica	3,2	6,8
Câncer	0,2	1,8
Total	34,4	71,5

Fonte: Banco Mundial 2005a.

Nota: Estimativas válidas para o caso de manutenção do quadro atual. Os custos financeiros dizem respeito aos custos de tratamento de doentes com DNT. Os custos econômicos correspondem a perdas de produtividade resultantes das DNT.

TABELA 2.3
Comparação Internacional de Gastos com Saúde, 2002

Indicador de gastos com saúde	*Brasil*	*ALC*	*PRM*	*OCDE Menor renda*	*OCDE*
Porcentagem do PIB	7,9	7,0	6,0	7,2	8,6
Per capita (em US$ correntes)	206	217	109	1.743	2.283
Per capita (PPP em US$)	566	486	569	1.755	2.341
Proporção do gasto público no total	45,9	47,8	49,4	69,7	73,3

Fonte: Banco Mundial 2005b; OCDE 2005; OMS 2005.

Nota: ALC: América Latina e Caribe; PRM: Países de Renda Média; PPP: Paridade de Poder de Compra. As médias dos grupos de países não são ponderadas.

Ineficiências na alocação e uso de recursos contribuem para os resultados modestos em relação ao nível atual de gasto no Brasil e em comparação com países similares (ver capítulo 3). Embora os índices de saúde brasileiros tenham avançado nos últimos 25 anos, o Brasil ainda ostenta um desempenho mediano em relação ao seu nível de gasto (ver tabela 2.4). A comparação entre nível de gasto e indicadores de saúde, como mortalidade infantil e materna, coloca o Brasil em um nível médio de desempenho na América Latina e entre outros países de renda média.[15] Muitos outros países gastam menos e atingem indicadores de saúde iguais ou superiores.

O gasto com saúde, por si só, não é um bom indicador dos resultados em saúde em comparações entre países. Outros fatores, como o acesso a água potável e saneamento, a educação das mulheres e distribuição de recursos, podem influenciar comparações entre gastos e resultados (Médici 2005; Banco Mundial 2004c). Ainda que se controle por esses fatores, alguns países atingem melhor desempenho em relação ao seu nível de gasto e desenvolvimento econômico do que outros (Banco Mundial 2004c). Isso sugere que outros fatores podem influenciar a efetividade dos gastos públicos em saúde. Políticas que canalizam recursos para suprir as necessidades de saúde dos mais pobres e que buscam melhorar a qualidade dos gastos podem ajudar a melhorar os resultados em saúde, ao passo que um simples aumento no gasto, por exemplo, em atenção hospitalar de alta complexidade pode ter um pequeno impacto nos indicadores gerais de saúde.

TABELA 2.4
Comparaçao Internacional de Gastos e Resultados em Saúde, 2002

País ou grupo	*Gasto com saúde per capita (PPP US$) (1)*	*Gasto com saúde (em % do PIB)*	*Cobertura de imunização (%)*	*Expectativa de vida ao nascer (em anos) (2)*	*Mortalidade infantil/ 1.000*	*Razão (1)/ (2)*
Brasil	566	7,9	94,5	69	25	8,4
ALC	486	7,0	89,5	71	28	6,7
Países de Renda Média Alta	611	6,4	92,0	73	19	8,3
Países de Renda Média Baixa	307	5,8	81,0	69	32	4,5

Fonte: MS/Datasus 2005a; OMS 2005.

A transição epidemiológica, somada à demanda por tecnologia e à disseminação de inovações médicas e novos tratamentos, exercerá pressão para aumentar os gastos públicos. De acordo com Ferraz (2006), nos níveis atuais de ineficiência do sistema de saúde, a porcentagem do PIB destinada à saúde deverá subir de 8 para 12% em 2025, enquanto os gastos familiares com assistência médica deverão crescer dos 5% da renda média familiar observados atualmente para 11%.[16] Ferraz expressou o dilema que o Brasil enfrenta em termos de "atender à demanda por padrões do século XXI no atendimento e tecnologia em saúde com recursos que, como porcentagem do PIB, se mantêm abaixo do nível investido em saúde pelas nações desenvolvidas nos anos 1980". É improvável que o financiamento público possa contribuir significativamente com novos recursos. As autoridades financeiras do país estão cada vez mais preocupadas com os custos crescentes da saúde, que já representam 11% dos gastos públicos. Como se demonstra ao longo deste livro, o retorno relativamente baixo obtido pelo gasto em saúde no Brasil pode ser atribuído, em parte, a um modelo assistencial, que prioriza a atenção curativa prestada em hospitais em grande parte ineficientes e de baixa qualidade.

Fontes e Fluxos de Financiamento no Setor Saúde no Brasil

O setor saúde brasileiro é financiado por várias fontes diferentes e através de muitos tipos de arranjos e fluxos financeiros. A figura 2.1 apresenta um esquema simplificado dos principais agentes e fluxos de recursos. A partir de um modelo de Contas Nacionais Saúde, focado em hospitais, a figura ilustra o fluxo das fontes de financiamento para os agentes financeiros e destes para os prestadores de cuidados (hospitais públicos e privados). As maiores fontes de financiamento público são os tesouros federal, estadual e municipal, enquanto empresas e famílias constituem as principais fontes privadas. Os recursos são canalizados para os hospitais por uma variedade de agentes financeiros e mecanismos de pagamento. Por exemplo, o tesouro federal aloca fundos para o MS, que repassa parte desses fundos a secretarias de saúde estaduais e municipais e até diretamente a alguns hospitais, incluindo unidades operadas pelo próprio MS e instituições privadas conveniadas com o SUS.[17] Os hospitais, por sua vez, aplicam seus recursos na compra de insumos, como mão de obra, materiais e equipamentos, para produzir serviços de saúde (por exemplo, internações, atendimentos ambulatorial e de emergência e exames diagnósticos).

FIGURA 2.1
Principais Atores e Fluxos de Financiamento no Setor Hospitalar Brasileiro

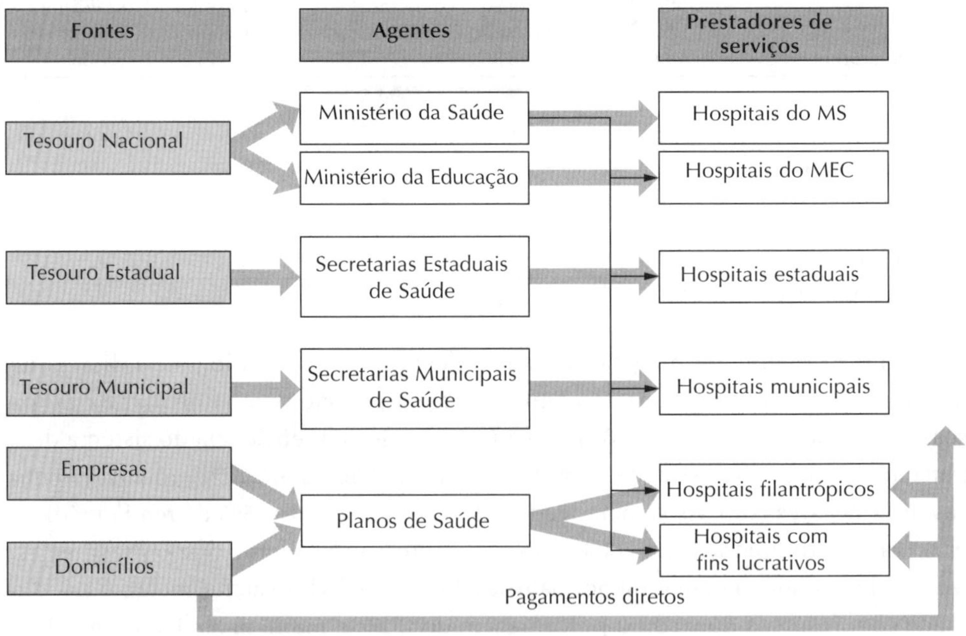

Fonte: Elaboração dos autores.

Nota: Todas as flechas indicam fluxos financeiros. As flechas cinza e largas significam fluxo direto/pagamentos. As flechas estreitas e pretas são para transferência do MS para hospitais públicos e privados.

Aproximadamente 45% do gasto nacional com saúde vem de fontes públicas (SUS), nos três níveis de governo; o restante vem de fontes privadas.[18] O financiamento privado é distribuído quase igualmente entre os planos e seguros de saúde privados[19] e os gastos familiares; mas o gasto familiar, especialmente com remédios, suprimentos médicos e serviços de saúde, como tratamento dentário e oftalmológico, é a maior fonte individual de financiamento privado. A figura

2.2 mostra a distribuição do financiamento por fontes, incluindo as quatro maiores categorias de seguro privado: medicina de grupo e cooperativas médicas (planos de pré-pagamento), planos próprios de empresas (autogestão) e seguros tradicionais (originalmente baseados em reembolso). Mais de 80% do financiamento federal é repassado aos estados e municípios, que são responsáveis pela maior parte da organização e prestação de serviços de saúde.

A parcela federal no total de financiamento público de saúde caiu sistematicamente desde o advento da descentralização: de 72% em 1985 para 48% em 2004 (figura 2.3). Os municípios e, em menor extensão, os estados arcaram com a diferença. O financiamento federal voltou a aumentar depois de 2000 devido à Emenda Constitucional 29 (EC 29).[20]

FIGURA 2.2
Distribuição do Gasto Nacional em Saúde, por Fonte, 2004 (em milhões de R$)
(%)

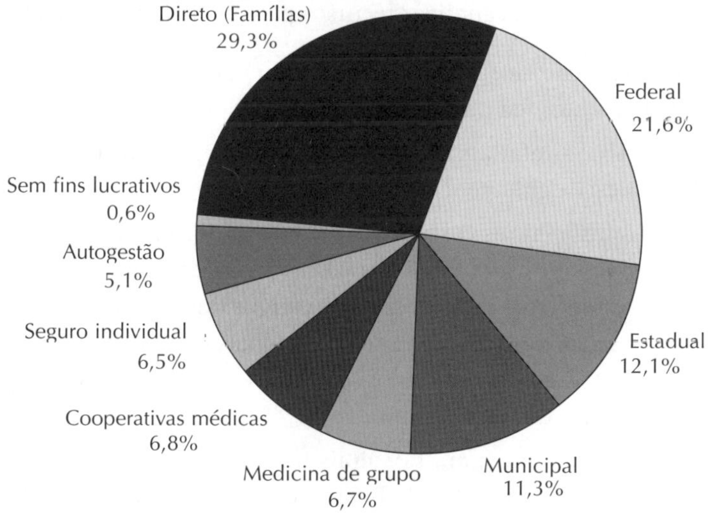

Fonte: Elaboração dos autores com base em dados do IBGE (2003) e MS/SIOPS.

FIGURA 2.3
Tendências no Financiamento do SUS, por Fonte, 1985-2004

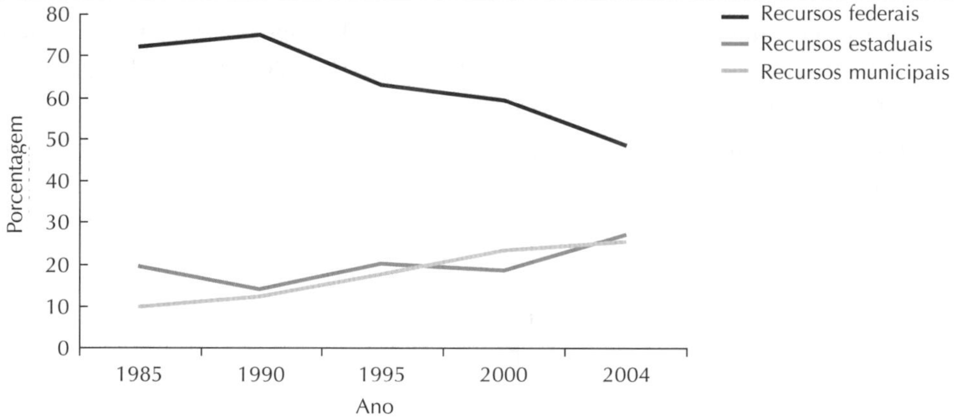

Fonte: Elaboração dos autores com base em dados do MS/SIOPS.

Embora as autoridades federais de saúde considerem a adesão dos municípios como uma das maiores conquistas da descentralização, as limitações do financiamento municipal de saúde estão se tornando cada vez mais aparentes. Desde a intervenção pelo governo federal em hospitais municipais do Rio de Janeiro em 2005, uma série de reportagens relatando a falta de condições adequadas nos hospitais municipais questionaram a capacidade dos municípios de financiar e gerenciar essas unidades. Alguns políticos e jornalistas propuseram a refederalização de hospitais cujo controle tinha sido delegado aos municípios no âmbito da política de descentralização.[21]

Repasses do SUS e Mecanismos de Pagamento Hospitalares

O financiamento do SUS é baseado em um sistema complexo de repasses financeiros e mecanismos de pagamento destinados a canalizar recursos para os hospitais. São eles:

- A Autorização de Internação Hospitalar (AIH)/Sistema de Informação Hospitalar (SIH), que consiste em pagamentos federais feitos pelo MS para serviços de internação.[22]
- O Sistema de Informação Ambulatorial (SIA), constituído por pagamentos federais para serviços ambulatoriais e de emergência.[23]
- Repasses federais ou transferências em blocos a secretarias de saúde municipais e estaduais, destinados ao atendimento hospitalar. Esses pagamentos, geralmente reunidos em uma única transferência para serviços de "média e alta complexidade", são cada vez mais repassados para fundos de saúde ou contas bancárias estaduais e municipais, em vez de serem pagos a prestadores individuais. Esses fundos são então canalizados aos hospitais por meio dos sistemas orçamentários estaduais e municipais.[24]
- Pagamentos federais adicionais para hospitais universitários e de alta complexidade (Fator Incentivo ao Desenvolvimento de Ensino e Pesquisa em Saúde, FIDEPS) e para prestadores que oferecem atendimento especializado (por exemplo, cirurgia cardíaca e transplantes) e atendimento de emergência. No caso dos hospitais públicos, esses pagamentos são cada vez mais consolidados nos repasses relacionados à atenção hospitalar a estados e municípios.
- Dotações orçamentárias financiadas pela receita de impostos e taxas gerais ou específicos, dos governos federal, estaduais ou municipais, e destinados a hospitais públicos administrados diretamente pelo governo.
- Outras fontes, que incluem a venda de serviços a operadoras de planos de saúde privados e o pagamento direto por pacientes privados.

O financiamento de um hospital do SUS será feito por meio do orçamento ou de pagamentos diretos vinculados à produção, como a AIH/SIH e o SIA, dependendo do tipo de gestão e habilitação exercida pelo estado ou município onde a unidade se localiza e se ela é pública ou privada. Nos municípios que assumiram total responsabilidade pela rede do SUS em seu território (gestão plena do sistema), os hospitais privados são remunerados pela secretaria municipal de saúde com os fundos recebidos do MS. Em municípios não habilitados nessa categoria, os hospitais particulares são remunerados pela secretaria estadual de saúde ou diretamente pelo governo federal. Os fundos federais têm sido gradualmente repassados às secretarias de saúde municipais e estaduais em vez de pagos diretamente aos hospitais, mesmo particulares. Na verdade, desde 2005 a AIH e o SIA não são mais usados como mecanismos de pagamento pelo governo federal e servem apenas como base para calcular o valor dos repasses federais para a atenção de média e alta complexidade. Estados e municípios ainda usam a AIH e o SIA como base para o pagamento de hospitais privados conveniados com o SUS.

Os agentes financeiros privados, como as seguradoras e os planos de pré-pagamento, são responsáveis pela maior parte do financiamento privado a hospitais não vinculados ao SUS, em geral por meio de mecanismos de pagamento do tipo pagamento por ato ou serviço (*fee-for-service*). Empresas privadas que possuem um plano próprio (autogestão) e algumas grandes empresas públicas também pagam os hospitais diretamente quando administram sua rede de prestadores. Outra fonte é constituída pelos pagamentos diretos feitos por indivíduos por alguns serviços hospitalares, em geral partos e cirurgia plástica. Ambos os tipos de mecanismos privados de pagamento são uma fonte importante de financiamento para a maior parte dos hospitais privados e para alguns grandes hospitais públicos.

Os principais sistemas de pagamento e repasse do SUS para hospitais são ilustrados na figura 2.4. Como mencionado anteriormente, a fonte mais importante de receita para os hospitais públicos costuma ser o orçamento público do respectivo nível de governo. Para hospitais privados contratados pelo SUS, os sistemas AIH e SIA, que costumavam ser os principais mecanismos de pagamento, estão cada vez mais consolidados nas transferências federais a estados e municípios. Como descrito neste volume, a variedade e complexidade dos fluxos e mecanismos de pagamento, somadas às limitações dos sistemas de informação existentes, impedem a consolidação do gasto público por tipo de unidade ou nível de atendimento. Além disso, muitos municípios ainda não estabeleceram seu fundo de saúde e não reúnem as diversas fontes de financiamento em uma única conta (por exemplo, para serviços hospitalares ou de média e alta complexidade). Essa situação dificulta qualquer tentativa de se estimar o gasto hospitalar do SUS.[25]

O Setor Hospitalar Brasileiro

O setor hospitalar brasileiro conta com 7.400 hospitais e 471 mil leitos.[26] A tabela 2.5 apresenta a composição da rede de estabelecimentos de saúde por esfera (propriedade) e natureza.

Características da Oferta Hospitalar

O setor hospitalar é composto por três subsetores principais:

- Hospitais públicos administrados por autoridades federais, estaduais ou municipais. Quase todos são financiados pelo poder público. A maioria (71%) são hospitais municipais, e a maior parte dos restantes são entidades estaduais. O governo federal opera um número relativamente pequeno de hospitais por meio do MS e do MEC.

FIGURA 2.4
Fluxos de Pagamentos e Repasses para Hospitais do SUS

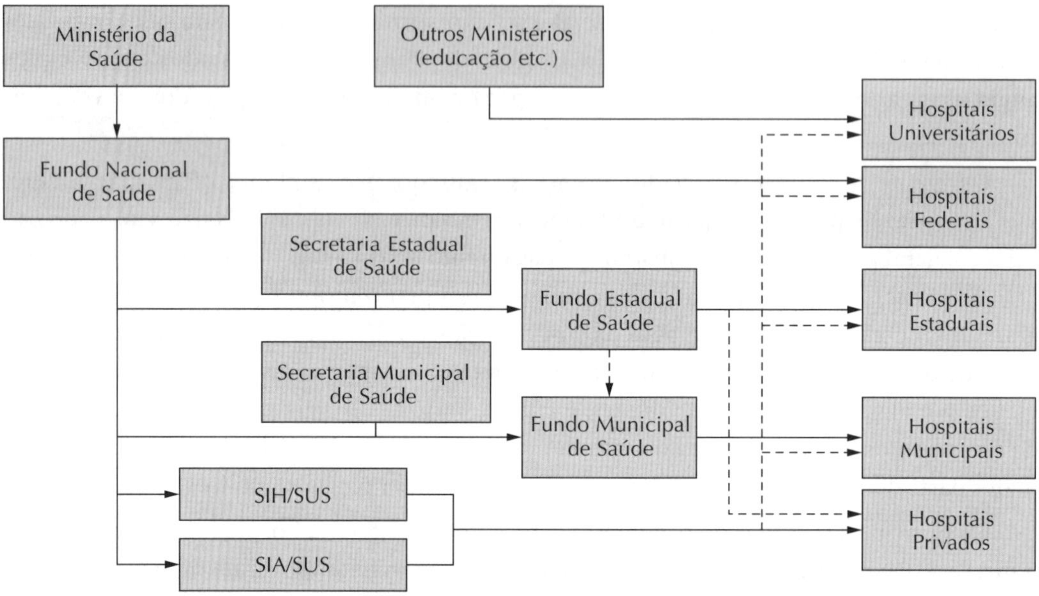

Fonte: Elaboração dos autores.

TABELA 2.5
Hospitais por Esfera, 2002

Esfera	*Número de hospitais*	*% do total*
Público		
Governo federal	147	2,0
Governo estadual	610	8,2
Governo municipal	1.831	24,8
Subtotal	2.588	35,0
Privada		
Financiado pelo SUS	3.357	45,4
Não financiado pelo SUS	1.452	19,6
Subtotal	4.809	65,0
Total	7.397	100,0

Fonte: IBGE 2003.

- Hospitais privados conveniados ou contratados pelo SUS. Cerca de 70% das unidades privadas recebem financiamento público. Isso inclui a maior parte das instituições sem fins lucrativos (filantrópicas e beneficentes) e cerca de metade dos hospitais com fins lucrativos. As instituições filantrópicas vinculadas ao SUS operam por meio de convênios e são obrigadas a oferecer pelo menos 60% de seus leitos a pacientes do SUS. A maioria dos hospitais privados financiados pelo SUS também obtém fundos de fontes privadas, em maior ou menor extensão.

- Hospitais particulares com fins lucrativos e alguns filantrópicos não financiados pelo SUS. Essas instituições, administradas e custeadas de forma privada, constituem cerca de 20% de todas as unidades hospitalares e 30% de todos os hospitais privados.

Em suma, o setor privado, com 65% dos hospitais e cerca de 70% dos leitos, é o principal prestador de serviços hospitalares no Brasil. A maioria dos hospitais públicos pertence e é operada por municípios. O governo federal é responsável por apenas 147 hospitais, quase todos grandes instituições de ensino.

Tamanho dos Hospitais

A maioria dos hospitais brasileiros é pequena: mais de 60% têm menos de 50 leitos, e o tamanho médio é de 64 leitos. (A mediana é 38 leitos.) A figura 2.5 apresenta o tamanho dos hospitais de acordo com a esfera. Os hospitais municipais são os menores, com tamanho médio de 36 leitos, seguidos pelos lucrativos, com 53 leitos. Os maiores, em média, são os hospitais federais (118 leitos), seguidos pelos estaduais e filantrópicos, com médias de 103 e 88 leitos, respectivamente. O fato de a maioria dos hospitais brasileiros ser de pequeno porte tem implicações importantes para a qualidade e a eficiência de escala, e está em desacordo com os padrões internacionais.[27]

Desde meados dos anos 1970, o número total de hospitais aumentou 40%, mas o grosso desse crescimento ficou concentrado no setor público. O crescimento do número de leitos foi muito mais modesto. A figura 2.6 mostra um crescimento sólido no número de leitos em hospitais públicos desde meados dos anos 1980 e um decréscimo no número de leitos privados. A maior parte dos novos leitos pertence a unidades municipais de pequeno porte. Por exemplo, entre 1976 e 2002 o setor público ganhou 1.620 hospitais (aumento de 170%), mas apenas cerca de 27 mil leitos (aumento de 23%). O tamanho médio dessas novas unidades era de 17 leitos.[28]

FIGURA 2.5
Hospitais, por Tamanho e Esfera, 2002

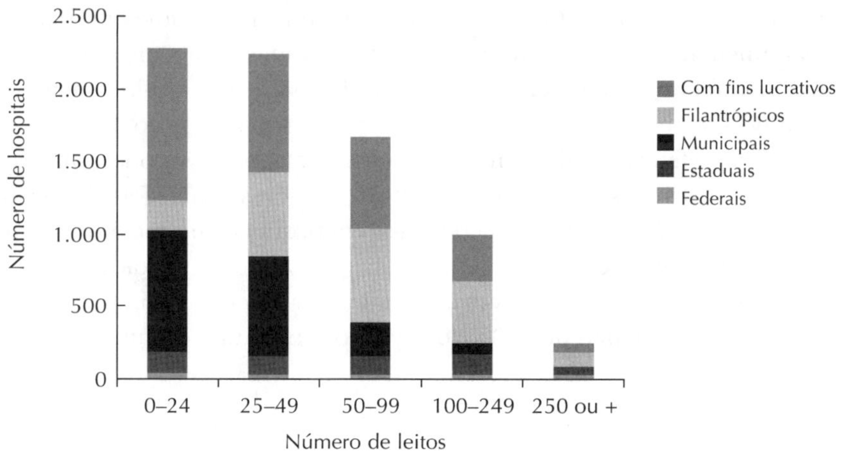

Fonte: IBGE 2003.

FIGURA 2.6
Tendências de Longo Prazo na Oferta de Leitos, 1976-2002

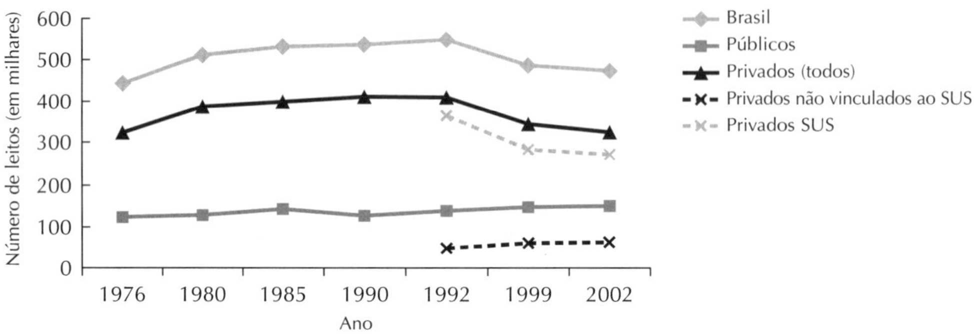

Fonte: IBGE 2003.

Esta tendência resulta de políticas de reforma direcionadas à priorização e expansão da rede pública, e de contenção ao mesmo tempo das tabelas de reembolso da AIH/SIH.[29] Esta última, direcionada principalmente a hospitais privados, inviabilizou financeiramente vários deles, especialmente as instituições filantrópicas muito dependentes do SUS.[30] O quadro 2.1 descreve as circunstâncias históricas que levaram a essa política, assim como os desafios enfrentados por hospitais privados no SUS.

Além das políticas de investimento do SUS para expandir a rede de hospitais públicos e melhorar o acesso aos hospitais, a descentralização ocorrida durante as últimas duas décadas foi determinante para o crescimento do setor, em especial para as unidades pequenas. À medida que avançava o processo de democratização, as promessas eleitorais de prefeitos recém-eleitos, combinadas aos benefícios políticos da inauguração de hospitais, resultaram na construção de muitos hospitais municipais pequenos pelo país. Os governos municipais tornaram-se os maiores agentes da expansão da rede hospitalar. O apoio financeiro foi frequentemente assegurado através de contatos políticos no Congresso. Um mecanismo comum para financiar esses investimentos de capital, e ainda utilizado hoje em dia, consiste nas emendas parlamentares às leis orçamentárias promulgadas pelo Congresso. Esses investimentos de capital foram muitas vezes alocados arbitrariamente e politicamente motivados. A introdução do sistema de financiamento por transferências fundo a fundo criou outro incentivo: muitos prefeitos acreditaram erroneamente que bastava construir hospitais, e os repasses federais cobririam seus custos de operação. Iniciou-se uma febre de construção, que aumentou em muito a densidade média de leitos em pequenos municípios (atualmente em 3,2 leitos por 1.000 habitantes), tornando-a comparável às de municípios médios e grandes, com médias de 3,0 e 3,4, respectivamente.[31] A maior parte dessas unidades é subutilizada, com taxas de ocupação abaixo dos 30% (o capítulo 3 traz uma discussão das questões de ocupação e eficiência).

Disparidades Regionais

Embora a infraestrutura hospitalar tenha se expandido e o acesso ao atendimento hospitalar tenha melhorado consideravelmente nas últimas duas décadas, uma análise mais detalhada mostra que ainda subsistem desigualdades na distribuição espacial dos recursos hospitalares, em particular para serviços de alta tecnologia. Como indicado nas tabelas anexas 2B.1 e 2B.2, a densidade de leitos e equipamentos para diagnósticos é relativamente alta e equilibrada entre regiões e municípios de diferentes tamanhos. Em nível microrregional e municipal, contudo, existem grandes disparidades.

A densidade de equipamentos para tratamentos e diagnósticos de alta complexidade, medida por um indicador de complexidade desses equipamentos, reflete uma distribuição distorcida.[32] Essa densidade é excessivamente alta em alguns municípios, tanto grandes quanto pequenos,[33] mas é quase inexistente na maior parte do país. Surpreendentemente, pequenos municípios lideram a lista das 189 localidades com a mais alta densidade de equipamentos; muitos têm menos de 20 mil habitantes. Embora um número indeterminado dessas unidades possa funcionar como centros de referência para localidades vizinhas, a análise sugere uma distribuição irracional e ineficiente de recursos tecnológicos hospitalares. Esse padrão de ineficiência se relaciona a fatores políticos (prefeitos e políticos querem oferecer leitos hospitalares e tecnologia para seu eleitorado, sejam eles necessários ou não);[34] à estrutura financeira e organizacional do SUS, que dá total autonomia aos municípios; à ausência de políticas nacionais ou estaduais para orientar a avaliação e a distribuição de tecnologias em saúde; e a incentivos econômicos. Por exemplo, o reembolso satisfatório do SUS para alguns procedimentos e diagnósticos complexos estimula a especialização dos prestadores nesses procedimentos, ao mesmo tempo que reduz a oferta de serviços malremunerados.

Um exemplo gritante dessas distorções é a densidade de aparelhos de tomografia computadorizada (TC) e imagem por ressonância magnética (RM). A densidade nacional para esses equipamentos é de 9,3 por milhão de pessoas para TC e 2,5 por milhão para RM. Esses valores são comparáveis aos de países do quartil mais baixo (de densidade) da OCDE, que inclui países como França e Canadá. A densidade desses equipamentos em várias cidades e regiões metropolitanas brasileiras é, contudo, muito maior. A região metropolitana do Rio de Janeiro tem 75% mais aparelhos de TC e RM do que a região metropolitana de Paris, que tem população similar (IBGE 2000a, 2003; OCDE 2005).

QUADRO 2.1

Uma Breve História dos Hospitais no Brasil

A Santa Casa de Misericórdia de Santos, fundada em 1565 por padres jesuítas, foi o primeiro hospital brasileiro. O modelo de hospitais religiosos, baseado na visão do atendimento aos doentes como responsabilidade mais religiosa do que médica, foi inspirado na experiência de vários países europeus, em especial Portugal e Espanha. O Brasil adotou esse modelo amplamente, tanto que quase toda cidade de médio porte no país tem hoje um hospital fundado por uma organização religiosa. Com o tempo, o caráter religioso dos hospitais diminuiu, a administração foi gradualmente assumida por médicos e, em alguns casos, por autoridades de saúde, embora a presença formal de uma ordem religiosa ainda sobreviva em vários hospitais.

Durante o século XX, e até os anos 1980, a transferência gradual do cuidado aos pacientes para o profissional médico deu origem aos hospitais universitários (a maioria públicos) e aos hospitais da seguridade social. Inicialmente essas instituições foram operadas por fundos de pensão

(continua)

QUADRO 2.1 *(continuação)*

e doença e, após a consolidação da seguridade social nos anos 1970, pelo Instituto Nacional de Assistência Médica da Previdência Social (INAMPS). Em meados dos anos 1980 existiam 42 hospitais desse tipo. O MS, lidando quase somente com atividades nacionais de prevenção e programas de doença verticais, direcionou seus hospitais ao atendimento e tratamento de enfermidades específicas, como doenças mentais, câncer e tuberculose, e reabilitação. Os hospitais estaduais e municipais focaram primariamente no atendimento de emergência. A consolidação das reformas da seguridade social nos anos 1970, combinada com uma política, implantada pelo regime militar dos anos 1970 e 1980, de fortalecimento do sistema de saúde para sustentar o rápido crescimento econômico, levou a uma grande expansão da rede hospitalar. Isso foi realizado especialmente por meio do financiamento a juros subsidiados para a construção de hospitais privados com fins lucrativos. Como resultado, a maior parte dos pagamentos do INAMPS a hospitais no começo dos anos 1980 era canalizado para o atendimento em unidades privadas com fins lucrativos (ver tabela).

Pagamentos Federais a Hospitais, por Esfera e Natureza, 1981-2002

(% do Total de Pagamentos)

Esfera e natureza do hospital	*1981*	*1988*	*1995*	*2002*
Federal	20,2	17,9	1,6	0,2
Universitário	2,5	0,4	17,2	22,3
Estadual e municipal	5,6	52,6	30,4	27,5
Filantrópicos e sindicatos	6,4	0,7	21,5	33,8
Com fins lucrativos	64,0	28,4	29,2	16,2

Fonte: INAMPS; Banco Mundial 1994.

Nota: As colunas podem não somar 100 devido ao uso de valores arredondados.

Este modelo, que muitos consideraram equivalente à privatização, foi duramente criticado pelos idealizadores das reformas do SUS nos anos 1980, que o reverteram. Os investimentos foram direcionados à expansão das unidades públicas, os pagamentos do SUS para hospitais privados (pelos sistemas AIH e SIA), não acompanharam a inflação, e entidades públicas foram favorecidas com recursos orçamentários adicionais.

O setor hospitalar privado possui 69% dos leitos do país e realiza 70% das internações, 59% dos procedimentos de emergência e 54% das consultas ambulatoriais. Responde por 68% do gasto nacional com hospitais e 56% dos gastos do SUS. Apesar da importância das unidades privadas no SUS, o setor enfrentou duras restrições em anos recentes. As políticas do SUS favorecem o setor público e, em menor extensão, o subgrupo dos hospitais privados filantrópicos, que é percebido como quase-público. Como resultado direto da reforma sanitária, a proporção de financiamento público destinada a instituições privadas foi reduzida, e as unidades públicas começaram a receber uma proporção crescente de recursos federais. Ao mesmo tempo, os níveis de remuneração da AIH/SIA caíram drasticamente: atualmente, representam menos de metade do custo real para a maioria dos procedimentos hospitalares (ver capítulo 4). Como estratégia de sobrevivência, muitos hospitais com fins lucrativos encerraram seus contratos com o SUS, mas ainda continuam a tratar pacientes do SUS em casos de alta complexidade, que são bem remunerados pelo sistema.

Vários hospitais filantrópicos, a maioria deles fortemente dependente do SUS em termos de clientela e financiamento, optaram por estabelecer seus próprios planos de pré-pagamento privados para capturar uma clientela fixa de pacientes privados. Outros fecharam ou foram socorridos por pacotes emergenciais do governo ou "doações públicas". Alguns pacotes foram vultosos, mas quase sempre pontuais e imprevisíveis.

Fonte: Castelar, Mordelet e Grabois 1995; MS/Datasus 2007.

a) Tanto a Constituição de 1988 (art. 199) como a Lei 8.080 estipulam que a participação no SUS está aberta a prestadores privados, em um maldefinido papel "complementar".

Características da Produção e Utilização de Serviços

Os hospitais brasileiros são responsáveis por 20 milhões de internações por ano, o que significa 115 internações para cada mil pessoas. Esta taxa está de acordo com os padrões internacionais: a média para países da OCDE é de 165 internações, e no quartil mais baixo desses países é de 112 (OCDE 2005). Além das internações, os hospitais produzem quase 3/4 de todo os atendimentos de emergência no sistema de saúde brasileiro (70%, ou 240 milhões de procedimentos) e uma significativa parcela do atendimento ambulatorial (27%, ou 162 milhões de consultas médicas).

A maior parte dos serviços hospitalares é produzida no âmbito do SUS, que responde por 68% das internações, 73% dos atendimentos de emergência e 67% do atendimento ambulatorial realizados em hospitais. Como mostrado nas figuras 2.7 e 2.8, apesar da política explícita no sentido de expandir a rede hospitalar pública, a maior parte das internações financiadas pelo SUS ainda é feita em unidades privadas. Esse é o caso especialmente dos hospitais filantrópicos, que atendem mais pacientes do SUS do que pacientes de planos de saúde ou particulares. Os hospitais públicos respondem por menos da metade das internações (43%). Como esperado, as internações privadas (não financiadas pelo SUS) se concentram em instituições privadas, especialmente as lucrativas.

As taxas médias de consultas médicas (2,6 *per capita* ao ano) e internações (11,5 por cada 100 pessoas por ano) estão dentro dos níveis internacionais: encontram-se no mesmo nível ou acima de países de renda média e se equiparam a países do quartil mais baixo da OCDE. Essas taxas de utilização estão acima dos padrões adotados pelo MS (2,5 consultas médicas por pessoa ao ano e nove hospitalizações para cada 100 pessoas por ano).

Com base nos princípios basilares do acesso universal e igualitário aos serviços de saúde, o SUS se concentrou em reduzir desigualdades, pelo menos em termos de acesso.[35] A expansão da rede financiada pelo SUS ajudou a expandir o acesso à atenção hospitalar e ambulatorial. As taxas médias de utilização ambulatorial são comparáveis às médias internacionais, o que sugere uma oferta geral adequada. Pesquisas de saúde domiciliares mostram que apenas 5% dos entrevistados que experimentaram um episódio de doença não conseguiram obter atendimento devido a barreiras de acesso físico ou financeiro; a proporção aumenta para 6% em grupos de baixa renda em nível nacional (IBGE 2000a). Esses resultados são favoráveis em relação a pesquisas domiciliares sobre demanda de serviços de saúde em países de renda média (OMS 2000f).[36]

FIGURA 2.7
Pacientes Privados e do SUS, 2002

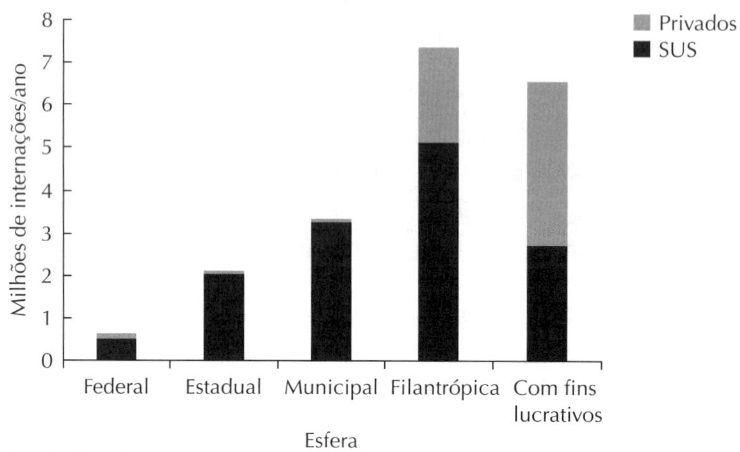

Fonte: Elaboração dos autores com base no IBGE (2003).

Essas médias nacionais, porém, escondem importantes diferenças e distorções. Um estudo recente do MS traça um quadro mais preciso, indicando a existência de desigualdades importantes para tipos específicos de serviços (Vianna 2005). O estudo descobriu que o acesso à saúde se torna progressivamente desigual à medida que os custos e a complexidade dos serviços aumentam. Por exemplo, negros e pardos representam 27% da população no estado de São Paulo, mas recebem apenas 9,6% das cirurgias cardíacas em um grande hospital público. Entre os pacientes privados, a proporção cai para 2,4%.

De acordo com a Pesquisa Nacional por Amostra de Domicílios (PNAD), de 1998, 7% da população geral foi hospitalizada nos doze meses que antecederam a pesquisa (IBGE 2000b). A proporção era maior em domicílios de baixa renda: 7,3% para o grupo de menor renda, contra 6,5% para o de maior. Variações regionais e entre zonas urbanas e rurais não foram significativas. Em todos os grupos de renda, indivíduos cobertos por planos de saúde privados foram hospitalizados a uma taxa 30 a 50% maior do que aqueles sem plano de saúde. Pessoas com pouca ou nenhuma instrução e idosos registraram taxas de utilização significativamente maiores. A situação empregatícia do paciente exerceu pouco efeito, exceto quanto aos economicamente inativos, que tiveram uma taxa muito maior de hospitalização. Em todos os níveis de renda, a maior causa de hospitalização foi o mau estado de saúde autorreferido pelos.

A pesquisa também mostrou que o SUS financia a maior parte do atendimento hospitalar para a população pobre (90% entre membros da classe E e 82% na classe D), ao passo que os mais abastados tendem a utilizar principalmente planos de saúde e o pagamento direto. O SUS, entretanto, financia um número significativo das hospitalizações (21%) em domicílios de alta renda.

A PNAD de 1998 também apresentou os níveis de utilização por tipo de prestador. Enquanto 72% dos que necessitavam de atendimento procuraram unidades ambulatoriais, cerca de 20% elegeram os hospitais como primeira opção. Centros de emergência receberam 5% da demanda. Grupos de baixa renda buscaram atendimento em hospitais com muito mais frequência do que grupos de alta renda. Consultas médicas foram o principal motivo de comparecimento a hospitais (71%).

FIGURA 2.8
Internações, por Clientela e Esfera do Hospital, 2002

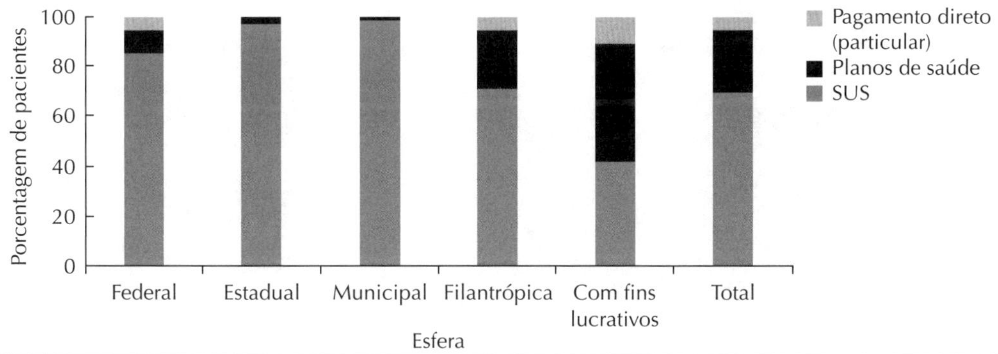

Fonte: Elaboração dos autores com base no IBGE (2003).

TABELA 2.6
Disparidades em Indicadores de Saúde no Município de São Paulo, 2002-2003

Indicador	*Média*	*Melhor índice*	*Pior índice*
Mortalidade neonatal/1000 NV	9,6	3,2	24,2
Mortalidade infantil/1000 NV	15,1	4,3	30,0
Mortalidade por DNT em indivíduos com menos de 60 anos.[a]	25,4	10,4	46,9

Fonte: PMSP/Secretaria Municipal da Saúde/CeInfo 2002.

a) Causadas por hipertensão, doenças cardiovasculares e diabetes.

Finalmente, indicadores como mortalidade infantil ou materna apresentam amplas diferenças regionais e sociais. A taxa de mortalidade infantil varia de 22 a 58 por 1.000 nascidos vivos entre as regiões (ver tabela 2B.3 no anexo 2B) e de 10 a quase 100 entre municípios. Como mostrado na tabela 2.6, mesmo dentro de um município bem-atendido como São Paulo, onde quase toda a população mora a cerca de uma hora de uma unidade de referência pública, a mortalidade neonatal varia de 3 a 24 em cada 1.000 nascidos vivos.[37] Outros indicadores de saúde mostram variações similares. Tais disparidades nem sempre estão diretamente ligadas à oferta de serviços de saúde, sendo muitas vezes o reflexo de desigualdades socioeconômicas mais amplas.

Financiamento e Gasto Hospitalares

Em 2002, o gasto total com atenção hospitalar foi estimado em R$ 47,3 bilhões (US$ 16,1 bilhões).[38] Esse montante representou 67% do total de gastos com saúde no mesmo ano (R$ 70,4 bilhões). A figura 2.9 mostra que o SUS constitui a maior fonte de financiamento da atenção hospitalar, contribuindo com 58%, ou R$ 27,5 bilhões (US$ 9,4 bilhões), do total de gastos com hospitais, enquanto os planos privados e os pagamentos diretos (de pacientes privados) respondem por 33 e 8,5%, respectivamente.[39] O governo federal é a fonte de quase 1/3 de todo o financiamento público e de 29% do financiamento hospitalar total.

FIGURA 2.9
Fontes de Financiamento da Atenção Hospitalar, 2002

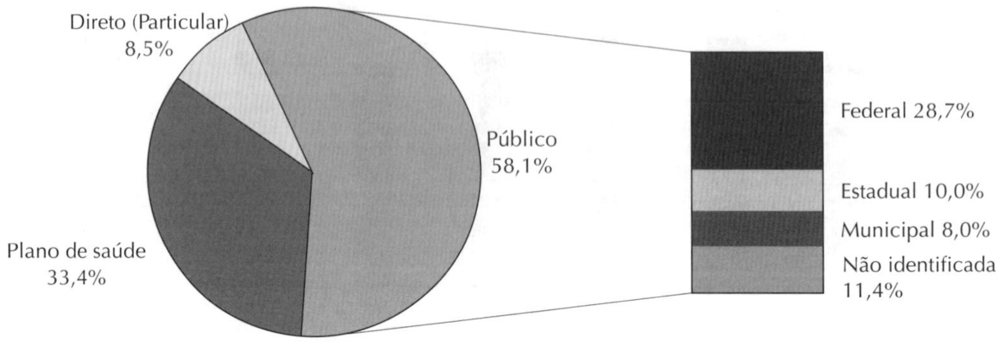

Fonte: Estimativas dos autores usando a abordagem mencionada no anexo 2A e orçamentos do governo.

a) "Não identificada" se refere a repasses pontuais com fonte específica não identificável em documentos orçamentários.

A segunda maior fonte pública é classificada como "não identificada". Trata-se geralmente de subsídios pontuais (não regulares) – algumas vezes referidos como "doação pública" – a hospitais privados em dificuldades por parte de governos estaduais e municipais. Esses repasses são direcionados a unidades em crise financeira ou com ligações políticas com governos locais.[40] Via de regra esses subsídios não são registrados de forma sistemática e claramente identificáveis nos orçamentos.[41] Considerando as fontes estaduais, municipais e "não identificáveis", os níveis estaduais e locais juntos respondem por metade do gasto dos hospitais públicos.

Gasto Hospitalar de Acordo com a Esfera e Natureza do Hospital

Como reflexo da característica pluralista do setor hospitalar brasileiro, cerca de 67% do gasto hospitalar total é alocado em unidades privadas.[42] Os hospitais filantrópicos ficam com 38% e os lucrativos com 29%; entidades públicas respondem por 33% do total. Hospitais privados absorvem 56% da despesa hospitalar do SUS, e os hospitais públicos ficam com o restante (ver tabela 2B.6 do anexo 2B). Os filantrópicos consomem 40% do gasto do SUS com hospitais. Conforme mostrado na figura 2.10, quase todo o gasto privado com hospitais vai para unidades privadas, e as instituições lucrativas recebem quase 60% desse valor. Em torno de 8% do gasto privado ocorre em hospitais públicos, principalmente nos grandes hospitais de referência operados pelo governo federal e por governos estaduais. A receita pela venda de serviços a pacientes privados (de planos de saúde e particulares), embora ainda seja limitada, vem aumentando à medida que os hospitais públicos procuram expandir e diversificar suas fontes de financiamento. Muitos hospitais federais criaram organizações paralelas filantrópicas – "fundações de apoio" – que funcionam em parte como mecanismos organizacionais para levantar recursos privados (ver capítulo 5).

Gastos por Elemento de Despesa

A figura 2.11 apresenta o gasto hospitalar por categoria ou elemento de despesa. Os gastos com pessoal consomem 52% de todo o gasto hospitalar.[43] Quando são incluídos no cálculo os gastos com pessoal terceirizado (por exemplo, limpeza, lavanderia e segurança) e os pagamentos a médicos e outro pessoal técnico terceirizados, os custos com mão de obra alcançam 64% do total. Os gastos com pessoal consomem uma parcela maior em hospitais municipais (78%) do que em hospitais privados (60%). Há pouca diferença na proporção de gasto com mão de obra em hospitais privados conveniados com o SUS e em unidades que dependem exclusivamente de pacientes privados. Hospitais estaduais e municipais em geral têm quadro de pessoal maior, mas os salários são mais baixos do que em instituições privadas. O gasto com materiais, especialmente suprimentos médicos e medicamentos, constitui a segunda maior categoria de gastos (24%). Outros serviços, como luz, água e transporte, além de outros gastos correntes, somam mais 12%.[44]

FIGURA 2.10
Gasto Hospitalar, por Esfera e Natureza dos Hospitais, 2002

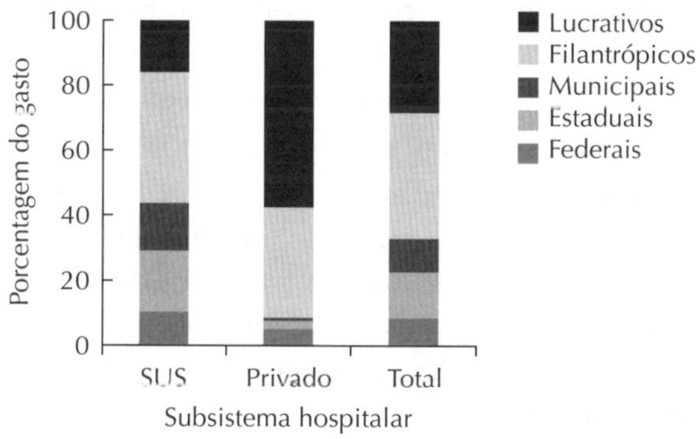

Fonte: Elaboração dos autores.

FIGURA 2.11
Gasto Hospitalar, por Elemento de Despesa, 2002

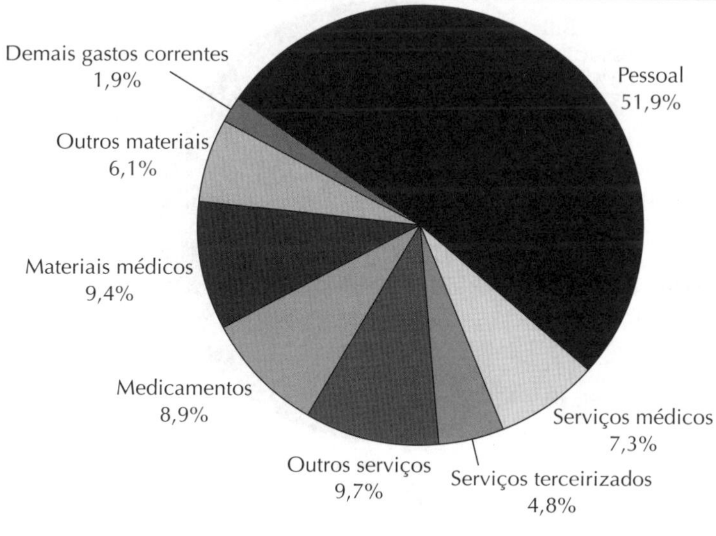

Fonte: Elaboração dos autores com base em Matos (2002) e em dados do Banco Mundial (2007).

Esse padrão está de acordo com a prática internacional, exceto no que diz respeito aos gastos com pessoal, que no Brasil consomem uma parcela maior do que na maioria dos outros países. Nos EUA, por exemplo, salários e benefícios, incluindo remunerações de profissionais (5%), respondem por 62% do gasto hospitalar total; medicamentos e outros materiais representam 18% (figura 2B.1 do anexo 2B).

Gasto Hospitalar por Tipo de Serviço

A figura 2.12 apresenta a distribuição do gasto hospitalar do SUS por tipo de serviço prestado. O maior volume desses recursos (64%) é gasto com serviços de internação. Os atendimentos ambulatorial e de emergência respondem por 8 e 11%, respectivamente, e o gasto com serviços de diagnósticos a pacientes ambulatoriais "externos", 4%.[45] Os gastos administrativos representam 13% do total.[46] Os dados específicos para hospitais públicos (não mostrados na figura 2.12) são levemente diferentes, com maior proporção de gastos alocados no atendimento ambulatorial (12%), emergencial (12%) e na administração (15%). Em contraste, hospitais privados concentram mais seus gastos em serviços de internação (70%) e gastam uma proporção menor com administração (9%).

Como essas distribuições são baseadas em estimativas, foram analisados, para efeitos comparativos, os gastos de um pequeno grupo de hospitais públicos que implantaram um sistema padronizado de contabilidade de custos.[47] Os dados desses hospitais permitem uma estimativa mais robusta da composição dos gastos. Os resultados desse grupo são comparáveis às estimativas de gastos apresentadas na figura 2.12. Os hospitais desse grupo apresentam proporções do gasto total de 68, 16 e 10% com internações, emergência e atendimento ambulatorial, respectivamente.

FIGURA 2.12
Gasto Hospitalar do SUS, por Tipo de Serviço, 2002

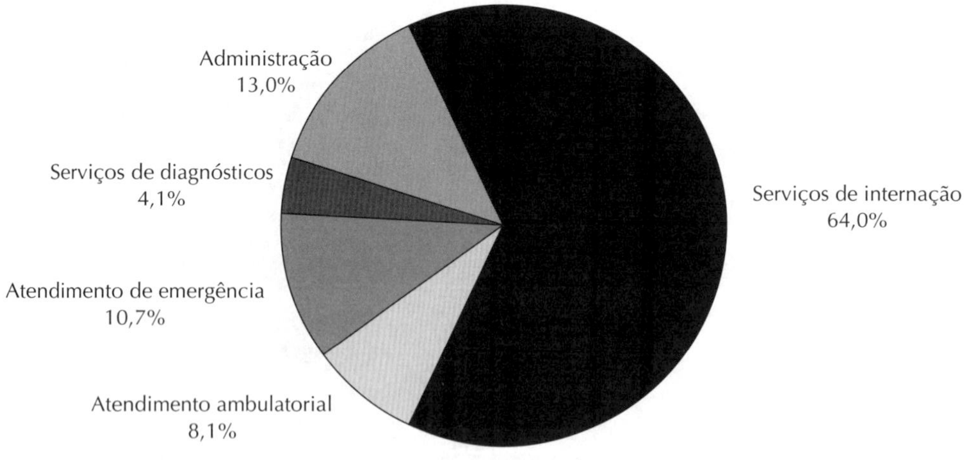

Fonte: Elaboração dos autores usando o método descrito no anexo 2A.

Em comparação com países de alta renda, como o Canadá, os hospitais brasileiros gastam proporcionalmente mais em atendimentos de emergência e administração e menos em internações e diagnóstico. Por exemplo, os hospitais canadenses gastam 5% do total com emergências e 8% com administração (CIHI 2005), e nos EUA a proporção de custos administrativos de nível central é 6,3% (CMS 2002). Entre os fatores que contribuem para essas diferenças estão o uso de pronto-socorros no Brasil para atendimentos não-urgentes, em parte devido à baixa cobertura ou efetividade da atenção primária; governança e arranjos organizacionais inadequados, combinados a práticas gerenciais deficientes que contribuem para a ineficiência observada nos hospitais (os capítulos 5 e 6 trazem uma discussão sobre esses tópicos); e a baixa qualidade de atendimento, especialmente em termos de gestão clínica.

Gasto por Nível de Atenção e Especialidade

O MS classifica os serviços de saúde de acordo com três níveis de atenção: 1) básico ou de baixa complexidade - atenção primária ambulatorial principalmente; 2) de alta complexidade, geralmente definido pelo custo unitário e a tecnologia envolvida em vez de sua complexidade - por exemplo, cuidados e cirurgia cardíacos, transplantes de órgãos, oncologia, neurocirurgia, exames diagnósticos como ressonância magnética e tomografia computadorizada e medicamentos caros; e 3) atendimento de complexidade média, uma categoria indefinida que abrange o que não coube nos outros dois grupos.

Em princípio, a alocação de recursos por nível de atenção deveria refletir o perfil epidemiológico e as prioridades estabelecidas para a saúde do país. Análises de volume e gasto por nível de atenção permitem perceber em que medida o padrão real de alocação de recursos reflete as políticas prioritárias e o nível de eficiência na alocação desses recursos. A tabela 2.7 mostra a distribuição do gasto pelos três níveis de atenção. A atenção especializada ou de média complexidade representa 51% do gasto hospitalar total, mais da metade das internações (52%) e quase metade do gasto com internações (48%). Os procedimentos de alta complexidade representam apenas 7% do volume de internações, mas 27% dos gastos com internações e 23% do gasto hospitalar em geral.

A atenção de baixa complexidade, por sua vez, responde por 42% das internações, 61% das consultas médicas ambulatoriais e 43% dos atendimentos de emergência. O volume relativamente alto de procedimentos, bem como o gasto correspondente, de procedimentos hospitalares de baixa complexidade sugere ineficiência na utilização dos serviços hospitalares para tratamento de doenças que poderiam ser tratadas a custo menor fora do hospital, em unidades ambulatoriais. Além disso, é grande a proporção de casos não urgentes entre os procedimentos em serviços de emergência, isto porque muitos pacientes não utilizam as unidades básicas de saúde.[48] Embora o MS tenha priorizado a extensão de cobertura da atenção básica desde meados dos anos 1990, ainda há muito o que fazer para aumentar a cobertura e efetividade desse nível de atenção.

TABELA 2.7
Gasto Hospitalar do SUS, por Nível de Atenção, 2002
(%)

	Internações		*Atendimento ambulatorial*		*Atendimento de emergência*		*% em relação ao gasto total*
Nível de atenção	*Volume*	*Gasto*	*Volume*	*Gasto*	*Volume*	*Gasto*	
Básica/baixa complexidade	41,5	24,3	61,1	50,0	42,6	28,7	25,9
Especializado/ média complexidade	51,5	48,3	38,9	50,0	57,4	71,3	50,9
Alta complexidade	7,0	27,4	N/D	N/D	N/D	N/D	23,2[a]
Total	—	73,3	—	8,5	—	13,5	4,8

Fonte: MS/Datasus (banco de dados da AIH); Matos 2002; SES-SP 2004.

Nota: De acordo com as categorias geralmente adotadas pelo SUS, a atenção básica ou de baixa complexidade compreende o atendimento primário ou ambulatorial nas quatro principais especialidades médicas: medicina geral, cirurgia geral, ginecologia e obstetrícia e pediatria. A atenção especializada ou de média complexidade abrange atendimentos nas outras especialidades médicas. A atenção de alta complexidade foi aqui identificada apenas em internações, a partir da base de dados AIH do MS/ Datasus. Os valores apresentados são baseados em custos médios unitários obtidos dos estudos de custo citados: o estudo de Matos (2002) sobre internações, e dados das Organizações Sociais de Saúde (OSS) do estado de São Paulo para atendimento ambulatorial e de emergência. Um estudo do MS (Vianna 2005) chegou a resultados um pouco diferentes dos apresentados nesta tabela: os serviços hospitalares e ambulatoriais de alta complexidade responderam por R$ 5,2 bilhões em 2003, ou 19,2% dos gastos do MS com atenção à saúde, um aumento de 13% em relação a 1995. O gasto *per capita* em atenção de alta complexidade aumentou 21% em termos reais entre 1995 e 2003. N/D: dados não relatados ou não disponíveis.

a) Inclui exames diagnósticos de alta complexidade para pacientes externos.

Resumo da Avaliação

O panorama do setor hospitalar brasileiro apresentado neste capítulo se concentrou nos perfis de financiamento, oferta, utilização e gasto. Alguns dos temas abordados serão retomados mais detalhadamente nos próximos capítulos. Como na maioria dos grandes países de renda média, o setor hospitalar do Brasil é amplo, com mais de sete mil unidades. O Brasil se diferencia, porém, pela combinação pluralista entre hospitais federais, estaduais, municipais e privados lucrativos e filantrópicos e pela predominância de prestadores privados com financiamento público. Também é atípica a rede complexa e com importantes duplicações de fluxos de financiamento e mecanismos de pagamento.

Os hospitais são as engrenagens principais do sistema de prestação de serviços de saúde. Além de serem responsáveis por todas as internações, oferecem uma ampla gama de atendimentos ambulatoriais e empregam 56% de todos os profissionais de saúde. Consomem 67% do gasto total com saúde e 70% dos gastos públicos na área.

O Brasil obteve grandes avanços na ampliação do acesso à atenção hospitalar e à assistência médica em geral. Mesmo assim, se comparado a outros países de média renda, o desempenho do Brasil é apenas mediano em relação a seu nível de gasto. Considerando o montante importante de recursos destinado aos hospitais, descobrir formas de conter o gasto hospitalar constitui um objetivo urgente das políticas de saúde. Os dados apresentados neste capítulo sugerem que a aplicação de recursos no setor hospitalar e dentro dele difere dos padrões internacionais.

O sistema de saúde e o setor hospitalar brasileiros possuem algumas características definidoras:

- O acesso à atenção hospitalar é satisfatório para a maioria dos brasileiros, e a proteção financeira contra o custo das doenças é considerável. O acesso universal ao sistema público é garantido pela Constituição, e a cobertura por planos de saúde privados é alta entre grupos de renda média.
- O Brasil gasta mais em saúde, tanto em termos absolutos quanto relativos, do que muitos países de renda média comparáveis, mas obtém menores resultados em relação ao montante investido.
- Os hospitais consomem cerca de 2/3 do gasto total com saúde. Aproximadamente 70% do gasto hospitalar é financiado com recursos públicos, via SUS, mas a maior parte dos serviços é produzida por prestadores privados, em especial hospitais filantrópicos. Mais de 60% dos hospitais brasileiros têm menos de 50 leitos. A maior parte deles é fortemente subutilizada.
- A atenção à saúde no Brasil é claramente hospitalocêntrica. A oferta hospitalar (a densidade de leitos, por exemplo) e sua utilização estão próximos dos níveis encontrados em países de alta renda e estão bem acima dos níveis da maioria dos países de renda média. O Brasil, contudo, tem uma população muito mais jovem e uma composição da carga de doenças que não requer o uso intenso de hospitais. Os serviços de emergência dos hospitais parecem ser a porta de entrada para o sistema de saúde. Em 2002 os hospitais do SUS realizaram mais de 121 milhões de consultas médicas de emergência, ou 25,8% de todas as consultas realizadas pelo SUS. Há uma evidência crescente de que nem toda essa demanda requer os recursos oferecidos pelas emergências dos hospitais.
- Os recursos hospitalares não são racionalmente distribuídos, seja geograficamente ou por tipo e nível de atenção. A densidade de serviços de diagnósticos e hospitalares caros e de alta tecnologia em muitas cidades brasileiras é maior do que em países da OCDE. Um número crescente de hospitais brasileiros é centro de excelência em transplantes de órgãos, cirurgia cardíaca e outros procedimentos de alta complexidade. Um sistema de pagamentos a hospitais que favorece esses procedimentos, chegando a remunerá-los com valores bem acima do custo, contribui para essa distorção. O excesso de equipamentos de alta tecnologia em algumas cidades coexiste com a falta de acesso a serviços de referência em amplas áreas do país.
- O Brasil está despreparado para o crescimento das doenças não-transmissíveis. O sistema de saúde é organizado para oferecer atendimento hospitalar de alto custo para doenças agudas que são resolvidas com rapidez. O número de brasileiros com doenças crônicas, contudo, vem aumentando dramaticamente. Esses pacientes demandam uma atenção coordenada em uma rede com vários prestadores, como discutido no capítulo 8.

Embora o Brasil tenha uma população bem mais jovem e uma carga de DNT mais baixa do que a média dos países da OCDE, a oferta e uso de serviços hospitalares estão em níveis similares, o que sugere uma dependência acima do desejável em relação à atenção hospitalar e de internação (ver tabela 2.8). O uso difundido de cuidados em internação e de emergência decorre da baixa efetividade e qualidade da rede de atenção básica. Uma parcela significativa do atendimento hospitalar e de internação de baixa complexidade no Brasil poderia ser prestada de forma mais eficiente – e a custo menor – em unidades ambulatoriais. Como o atendimento hospitalar costuma ser mais dispendioso do que o ambulatorial, o padrão atual provavelmente irá consumir de forma significativa e desnecessária os recursos financeiros da saúde. No próximo capítulo as questões de custos e eficiência são examinadas em detalhe.

TABELA 2.8
Padrões Brasileiros e Internacionais de Alocação de Recursos Hospitalares

Indicador	*Brasil*	*OCDE*
Porcentagem da população acima de 60 anos	8,1	20,1
Porcentagem da carga de doenças proveniente de DNT	55,0	85,3
Porcentagem da carga de doenças provenientes de acidentes	20,8	8,9
Porcentagem da carga de doenças transmissíveis e condições perinatais e maternas	24,2	5,7
Densidade de leitos (por mil habitantes)	2,7	3,1
Internações (por mil)	11,5	11,2
Pessoal hospitalar em porcentagem do total de saúde	56,5	64,7
Gasto hospitalar em porcentagem do gasto com saúde	67,0	N/D
Atendimentos de internação em porcentagem do gasto com saúde	43,0	41,6
Atendimento ambulatorial em porcentagem do gasto com saúde	31,8	32,5
Medicamentos prescritos em porcentagem do gasto com saúde	17,0	15,9

Fonte: IBGE; MS/Datasus; orçamentos públicos; OCDE 2005; estimativas dos autores baseadas no anexo 2A e na tabela 2B.4 do anexo 2B. N/D, dados não disponíveis.

Anexo 2A
Um Método Indireto para Estimar o Gasto Hospitalar

É difícil precisar ou estimar o gasto hospitalar no Brasil devido à estrutura complexa do setor e às lacunas nos dados disponíveis. Três abordagens principais foram utilizadas neste livro para estimar o financiamento e a alocação no setor.

A primeira se baseia em dados existentes sobre orçamentos públicos e outras informações parciais sobre gastos. Esta abordagem demanda alguma extrapolação, devido às lacunas de informação. A segunda abordagem utiliza informação sobre o quadro de pessoal trabalhando nas diversas unidades de saúde e os salários recebidos para estimar o gasto ao nível de unidades, como descrito em seguida. Embora indireta, essa abordagem possibilita a cobertura completa da rede de unidades de acordo com a esfera e natureza das unidades. A terceira abordagem tenta estimar os gastos por tipo de atendimento e usa dados disponíveis acerca da produção de serviços e seus custos. Apesar de suas limitações, esses três métodos trazem estimativas similares para o gasto hospitalar agregado, embora estimativas a níveis desagregados mostrem algumas diferenças significativas.

O método de estimativa indireta usado neste capítulo se baseia na quantidade de pessoal empregado em hospitais por categoria (por exemplo, médicos e enfermeiras), tipo de empregador (esfera e natureza) e o salário médio pago a cada grupo. Gastos com pessoal estimados por esse método podem ser usados para estimar o gasto hospitalar total. Duas importantes suposições são necessárias para a aplicação dessa estratégia: (1) a proporção de gastos com pessoal em relação ao gasto hospitalar total é relativamente constante nos diferentes tipos de hospital, ou a proporção extraída de estudos parciais é válida para todos os hospitais; e (2) gastos agregados com pessoal podem ser estimados de forma razoável a partir de dados sobre a quantidade de pessoal que trabalha em hospitais e sua remuneração média.

O gasto com pessoal é estimado em três etapas: 1) a quantidade e qualificação do pessoal lotado em hospitais e outros tipos de unidades de saúde são extraídos da pesquisa Assistência Médico-Sanitária (AMS), relatada em IBGE (2003); 2) o salário médio pago a cada categoria de pessoal, por estado e tipo de unidade, é extraído da Pesquisa Nacional por Amostra de Domicílios (PNAD), presente em IBGE (2004c); e 3) a quantidade de pessoal é multiplicada pelo salário médio anual e o resultado é ajustado para levar em conta os benefícios e encargos não-salariais pagos (correspondentes em média a 27% para hospitais públicos e 72,7% para hospitais privados). Finalmente, o gasto hospitalar total é estimado a partir do gasto com pessoal assumindo-se que, com base em informação disponível, o gasto com pessoal representa, em média, 65% do gasto hospitalar total.

Este método não permite controlar por diferenças no *case mix* (perfil ou severidade média dos casos), e assume implicitamente que diferenças salariais em diferentes grupos de esfera e natureza constituem o único determinante das diferenças de custo ou gasto. Apesar dessas limitações, o método provou oferecer estimativas razoáveis, especialmente em nível agregado.

Anexo 2B

Dados Complementares

TABELA 2B.1
Unidades de Saúde, por Região

Indicador	*Brasil*	*Norte*	*Nordeste*	*Sudeste*	*Sul*	*Centro-oeste*
Hospitais	7.397	642	2.328	2.376	1.206	845
Públicos	2.588	345	1.211	499	258	275
Privados SUS	3.357	149	841	1.169	803	395
Privados não-SUS	1.452	148	276	708	145	175
Leitos hospitalares	471.171	27.653	122.164	205.099	79.379	36.876
Públicos	146.319	13.582	51.736	54.434	15.301	11.266
Privados SUS	269.028	10.471	62.726	117.000	57.732	21.099
Privados não-SUS	55.824	3.600	7.702	33.665	6.346	4.511
Unidades ambulatoriais	46.428	3.959	14.764	16.647	7.826	3.232
Públicas	35.086	3.586	11.848	11.298	6.019	2.335
Privadas SUS	1.619	97	650	516	276	80
Privadas não-SUS	9.723	276	2.266	4.833	1.531	817
Unidades de diagnóstico	11.518	536	1.820	5.389	2.725	1.048
Públicas	673	64	139	324	80	66
Privadas SUS	3.699	190	625	1.312	1.238	334
Privadas não-SUS	7.146	282	1.056	3.753	1.407	648
Total	65.343	5.137	18.912	24.412	11.757	5.125

Fonte: IBGE 2003.

Nota: SUS – Sistema Único de Saúde. O número de leitos do SUS varia entre os dados da AMS, levantados em IBGE (2003) e os do MS/Datasus, porque os hospitais tendem a inflar sua oferta oficial de leitos do SUS, ainda que usem efetivamente um número menor deles.

TABELA 2B.2
Distribuição Geográfica da Infraestrutura Hospitalar

Grupo	*População*	*Leitos*	*Leitos/mil*	*Pontuação de equipamento*	*Pontuação de equipamento/mil*
Brasil	174.632.960	471.157	2,70	292.510	1,67
Capitais	41.583.935	143.029	3,78	125.764	2,72
Áreas metropolitanas	69.497.490	186.228	1,74	155.125	0,86
Grandes municípios[a]	29.542.522	98.977	3,41	65.331	2,10
Municípios de porte médio[b]	17.082.060	50.986	3,00	24.779	1,41
Pequenos municípios[c]	46.440.482	134.966	3,31	47.275	1,12
Municípios sem hospital[c]	12.070.378	0	0,00	0	0,00

Fonte: IBGE 2003.

a) Mais de 100 mil habitantes.

b) De 50 a 100 mil habitantes.

c) Menos de 50 mil habitantes e não pertencentes a áreas metropolitanas.

TABELA 2B.3
Variações Regionais em Indicadores Socioeconômicos, 1998-2002

Indicador	*Norte*	*Nordeste*	*Sudeste*	*Sul*	*Centro-Oeste*
População	11.850	45.925	69.174	24.223	11.048
PIB *per capita* (US$)	4.932	2.136	6.824	5.168	5.018
Mortalidade infantil (/1.000 NV)	35,2	57,9	24,8	22,4	25,1
Expectativa de vida (em anos)	67,4	64,4	68,8	70,2	68,5
Índice de Desenvolvimento Humano	0,727	0,608	0,857	0,860	0,848
Taxa de analfabetismo (%)	20,8	28,7	8,7	8,9	11,6
Pessoas com menos de 4 anos de educação (%)	37,1	53,4	26,5	25,7	31,7
Acesso a água potável em áreas urbanas (%)	69,9	88,4	96,1	95,0	85,3
Acesso a esgoto em áreas urbanas (%)	52,9	50,9	89,9	77,4	46,7
Acesso a coleta de lixo em áreas urbanas (%)	79,5	82,3	96,9	97,5	9

Fonte: IBGE 2004c; IPEA/PNUD 2000; MS/RIPSA 2000; MS/Datasus 2005a.

TABELA 2B.4
Financiamento Hospitalar, por Fonte, 2002
(em bilhões de R$)

Fonte	*SUS*	*Público não-SUS*[a]	*Privado*	*Gasto total*
Federal	13,1	0,5	0,0	13,6
Estadual	4,6	0,2	0,0	4,7
Municipal	3,8	0,2	0,0	3,8
Não identificado[b]	5,4	0,0	0,0	5,4
Total público	26,8	0,7	—	27,5
Seguro privado	N/D	0,0	15,8	15,8
Direto (Particular)	N/D	0,0	4,0	4,0
Total	27,5	0,7	19,8	47,3

Fonte: Estimativas dos autores usando o método descrito no anexo 2A e em orçamentos do governo.
Nota: US$ 1 = R$ 2,92. N/D: não disponível.
a) Gastos com servidores civis e forças armadas.
b) Repasses pontuais com fonte específica não identificável em documentos orçamentários.

TABELA 2B.5
Gasto Hospitalar, por Fonte de Financiamento, 2002
(em milhares de R$)

Hospitais por esfera e natureza	*Orçamento federal*	*Repasses do MS*	*Secretaria de Saúde estadual*	*Secretaria de Saúde municipal*	*Recurso total do SUS*	*Planos de saúde*	*Pagamento direto*	*Financiamento total*
Orçamento público, toda a área de saúde[a]	26.415.511	—	10.260.107	12.073.360	48.748.968	N/D	0	48.748.968
Hospitais								
Federais MS	1.017.885	33.698	N/D	N/D	1.051.583	238.754	157.038	1.664.481
Federais MEC	1.562.384	593.475	N/D	N/D	2.155.859	50.544	12.452	2.551.683
Estaduais	0	1.745.244	3.940.098	274.567	5.685.342	248.402	124.709	6.967.221
Municipais	0	990.042	204.825	3.289.663	4.279.705	121.060	69.091	5.140.334
Filantrópicos	0	3.384.870	*629.972*	*3.233.103*	3.384.870	6.166.733	1.542.499	11.648.807
Com fins lucrativos	0	1.969.082	*907.328*	*2.296.512*	1.969.082	11.341.380	2.702.428	16.813.535
Total SUS	2.580.269	8.716.410	3.940.098	3.289.663	18.526.440	0	0	21.305.406
% do total SUS	13,9	47,0	21,3	17,8	100,0			
Público não-SUS	501.143	0	159.223	16.254	676.620	658.760	363.290	1.953.470
Total público + nível central	3.543.624	10.023.872	4.714.219	3.801.805	22.083.519	757.574	417.783	23.258.877
Todos os hospitais (b)	3.543.624	10.023.872	4.714.219	3.801.805	22.083.519	18.265.688	4.662.710	45.011.917
% do total	7,9	22,3	10,5	8,5	49,1	40,6	10,4	100,0

Fonte: Cálculos dos autores.

Nota: Os gastos do SUS apresentados aqui são mais baixos do que os da tabela 2B.4 devido a repasses financeiros não identificáveis em dados orçamentários. (Os dados na tabela 2B.4 são estimados.) Valores em itálico são pagamentos feitos por secretarias estaduais e municipais a prestadores privados. Quando identificáveis, não foram adicionados ao total devido à contagem dupla com repasses federais.

a) Não inclui gastos com unidades não pertencentes ao SUS.

b) O financiamento total inclui gasto em nível central.

TABELA 2B.6
Gasto do SUS, por Natureza e Esfera do Estabelecimento, 2002
(em milhares de Reais)

Esfera/ Natureza	*Hospitais*	*Porcentagem do total*	*Unidades ambulatoriais*	*Unidades de diagnóstico*	*Todas as unidades*
Federal	2.914.750	10,13	189.111	7.330	3.111.191
Estadual	5.523.114	19,20	839.330	86.076	6.448.520
Municipal	4.201.448	14,60	9.556.696	79.276	13.837.420
Filantrópica	11.535.189	40,09	583.091	362.734	12.481.014
Com fins lucrativos	4.597.585	15,98	804.389	80.474	5.482.448
Unidades do SUS	28.772.086	100,00	11.972.617	615.890	41.360.593
SUS total[a]	33.087.898	—	13.768.509	708.274	47.564.682

Fonte: Estimativas dos autores usando o método descrito no anexo 2A.

a) Inclui gastos alocados em nível central.

FIGURA 2B.1
Custos Hospitalares Totais por Tipo de Gasto, EUA, Ano Fiscal 2003

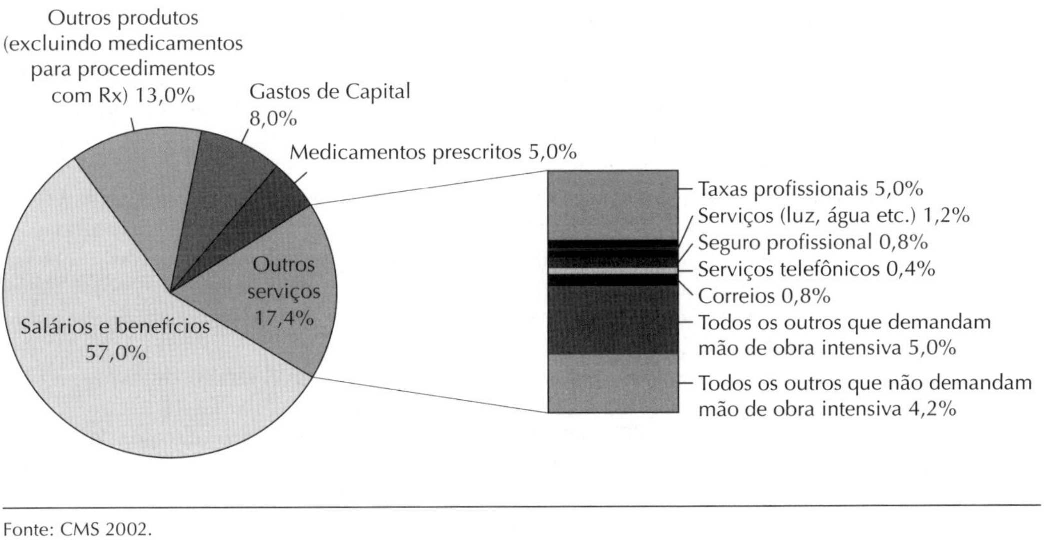

Fonte: CMS 2002.

Notas

1. Esses mecanismos de participação incluem conselhos de saúde e comissões em cada nível de governo, como descrito mais adiante nesta seção.
2. A legislação básica do SUS inclui a Constituição de 1988, que estabeleceu o direito dos cidadãos à saúde e criou o SUS; as leis orgânicas da saúde (Leis 8.080/90 e 8.142/90), que definiram as regras e políticas básicas do sistema; as Normas Operacionais Básicas (NOB), publicadas em 1991, 1993 e 1996; e as Normas Operacionais de Assistência à Saúde (NOAS), de 2000 e 2001. As NOB e as

NOAS definiram e regulamentaram aspectos específicos do sistema e estabeleceram planos de ação.

3. Por exemplo, apesar da existência de iniciativas privadas para acreditação de hospitais, o MS estabeleceu sua própria agência de acreditação (ver capítulo 8). As iniciativas do MS tendem a duplicar iniciativas privadas existentes em vez de as aprimorarem.
4. Essa política falhou em cumprir com as expectativas. Os reembolsos são muito baixos, e as operadoras privadas estão questionando-os legalmente (ver capítulo 4).
5. Municípios menores e um número considerável de grandes municípios lutam para gerenciar a atenção básica. Do total de 5.560 municípios, 4.375 (78,7%) têm menos de 10 mil habitantes; essas localidades representam 23,4% da população.
6. Estabelecido pela legislação do MS de 1996 (NOB 01/96) e revisado em 2001 e 2002 (NOAS 2001/2002).
7. Evidências parciais sugerem que, na prática, a maioria dos conselhos tem pouco poder e apenas endossam as decisões das autoridades de saúde do governo.
8. O Programa de Saúde da Família é provavelmente o melhor exemplo de um sistema de financiamento vinculado ao desempenho: os níveis de financiamento são vinculados parcialmente aos níveis de cobertura da população.
9. A exceção foi para os hospitais públicos autônomos da administração indireta, que foram basicamente convertidos em unidades da administração direta (ver capítulo 5).
10. Publicado na Portaria MS/GM 399, de 22 de fevereiro de 2006, e na Portaria MS/GM 699, de 3 de abril de 2006.
11. Doenças infantis e infecciosas, que representam 24% da carga de doenças, estão concentradas nas regiões Norte e Nordeste do Brasil.
12. Em resposta a pedidos de financiamento extra, a Emenda Constitucional 29, aprovada em 2000, estabeleceu que cada nível de governo destinasse uma porcentagem definida de sua receita à saúde (12% para os estados e 15% para os municípios). Não existem definições amplamente aceitas para o gasto em saúde ou hospitalar no Brasil, e não existe critério geralmente aceito para tal definição. Isso leva a imprecisões, discrepâncias significativas em estimativas e grandes dificuldades em comparar estimativas entre períodos e entidades regionais diferentes. As principais definições utilizadas são as institucionais, que levam em conta todo o gasto gerado por um departamento ou instituição de saúde, mesmo que não tenha relação com a saúde; o conceito orçamentário de função saúde; a definição de "ações e serviços públicos de saúde", usada pelo Sistema de Informações sobre Orçamentos Públicos em Saúde (SIOPS); "gasto em subfunções orçamentárias", especialmente "atendimento hospitalar e ambulatorial", que inclui a maior parte dos gastos hospitalares, exceto gastos com pessoal; e "gastos hospitalares", definidos como todo gasto gerado por hospitais independentemente da classificação orçamentária.
13. Os dados sobre gastos são estimados pelos autores com base no IBGE (2003, 2004a) e em uma compilação de várias fontes. Em 2002 e 2004 a taxa de conversão do dólar foi R$ 2,92.
14. Um argumento comum defende que o Brasil gasta muito pouco em comparação com o nível de gasto de países mais ricos. Esse argumento pode ser enganoso, como mostrado na tabela 2.3. Atingir os níveis de gasto *per capita* do quartil mais baixo dos países da OCDE implicaria aumentar o gasto nacional com saúde em três vezes. Isso significaria comprometer cerca de 25% do PIB nacional (em dólares PPP) com saúde. Esse nível é muito maior do que o de países de alto gasto entre os da OCDE e representa uma meta irrealista e totalmente insustentável.
15. Um relatório da OMS sobre o desempenho dos sistemas de saúde nacionais situou o Brasil em 125.º lugar entre 191 países do mundo todo e em 28.º entre 33 países da América Latina e Caribe. Apesar de problemas metodológicos e de dados, os resultados indicam um baixo desempenho do sistema de saúde brasileiro quando os resultados são confrontados com gastos (OMS 2000a).
16. Outras variáveis do estudo incluíram aumento populacional, crescimento do PIB, renda média, inflação geral, inflação da área de saúde e eficiência do sistema de saúde. Vários cenários foram simulados, mas os dados apresentados aqui refletem o cenário mais otimista, com a renda domiciliar aumentando 1% ao ano (Ferraz 2006).

17. O tesouro federal também destina fundos ao Ministério da Educação, que opera a maioria dos hospitais de ensino.
18. Estimativa dos autores baseada em dados do IBGE (2004a), MF 2005, MF/SIAFI e ANS (2006a).
19. Planos de saúde que cobrem servidores públicos são considerados privados.
20. A Emenda Constitucional 29, aprovada em 2000, tinha o objetivo de assegurar a estabilidade e o aumento do financiamento do SUS. O Congresso está elaborando legislação complementar.
21. *Jornal do Brasil*, 20 de março de 2005, p. A16; *O Estado de S. Paulo*, 5 de abril de 2005, p. A10.
22. O SIH/AIH é um sistema de informações que autoriza e registra informações sobre internações do SUS. Ele funciona como um sistema de faturamento para fins de reembolso quando o hospital é pago diretamente, como costuma ser o caso de hospitais particulares em convênio com o SUS. Também é um sistema de pagamento prospectivo baseado em procedimentos e tratamentos hospitalares gerais em vez de serviços ou atos individuais.
23. O SIA (Sistema de Informação Ambulatorial) registra todos os serviços ambulatoriais produzidos pelo SUS, incluindo os atendimentos de emergência, e serve como mecanismo de reembolso aos prestadores (ver capítulo 4).
24. Essas transferências constituem uma proporção crescente do financiamento federal, à medida que mais estados e municípios se habilitam para a gestão plena do sistema (requisito para o recebimento do recurso).
25. Mesmo a estimação do gasto de um hospital específico é tarefa difícil, porque a maior parte das unidades públicas não possui orçamento separado e tem pouca ou nenhuma informação sobre os recursos financeiros que consome (Banco Mundial 2007).
26. O Instituto Brasileiro de Geografia e Estatística (IBGE) define hospital como uma unidade com leitos. Apenas unidades que operavam na época da pesquisa nacional anual sobre unidades de saúde (IBGE 2003) foram consideradas neste volume.
27. Acredita-se que, para obter eficiência de escala e escopo, um hospital deva ter entre 100 e 200 leitos (Posnett 2002). Tais implicações são exploradas no capítulo 3.
28. Por outro lado, o número de leitos em hospitais privados diminuiu, enquanto o número de hospitais aumentou 10% (informação cedida por Pedro Barbosa em 10 de abril de 2005).
29. Veja, por exemplo, a Lei 8.080 (Título III, Capítulo II); Banco Mundial (1994). Para o Instituto Nacional de Assistência Médica da Previdência Social (INAMPS), a proporção de gastos com hospitais públicos em relação ao gasto total aumentou de 26,5% em 1984 para 55% em 1987.
30. Unidades públicas dependem fortemente de orçamentos públicos. Os criadores do SUS explicitamente priorizavam o setor público. Alguns articuladores políticos e profissionais da saúde pública ainda rejeitam o financiamento público a instituições privadas, defendendo que o SUS deveria financiar apenas prestadores públicos. Seguindo o mesmo raciocínio, defensores do SUS mantêm a opinião de que o sistema deveria seguir o mandato constitucional e financiar prestadores privados em base complementar, apenas em áreas ou para atendimentos não cobertos pelo serviço público (ver quadro 2.1).
31. A densidade de leitos média era 2,7 para cada mil pessoas em 2002, mais baixa do que a média de 4,0 do começo dos anos 1980. Essa taxa é menor do que as médias internacionais (ver a tabela 2.8), mas ainda está acima de qualquer outro país na América Latina. Também está acima do padrão de referência de 2,18/mil estabelecido pelo MS. O decréscimo na densidade de leitos acompanha tendências internacionais. Os valores variam entre mais de 4 nos estados de Goiás, Maranhão e Rio de Janeiro para menos de 2 no Amazonas, Amapá e Pará. A densidade está caindo porque o aumento de leitos públicos não acompanhou a diminuição de leitos particulares, ao passo que a população tem crescido.
32. O indicador de complexidade de equipamentos foi construído como a soma ponderada de diferentes tipos e complexidades de equipamentos de tratamento e diagnóstico (em especial equipamentos de imagem), com pesos estabelecidos de acordo com a sua complexidade. Embora dando maior peso aos serviços de imagem, o indicador provou ser uma boa aproximação do nível geral de complexidade tecnológica dos hospitais.
33. Nesses municípios, o nível é comparável ou está acima do de países de alta renda.

34. O relatório de conclusão de implantação sobre o Projeto de Reforma do SUS (REFORSUS), co-financiado pelo Banco Mundial e pelo Banco Interamericano de Desenvolvimento, mencionou a pressão política exercida pelo Congresso brasileiro para distribuir equipamentos muitas vezes desnecessários a uma ampla gama de hospitais (Banco Mundial 2004a).
35. O Brasil é uma das sociedades mais desiguais do mundo, com um coeficiente de Gini de 0,59 em 2001 (Banco Mundial 2006c).
36. Por exemplo, na Guatemala, no Paraguai e na África do Sul apenas 50 a 60% das pessoas entre os 20% mais pobres que buscam atendimento conseguem ser atendidas por um médico.
37. A mortalidade neonatal é fortemente influenciada pelo acesso e pela qualidade do atendimento.
38. O anexo 2A descreve os métodos de estimativa, e a tabela do anexo 2B.4 apresenta dados desagregados do gasto hospitalar segundo a fonte pagadora. Essas estimativas são baseadas em dados disponíveis pelo método de estimativa indireta. Não há informações precisas disponíveis em relação ao financiamento hospitalar por nível de governo, dada a complexidade dos mecanismos financeiros do SUS e o reduzido nível de detalhamento dos relatórios orçamentários.
39. O valor dado para o financiamento pelo SUS pode superestimar a proporção verdadeira porque assume (de acordo com a metodologia usada, como descrito no anexo 2A) custos similares em unidades públicas e privadas. Em contraste, o valor menor apresentado na tabela anexa 2B.5 (49%) é subestimado porque não inclui repasses governamentais pontuais a instituições privadas. Esses repasses são difíceis de identificar em documentos orçamentários.
40. O baixo nível de reembolso do SUS a hospitais privados é uma das principais causas das dificuldades financeiras que afligem instituições privadas, em especial as filantrópicas, conveniadas com o SUS. A crise financeira dos hospitais filantrópicos é discutida no capítulo 4.
41. Outra prática que afeta o gasto é a colocação de servidores civis à disposição de hospitais privados. A menos que o custo desse pessoal esteja registrado em um hospital público específico ou como pessoal hospitalar em orçamentos públicos, é muito difícil de contabilizar.
42. Estimativas baseadas em dados da AMS de 2002 (IBGE 2003).
43. O gasto hospitalar por categoria ou elemento de despesa foi estimado a partir de duas amostras de hospitais públicos e privados (Banco Mundial 2007; Matos 2002).
44. Os gastos de capital não foram analisados porque sua variabilidade resultaria em padrões distorcidos de alocação.
45. A categoria "externa" é composta por pacientes que fazem exames diagnósticos no hospital sem receber atendimento de emergência ou ambulatorial ou serem internados. Gastos com serviços de diagnósticos complementares ao atendimento de emergência, ambulatorial ou de internação são incluídos nas categorias de gasto respectivas.
46. A categoria "administração" se refere a serviços de apoio e gerenciais executados em nível central e não atribuíveis a tipos específicos de serviços médicos e de saúde; não estão incluídos os custos administrativos internos dos hospitais.
47. Estão incluídos 14 hospitais no estado de São Paulo que adotaram o modelo de organizações sociais em saúde (OSS), como discutido nos capítulos 5 e 6.
48. A falta de clareza na pesquisa da AMS e na classificação do Datasus sobre a definição de serviços de emergência prejudicou estimativas mais definitivas.

3

Análise Comparativa de Custos e Eficiência

Os resultados que o Brasil tem obtido na área de saúde e no setor hospitalar, tendo em vista o montante investido, estão abaixo do esperado. Aos poucos, os formuladores de políticas de saúde começam a admitir que o dinheiro não tem sido bem aplicado. Há apenas duas soluções possíveis para o problema: aumentar o montante de recursos financeiros – o que é inviável, devido à limitação de recursos – ou aumentar a eficiência do sistema. Infelizmente, qualquer avaliação sobre o destino dos recursos é limitada pela escassez de evidências empíricas. O esparso conhecimento sobre eficiência e custos do serviço hospitalar é uma das razões para a existência de políticas fragmentadas, de curto prazo e sem continuidade.

Este capítulo procura melhorar o nível de informações para os formuladores de políticas e estimular o debate, por meio da análise de evidências e temas relacionados à eficiência hospitalar no contexto de produção, produtividade e custos. A partir dos dados disponíveis, buscamos responder às seguintes questões: até que ponto os hospitais brasileiros utilizam seus recursos de forma a minimizar os custos de produção, mantendo um determinado nível de qualidade? Até que ponto os hospitais maximizam os resultados em saúde, provendo combinações ou tipos de tratamento adequados dentro dos limites orçamentários? Que fatores determinam os custos hospitalares? Como os índices de eficiência variam entre hospitais de tipos e tamanhos diferentes? Quais opções de políticas existem para aprimorar a eficiência no uso de recursos e conter a escalada de preços? As ferramentas de análise de custo e eficiência aplicadas neste capítulo podem auxiliar na abordagem dessas questões.

Como principal ator por trás da criação do SUS – Sistema Único de Saúde, o governo federal foi um dos principais responsáveis pela elaboração de um marco de política de saúde nas últimas décadas. Essa estrutura se concentrou em ampliar o acesso, promover a descentralização e a equidade financeira. Questões referentes a custo e eficiência estiveram claramente ausentes da agenda política até há muito pouco tempo.

Porém, fatores macroeconômicos recentes ampliaram o consenso sobre a necessidade de abordar tais questões, para aproveitar ao máximo os orçamentos apertados e melhorar os resultados obtidos com os recursos aplicados. Em 2005 a dívida pública e os gastos do setor representaram respectivamente 50 e 40% do PIB, e a carga de impostos respondeu por aproximadamente 38%. Esses indicadores estão entre os mais altos do mundo e atestam que o Brasil tem pouco espaço para aumentar o gasto público. Nesse contexto fiscal incerto, as autoridades econômicas do governo estão preocupadas com os gastos públicos em saúde.

Como os hospitais absorvem a maior parte dos gastos do SUS, e este é a principal fonte de financiamento na atenção hospitalar, o debate político que se desenha irá se concentrar na contenção de gastos e no aumento de eficiência na prestação de cuidados hospitalares. Argumentos sobre custos e eficiência serão confrontados com a pressão pelo aumento de financiamento, pela consolidação dos avanços do SUS e pela melhoria no acesso a atendimento gratuito para a população carente.

Ao contrário do que ocorre em outras áreas da economia, gastos elevados com saúde em geral são vistos como algo negativo, um desvio de recursos escassos de setores mais produtivos. Além disso, avaliações de estudos internacionais sugerem que o aumento de gastos não implica necessariamente melhoria de resultados em saúde. A forma como os recursos são aplicados e utilizados parece ser a chave para entender a falta de correspondência entre gastos e resultados finais obtidos em saúde. Do ponto de vista técnico, essa ideia é mais bem expressada em termos de eficiência (ver quadro 3.1).

Como hospitais recebem a maior parcela do gasto com saúde no Brasil, quaisquer conquistas com relação a eficiência e controle de custos poderiam trazer benefícios significativos a todo o setor saúde, porque liberariam recursos para a expansão de outros serviços ou para a melhoria na qualidade do atendimento. Informações sistemáticas sobre custos e eficiência hospitalar ajudam a identificar as principais fontes de ineficiência e desperdício, e, portanto, contribuem para a criação de políticas e ações para aprimorar o uso de recursos disponíveis. Porém, pouco se sabe sobre o custo real dos serviços hospitalares ou sobre o grau de eficiência na aplicação desses recursos. As informações são fragmentadas, incompletas e inconsistentes. Assim, torna-se difícil e às vezes impossível analisá-las ou compará-las. As poucas análises disponíveis sobre níveis de eficiência em hospitais brasileiros não indicam conclusões claras devido ao escopo e à amostra limitados.

Os hospitais são instituições complexas e multidimensionais, que produzem uma variedade de serviços ou produtos: atendimento a pacientes (internações, atendimentos ambulatoriais e de emergência e diagnósticos), pesquisa e treinamento, serviços de hotelaria (de alimentação a lavanderia), serviços sociais e ações comunitárias para a promoção de saúde e prevenção de doenças. Qualquer análise de custos e produtividade hospitalar requer a definição e mensuração corretas desses fatores. Dependendo do tipo de análise, a produção de um hospital pode ser definida em termos de pacientes, tratamento de casos ou episódios clínicos, procedimentos, produtos e resultados em termos de saúde, ou em unidades de medida agregadas que quantifiquem o conjunto dos diferentes produtos do hospital. Custos podem ser medidos apenas para serviços específicos ou conjuntos de serviços. A partir de estudos e dados disponíveis, este capítulo emprega várias metodologias para definir e analisar a eficiência e os custos de diferentes serviços hospitalares.

Em um contexto de recursos limitados e demanda em crescimento, a contenção de custos tornou-se objetivo central da reforma sanitária em vários países, e a questão também é de suma importância para o Brasil.[1] A contenção de custos está intrinsecamente ligada ao custo do atendimento em saúde e à eficiência na utilização dos recursos. Esses são os dois temas principais deste capítulo.

QUADRO 3.1
Tipos de Eficiência

A *eficiência* costuma ser definida como a razão entre a quantidade de serviços produzidos e a quantidade de recursos consumidos no processo. O conceito é associado ao de produtividade e custos no sentido de que um produtor eficiente exibe maior produtividade (índice de serviços por recursos usados) e gera menos gastos de produção. A eficiência pode ser classificada em tipos diferentes segundo seus principais fatores determinantes.

A *eficiência técnica* é uma característica do processo de produção e corresponde melhor à definição anterior. Quanto mais produto é gerado a partir de uma dada quantidade e combinação de recursos, ou quanto menos recursos são aplicados para gerar uma dada quantidade de produtos, maior a eficiência do processo, em sentido técnico.

Conforme detalhado no anexo 3D, a eficiência técnica pode ser dividida em dois componentes básicos: *eficiência técnica pura*, ou *interna*, associada a fatores internos como administração e controle do processo de produção; e *eficiência de escala*, determinada pela escala ou tamanho operacional. Pequenos hospitais são geralmente ineficientes porque sua pequena escala resulta em custos unitários mais altos. Aumentar o volume de produção nesses casos aumenta a eficiência e reduz os custos unitários.

Em contraste com a eficiência técnica, que considera a combinação de insumos utilizados (trabalho, material médico, tecnologia etc.) como dada, a *eficiência alocativa* se concentra em como esses elementos são combinados entre si para gerar o produto. Um processo de produção que utiliza uma combinação ideal de insumos, resultando em custos produtivos mais baixos, é considerado eficiente em termos alocativos.

Custos Hospitalares: Desafios de Mensuração e Resultados

Informações sobre o custo de procedimentos hospitalares são fundamentais para atribuir preços realistas a produtos e serviços, para a avaliação da eficiência e para a formulação de políticas que promovam o uso racional dos recursos. Os dados disponíveis no Brasil, contudo, sofrem limitações que comprometem seu uso efetivo. Além do mais, a maior parte da informação disponível se refere a custos médios por centro de custos, e não ao custo de tratamentos e procedimentos específicos. Uma exceção é um estudo recente que estimou o custo de 107 procedimentos de internação (Matos 2002). Um estudo complementar de Dias, Couttolenc e Matos (2004), encomendado para este volume, organizou os dados originais por *case mix* e apresentou comparações entre diferentes tipos de hospital.

Desafios para a Estimação de Custos nos Hospitais Brasileiros

As informações disponíveis sobre custos em hospitais brasileiros apresentam várias limitações.[2] Entre elas estão a má qualidade geral dos levantamentos, a diversidade e ausência de padronização metodológica nos sistemas de apuração de custos (quando existentes) e a ausência de aplicação dos dados produzidos à gestão das operações. Devido a falhas no desenho e na implantação de muitos dos sistemas de informação sobre custos, a confiabilidade e a utilidade dos dados existentes para avaliações e tomadas de decisão são limitadas. Sistemas de prontuários e informações médicas deficientes prejudicam análises rigorosas acerca de práticas médicas e frustram esforços para rastrear custos e relacioná-los a casos ou tratamentos específicos. Essas limitações são discutidas detalhadamente a seguir.

Sistemas de Contabilidade de Custos

Ninguém sabe precisamente quantos hospitais brasileiros mantêm sistemas de contabilidade ou apuração de custos, mas é amplamente reconhecido que menos de 5% o fazem. A maior parte desses hospitais corresponde a grandes instituições privadas.

Tradicionalmente, três metodologias de custos têm sido utilizadas nos hospitais brasileiros. O custeio por absorção clássico, que aloca todos os custos e gastos aos centros de custos finais, é usado na maioria dos hospitais que têm um sistema de apuração de custos. O custeio direto, que leva em conta apenas os custos diretos da produção, é usado principalmente para finalidades específicas, para responder a uma determinada necessidade pontual. O custeio por atividades (conhecido como custeio ABC), por requerer grande quantidade de informações, é usado por pouquíssimos hospitais. Essas abordagens são aplicadas a propósitos diferentes e não são mutuamente exclusivas. Poucas unidades hospitalares, para não dizer nenhuma, têm implantado um sistema permanente para estimar os custos de procedimentos, casos ou tratamentos.[3] Essa ausência de informação abrangente e sistemática sobre custos constitui um grande obstáculo à reforma dos mecanismos de pagamento hospitalares ou à introdução de mecanismos de pagamento hospitalares por casos, como os baseados em grupos de diagnóstico (esse tema é discutido no capítulo 4).

O Desenho dos Sistemas

Embora a maioria dos hospitais brasileiros que mantêm um sistema de apuração de custos tenha escolhido a metodologia de custeio por absorção, os métodos e abordagens particulares utilizados e a forma como são aplicados não são padronizados em termos de definição e levantamento dos centros de custos, de produtos e critérios de apropriação.[4] Além disso, os dados publicados raramente especificam a metodologia aplicada, o que torna complicada e arbitrária a comparação de custos. A maioria dos sistemas foi desenvolvida de uma perspectiva contábil e não é adequada à análise de custos e tomada de decisões, nem permite estimativas diretas dos custos de tratamentos e procedimentos hospitalares.

O objetivo final da apuração de custos hospitalares geralmente vai além de estimar o custo médio de produtos ou serviços de um centro de custo. Em muitos casos o elemento de interesse é o custo de pacientes individuais ou de grupos de pacientes, de acordo com o tipo de procedimento ou tratamento efetuado ou o diagnóstico específico.

Apesar disso, quase todos os sistemas de custeio existentes estimam custos médios de pacientes-dia, de consultas médicas ou outros serviços. Esses dados demandam considerável manipulação para gerarem estimativas de custos baseados em casos.

Implantação dos Sistemas

A maioria dos sistemas de contabilidade de custos nos hospitais brasileiros foi implantada de cima para baixo, a partir de uma decisão em nível central ou sob a liderança de um administrador hospitalar carismático e inspirado. Raramente as equipes técnicas que operam o sistema foram envolvidas na estratégia de desenvolvimento e implantação. Administradores e tomadores de decisão no nível hospitalar ou no nível central recebem pouco ou nenhum treinamento em análise e interpretação de custos e geralmente não sabem o que fazer com as informações geradas pelos sistemas de contabilidade de custos. Dados sobre custos, quando existentes, são geralmente considerados confidenciais, e pesquisadores têm muita dificuldade em ter acesso a esses dados para análise ou comparação. Devido a essa abordagem na implementação dos sistemas, muitas aplicações de sistemas de custos foram rapidamente abandonadas, em geral depois de mudanças na liderança ou na equipe técnica responsável pela implantação e gerenciamento.

Gerenciamento e Utilização de Informações

A maior parte dos hospitais no Brasil, em especial as unidades de pequeno e médio porte, não gerencia seus orçamentos e, portanto, possui pouca informação financeira.[5] Mesmo quando os hospitais dispõem dessa informação, a qualidade é geralmente questionável e pouco confiável e, no caso de hospitais públicos, orientada para o controle financeiro e o monitoramento orçamentário. Assim, a informação disponível não pode ser usada diretamente para a estimação de custos. O gerenciamento financeiro é deficiente em quase todas as unidades públicas e na maioria dos pequenos hospitais privados. Como resultado dessas limitações, as informações parciais disponíveis sobre o custo dos serviços dificultam análises comparativas, demandando uma revisão cuidadosa de métodos e dados e a realização de ajustes para neutralizar diferenças metodológicas. Os dados disponíveis geralmente não se prestam a generalizações devido ao tamanho limitado das amostras.

O uso limitado de sistemas de contabilidade de custos, a falta de uniformidade nesses sistemas e a falta de padronização nas informações médicas e estatísticas complicam o processamento, análise e comparação de dados, resultando em variações importantes e inexplicadas. Na amostragem de Matos (2002) apenas 11 hospitais entre 25 haviam implantado um sistema de contabilidade de custos, 6 possuíam alguma informação básica (em geral simples planilhas) e 8 não tinham informação alguma. A maior parte das informações estatísticas sobre pacientes hospitalares, especialmente no que se refere à morbidade (por diagnóstico ou tratamento), é desorganizada ou pouco confiável, tornando difícil levantar e analisar dados sobre determinados procedimentos ou tratamentos. Além disso, os dados disponíveis – sobre pacientes, custos e hospitais – frequentemente se referem a períodos diferentes e devem ser ajustados antes de sua aplicação em análises comparativas.

Prontuários Médicos

Levantar e utilizar informações médicas a partir da análise de prontuários constitui uma tarefa trabalhosa e que consome muito tempo, mesmo em condições ideais. Na maioria dos hospitais brasileiros os prontuários médicos estão incompletos e são mantidos com pouco cuidado: os dados são registrados de forma desorganizada e não padronizada, as anotações de enfermeiras ou médicos são inconsistentes ou ilegíveis e, com frequência, faltam requisições ou resultados de exames diagnósticos ou relatórios médicos. Em geral, os prontuários apresentam pouca ou nenhuma informação sobre o volume e os tipos de recursos utilizados. É rara a utilização de registros de gastos ou uso de insumos preenchidos em unidades de enfermaria ou salas de cirurgia, e quando presentes não fazem parte dos prontuários dos pacientes. Finalmente, requisições para exames diagnósticos e pedidos de material médico especial não são armazenados junto com os prontuários médicos ou se perdem. Medidas de utilização e consumo de recursos (atividades e materiais, por exemplo) que porventura constem nos prontuários não são padronizadas para o conjunto de pacientes.

Protocolos de Tratamento

Pacientes que passam pelo mesmo tipo de procedimento podem receber tratamentos diferentes, que demandam insumos em combinações e quantidades diferentes, tanto dentro de um mesmo hospital como em instituições diferentes. Com frequência, não há diferenças evidentes na severidade dos casos que expliquem as variações observadas. Na ausência de padronização, e dadas as limitações da informação registrada nos prontuários médicos, é quase impossível controlar ou ajustar por diferenças na gravidade dos casos ao nível dos pacientes ou pela presença de co-morbidades ou complicações. Há pouca descrição padronizada e codificação de exames diagnósticos, material médico e medicamentos. Essa ausência de padronização dentro de cada hospital e entre unidades leva a variações significativas nos dados coletados para procedimentos ou pacientes similares e dificulta comparações confiáveis.

Informações sobre Faturamento

O sistema de informações para faturamento do SUS, a Autorização de Internação Hospitalar - AIH, contém formulários detalhados para o registro de informações sobre o tratamento dos pacientes e, assim, poderia ser usado para complementar ou validar informações coletadas de prontuários médicos.[6] Em muitos casos, porém, há consideráveis discrepâncias entre os prontuários médicos e os formulários de AIH. Geralmente, as contas de pacientes não são anexadas aos respectivos prontuários médicos, porque pertencem a sistemas de informações diferentes e servem a propósitos distintos. Exames diagnósticos e outros procedimentos auxiliares registrados em prontuários médicos muitas vezes estão ausentes dos formulários de AIH. Os tempos médios de permanência são com frequência inconsistentes entre as duas fontes de informação. Em alguns casos a prática médica reconhecida resultaria em permanências menores do que aquelas definidas nas tabelas e regras da AIH, e em custos mais baixos. Para receber o pagamento, contudo, os hospitais precisam enviar as AIH que respeitem as regras e padrões do sistema, mesmo quando eles são baseados em práticas ultrapassadas ou resultam em custos mais elevados. Além disso, a incompatibilidade entre as categorias de serviços definidos na tabela da AIH e a classificação contábil dos hospitais criam uma grande dificuldade para obter um "procedimento homogêneo", como estabelecido no sistema da AIH.

Custos de Procedimentos Hospitalares: Resultados de uma Pesquisa em Profundidade

A análise de custeio hospitalar realizada por Matos (2002) é o estudo mais abrangente já feito na área.[7] O custo estimado de 107 procedimentos de internação se baseia em uma amostra de 16.500 casos selecionados aleatoriamente em 25 hospitais públicos e privados financiados pelo SUS. Embora a amostra de hospitais desse maior representação a hospitais universitários de maior porte, os procedimentos considerados representavam 62% do volume e 61% dos pagamentos por internações feitos pelo governo federal.[8] Assim, a amostra pode ser considerada representativa dos serviços de internação realizados pelo SUS.[9] O anexo 3A apresenta uma descrição detalhada da metodologia aplicada por Matos (2002).

Casos de um tratamento ou doença específicos devem ter, em média, custos similares. Variações no custo médio derivam de fatores como diferenças na gravidade dos casos; diferenças nas características do hospital, como a severidade ou complexidade média dos casos tratados ou o papel da unidade com instituição educacional; diferenças em eficiência e uso de recursos bem como nos preços de insumos; diferenças nas práticas médicas relacionadas ao tratamento; e diferenças de qualidade. A gravidade ou complexidade média dos casos tratados é geralmente medida por um índice de *case mix* (ICM) ou perfil de pacientes, que é usado para ajustar o custo de procedimentos ou tratamentos específicos.[10] Medir o nível e os padrões de variações nos custos de procedimentos, bem como a identificação de suas fontes, pode ajudar a diagnosticar causas de ineficiência e desperdício e apontar razões para a má qualidade do atendimento.

Dias, Couttolenc e Matos (2004) encontraram amplas variações nos custos médios dos procedimentos, mesmo depois de ajustarem os resultados por diferenças de *case mix*. Foram identificadas variações no mesmo procedimento tanto em casos diferentes dentro de um mesmo hospital como em hospitais diferentes.

Custos Médios e Variações de Custos

O custo médio dos 107 procedimentos na amostragem foi de R$ 2.606 (US$ 1.055 à taxa de câmbio de 2002), variando de R$ 513, para o tratamento conservador de traumatismo craniano, a R$ 48.436,12, para transplante de pulmão (o anexo 3C traz uma listagem completa dos procedimentos analisados e seus custos médios). Cerca de dois terços dos procedimentos, incluindo a maior parte dos procedimentos clínicos, apresentaram custo médio abaixo da média da amostra. O terço restante, com custo médio acima da média observada na amostra, consistiu principalmente de intervenções cirúrgicas.

Os custos médios variaram amplamente para um mesmo procedimento realizado num mesmo hospital e entre hospitais distintos. O coeficiente de variação (CV) na amostra oscilou entre 20% (microcirurgia vascular intracraniana) e 221% (transplante de rim com doador vivo), com uma média de 55%.[11] No intuito de identificar os fatores principais desta variação de custos, o CV foi computado em três níveis: 1) todos os casos combinados, o que resultou na maior variação (CV de 86,4%), porque a combinação de todos os casos resulta na combinação de todos os fatores que poderiam afetar a variação de custos; 2) casos em hospitais diferentes (variação inter-hospitais), nos quais a variação média de custos foi de 61%, o que pode refletir diferenças em *case mix*, eficiência, qualidade, preços de materiais e serviços e outros fatores relacionados com o hospital; e 3) casos dentro do mesmo hospital (variação intra-hospitalar), nos quais a variação média foi de 41,1%, em razão principalmente de diferenças no uso de recursos dentro da mesma instituição e de variações nas práticas clínicas. Os fatores principais para a variação de custos observada foram diferenças em *case mix*, características de cada hospital, a permanência média, a prática clínica e o tipo de procedimento. Cada um deles é examinado a seguir.

Case Mix

Diferenças em *case mix* (perfil de pacientes) podem ser uma grande fonte de variação nos custos hospitalares, porque o *case mix* reflete a complexidade do atendimento e a gravidade do caso.[12] Para estimar a importância do *case mix* como fator de variação dos custos, foi computado um índice calculado a partir dos dados de custos levantados na amostra, que se baseia no custo relativo de um mesmo procedimento em hospitais diferentes (anexo 3A). A figura 3.1 mostra que a maioria dos casos na amostra ostentava baixos índices de ICM, o que indica baixa complexidade e baixo custo. Por exemplo, 32 procedimentos de baixa complexidade (com ICM menor que 0,5) responderam por 37% do volume (em número de casos), mas representaram 13,4% do custo total dos 107 procedimentos na pesquisa. Em contraste,

23 procedimentos de alta complexidade (ICM acima de 2) representaram 11,5% do volume, mas quase 40% do custo total. Procedimentos com nível de complexidade intermediário representaram em torno de 51,5% do volume e 46,7% do custo total.

FIGURA 3.1
Distribuição de Casos e Custos, por Índice de *Case Mix* (ICM), 2001
(N = 16.493 casos)

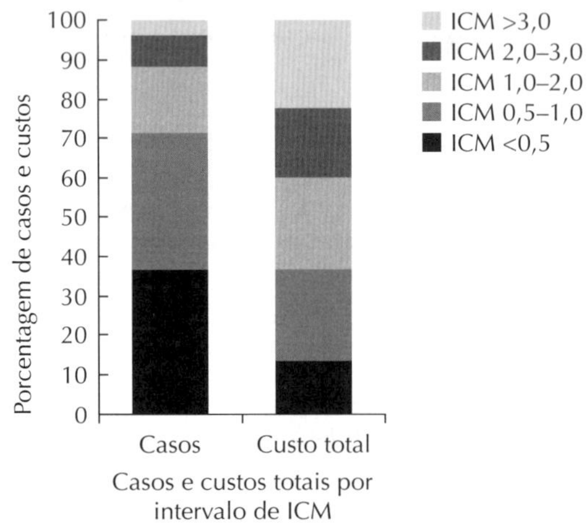

Fonte: Dias, Couttolenc e Mattos 2004; Mattos 2002.

Diferenças na gravidade dos casos inflam as variações de custos, e por isso o ajuste por *case mix* reduziu a variação média no custo dos procedimentos, com pouca alteração no custo médio. O ajuste também deslocou a distribuição dos procedimentos para categorias de custo mais altas, com um número maior de procedimentos no intervalo acima de R$ 2.000 (figura 3.2). Porém, variações significativas persistiram mesmo após o ajuste, o que indica a influência de outros fatores, como as características dos hospitais e os padrões de práticas clínicas.

Características do Hospital

Os custos médios diferiram de forma significativa entre hospitais de tipos diferentes. Em particular, os hospitais universitários, especificamente, alcançaram custo médio mais alto (23,2%) do que os demais (figura 3.3). De forma consistente com a experiência internacional, era esperado que os custos em hospitais universitários fossem mais altos devido aos gastos adicionais associados às atividades de ensino e pesquisa, ao maior uso de equipamentos de alta complexidade e ao tratamento de casos mais complexos – e por isso mais caros. Os hospitais universitários, especialmente os públicos, realmente ostentaram maior ICM que a média dos hospitais gerais não universitários (1,5, contra a média de 1). Na verdade, o ICM explicou a maior parte das diferenças observadas entre hospitais de ensino e hospitais em geral. Quase todas essas diferenças desapareceram depois de um ajuste por *case mix* (figura 3.3).

Hospitais públicos apresentaram custos médios maiores do que hospitais privados e obtiveram os valores mais altos para a maioria dos procedimentos. Novamente, boa parte da diferença no custo médio se devia a diferenças de *case mix* entre unidades. Em outras palavras, hospitais públicos costumam lidar, em média, com casos mais graves do que seus equivalentes privados.[13] Mas outros fatores podem ter contribuído para o alto custo nas unidades públicas. Em primeiro lugar, os hospitais públicos são em média menos eficientes do que os privados, como será discutido a seguir. Em segundo lugar, hospitais públicos recebem mais financiamento do SUS para o tratamento de pacientes do SUS do que hospitais privados em convênio com o SUS. Os níveis insuficientes de financiamento causam graves restrições aos hospitais privados, como reflexo de distorções nos sistemas de pagamento do SUS.[14] A diferença nos níveis de financiamento leva a um forte desequilíbrio competitivo e implica diretamente ineficiência hospitalar sistêmica, porque os prestadores são encorajados a escolher casos que pagam melhor ou a cortar custos de forma indiscriminada.

FIGURA 3.2
Distribuição de Procedimentos, por Intervalos de Custos, 2001
(N = 107 procedimentos)

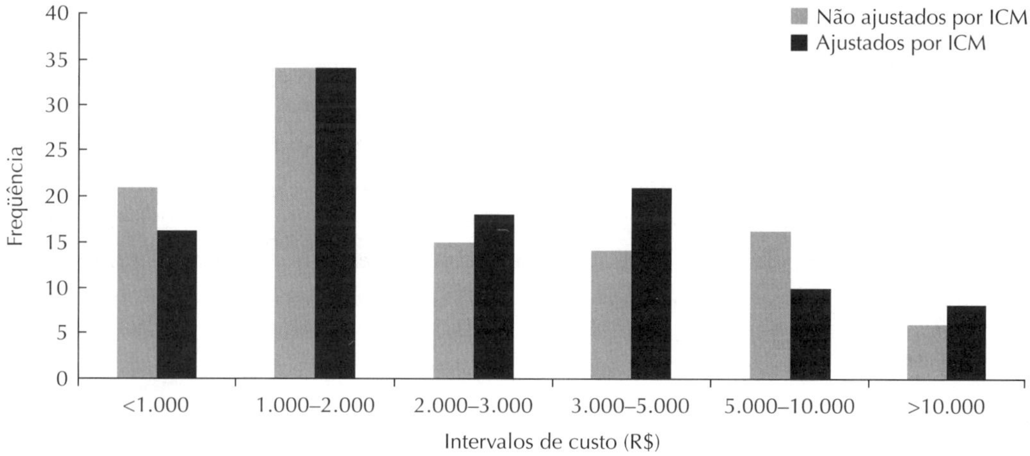

Fonte: Dias, Couttolenc e Matos 2004; Matos 2002.
Nota: ICM, índice de *case mix*.

FIGURA 3.3
Custos por Tipo de Hospital, Ajustados e Não Ajustados por *Case Mix*, 2001
(N = 107 procedimentos)

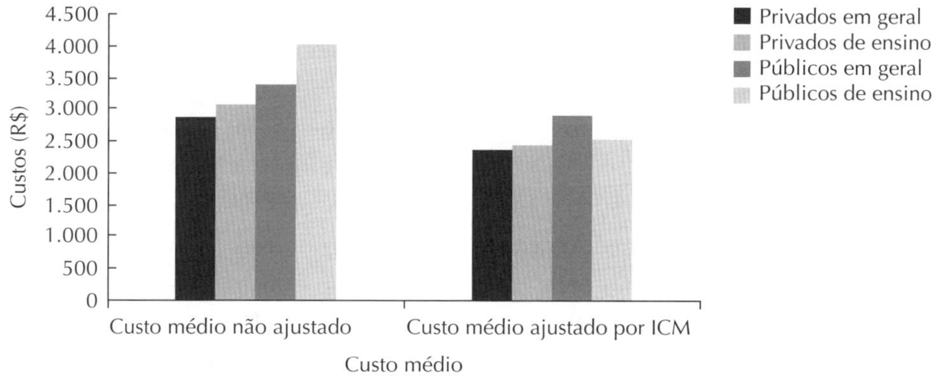

Fonte: Dias, Couttolenc e Matos 2004; Matos 2002.
Nota: ICM, índice de *case mix*.

Média de Permanência

Outra importante fonte de variação de custos foi o tempo médio de permanência dos pacientes. Para isolar o efeito do tempo médio de permanência (TMP), foi computado um CV para o custo por paciente-dia para cada procedimento e comparado com o CV dos próprios procedimentos (por internação e não por paciente-dia). Como mostra a figura 3.4, os CV para pacientes-dia foram sistematicamente menores do que os CV para procedimentos, seja no caso de custos ajustados por *case mix* ou não. Após controlar pelo tempo médio de internação, o CV caiu em torno de 20%, demonstrando o forte efeito exercido pela TMP nos custos hospitalares. Isso é ilustrado na figura 3.4 pela diferença entre as barras correspondentes aos procedimentos (PROC) e aquelas por paciente-dia (P/D) para cada grupo: variação em todos os casos agrupados: variação inter-hospitalar e intra-hospitalar.

A figura 3.4 também ilustra o efeito dos ajustes por *case mix* e outras características dos hospitais. Após o ajuste por ICM, os CV para procedimentos e pacientes-dia ficaram significativamente menores, caindo entre 11 e 18% e 5 e 10%, respectivamente, do que os CV não ajustados, tanto na análise de todos os casos em conjunto como entre hospitais (as barras de variação inter-hospitalar). A diferença média foi de 10 a 15%. Finalmente, características das unidades como eficiência, *status* de unidade de ensino, governança e outras determinam as diferenças entre CV observadas (tanto em procedimentos como em pacientes-dia) e as categorias intra-hospitalar e inter-hospitalar.[15]

Prática Clínica

Mesmo depois de efetuados ajustes por *case mix* e Média de Permanência, variações significativas de custo ainda persistem. Isso fica evidente nas variações observadas dentro do mesmo hospital (figura 3.4, barras "intra-hospitalar"). Em teoria, casos diferentes submetidos a um determinado procedimento devem refletir as mesmas características institucionais, como *case mix* e preços de materiais e serviços. A ampla variação observada dentro de uma mesma entidade provavelmente está associada a diferenças na severidade dos casos individuais ou à falta de padronização em procedimentos médicos e consequentemente no uso de recursos.[16] Embora o uso de recursos não possa ser medido diretamente, a análise dos prontuários médicos indicou que a falta de padronização constitui realmente um grande problema. Isso ficou evidente na análise de documentos de pacientes, nos quais as informações médicas foram arquivadas de forma incorreta ou incompleta. Protocolos de tratamento nos hospitais da amostra são quase totalmente inexistentes e observaram-se grandes variações nas práticas médicas. Pacientes com o mesmo diagnóstico e procedimento, e sem anotações nos prontuários médicos que demonstrassem variações significativas de gravidade ou quadro de saúde, receberam tratamentos diferentes, na maioria dos casos implicando combinações e quantidades diferentes de insumos e serviços (por exemplo, duração de cirurgias, duração de internações e exames diagnósticos).

FIGURA 3.4
Principais Fontes de Variações nos Custos Hospitalares, 2001
(N = 16.493 casos/25 hospitais)

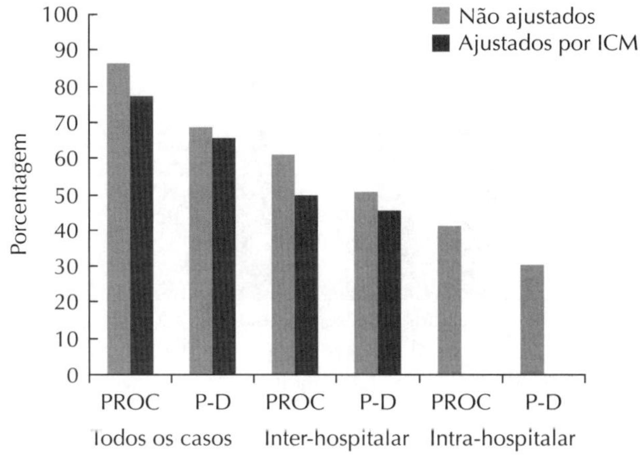

Fonte: Dias, Couttolenc e Matos 2004; Matos 2002.

Nota: PROC, procedimentos; P-D, paciente-dia; ICM, índice de *case mix*.

Tipos de Procedimento

Os tipos de procedimento também afetam os custos. A figura 3.5 compara os CV de casos clínicos, cirúrgicos e todos os demais abordados na pesquisa. Casos clínicos têm CV significativamente maiores, em média, do que casos cirúrgicos (65 e 43%, respectivamente). Isso pode refletir a maior padronização dos procedimentos cirúrgicos ou a maior variação na gravidade dos casos clínicos. Algumas evidências indicam a ocorrência da última hipótese; ajustes por *case mix* mudaram o padrão levemente, reduzindo o CV médio entre procedimentos clínicos para 61%, com pouca mudança entre os procedimentos cirúrgicos. Uma análise mais aprofundada, contudo, sugere que boa parte da variação de custos entre casos clínicos e cirúrgicos está associada a diferenças no tempo médio de internação. Como é mostrado na figura 3.5, um ajuste pelo tempo médio de permanência reduziu grandemente o CV em procedimentos clínicos (com o CV médio caindo para 47%), ao passo que o CV entre procedimentos cirúrgicos caiu para 53%. Em resumo, o tempo médio de internação é o principal fator responsável pela variação de custos entre procedimentos clínicos, provavelmente devido ao baixo uso de protocolos de tratamento para esses casos, bem como a ampla variação na gravidade dos casos.

A análise de variações entre procedimentos específicos oferece uma explicação mais precisa da causa das variações de custo.

A tabela 3.1 compara a magnitude da variação para os oito procedimentos com CV mais baixos e mais altos (não ajustados por *case mix*) para todos os casos e para casos intra-hospitalares. No geral, os custos variam de aproximadamente 15:1 em procedimentos de baixa variação para mais de 300:1 em procedimentos de alta variação.[17] Variações intra-hospitalares são menores que variações para todos os casos agregados (cerca de 50%), mas ainda são amplas, como ilustrado na última coluna da tabela, com médios de 6:1 para procedimentos de baixa variação e 39:1 para procedimentos de alta variação.

FIGURA 3.5
Coeficiente de Variação para Casos Cirúrgicos e Clínicos, 2001
(N = 107 procedimentos/16.493 casos)

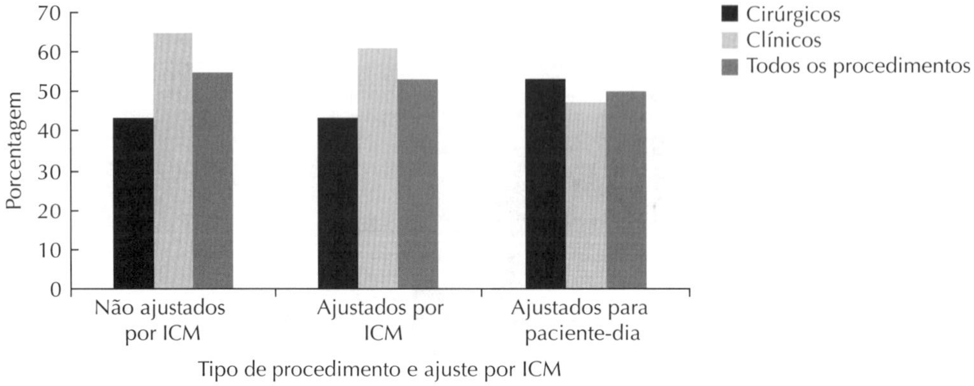

Fonte: Dias, Couttolenc e Matos 2004; Matos 2002.
Nota: ICM, índice de *case mix*.

TABELA 3.1
Variações e Intervalos de Custos, Totais e Intra-Hospitais, para Procedimentos de Alto e Baixo CV, sem Ajuste por *Case Mix*, 2001
(N = 107 procedimentos/16.493 casos)

Procedimento	*Todos os casos, média de CV (%)*	*Intervalo entre todos os casos*	*CV Intra-hospitalar, por procedimento (%)*	*CV Intra-hospitalar, por paciente-dia (%)*	*Intervalo Intra-hospitalar (R$)*
CV baixo					
Parto por cesariana	41,1	304–3.865	19,9	19,2	304–1.402
Parto normal	45,8	141–1.844	24,5	27,0	289–1.746
Apendicectomia	48,7	236–6.259	30,9	30,9	772–6.259
Endoscopia de próstata	49,4	462–6.924	25,5	23,8	1.219–6.924
CV alto					
Tuberculose pulmonar	114,4	357–14.641	60,5	32,2	487–10.402
Hemorragia digestiva	123,1	87–13.473	67,4	38,2	87–3.540
Edema pulmonar agudo	123,4	226–26.326	69,5	45,4	471–26.326
Septicemia pediátrica	125,3	208–67.791	69,5	46,1	997–37.132

Fonte: Dias, Couttolenc e Matos 2004; Matos 2002.

Estrutura de Custos

A estrutura de custos dos procedimentos ajuda a esclarecer o grau de eficiência com que os recursos vêm sendo alocados. Por exemplo, um hospital que tem muitos gastos com pessoal pode desviar recursos de outros itens essenciais, como medicamentos e suprimentos médicos. Uma combinação ineficiente de insumos – que resulte, por exemplo, em falta de material médico essencial – pode comprometer a qualidade do atendimento.

A composição dos custos de acordo com as categorias do sistema AIH apresenta ampla variação entre procedimentos e hospitais diferentes.[18] Essa constatação não traz nenhuma surpresa, porque procedimentos diferentes demandam combinações diferentes de recursos. Em média, os serviços hospitalares respondem por quase dois terços do custo total de um procedimento; os serviços profissionais consomem cerca de 10%, assim como os medicamentos e materiais médicos (figura 3.6). Procedimentos cirúrgicos que requerem o uso de próteses ou medicamentos especiais apresentou uma proporção muito maior de custos nessas categorias.

FIGURA 3.6
Composição do Custo de Procedimentos, por Tipo de Serviço da AIH, 2001
(N = 16.493 casos)

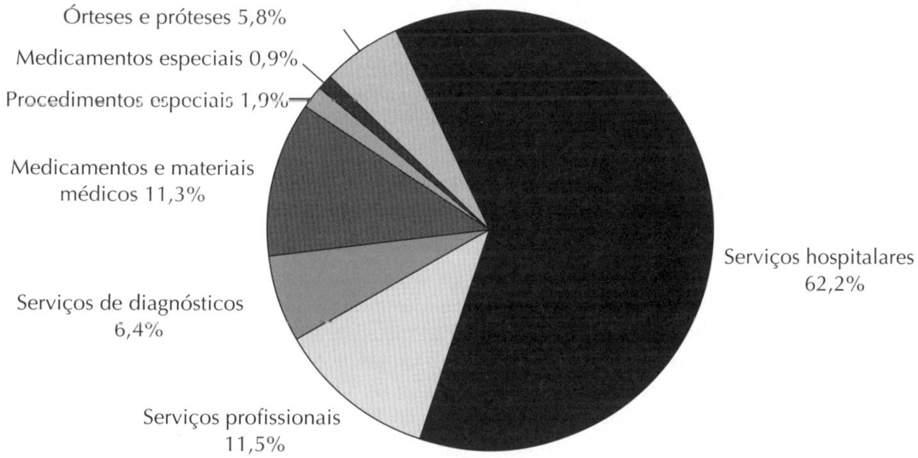

Fonte: Dias, Couttolenc e Mattos 2004; Mattos 2002.

A estrutura da AIH reflete principalmente a forma dos pagamentos e seus beneficiários, deixando os tipos de insumo em segundo plano. Por isso, seu uso não é apropriado para a análise de alocação de recursos. O detalhamento por tipo de insumo (como mostrado na tabela 3.2, por esfera) ou por tipo de serviço hospitalar tem mais utilidade (quadro 3.2).

Os custos com pessoal representam 61% do total; a inclusão de serviços médicos terceirizados eleva os custos com mão de obra em 65%. Os gastos com materiais somam mais 28%, especialmente medicamentos (9,4% do custo total) e outros materiais médicos. Outros gastos, incluindo serviços não-médicos terceirizados e gastos gerais como manutenção, luz e água, depreciação, despesas comerciais e aluguel de equipamentos, respondem pelo restante. Os hospitais públicos gastam em média uma proporção maior de seus recursos com pessoal do que as unidades privadas (68 contra 58%), e uma proporção significativamente menor em suprimentos. Isso sugere a possibilidade de problemas relativos à eficiência alocativa, porque a alta proporção de gastos com pessoal pode reduzir a disponibilidade de recursos para medicamentos, manutenção e outros itens essenciais. Os gestores públicos tendem a considerar a contratação de mais pessoal como a solução para seus problemas, mas não levam em conta as implicações dessa ação em termos de alocação de recursos. Os hospitais brasileiros em geral – em especial os públicos – funcionam com excesso de funcionários, como será explicado a seguir.

TABELA 3.2
Composição dos Custos Hospitalares, por Esfera e por Elemento de Despesa, 2002
(%)

Custo	*Privado filantrópico*	*Privado com fins lucrativos*	*OSS*	*Média*
Pessoal	59,8	57,2	68,2	61,3
Contratados	46,9	40,8	57,0	47,7
Médicos terceirizados	12,9	16,4	11,2	13,6
Material	28,8	31,9	22,8	28,2
Medicamentos	10,5	10,5	6,4	9,4
Outros materiais médicos	13,3	17,1	10,1	13,7
Gerais e outros	11,4	10,9	9,0	10,5
Outros terceirizados	3,0	2,1	2,7	2,6

Fonte: Dados fornecidos pela PLANISA.
Nota: N = 22 hospitais. OSS (Organizações Sociais de Saúde) são unidades públicas administradas por grupos privados sob um contrato de gestão (ver capítulos 5 e 6 para uma discussão sobre esse arranjo organizacional).

QUADRO 3.2
Estrutura de Custos Hospitalares no Brasil e no Canadá

A estrutura de custos hospitalares no Brasil difere em relação à de outros países. Em comparação com a dos hospitais canadenses, por exemplo, os hospitais brasileiros, como mostra a tabela, gastam uma proporção muito menor em serviços de diagnóstico, atendimento ambulatorial e serviços de apoio, como limpeza, vigilância e manutenção. Em contrapartida, gastam proporcionalmente mais em atendimentos de emergência, cirurgias e custos administrativos. Três fatores influenciam essa diferença: diferenças na combinação de produtos (serviços produzidos), associadas à maior produção de serviços hospitalares e atendimentos de emergência em comparação com os serviços de atenção básica e ambulatorial; o custo relativo dos insumos utilizados (de onde decorre a proporção relativamente menor dos custos de serviços de apoio no Brasil); e diferenças no ambiente em que os hospitais operam, especialmente no que diz respeito a regulação e mecanismos de pagamento, que representam um fardo considerável para a administração dos hospitais brasileiros. Os custos administrativos relativamente altos no Brasil também podem ser interpretados como indicativos de gestão ineficiente.

Distribuição de Custos por Componente (%)

Componente de custo	*Brasil*	*Canadá*
Atendimento em internação	44	N/D
Enfermagem	N/D	30
Serviços de diagnóstico	4	20
Atendimento ambulatorial	8	8
Atendimento de emergência	10	5
Salas de cirurgia	10	5
Serviços de apoio	10	16
Administração	13	8
Outros	0	6

Fonte: Para o Brasil, figura 2.12, este relatório e dados fornecidos pelas organizações sociais em saúde (OSS); para o Canadá, CIHI (2005).
Nota: N/D, não disponível.

A Lei de Responsabilidade Fiscal, de 4 de maio de 2000 (Lei Complementar 101), estabeleceu limites para os gastos com pessoal nos órgãos governamentais, incluindo os hospitais públicos. Para hospitais federais, o teto é de 50% da receita, e para os hospitais estaduais e municipais é 60%. Para contornar essa legislação, muitos hospitais públicos que costumavam gastar muito acima desses limites passaram a terceirizar serviços não clínicos, como alimentação, segurança e lavanderia. Os gastos com pessoal ficam assim dentro dos limites, mas os custos com mão de obra em geral, incluindo os serviços terceirizados, permanecem acima do limite legal (tabela 3.2). Em geral, a composição de custos varia grandemente entre hospitais, como resultado de políticas adotadas em cada instituição (serviços de apoio terceirizados ou próprios, por exemplo), e de outras características das unidades e tipo de paciente.

Custos no Setor Privado

É difícil obter informações sobre custos em hospitais privados, especialmente no caso dos não conveniados com o SUS. Um número desconhecido de hospitais privados conta com um sistema de contabilidade de custos, mas as informações de custos são consideradas confidenciais e não estão disponíveis. A Agência Nacional de Saúde Suplementar, ANS, e a União Nacional das Instituições de Autogestão em Saúde, UNIDAS, publicam dados sobre pagamentos pelas operadoras de saúde a prestadores de serviços hospitalares e ambulatoriais.[19] Essa informação pode ser usada como indicativa dos custos em hospitais privados. Além disso, o estado de São Paulo possui sistemas de apuração de custos implantados em 16 hospitais públicos operando como Organizações Sociais de Saúde (OSS), que são administrados por organizações privadas.

A tabela 3.3 compara dados sobre custos entre essas fontes e as levantadas pelo estudo de Matos (2002), que incluiu também hospitais públicos e privados conveniados com o SUS. Os custos de internação são maiores no caso da UNIDAS, talvez devido à cobertura mais generosa dos planos de autogestão em comparação a outros planos de saúde. É importante ter em mente que os valores referentes à ANS e à UNIDAS correspondem a pagamentos efetivos a prestadores, e não custos como os estimados por Matos (2002) ou gerados pelas OSS. Seja como for, esses valores estão na mesma ordem de magnitude em relação ao custo médio estimado para os 107 procedimentos pesquisados por Matos (R$ 2.607), considerando que as estimativas daquele estudo tendem a ser superestimadas, devido à maior proporção de procedimentos complexos e hospitais universitários na amostra.[20] Os custos de consultas médicas e exames diagnósticos são quase idênticos, porque são mais padronizados e estão menos sujeitos a variações associadas à gravidade dos casos.

TABELA 3.3
Custos Médios no Setor Privado, 2002-2004
(R$)

Serviço	*ANS (2004)*	*UNIDAS (2003–4)*	*Matos (2002)*	*OSS (2003)*
Hospitalização	2.063	2.855	2.607	1.861
Consulta médica	26	25	N/D	24
Exames diagnósticos	19	18	N/D	189

Fonte: ANS 2005; UNIDAS 2005; Matos 2002; para OSS: SES-SP 2004.

Nota: US$ 1 = R$ 3,08 (2003). N/D, não disponível.

Estratégias de Contenção de Custos

O governo vem aplicando medidas de contenção de custos do âmbito do SUS por muitos anos, mas os resultados são variados. Devido à sua fragmentação e inadequação, as medidas foram apenas parcialmente bem-sucedidas em limitar a escalada de gastos; entre 1990 e 2004 o gasto real do SUS aumentou em quase 50%. Algumas medidas comprometeram a eficiência e levaram a uma queda de qualidade. Um relatório do Banco Mundial de 1994 destacou os problemas das políticas e estratégias de controle de custos aplicadas pelo SUS (Banco Mundial 1994).

O SUS adotou três medidas principais para enfrentar a questão da contenção de custos. A primeira, embora não seja uma política explícita, consiste em ajustes nos valores de reembolso, sistematicamente abaixo da inflação. Essa prática estabeleceu um limite informal para o nível de gastos, mas desvinculou as tabelas de reembolso dos custos reais. Pagamentos abaixo do custo criaram um abismo crescente entre gastos e pagamentos, ameaçando a sustentabilidade dos prestadores privados. Os limites nas tabelas de reembolso não levaram a um aumento na eficiência na prestação de serviços por duas razões. Primeiro, os procedimentos mais simples – e realizados em grande volume – passaram a ser pagos a valores muito abaixo do custo real. Isso levou os hospitais a se especializarem em procedimentos complexos e caros. Segundo, os baixos níveis de pagamento levaram os hospitais privados a pressionarem os governos subnacionais para a obtenção de ajudas financeiras pontuais que lhes permitam fechar as contas (este assunto será discutido no capítulo 4).

A segunda medida consiste em fixar um teto financeiro baseado no número de internações ou procedimentos pagos pelo SUS para cada estado ou município. Por exemplo, o número geral de internações/ano autorizadas pelo SUS foi reduzido de 11,7 milhões em 2000 para 11,4 milhões em 2005, ou de 7 para 6,2 internações para cada 100 habitantes.[21] Esses tetos ajudam a conter os gastos, mas são baseados em tendências históricas, não em necessidades reais da população, e portanto criam desequilíbrio entre regiões geográficas e grupos socioeconômicos. Pressões de grupos de interesse e partidos políticos também influenciam o valor dos tetos.

A terceira medida reside no estabelecimento de controles no uso de procedimentos e recursos de alto custo, por meio de registro prévio de fornecedores, definição de tetos autorizados por estados, sistemas de informação aperfeiçoados que incluem a verificação da validade do procedimento realizado (diagnóstico ou tratamento) e auditoria.[22] O Sistema de Informações para Procedimentos de Alta Complexidade, SIPAC, foi o principal mecanismo criado para esse propósito, mas vem sendo gradualmente incorporado ao Sistema de Informação Hospitalar, SIH, e ao mecanismo de transferência para Média e Alta Complexidade. Esses sistemas agora realizam checagens automáticas na consistência entre parâmetros de tratamento e diagnóstico e os procedimentos realmente realizados. Embora simplifiquem os mecanismos de pagamento, eles não necessariamente auxiliam no controle de custos.

Entre as iniciativas mais recentes que contribuíram para a melhoria no controle e contenção de custos estão uma base de dados de preços *online* (Banco de Preços em Saúde), patrocinada pelo MS, que armazena os preços recentes pagos a fornecedores por vários insumos médicos, e um sistema de pregão *online* (Pregão Eletrônico), que permite aos fornecedores dar lances em compras feitas por instituições públicas de saúde. Embora essas ferramentas tenham grande potencial para a contenção de gastos, elas ainda são utilizadas de modo insuficiente ou de maneira irregular pela maioria dos municípios e estados menores (Banco Mundial 2007).

Uma terceira iniciativa que vale mencionar é direcionada ao setor de seguros privados. A ANS, agência pública que regula os planos de saúde privados, introduziu limites no reajuste anual dos prêmios de seguro-saúde, exigindo que as operadoras justifiquem e comprovem o aumento de seus custos. Nenhuma dessas iniciativas foi avaliada com rigor em termos de impacto nos gastos.

Análise da Eficiência

A eficiência relativa dos hospitais brasileiros foi estimada a partir de duas metodologias: a Análise Envoltória de Dados (conhecida pela sigla em inglês DEA) e *benchmarking*. O *benchmarking* complementa a DEA porque contribui para a explicação e interpretação dos resultados desta. Enquanto a DEA apresenta uma visão global da eficiência dos hospitais, trabalhando com múltiplas variáveis de insumos e produtos simultaneamente, e resumindo o grau de eficiência numa medida simples, o *benchmarking* examina um indicador ou dimensão de cada vez. A DEA e o *benchmarking* são técnicas avaliativas para medir o desempenho relativo de diferentes organizações. Juntos, podem identificar as unidades com melhor desempenho e assim servir como roteiro para que outras melhorem seu próprio desempenho.

Contexto Metodológico e Revisão Bibliográfica

Em seu processo produtivo, um hospital combina trabalho, medicamentos, suprimentos, equipamentos e outros recursos para produzir múltiplos resultados, como altas de internações, pacientes-dia, consultas ambulatoriais e exames diagnósticos. A relação entre a quantidade de resultados produzidos e a quantidade de recursos utilizados indica a eficiência do processo de produção.

A DEA é um método para estimativa da eficiência técnica: a análise aponta o quociente entre produtos e recursos consumidos. O método envolve o uso de programação linear para classificar organizações que produzem bens ou serviços, de acordo com suas pontuações relativas de eficiência. A DEA se baseia na ideia de que unidades de produção buscam maximizar seus produtos por unidade de insumo utilizada (análise orientada ao produto) ou minimizar a quantidade de insumos gastos por unidade de produto (análise orientada aos insumos). O quadro 3.3 reúne as vantagens e as limitações da DEA, e o anexo 3D explica sua metodologia básica. A DEA está baseada na construção de uma fronteira de eficiência, que une todos os pontos possíveis para que uma organização totalmente eficiente produza um determinado resultado. Organizações com um menor quociente entre insumos e produtos são consideradas eficientes e posicionadas na fronteira, recebendo pontuação 1. Organizações ineficientes ficam abaixo da fronteira e recebem pontuação entre 0 e 1.

A DEA permite desagregar a eficiência técnica (denominada "eficiência técnica total", ETT) em seus dois principais componentes: eficiência técnica pura (ET pura) e eficiência de escala. Para se referir eficiência técnica pura, este estudo utiliza um termo mais intuitivo, a "eficiência técnica interna" (ETI), pelo fato de estar associada a fatores internos da organização, como práticas administrativas, estrutura organizacional e processo produtivo. A eficiência de escala, por outro lado, está relacionada especialmente a fatores externos ou do ambiente, como políticas de demanda ou setoriais, que costumam determinar o tamanho das unidades. A eficiência técnica total é o produto da eficiência interna e de escala.

QUADRO 3.3
Vantagens e Limitações da Análise Envoltória de Dados

Vantagens

- Permite trabalhar com insumos e produtos múltiplos, um ponto importante na análise de hospitais.
- Ordena as unidades produtivas por ordem de eficiência.
- Torna possível a estimativa de vários tipos de eficiência – pura ou interna, eficiência de escala, eficiência técnica total ou eficiência alocativa – usando modelos diferentes.
- Indica as diferenças na alocação de recursos entre unidades eficientes e ineficientes.
- Não exige uma forma funcional específica que relacione insumos a produtos.
- Possibilita a medição de insumos e produtos em unidades diferentes.

Limitações

- Os resultados são específicos para a amostra utilizada e sujeitos a problemas de dados, como erros de medição.
- A análise mede a eficiência relativa em vez da eficiência absoluta; isto é, o mesmo hospital pode ocupar posições diferentes dependendo da amostra.
- Testes de hipóteses são dificultados porque a DEA não exige uma forma funcional específica que relacione insumos a produtos.

Fonte: Bowlin et al. 1985; Jacobs 2001.

Revisão de Pesquisas Hospitalares com Aplicação da DEA e de *Benchmarking*

Esta seção examina rapidamente a bibliografia brasileira e internacional sobre DEA e *benchmarking*. O foco são os objetivos, os resultados e os problemas que envolvem essas técnicas.

Estudos internacionais que aplicam DEA

Na extensa literatura internacional sobre eficiência hospitalar a DEA foi utilizada para propósitos diferentes. Muitos estudos usaram a DEA em microanálise para classificar unidades individuais de produção, identificar as mais eficientes como modelos e definir estratégias para aumentar a eficiência. Por exemplo, em Ersoy et al. (1997) usou-se a DEA para analisar a eficiência técnica em 573 hospitais gerais de condições agudas na Turquia. Os resultados mostraram que os hospitais ineficientes tinham mais leitos, empregavam mais médicos, realizavam menos cirurgias e produziam menos serviços de internação e ambulatoriais do que as instituições eficientes.

Outros pesquisadores utilizaram a DEA para examinar o efeito de variáveis estruturais ou institucionais sobre a eficiência, comparando a pontuação média de grupos ou tipos diferentes de prestadores. Esses estudos investigaram o impacto do tipo de propriedade (esfera) hospitalar, a característica lucrativa, a forma de governança e o caráter de instituição de ensino. Como essas características institucionais são afetadas por políticas públicas, tais análises são úteis para a formulação de políticas.

Os resultados das pesquisas são contraditórios. Vários estudos não encontraram efeitos significativos de variáveis institucionais dos hospitais, especialmente em relação à propriedade (Webster, Kennedy e Johnson 1998; Register e Bruning 1987; Gruca e Nath 2001; Puig-Junoy 1999). Outros encontraram diferenças significativas em eficiência associadas à esfera ou tipo de administração (pública ou privada), geralmente favorecendo os hospitais públicos (Grosskopf e Valdmanis 1987; Valdmanis 1992; Ozcan, Luke e Haksever 1992; Ozcan e Luke 1993; Grosskopf, Margaritis e Valdmanis 2001).[23] Alguns estudos descobriram que hospitais de ensino eram menos eficientes do que os demais (Grosskopf, Margaritis e Valdmanis 2001); a diferença foi atribuída ao emprego de médicos residentes e ao maior uso de outros recursos. Burgess e Wilson (1996) descobriram que o tipo de administração gera efeitos diferentes na eficiência técnica, na eficiência de escala e no uso de recursos, o que pode explicar alguns dos resultados contraditórios trazidos pela literatura. Foi comprovado que a estrutura do mercado e as políticas vigentes também afetam a eficiência hospitalar; unidades que operam em mercados mais competitivos tendem a ser mais eficientes (Dalmau-Matarrodona e Puig-Junoy 1996).

Um tópico importante sobre DEA na literatura é a relação entre tamanho e eficiência. Novamente, os resultados são inconclusivos. Alguns autores encontraram uma relação positiva entre essas variáveis (McKillop et al. 1999), enquanto outros concluíram o oposto – que hospitais menores eram mais eficientes (Zere 2000; Ersoy et al. 1997; Marinho e Façanha 2001). Uma questão relativa ao tamanho é a relação entre eficiência e taxa de ocupação dos leitos, mas poucos estudos estimaram o custo de níveis baixos de ocupação.

A possibilidade de uma relação inversa entre qualidade e eficiência é uma questão central e recorrente em análises sobre eficiência e suas implicações para políticas de saúde. O estudo de Finkler e Wirtschafter (1993) estimou uma fronteira custo-eficiente a partir da DEA e encontrou uma relação inversa entre quantidade e qualidade, com base em uma amostra de nove hospitais obstétricos. Tambour e Zethraeus (1998) avaliaram a eficiência do tratamento e reabilitação de pacientes com fratura no quadril na Suécia e concluíram que os custos poderiam ser reduzidos em 11% sem nenhuma alteração na qualidade ou na quantidade. Maniadakis, Hollingsworth e Thanassoulis (1999) estudaram o impacto da reforma do Sistema Nacional de Saúde britânico em hospitais de casos agudos e descobriram que os ganhos de produtividade eram acompanhados por uma queda na qualidade do serviço. As análises da relação entre eficiência e qualidade, porém, enfrentam dificuldades na estimação adequada da qualidade.

Pesquisas internacionais sobre benchmarking

O *benchmarking* foi definido como

> um processo sistemático e contínuo para a avaliação de produtos, serviços e práticas de trabalho em organizações reconhecidas por apresentarem as melhores práticas, visando a melhoria das unidades de produção. O foco do *benchmarking* pode ser interno, externo ou funcional, comparando o desempenho em uma função ou processo determinado com o melhor desempenho obtido em qualquer tipo de indústria (Higgins 1997: 61).

O *benchmarking* pode ser útil para melhorar o desempenho, porque identifica organizações com melhores práticas como parceiros ou modelos, medindo e comparando um processo de trabalho determinado em relação a potenciais parceiros, realizando entrevistas em organizações de destaque e adotando ou adaptando as suas melhores práticas (Gohlke 1997).

O *benchmarking* em saúde tem uma rica experiência acumulada. Quando aplicado a hospitais, o método contribuiu para o desenho de políticas e iniciativas no remanejamento e realocação de pessoal, redução do tempo de internação, gerenciamento da dor em pediatria, redução do tempo de extubação pós-cirúrgico e diminuição do tempo de uso de salas de cirurgia, entre outros avanços.[24] O *benchmarking* pode ser uma ferramenta de marketing valiosa e um instrumento para aumentar a informação do consumidor, ajudando consumidores e operadoras a identificar os melhores prestadores em uma área geográfica específica. Ao identificar as unidades com melhor e pior desempenho, pode promover mudanças e melhorias.

O uso do *benchmarking* como ferramenta de gestão e avaliação tem conseguido aceitação como parte de um movimento maior no sentido de medir aspectos específicos do funcionamento, da qualidade e da eficiência dos serviços de saúde (o capítulo 8 apresenta uma discussão sobre *benchmarking* de qualidade). Sob pressões cada vez maiores para avaliar e melhorar o desempenho dos sistemas de saúde, vários países criaram e implantaram sistemas para avaliação de desempenho, qualidade e gerenciamento. Organizações internacionais como a Organização Mundial de Saúde (OMS) e a Organização para a Cooperação e o Desenvolvimento Econômico (OCDE) propuseram metodologias para comparar o desempenho dos sistemas de saúde. A avaliação do desempenho hospitalar por meio de *benchmarking* é prática mais difundida. Vários países, incluindo a Austrália, o Canadá, a Grã-Bretanha e os EUA, desenvolveram e usaram o *benchmarking* para avaliar seus sistemas de saúde nacionais e seus serviços hospitalares (quadro 3.4).

QUADRO 3.4
Experiências Internacionais em Avaliação de Sistemas de Saúde e *Benchmarking*

O *benchmarking* tem sido cada vez mais usado como ferramenta para formulação de políticas, e a experiência internacional ajuda a compreender como o método se aplica a contextos diferentes no sentido de fomentar o desempenho e a qualidade na área da saúde.

Austrália. Três bancos de dados nacionais têm sido usados para *benchmarking*: o National Hospital Morbidity Database, o National Public Hospital Establishments Database e o Health Expenditure Database.

Estados Unidos. A Joint Commission on Accreditation of Healthcare Organizations (JCAHO) possui um departamento inteiramente dedicado a medir o desempenho no atendimento em saúde e hospitalar. Periodicamente, a entidade produz um relatório detalhado, ajustado por severidade, analisando o desempenho de hospitais em cada estado norte-americano. Indicadores-chave são comparados a seus valores esperados (isto é, as médias ajustadas por severidade para a Área Metropolitana, estado ou região de cada hospital) para os 50 principais grupos de diagnósticos relacionados (DRG), classificados em ordem de volume.

Um serviço personalizado de assinatura pela Internet (http://www.hospitalbenchmarks.com), desenvolvido pela empresa norte-americana Ingenix, oferece a executivos de saúde acesso imediato a informações essenciais por meio de um dos bancos de dados mais abrangentes dos EUA. A base de dados oferece indicadores detalhados sobre mais de 6 mil hospitais norte-americanos e publica indicadores com ranking nas áreas de finanças, atendimento a pacientes, satisfação do usuário, principais clínicas, organizações multiespecialidades e mercados avançados.

Um programa de *benchmarking* interessante no setor hospitalar é o "100 Top Hospitals: Benchmarks for Success", da HCIA-Sachs. O programa, que existe desde 1993, utiliza relatórios de custos do Medicare sobre mais de seis mil hospitais e outras fontes para classificar hospitais de acordo com sete medidas relacionadas com práticas de qualidade clínica, funcionamento e administração financeira: índice de mortalidade ajustado por risco; índice de complicações ajustado por risco; tempo médio de internação ajustado pela gravidade dos casos; gasto por alta, ajustado por *case mix* e custo salarial; lucratividade (margem de fluxo de caixa); proporção de receita ambulatorial e produtividade (giro total do ativo).

Fonte: Hurst e Jee-Hughes 2001; dados do CMS (http://www.cms.hhs.gov); JCAHO 1990; Solucient 2004; WHO 2003b.

Pesquisas brasileiras envolvendo DEA e benchmarking

São poucos os estudos empíricos sobre eficiência hospitalar no Brasil. A maioria deles se concentrou em índices de produtividade, como taxas de produção por leito ou por funcionário. Apenas nove estudos foram encontrados que utilizaram a DEA ou métodos similares de análises estatísticas para estimar a eficiência; suas características principais - métodos, variáveis e resultados - são descritas no anexo 3E. Uma constatação comum nesses estudos é que o hospital brasileiro médio opera com excesso de pessoal e produz abaixo do seu potencial. Por exemplo, Marinho (2001a) relatou que o hospital típico utiliza 39% a mais de pessoal (excluindo médicos) do que os hospitais mais eficientes. Em seu estudo sobre municípios do estado do Rio de Janeiro, Marinho (2001b) descobriu que muitos deles tinham excesso de hospitais e unidades ambulatoriais. A eficiência quase sempre esteve inversamente associada ao tempo médio de internação (Marinho 2001c; Prefeitura da Cidade do Rio de Janeiro 2002).

Calvo (2002) comparou a eficiência produtiva de hospitais públicos e privados financiados pelo SUS no estado do Mato Grosso. A análise das taxas de utilização de recursos para os hospitais eficientes sugeriu que os hospitais públicos economizavam recursos financeiros, enquanto hospitais privados economizavam no número de médicos. Em geral, a autora não encontrou diferenças significativas de eficiência entre hospitais públicos e privados. O estudo concluiu que o tipo de propriedade (pública ou privada) não afeta a eficiência produtiva nos hospitais que prestam serviços ao SUS.

A influência do tamanho das unidades sobre a eficiência é controvertida no Brasil. Marinho e Façanha (2001) compararam hospitais universitários federais no Brasil e descobriram que entidades com menos de 200 leitos tinham uma pontuação média de eficiência maior (94,56%) do que instituições com 200 leitos ou mais (71,24%). Proite e Souza (2004), ao contrário, identificaram crescentes economias de escala na maioria dos hospitais cirúrgicos do SUS, provavelmente devido ao pequeno porte dessas unidades. Outras variáveis apontadas na literatura como se relacionando de forma inversa com a eficiência incluem o Tempo Médio de Internação (Proite e Souza 2004; Marinho 2001b, 2001c), o PIB municipal (Holanda, Petterini e Nogueira 2004) e a maior proporção de procedimentos cirúrgicos e não-cirúrgicos por dia de permanência (Proite e Souza 2004).

Como ocorre com a maioria das pesquisas sobre o assunto, os estudos brasileiros sobre eficiência hospitalar têm algumas limitações. Em primeiro lugar, a maioria usa amostras pequenas ou inclui um número excessivo de variáveis de insumo e produto para garantir a robustez dos resultados.[25] Em segundo lugar, o uso frequente do valor das contas hospitalares (isto é, das AIH), seja como variáveis de entrada ou de saída, pode distorcer os resultados porque o valor da AIH não reflete o uso real de recursos ou o produto real dos hospitais.[26] Em terceiro lugar, a maior parte desses estudos tem foco e escopo limitados tanto geograficamente como no que diz respeito à esfera ou ao tipo de hospital.

A experiência brasileira com *benchmarking* hospitalar é escassa e se limita a programas de certificação de qualidade, como o de Controle da Qualidade Hospitalar (CQH), e programas de pesquisa, como o Programa de Estudos Avançados em Administração Hospitalar e de Sistemas de Saúde (PROAHSA). O CQH é um programa de certificação hospitalar sediado em São Paulo e promovido pela Associação Paulista de Medicina e pelo Conselho Regional de Medicina. Com 120 hospitais afiliados, o CQH coleta e publica um conjunto limitado de indicadores de qualidade. O PROAHSA é um programa conjunto de ensino e pesquisa em administração hospitalar, operado pela Fundação Getulio Vargas e pelo Hospital das Clínicas da Universidade de São Paulo, que publica um boletim bimestral de indicadores padronizados de custo e desempenho. O banco de dados, contudo, é limitado a poucos indicadores e se baseia em apenas 30 hospitais participantes. Várias abordagens voltadas à avaliação de desempenho ao nível do sistema de saúde foram propostas recentemente, mas em geral são excessivamente ambiciosas em vista da disponibilidade e qualidade dos dados no Brasil.[27]

Resultados do Estudo da DEA

Esta seção descreve a amostra da pesquisa AMS (Assistência Médico-Sanitária) utilizada para a DEA (IBGE 2003)[28] e apresenta os resultados da análise realizada com base nessa amostra.[29] Com o objetivo de identificar os fatores que mais afetam a eficiência em hospitais, são comparados os resultados por esfera ou tipo de administração, tamanho e complexidade de casos.

Análise descritiva da amostra da AMS

A pesquisa da AMS de 2002 (realizada entre 2001 e 2002) colheu dados de 65.343 unidades de saúde em todo o Brasil, incluindo 7.397 hospitais.[30] Uma amostra aleatória de 671 unidades foi selecionada e estratificada por região e esfera, aproximadamente em proporção ao número de hospitais em cada categoria. Dados extremos, dados errôneos e hospitais que oferecem exclusiva ou principalmente atendimento a pacientes crônicos foram então excluídos, reduzindo a amostra para 588 hospitais. A distribuição da amostra representa com fidelidade o tamanho e a distribuição regional da rede hospitalar brasileira como um todo.[31]

Os hospitais da amostra tinham em média 64 leitos, e uma mediana de 40 leitos. Como é típico no setor hospitalar brasileiro, a maioria das unidades era pequena: aproximadamente 60% tinham menos de 50 leitos, com 27% apresentando menos de 25 leitos.[32] Apenas 17% tinham 100 leitos ou mais. A figura 3.7 ilustra a variação no tamanho dos hospitais por esfera. Hospitais federais e estaduais são geralmente maiores do que os municipais ou os filantrópicos. A maioria das unidades tem menos de 50 leitos. Hospitais filantrópicos em geral ostentam um tamanho intermediário: 61% têm entre 50 e 249 leitos.

A figura 3.8 apresenta os níveis de complexidade tecnológica por esfera.[33] A complexidade média foi de 4,4, numa escala de 1 a 10. A maior parte dos hospitais brasileiros apresenta baixo nível de complexidade tecnológica: 63% foram classificados nas categorias mais baixas (0 e 1). Como esperado, a complexidade tecnológica aumenta com o número de leitos, de 3,1 em hospitais com mais de 24 leitos para 8,3 em hospitais com 250 ou mais. O coeficiente de correlação entre tamanho e tecnologia foi de 0,63. A complexidade também varia conforme a esfera. Devido à concentração de hospitais de ensino no grupo, os hospitais federais apresentam o maior grau de complexidade. Unidades estaduais e privadas – com e filantrópicas – se encontram em nível intermediário, e a maioria dos hospitais municipais oferece atendimento de baixa complexidade.

A figura 3.9 mostra o volume de internações por tipo de clientela: SUS, planos de saúde e pacientes privados. Pacientes do SUS constituem a clientela predominante dos hospitais estaduais, municipais e filantrópicos. Este resultado faz sentido, porque essas unidades são financiadas quase por completo pelo SUS e é de esperar que atendam pacientes da rede pública. Os pacientes do SUS ainda respondem por 50% da clientela dos hospitais federais. Como a maioria desses hospitais são unidades de referência, muitos passaram a vender serviços para planos de saúde privados.[34] Pacientes cobertos por planos de saúde são a maior clientela dos hospitais com fins lucrativos. Os pacientes privados somam apenas 6% do total de internações e são importantes apenas para as unidades com fins lucrativos.

A prática de tratar (e cobrar de) pacientes privados – sejam eles cobertos por planos privados ou particulares pagando diretamente ao prestador – em hospitais públicos de referência tem gerado um debate acalorado dentro do SUS. Essa prática é vista por alguns como estratégia para diversificar e expandir as fontes de financiamento dos hospitais públicos. Para outros, essa estratégia entra em choque com a legislação do SUS, que estipula cobertura universal, equânime e gratuita a todos os brasileiros.

FIGURA 3.7
Distribuição da Amostra de Hospitais, por Tamanho e Esfera, 2002
(N = 588)

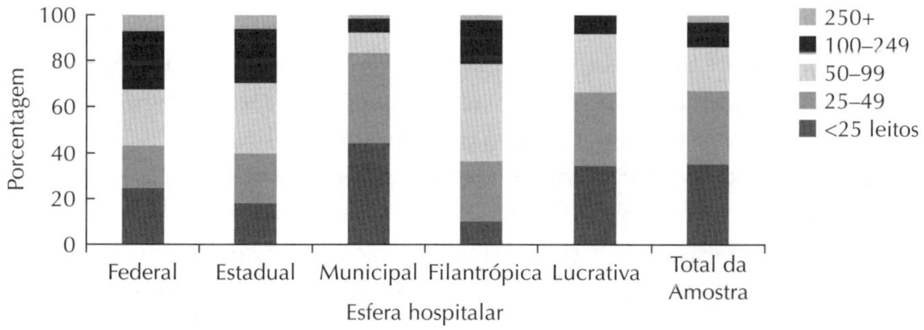

Fonte: IBGE 2003.

FIGURA 3.8
Complexidade Tecnológica, por Esfera, 2002
(N = 588)

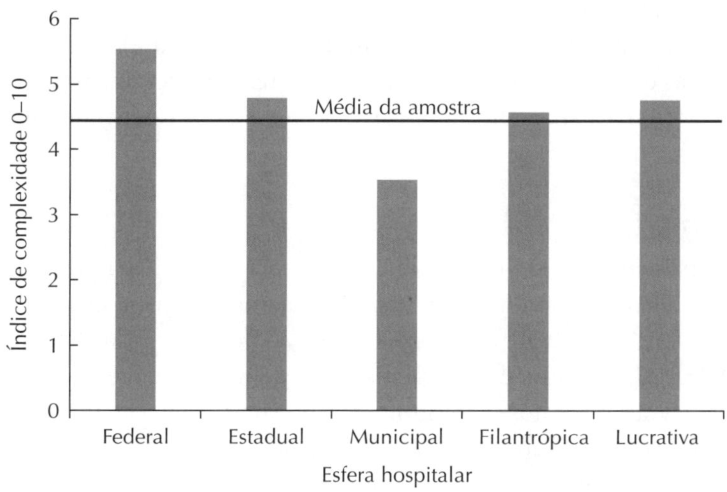

Fonte: Elaboração dos autores com base em IBGE (2003).

Resultados Gerais da DEA

Os resultados gerais da análise da DEA apresentados na tabela 3.4 indicam uma alta ineficiência entre os hospitais da amostra e grande dispersão na pontuação de eficiência entre hospitais. Dos 428 hospitais com 25 leitos ou mais, 25 eram eficientes em termos de eficiência técnica total (ETT), recebendo pontuação 1. O restante (403) ficou bem abaixo da fronteira de eficiência, com pontuação média geral de 0,341 em uma escala de 0 a 1. Essa pontuação pode ser interpretada intuitivamente significando que o hospital médio produz 1/3 do produto produzido pelas unidades consideradas eficientes, usando o mesmo volume de recursos. Ou, dito de outra forma, o hospital médio poderia produzir 2/3 a mais com o mesmo volume de recursos se produzisse com a mesma eficiência dos 25 hospitais eficientes. O grau de eficiência técnica interna média foi de 0,667, e a eficiência média de escala ficou em 0,520.

Eficiência Técnica Interna

A eficiência técnica interna (ou "pura"), que está associada a fatores como práticas administrativas, controle sobre uso e desperdício de recursos e produtividade do trabalho, foi de 0,667 em média. Isso significa que o hospital médio poderia aumentar significativamente sua eficiência melhorando o seu gerenciamento de insumos e utilizando de forma mais racional os recursos disponíveis. Na verdade, o hospital médio brasileiro utiliza uma quantidade muito maior de cada recurso disponível em relação aos hospitais eficientes. O excesso de pessoal é um problema em especial, particularmente quanto a pessoal médico, administrativo e de apoio. Para alcançar o nível das unidades mais eficientes da amostra, o hospital típico teria de reduzir a quantidade de pessoal médico (médicos e residentes) em 51%, pessoal de enfermagem em 45%, outro pessoal em 46%, equipamentos e leitos em 36% e o número de consultórios em 46% (tabela 3.5).

Hospitais federais usam recursos em maior volume do que hospitais de outras esferas, em parte devido à proporção relativamente grande de hospitais universitários nesse grupo. Mas hospitais federais exibem baixa eficiência e alto uso de recursos em geral (tabela 3.5). A tabela aponta que as mudanças no uso de recursos necessárias para que o hospital médio alcance o nível das entidades mais eficientes varia conforme a esfera. Unidades federais necessitam reduzir o uso geral de recursos em proporções maiores do que outros hospitais, ao passo que a questão prioritária para os hospitais privados é o uso excessivo de salas de consulta e pessoal médico.

Eficiência e Escala

O tamanho insuficiente (medido pelo número de leitos) é o principal fator isolado na determinação da baixa eficiência total. A pontuação média da eficiência de escala (associada ao tamanho do hospital) de 0,52 provocou uma queda na pontuação da eficiência técnica total para 0,341.[35] A maioria absoluta dos hospitais (91%) demonstrou retornos de escala crescentes. Em outras palavras, esses hospitais aumentariam sua eficiência e reduziriam seus custos de forma significativa se aumentassem sua escala de operações.[36] Seis por cento dos hospitais exibiram retornos de escala decrescentes, o que significa que aumentariam sua eficiência se reduzissem seu tamanho.

FIGURA 3.9
Internações Hospitalares, por Clientela, 2002
(N = 588)

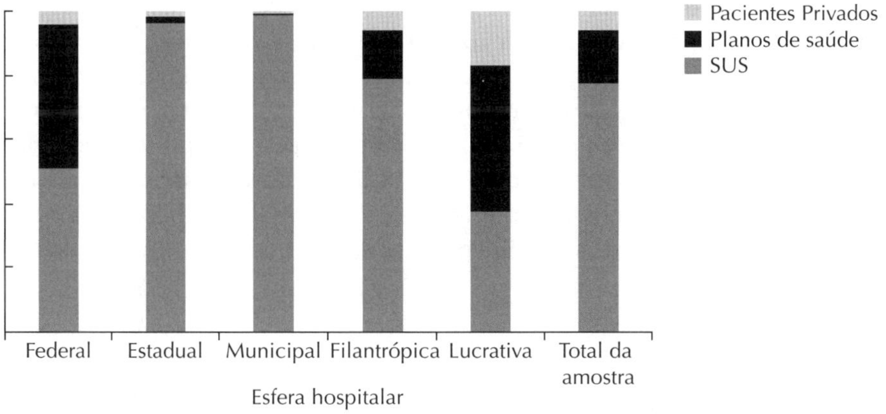

Fonte: IBGE 2003.

TABELA 3.4
Resumo dos Resultados da DEA
(N = 428)

Item	*Eficiência técnica total*	*Eficiência técnica interna*	*Eficiência de escala*
Hospitais eficientes (número)	25	63	25
Hospitais ineficientes (número)	403	365	403
Pontuação média, hospitais eficientes	1,000	1,000	1,000
Pontuação média, todos os hospitais	0,341	0,667	0,520
Pontuação média, hospitais ineficientes	0,301	0,610	0,490
Pontuação mediana, todos os hospitais	0,264	0,635	0,467
Desvio padrão	0,249	0,225	0,291
Pontuação mínima	0,014	0,228	0,014

Fonte: Couttolenc et al. 2004.

TABELA 3.5
Redução Necessária na Utilização de Recursos, por Esfera do Hospital, 2002
(Porcentagem; N = 428)

Item	*Leitos*	*Salas de consulta*	*Complexidade tecnológica*	*Pessoal médico*	*Pessoal de enfermagem*	*Outro pessoal*	*Altas*
Média da amostra	36	46	36	51	45	46	4
Federal	54	78	56	83	67	79	11
Estadual	45	55	44	57	64	68	6
Municipal	25	34	27	43	35	38	3
Lucrativa	38	45	37	48	42	43	2
Sem fins lucrativos	31	45	33	55	40	39	6

Fonte: Couttolenc et al. 2004.

A maioria dos hospitais brasileiros (61%) tem porte muito pequeno (menos de 50 leitos) para alcançar níveis desejáveis de eficiência. A bibliografia internacional sugere o tamanho ideal entre 150 e 250 leitos para efeitos de economia de escala (Posnett 2002). Como mostrado pela figura 3.10, as pontuações de eficiência estão fortemente associados ao tamanho dos hospitais, medido pelo número de leitos. Aumentos de escala levam a ganhos importantes de eficiência. No entanto, os hospitais pequenos exibem pontuação de eficiência técnica interna maior que a média (0,827 na categoria de 25 a 49 leitos).[37] O nível relativamente alto de eficiência técnica interna alcançado pelos hospitais de pequeno porte - incluindo muitos hospitais municipais - pode ser atribuído ao fato de que essas instituições atendem a um perfil de pacientes com severidade bem menor, concentram-se mais em serviços simples de emergência (dos quais poucos são realmente casos de emergência) e, portanto, empregam menos pessoal e tecnologia.

Eficiência por Esfera

As pontuações de eficiência variam segundo a esfera (figura 3.11). Hospitais privados com fins lucrativos constituem o grupo mais eficiente, seguidos por unidades privadas filantrópicas. Os hospitais públicos, especialmente os federais, são os menos eficientes. Hospitais municipais alcançaram a pontuação mais alta em eficiência interna porque, como observado antes, sem controlar pelo tamanho, empregam menos funcionários e tecnologia por leito e produzem volumes relativamente altos de serviços de baixo custo e complexidade. Mas a pequena escala dessas unidades reduz sua eficiência total em proporção maior do que outros grupos de esfera. Os hospitais federais são os menos eficientes em quase todos os aspectos, em parte porque vários deles são unidades de ensino ligadas a universidades e por isso utilizam muito mais recursos do que os outros grupos.

FIGURA 3.10
Níveis de Eficiência Total, por Tamanho do Hospital, 2002
(N = 428)

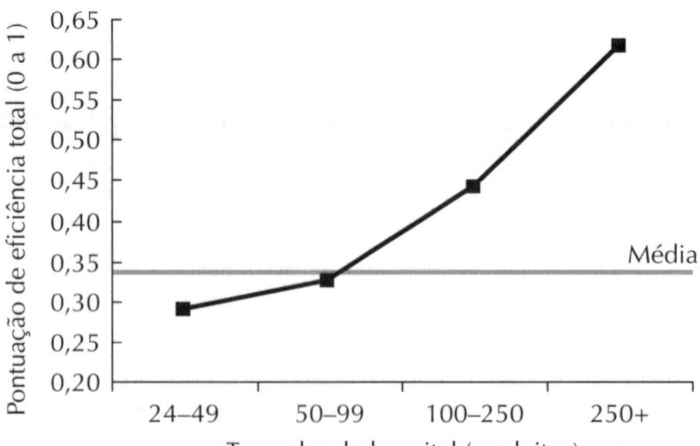

Fonte: Couttolenc et al. 2004.

Os resultados por esfera na verdade escondem grandes diferenças, porque hospitais de uma mesma esfera podem operar sob arranjos organizacionais diferentes. Alguns desses arranjos em hospitais públicos estão associados a altas pontuações de eficiência, por vezes maiores do que as registradas em entidades com fins lucrativos. Isso vale especialmente para os hospitais no estado de São Paulo gerenciados na modalidade de OSS, pela qual a gestão de hospitais estatais fica a cargo do setor privado. Em contraste, os níveis de eficiência são muito mais baixos em hospitais públicos diretamente administrados pelo governo.[38]

FIGURA 3.11
Níveis de Eficiência, por Esfera do Hospital, 2002
(N = 428)

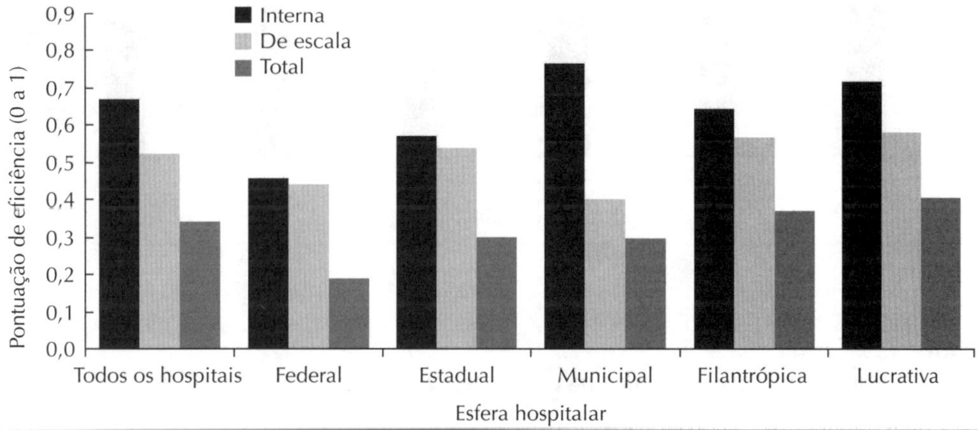

Fonte: Couttolenc et al. 2004.

Eficiência, Complexidade Tecnológica e Característica de Ensino

A complexidade e a característica de ser um hospital de ensino também podem confundir os resultados da análise de eficiência. A complexidade tecnológica, medida principalmente pela disponibilidade de equipamentos de diagnóstico, estava forte e positivamente associada com o tamanho, medido pelo número de leitos (r = 0,62). Assim, aumentos na complexidade tecnológica foram associados a ganhos em eficiência total e de escala (figura 3.12), de forma semelhante ao padrão observado em relação ao tamanho das unidades. Hospitais com nível de complexidade menor exibiram maior pontuação em eficiência interna, mas sua eficiência total se mostrou significativamente menor devido a sua pequena escala.

Hospitais de ensino estavam associados a níveis maiores de eficiência total (figura 3.13), mas estavam também associados com tamanho e complexidade tecnológica. Na verdade, o tamanho do hospital foi responsável pela maior parte das diferenças observadas nos níveis de eficiência total entre unidades de ensino e as demais. Em outras palavras, para um determinado tamanho, hospitais universitários são menos eficientes, porque consomem uma quantidade significativamente maior de recursos para produzir uma mesma quantidade de produto que hospitais não-universitários. As razões prováveis são os custos adicionais inerentes à missão especial de pesquisa e ensino em hospitais universitários e, talvez, à menor preocupação em relação à eficiência e custos entre os médicos no comando das atividades de ensino e pesquisa nessas instituições.

FIGURA 3.12
Níveis de Eficiência, por Complexidade Tecnológica, 2002
(N = 428)

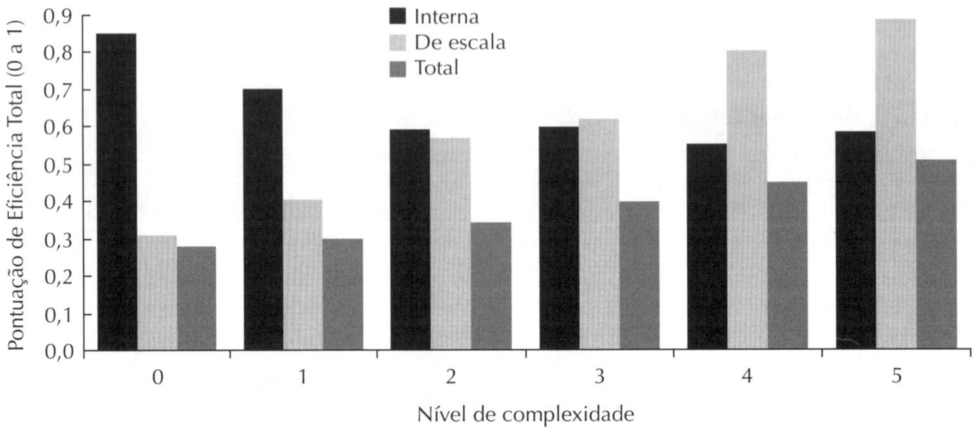

Fonte: Couttolenc et al. 2004.

FIGURA 3.13
Níveis de Eficiência, por Característica de Ensino, 2002
(N = 428)

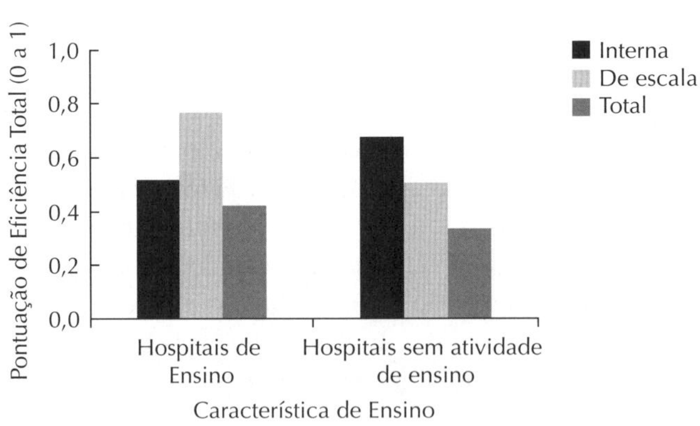

Fonte: Couttolenc et al. 2004.

Análise de *Benchmarking*

Para complementar as conclusões da DEA, foram criados alguns indicadores de desempenho com base na amostra da AMS. Dada a inexistência de padrões ou níveis ótimos para a maioria dos indicadores, quatro valores referenciais externos ou *benchmarks* foram aplicados a título de comparação.[39] Ainda que os dados internacionais sejam com frequência pouco comparáveis diretamente, provaram ser úteis como referência para esta análise.[40] Como é comum em análises baseadas em *benchmarking* do desempenho hospitalar, as conclusões para o Brasil mostraram considerável dispersão entre hospitais para a maioria dos indicadores. Tal nível de dispersão, que confirma as conclusões da DEA, é indicativa de grande ineficiência em muitos hospitais. Esta relata as conclusões, dependendo da disponibilidade dos dados, para medidas estatísticas e não-estatísticas de eficiência, incluindo o giro de leitos, taxas de ocupação, tempo médio de internação, pessoal por leito, uso de recursos tecnológicos e produtividade cirúrgica.

Giro de Leitos

O índice de giro de leitos (IGL), que mede a taxa de saídas hospitalares por leito, é um indicador comum do desempenho hospitalar para serviços de internação. O IGL é uma medida da eficiência no uso de recursos físicos. A figura 3.14 apresenta as estimativas de giro de leitos a partir da amostra da AMS, segundo a esfera, e inclui valores de *benchmark* para comparação. A média para a amostra foi de 50,4, mais alta do que a média dos países da OCDE (32,6), mas abaixo dos hospitais participantes do CQH (64,7).[41] Foi observada uma alta dispersão do indicador entre os hospitais e, em menor extensão, entre diferentes esferas. O IGL foi maior para hospitais privados com fins lucrativos (56,9), seguidos por hospitais municipais (53,7), estaduais (50,0) e hospitais filantrópicos (45,5). Os hospitais federais registraram o menor desempenho (32,6), o que novamente pode estar relacionado à grande proporção de hospitais universitários nesse grupo, que tratam de casos mais complexos e que exigem internações mais prolongadas. O índice de giro relativamente alto observado na amostra sugere que os hospitais brasileiros podem ser eficientes, mas o giro médio é bastante influenciado por um número significativo de pequenos hospitais privados e municipais que hospitalizam pacientes de baixa gravidade por curta permanência.[42] O índice médio de giro de leitos para unidades do SUS é menor, segundo o MS (28,8). Finalmente, o giro apresentou o maior coeficiente de correlação com a pontuação de eficiência entre todas as variáveis incluídas na análise (r = 0,53) e foi o melhor indicador da eficiência técnica total entre essas variáveis.

Ocupação de Leitos

A taxa de ocupação de leitos - porcentagem do total de leitos-dia nos quais um leito é utilizado - é outro indicador comum de desempenho, porque reflete o nível de utilização dos recursos físicos existentes. A taxa desejável de ocupação de leitos é entre 75 e 85% da capacidade.[43] As conclusões deste estudo demonstram que muitos hospitais brasileiros têm uma taxa de ocupação muito baixa. A taxa média é de 45% para todos os hospitais do SUS, e de apenas 37% para os leitos de cuidados agudos (MS/Datasus), comparada aos *benchmarks* de 65% para os hospitais do CQH e 71% para hospitais da OCDE.[44] Muitos hospitais (58% das unidades na amostra) apresentam taxas de ocupação abaixo de 30%, e apenas 8% - unidades de maior porte, em geral - alcançam taxas de 80% ou mais.[45] Hospitais de pequeno porte registram as menores taxas de ocupação; unidades com menos de 50 leitos apresentaram taxas médias de 22%. A ocupação de leitos também varia de acordo com a esfera do hospital (figura 3.15). Hospitais estaduais apresentam as maiores taxas, e os privados lucrativos as menores.

FIGURA 3.14
Índice de Giro de Leitos, 2002
(N = 588)

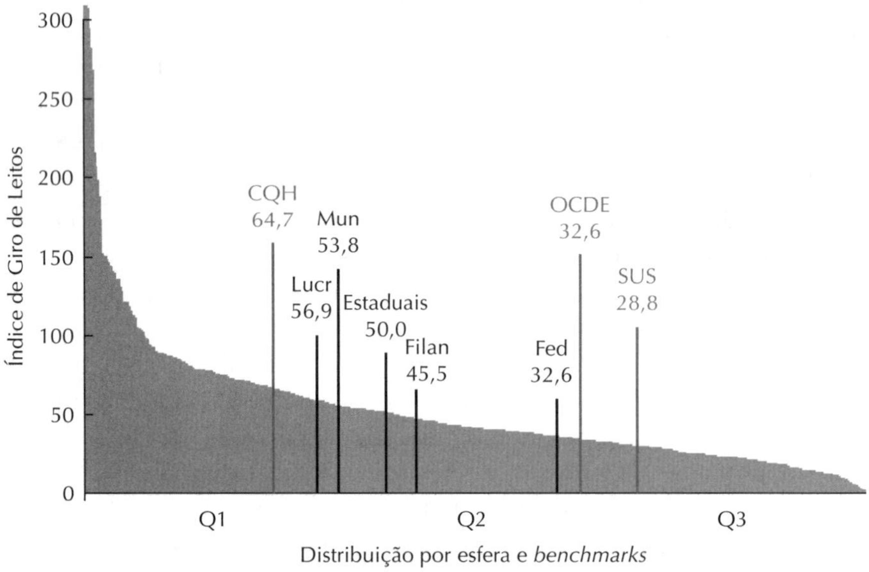

Fonte: Couttolenc et al. 2004.

Níveis baixos de ocupação são uma constante em hospitais brasileiros, em parte por influência das políticas de ampliação do acesso iniciadas em meados dos anos 1980, com as reformas de descentralização e a criação do SUS (ver capítulo 2). Pode-se argumentar que um número excessivo de hospitais de pequeno porte foi construído oferecendo atendimento de baixa complexidade e, com frequência, de baixa qualidade. Muitos deles são mantidos de forma precária. Os pacientes muitas vezes evitam essas unidades e procuram atendimento em unidades de referência maiores e mais distantes, que oferecem um leque maior de serviços. A taxa de ocupação mostrou-se positivamente relacionada com o tamanho dos hospitais (r = 0,38 na amostra); varia entre 21% nos hospitais com menos de 25 leitos e 77% nos hospitais com 250 ou mais leitos. Isso é preocupante, porque cerca de 2/3 dos hospitais brasileiros são pequenos.

Hospitais universitários e de referência de maior porte apresentaram níveis de ocupação similares aos dos grupos de referência (figura 3.15). Em geral, essas unidades tratam um perfil de pacientes mais grave. Altas taxas de ocupação, porém, não significam necessariamente desempenho hospitalar superior nem maior eficiência. Os níveis de ocupação são sensíveis ao tempo médio de permanência, o que pode refletir a qualidade do atendimento (por exemplo, internações mais longas devido a infecções hospitalares), a qualidade da gestão clínica (por exemplo, agendamento, gerenciamento de casos, produtividade dos serviços de diagnósticos), ou a severidade do *case mix*. Além disso, altos níveis de ocupação podem resultar da superlotação, o que foi observado em um número importante de grandes unidades de referência no Brasil.

FIGURA 3.15
Taxa Média de Ocupação nos Hospitais de Curta Permanência do SUS, por Esfera, 2002
(N = 5.794)

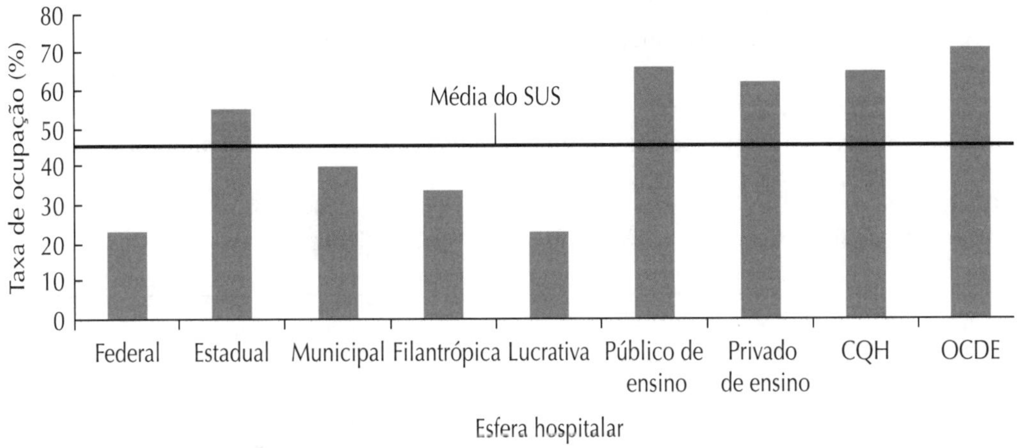

Fonte: Couttolenc et al. 2004.

Tempo Médio de Permanência (TMP)

O número médio de dias que um paciente passa em um hospital é um indicador central da eficiência no uso de recursos. O Tempo Médio de Permanência (TMP) varia de acordo com a severidade dos casos – casos mais graves e crônicos geralmente exigem internações mais longas.[46] A qualidade do atendimento e a eficiência da gestão clínica também afetam o TMP. A análise mostrou que ineficiências técnicas no uso de recursos e na gestão de caso contribuem para uma média de permanência mais alta (Barnum e Kutzin 1993). Permanências mais longas do que o necessário desperdiçam recursos hospitalares e podem dificultar o acesso a leitos por pacientes com condições mais graves, ou até mesmo correndo risco de morte. Não existem evidências de que TMP mais longas resultem em maior qualidade da atenção ou melhorem os resultados em termos de saúde. Além disso, internações longas, mas desnecessárias, podem inflar artificialmente a taxa de ocupação de leitos.

Prestadores privados apresentaram as menores médias de permanência, e os hospitais federais apresentaram os maiores valores (figura 3.16). O TMP para a amostra da AMS (valor médio de 2,9) é mais baixo do que o *benchmark* da CQH (3,4 em 2002, com base principalmente em entidades particulares de São Paulo) e do que a média dos hospitais do SUS cadastrados no MS/Datasus (4,45 naquele mesmo ano). A média da amostra provavelmente é reflexo da baixa média de permanência registrada nos hospitais privados, que respondem por uma proporção maior do total na amostra do que no banco de dados do MS/Datasus. Em todo caso, porém, os valores apresentados por hospitais brasileiros estão muito abaixo da média (7,8) registrada pelos países da OCDE no final dos anos 1990. Os hospitais da OCDE, contudo, atendem a uma população bem mais idosa do que os hospitais brasileiros e portanto não são diretamente comparáveis. A baixa permanência apresentada pelos hospitais brasileiros pode indicar uma utilização eficiente de recursos, mas, se os pacientes recebem alta prematuramente, isso pode resultar em baixa qualidade.

Como sugerido antes, o *case mix* e o tamanho dos hospitais influenciam o TMP. Hospitais de maior porte, federais e estaduais, em especial as unidades de ensino e de referência, tratam casos mais graves do que as unidades municipais e privadas menores. Uma análise separada da amostra da AMS mostrou que o TMP está positivamente relacionado ao porte dos hospitais (r = 0,34). O baixo TMP para os hospitais privados lucrativos pode refletir o fato de que essas unidades podem mais facilmente "escolher" seus pacientes e recusar o atendimento a casos complexos do que os hospitais públicos, mas pode ser que os hospitais públicos tenham poucos incentivos para gerenciar a atenção de forma eficiente, resultando em TMP desnecessariamente alto.

FIGURA 3.16
TMP nos Hospitais de Curta Permanência do SUS, por Esfera, 2002
(N = 5.794)

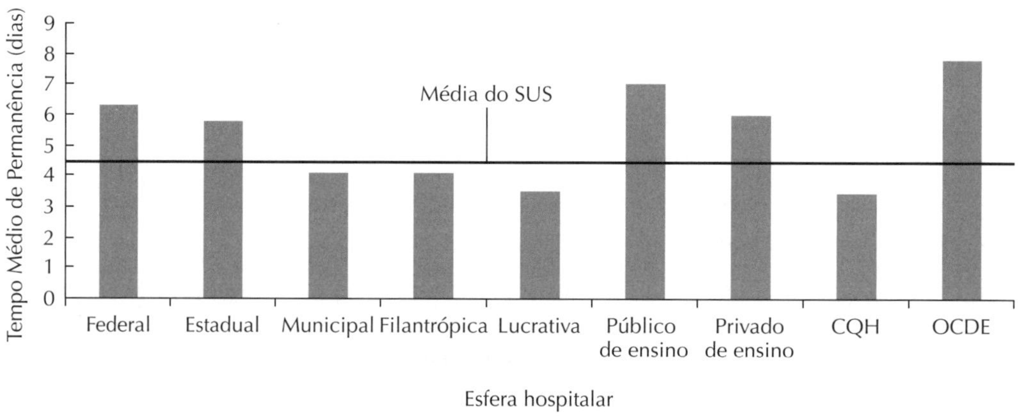

Fonte: Couttolenc et al. 2004.

Pessoal por Leito

O índice de pessoal por leito é uma medida que reflete a eficiência alocativa, porque registra a utilização de um recurso essencial na produção do atendimento hospitalar. Como o volume de trabalhadores depende do tamanho do hospital e da complexidade dos casos, não há normas internacionais para orientar a definição de metas ou padrões ideais.[47] Comparações entre hospitais similares, contudo, podem ajudar a diagnosticar possíveis fontes de ineficiência.

A figura 3.17 apresenta as razões de pessoal por leito, por esfera e por categoria profissional. O índice médio da amostra é de 3,0 para o número total de pessoal, mas o valor varia bastante entre as unidades pesquisadas, de 5,0 a 0,1.[48] Os hospitais públicos apresentam os valores mais altos, especialmente os estaduais e os federais, que exibem razões acima de 4,5. Hospitais filantrópicos apresentam os menores índices. Os hospitais brasileiros utilizam em média 50% mais pessoal (total das categorias) por leito do que os hospitais da OCDE. Hospitais inscritos no programa do CQH, porém, empregam ainda mais (figura 3.17). Isso confirma as conclusões da DEA de que o excesso de recursos humanos é uma causa fundamental de ineficiência nos hospitais brasileiros.[49]

O índice aumenta significativamente com o nível de complexidade tecnológica do hospital – de 2,4 entre hospitais no limite inferior do índice de complexidade a 5,7 entre os hospitais mais complexos. A razão provável é que hospitais com maior intensidade tecnológica atendem a um volume maior de casos complexos e, portanto, necessitam de mais funcionários por leito. Ao contrário dos padrões observados em outros países, nos quais os índices de pessoal por leito aumentam conforme o tamanho (Barnum e Kutzin 1993), na amostra as unidades muito pequenas, com menos de 25 leitos, apresentam índices maiores (3,9) do que unidades de tamanho médio (2,5). Isso pode ser atribuído a custos fixos com mão de obra ou ao número mínimo de pessoal exigido para o funcionamento da unidade. Em razão da baixa taxa de ocupação em hospitais menores, essa constatação sugere ineficiências de escala, relacionadas ao excesso e à subutilização de pessoal.

FIGURA 3.17
Razão e Composição de Pessoal, por Leito, 2002
(N = 588)

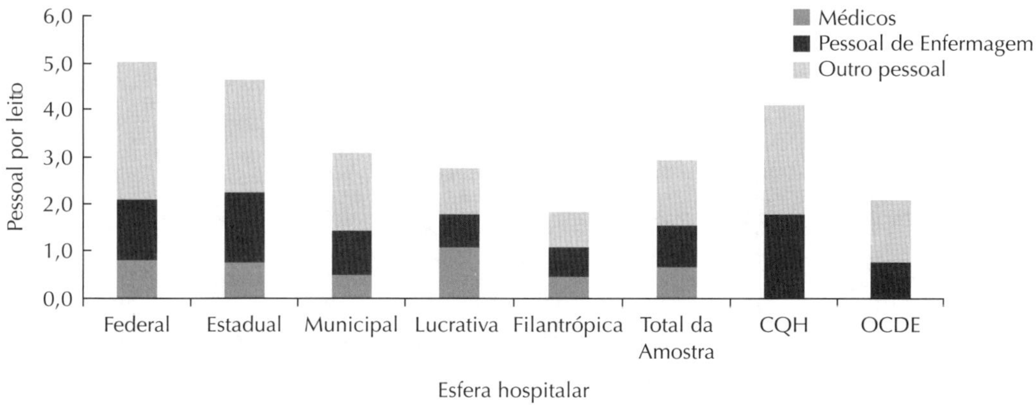

Fonte: Couttolenc et al. 2004.

A composição do pessoal hospitalar por categoria profissional varia de maneira significativa entre diferentes esferas. Em média, médicos e pessoal de enfermagem constituem 22 e 30%, respectivamente, do total de trabalhadores; o pessoal administrativo e de apoio geral responde pelo restante (48%). A categoria "outros", formada por funcionários administrativos e de apoio, varia muito mais entre grupos de hospitais do que a de médicos ou de enfermagem (ver a figura 3.17). Hospitais públicos usam quase duas vezes mais "outros" funcionários (2,1 por leito) do que hospitais privados. Em suma, o excesso de pessoal em hospitais públicos brasileiros resulta do grande volume de pessoal não-técnico, especialmente pessoal administrativo e de apoio não-especializado (limpeza e segurança, por exemplo). Essa categoria responde por 29% do pessoal nos hospitais da amostra. Em comparação, representa apenas 19% do total na França (IBGE 2003; DREES 2005; MSPS 2004).

O excesso de pessoal se torna mais óbvio quando se considera o número de funcionários por leito ocupado (figura 3.18). O número médio de funcionários por leito ocupado na amostra foi de 10,5. Essa proporção é bem pior que nos grupos de referência, o CQH (6,3) e os "100 melhores" hospitais dos EUA (5,2). Entidades públicas e com fins lucrativos apresentam índices significativamente maiores de funcionários por leito do que os grupos de referência.

Em suma, os índices médios de funcionários por leito ocupado no Brasil são o dobro dos observados nos hospitais americanos e 2/3 maiores do que nos hospitais do CQH.

O uso intensivo de trabalho nos hospitais brasileiros em relação às médias internacionais pode ser o resultado de baixos custos de mão de obra, da baixa qualificação profissional (que se reflete no uso intensivo de pessoal de nível médio em lugar de pessoal de nível universitário, por exemplo), da baixa produtividade do pessoal, ou uma combinação dos três fatores. Um elemento adicional importante é a ausência ou aplicação irregular de processos padronizados (agendamentos, por exemplo) e procedimentos clínicos, como protocolos clínicos.

FIGURA 3.18
Razão Total de Pessoal por Leito Ocupado, 2002
(N = 588)

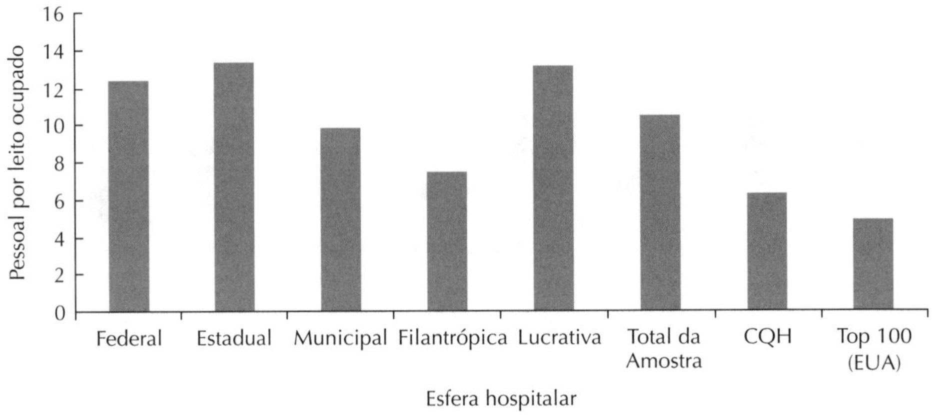

Fonte: Couttolenc et al. 2004.

Produtividade Cirúrgica

O índice de internações cirúrgicas por sala cirúrgica – um *proxy* para a taxa de cirurgias por sala de cirurgia – é outro indicador da produtividade de serviços hospitalares de alto custo (figura 3.19). Baixos índices sugerem subutilização das salas e, por consequência, dos recursos utilizados para o funcionamento dos centros cirúrgicos (pessoal e equipamentos). O índice médio anual observado é de 173, ou 0,66 por dia útil; esse valor é indicativo de baixa produtividade e baixa utilização. Os índices observados estão associados ao tamanho e à complexidade tecnológica dos hospitais, aumentando de 73 (0,31 por sala por dia útil) em hospitais de pequeno porte para cerca de 350 (1,5 por sala por dia útil) para hospitais de grande porte. Os hospitais municipais, muitas vezes unidades pequenas e subutilizadas, apresentaram os menores índices. Surpreendentemente, os hospitais federais apresentaram índices mais baixos do que hospitais privados e estaduais, apesar de em geral serem maiores do que estes.

FIGURA 3.19
Número de Pacientes Cirúrgicos por Sala Cirúrgica, por Ano, 2002
(N = 588)

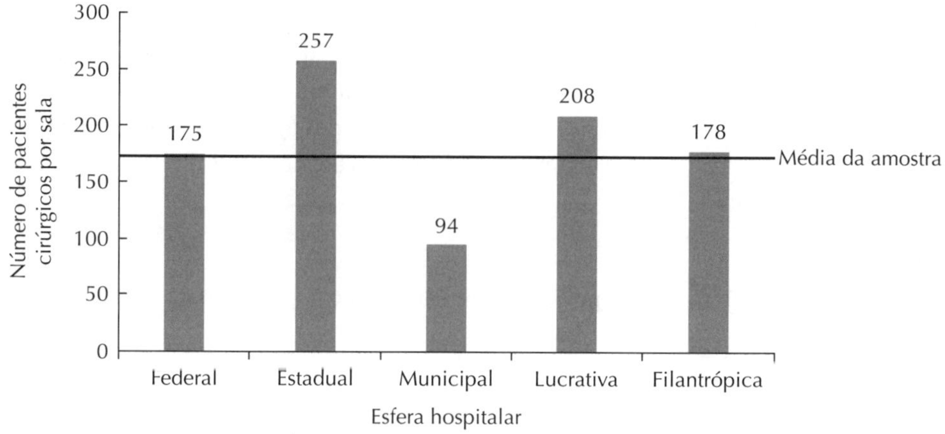

Fonte: Couttolenc et al. 2004.

Manter uma sala de cirurgia aberta e em condições de utilização implica um considerável volume de equipamentos e custos com pessoal. A realização de uma média de 0,66 cirurgias por dia representa um desperdício de recursos, porque implica longos períodos de ociosidade dos recursos humanos e subutilização de equipamentos de alto custo. Os baixos índices gerais de cirurgias e de utilização de salas cirúrgicas podem ter várias explicações. Em primeiro lugar, vários hospitais são equipados com centros cirúrgicos, mas não têm demanda suficiente para eles. Em segundo lugar, problemas de manutenção, falta de recursos, como exames diagnósticos em tempo, ou uma gestão clínica ineficiente, podem impedir a utilização de salas cirúrgicas mesmo quando necessárias. Evidências de outras pesquisas sugerem que ambos os fatores contribuem para a baixa utilização dos centros cirúrgicos.[50] A baixa produtividade também resulta da prática generalizada de realizar cirurgias agendadas pela manhã – em parte por razões clínicas, como situações em que o paciente precisa estar em jejum, e em parte para se adequar às agendas pessoais dos médicos. Os centros cirúrgicos são frequentemente mantidos funcionando dia e noite, com quadro de pessoal auxiliar completo, para atender a um número muito pequeno de casos de emergência.

Uso de Tecnologia

O uso de tecnologias em saúde pode ajudar a melhorar os resultados da atenção, mas o seu uso indiscriminado pode aumentar os custos e reduzir a qualidade. Para avaliar a intensidade tecnológica em serviços de internação e seus efeitos, um índice de complexidade tecnológica por leito foi usado como aproximação.[51] Os resultados mostrados na figura 3.20 indicam que os hospitais federais apresentam maior uso de tecnologia por leito (índice de 1,29), seguidos pelos hospitais privados lucrativos (1,16). Uma maior densidade tecnológica dos hospitais federais era esperada, tendo em vista o caráter universitário de muitos deles. No segundo caso, a alta densidade observada parece indicar que hospitais com fins lucrativos, menos dependentes do financiamento do SUS, têm maior flexibilidade para se concentrar em procedimentos mais lucrativos, que em geral envolvem o uso mais intenso de tecnologia. Esse comportamento pode ser uma resposta aos incentivos embutidos nos mecanismos de pagamento hospitalares. Curiosamente, hospitais de pequeno porte estão entre os maiores usuários de tecnologia por leito, depois dos hospitais com 250 ou mais leitos. Isso sugere que hospitais pequenos fazem uso excessivo de tecnologia em relação à sua capacidade, provavelmente sem demanda suficiente. Na verdade, os resultados indicam que uma proporção significativa da tecnologia hospitalar disponível no Brasil se concentra em unidades privadas pequenas e especializadas, num padrão que reflete mais os incentivos econômicos do que a eficiência ou a necessidade assistencial.

FIGURA 3.20
Índice de Complexidade Tecnológica por Leito, por Esfera, 2002
(N = 588)

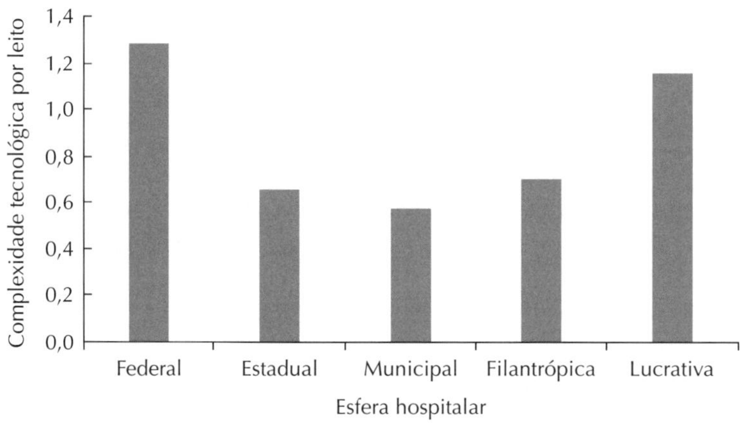

Fonte: Couttolenc et al. 2004.

Essas conclusões confirmam os resultados da análise da DEA, que apontou como mais eficientes os hospitais que empregam relativamente menos recursos tecnológicos. Essas unidades registram menores índices de tecnologia por leito, além de uma quantidade maior de altas de pacientes em relação à tecnologia. Em contrapartida, hospitais considerados ineficientes apresentam o padrão oposto: índices mais altos de tecnologia por leito e menos altas em relação ao índice tecnológico. Isso significa que os hospitais brasileiros usam muita tecnologia complexa, resultando em ineficiência e provavelmente em custos mais altos.

O uso de equipamentos diagnósticos sofisticados no Brasil é realmente alto em relação a médias internacionais. A tabela 3.6 compara a densidade de alguns equipamentos diagnósticos de alta complexidade e alto custo, como tomografia computadorizada (TC) e imagem por ressonância magnética (RM) no Brasil como um todo, nas capitais brasileiras e nos países da OCDE. A densidade desses dois tipos de equipamento é comparável à dos países da OCDE, muito mais ricos.

Calil (2004) apresenta evidências adicionais do excesso de oferta e utilização de tecnologia médica no Brasil. O estudo avaliou cinco tipos de equipamento de imagem (ver tabela 3.7) e descobriu que 76% do total se encontrava em instituições privadas. Mais da metade do equipamento se concentrava na região Sudeste, mais desenvolvida, onde reside 43% da população. Utilizando os parâmetros do MS para a densidade desejável para cada tipo de equipamento, o estudo evidenciou um excesso de oferta em várias regiões (tabela 3.7). Os equipamentos são fortemente concentrados em cidades grandes, e a oferta excessiva nesses centros coexiste com a falta de acesso em cidades médias na maior parte do país. De acordo com as estimativas do estudo, a oferta excessiva desses equipamentos consome US$ 112 milhões anuais apenas em custos operacionais de manutenção. A pesquisa também concluiu que boa parte dos equipamentos apresenta mau funcionamento, como resultado da insuficiência dos orçamentos para manutenção.[52] Essa situação também compromete a qualidade do serviço.

TABELA 3.6
Densidade de Equipamentos no Brasil e em Países da OCDE, 2002
(por milhão de habitantes)

Local	*TC*	*RM*
Brasil	9,3	2,5
Capitais do Brasil	13,2	7,2
OCDE, quartil mais baixo	8,8	2,9
OCDE (média geral)	17,5	7,7

Fonte: IBGE 2003; OCDE 2005.

TABELA 3.7
Oferta de Equipamento de Imagem em Relação à Necessidade, por Região, 2002
(porcentagem do parâmetro de necessidade do MS)

Equipamento	*Norte*	*Nordeste*	*Sudeste*	*Sul*	*Centro-Oeste*
Radiologia	154	146	303	243	273
Mamografia	148	174	426	292	317
Tomografia Comp.	47	54	131	79	92
Ressonância Mag.	65	44	121	84	100
Ultrassom colorido	116	112	226	166	198

Fonte: Calil 2004; parâmetros de necessidade definidos pelo MS (Portaria 1101 GM/2002).

Eficiência e Qualidade

Eficiência e qualidade estão intimamente ligadas. A eficiência pode oferecer maior controle e gerenciamento de recursos, o que pode afetar a qualidade. Por exemplo, a gestão eficiente de recursos – como a aplicação de protocolos padronizados, por exemplo – pode coibir variações desnecessárias em padrões de tratamento e gerar economia de custos. Mas essas medidas também podem ajudar a reduzir as infecções hospitalares e outros eventos adversos que, por sua vez, podem induzir ao aumento de gastos. Melhorias de qualidade podem, contudo, resultar em ineficiências, pelo uso excessivo de recursos, o que resulta em custos mais altos; esse fenômeno é conhecido como "desperdício de qualidade" (IOM 2001: 52).

Existe um conflito entre eficiência e qualidade? Para responder a essa pergunta, um indicador de qualidade foi computado a partir das variáveis existentes na AMS.[53] Esse indicador apresentou correlação negativa com a pontuação de eficiência da DEA na amostra da AMS (figura 3.21). Porém, a dispersão observada na figura 3.21 sugere uma baixa associação entre eficiência e qualidade, o que foi evidenciado pela insignificância do coeficiente de correlação (r = −0,10). Não foi encontrada diferença significativa na qualidade entre hospitais totalmente eficientes (que receberam pontuação 1,0 na ETT) e ineficientes.[54] Essas conclusões sugerem que, no limite, níveis altos de eficiência não prejudicam a qualidade. Assim, a variabilidade tanto na eficiência quanto na qualidade pode ser mais importante do que a relação entre elas.[55]

FIGURA 3.21
Qualidade e Eficiência nos Hospitais Brasileiros, 2002
(N = 428)

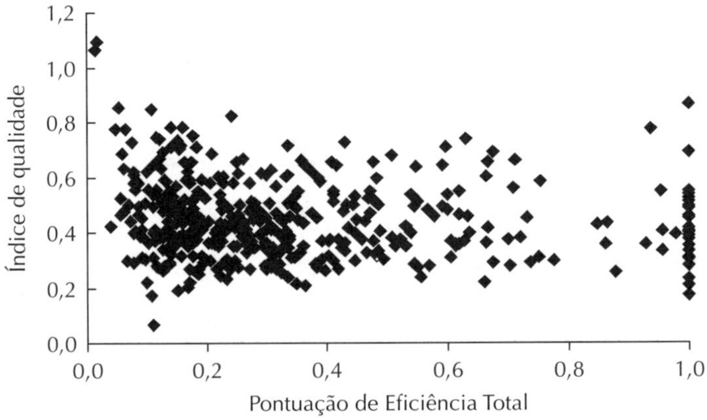

Fonte: Couttolenc et al. 2004.

Outras Análises Relevantes sobre Eficiência

Esta seção final da discussão sobre eficiência tenta preencher algumas lacunas analíticas em relação aos estudos analisados neste capítulo, ao mesmo tempo em que apresenta conclusões que complementam e explicam os resultados que surgiram das análises da DEA e de *benchmarking*.

Relacionando DEA e Benchmarking

A DEA e o *benchmarking* foram empregados em estudos anteriores (descritos na revisão bibliográfica) para estimar a eficiência e o desempenho de hospitais, mas ambos foram usados como abordagens alternativas. Neste estudo, os dois métodos foram usados simultaneamente para complementar e verificar a consistência dos resultados. Também se aplicou uma análise multivariada para estimar o efeito simultâneo dos fatores que afetam a eficiência hospitalar.

Para combinar os resultados das análises da DEA e de *benchmarking*, os hospitais da amostra foram agrupados segundo suas pontuações de eficiência total dadas pela DEA, e os indicadores de *benchmarking* foram computados para cada grupo. Os resultados ilustram a consistência dos resultados (tabela 3.8).

TABELA 3.8
Resumo de Indicadores de *Benchmarking*, por Nível de Eficiência Total

Indicador	*ETT=1 (mais eficientes)*	*ETT entre 0,999 e 0,666*	*ETT entre 0,665 e 0,333*	*ETT menor que 0,333*	*ETT média*
Hospitais (número)	25	24	109	270	428
Giro de leitos (altas/leito)	91,8	71,7	68,8	37,7	50,7
Taxa de ocupação (%)	34,4	38,1	44,6	25,6	31,7
Tempo médio de permanência (dias)	2,2	2,6	2,9	3,1	2,9
Razão emergências/altas	4,6	3,4	0,8	0,8	1,2
Índice médicos/leito	0,5	0,6	0,6	0,4	0,4
Pessoal de enfermagem/ leito	0,8	1,1	1,1	0,8	0,9
Outro pessoal/leito	0,8	1,1	1,2	1,1	1,1
Total de funcionários/leito	1,9	2,8	2,8	2,2	2,3
Pontos de tecnologia/leito	0,6	0,9	0,9	0,6	0,7
Altas/funcionário	286,0	246,4	107,2	51,8	116,0
Procedimentos de emergência/funcionário	330,0	421,9	137,6	34,0	99,4
Altas/pontos de tecnologia	1.229,0	664,3	812,3	431,0	587,8
Internações cirúrgicas/ sala de cirurgia	315,0	233,1	357,8	118,3	198,8
Taxa de mortalidade (não ajustada)	2,2	2,0	2,1	2,3	2,2
Taxa de mortalidade (ajustada)	1,4	1,2	1,3	1,5	1,4
Enfermeiros graduados/ pessoal de enfermagem (%)	15,0	13,0	11,0	9,0	10,0
Índice de qualidade	0,4	0,4	0,4	0,5	0,5

Fonte: Compilado de Couttolenc et al. (2004); IBGE (2003).

A maioria dos indicadores de produtividade e índices de uso de recursos é claramente superior entre os hospitais eficientes e piora à medida que os níveis de eficiência caem. Mais importante: como assinalado antes, os indicadores relacionados com a qualidade de atendimento – taxa de mortalidade hospitalar, proporção de enfermeiros graduados e o indicador geral de qualidade construído a partir dos dados – mostram pequena variação entre os hospitais de baixa e alta eficiência. Quando muito, os hospitais eficientes aparentam ter indicadores de qualidade mais favoráveis – medidos, por exemplo, pelas taxas de mortalidade e pela proporção de enfermeiros graduados – do que os hospitais ineficientes.

A DEA e o *benchmarking* levam em conta um número limitado de variáveis de cada vez. Para estimar o efeito simultâneo de vários fatores nos níveis de eficiência, os autores deste estudo realizaram uma análise de regressão, aplicando combinações diferentes de variáveis para confirmar as conclusões apresentadas anteriormente neste capítulo.[56] A partir dos dados da DEA e de *benchmarking*, a análise de regressão usou as pontuações de eficiência técnica total como variável dependente e as seguintes variáveis independentes: tamanho das unidades, funcionários por leito, giro de leitos, índice de emergências em relação a altas de pacientes, qualidade do atendimento, complexidade tecnológica, *status* de ensino e esfera.[57]

A tabela 3.9 apresenta os resultados. O porte das unidades (medido pelo número de leitos), o giro de leitos e o índice de emergências em relação a altas tiveram efeito positivo e altamente significativo sobre a eficiência ($p < 0,001$). Essas conclusões confirmam os resultados da DEA e do *benchmarking*. O *status* de ensino do hospital não teve efeito significativo na eficiência total. Isso também está de acordo com os resultados anteriores, porque o impacto do papel de hospital de ensino na eficiência foi atribuído mais à maior escala dos hospitais universitários do que às atividades de ensino em si. Com relação à esfera ou propriedade, apenas o caráter privado (com fins lucrativos ou filantrópico) teve efeito positivo significativo sobre a eficiência total. Novamente, isso confirma as conclusões da DEA e do *benchmarking* que apontaram a eficiência maior dos hospitais privados em relação aos públicos em geral. Após controlar pelas demais variáveis, o fato de um hospital ser federal, estadual ou municipal não teve efeito significativo na eficiência.

Em contraste com os resultados do *benchmarking*, o indicador de qualidade teve forte efeito negativo sobre a eficiência. Essa associação negativa parece implicar que há limites sobre quanto se pode melhorar a eficiência técnica sem prejudicar a qualidade do atendimento, da forma como foi medido aqui. Entretanto, deve-se levar em consideração as limitações do indicador de qualidade construído a partir dos dados disponíveis.[58]

TABELA 3.9

Resultados da Regressão de Tobit para a pontuação de Eficiência Total

Variável	*Coeficiente*	*Desvio padrão*	*t*	*P > |t|*
Número de leitos*	–0,016	0,003	–4,670	0,000
Giro de leitos*	–0,074	0,008	–9,700	0,000
Razão médicos/leito	0,032	0,525	0,060	0,951
Pessoal de enfermagem/leito**	–1,508	0,521	–2,900	0,004
Outro pessoal/leito	0,239	0,344	0,700	0,486
Índice emergências/altas*	–0,243	0,068	–3,580	0,000
Característica de ensino	–0,446	1,058	–0,420	0,674
Índice de qualidade*	17,299	1,693	10,220	0,000
Dummy estadual/federal	–0,225	1,179	–0,190	0,849
Dummy municipal/federal	–1,454	1,182	–1,230	0,220
Dummy lucrativo/federal**	–2,679	1,243	–2,150	0,032
Dummy lucrativo/federal**	–2,525	1,177	–2,140	0,033
Constante*	4,189	1,446	2,900	0,004

Fonte: Couttolenc et al. 2004.

Nota: LR $chi^2(12) = 235,23$. A variável dependente foi a ineficiência (medida como 1 menos a pontuação de eficiência), portanto um coeficiente negativo significa um efeito positivo sobre a eficiência.

* Significante 1%.

** Significante 5%.

Internações Hospitalares por Condições Sensíveis à Atenção Ambulatorial

Uma questão importante com relação à eficiência hospitalar no Brasil é a alta proporção de internações hospitalares realizadas pelo SUS por Condições Sensíveis à Atenção Ambulatorial (CSAA). O grupo inclui várias doenças infecciosas (por exemplo: tuberculose, gastrenterite e algumas formas de meningite), deficiências nutricionais como anemia ferropriva, infecções respiratórias, hipertensão e diabetes. Essas internações poderiam ser evitadas se a rede de atenção primária fosse mais efetiva. A bibliografia internacional aponta casos de ineficiência semelhante fora do Brasil. As CSAA respondem por 8 a 18% de todas as internações na Espanha (Caminal et al. 2002, 2004), 13% em Nova Jersey, EUA (Vali 2001) e 18% em um grande plano de saúde nos EUA (Axene and McQuillian 1999).

No estado de Minas Gerais, uma pesquisa sobre internações hospitalares chegou a resultados alarmantes: 28% das internações, que representam 21% dos pagamentos da AIH, poderiam ter sido evitadas por meio de uma atenção primária mais resolutiva (SES-MG 2005). A aplicação de metodologia similar a dados nacionais chegou a resultados parecidos (figura 3.22).[59] Aproximadamente 30% das internações e 28% dos pacientes-dia foram atribuídos a casos que poderiam ter sido tratados a menor custo em uma unidade ambulatorial. Os gastos com essas condições alcançaram R$ 4,5 bilhões (US$ 1,6 bilhão), ou 21% do gasto total estimado com internação hospitalar. Essas internações evitáveis constituem a maior parte das internações realizadas por hospitais pequenos e de baixa complexidade. Hospitais com menos de 50 leitos respondem por 28% das internações totais do SUS e consomem R$ 4,4 bilhões (US$ 1,5 bilhão), ou aproximadamente 13% do gasto hospitalar do SUS. A maior parte dessas internações é causada por Condições Sensíveis à Atenção Ambulatorial.

Essas conclusões sugerem que o Brasil, mais do que muitos outros países, depende do atendimento hospitalar para enfermidades tratáveis ambulatorialmente. Um montante considerável de recursos gastos no atendimento de internações por CSAA poderia ser economizado caso a resolutividade da rede de atenção básica fosse aumentada. Fechar os hospitais pequenos e de baixa complexidade, ou convertê-los em centros de atendimento ambulatorial, aumentando assim a capacidade de atendimento a doenças que não demandem hospitalização, geraria economias significativas que poderiam ser usadas para ampliar os serviços de atenção básica.

FIGURA 3.22
Proporção de Internações por Condições Sensíveis à Atenção Ambulatorial

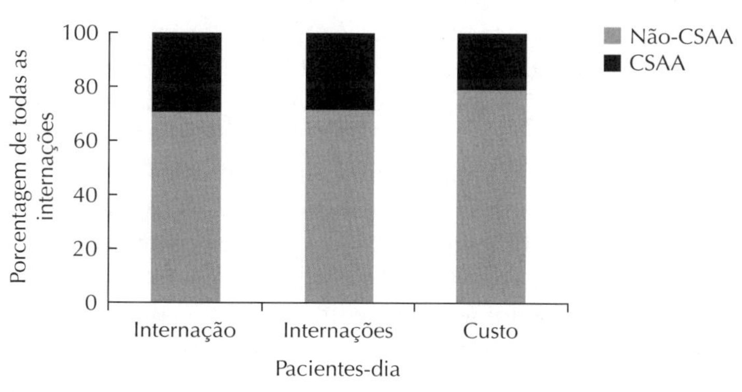

Fonte: Estimativas dos autores.

Estudo de Caso: O que Fazer com os Hospitais de Pequeno Porte?

Entre 1976 e 2005 o tamanho médio dos hospitais públicos caiu significativamente, de 124 para 55 leitos. Isso foi reflexo do crescimento do número de pequenos hospitais durante o período; o setor público ganhou mais de 1.600 hospitais, a maioria municipais, com capacidade média de 18 leitos (IBGE 2000a, 2003).[60] Com o advento do SUS, que enfatizou fortemente a descentralização para os municípios, a expansão das redes municipais respondeu às demandas políticas dos prefeitos agora fortalecidos e a uma política explícita do governo que favorecia investimentos em hospitais públicos. Havia pouca preocupação com o planejamento racional de uma rede hospitalar. Nesse mesmo período, o tamanho médio dos hospitais privados também caiu, mas de forma menos importante: de 75 para 65 leitos, resultado da proliferação de unidades pequenas especializadas, em particular no setor lucrativo. De acordo com dados dos anos 1990, o tamanho médio dos hospitais filantrópicos se manteve inalterada (88 leitos). A maioria dessas unidades já era de pequeno porte, reflexo de uma era anterior de expansão hospitalar, comandada por organizações de caridade e filantrópicas, grupos religiosos e organizações beneficentes.[61] Alguns observadores sugerem que os hospitais filantrópicos sofreram um declínio nas últimas três décadas devido a dificuldades financeiras, decorrentes em parte do baixo nível de reembolso do SUS (ver capítulo 4). Seja como for, o número dessas entidades aumentou 1/3 entre 1992 e 2005, de 1.455 para 1.947, de acordo com pesquisas do IBGE/AMS.

Além de os hospitais pequenos prestarem atendimento inadequado, no sentido de tratarem muitos pacientes com enfermidades que podem ser resolvidas de forma mais adequada em nível ambulatorial, também são bastante subutilizados. Os usuários muitas vezes evitam essas unidades, em busca de unidades maiores e que oferecem uma gama mais ampla de serviços. Hospitais com menos de 100 leitos apresentam índices de ocupação de menos de 30%, e as taxas caem para cerca de 20% para as unidades menores da amostra.

A produtividade cirúrgica também tem relação com o tamanho da unidade: hospitais maiores (com mais de 250 leitos) realizam, em média, 349 cirurgias por sala/ano,[62] enquanto hospitais menores produzem bem menos: 73 e 108 cirurgias por ano para unidades com 0 a 24 e 25 a 49 leitos, respectivamente.

Hospitais pequenos estão associados à baixa qualidade de atendimento, em parte devido ao seu baixo volume de intervenções. Uma quantidade considerável de evidências internacionais demonstra que unidades de saúde, assim como médicos, que realizam um baixo volume de determinado procedimento apresentam taxas de mortalidade mais altas, especialmente para tratamentos complexos e procedimentos cirúrgicos. Por exemplo, em uma análise de 272 estudos de base populacional conduzidos entre 1980 e 2000, Halm, Lee e Chassin (2002) concluíram que, para uma grande variedade de procedimentos cirúrgicos e tratamentos clínicos, os melhores resultados, geralmente medidos em termos de mortalidade mais baixa, estavam associados a unidades de maior porte e com mais médicos.[63] Com base em uma amostra grande de 474.108 pacientes cobertos pelo programa Medicare nos EUA, e que se submeteram a um de oito procedimentos cirúrgicos (procedimentos cardiovasculares ou de remoção de tumores), Birkmeyer et al. (2003) mostraram uma relação significativa e inversa entre mortalidade cirúrgica e o volume de procedimentos. Um editorial no *New England Journal of Medicine* (Kizer 2003), listando as conclusões de estudos de resultados/volume para um grande número de condições, salientou a importância de alguns desses estudos para a saúde pública. As conclusões demonstraram uma associação semelhante entre volume e resultados para procedimentos de alta frequência, como partos prematuros, recém-nascidos com baixo peso, alguns procedimentos ortopédicos, câncer e AIDS.[64]

A aplicação de um índice de complexidade tecnológica (quadro 3D.1) mostrou que muitos pequenos hospitais no Brasil oferecem atendimento de alta complexidade, embora o volume desses procedimentos seja muito baixo.[65] Em um estudo brasileiro descobriu-se que taxas de mortalidade mais altas em implantes coronarianos estão inversamente relacionadas ao volume de pacientes, com risco muito maior de morte em hospitais com menor número de casos de cirurgias coronarianas (Noronha et al. 2003; WHO 2003a). Essas conclusões, apresentadas na tabela 3.10, são consistentes com a bibliografia mencionada anteriormente sobre taxas de mortalidade hospitalar para procedimentos cirúrgicos.

As autoridades de saúde no Brasil têm reconhecido a irracionalidade da infraestrutura hospitalar e da distribuição da oferta, e especialmente as deseconomias de escala associadas ao número excessivo de pequenos hospitais. Também tem crescido o consenso sobre a baixa qualidade e a falta de segurança de muitas dessas unidades. O MS e pelo menos um estado no Brasil estão abordando essa questão por meio da reestruturação e conversão de hospitais. Um exemplo é a Política de Hospitais de Pequeno Porte, lançada em 2004 pelo MS (MS 2004f).[66] Em vez de tomar a decisão politicamente mais difícil de fechar unidades, a política tenta mudar seu papel, ajustando o número de leitos às necessidades locais (o que significa fechar ou converter cerca de 2/3 deles); focando os serviços oferecidos nos partos de baixo risco, atendimento nas quatro especialidades médicas básicas, atendimento odontológico de emergência e cirurgias ambulatoriais; ou convertendo unidades em centros de emergência de retaguarda para a rede de atenção básica, em áreas onde a cobertura da rede básica é alta. Os mecanismos de financiamento para esses hospitais convertidos seriam modificados (para algum tipo de orçamento global) e vinculados a metas de desempenho relacionadas à atenção primária (ainda não identificadas) e a indicadores de desempenho, como a proporção de pacientes referidos e índices de utilização.

Embora essa política seja um primeiro passo importante no reconhecimento e abordagem da questão dos hospitais pequenos e ineficientes, ela tem várias limitações. Em primeiro lugar, não é obrigatória, e os municípios podem optar por não segui-la. Em segundo lugar, implica a realização de investimentos iniciais para melhorar unidades ineficientes e subutilizadas, a fim de que possam realizar seu novo papel, sem garantia de que a conversão venha a ter o efeito desejado. Em terceiro lugar, o objetivo principal da política é a conversão de hospitais com menos de 30 leitos, mas a questão maior envolve a oferta irracional de serviços hospitalares numa escala ineficiente.

TABELA 3.10
Cirurgia de Implante Coronariano no Brasil, 1995

Cirurgias por hospital	*Número de hospitais*	*Total de cirurgias*	*Total de mortes*	*Taxa de mortalidade*
1–9	22	93	12	12,9
10–49	31	681	86	12,6
50–149	43	2.947	264	10,0
150–299	23	8.077	509	6,3
300+	5	4.269	228	5,2

Fonte: Noronha et al. 2003; WHO 2003a.

A política proposta pelo MS não soluciona a questão dos hospitais de porte não tão pequeno (com menos de 100 leitos), mas ineficientes em termos de escala, nem estimula a integração horizontal de unidades em arranjos ou organização em rede, ou a racionalização do número de unidades entre municípios pelo estabelecimento de consórcios municipais.[67] Além disso, a política não especifica o papel de hospitais que não foram convertidos; haverá redução de financiamento nesse caso?[68]

Fechar hospitais é uma política impopular em qualquer país. No Brasil há muitos municípios pequenos de baixa densidade localizados em áreas remotas. O mau estado da rede viária e do transporte público torna o fechamento de hospitais mais problemático, e praticamente inviável, quando não há alternativas disponíveis a uma distância razoável.

Vários países adotaram medidas de racionalização mais agressivas para reduzir a oferta de leitos hospitalares. Entre essas medidas incluem-se a expansão de programas de hospital-dia, cirurgias ambulatoriais e programas de acompanhamento ou convalescença pós-internação em substituição aos cuidados de internação; a definição de critérios para aumentar a correta indicação para internações hospitalares, reduzindo em parte o volume de internações abaixo de um limiar de severidade e expandindo ao mesmo tempo os cuidados primários à atenção domiciliar e programas especiais para portadores de doenças crônicas; mudança na configuração do sistema hospitalar, fechando enfermarias e quartos desnecessários e unidades subutilizadas ou muito pequenas e promovendo a integração horizontal de serviços; e a conversão de hospitais em unidades de atendimento pós-internação ou voltadas para cuidados prolongados.[69] Alguns resultados alcançados por essas políticas foram impressionantes. Por exemplo, a França implantou uma política de consolidação de unidades que afetou 380 hospitais (10% do total), resultando em uma redução de leitos de 14% nos últimos 10 anos.[70] Austrália, Canadá, Itália, Suécia e EUA também reduziram a densidade de leitos para cada mil pessoas em 30 a 54% nos últimos 20 anos, e os países da OCDE como um todo reduziram seus leitos em 28% (Docteur e Oxley 2003).

Fracasso (ou ausência) de Políticas de Investimento em Hospitais

O excesso de pequenos hospitais e a distribuição desigual de recursos, já referidos anteriormente, são o resultado de políticas e práticas de investimentos inconsistentes no setor hospitalar. Entre os fatores que contribuem para esse quadro estão a ausência de coordenação entre os setores público e privado, a falta de capacidade das instituições gestoras do sistema em desenvolver e fazer valer políticas de investimento racionais,[71] a fragmentação das fontes e mecanismos de financiamento dos investimentos em hospitais e a influência de pressões políticas.

No Brasil o MS e as secretarias estaduais e municipais de saúde em teoria têm autoridade para decidir quando e onde investir em infraestrutura hospitalar e equipamentos diagnósticos no setor público, mas têm pouca autoridade sobre os investimentos no setor privado.[72] Mesmo no âmbito do setor público, mecanismos de planejamento como os Planos Diretores de Investimento e os Planos Plurianuais geralmente são mal preparados e difíceis de fiscalizar. O MS estabeleceu parâmetros para a oferta de leitos hospitalares e equipamentos,[73] mas as políticas e as prioridades de investimentos permanecem pouco claras, e as decisões geralmente são tomadas de maneira inconsistente e sem nenhuma coordenação entre os governos federal, estadual e municipal.

As modalidades de financiamento dos investimentos em hospitais contribuem para complicar esse quadro. Os orçamentos anuais de saúde em níveis subnacionais raramente incluem alocações para investimento.[74] Os mecanismos de pagamento hospitalares (descritos no capítulo 4) também não preveem o financiamento para investimentos em capital ou depreciação. Em vez disso, os investimentos no setor dependem de recursos muito variáveis, extraorçamentários, ou de mecanismos paralelos de financiamento que não contribuem para encorajar o planejamento ou decisões racionais de investimento. Por exemplo, empréstimos internacionais concedidos por agências de desenvolvimento multilateral constituem uma fonte significativa de recursos para investimento, mas esses empréstimos são esporádicos e geralmente se destinam a áreas e tipos específicos de investimento. Outro mecanismo, mais comum, são as emendas parlamentares – introduzidas individualmente por membros do poder legislativo para projetos especiais em suas bases eleitorais. O MS tentou direcionar esses investimentos no sentido de torná-los compatíveis com políticas e prioridades de saúde pública, mas nem sempre foi bem-sucedido nesse intento. Um grande número de pequenos hospitais municipais foi financiado por esse mecanismo, geralmente com o objetivo de cumprir promessas eleitorais. A maior parte desses investimentos não foi precedida de uma análise de oferta e demanda de serviços hospitalares, e menos atenção ainda foi dada à inserção dessas novas unidades numa rede de serviços estruturada.[75]

Outra falha importante das políticas de investimento reside na falta de qualquer vinculação entre decisões sobre novos investimentos e a programação de recursos para financiar custos operacionais adicionais deles decorrentes. Como consequência, é frequente que unidades de saúde sejam construídas e equipadas, mas permanecem sem utilização por longos períodos devido à falta de recursos para cobrir o gasto com pessoal e custos de operação. Por exemplo, vários hospitais custeados pelo Programa Metropolitano de Saúde (criado em parceria com o Banco Mundial) só foram inaugurados 15 anos após o início das obras, devido à falta de recursos para finalizar a construção, comprar equipamentos e cobrir os custos de funcionamento.

Na ausência de um mecanismo efetivo de decisão e alocação de investimentos, as pressões políticas influenciam sobremaneira o processo de alocação. Em primeiro lugar, políticos locais têm muito interesse em construir e equipar unidades de saúde – especialmente hospitais – devido ao potencial eleitoral desse tipo de iniciativa. Pouco importa se esses investimentos fazem sentido em termos técnicos ou econômicos. Em segundo lugar, a importância do processo de negociação entre níveis de governo e da participação da sociedade civil no processo decisório do SUS favorece a influência das pressões políticas no padrão de alocação de recursos em projetos que envolvem grandes investimentos.[76]

O MS e alguns poucos governos estaduais têm adotado estratégias para orientar as decisões de alocação e investimento. Por exemplo, o MS tomou a iniciativa de racionalizar a alocação e o uso de alta tecnologia para reduzir o excesso de oferta de alguns desses serviços. Essas medidas podem contribuir de maneira significativa para a melhoria no controle de custos e na eficiência da atenção à saúde, como já foi observado em muitos países (quadro 3.5).

Conclusões e Recomendações

As análises de eficiência e custos hospitalares apresentada neste capítulo evidenciaram um padrão consistente: muitos hospitais operam com um baixo nível de eficiência e consomem mais recursos do que o necessário. Os custos de tratamentos e procedimentos cirúrgicos específicos variam amplamente entre hospitais e entre pacientes dentro de uma mesma unidade. Os níveis de ocupação e utilização de infraestrutura e equipamentos também variam muito, mas são geralmente bastante baixos.

Essas ineficiências e os custos associados a elas resultam de problemas relacionados à pequena escala de operações, à distribuição da infraestrutura, à variação existente nas práticas médicas, à ênfase dada à atenção hospitalar e à falta de informação sobre custos. Ao mesmo tempo, os resultados mostram que um pequeno grupo de hospitais brasileiros é muito mais eficiente do que a média.

Resumo dos Resultados

Escala

Mais de 50% dos hospitais brasileiros têm porte muito pequeno (menos de 50 leitos) para funcionar de maneira eficiente, e a maior parte deles apresenta excesso de funcionários. Embora hospitais de pequeno porte possam ser a única opção de atendimento médico em municípios isolados, o grande número de unidades pequenas, combinado com os baixos índices de utilização, sugere um desperdício importante de recursos. Muitos desses hospitais foram construídos em cumprimento de promessas eleitorais, sem preocupação com fatores como as necessidades de saúde, a capacidade institucional e a sustentabilidade financeira.

QUADRO 3.5
Tomada de Decisões Racionais sobre Investimentos Hospitalares

Enquanto o Brasil ainda está dando os primeiros passos na aplicação racional de recursos na rede hospitalar do SUS, muitos países europeus já criaram sistemas nacionais de planejamento para distribuir investimentos em tecnologia e infraestrutura hospitalares. Os recursos para investimentos de capital em hospitais financiados pelo poder público – geralmente unidades públicas e privadas filantrópicas – são disponibilizados na maioria dos países, seja pelo governo central, seja pelos governos regionais (em todos os treze países avaliados). Fontes incluem também empréstimos bancários (em nove países), doações privadas e superávits acumulados pelos hospitais. O financiamento privado é mobilizado por meio de empréstimos diretos a hospitais, a autoridades regionais de saúde ou a parcerias público-privadas (PPP). A proporção de financiamento público e privado varia grandemente entre países, sendo que o financiamento privado chega a 80 e 90% no caso da Holanda.

Na Alemanha e em alguns outros países a autoridade regional de saúde precisa aprovar qualquer financiamento privado. Em 2/3 dos países o investimento está sujeito a planos nacionais ou regionais de investimentos, à aprovação do governo central, ou ambos, especialmente quando o investimento envolve subsídios governamentais. Como na maioria dos países europeus os sistemas de saúde são custeados quase inteiramente com recursos públicos, os investimentos de capital em hospitais são geralmente sujeitos ao controle e à supervisão por parte das autoridades de saúde. Na Inglaterra, Suíça, Espanha e Itália, PPP recentemente criadas são responsáveis por uma proporção crescente dos investimentos e dos serviços hospitalares, mas mesmo tais investimentos estão sujeitos à aprovação prévia e a uma certificação de necessidade.

Fonte: Thompson e McKee 2004.

Infraestrutura

O Brasil, de forma geral, apresenta uma oferta excessiva de infraestrutura e equipamentos hospitalares. Ao mesmo tempo, esses recursos são com frequência distribuídos de forma desorganizada e subutilizados. A densidade de leitos e equipamentos diagnósticos muitas vezes está acima ou no mesmo nível dos índices observados em alguns países de alta renda. A oferta de equipamentos de diagnóstico por imagem de alta complexidade, em especial, é excessiva na maioria das regiões metropolitanas, e sua utilização é muitas vezes baixa. Além disso, a taxa de ocupação de leitos, que alcança menos de 40% em média no país como um todo, está entre as mais baixas do mundo.

Variações nas Práticas Médicas

A ausência de padrões para procedimentos médicos e de protocolos de tratamento é um fator central para explicar a variação de custos hospitalares e contribui para um baixo nível de controle sobre os custos, para a ineficiência e para a baixa qualidade do atendimento.[77] A aplicação limitada do gerenciamento de casos ou práticas similares aumenta esses problemas.

Hospitalocentrismo

O sistema de saúde brasileiro é mais dependente da atenção hospitalar e de internação que o de outros países, em parte pelas deficiências da rede de atenção primária. Quase 30% das internações hospitalares ocorrem por condições que poderiam ser tratadas em ambulatório. Além disso, boa parte do tratamento ambulatorial é realizada em pronto-socorros e serviços de emergência, em geral para casos não emergenciais. Embora cirurgias ambulatoriais e outras iniciativas para a redução de custos venham ganhando mais espaço, a ineficiência e os custos resultantes da dependência excessiva do hospital permanecem altos.

Informação sobre Custos

A falta generalizada de dados sobre custos dificulta o planejamento e gerenciamento efetivo dos serviços, o controle sobre recursos e o monitoramento e avaliação do desempenho dos hospitais. Sistemas de informações médicas e gerenciais inadequados criam grandes obstáculos à estimação de custos e a seu gerenciamento, bem como para os processos de faturamento, pagamento, controle de gastos e controle da qualidade. Esses problemas também dificultam análises confiáveis sobre custos e níveis de pagamento.

Eficiência

Como as conclusões da DEA deixaram claro, alguns hospitais brasileiros, tanto públicos como privados, são muito mais eficientes do que a média. Melhorar a eficiência hospitalar e controlar custos poderia resultar em economias significativas para o SUS. Embora os dados disponíveis não permitam fazer estimativas precisas sobre o custo da ineficiência, uma estimativa simplista, baseada apenas no baixo índice de ocupação, sugere que até 40% do gasto hospitalar poderia ser evitado ou reduzido de forma significativa.[78] A literatura internacional também indica haver grande margem para se reduzir custos. Gaynor e Anderson (1991), por exemplo, estimaram o custo de um leito desocupado nos EUA em US$ 38 mil por ano em 1987, ou 18% do custo de uma internação hospitalar. Como as taxas de ocupação no Brasil são muito mais baixas (35 a 40%, contra 65 a 70% nos EUA), a economia potencial provavelmente seria maior. Esses recursos economizados poderiam ser usados para expandir a rede de atenção primária, aumentar a qualidade dos serviços hospitalares, ou ambos.

As análises apresentadas neste capítulo indicam estratégias para a melhoria do desempenho dos hospitais, ao identificar as características das unidades de melhor desempenho e promover a emulação dessas características. Unidades eficientes são geralmente maiores; apresentam maior giro de leitos, maiores taxas de ocupação e internações mais curtas; empregam menos pessoal de enfermagem e, especialmente, menos funcionários de apoio; usam menos tecnologia por leito; e são mais produtivas em termos de serviços por funcionário. Não há evidências de que o aumento da eficiência implica redução da qualidade, mas há indícios indiretos de que sua qualidade de atendimento é superior à dos hospitais ineficientes. Melhorar a alocação de recursos entre insumos, reduzir o uso excessivo desses insumos (especialmente de pessoal e tecnologia) e reduzir o número de pequenos hospitais são elementos centrais para uma nova política hospitalar. Identificar os hospitais de melhor desempenho e analisar práticas gerenciais pode ajudar a desenvolver estratégias para melhorar o desempenho dos hospitais.

Recomendações para Melhorar a Eficiência Hospitalar e o Controle de Custos

O aumento da eficiência hospitalar e a melhoria no controle de custos dependem de um marco de políticas públicas mais abrangente, focado nos fatores estruturais que possibilitem ou ofereçam incentivos para boas práticas na operação e financiamento dos hospitais. A maior parte dos hospitais públicos não tem autonomia para gerenciar seus recursos de acordo com suas necessidades ou para definir metas. Por outro lado, a forma pela qual os hospitais são remunerados cria distorções e impede que se alcance um equilíbrio desejável entre eficiência, qualidade e equidade.

Com o objetivo de melhorar a eficiência hospitalar e o controle de custos, recomendam-se as seguintes ações:

- *Desenvolver uma estratégia nacional mais agressiva de racionalização da rede hospitalar.* Estabelecer critérios claros para consolidar, converter ou fechar hospitais que operem abaixo da capacidade ou não satisfaçam mais às necessidades locais. Esta estratégia poderia ser desenvolvida como política nacional pelo MS, mas a responsabilidade por adaptá-la e implementá-la seria das secretarias estaduais de saúde.
- *Desenvolver um sistema nacional para avaliação de tecnologias,* com critérios e metodologia para a alocação de recursos tecnológicos. Sendo este um sistema nacional, a iniciativa deveria ser liderada pelo MS, mas não necessariamente executada pelo próprio Ministério. A experiência internacional indica que instituições não-governamentais independentes (ou uma rede de instituições) podem assumir essa responsabilidade com mais eficiência do que um governo central.
- *Desenvolver e implementar um plano nacional para a adoção de diretrizes clínicas ou protocolos de tratamento.* Como essa recomendação afeta a qualidade do atendimento, bem como a eficiência e o controle de custos, deve ser estruturada e desenvolvida dentro de uma perspectiva mais ampla. A liderança ficaria a cargo do MS, com apoio dos estados, mas a

execução seria mais eficaz se ficasse a cargo de uma instituição independente, de preferência que coordenasse um programa nacional de acreditação.

- *Rever ou desenvolver padrões para o uso e alocação de recursos humanos* na atenção hospitalar, com o objetivo de identificar oportunidades para reduzir os custos com pessoal. Os padrões existentes, estabelecidos por associações profissionais, servem principalmente aos interesses das respectivas categorias.
- *Aprimorar o sistema de prontuários de pacientes em hospitais*. Para aumentar a confiabilidade dos dados sobre pacientes e tratamentos, seria necessário padronizar e, quando possível, informatizar os prontuários médicos. Cada hospital deveria ter um comitê ativo de prontuários médicos, bem como processos de revisão e análise de prontuários.
- *Fortalecer os sistemas de monitoramento e avaliação*, desenvolvendo em particular um sistema nacional de *benchmarking* hospitalar. Novamente, um sistema desses seria mais bem administrado por um órgão independente sob a liderança e supervisão do MS e deveria se basear em experiências brasileiras. O sistema de *benchmarking* seria integrado ao programa nacional de acreditação proposto anteriormente e ao sistema de informação sobre custos. É fundamental que os resultados do *benchmarking* sejam amplamente divulgados, para que tornem possível a identificação de boas práticas e sirvam de referência para a determinação de preços nos setores público e privado.
- *Desenvolver e implantar um sistema padronizado de apuração de custos* em uma amostra de hospitais do SUS, incluindo unidades públicas e privadas. A liderança do MS é fundamental para promover e assegurar o uso de uma metodologia padronizada em tantos hospitais quanto for possível. A metodologia não deveria se limitar ao sistema de custeio por absorção e centros de custos, mas deve ser concebida de forma a permitir a estimativa e monitoração do custo de tratamentos e casos específicos. Um elemento central nessa iniciativa é treinar administradores e tomadores de decisão para usar e interpretar informações de custos dentro de uma estratégia de gestão de custos.
- *Desenvolver outros estudos analíticos sobre eficiência hospitalar e custos* para contribuir no desenho de políticas de melhoria da eficiência em hospitais. O MS e as secretarias estaduais de saúde deveriam assumir a promoção e o financiamento desses estudos.

A maior parte dessas ações requer a liderança do MS no desenvolvimento de políticas e estratégias nacionais, mas as secretarias estaduais de saúde deveriam exercer papel central no detalhamento dessas iniciativas, bem como na coordenação e supervisão de sua implantação em nível regional e local. A experiência internacional também mostra nesse caso que órgãos regulatórios independentes costumam ser mais efetivos em coordenar tais esforços.

Anexo 3A

Metodologia de Análise de Custos: A Metodologia de Estudo de Custos de Matos

O estudo de Matos (2002) utilizou uma amostra de 25 hospitais e 107 procedimentos de internação. A amostra de hospitais não foi representativa da rede do Sistema Único de Saúde – SUS, pois incluiu uma grande proporção de entidades universitárias, e era muito pequena para permitir inferências estatísticas para subgrupos de hospitais. Essas limitações podem ter introduzido um viés na amostra a favor dos grandes hospitais universitários, resultando, portanto, em custos médios mais altos. A amostra de procedimentos incluiu tanto procedimentos de média e alta complexidade como de baixo custo e alta frequência. Os procedimentos considerados representam 4,36% do número total de procedimentos do SUS, mas respondem por 62,5% do volume de pagamentos via Autorização de Internação Hospitalar (AIH) e 60,8% de todos os pagamentos do SUS para atendimentos de internação. A amostra incluiu 16.482 casos ou pacientes, selecionados de maneira aleatória para cada procedimento e hospital, e os respectivos prontuários médicos foram analisados de forma sistemática, somando uma média de 659 casos por hospital e 154 por procedimento. Em geral, o tamanho da amostra foi adequado, mas em relação a alguns procedimentos menos frequentes foi pequeno demais para permitir qualquer generalização confiável dos resultados.

Na ausência de um sistema de informação sobre custos focado em procedimentos, a abordagem geral utilizada para estimar custos geralmente parte de dois tipos de informação: 1) informações obtidas a partir de sistemas de apuração de custos – quando existem – ou de métodos indiretos para estimar custos unitários, e 2) uma análise sistemática dos prontuários dos pacientes selecionados na amostra. O custo direto do tratamento para cada caso é então estimado, multiplicando o custo unitário dos materiais ou serviços utilizados no tratamento (levantados a partir de sistemas de custos ou preços de mercado) pela quantidade de cada insumo ou serviço usado naquele tratamento, obtido a partir dos prontuários médicos. Os gastos gerais ou administrativos são estimados a partir dos sistemas de custos ou, em sua ausência, por um método aproximado. O custo médio de um procedimento ou tratamento específico é então computado pela média dos custos de pacientes individuais que receberam aquele tratamento ou procedimento. Quando a informação de custos está desatualizada, incompleta ou inconsistente, ela pode ser atualizada por meio de um índice de preços do setor saúde que a ajusta tendo em vista mudanças nos preços dos insumos, ou pode ser complementada por estimativas indiretas do custo desses insumos, baseada em preços de mercado e informação contábil-financeira disponível nos hospitais.

Em condições ideais, para que as comparações de custos sejam válidas e permitam interpretações acerca da eficiência, alguns pressupostos precisam ser observados:

- O número de procedimentos constantes da amostra deve ser suficiente para permitir generalizações.

- A qualidade dos serviços oferecidos em cada unidade deve ser semelhante (ou ajustada).
- O perfil clínico dos pacientes (*case mix*) em todas as instituições deve ser semelhante (ou ajustada).
- Os preços de materiais e serviços devem ser semelhantes entre hospitais (ou ajustados).

Ajustes para *Case Mix*

Hospitais diferentes tratam combinações diferentes de pacientes, que podem variar segundo o diagnóstico, a idade ou gênero, fatores de risco ou severidade. Essas diferenças exercem forte influência nos custos hospitalares. Normalmente, um hospital terciário, que trata casos mais complexos, tem custos médios maiores para um determinado tratamento ou procedimento do que um hospital de menor complexidade. As comparações de custos, portanto, precisam ser corrigidas pelas diferenças no *case mix*.

Quando se aplica à análise de custos, o *case mix* costuma ser definido para permitir o controle de diferenças perfil de pacientes que se refletem em diferenças na utilização de recursos, e portanto nos custos de tratamento. O *case mix* pode ser medido de três formas principais: por indicadores simples unidimensionais, geralmente relacionados às características das unidades, ou ao tipo ou complexidade dos serviços oferecidos; por sistemas de classificação de pacientes que levam em consideração a gravidade dos casos ou grupos de diagnósticos e tentam refletir riscos diferenciais; e por medidas da intensidade de uso de recursos no tratamento de diferentes grupos de pacientes.

Características das Unidades

Entre os indicadores simples que aproximam uma medida de *case mix* estão o tempo médio de permanência e o giro de leitos. Mas ambas as medidas podem, além de apontar características da internação ou a severidade dos casos, também indicar a eficiência no uso de leitos ou diferenças nas práticas de tratamento. A presença de recursos diagnósticos ou terapêuticos de alta tecnologia, tais como leitos de Unidades de Tratamento Intensivo (UTI), indica que a unidade pode tratar casos mais graves ou complexos, mas não necessariamente que esses recursos estão sendo realmente usados para tratar esses casos. Apesar dessas limitações, e na ausência de informação detalhada sobre características dos pacientes, esses indicadores simples são usados com frequência como indicadores aproximados do *case mix*.

Outras variáveis simples medidas em nível de unidades podem ser usadas para indicar a severidade ou a complexidade dos casos. Entre elas estão a proporção de procedimentos de média a alta complexidade ou a relação entre casos de certas especialidades médicas e o número total de procedimentos de AIH realizados por um hospital. Tais variáveis são mais apropriadas do que as mencionadas anteriormente, porque refletem o tipo de atendimento efetivamente prestado, mas são limitadas por seu caráter unidimensional e não são adequadas para detectar diferenças ao nível de pacientes.

Um índice sintético de uso de recursos pode ser construído a partir de poucas variáveis facilmente mensuráveis, como o tempo médio de permanência, a proporção de dias de UTI na TMP, a intensidade (ou frequência) de uso de exames diagnósticos, a pontuação atribuída a diferentes procedimentos cirúrgicos pelo Ministério da Saúde para definir níveis de pagamento da AIH e a intensidade no uso de órteses, próteses e materiais especiais (componentes de alto custo em muitos procedimentos de alta complexidade). A maneira mais simples de combinar esses indicadores em um só índice é medir cada um deles em uma escala e calcular sua média simples. Um método mais elegante seria realizar uma análise fatorial ou de regressão dessas variáveis para determinar os pesos a serem atribuídos a cada uma na criação do índice sintético de uso de recursos.

Sistemas de Classificação de *Case Mix*

Sistemas de classificação de pacientes geralmente são os melhores indicadores de *case mix* porque focam na gravidade ou no risco relativo (ou ambos) de um grupo de pacientes. Tais abordagens, baseadas nas características clínicas de pacientes, têm relação com a dimensão da severidade clínica dos casos, que reúne indicadores importantes de necessidades clínicas e inclui o histórico do paciente, suas condições clínicas e os fatores de risco.

Seja qual for a abordagem considerada, a classificação de pacientes explica diferenças em resultados por meio de instrumentos de avaliação clínica como a taxa de mortalidade ajustada por risco e a taxa de complicações ajustadas por risco. Outros métodos, como os grupos relacionados de diagnósticos (DRG, de acordo com a terminologia em inglês, *Diagnostic-Related Groups*), correlacionam a severidade das doenças com a utilização de recursos.

O ajuste por severidade ou risco (ou ambos), tanto para pacientes isolados como para grupos de pacientes, geralmente envolve uma das abordagens descritas a seguir. A abordagem baseada em modelos depende em grande parte de modelos estatísticos de regressão para prever os resultados em termos de saúde, indicadores de serviços ou custos, medidos, por exemplo, pela probabilidade de morte, tempo médio de internação ou custo médio. Dois exemplos desse tipo de análise são o índice de mortalidade ajustado por risco e o índice de complicações ajustado por risco. Outro método para ajuste por severidade consiste em agrupar pacientes com níveis semelhantes de severidade, usando os DRG ou sistemas semelhantes de classificação de pacientes.

A razão inicial para desenvolver os DRG foi criar um instrumento efetivo para monitorar a utilização de serviços em hospitais. Seu uso cada vez maior como mecanismo de pagamento em vários países reflete as vantagens dessa abordagem, embora a implantação do sistema geralmente requeira adaptações às características locais.

Vários países, como a Itália, utilizam DRG e pesos baseados na experiência norte-americana para a formulação de uma variável de *case mix*. A ideia é atraente, mas sua implantação no Brasil exigiria trabalho intensivo de adequação entre o sistema de AIH, baseado nos procedimentos realizados, e os DRG, baseados em diagnósticos. Um fator complicador é que boa parte da informação sobre diagnóstico na AIH é incompleta ou pouco confiável, apesar dos avanços conquistados em anos recentes. Além disso, a validade desse método se baseia na presunção de que os procedimentos hospitalares e o mix de insumos utilizado são tecnicamente semelhantes nos EUA e no Brasil, ainda que os preços desses insumos possam ser bastante diferentes.

Uma alternativa mais viável consistiria em construir um indicador baseado nas especialidades médicas oferecidas em cada hospital ou, melhor ainda, no *mix* de procedimentos ou internações, agrupados por especialidade, produzido por um hospital. Ainda que atraente, essa abordagem enfrenta a dificuldade de atribuir pesos apropriados às diversas especialidades ou grupos de procedimentos na construção da variável de *case mix*. Utilizar para isso os valores de reembolso definidos pelo SUS não é uma boa escolha, porque eles não só subestimam os custos, mas não têm nenhuma relação com custos reais.

Classificações Baseadas no Uso de Recursos

A dimensão de utilização de serviços constitui o outro componente do *case mix*. Ela cobre abordagens focadas na intensidade de uso dos recursos hospitalares por grupos diferentes de pacientes e inclui indicadores de serviços e características dos prestadores como elementos básicos de informação. Dois tipos de medida de *case mix* podem ser delineados a partir dessa dimensão: medidas diretas de utilização de recursos e custos relativos do tratamento de diferentes pacientes.

Medidas diretas de utilização de recursos (por exemplo, carga horária de funcionários, medicamentos, materiais etc.), embora tecnicamente mais apropriadas, costumam não ser viáveis devido à dificuldade na obtenção desse tipo de informação e em combiná-los num índice sintético. Uma alternativa mais viável consiste em usar os custos relativos de tratamento de pacientes. Nesse caso, a razão a ser computada é aquela entre o custo de um procedimento ou hospital específico e o custo médio de todos os procedimentos ou hospitais incluídos na amostra. O uso do custo médio relativo como indicador de *case mix* parte do princípio de que os custos levantados realmente refletem as diferenças no uso de recursos, que os custos foram estimados corretamente e que tais custos estimados para a amostra refletem o nível de atividade e o uso de recursos para os outros procedimentos ou unidades.

Nos estudos sobre custos e eficiência realizados para este livro as três abordagens descritas foram contempladas. Entretanto, a ausência de informação no estudo original do REFORSUS sobre as características dos pacientes (por exemplo, gravidade da doença, risco de morte, prognósticos, dificuldade do tratamento ou necessidade de intervenção) impediu qualquer esboço de *case mix* baseado em informação clínica e reduziu a possibilidade de escolha das variáveis. No entanto, o banco de dados ofereceu uma base satisfatória para a aplicação do conceito de *case mix* como entendido por administradores, economistas e reguladores – isto é, uma medida baseada na utilização de recursos. Escolheu-se então trabalhar com um indicador de *case mix* baseado em custos relativos, em vez de baseado em complexidade clínica ou risco. A correspondência esperada entre o método clínico e o método baseado no uso de recursos implica que um hospital que trata pacientes que demandam mais recursos hospitalares, e assim geram gastos maiores, geralmente apresenta um *case mix* mais complexo sob a perspectiva clínica/diagnóstica.

Todos os custos estimados no estudo foram ajustados por diferenças no *case mix*, usando um índice baseado na intensidade relativa do uso de recursos (descrita no quadro 3.3). O índice de *case mix* (ICM) utilizado foi construído empiricamente como o quociente entre o custo médio para um determinado procedimento ou hospital – um indicador da intensidade de uso de recursos – e o custo médio de todos os procedimentos ou hospitais. Assim, esse índice representa a intensidade relativa do uso de recursos de pacientes atendidos em um hospital específico, comparada à média de pacientes na amostra. Esta abordagem é condizente com a adotada para os DRG no sistema de classificação de pacientes do Medicare norte-americano, e uma comparação preliminar dos DRG e do índice baseado em custos relativos aplicado à amostra apresentou comportamento muito semelhante.

Anexo 3B

Informações Complementares

TABELA 3B.1
Comparação entre a Amostra de Matos (2002) e os Dados da AIH

	AIH				*Estudo de Matos*				
Complexidade	*Intervalo de valores*	*Número de procedimentos*	*Frequência (%)*	*Gasto (%)*	*Nível de ICM*	*Número de procedimentos*	*Custo médio (R$)*	*Frequência (%)*	*Custo (%)*
Baixa	<250	570	41,51	16,13	<0,5	32	934,70	36,94	13,35
Médio-baixa	<500	652	38,80	29,92	0,5–1	32	1.853,41	34,26	23,62
Médio-alta	<1.000	449	12,66	17,15	1–2	19	3.460,45	17,27	23,07
Alto-baixa	<2.500	346	5,65	19,38	2–3	14	6.309,53	7,69	17,63
Alto-alta	>2.500	253	1,38	17,42	3^+	9	22.310,78	3,84	22,33

Fonte: Matos (2002); MS/Datasus.

Nota: AIH, Autorização de Internação Hospitalar. ICM, índice de *case mix*.

TABELA 3B.2
Regressão de Tobit para a Ineficiência Total Hospitalar, Utilizando o Modelo de Governança 2

Variável	*Coeficiente*	*Desvio padrão*	*t*	*P > |t|*	*[95% I.C.]*	
Número de leitos*	–0,013	0,003	–3,840	0,000	–0,020	–0,006
Giro de leitos*	–0,073	0,008	–9,660	0,000	–0,088	–0,058
Razão médicos/leito	–0,102	0,530	–0,190	0,848	–1,144	0,941
Pessoal de enfermagem/leito*	–1,469	0,515	–2,850	0,005	–2,480	–0,457
Outro pessoal/leito	0,269	0,334	0,800	0,422	–0,388	0,926
Emergências/alta*	–0,243	0,067	–3,650	0,000	–0,374	–0,112
Característica de ensino	0,298	1,060	0,280	0,779	–1,785	2,381
Índice de qualidade*	17,873	1,658	10,780	0,000	14,614	21,132
Administração pública direta (APD) (outros)/ Administração pública direta saúde – APD(S)	2,213	1,387	1,600	0,111	–0,513	4,939
Fundação/APD(S)*	–1,627	0,732	–2,220	0,027	–3,066	–0,188
Autarquia/APD(S)	–2,098	1,406	–1,490	0,136	–4,861	0,665
OSS/APD(S)*	–1,831	0,626	–2,930	0,004	–3,061	–0,602
Empresa pública/APD(S)*	–2,741	1,347	–2,030	0,043	–5,390	–0,093
Empresa privada/APD(S)	–0,002	2,584	0,000	0,999	–5,082	5,078
Associação/APD(S)	–1,185	3,248	–0,360	0,715	–7,570	5,200
Cooperativa/APD(S)	–1,038	4,389	–0,240	0,813	–9,666	7,589
Sindicato/APD(S)**	–1,486	0,778	–1,910	0,057	–3,016	0,045
Outros/APD(S)*	–1,590	0,801	–1,990	0,048	–3,164	–0,015
Constante*	2,908	1,003	2,900	0,004	0,936	4,879

Fonte: Couttolenc et al. 2004.

* $p < 0,05$. ** $p < 0,10$.

Anexo 3C

Custo Médio e Coeficiente de Variação para os Procedimentos Hospitalares Pesquisados

Código	*Procedimento*	*Custo médio não ajustado (R$)*	*Custo médio ajustado (R$)*	*CV (%)*	*Intervalo (R$)*
31003052	Prostatectomia	1.818,47	2.017,58	26	787–3.724
31005055	Ressecção Endoscópica de próstata	1.459,28	1.695,44	45	676–3.616
31802010	Transplante de rim (doador vivo)	6.161,90	5.687,50	221	2.266–14.888
32011016	Revascularização miocárdica com circulação extracorpórea	9.994,28	10.810,79	30	6.200–19.829
32013019	Substituição de marca-passo cardíaco	3.869,62	3.616,08	22	3.212–5.339
32015011	Marca-passo cardíaco (intracavidade)	5.282,21	5.789,77	60	3.732–10.818
32019017	Valvuloplastia	11.366,92	9.615,84	27	4.866–14.205
32020015	Implante de enxerto valvular cardíaco	12.267,67	10.979,36	28	6.411–16.395
32021011	Correção cirúrgica de doenças cardíacas congênitas	7.562,19	7.087,10	37	4.366–11.475
32023014	Angioplastia coronariana	6.314,39	6.014,42	63	3.963–8.536
32040040	Ressecção de arco aórtico com enxerto	5.400,37	14.658,98	*	*
33004080	Colecistectomia	1.983,75	2.062,31	47	568–7.744
33005060	Apendicectomia	1.024,68	1.097,36	48	257–1.928
33006067	Colectomia parcial	3.718,27	3.859,09	38	940–8.825
33011117	Cirurgia de hérnia inguinal (unilateral)	838,40	957,16	40	271–1.999
33016119	Laparotomia exploratória	2.797,99	2.774,25	50	425–6.056
33021066	Enterostomia	4.624,13	4.946,30	63	823–7.309
33023069	Colostomia	3.644,83	3.660,28	40	877–9.248
34001042	Salpingectomia uni ou bilateral	1.372,26	1.264,40	29	363–2.304
34001050	Ooforectomia uni ou bilateral	1.370,80	1.414,25	40	612–2.844
34008020	Colpoperineoplastia anterior ou posterior	1.143,39	1.210,41	40	412–2.779
34010033	Histerectomia total	1.886,36	1.909,72	31	608–3.190
35001011	Parto normal	619,27	884,31	33	329–1.130
35009012	Cesariana	860,96	1.488,38	35	587–1.918

(continua)

Código	Procedimento	Custo médio não ajustado (R$)	Custo médio ajustado (R$)	CV (%)	Intervalo (R$)
35014016	Curetagem pós-aborto	661,49	722,47	56	186–1.437
36020052	Facectomia para implante de lentes intraoculares	901,64	840,89	48	336–1.458
37040014	Implante coclear	31.888,41	3.909,28	*	*
38025019	Perda de substância (pele) – lesões superficiais extensas	995,47	1.348,10	47	410–2.860
39003124	Artroplastia de articulação do quadril	5.777,33	4.115,26	56	1.638–11.168
39003140	Artroplastia parcial de joelho	6.936,84	6.454,60	28	4.454–9.404
39004139	Amputação de coxa	2.547,60	2.805,98	66	832–8.385
39009130	Redução cirúrgica de fratura de diáfise da tíbia	3.124,69	3.073,81	27	688–6.140
39011151	Redução cirúrgica de diáfise da tíbia, com imobilização	2.298,21	2.556,62	27	1.035–5.757
39011160	Redução cirúrgica de fratura de tornozelo, com imobilização	1.475,90	1.529,60	33	445–2.607
39012131	Redução cirúrgica de fratura na articulação do quadril	2.550,67	2.720,41	29	729–3.852
39013081	Redução cirúrgica de fratura nos ossos do antebraço, com imobilização	1.249,85	1.426,90	44	426–4.666
39013138	Redução cirúrgica de fratura transtrocanteriana	2.956,48	2.564,93	32	858–5.351
39016129	Artroplastia de articulação do quadril com prótese	4.225,31	4.728,73	31	3.312–6.647
39022145	Artroplastia total do joelho, com implante	5.298,19	4.148,67	49	3.339–9.118
40001008	Tratamento conservador de trauma cranioencefálico	513,24	619,75	70	168–906
40001040	Tratamento cirúrgico de epilepsia	7.762,45	3.481,43	30	5.722–10.823
40028011	Microcirurgia vascular intracraniana	6.705,90	8.729,59	20	6.528–7.445
40038017	Tratamento cirúrgico de hematoma subdural	3.334,23	3.041,09	87	1.524–15.249
40039013	Tratamento cirúrgico de hematoma extradural	5.548,97	4.825,35	23	1.163–6.846
40061019	Derivação Ventrículo-peritonial	8.825,35	7.081,01	38	3.119–18.802
42002079	Remoção de tumor de mama	691,86	623,10	45	254–1.456
42705070	Mastectomia completa com linfadenectomia	1.877,57	1.607,60	55	653–2.697
46800018	Transplante de coração	23.950,34	18.137,75	59	13.291–43.503
46800085	Transplante de fígado	25.123,16	15.535,85	54	12.870–45.067
46801014	Transplante de pulmão	48.436,12	40.788,31	*	*

(continua)

Código	Procedimento	Custo médio não ajustado (R$)	Custo médio ajustado (R$)	CV (%)	Intervalo (R$)
46814019	Transplante alogênico e autogênico de medula óssea	31.738,02	19.242,93	42	6.417–59.988
63001101	Tratamento de paciente psiquiátrico em hospital geral	2.440,43	1.948,65	49	398–3.303
63001209	Tratamento de paciente psiquiátrico em hospital-dia	3.303,89	3.095,60	31	2.142–4.466
63001403	Tratamento de paciente psiquiátrico em hospital psiquiátrico B	1.005,75	3.192,93	*	*
70000000	Tratamento de AIDS	3.958,51	3.228,49	33	857–7.060
71300015	Prematuridade	4.396,65	5.048,92	180	712–12.486
71300066	Pneumopatia aguda	2.275,09	2.733,85	87	1.507–5.349
71300082	Icterícia neonatal	1.126,20	1.137,87	85	293–2.614
72300019	Desidratação aguda (pediátrica)	817,05	750,55	86	268–2.294
72500018	Desidratação aguda (medicina geral)	1.017,91	987,17	40	461–2.037
73500011	Má nutrição (medicina geral)	2.045,15	2.645,85	44	634–3.900
74300113	Meningite bacteriana (pediátrica)	2.386,45	2.151,88	44	308–4.175
74300237	Doenças estafilocócicas (pediátricas)	1.162,56	1.324,46	83	203–7.674
74300261	Septicemia (pediátrica)	5.279,95	4.737,29	100	833–28.802
74300270	Enteroinfecções	932,21	1.050,48	77	293–2.479
74500031	Tuberculose pulmonar	3.108,12	2.225,14	59	478–4.584
74500201	Doenças estreptocócicas (medicina geral)	929,80	1.148,95	47	216–2.509
74500244	Septicemia	3.166,52	3.308,18	85	636–6.125
75500027	Ulcera péptica	885,04	981,20	66	325–1.921
75500035	Gastrite e duodenite	906,37	958,41	57	280–2.418
75500124	Hemorragia digestiva	1.124,63	1.184,00	76	422–6.336
75500213	Cirrose hepática	2.837,15	3.069,17	48	572–5.108
75500272	Colecistopatia aguda	875,67	1.014,40	45	335–1.705
76300056	Bronquiolite aguda	997,97	976,79	82	146–2.647
76300064	Pneumonia estafilocócica	2.257,28	2.641,82	53	900–4.632
76300072	Outros tipos de pneumonia	1.382,83	1.577,24	43	479–3.314
76300080	Broncopneumonia	1.220,51	1.165,02	52	203–3.148
76300102	Crise asmática	733,29	804,25	45	247–1.530
76300188	Insuficiência respiratória aguda	3.144,94	3.056,29	83	399–9.259
76400077	Pneumonia infantil	1.866,72	2.320,37	62	566–3.933
76400085	Broncopneumonia infantil	1.454,10	1.803,01	106	208–2.603
76400271	Enteroinfecções infantis	1.304,76	1.421,49	80	223–2.959
76500063	Pneumonia não especificada	1.404,85	1.513,02	44	372–2.950

(continua)

Código	*Procedimento*	*Custo médio não ajustado (R$)*	*Custo médio ajustado (R$)*	*CV (%)*	*Intervalo (R$)*
76500071	Broncopneumonia	1.672,52	1.691,31	43	318–3.530
76500080	Enfisema pulmonar	1.807,67	1.736,55	70	544–8.977
76500110	Cor pulmonale descompensado	6.959,76	5.742,48	74	267–17.322
76500128	Crise asmática	1.136,71	1.121,31	71	347–3.419
76500225	Doença pulmonar obstrutiva crônica	1.836,07	2.241,12	43	513–3.485
76500233	Insuficiência respiratória aguda	2.305,10	2.691,80	59	703–5.722
77500024	Infarto agudo do miocárdio	2.951,50	3.113,84	48	902–6.055
77500032	Insuficiência coronariana aguda	1.669,56	1.739,29	85	543–3.342
77500113	Insuficiência cardíaca	1.688,12	1.815,79	50	573–3.080
77500121	Crise hipertensiva	816,26	672,59	79	271–2.401
77500164	Edema pulmonar agudo	2.607,67	2.646,56	82	642–10.270
77500180	Arritmias cardíacas	1.244,65	1.260,97	31	310–2.289
77500202	Doença vascular periférica	1.804,30	2.169,86	61	510–6.573
79700896	Hospitalização por leucemia crônica em fase aguda para quimioterapia	3.978,11	3.686,61	50	1.601–10.997
80500072	Pielonefrite	892,55	1.031,82	39	316–1.780
80500110	Cólica renal	556,59	585,40	95	115–2.258
80500170	Insuficiência renal crônica – acidose metabólica	1.378,27	1.587,22	57	327–2.766
80500218	Outras doenças do sistema geniturinário	784,43	778,66	52	268–2.130
81001010	Exploração diagnóstica de epilepsia	7.342,94	3.252,09	38	3.823–9.620
81500106	Infarto agudo	1.684,73	1.933,24	39	687–5.266
82500053	Diabetes mellitus	1.283,93	1.321,38	56	383–5.373
83500022	Dor lombar aguda	915,66	958,96	73	278–3.684
85500755	Cuidados prolongados para pacientes com distúrbio neurológico	2.475,98	2.313,02	107	2.134–2.510
85500879	Doenças clínicas intercorrentes em pacientes oncológicos	1.528,45	1.595,92	50	594–2.580
	Média total da amostra	2.606,83	2.515,32	55,5	115–59.988

Fonte: Matos 2002; Dias, Couttolenc e Matos 2004; para os códigos: banco de dados Datasus SIH (Sistema de Informação Hospitalar).

Nota: * = número insuficiente de casos.

Anexo 3D
Metodologia da DEA

Em seu processo produtivo, um hospital combina vários recursos, como força de trabalho, medicamentos, materiais e equipamentos para obter múltiplos produtos, como altas ou pacientes-dia, consultas ambulatoriais e exames diagnósticos. A relação entre a quantidade de recursos utilizados e a quantidade de produtos gerados indica a eficiência do processo de produção. Eficiência e efetividade são conceitos diferentes, porém próximos. A eficiência é a capacidade de alcançar o melhor resultado com a mínima quantidade de recursos; a efetividade é a capacidade de produzir o resultado desejado (Grassetti, Gori e Bellio 2003).

Conceitos de Eficiência

A eficiência, portanto, é a relação entre um resultado ou produto obtido e a quantidade de recursos consumidos para produzi-lo. Uma empresa eficiente produz mais em relação aos recursos utilizados do que uma empresa ineficiente. Mas alguns fatores podem estar envolvidos: otimização e melhor gestão do processo de produção, combinação de recursos na proporção mais adequada, de forma a não haver desperdício, ou produção em escala grande o suficiente para minimizar os custos fixos. Esses fatores correspondem a tipos diferentes de eficiência, como é mostrado na figura 3D.1 e descrito nos próximos parágrafos.

FIGURA 3D.1
Relação entre Diferentes Tipos de Eficiência

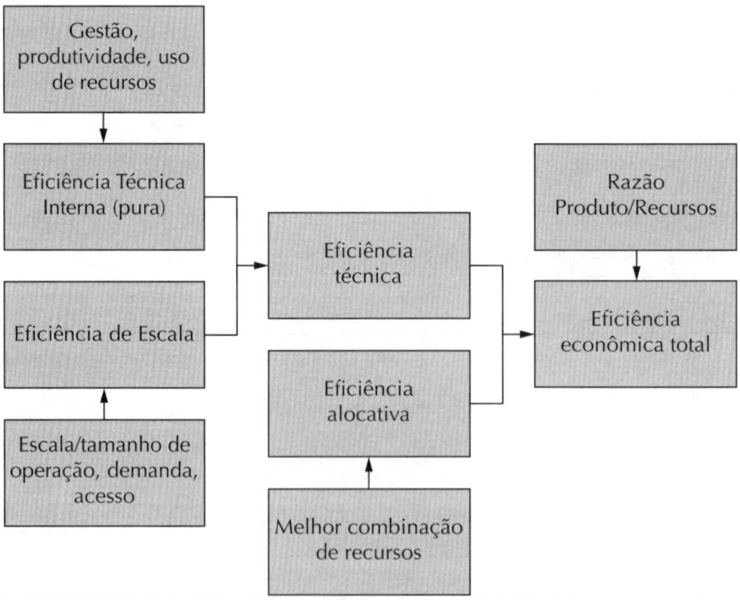

Fonte: Elaboração dos autores.

A *eficiência técnica* é a capacidade de uma organização de obter o máximo de produto com um determinado conjunto de recursos, e a *eficiência alocativa* é a capacidade da organização de combinar os recursos em proporção ideal para um determinado nível de preços e tecnologia (Farrell 1957). Em outras palavras, quando duas organizações obtêm o mesmo volume de produto, mas a organização A consome menos recursos do que a organização B, a organização A é considerada mais eficiente do ponto de vista técnico. Similarmente, se A e B consomem a mesma quantidade de recursos, mas A consegue gerar mais produto, então A é mais eficiente tecnicamente. Contudo, um determinado processo de produção pode exigir a combinação de dois recursos P e Q – trabalho e equipamento, por exemplo – em uma proporção determinada. Se a empresa A utiliza esses recursos em proporção diferente da ideal, resultando em custos maiores, ela será ineficiente no sentido alocativo. A combinação das duas medidas – eficiência técnica e alocativa – constitui a *eficiência econômica total.*

A figura 3D.2 oferece uma representação gráfica desses conceitos. No exemplo, a organização utiliza dois recursos (x_1 e x_2) para gerar um produto (y). A linha *SS'* (chamada isoquanta) representa organizações totalmente eficientes, ou seja, que produzem uma determinada quantidade de produto usando a quantidade mínima possível de recursos x_1 e x_2.[79] A eficiência técnica aparece no gráfico da seguinte forma: uma organização representada pelo ponto *D* consome uma quantidade determinada de x_1 e x_2 para produzir o produto y; nesse caso, ela se distancia das empresas totalmente eficientes da linha *SS'*, e a ineficiência da organização *D* é representada pela distância em relação *AA* essa linha, *DC*. *DC* representa a redução proporcional na quantidade de recursos utilizados que a organização poderia realizar sem alterar seu nível de produção. Sua eficiência técnica é, portanto, medida pela equação

$$ETi = OC/OD$$

na qual ET_i é um valor entre 0 e 1, indicativo do grau de eficiência técnica da organização i. Um valor igual a 1 significa que a organização é totalmente eficiente no sentido técnico, ao passo que valores baixos (perto de 0) indicam um alto grau de ineficiência.

FIGURA 3D.2
Eficiência Técnica e Alocativa

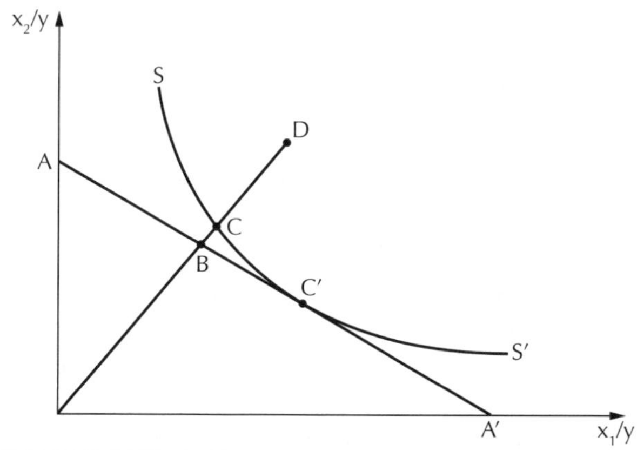

Fonte: Coelli, Rao e Battese 1999.

Uma organização plenamente eficiente no sentido alocativo estará localizada no ponto em que a eficiência alocativa (EA) = 1, ou seja, no ponto *C'*, onde a isoquanta *SS'* e o isocusto (a linha que une todos os pontos com custos semelhantes) *AA'* são tangentes. A distância entre *B* e *C* representa a redução de custo resultante caso a organização opere eficientemente tanto do ponto de vista técnico quanto alocativo (i.e., no ponto *C'*, em vez do ponto *C*, que é tecnicamente eficiente, mas ineficiente em termos alocativos).

Ao multiplicar ET_i e EA_i, obtemos a eficiência econômica total (EE_i):

$$EE_i = ET_i \times EA_i = OB/OD.$$

Um tópico importante na análise da eficiência é a relação entre esta e a escala de operações. Em muitos processos produtivos, a eficiência aumenta à medida que o volume de produção também aumenta, porque os custos fixos são diluídos entre um volume maior de produto. Por exemplo, hospitais de pequeno porte podem ser ineficientes porque têm uma capacidade de produção muito baixa para absorver os custos fixos de equipamentos e instalações. Os retornos de escala (RE) representam o grau em que um aumento proporcional em todos os recursos utilizados resulta em um aumento na quantidade produzida. Retornos constantes de escala ocorrem quando um aumento em todos os recursos resulta num aumento idêntico (proporcional) no produto – quando, por exemplo, ao dobrar a quantidade de trabalho e equipamentos consegue-se dobrar o volume produzido. Quando um aumento nos recursos utilizados resulta em um aumento mais que proporcional no produto, diz-se que a organização opera com retornos crescentes de escala, e quando o aumento no produto resulta menor (menos que proporcional) do que o aumento nos recursos, fala-se em retornos decrescentes de escala. Quando o tamanho de uma organização é tal que permite ganhos de eficiência (i.e., minimiza os custos de produção), diz-se que a organização apresenta eficiência de escala.

Na literatura econômica, vários métodos têm sido usados para estimar a eficiência. Alguns exigem o conhecimento da forma específica do processo de produção (métodos paramétricos), outros não (métodos não-paramétricos). Uma característica peculiar dos hospitais é a produção conjunta de múltiplos produtos (como altas ou saídas, consultas ambulatoriais, procedimentos de emergência, exames diagnósticos), que não podem ser facilmente resumidos em uma única medida. Isso torna conveniente a adoção de métodos que não requerem a especificação do processo produtivo, para estimar a eficiência. Um desses métodos, a análise envoltória de dados (DEA – do inglês *Data Envelopment Analysis*), utilizados neste estudo é descrito a seguir.

Análise Envoltória de Dados

A Análise Envoltória de Dados, ou DEA, é um método para estimar a eficiência que envolve o uso de programação linear para classificar organizações produtivas de acordo com um pontuação (ou índice) de eficiência relativa. O método se baseia na ideia de que as unidades de produção – ou unidades tomadoras de decisão – buscam maximizar seus produtos em relação a uma determinada quantidade de recursos, ou minimizar a quantidade de recursos consumidos para um determinado nível de produto. A análise foi proposta originalmente em um artigo científico de Farrell (1957). O termo análise envoltória de dados, porém, apareceu pela primeira vez em um artigo de Charnes, Cooper e Rhodes (1978), que expandiu a ideia de Farrel criando um modelo que se tornou conhecido como o modelo CCR (as iniciais de seus autores). A grande vantagem do modelo CCR é que permite trabalhar com múltiplos insumos e produtos – uma vantagem considerável na análise de hospitais. O método se baseia no estabelecimento de uma fronteira de eficiência que agrupa todos os pontos possíveis em que uma organização totalmente eficiente produza um determinado produto. Organizações (ou unidades tomadoras de decisão, o termo consagrado na literatura sobre DEA) que minimizam o volume de recursos em relação aos produtos gerados são consideradas eficientes, e estão localizadas na fronteira, recebendo a pontuação máxima de 1. As unidades ineficientes ficam abaixo da fronteira e recebem uma pontuação entre 0 e 1.

Vários modelos da DEA foram desenvolvidos para acomodar situações e pressupostos diferentes. O modelo CCR estima a eficiência pressupondo retornos constantes de escala (RCE) e mostra como as organizações procuram maximizar a quantidade combinada de produtos sujeitos à combinação viável de recursos utilizados. Porém, quando nem todas as organizações operam com retornos constantes de escala, o uso do modelo CCR pode resultar em medidas de eficiência técnica distorcidas pela eficiência de escala. Atentos a esse fato, Banker, Charnes e Cooper (1984) sugeriram uma extensão do modelo CCR. Assim, o modelo BCC estima a eficiência assumindo retornos variáveis de escala (RVE), por meio de uma restrição adicional.

A eficiência técnica total (estimada com base em RCE) pode ser decomposta em dois componentes: a eficiência de escala e a eficiência técnica interna, ou pura (estimada pelo modelo sob RVE). Para calcular o efeito da escala, deve-se estimar ambos os modelos (com retornos constantes de escala/RCE, e com retornos variáveis de escala/RVE).A eficiência de escala é então calculada como a razão entre os valores estimados pelos dois modelos:

$$\text{Eficiência de escala (ES)} = RCE_e/RVE_e = ETT/ETI$$

onde *e* é a pontuação de eficiência estimado a partir de cada modelo.

Enunciado de outra forma:

$$ETT \text{ (sob RCE)} = ETI \text{ (sob RVE)} \times ES$$

Neste livro aplica-se o termo mais intuitivo "eficiência técnica interna", em vez "de ET pura", porque essa modalidade de eficiência está associada a fatores internos à unidade tomadora de decisões, como práticas gerenciais, estrutura organizacional e processo de produção. A eficiência de escala, por sua vez, está ligada a fatores externos ou do ambiente em que a organização opera, como as políticas voltadas para demanda ou políticas setoriais, que muitas vezes determinam o tamanho das operações. As pontuações de eficiência técnica total geralmente são menores do que os de eficiência técnica interna, porque combinam eficiência de operação ou funcionamento (a eficiência técnica interna) e as condições externas (associadas à eficiência de escala), ambas com valor abaixo de 1. Uma unidade tomadora de decisão com alto índice de eficiência técnica interna, mas baixa pontuação de eficiência técnica total, é considerada eficiente localmente (i.e., em relação à sua capacidade ou considerando-se apenas sua organização e operação internas), mas é globalmente ineficiente porque opera abaixo do seu tamanho de escala ótimo.

A DEA pode gerar uma medida de eficiência orientada a insumos ou a produtos. Se for orientada a insumos, indicará em que proporção pode-se reduzir o uso de um insumo sem alterar o nível de produto obtido. Uma medida orientada a produtos indica até que ponto a quantidade de produtos pode ser aumentada mantendo-se inalterado o volume de insumos consumidos. Essas duas medidas se igualam quando a organização apresenta retornos constantes de escala.[80]

Algumas alternativas e variações dos modelos CCR e BCC foram desenvolvidas, embora os modelos básicos sigam sendo os mais usados. A revisão da literatura apresentada no anexo 3E descreve as características e aplicações dos diferentes modelos. Especificações diferentes dos modelos podem levar a resultados diferentes para uma mesma amostra. O modelo a ser usado, assim, é uma questão importante (Webster, Kennedy e Johnson 1998). De forma semelhante, a DEA em princípio deve ser aplicada a organizações que adotam o mesmo processo produtivo. Nesse sentido, e porque os resultados da análise são específicos da amostra utilizada, a DEA é geralmente aplicada a amostras homogêneas. Há poucas menções na literatura às consequências de se aplicar a DEA a amostras não homogêneas.

Um aspecto relevante nos modelos da DEA é a relação entre o tamanho da amostra (o número de organizações) e o número de variáveis (de insumos e produtos). Quanto maior o número de variáveis em relação ao tamanho da amostra, maior será a proporção de organizações apontadas como eficientes. Portanto, uma amostra muito pequena afetará tanto a capacidade do modelo em discriminar as organizações mais e menos eficientes como a própria consistência dos resultados.[81]

A análise da DEA foi realizada em quatro etapas: classificação de hospitais, DEA separada por grupo usando o DEA Excel Solver, aplicação da DEA à amostra completa usando o software DEAP e análise de regressão.

Classificação dos Hospitais

Para obter grupos mais homogêneos, as unidades hospitalares foram primeiramente agrupadas e classificadas de acordo com as seguintes variáveis institucionais: esfera (propriedade), capacidade (número de leitos), tipo de governança e nível de complexidade tecnológica.

DEA Separada por Grupos Utilizando o DEA Excel Solver

Inicialmente, executou-se a DEA para cada grupo da amostra separadamente, utilizando-se o software DEA Excel Solver, e os resultados obtidos foram analisados. Essa adaptação foi necessária para contornar a limitação do *software*, que limita a análise a 200 organizações de cada vez. As análises foram realizadas pressupondo tanto retornos variáveis como retornos constantes de escala, para que fosse possível separar eficiência interna de eficiência de escala.[82]

Numa segunda rodada, para cada variável classificatória, os hospitais eficientes em cada grupo foram combinados em uma amostra única, e seus pontos projetados (metas de uso de recursos) foram usados em uma nova DEA com o propósito de identificar possíveis diferenças de acordo com a esfera, tamanho e outras variáveis.

DEA Aplicada à Amostra Total Usando o Software DEAP

Neste passo, a análise foi realizada sobre a amostra total, após exclusão dos hospitais com menos de 25 leitos, que possuem características distintas e em geral mal podem ser chamados de hospitais. O modelo final utilizou as outras variáveis mencionadas: internações, procedimentos de emergência, funcionários por categoria em equivalente tempo integral, complexidade tecnológica (representada pelos equipamentos disponíveis), número de leitos e número de consultórios.

Para testar a validade desse modelo, vários modelos alternativos foram rodados, com diferentes variáveis de insumos e produtos, incluindo ou excluindo as variáveis potencialmente problemáticas, com e sem ajuste dos produtos em função da complexidade dos serviços oferecidos. Todos esses modelos geraram resultados semelhantes, o que indica a estabilidade dos resultados. A análise também foi executada em separado para hospitais agrupados por tamanho e outros critérios. A exclusão dos hospitais com menos de 25 ou 50 leitos não alterou significativamente os resultados, que no geral se mostraram robustos entre modelos e especificações diferentes. Os resultados apresentados a seguir se referem apenas ao modelo final. Os testes ANOVA e Mann-Whitney foram executados para avaliar o grau de significância das diferenças observadas entre diferentes grupos de hospitais.

Análise de Regressão

Finalmente, como recomendado por Coelli, Rao e Battese (1999), uma análise de regressão foi executada para as pontuações de eficiência obtidos, tendo como variáveis explanatórias a esfera (propriedade) e governança, entre outras, para estimar o efeito dessas variáveis e confirmar os resultados da DEA.

Para controlar a análise por diferenças referentes à complexidade dos hospitais, à severidade dos casos e à qualidade do atendimento, três indicadores foram construídos a partir do banco de dados da AMS e foram incorporados à análise, como descrito no quadro 3D.1.

QUADRO 3D.1
A Medição de Complexidade Hospitalar, *Case Mix* e Qualidade a Partir de uma Pesquisa de Estabelecimentos de Saúde

A produção hospitalar, a eficiência e os custos são fortemente afetados por três fatores difíceis de mensurar: o perfil de pacientes (ou *case mix*), o nível de tecnologia incorporada na prestação de serviços e a qualidade do atendimento. Neste livro tentou-se medir essas variáveis partindo das informações limitadas disponíveis no banco de dados da AMS.

Um indicador de complexidade tecnológica foi utilizado como variável de entrada. Ele foi construído como a soma ponderada do número de equipamentos de diagnóstico e outros tipos de equipamento disponíveis no hospital. Os pesos utilizados refletem a complexidade relativa e o custo dos equipamentos, e foram atribuídos empiricamente como um índice entre 1 e 4. O indicador final foi computado como o logaritmo dos pontos alcançados e foi depois ajustado para se manter no intervalo de 1 a 10.

Um indicador aproximado de *case mix* foi elaborado com base na disponibilidade de serviços intensivos em tecnologia, tais como o número e tamanho de unidades de terapia intensiva (UTI) e salas de cirurgia, e a proporção de pacientes atendidos em especialidades médicas não básicas (i.e., outras que não medicina geral, cirurgia, ginecologia e obstetrícia, pediatria e psiquiatria) e em alguns procedimentos de alta complexidade. O índice de complexidade foi transformado em forma logarítmica e ajustado para variar entre 1 e 10; foi então utilizado como *proxy* do *case mix* para ajustar as variáveis de produto.

O indicador de qualidade foi elaborado com base nas três variáveis disponíveis no banco de dados e comumente associadas à qualidade da atenção: a taxa de mortalidade ajustada pelo indicador de *case mix*, a taxa de pessoal de enfermagem por leito e a proporção de enfermeiros graduados em relação ao pessoal de enfermagem como um todo. Cada variável foi transformada em um indicador de 0 a 1, e sua média não ponderada constituiu o indicador de qualidade.

Fonte: Elaboração dos autores.

DEA e Mecanismos de Pagamento a Prestadores (MPP)

Os resultados da DEA sobre o impacto dos mecanismos de pagamento a prestadores (MPP, em inglês) sobre a eficiência hospitalar poderiam ser influenciados por variáveis de confusão e por diferenças entre grupos de hospitais, além do mecanismo de pagamento. Por exemplo, grupos de MPP são altamente correlacionados com a esfera e os arranjos organizacionais. Variações no tamanho dos hospitais também poderiam distorcer os resultados de eficiência (ver a discussão sobre escala neste capítulo). Entretanto, a aplicação de análise multivariada e o controle por escala não alteraram os resultados de maneira significativa. Fatores adicionais podem ter distorcido os resultados de eficiência, incluindo o *case mix*, o tipo de clientela (SUS *vs.* privada) e a complexidade tecnológica. Separar esses efeitos é difícil, porque o MPP costuma ser um componente integrante dos arranjos organizacionais, em especial no caso dos hospitais públicos.[83]

Anexo 3E
Estudos Brasileiros sobre Eficiência Hospitalar

Autor	*Amostra*	*Objetivo*	*Modelo, amostra e variáveis de regressão*	*Variáveis de insumos*	*Variáveis de produtos*	*Resultados principais*
Marinho 2001a	Hospitais públicos e privados	Comparar metodologia da DEA com indicadores de desempenho	*Modelo*: • AP modelo *Amostra*: • seis hospitais	• Número de leitos • Número de funcionários • Número de médicos	• Número de pacientes internados • Número de pacientes ambulatoriais • Número de pacientes tratados	• A DEA apresentou resultados mais consistentes • A eficiência varia de 15,89 a 310,5%
Marinho 2001b	18 municípios no estado do Rio de Janeiro, 1998	Avaliar diferenças regionais	*Modelo*: • CCR + Tobit *Amostra*: • 390 hospitais *Variáveis de regressão*: • PIB • População • TMP	• Número de leitos • Capacidade ambulatorial • Valor médio de reembolso por paciente-dia • Valor médio para procedimento ambulatorial	• Número de pacientes internados • Número de procedimentos ambulatoriais • Taxa de mortalidade (qualidade)	• Não há padrão regional • Eficiência média de 83,7% • Excesso de oferta geral • Leitos ajustados • Hospitais maiores têm índice de eficiência menor • PIB tem correlação positiva com eficiência • TMP: correlação negativa com eficiência
Marinho 2001c	Hospital universitário federal, cinco semestres a partir de 1998	• Avaliar cada semestre • Avaliar todos os semestres e unidades	*Modelo*: • CCR + dados de painel com efeito fixo *Amostra*: • 45 hospitais *Variáveis de regressão*: • taxa de ocupação • taxa de giro • TMP	• Área construída • Número de salas (ambulatório, cirurgia e emergência) • Recursos financeiros do SUS • Número de enfermeiros • Número de médicos • Número de leitos adultos e de UTI • Número de professores	• Número de cirurgias • Número de pacientes ambulatoriais • Número de consultas em internação • Número de exames gerais • Taxa de infecção • Inverso do número total de mortes • Número total de altas • Número de residentes	• Eficiência: 93,9% pelo Modelo 1; 84,2% pelo Modelo 2 • Não há tendências temporais • Norte é mais eficiente • Tamanho não influencia • TMP e eficiência: correlação negativa

continua

Autor	*Amostra*	*Objetivo*	*Modelo, amostra e variáveis de regressão*	*Variáveis de insumos*	*Variáveis de produtos*	*Resultados principais*
Marinho e Façanha 2001	Hospital universitário federal, 1996	Avaliação	*Modelo*: • BCC *Amostra:* • 43 hospitais	• Área construída • Número de professores (pagos pelo MEC) • Recursos financeiros • Número de funcionários • Número de leitos • Número de médicos residentes • Número de médicos (pagos pelo MEC) • Número de médicos residentes • Número de salas ambulatoriais • Número de salas ambulatoriais de cirurgia • Número de salas de cirurgia	• Número de cirurgias • Número de pacientes ambulatoriais • Número de internações • FIDEPS	• Aumento de internações, cirurgias e FIDEPS • Hospitais maiores são menos eficientes
Calvo 2002	Estado do Mato Grosso, 1998	Comparar unidades públicas e privadas	*Modelo*: • BCC *Amostra*: • 40 privados e • 40 públicos	• Número de médicos • Número de leitos • Recursos financeiros do SUS	• Número de altas	• Não há diferença entre hospitais públicos e privados
Pereira, Tusi e Lanzer 1995	Hospital universitário federal, Santa Catarina	Avaliação no tempo de clínica cirúrgica hospitalar	*Modelo*: • FDH e análise de janela *Amostra*: • 1 hospital, 8 períodos	• Custo total • Pacientes/dia • Número de horas-cirurgia	• Número de cirurgias	• Primeiro e último período foram eficientes, servindo como ponto de referência para gestores

Prefeitura da cidade do Rio de Janeiro 2002	Hospital Geral na Cidade do Rio de Janeiro, 2000	Avaliar clínicas de medicina geral e cirurgia	*Modelo*: • CCR *Amostra*: • 19 hospitais gerais para medicina geral; • 18 hospitais gerais para cirurgia	*Clínica*: • Taxa de mortalidade • TMP *Cirurgia*: • Taxa de mortalidade, • TMP	*Medicina geral:* • Doenças infecciosas e parasitárias • Doenças respiratórias • Doenças digestivas • Doenças circulatórias • Doenças endócrinas, nutricionais e metabólicas • Valor de AIH *Cirurgia*: • porcentagem de cirurgias de alto risco • Valor de AIH	• Taxas de mortalidade e TMP diminuíram, mantendo recursos e perfil de doença
Holanda, Petrini e Nogueira 2004	Municípios do Ceará, 2002	Diferenças regionais	*Modelo*: • BCC (não crescente) + Tobit *Amostra*: • 163 municípios *Variáveis de regressão*: • População municipal como porcentagem da população na microrregião • PIB municipal como porcentagem do PIB da microrregião	• Profissionais de saúde/mil habitantes • Número de equipamentos em uso/mil habitantes • Número de leitos hospitalares/mil habitantes	• Número de consultas ambulatoriais/mil habitantes • Número de internações/mil habitantes	• Municípios com mais qualidade atraem pacientes de outras regiões? • Excesso de recursos em algumas regiões? • Concentração de recursos de alto custo e alta complexidade em municípios mais eficientes • Pontuação alta associada a alta população e alto PIB

Nota: AIH: Autorização de Internação Hospitalar; TMP: tempo médio de permanência; AP: modelo da DEA de Anderson e Petersen; BCC: modelo da DEA de Banker, Charnes e Cooper; CCR: modelo da DEA de Charnes, Cooper e Rhodes; DEA: análise envoltória de dados; FDH: modelo de Free Disposable Hull; FIDEPS: Fator de Incentivo ao Desenvolvimento de Ensino e Pesquisa em Saúde; PIB: produto interno bruto; UTI: unidade de tratamento intensivo; MEC: Ministério da Educação e Cultura; SUS: Sistema Único de Saúde.

Notas

1. Para os EUA, ver Schneiter, Riley e Rosenthal (2002); NCSL (2003). Para a Europa, ver OMS (2000b, 2000c, 2000d, 2000e).
2. Entre as fontes usadas nesta seção estão Banco Mundial (2007) e Couttolenc et al. (2004).
3. Como discutido adiante, pesquisadores têm tentado estimar esses custos com base em sistemas existentes de contabilidade de custos.
4. Apropriação é o processo de distribuir o custo dos centros de custos administrativos e de apoio para o custo final dos produtos (consultas médicas ou diárias de internação, por exemplo). Critérios diferentes podem ser usados para esse propósito; por exemplo, custos administrativos podem ser alocados de acordo com o número de funcionários que trabalham em cada centro de custo.
5. Muitos hospitais de pequeno e médio porte são administrados por uma autoridade central (pela secretaria da saúde ou outra) e por isso gastam diretamente apenas uma pequena fração do seu orçamento.
6. O sistema de AIH é descrito no capítulo 4.
7. "Procedimento" é o termo geral utilizado no Brasil para referir-se ao tratamento a pacientes, em oposição a "serviço" (ou ato médico) isolado; o termo inclui todos os serviços médicos utilizados para tratar de um paciente ou de um caso.
8. Embora com viés para procedimentos mais caros, a distribuição da amostra de procedimentos por intervalo de custo não era diferente da distribuição de todos os procedimentos de internação e gastos no sistema nacional de AIH. (Ver anexo 3B, tabela 3B.1, para uma comparação entre o banco de dados da AIH e a amostra de Matos.)
9. Muitos procedimentos de alta frequência e baixo custo, em conjunto com alguns procedimentos de baixa frequência e alto custo, respondem por uma grande proporção dos gastos totais. Os procedimentos que contribuem com os maiores gastos na amostra (mais de R$ 1 milhão) em geral são os de menor volume e maior complexidade: transplantes de medula e revascularizações do miocárdio com circulação extracorpórea (ambos acima de R$ 2 milhões); implantes de próteses valvulares; transplantes de fígado; angioplastias coronarianas; tratamento de septicemia pediátrica; partos prematuros e implantes de marca-passos cardíacos. Esses oito procedimentos respondem por apenas 8,3% do volume, mas por 28,4% dos gastos.
10. Para uma discussão de ajuste por *case mix* e a elaboração de um índice de *case mix*, veja o anexo 3D.
11. O coeficiente de variação é uma medida de diferenças relativas, definida como a razão entre o desvio padrão e a média. (Desvio padrão é uma medida de variação em torno da média.) Por exemplo, o procedimento de apendicectomia apresentou custo médio de R$ 1.056 e desvio padrão de R$ 628, resultando em um CV de 59% para todos os casos. O anexo 3C apresenta os CV referentes a todos os procedimentos pesquisados.
12. Por exemplo, uma combinação de casos mais graves tratados em uma determinada unidade, quando comparada a outra, causará o aumento do custo médio de qualquer procedimento ou caso realizado naquela unidade e pode assim distorcer qualquer comparação entre custos médios. Custos médios, portanto, devem ser ajustados por diferenças de *case mix*.
13. Autoridades do SUS argumentam que muitos casos graves cobertos por planos privados são "despejados" em unidades públicas para evitar tratamentos caros. Os dados disponíveis, porém, sugerem que essa prática pode não ser tão difundida como se acredita. O número de pacientes identificados como cobertos por planos de saúde e tratados em unidades do SUS (823 mil entre 1999 e 2005) representa uma proporção muito pequena do atendimento prestado a pacientes com planos privados (155 milhões de consultas e 7 milhões de internações hospitalares por ano). Além disso, embora faltem dados sistemáticos, nem todos esses casos são referentes a atendimentos de alta complexidade. Por exemplo, a Agência Nacional de Saúde Suplementar – ANS relata que 44% dos atendimentos a pacientes privados nos primeiros seis meses de 2006 foram para atendimentos de obstetrícia, incluindo partos normais e cesarianas (ANS 2006b).
14. A questão da baixa remuneração pelo SUS para a maioria dos procedimentos hospitalares em relação ao custo desses procedimentos e os incentivos distorcidos embutidos nesse sistema de

pagamentos são discutidos no capítulo 4. Os hospitais públicos são financiados por meio de um orçamento que inclui, entre outras fontes, o montante pago pelo sistema federal de AIH e pelo Sistema de Informação Ambulatorial (SIA), ao passo que prestadores privados dependem essencialmente dos pagamentos do SUS por AIH e SIA. Unidades privadas, portanto, recebem menos recursos financeiros para custear o tratamento de pacientes do SUS.

15. Como se vê na figura 3.4, o grupo de casos relativos à variação intra-hospitalar não inclui os CV ajustados porque, por definição, os ajustes por *case mix* são realizados ao nível de cada hospital.
16. A severidade dos casos individuais não foi controlada na amostra porque a coleta de informações sobre diagnóstico estava além do escopo do estudo de Matos (2002).
17. Três desses procedimentos de baixa variabilidade são procedimentos cirúrgicos. Existe padronização clínica considerável no caso dos partos normais.
18. O sistema de faturamento e pagamentos da AIH consiste de seis componentes principais: serviços hospitalares (incluindo enfermagem, apoio geral e serviços administrativos); serviços profissionais (pagamentos a médicos); exames diagnósticos; medicamentos e materiais médicos; medicamentos e materiais especiais (em geral itens de alto custo); e procedimentos especiais (em geral de alto custo).
19. A ANS é a agência nacional regulatória que supervisiona os planos de saúde privados. A UNIDAS é uma associação patronal de empresas que oferecem a seus empregados cobertura direta de saúde (planos de autogestão).
20. Os custos comparativamente baixos dos hospitais das OSS para internações são uma descoberta importante e sugerem que a parceria público-privada na qual o modelo das OSS se baseia é sólido, ao menos em termos de eficiência. Veja os capítulos 5 e 6 para uma discussão das OSS.
21. Esses números levam em conta a população total. Se considerarmos apenas a população que usa os serviços do SUS regularmente, o número seria de 8,3% em 2005.
22. Procedimentos classificados como de alta complexidade estão nas áreas de ortopedia, transplantes, cardiologia, doenças renais, oncologia e neurocirurgia, entre outras.
23. Não foi possível controlar a maior parte da análise pela qualidade do atendimento.
24. Veja, por exemplo, IHBF (2005); Brosi et al. (1997); Englert, Davis e Koch (2001); Auton (1994); McKee (1997).
25. Entre os métodos recomendados para compensar os baixos graus de liberdade estão as análises de janela (*window analysis*) e de *bootstrap*.
26. Os pagamentos da AIH para atendimentos de internação na maioria dos casos estão bem abaixo dos custos reais, mas procedimentos complexos tendem a ser bem pagos.
27. Uma dessas metodologias é proposta pelo Programa de Qualificação da Saúde Suplementar, da ANS, voltado para medir a qualidade das seguradoras de saúde privadas.
28. A análise foi realizada pelo Instituto Brasileiro de Geografia e Estatística, IBGE. Várias fontes de dados foram utilizadas para a análise da eficiência hospitalar no Brasil, e todas elas provaram ter limitações consideráveis em termos de cobertura, qualidade de dados ou ambos. Foram consideradas algumas fontes de dados alternativas, como o Cadastro Nacional de Estabelecimentos de Saúde/CNES do Ministério da Saúde/MS, o banco de dados hospitalares do Datasus e a pesquisa da AMS de 1998 (IBGE 2000a). Os dois primeiros se limitam a hospitais que prestam serviços ao SUS, e alguns hospitais públicos e privados não foram cadastrados. A pesquisa de 1998 da AMS permitia a identificação de hospitais individuais, mas tinha menos variáveis do que a edição de 2002.
29. O modelo da DEA utilizado incluiu duas variáveis de produtos: altas hospitalares e procedimentos de emergência. Informações sobre consultas ambulatoriais, outro serviço hospitalar importante, não estavam disponíveis no banco de dados. As variáveis de insumos, em número de seis, incluíam: três insumos de capital (número de leitos, número de consultórios e o logaritmo do índice de complexidade baseado em equipamentos) e três variáveis de insumos relacionadas à força de trabalho (a soma de médicos e residentes, pessoal de enfermagem, e outras categorias de pessoal). Ambas as variáveis de produto foram ajustadas por um índice de complexidade dos serviços oferecidos, uma aproximação ao índice de *case mix*. A metodologia, incluindo a definição de indicadores *proxies* utilizada para auferir complexidade, *case mix* e qualidade, é descrita no anexo 3D. Como as unidades com menos de 25 leitos em geral não podem ser consideradas

comparáveis aos hospitais maiores, os modelos finais foram aplicados a uma subamostra de 428 hospitais com 25 leitos ou mais.

30. O IBGE define hospital como uma unidade de saúde que oferece atendimento em internação por mais de 24 horas.
31. A distribuição por esfera e arranjos de governança não foi tão representativa. Como reflexo das prioridades do SUS, o número de hospitais com fins lucrativos foi intencionalmente reduzido na amostra, e o de hospitais públicos federais foi ampliado.
32. Hospitais com menos de 25 leitos foram descartados na maioria das análises ou foram analisados em separado. Essas unidades apresentaram poucas internações e, portanto, poderiam ter distorcido os resultados.
33. Foi elaborado um índice de complexidade tecnológica, que foi usado como representativo do nível de complexidade do hospital. O índice é baseado na disponibilidade de equipamentos de média e alta complexidade e é medido numa escala de 1 a 10, e posteriormente dividido em seis categorias (0 a 5).
34. A alta proporção de pacientes privados (não-SUS) em hospitais federais na amostra – muito maior do que para os hospitais federais em geral – é atribuível ao número de unidades federais voltadas para "clientelas fechadas", ou seja, servidores civis e militares, incluídos na amostra.
35. Isso se deve ao fato de que a ETT é o produto entre a eficiência interna e a eficiência de escala.
36. A análise também foi realizada com a amostra reduzida aos hospitais com 50 leitos ou mais para verificar se os hospitais pequenos (de 25 a 49 leitos) estavam afetando os resultados. Os resultados não se alteraram de maneira significativa.
37. Quando apenas os hospitais com 50 leitos ou mais foram considerados, o padrão de resultados foi parecido. A menor categoria incluída apresentou o maior valor de eficiência interna, mas a menor eficiência de escala e a menor eficiência total.
38. Os arranjos organizacionais nos hospitais públicos são discutidos no capítulo 5.
39. As referências são: 1) o valor médio para todos os hospitais do SUS (obtido do banco de dados do MS/Datasus); 2) a mediana para hospitais incluídos no programa de acreditação do CQH em São Paulo; 3) a média para países da OCDE; e 4) o valor da mediana para o grupo dos "top 100 hospitais" dos EUA segundo um estudo de *benchmarking* (ver quadro 3.4).
40. As variáveis seguem definições diferentes dependendo do país. O ano e o escopo dos dados não são sempre os mesmos, as fontes de informação usam categorias diferentes (por exemplo, o termo "enfermeiro" significa diferentes níveis de funcionários em diferentes países, e o mesmo ocorre com relação à abrangência e limites do setor saúde e dos gastos com saúde). Em seu projeto sobre Dados de Saúde – um banco de dados comparados de todos os países membros –, a OCDE está tentando tornar os dados mais comparáveis, mas as dificuldades são consideráveis.
41. O valor mais baixo para a OCDE pode ser atribuível às TMP mais longas associadas a uma população mais idosa e com alta incidência de doenças crônicas.
42. Como mostrado a seguir, alguns desses casos de internação poderiam ter sido tratados em uma unidade ambulatorial.
43. Uma taxa de ocupação de 100% não permite dar conta dos picos de demanda e dos atendimentos de emergência, e pode resultar em superlotação e medidas precárias como a colocação de leitos nos corredores.
44. O dado da amostra, 29%, não foi utilizado porque o censo de pacientes na pesquisa foi realizado em 31 de dezembro, quando muitos pacientes recebem alta para passar os feriados em família. Este fato distorceu a estimativa da taxa de ocupação para baixo. Contudo, o padrão geral observado na amostra foi similar àquele baseado nos dados do SUS.
45. A proporção de hospitais com baixa taxa de ocupação foi inflada na amostra porque a contagem de pacientes foi realizada em 31 de dezembro, mas mesmo os dados do MS/Datasus indicam um grande número de hospitais com baixas taxas de ocupação.
46. Isso nem sempre acontece porque muitos procedimentos complexos podem ser realizados durante uma permanência curta, graças a novas tecnologias cirúrgicas.
47. Densidades de pessoal também são usadas como indicadores de qualidade, especialmente no caso da enfermagem.

48. Os indicadores de pessoal foram ajustados para o equivalente de tempo integral (ETI).
49. Hospitais eficientes, com pontuação na DEA de 1 para a eficiência total, utilizam 20% menos funcionários por leito do que a média dos hospitais da amostra.
50. Uma pesquisa de unidades hospitalares indica um registro de 17% de cirurgias canceladas, principalmente devido a fatores não-clínicos (não relacionados ao quadro do paciente), como o não-comparecimento do médico, equipamento com defeito ou indisponibilidade de algum material específico (Banco Mundial 2007).
51. O índice foi obtido dividindo-se o índice de complexidade tecnológica para um determinado hospital – computado como descrito no quadro 3D.1 – pelo número de leitos.
52. Banco Mundial (2007) traz evidências adicionais acerca da irracionalidade na alocação e gestão de equipamentos.
53. A principal limitação do método (descrito no quadro 3D.1) é seu viés a favor do uso de recursos em vez da obtenção de resultados.
54. Outros estudos da DEA mostraram uma importante associação positiva entre qualidade e eficiência, mas isso depende de como as variáveis de qualidade são definidas. Por exemplo, aplicando a DEA e considerando as infecções hospitalares como produto de qualidade, Prior (2006) evidenciou uma relação positiva entre qualidade e produtividade em hospitais espanhóis. Os dados da AMS não permitiram definir um indicador de produto focado em qualidade. Para uma análise sobre a evidência na relação entre qualidade (baixa) e custos (altos), veja Institute of Medicine (1999).
55. Altos índices de eficiência não implicam taxas de funcionários por leito que possam reduzir a qualidade. Hospitais eficientes (sob o ponto de vista da ETT) apresentaram taxa total de funcionários por leito de 1,9, e uma taxa de pessoal de enfermagem por leito de 0,77. Tais valores são semelhantes às médias internacionais.
56. As regressões foram realizadas usando o modelo de Tobit (ver tabela 3B.2), devido à distribuição censurada das pontuaçoes de eficiência.
57. No modelo principal (modelo 1), esfera e tamanho foram utilizados como variáveis explicativas. Os demais modelos (o modelo 2 é mostrado na tabela 3B.2) consideraram o tipo de governança em vez da esfera, e a complexidade tecnológica em lugar do tamanho. Não foi possível incluir complexidade e tamanho, ou esfera e governança no mesmo modelo, devido à alta correlação entre esses pares de variáveis, o que poderia gerar um problema de multicolinearidade. A exclusão de hospitais com menos de 50 leitos da regressão não alterou os resultados de forma significativa, o que indica que a presença de hospitais pequenos (25 a 49 leitos) na amostra não distorceu os resultados.
58. Como mencionado previamente e discutido no quadro 3D.1, o indicador de qualidade foi construído com base em dois insumos – o coeficiente do total de pessoal de enfermagem por leito e a proporção de enfermeiros graduados em relação ao total de pessoal de enfermagem – em vez de variáveis de produto. Isso pode ter influenciado os resultados porque o indicador de qualidade resultante era, por construção, relacionado negativamente, ainda que fracamente, à pontuação de eficiência. Indicadores diretos de produto focados em qualidade não estavam disponíveis na base de dados da AMS, e o indicador de mortalidade hospitalar pode ter sido ajustado de forma insuficiente por *case mix*.
59. Neste estudo, o banco de dados de internação da AIH do MS/Datasus AIH foi utilizado para identificar as Condições Sensíveis à Atenção Ambulatorial (como definido por Caminal et al. 2004), e foram levantados os dados de internações hospitalares e pacientes-dia para essas condições. Estimativas do custo gerado para o SUS pelo tratamento de internações por essas condições foram baseadas nos custos unitários dos procedimentos hospitalares estimados por Matos (2002).
60. Os dados da AMS mostram que o número de hospitais municipais mais do que dobrou, de 875 em 1990 para 1.831 em 2005.
61. Não há dados disponíveis sobre o número de hospitais filantrópicos ao longo do tempo. O capítulo 5 discute as raízes históricas do setor hospitalar privado filantrópico.
62. Como mencionado anteriormente, o número de cirurgias foi expresso pelo número de internações cirúrgicas.

63. O estudo também concluiu que a magnitude da associação entre resultado e volume varia muito.
64. No capítulo 7 é abordada a associação entre a qualidade de atendimento e a mortalidade neonatal e perinatal nos hospitais brasileiros.
65. Como grupo, os hospitais privados lucrativos especializados são geralmente unidades de pequeno porte que oferecem principalmente atendimento de alta complexidade.
66. Hospitais pequenos (que têm entre 5 e 30 leitos, segundo definição do MS) representam 40% de todos os hospitais financiados pelo SUS. Destes, 65% são localizados em pequenos municípios (com menos de 30 mil habitantes), onde muitas vezes são a única alternativa para atendimentos de internação. Porém, é necessário realizar análises espaciais mais aprofundadas para determinar até que ponto essa é a realidade mais frequente.
67. O regulamento de consórcios municipais foi alterado pela Lei 11.107/2005, que propôs um marco mais claro para consórcios públicos.
68. O estado de Minas Gerais adotou a estratégia de modernizar e melhorar a qualidade de 120 (entre 720) hospitais financiados com recursos públicos depois de uma exaustiva análise do acesso, oferta e demanda de serviços hospitalares. Os 600 hospitais restantes, todos de pequeno porte, foram considerados desnecessários. Trata-se principalmente de unidades administradas pelos municípios ou filantrópicas, financiadas em parte pelo estado. O estado irá retirar esse apoio gradualmente, deixando as unidades buscarem seu próprio caminho. A experiência mineira é discutida no capítulo 8.
69. Sobre a experiência europeia em relação à reestruturação hospitalar, veja McKee e Healy (2002); Saltman e Figueras (1997).
70. Essa política promoveu a expansão de hospitais-dia, cirurgias ambulatoriais e outras alternativas ao atendimento em internação (DREES 2005).
71. Isto na verdade tem relação com a rigidez e o formalismo do processo orçamentário e de planejamento, associados às deficiências na capacidade das administrações locais, discutida no capítulo 2.
72. O SUS pode se recusar a contratar um prestador privado caso seus serviços não sejam necessários em uma determinada área, mas isso raramente acontece.
73. Estes parâmetros são definidos na Portaria MS/GM 1.101, de 2002.
74. Ver Banco Mundial (2007) para uma análise dos orçamentos subnacionais e os processos de execução orçamentária em saúde.
75. O capítulo 8 discute as redes organizadas de prestadores.
76. Os critérios políticos aplicados à alocação de investimentos podem levar à dispersão de iniciativas e recursos, como descrito em Banco Mundial (2004a).
77. Existem protocolos de tratamento para uma série de procedimentos, e há mais sendo desenvolvidos, mas eles são aplicados de forma limitada e esporádica.
78. A estimativa deste estudo é baseada em uma taxa de ocupação média de 40%, relativa à meta ideal de 80%, e pressupõe, por simplificação, que o custo de internações seja semelhante em todos os hospitais. Esse cálculo provavelmente superestima o desperdício de recursos por conta da ociosidade de leitos, mas, como mostrado neste livro, outras fontes importantes de ineficiência têm forte influência nos custos.
79. Uma isoquanta é uma linha que agrupa todas as combinações possíveis de insumos (ou fatores de produção) que podem ser utilizadas para produzir o mesmo determinado nível de produto.
80. Coelli, Rao e Battese (1999) defendem que a escolha entre modelos tem um impacto menor e apontam que tanto modelos orientados para insumos como para produtos estimam a mesma fronteira e identificam um mesmo conjunto de organizações como eficientes. É apenas a medida da eficiência para as organizações ineficientes que pode variar.
81. Como regra prática, Cooper, Seiford e Tone (2002) oferecem uma fórmula para estudos empíricos: $n \geq \max\{m \times s; 3(m + s)\}$, onde n é o número de organizações, m é o número de insumos e s é o número de produtos no modelo.
82. De acordo com Coelli, Rao e Battese (1999), a eficiência técnica interna é definida como a razão entre a eficiência sob retornos variáveis e a eficiência de escala.
83. Esses resultados são mostrados no capítulo 4.

4

Mecanismos de Pagamento Hospitalar e Arranjos Contratuais

Mecanismos de pagamento a prestadores (MPP) são as formas pelas quais contratantes remuneram prestadores de serviços de saúde pelos produtos fornecidos. São utilizados para pagar organizações prestadoras de serviços, como hospitais, e profissionais, como médicos. Exemplos de MPP para hospitais incluem orçamentos por elemento de despesa, remuneração por serviço ou ato, pagamentos por diária e pagamentos por casos. Por meio de incentivos, os MPP influenciam o comportamento dos hospitais e, consequentemente, seu desempenho. Cada tipo tem suas vantagens e desvantagens, mas todos os MPP são ferramentas poderosas que entidades contratantes como governos e seguradoras privadas podem utilizar para induzir os prestadores a cumprir diretrizes e prioridades, como melhorar a qualidade, aumentar a eficiência, ampliar o acesso e conter custos. Além dos incentivos inerentes aos MPP, considerações práticas têm de ser levadas em conta. Por exemplo, MPP excessivamente complexos podem sobrecarregar a capacidade administrativa de contratantes e prestadores ou resultar em altos custos de transação.

Neste capítulo são examinados os MPP utilizados no Brasil para remunerar serviços hospitalares, seus incentivos embutidos e características administrativas e os efeitos de ambos sobre o comportamento dos hospitais. A experiência do Sistema Único de Saúde (SUS) com a contratação de serviços hospitalares, clínicos e não-clínicos, é analisada, assim como uma inovação contratual promissora, que vincula o pagamento ao desempenho.

Um MPP bem desenhado deve estar baseado em dados sólidos e deve estar inserido num ambiente institucional e regulatório adequado. É um instrumento que os formuladores de políticas públicas podem utilizar para equacionar diversas limitações sistêmicas e de desempenho relacionadas à prestação de serviços hospitalares no Brasil, incluindo excesso de leitos e unidades hospitalares, ênfase nos cuidados em internação, transferência de custos e pacientes, desigualdades (manifestadas, por exemplo, em um sistema de duas entradas), uso excessivo de pessoal, baixa produtividade, baixa qualidade e falta de responsabilização dos gerentes de hospitais pelas suas decisões (Murray 2006).

Um elemento essencial dos MPP é a determinação de preços de serviços ou pacotes de serviços. Os MPP constituem o processo e os métodos para determinar níveis de preços e alocar recursos financeiros para hospitais com base nesses preços. São um determinante importante do desempenho, porque prestadores de serviços de saúde respondem aos incentivos inerentes a mecanismos específicos de pagamento. Embora não haja nenhum MPP perfeito, um sistema de pagamento cuidadosamente elaborado tem um grande papel na promoção da eficiência, da preocupação com custos e da qualidade. Os principais efeitos dos diferentes MPP sobre a eficiência, qualidade e custos são resumidos no anexo 4A.

Mecanismos de pagamento a hospitais estão também direta ou indiretamente relacionados à remuneração dos médicos. A prática médica afeta como os cuidados à saúde são ministrados e é o principal determinante da utilização de recursos. No Brasil os médicos são remunerados ou por um salário fixo (quando empregados de instituição pública) ou com base no pagamento por serviço ou ato, caso da maioria dos hospitais privados. A remuneração por salário – especialmente quando abaixo da expectativa – leva à baixa produtividade médica, negligência com o trabalho e absenteísmo.[1] A remuneração por ato sem outras formas de controle, no entanto, muitas vezes estimula os médicos a realizarem procedimentos desnecessários ou a se especializarem nos procedimentos e casos mais bem pagos, contribuindo para a oferta excedente de serviços e equipamentos de alta tecnologia no Brasil (ver capítulo 3).

Os MPP que de fato promovam a melhoria do desempenho são fortemente dependentes de dados e contêm estruturas de preços baseadas em informações confiáveis de custos, volume e *case mix*. Mecanismos baseados em orçamentos, por exemplo, não têm uma base informacional sólida ou uma estrutura de preços clara e são, por isso, em geral, o método menos poderoso para influenciar o comportamento dos hospitais. Muitos países estão reorientando seus sistemas orçamentários em direção a MPP que padronizam pagamentos e produtos e ao mesmo tempo criem incentivos para a promoção da eficiência e resolutividade na prestação de serviços hospitalares. A proliferação de mecanismos de pagamento baseados em diagnósticos (como os DRG) é um exemplo dessa reorientação. Garantir a disponibilidade de dados necessários para o desenvolvimento de modelos adequados de MPP é um dos principais desafios para todos os países preocupados em mudar a maneira como os hospitais são pagos.

O Brasil já experimentou diferentes formas de pagamento para serviços hospitalares, e o debate a respeito da efetividade e adequação dos MPP utilizados pelo SUS continua. Por exemplo, o sistema de Autorização de Internação Hospitalar (AIH) é um MPP que determina a remuneração para procedimentos de internação. A maioria dos planos de saúde privados no Brasil utiliza uma tabela de preços elaborada pela Associação Médica Brasileira (AMB). Apesar de iniciativas tímidas de usar MPP para sustentar prioridades e políticas públicas, os mecanismos de pagamento ainda são um instrumento pouco utilizado no setor público. O uso de mecanismos para influenciar o desempenho de hospitais é ainda menos desenvolvido no setor privado. Enfrentar as dificuldades discutidas no capítulo anterior requer a elaboração de uma estrutura de incentivos mais racional e proativa – e, inevitavelmente, a uma revisão profunda dos mecanismos de pagamento atualmente em vigor.

Mecanismos de Pagamento para Serviços Hospitalares no Brasil

As entidades compradoras de serviços de saúde no Brasil (o SUS e as operadoras privadas) usam um leque de mecanismos para pagar hospitais. Para essa discussão, os MPP são classificados em duas dimensões: em função de seu uso nos setores público e privado e segundo seu método de fixação de preços e se os montantes são definidos antes (prospectivos) ou depois (retrospectivos) da prestação dos cuidados médicos (Wouters, Bennet e Leighton 1998; Barnum, Kutzin e Saxenian 1995; Bitrán e Yip 1998). As características principais dos MPP utilizados no Brasil são resumidas na tabela 4.1 e descritas detalhadamente no anexo 4A.

Setor Público

Cinco tipos de MPP são utilizados no setor público brasileiro: o orçamento prospectivo baseado em elementos de despesa, com suas variantes, o orçamento descentralizado e o orçamento global prospectivo; o pagamento prospectivo por caso; e o pagamento prospectivo por serviço ou ato médico.

TABELA 4.1
Principais Características dos Mecanismos de Pagamento a Hospitais Utilizados no Brasil

Mecanismo	*Fonte de financiamento*	*Prestadores pagos*	*Serviços pagos*	*Base de pagamento*
AIH, Autorização de Internação Hospitalar	Federal	Privados apenas (cada vez mais incluído em repasses a estados e municípios)	Internação	Tabela de preços por caso, não baseado em custos
SIA, Sistema de Informação Ambulatorial	Federal	Privados apenas (cada vez mais incluído nos repasses federais)	Cuidados ambulatoriais	Tabela de preços por caso, não baseado em custos
Incentivos adicionais, apoio, fundos emergenciais (pagos aos hospitais)	Federal	Públicos e filantrópicos	Hospitais de ensino e pesquisa, serviços de emergência, tratamentos de alto custo	Baseado nos serviços prestados
Orçamento	Federal, estadual e municipal	Públicos	Folha de pagamento e parte do custeio	Médias históricas
Pagamento por serviço ou por ato	Empregadores, profissionais	Principalmente privados	Todos	Tabela de preços negociada (não baseada em custos)
Pagamento direto (particular)	Indivíduos	Privados (especialmente com fins lucrativos), alguns públicos	Todos	Tabela de preços

Fonte: Elaboração dos autores.

Orçamento Prospectivo por Elemento de Despesa

Nessa forma tradicional de MPP o orçamento é fixado anualmente e alocado antecipadamente por categorias funcionais e por elementos de despesa. A formulação do orçamento não requer muita informação e é geralmente baseada em valores históricos. Os orçamentos são administrados diretamente pelo governo, e os hospitais têm pouca flexibilidade ou autonomia gerencial para realocar recursos. Além disso, o governo é o beneficiário de qualquer sobra ou economia, o que significa que toda economia realizada pelos hospitais reverte para o tesouro – mas o governo também absorve os possíveis déficits orçamentários. Esse é o modelo principal dos hospitais públicos.

No Brasil existem duas variantes do orçamento por elemento de despesa: o orçamento descentralizado e o orçamento global prospectivo.

- *Orçamento descentralizado.* Menos de 10% dos hospitais públicos são considerados unidades orçamentárias e têm assim seus "próprios" orçamentos. Nessa categoria está incluída a maioria dos hospitais federais e os hospitais sob "administração indireta".[2] Os gestores têm alguma autonomia financeira e administrativa, mas em geral apenas para comprar medicamentos e outros materiais de consumo. Uma vez que as compras feitas por hospitais descentralizados seguem as mesmas regras de licitação das unidades centralizadas, do ponto de vista gerencial há pouca diferença entre orçamentos descentralizados e por elemento de despesa.
- *Orçamento global prospectivo.* Esse MPP consiste em um pagamento global negociado, liberado mensal ou trimestralmente. No caso brasileiro, orçamentos globais estão vinculados a contratos de gestão com metas de desempenho predefinidas (por exemplo: volume de serviços, cobertura e qualidade). Uma parte do orçamento pode ser retida se as unidades não atingirem essas metas. A unidade também é responsável pelos gastos que ultrapassem o orçamento, mas pode reter os excedentes. Esse modelo, que é aplicado em alguns hospitais públicos, proporciona maior flexibilidade aos gestores, e as exigências de prestação de contas são mais rígidas.

Pagamento Prospectivo por Caso

Sob esse MPP, o pagamento é baseado em episódios predefinidos de tratamento ou doença (uma internação, por exemplo), que incluem todos ou a maior parte dos serviços ou procedimentos individuais realizados por conta do episódio. Os valores são normalmente baseados nos custos médios ou esperados. O sistema de AIH brasileiro é um MPP prospectivo baseado em procedimentos, utilizado por quase todos os níveis governamentais para pagar por internações em hospitais privados.[3] Sendo um MPP prospectivo baseado em caso, o sistema SIH/AIH é semelhante ao mecanismo de DRG utilizado nos Estados Unidos e, cada vez mais, em outros países. Mas diferentemente dos DRG, no qual a remuneração é relacionada a diagnósticos, no SIH os pagamentos são relacionados aos procedimentos ou tratamentos realizados. O SUS reembolsa os hospitais por conjuntos de serviços predefinidos e padronizados, autorizados para cada tratamento ou procedimento, segundo valores predefinidos para cada conjunto de serviços.[4] O sistema também predefine o tempo de permanência autorizado para cada procedimento padronizado, e se um período mais longo de internação for necessário, uma requisição de AIH complementar deve ser encaminhada e devidamente justificada.

Remuneração Prospectiva por Serviço

Sob esse sistema, os hospitais são pagos por cada serviço ou ato prestado de acordo com uma tabela de preços predefinida. O Sistema de Informação Ambulatorial (SIA) remunera os cuidados ambulatoriais no âmbito do SUS de forma prospectiva, com base no pagamento por serviço. Como no caso do sistema de AIH para internação, o SIA é financiado pelo governo federal e é utilizado principalmente para financiar cuidados ambulatoriais em unidades privadas, incluindo hospitais.

Setor Privado

Dois tipos de MPP são utilizados no setor privado: o pagamento prospectivo por serviço e o pagamento direto (particular) por serviço.

Pagamento Prospectivo por Serviço

Esse é um mecanismo baseado em serviços, pelo qual o custo dos serviços ou atos individuais prestados é reembolsado. Pode ser baseado tanto no custo final como em uma tabela de preços previamente definida. Unidades de serviço podem ser agregadas em pacotes de serviços como *a* diária, tratamentos, internações ou altas. Esse é o MPP principal utilizado pelos operadores institucionais do setor privado. A maior parte dos planos de saúde privados paga os prestadores de serviços de acordo com uma tabela de remuneração por serviço elaborada pela Associação Médica Brasileira. A maior parte dos convênios negociados entre operadoras de planos de saúde e prestadores de serviços de saúde, especialmente para procedimentos médicos e diagnósticos, utiliza uma tabela de preços predefinida baseada na tabela AMB, frequentemente a valores descontados em relação à tabela de referência. Hospitais públicos de grande porte também mantêm contratos com operadoras privadas de saúde e obtêm recursos por meio desse MPP.

Pagamento Direto por Serviço

Para pacientes privados, sem cobertura por plano de saúde, a principal forma de pagamento é a direta. Os pagamentos são baseados em uma tabela de preços (tabela "particular"), definida, em geral prospectivamente, por hospital. Os valores cobrados geralmente são muito mais altos do que os preços negociados entre operadoras e prestadores.

Análise Crítica dos Mecanismos de Pagamento a Prestadores (MPP) no Brasil

Esta sessão examina o potencial e as maiores deficiências dos principais MPP utilizados nos hospitais brasileiros. Analisa em detalhes os sistemas de AIH e SIA utilizados pelo SUS e, de forma menos detalhada, o sistema de pagamento prospectivo por serviço utilizado por pagadores privados.[5] A sessão conclui com uma comparação entre as tabelas de reembolso do sistema AIH e os custos reais de procedimentos hospitalares.

O Sistema AIH

O sistema SIH/AIH classifica os casos segundo o principal procedimento ou tratamento realizado dentro de cada especialidade médica. Seu esquema classificatório inclui aproximadamente 2.300 procedimentos médicos, agrupados em 524 grupos de procedimentos e especialidades médicas. Alguns são pequenas variações de outros procedimentos.

O SIH utiliza tabelas de serviços ou procedimentos relacionados a casos ou pacientes e pode por isso ser considerado uma forma rudimentar de DRG. Enquanto os DRG se baseiam no diagnóstico do paciente como base do sistema de classificação, as tabelas do sistema de AIH têm como base a classificação de procedimentos ou tratamentos (quadro 4.1). O SIH registra os diagnósticos primários e secundários dos pacientes, mas não os utiliza para fins de classificação.

QUADRO 4.1
AIH e DRG: Semelhanças e Diferenças

O desenvolvimento e implementação do sistema de pagamento de hospitais no Brasil iniciou-se ao mesmo tempo em que o sistema DRG (grupos relacionados de diagnósticos) estava sendo implementado nos Estados Unidos. Ambos os sistemas se assemelham por seu caráter prospectivo e pela padronização e agrupamento de serviços individuais e insumos em casos ou procedimentos mais abrangentes. A diferença principal é que a AIH enfoca o principal procedimento realizado, enquanto o DRG enfoca principalmente o diagnóstico do paciente. De acordo com Chiyoshi e Moura (1989), dois fatores práticos explicam por que os DRG não foram adotados na época no Brasil. Em primeiro lugar, os DRG são baseados na Classificação Internacional de Doenças, que não era adotada à época pelo Instituto Nacional de Assistência Médica da Previdência Social (INAMPS). Em segundo lugar, o sistema DRG, que é informatizado e unificado, requer terminais em cada hospital, e o INAMPS não podia arcar com tais custos. Além disso, os DRG exigiam informações precisas a respeito dos custos de tratamentos e procedimentos, quando nem o sistema público nem o setor privado dispunham dessa informação.

Outra diferença crucial é a relação com os custos do tratamento. Os DRG são baseados no uso relativo de recursos (e, portanto, nos custos), mas a estrutura e o valor da AIH não eram vinculados a custos reais ou ao uso de recursos. Na forma como foi concebido, no entanto, o sistema deveria reembolsar os custos de procedimentos (ver anexo 4B).

Desde o desenvolvimento dos DRG, a maioria dos países europeus e um número crescente de outros países adotaram ou estão adotando alguma versão do sistema. Eles o utilizam tanto como base direta de pagamento quanto como base para ajustar orçamentos globais aos níveis de atividade. O foco dos DRG em diagnósticos permite a vinculação mais direta da alocação de recursos a padrões de doenças e melhores ajustes de pagamento em função dos riscos diferenciais.

Fonte: Elaboração dos autores.

Outra diferença importante reside no seu desenho: os DRG foram elaborados com vistas a medir a utilização de recursos, e a AIH é basicamente um sistema de faturamento.

O reembolso de cada AIH é calculado separadamente segundo quatro categorias principais de serviços: serviços hospitalares (por exemplo, hotelaria e taxas de equipamentos e de salas de cirurgia); remuneração dos médicos; medicamentos e materiais; exames diagnósticos e procedimentos terapêuticos.[6] Os médicos são remunerados diretamente; os demais pagamentos são feitos ao hospital. O hospital recebe um valor fixo por internação de acordo com o grupo de procedimentos no qual o paciente é classificado. Materiais caros e procedimentos tecnologicamente sofisticados normalmente requerem autorizações especiais e são pagos separadamente. Autorização de pagamento e auditoria, antes responsabilidade das unidades de auditoria do Ministério da Saúde (MS), foram descentralizadas para as autoridades de saúde subnacionais. O processo de pagamento também foi descentralizado para as secretarias de saúde subnacionais com capacidade para assumir essa responsabilidade.

O sistema AIH significou um grande avanço em relação ao sistema anterior de pagamento por serviço ou ato. Sendo um sistema de pagamento prospectivo por caso, evita o incentivo à multiplicação de serviços e simplifica o processo de faturamento. Uma vez que os hospitais recebem um valor fixo por procedimento, os prestadores têm um incentivo para conter custos e aumentar a eficiência. Mas os baixos valores de reembolso para a maioria dos procedimentos enfraquecem esse incentivo. Além disso, com a AIH, os administradores hospitalares têm um incentivo para reduzir a média de permanência das internações e aumentar o número de internações. Finalmente, a preocupação em reduzir o uso de recursos pode colocar em risco a qualidade do atendimento.

A AIH sofre também de outras limitações que comprometem sua estrutura "teórica" de incentivos. De acordo com Martins e Travassos (1998), o principal problema é que a classificação de procedimentos não tem sido sistematicamente atualizada ou revisada desde sua criação em 1981. O sistema atual, repleto de distorções, duplicidades e inconsistências, é o resultado de várias revisões e acréscimos pontuais e parciais de novos procedimentos médicos e tecnologias.

Outra limitação do sistema de AIH reside no registro de diagnósticos. O desenho do sistema, enquanto sistema de faturamento baseado nas classificações existentes de procedimentos médicos, faz dele uma fonte imprecisa e pouco confiável de informações sobre diagnósticos. Diversos estudos mostraram que as informações da AIH sobre o diagnóstico primário são muitas vezes pouco precisas e distorcidas, especialmente para certas classes de diagnósticos, como causas externas, que são amplamente sub-registradas. Além disso, Veras e Martins (1994) mostraram que diagnósticos secundários muitas vezes ficam sem registro na AIH; foram registrados em apenas 19% dos casos em uma amostra de AIH, contra 42% nos prontuários médicos dos pacientes.[7] Uma vez que informações precisas sobre os diagnósticos são essenciais para avaliar a gravidade dos casos, o sistema não permite o ajuste por risco.

A qualidade dos dados da AIH também é falha. Primeiro, as informações sobre pacientes e tratamentos registrados nos prontuários médicos são muitas vezes ilegíveis, e é comum que informações importantes estejam faltando. Segundo, o fato de a AIH ser principalmente um sistema de faturamento, afeta sua confiabilidade, porque os hospitais tendem a registrar a informação no sistema de forma a facilitar o faturamento e reembolso, ou aumentar o valor dos pagamentos. O sistema também é sujeito a fraudes, principalmente na forma de "pacientes fantasmas" ou por meio da cobrança de procedimentos e tratamentos mais caros do que os efetivamente realizados.[8] O sistema de auditoria deveria inibir esse tipo de comportamento, mas tem tido sucesso limitado devido ao seu enfoque legalista.[9]

Inconsistências recorrentes entre as faturas de AIH e os procedimentos realmente realizados são, na maioria das vezes, interpretadas como indícios de fraude. Em alguns casos de fato são, mas a realidade do dia-a-dia dos hospitais é mais complexa. A estrutura da tabela da AIH contém diretrizes rígidas (por exemplo, em relação à duração das internações para cada procedimento ou tratamento) que estão muitas vezes em descompasso com as práticas médicas mais atuais.[10] Podem igualmente ser inconsistentes com práticas gerais de contabilidade.[11] Muitas vezes a conta hospitalar não consegue refletir os procedimentos de fato realizados ou as complicações eventuais, e sua estrutura não é consistente com as classificações contábeis. Por causa dessa rigidez, os hospitais têm de "encaixar" o tratamento realizado nas diretrizes da AIH, ainda que isso não seja adequado do ponto de vista clínico. Por isso é comum que um hospital registre um procedimento mais (ou menos) complexo, ou então mude o procedimento na conta da AIH, seja para gerar mais receita, seja para evitar a suspensão dos pagamentos e a necessidade de justificativas adicionais durante auditorias – e consequentemente atrasos nos pagamentos.

Em contraste com os DRG, que explicitamente incluem ajustes por risco, co-morbidades e *case mix*, o SIH não inclui nenhum mecanismo de ajuste. Qualquer cuidado adicional em resposta à gravidade de um caso que resulte em uma internação mais longa ou em maior uso de recursos precisa ser justificado e apresentado em uma segunda fatura.[12] Como resultado, alguns hospitais são penalizados por conta de fatores que estão além de seu controle ou por tratarem pacientes crônicos graves. Isso os estimula a praticar a seleção de riscos.

Talvez a falha mais grave da AIH seja o nível de reembolso baixo e distorcido (ver item seguinte). Pelo desenho original do sistema, as tabelas de valores ou taxas foram baseadas nos custos médios dos procedimentos (Chiyoshi 1989). Os parâmetros iniciais, no entanto, foram definidos a partir de uma amostra pequena e pouco sistemática de hospitais que tinham pouca informação a respeito de seus custos. Além disso, as dificuldades econômicas do Brasil nos anos 1980 e 1990 levaram as autoridades de saúde a adotar uma estratégia de contenção de custos baseada em reajustes sistematicamente abaixo da inflação. Os ajustes de preços foram feitos de forma aleatória a intervalos irregulares, muitas vezes em resposta a pressões de grupos de interesse representando hospitais, associações de especialidades médicas ou fabricantes de equipamentos. Pressões políticas e grupos de interesse têm tido influência importante sobre a definição de valores e dos esquemas de reajuste, porque não existem informações sistemáticas de custos disponíveis para orientar a definição objetiva de valores. Nenhuma revisão sistemática da tabela foi realizada desde sua criação nos anos 1980.

Consequentemente, grandes defasagens se acumularam entre os custos reais de serviços e os valores de reembolso praticados pelo SUS para a maior parte dos procedimentos hospitalares. Pagamentos adicionais para itens específicos, como materiais especiais e internações mais longas, têm compensado parcialmente essa defasagem, mas ainda não cobrem os custos reais para a maioria dos procedimentos. Sub-remunerados, os hospitais são levados a recusar pacientes do SUS, lançar mão de práticas fraudulentas de faturamento, transferir custos para pagadores que pagam melhor pelos serviços, como as operadoras de planos de saúde privados, ou solicitar ajudas financeiras especiais do governo (discutidas a seguir). Ao longo dos anos, os ajustes introduzidos têm causado novas distorções e inconsistências porque ou foram lineares para todos os procedimentos (a forma mais comum de reajuste até fins da década de 1990) ou seletivos, porém inconsistentes.[13]

O Sistema SIA

O Sistema de Informação Ambulatorial (SIA) é o principal sistema de registro e pagamento de serviços ambulatoriais, tanto eletivos quanto de emergência. Os pagamentos são baseados em uma tabela predefinida de pagamento por serviços (*fee-for-service*). Em outras palavras, o SIA remunera os hospitais por serviços ou procedimentos médicos específicos. A lista de serviços é detalhada e inclui desde cuidados primários simples realizados por auxiliares de enfermagem até procedimentos ambulatoriais e de emergência altamente complexos. A documentação consiste de formulários de faturamento e pagamento, onde os diagnósticos não são registrados. O sistema não permite tampouco a agregação de unidades de cuidado ou de serviços por paciente. Essas deficiências limitam a utilidade do SIA como sistema de informação para monitorar padrões de produção e utilização de serviços.

A partir de meados da década de 1990, o MS lançou um sistema de transferências baseado em capitação que transfere fundos aos municípios para financiar os cuidados de atenção básica oferecidos em unidades públicas (por exemplo, o Piso de Atenção Básica, PAB) e transferências ligadas a programas específicos (por exemplo, o Programa de Saúde da Família, PSF), voltados para o cumprimento de metas específicas. Esse sistema gradativamente substituiu o SIA como financiamento de serviços prestados em instituições públicas. No entanto, o SIA ainda é o sistema geral de informações para a atenção ambulatorial no SUS e o mecanismo de pagamento para instituições privadas contratadas ou conveniadas com o SUS.

Por causa de sua característica de sistema de pagamento por serviço, o SIA estimula os prestadores a aumentar a produção de serviços específicos, o que pode ser positivo para a expansão da produção ou da cobertura. Mas a multiplicação de serviços individuais muitas vezes ocorre à custa da integralidade do atendimento, e os prestadores têm pouco incentivo para controlar seus gastos.

O Sistema de Repasses e a Expansão dos Orçamentos por Elemento de Despesa

Orçamentos por elemento de despesa são hoje o principal MPP dos hospitais públicos, mas isso nem sempre foi assim. Até meados da década de 1990, a maior parte dos hospitais públicos era financiada tanto pelos orçamentos por elemento de despesa dos tesouros federais, estaduais e municipais quanto por reembolsos via AIH e SIA pagos pelo MS. Desde 2005, no entanto, todos os recursos federais têm sido repassados em bloco (fundo a fundo) aos estados e municípios.

Os montantes repassados pelo MS são combinados com recursos dos tesouros estaduais e municipais a fim de financiar os orçamentos por elemento de despesa dos hospitais públicos e também para financiar prestadores privados, principalmente por meio da AIH. O MS não paga mais as instituições hospitalares diretamente, com exceção da sua rede própria, que é financiada pelo orçamento federal. Pagamentos adicionais para cobrir os custos de ensino, das atividades de pesquisa e dos cuidados de emergência (originalmente por meio de uma porcentagem aplicada ao valor básico da AIH) têm sido consolidados como montantes fixos incluídos nas transferências em bloco aos estados e municípios. Novamente, esses fundos são incorporados pelos estados e municípios aos orçamentos por elemento de despesa de suas respectivas unidades de saúde.

Dado que quase todos os estados e municípios são agora responsáveis pela organização e administração dos serviços de saúde no seu território, o orçamento por elemento de despesa se transformou no único MPP para a maior parte das instituições públicas. A AIH e o SIA subsistem, no entanto, como mecanismos de pagamento aos hospitais privados e como importantes sistemas de informação.

Orçamentos por elemento de despesa oferecem a grande vantagem da simplicidade e requerem pouca informação (dados históricos são muitas vezes usados como base para o estabelecimento de novos orçamentos). Esses orçamentos facilitam o controle dos gastos totais, mas, por não estarem vinculados ao desempenho, pouco contribuem para promover a eficiência na prestação de serviços.

A inclusão dos hospitais públicos no sistema de pagamento baseado na produção, por meio do SIS e do SIA, no fim dos anos 1980, teve um efeito ambíguo. Apesar de ter introduzido um foco na produtividade nos hospitais públicos e ter estimulado os prestadores públicos a expandir a produção e cobertura para aumentar sua receita, permitiu que estados e municípios congelassem ou reduzissem os orçamentos de seus hospitais e direcionassem sua receita própria para outros propósitos. O impacto final da introdução de pagamentos via AIH/SIA nos hospitais públicos à época não é claro. A inclusão progressiva dos pagamentos via AIH/SIA nas transferências fundo a fundo a estados e municípios, a partir do início dos anos 2000, eliminou o incentivo à produtividade, e, de novo, o impacto desse passo sobre as finanças dos hospitais é incerto. Não está demonstrado se os estados e municípios estão aumentando os orçamentos dos hospitais para refletir a inclusão dos pagamentos de AIH/SIA nas transferências fundo a fundo.

Tetos Financeiros

Na tentativa de controlar o volume e o gasto com serviços de saúde do SUS, desde meados dos anos 1990 o MS definiu tetos financeiros anuais para internações e serviços ambulatoriais para cada estado. Por sua vez, muitos estados estabeleceram tetos para os hospitais municipais e estaduais. Esses tetos, baseados principalmente em médias históricas, geralmente se baseiam em estimativas *per capita* da demanda por internações e atendimentos ambulatoriais. O teto pode variar em função da disponibilidade de recursos e de restrições fiscais em cada ou em todos os níveis de governo. Consequentemente, a quantidade de serviços faturados (e a receita recebida) por um hospital não reflete necessariamente sua produção real. Na verdade, a produção muitas vezes excede o faturado, porque os hospitais não se dão ao trabalho de cobrar por serviços que não serão reembolsados.

Pagamento Prospectivo por Serviço no Setor Privado

Os mecanismos de pagamento no setor privado sofrem de muitos dos problemas e distorções encontrados no SUS. Os incentivos inerentes ao pagamento por serviço (*fee-for-service*) são semelhantes àqueles associados ao sistema SIA. Os incentivos estimulam os prestadores a aumentar a sua produção de serviços, levando por vezes à sobreoferta dos serviços mais lucrativos. A grande oferta e utilização de tecnologias complexas e caras em hospitais com fins lucrativos, documentada no capítulo 3, ilustra esse ponto.

Os valores pagos pelas operadoras de planos de saúde privados são definidos principalmente em negociações entre operadoras e prestadores; a tabela da AMB, mencionada anteriormente, serve apenas como referência.[14] As negociações de preços entre operadoras privadas e prestadores são em boa parte baseadas em pressões de grupos de interesse e poder de barganha, e não em informações objetivas a respeito do uso de recursos e custos.[15] Como no SUS, a falta de informações confiáveis a respeito de custos resulta em grandes discrepâncias entre preços e custos reais. A maior parte das tabelas de preços utilizadas no setor privado carece de uma base de custos sólida e acaba sendo bastante arbitrária.[16] Essa situação tem gerado disputas tensas entre médicos e hospitais, de um lado, e operadoras, de outro, a respeito do nível adequado da remuneração a ser paga. Os problemas financeiros enfrentados por alguns planos de saúde e hospitais privados se originam em parte do descompasso entre mecanismos de pagamento e custos. Esses problemas também têm sérias implicações para o

SUS e para as autoridades de saúde, não apenas porque a Agência Nacional de Saúde Suplementar (ANS) é responsável pela regulamentação e supervisão do setor de planos privados de saúde, mas também porque qualquer falência naquele setor poderia deslocar um grande número de usuários para o SUS, gerando uma demanda adicional que aumentaria ainda mais a pressão sobre os recursos públicos.

Em anos recentes pagadores e prestadores têm de maneira crescente negociado pagamentos por "pacotes" – procedimentos e tratamentos médicos definidos de forma ampla (por exemplo, partos).[17] Esse processo foi acelerado a partir de 2000 em uma tentativa de manter as despesas dentro dos limites impostos pela ANS aos aumentos dos prêmios pagos. Mas o pagamento por serviço ainda é o principal MPP em uso no setor privado.

Pagamento Direto por Serviço

Pagamentos feitos diretamente por pacientes privados aos prestadores constituem uma fonte importante de receita para hospitais com fins lucrativos, e em menor grau para instituições filantrópicas. Por exemplo, enquanto em 2004 um médico recebia em média R$ 26,20 por consulta médica dos planos de saúde (contra a taxa de referência da tabela da AMB de R$ 42,00), o preço de mercado para pacientes privados variava de R$ 50,00 a R$ 500,00.[18]

Distribuição dos MPP por Tipo de Prestador

O impacto potencial dos incentivos inerentes a qualquer MPP depende também de sua importância em relação à receita global do hospital. Por exemplo, os incentivos relacionados a um MPP que represente 90% da receita teriam um impacto maior do que um MPP responsável por apenas 10%. Em função da ausência de informação sistemática a respeito da receita dos hospitais por MPP, a amostra utilizada neste estudo foi derivada da pesquisa nacional de unidades de saúde, AMS (IBGE 2003).[19] A receita das unidades foi estimada com base na distribuição das internações por categoria de paciente (SUS, planos de saúde, pacientes privados). A partir dessa classificação, estimou-se a proporção de financiamento advindo de diferentes fontes e mecanismos de pagamento.[20] Os resultados para os principais MPP – aqueles responsáveis pela maior parte da receita de cada hospital – estão demonstrados na figura 4.1.

A figura mostra que a composição da receita por MPP dos hospitais da amostra varia conforme a esfera e natureza do hospital. Com exceção dos hospitais federais, a maioria dos hospitais públicos depende bastante do orçamento por elemento de despesa tradicional como fonte principal de financiamento. Pelo fato de muitas instituições federais na amostra serem hospitais universitários ou instituições que atendem militares ou servidores públicos (e por isso funcionam sob administração indireta ou são consideradas unidades autônomas), 20% de sua receita vem de orçamento descentralizado e aproximadamente 50% de planos de saúde por meio do pagamento prospectivo por serviço.[21] Hospitais filantrópicos dependem bastante do pagamento prospectivo do sistema AIH/SIA do SUS, que é responsável por 63% de sua receita. Apesar de hospitais com fins lucrativos dependerem dos planos privados de pré-pagamento para quase metade de sua receita, os pagamentos do SUS via AIH/SIA ainda constituem 25% de sua receita.

Tabelas e Custos do Pagamento Prospectivo do SUS

O grau de correspondência entre os valores pagos e os custos reais de atendimento influencia o comportamento dos prestadores e pode fortalecer ou enfraquecer os incentivos inerentes aos mecanismos de remuneração. Pagamentos diferentes dos custos podem resultar em distorções, tais como a sub ou sobreprestação de serviços, escolha dos casos mais economicamente interessantes (pela qual os prestadores evitam pacientes mais graves), práticas inadequadas de referência de pacientes, qualidade inadequada e realização de pagamentos informais por parte dos pacientes (Waters e Hussey 2004).

FIGURA 4.1
Financiamento Hospitalar, por Mecanismo de Pagamento, 2002

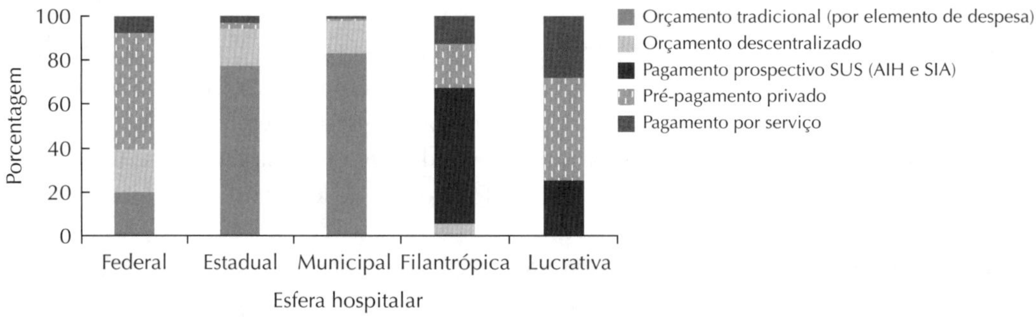

Fonte: Couttolenc et al. 2005.

Nota: Devido à ausência de informações precisas a respeito das fontes de receita, custos de serviços e mecanismos de pagamento por esfera hospitalar, os dados apresentados são aproximados.

Os pagamentos do SUS por serviços hospitalares não são baseados nos custos reais dos serviços e não os refletem. Procurando estimar a relação entre custos e valores da AIH, Matos (2002) analisou o custo de 107 procedimentos em 25 hospitais. Ao comparar esses custos com a tabela de pagamento em vigor à época da pesquisa, Matos mostrou que os pagamentos da AIH cobriam apenas 43% em média dos custos desses procedimentos.[22] O SUS complementa a tabela de remuneração com recursos adicionais para "procedimentos especiais", como internações mais longas e medicamentos de alto custo, exames e materiais médicos. Em conjunto, esses ajustes aumentam o nível total dos pagamentos em aproximadamente 50% com relação aos valores de tabela. Graças a esses ajustes, os pagamentos prospectivos do SUS cobriam 53% dos custos de procedimentos em 2002, contra 34% (média ponderada) considerando-se apenas a tabela de valores da AIH.

Para medir a diferença entre remuneração e custo de acordo com o tipo de procedimento, neste estudo os 107 procedimentos levantados por Matos (2002) foram agrupados segundo o nível de complexidade, e a razão média do valor da AIH em relação ao custo real foi calculada para cada grupo.[23] Duas distorções são evidentes, como indicado na figura 4.2. Primeiro, o reembolso da maior parte dos procedimentos é bastante inferior ao seu custo: para procedimentos pouco complexos, corresponde a 24% do custo (variando de 11 a 46%); para procedimentos de média complexidade, 32% (variando de 12 a 132%); e para cuidados de longa permanência, 40% (variando de 22 a 77%). Segundo, os procedimentos de alta complexidade da mostra são remunerados bem acima do custo, ao nível de 127% (variando amplamente de 23 a 332%).[24] Aqui também os ajustes em cima do valor de tabela corrigem parcialmente essas distorções, aumentando a razão AIH/custo para procedimentos de baixa e média complexidade para 41,9 e 55,6%, respectivamente, reduzindo ao mesmo tempo a razão para procedimentos de alta complexidade (para 112,9%). Esses ajustes, no entanto, não alteram significativamente o quadro geral.

FIGURA 4.2
Razão Média entre Valor de Tabela do SUS e Custo, por Complexidade do Procedimento, 2002
(N = 107)

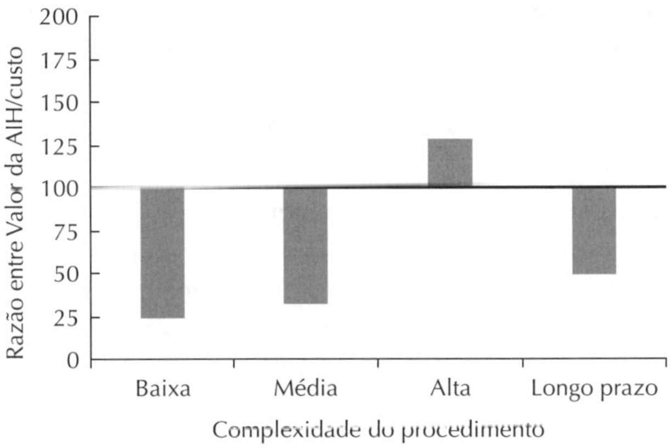

Fonte: Dias, Couttolenc e Matos 2004.

A primeira distorção – o reembolso de hospitais muito acima dos custos para cuidados altamente complexos – oferece um forte incentivo à especialização por parte dos prestadores de serviços caros e intensivos em tecnologia. (Isso foi confirmado pelas análises de *benchmarking* e DEA.) Apesar da sobreutilização de tecnologias complexas não estar confinada à rede do SUS, a distorção nos mecanismos de pagamento oferece um forte incentivo à proliferação de equipamentos de diagnóstico sofisticados e contribui de forma significativa para a alta densidade de tais equipamentos nas grandes cidades brasileiras. Tal abundância pode ter contribuído para a excelência conquistada por alguns hospitais privados e universitários em transplantes e outros procedimentos de alto custo, mas aumenta muito os custos da saúde.[25] Essa conclusão contrasta com a opinião geralmente aceita de que os valores pagos pelo SUS são invariavelmente baixos. Os resultados sugerem que os hospitais que se especializaram em procedimentos de alta complexidade podem vir a lucrar bastante com o atendimento ao SUS. Isso, por outro lado, distorce seriamente a alocação de recursos e a equidade do SUS, ao estimular as instituições prestadoras de serviços de saúde a reduzirem sua oferta de serviços de baixa e média complexidade e se especializarem em serviços caros e sofisticados.

Por sua vez, os hospitais filantrópicos que se concentram no atendimento de baixa e média complexidade – para o qual a demanda é maior – e que dependem muito dos recursos do SUS enfrentam grandes dificuldades para equilibrar suas contas. São forçados a diversificar suas fontes de receita prestando serviços para operadoras de planos de saúde que pagam valores mais altos (permitindo assim a transferência de custos e subsídios cruzados), a procurar socorro financeiro por meio de contatos com o governo, ou a fechar.

Finalmente, a grande variação observada nas remunerações a serviços de saúde (figura 4.2) reflete a ausência de base e metodologia consistentes para estabelecer e ajustar valores de pagamento. Isso é em parte consequência da ausência de informação a respeito de custos por procedimento ou diagnóstico. Na falta dessa informação, ajustes irregulares e lineares para compensar a inflação são a regra, perpetuando as distorções existentes.

Os sistemas de pagamento do SUS não cobrem os custos de capital – nem deveriam. Para os hospitais públicos, os investimentos são financiados segundo alocações orçamentárias específicas, mas irregulares e não-sistemáticas, administradas de forma centralizada. Um número não conhecido de instituições privadas sob contrato ou convênio com o SUS pode também receber repasses orçamentários suplementares, eventuais, geralmente ligados a um subsídio emergencial (ver a próxima sessão). No entanto, a maior parte dos hospitais privados precisa buscar alternativas e mobilizar fundos adicionais de outras fontes, como doações e receitas de pacientes privados.

Em muitos países os mecanismos de pagamento cobrem os custos de capital. Isso talvez não seja possível ou apropriado no Brasil a curto ou médio prazo porque muitas instituições (e governos locais) carecem de capacidade para o planejamento e aquisição de investimentos. Além disso, corrigir desequilíbrios de alocação de infraestrutura requer a definição de critérios de prioridades específicos, que faltam em muitas instituições.

Dificuldades dos Hospitais Privados Contratados pelo SUS

O futuro dos hospitais privados brasileiros operados por instituições filantrópicas e beneficentes é incerto. Apesar de essas unidades filantrópicas, normalmente pequenas, serem a coluna dorsal do sistema hospitalar do SUS, muitas delas são bastante subutilizadas, estão altamente endividadas e beirando a falência. A maioria dos hospitais privados com contratos com o SUS depende quase exclusivamente de recursos do sistema AIH/SIA para seu financiamento (ver figura 4.1). Algumas unidades privadas com fins lucrativos também dependem bastante desses recursos. A disparidade entre os níveis de pagamento do SUS e os custos reais do atendimento resultou em endividamento grave e até no fechamento de várias unidades filantrópicas.

É importante ressaltar que os hospitais filantrópicos não recebem recursos complementares do orçamento anual dos governos subnacionais, ao contrário das unidades públicas e apesar de o SUS considerá-los instituições semipúblicas. Esses hospitais são, portanto, remunerados em níveis significativamente mais baixos do que as unidades públicas pelos mesmos serviços. Por exemplo, o valor do faturamento pelo sistema AIH/SIA para os hospitais públicos representa menos de 35% do gasto total desses hospitais.[26] Em contraste, esses pagamentos são a única fonte de financiamento público para pacientes do SUS atendidos em instituições privadas (Banco Mundial 2007). Excetuando as unidades maiores em centros urbanos, a maior parte das instituições filantrópicas não recebe receita de planos de saúde ou de pacientes privados. Assim, em geral ficam na dependência de ajudas financeiras pontuais dos governos federal, estadual e municipal para evitar a falência.

Apesar de não haver informações sistemáticas disponíveis, relatos da imprensa e pronunciamentos de associações de classe sugerem que uma crise financeira séria assola muitas instituições filantrópicas.[27] A Confederação das Santas Casas de Misericórdia, Hospitais e Entidades Filantrópicas (CMB), uma associação que representa essas instituições, estima que o débito acumulado pelos hospitais filantrópicos financiados pelo SUS com fornecedores e com a previdência era de R$ 1,8 bilhão nos anos recentes.[28] Em um caso conhecido, um grande hospital filantrópico em um bairro de baixa renda na periferia de São Paulo, que tratava mais de três mil pacientes por dia, chegou a registrar um déficit mensal de R$ 3 milhões (CREMESP 2005a, 2005b). Mais de 30 hospitais filantrópicos sofreram intervenção federal, estadual ou municipal. Cinco hospitais filantrópicos fecharam em 2005.

Uma vez que os hospitais privados são os principais prestadores de serviços hospitalares do SUS, sua instabilidade financeira ameaça a estabilidade do próprio SUS. Muitos deles também recebem socorros pontuais dos governos estaduais ou municipais a fim de evitar a falência e o fechamento, como os R$ 70 milhões de reais recebidos do governo do Estado de São Paulo por um grande hospital filantrópico em 2005, como mencionado antes.[29] Em 2005 o governo estadual de São Paulo destinou R$ 15,8 bilhões para auxiliar hospitais filantrópicos endividados em todo o estado[30] e planejava gastar R$ 48 milhões com eles em 2007.[31] A penúria financeira das instituições filantrópicas fica clara também em outros estados.[32] No Paraná o governo está considerando alocar recursos da loteria para auxiliar instituições filantrópicas em dificuldades financeiras.[33]

É difícil estimar o montante total de fundos públicos utilizados nesses auxílios emergenciais, mas relatos da imprensa sugerem que pode ser alto. No capítulo 2, figura 2.9, as fontes "não identificadas" de financiamento, que consistem provavelmente de auxílios pontuais a hospitais privados, foram estimadas em 11% do financiamento a hospitais. Esses auxílios – que em geral respondem a pressões e influências políticas – são soluções imediatistas que oferecem poucos incentivos para que a instituição melhore sua qualidade ou eficiência.[34] Apenas permitem que os hospitais em apuros continuem tropegamente a funcionar.

A instabilidade financeira pode estar prejudicando a qualidade do atendimento nesses hospitais, porque as instituições filantrópicas não conseguem arcar com os custos de manutenção das instalações e equipamentos e manter um quadro de profissionais grande o suficiente para dar conta da demanda. Isso foi confirmado em uma pesquisa recente do Conselho Regional de Medicina sobre as condições estruturais dos hospitais do estado de São Paulo (CREMESP 2004a). Os resultados revelaram que hospitais filantrópicos tinham os piores índices de disponibilidade de equipamento, pessoal e infraestrutura.[35]

Um primeiro passo em direção ao equacionamento da situação financeira das filantrópicas foi com a iniciativa do Ministério da Saúde, de 2005, para a reestruturação do setor filantrópico financiado pelo SUS.[36] Essa iniciativa propõe um novo mecanismo contratual baseado no atingimento de objetivos específicos. O MS pagará a cada hospital filantrópico R$ 200 milhões na assinatura do convênio e estenderá a esses prestadores alguns pagamentos especiais antes reservados a prestadores públicos, como o incentivo à prestação de atenção à população indígena. O montante esperado de aumento da receita além desse pagamento inicial não está claro, mas o novo mecanismo de contratação representa um passo importante em direção a um sistema de contratação estratégica (ou seletiva), contanto que a contratação e o pagamento não se tornem automáticos e que os contratos sejam realmente monitorados e avaliados.

Mecanismos de Pagamento e Desempenho

O impacto dos mecanismos de pagamento a hospitais pode ser avaliado em termos de eficiência, custos e qualidade do tratamento. Em geral, políticas voltadas para a reforma dos mecanismos de pagamento tentam melhorar o desempenho em uma ou em todas essas dimensões. Esta seção investiga a associação entre MPP e eficiência, custos e qualidade nos hospitais brasileiros, apoiada nos dados da AMS, na análise da DEA, no estudo de custos de Matos (2002) e em outras pesquisas descritas no capítulo 3.

Efeitos sobre a Eficiência

Para estudar a relação entre MPP e eficiência, duas análises foram realizadas. A primeira envolveu o agrupamento dos hospitais incluídos na amostra obtida a partir da AMS,[37] em função do MPP, e a estimação e comparação de seus resultados em termos de pontuação de eficiência técnica (ETT) dada pela DEA. A segunda comparou os mesmos grupos de MPP segundo os indicadores de *benchmarking* apresentados no capítulo 3.[38]

Os resultados da DEA por grupo de MPP estão representados na figura 4.3. Hospitais financiados principalmente por pagamentos prospectivos privados e pagamentos por serviço revelaram níveis de eficiência total mais altos: 0,456 e 0,437, respectivamente. Todos os hospitais desse grupo são privados. Os hospitais que dependem do orçamento público tradicional (por elemento de despesa) – todos eles instituições públicas – são os menos eficientes, com um índice de 0,270. Os hospitais públicos financiados por orçamento descentralizado e por MPP prospectivo do SUS (AIH/SIA) demonstraram níveis intermediários de eficiência, com índices aproximando-se da média de 0,341 da amostra. Finalmente, os hospitais pagos por meio de orçamentos globais, que consistem de hospitais públicos sob administração autônoma, atingiram níveis de eficiência (0,398) que se aproximam daqueles dos hospitais financiados por mecanismos privados.

FIGURA 4.3
Níveis de Eficiência Total, por MPP,[a] 2002
(N = 428)

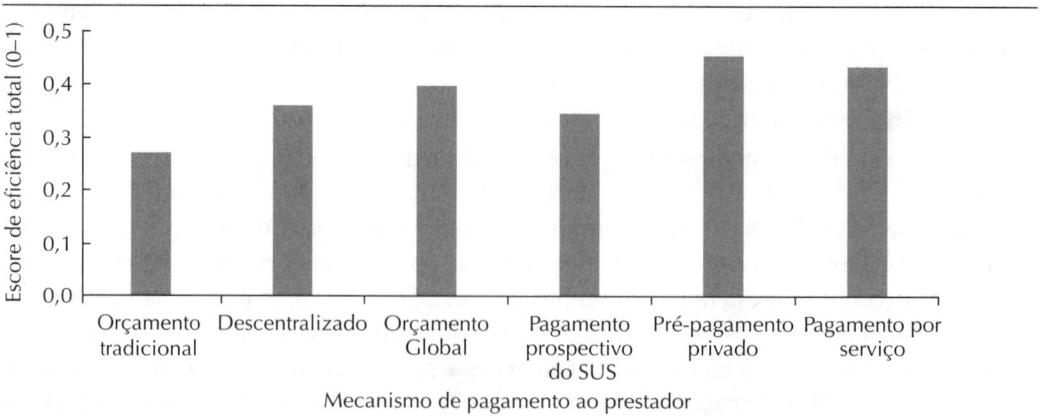

Fonte: Dias, Couttolenc e Matos 2004.

a) Responde por pelo menos 50% da receita da instituição.

A tabela 4.2 apresenta os resultados da análise de *benchmarking* por grupo de MPP. O giro dos leitos se mostrou mais alto entre hospitais financiados pelo pré-pagamento privado (60), seguido das unidades sob orçamento tradicional (por elemento de despesa) (53) e unidades financiadas por orçamento global (52). Os outros grupos registraram valores semelhantes, por volta de 45. O tempo médio de permanência foi maior entre hospitais financiados por

TABELA 4.2
Indicadores de Eficiência e Produtividade, por Mecanismos de Pagamento[a]
(N = 428 unidades com 25 ou mais leitos)

	Público			*Privado[b]*		
Indicador	*Orçamento tradicional*	*Orçamento descentralizado*	*Orçamento global*	*Pagamento prospectivo do SUS*	*Pré-pagamento privado*	*Pagamento por serviço*
Características						
Pacientes internados do SUS (%)	98,1	93,7	86,8	87,0	12,4	12,8
Nível de complexidade (índice)	3,7	5,4	5,1	4,4	5,4	4,0
Procedimentos de emergência/altas (razão)	7,7	1,1	0,4	1,0	0,8	0,3
Eficiência e produtividade						
Giro de leitos (razão)	53,4	45,0	51,7	44,1	59,9	45,8
Taxa de ocupação (%)[c]	33,5	40,4	38,0	21,2	30,4	6,3
TMP (dias)[c]	3,5	3,9	2,4	2,0	2,3	0,6
Saídas/pessoal (razão)	21,8	20,5	29,5	38,8	23,8	41,0
Procedimentos de emergência/pessoal (razão)	18,8	12,6	7,9	37,1	10,2	8,1
Uso de pessoal						
Pessoal médico/leito (razão)	0,6	0,6	0,6	0,3	1,5	0,7
Pessoal de enfermagem/leito (razão)	1,1	1,2	0,8	0,5	1,1	0,5
Outro pessoal/leito (razão)	2,0	1,5	1,0	0,6	1,6	0,6
Pessoal total/leito (razão)	3,8	3,5	2,5	1,4	4,3	1,8
Enfermeiros graduados (% do total de enfermagem)	10,0	11,9	9,9	8,7	13,3	8,7
Uso de equipamento						
Equipamento/leito (razão)	0,6	0,9	0,7	0,5	1,6	1,4
Qualidade						
Taxa de mortalidade não-ajustada (%)[d]	2,1	2,8	1,9	1,9	1,8	0,7

Fonte: Couttolenc et al. 2004
a) Responde por pelo menos 50% da receita da instituição.
b) O grupo prospectivo do SUS é formado principalmente por hospitais filantrópicos que dependem de financiamento do SUS, mas também inclui algumas unidades com fins lucrativos e unidades públicas descentralizadas.
c) A taxa de ocupação e a média de permanência são subestimadas nos dados da AMS e podem estar distorcidas.
d) Morte por 100 internações.

orçamento tradicional e orçamento descentralizado, e mais baixo entre o grupo de hospitais financiados pelo sistema de pagamento por serviço. Hospitais do grupo de orçamento prospectivo do SUS e de orçamento global também exibem baixa média de permanência. Esses resultados são compatíveis com os resultados do *benchmarking* por esfera do hospital, relatados no capítulo 3. Os hospitais com pagamento prospectivo do SUS, pagamento por serviço e, em menor medida, orçamento global, são os mais produtivos com relação às saídas por leito e em relação ao uso de pessoal. Os hospitais financiados por orçamento tradicional e descentralizado e aqueles sob pré-pagamento prospectivo são os menos produtivos.

No que diz respeito aos recursos humanos, os hospitais que têm no pré-pagamento prospectivo privado sua fonte de receita principal exibem o maior uso de pessoal em geral (razão total de pessoal/leito, 4,3), seguido por aqueles com orçamento tradicional e descentralizado (3,8 e 3,5, respectivamente). Os hospitais que dependem de pagamento prospectivo do SUS têm a menor proporção de pessoal por leito. Como sugerido a seguir, os pagamentos abaixo do custo da AIH podem levar esses hospitais a reduzir o uso de pessoal. Curiosamente, instituições financiadas por orçamento global exibem uma proporção de pessoal por leito muito mais baixa do que a média dos hospitais públicos. O grupo de hospitais financiados por pagamento por serviço também otimiza, aparentemente, o uso de pessoal.

O uso de tecnologia, medido pela razão de pontuação de equipamentos por leito, é muito mais alto entre os hospitais financiados por meio dos mecanismos privados de pré-pagamento e pagamento por serviço. Isso sugere que esses hospitais usam mais tecnologia incorporada nos serviços que prestam, seja para sugerir aos consumidores um diferencial de qualidade, seja porque os serviços de alta tecnologia são mais lucrativos.

Efeitos sobre os Custos

Utilizando dados de Matos (2002) para avaliar o efeito dos MPP sobre os custos, foi calculado o custo médio dos procedimentos por grupo de MPP. Por causa de limitações na base de dados, apenas quatro grupos de MPP foram incluídos na análise: orçamento tradicional ou por elemento de despesa, orçamento descentralizado, pagamento prospectivo do SUS (AIH/SIA) e o pré-pagamento prospectivo dos planos de saúde privados.[39] Os resultados não ajustados e ajustados por *case mix* estão registrados na tabela 4.3.

Antes do ajuste para *case mix*, o custo médio de procedimentos era mais alto nos hospitais públicos (muitos deles universitários) sob orçamento tradicional e descentralizado, e mais baixo em hospitais privados financiados pelo sistema prospectivo do SUS ou pelo pré-pagamento privado. Os altos valores observados para os hospitais públicos, especialmente aqueles com orçamentos descentralizados, eram esperados, uma vez que a maioria dos hospitais universitários e de ensino são classificados nesse grupo, e em geral têm um perfil de pacientes mais severo do que os hospitais privados, como mostra o índice de *case mix* ICM (tabela 4.3, coluna 2). Após o ajuste por diferenças em relação a *case mix*, os custos relativos mudaram significativamente.[40] O grupo sob orçamento descentralizado exibiu os custos de procedimentos mais baixos, enquanto os hospitais remunerados por pré-pagamento privado exibiram os mais altos, seguidos dos hospitais públicos com orçamento tradicional. As grandes mudanças decorrentes do ajuste por *case mix* no grupo sob orçamento descentralizado podem ser atribuídas principalmente à presença de diversos hospitais de ensino e de referência.

TABELA 4.3
Custo Médio de Procedimentos Típicos, por Grupo de MPP, 2001

Mecanismo de pagamento	*Custo médio não ajustado (R$)*	*ICM médio*	*Custo médio ajustado por ICM (R$)*	*Razão de custo médio*[a]
Orçamento tradicional (por elemento de despesa)	2.924,24	1,105	2.718,40	114,35
Orçamento descentralizado	2.883,72	1,525	2.129,10	77,99
Pagamento prospectivo do SUS (AIH/SIA)	2.037,52	0,851	2.691,25	102,92
Pré-pagamento privado (Planos de saúde)	2.011,29	0,851	2.830,29	100,05

Fonte: Matos 2002; Dias, Couttolenc e Matos 2004.
Nota: Nenhum hospital da amostra pertencia ao grupo de pagamento por serviço. US$ = R$ 2,35 (2001). ICM, índice de *case mix*.
a) A razão de custo médio é não-ponderada e por isso não é igual à razão entre as colunas 3 e 1.

Para ilustrar os custos relativos entre grupos de hospitais, uma razão entre o custo médio ajustado e o custo médio total foi calculada para cada MPP, e aparece na última coluna da tabela 4.3. O grupo de orçamento tradicional exibe o custo relativo mais alto, e o grupo de orçamento descentralizado o mais baixo. Hospitais privados, sejam financiados pelo pagamento prospectivo do SUS ou pelo pré-pagamento prospectivo privado, exibiram custos relativos semelhantes, próximos à média da amostra.[41] Juntos, os resultados referentes aos custos e aos custos relativos sugerem que, quando ajustados por *case mix*, hospitais financiados por orçamento público tradicional são relativamente mais caros.[42]

Os resultados desta seção são compatíveis com os resultados da DEA e do *benchmarking*. Hospitais públicos sob orçamento tradicional (por elemento de despesa) formam não apenas o grupo menos eficiente como também têm custos mais altos após o ajuste por *case mix*. Hospitais públicos financiados por alguma forma de orçamento descentralizado, incluindo as organizações sociais financiadas por orçamento global, são mais eficientes e menos caros (após ajuste) do que os hospitais públicos tradicionais. Os hospitais privados devem parte de sua eficiência e diferencial de custo ao fato de tratarem casos menos graves e portanto menos custosos. Esses resultados são coerentes com os incentivos econômicos embutidos em cada MPP, como descrito anteriormente. A rigidez dos orçamentos tradicionais por elemento de despesa não estimula a eficiência e a contenção de custos, ao contrário dos sistemas de orçamentos flexíveis, associados à autonomia administrativa. Sistemas de pagamento prospectivo baseados em produção (*por caso ou internação*, e de pagamento por serviço), na forma como foram implementados no Brasil, parecem oferecer incentivos limitados ao controle de custos. Esse impacto menor do que o esperado tem origem, muito provavelmente, no fato de que tanto no SUS quanto no setor privado os pagamentos não estão relacionados aos custos, e as distorções apontadas estimulam os prestadores a se especializarem em procedimentos mais lucrativos.

Efeitos sobre a Qualidade

Mecanismos de pagamento devem ser avaliados não apenas pelo estímulo à eficiência e ao controle de custos, mas também por sua influência sobre a qualidade da atenção. Apesar de ser indispensável controlar por diferenças de qualidade nas análises de eficiência, esse em geral não é um passo fácil, dada a dificuldade empírica de se medir a qualidade e a falta de dados para tanto. Essa seção relata uma análise preliminar do efeito dos mecanismos de pagamento sobre a qualidade.[43] Os resultados, apresentados na tabela 4.4, devem ser interpretados com cautela por causa das limitações na construção do índice, a partir da base de dados da AMS, assim como o pequeno número de hospitais em algumas categorias.[44]

Em média, os hospitais financiados por orçamento tradicional e descentralizado atingem maiores níveis de qualidade (com índice por volta de 0,5) do que aqueles em outras categorias. Os hospitais financiados pelos sistemas de pagamento prospectivo do SUS e de pagamento por serviço obtiveram os valores mais baixos. Esses resultados sugerem uma relação inversa entre eficiência e qualidade, apesar de esse conflito parecer fraco nas análises de *benchmarking* realizadas no capítulo 3.

Os resultados apresentados nesta seção sugerem que hospitais financiados principalmente por pré-pagamento de planos privados são mais eficientes, mantendo um nível aceitável de qualidade. Hospitais que dependem dos pagamentos do SUS ou financiados principalmente por sistemas de pagamento por serviço são eficientes, mas podem conseguir isso à custa de baixa qualidade. No caso dos hospitais que dependem do pagamento prospectivo do SUS (AIH e SIA), a baixa qualidade pode ser atribuída a limitações sérias de recursos, uma vez que o SUS paga bem abaixo do custo para a maioria dos procedimentos. Hospitais autônomos sob orçamento global atingem bons níveis de eficiência, aparentemente sem comprometer a qualidade. Os hospitais financiados por orçamento tradicional são os menos eficientes, mas seu quadro de pessoal relativamente inflado lhes permite atingir níveis altos no índice de qualidade.[45]

TABELA 4.4
Qualidade, Mecanismo de Pagamento e Natureza do Hospital, 2002
(N = 428 hospitais com 25 leitos ou mais)

Esfera	*Orçamento tradicional*	*Orçamento descentralizado*	*Orçamento global*	*Pagamento prospectivo do SUS*	*Pré-pagamento privado*	*Pagamento por serviço*
Média da amostra	**0,507**	0,502	0,458	0,386	0,453	0,355
Federal	**0,600**	0,555	—	—	0,441	—
Estadual	0,547	**0,575**	0,458	—	—	—
Municipal	0,473	0,461	—	—	—	—
Filantrópica	—	0,452	—	0,385	**0,457**	0,412
Lucrativa	—	—	—	0,388	**0,451**	0,324

Fonte: Cálculos dos autores a partir de IBGE 2003 (AMS 2002) e da análise da DEA do capítulo 3.

Contratualização com Hospitais Privados no SUS

A relação financeira entre pagadores e hospitais envolve em geral a contratação - compra seletiva de serviços de saúde, em vez da alocação de fundos orçamentários para pagar por serviços numa instituição específica. Os contratos definem a relação entre compradores (por exemplo, governos) e prestadores (por exemplo, hospitais). Eles estão associados a muitos mecanismos de pagamento porque especificam os termos e condições de remuneração. Contratos são o instrumento pelo qual o comprador especifica o tipo e volume de bens e serviços a serem fornecidos e prestados, assim como o desempenho desejado (em termos da saúde da população, eficiência e qualidade), durante um período de tempo determinado. Esse tipo de arranjo contrasta com sistemas administrados diretamente pelo poder público, que aloca recursos com base em insumos – como infraestrutura e pessoal – com pouca preocupação com o volume ou a qualidade dos serviços prestados. Quando executados de forma apropriada, e quando existem marcos regulatórios adequados, a contratualização pode melhorar o desempenho dos prestadores de serviços de saúde.

A maior parte dos bens e serviços na área de saúde pode ser fornecida de forma eficiente e com qualidade pelo setor privado (Preker e Langenbrunner 2005). Os Estados Unidos e o Canadá têm uma longa história de contratação de serviços hospitalares junto ao setor privado. Países que financiam a saúde por meio de sistemas de previdência social (por exemplo: França, Alemanha, Cingapura, África do Sul e Suíça) também têm essa tradição. Nos últimos quinze anos Inglaterra, Itália, Espanha e Suécia e outros países europeus introduziram a contratualização entre agências públicas e entre agências públicas e prestadores privados.

A contratualização também sugere que os governos devem funcionar de forma diferente. Consequentemente, isso implica alguns riscos. Para uma contratualização eficiente, o governo deve desenvolver uma infraestrutura adequada para elaborar, gerenciar e monitorar os contratos. Isso inclui condições para preparar e realizar concorrências, exercer controle financeiro e fazer análises de custos, monitorar *produtos* e resultados e garantir o cumprimento dos contratos. O desenvolvimento de tal capacidade exige tempo, mas, sem ela, os ganhos em desempenho proporcionados pela contratualização podem ser ilusórios.

Esta seção analisa experiências de contratualização no SUS, enfocando a contratualização entre governo e hospitais públicos, hospitais privados e prestadores de serviços clínicos e não-clínicos. Conclui com uma breve avaliação de uma experiência de contratualização inovadora no estado de São Paulo.

Contratação entre SUS e Hospitais Privados

A contratualização de hospitais, tanto no Brasil como na maioria dos demais países, é utilizada quase exclusivamente para comprar serviços do setor privado. O SUS tem uma longa história de terceirização de serviços médicos e não-médicos em unidades públicas, contratação de hospitais privados lucrativos e de estabelecimento de convênios com hospitais privados filantrópicos para a prestação de serviços de internação e ambulatoriais a pacientes do SUS. Porém, os arranjos contratuais são rudimentares.

Na forma praticada pelo SUS, a compra de serviços é uma atividade "passiva" e mal gerenciada. O SUS mantém um convênio padrão com instituições filantrópicas que possuem um certificado comprovando sua condição de entidade filantrópica.[46] Apesar de os prestadores privados receberem 56% das despesas do SUS com hospitais, o convênio é um instrumento geral, administrativo e formal utilizado para realizar pagamentos baseados no sistema AIH/SIA a hospitais privados historicamente afiliados ao SUS.[47] As únicas exigências do convênio são o fornecimento de informações já exigidas pelo sistema AIH e a prestação de serviços. Assim, os convênios não são instrumentos úteis para modificar ou sequer influenciar o comportamento dos prestadores no que diz respeito ao escopo, volume ou qualidade dos serviços prestados. Apesar de uma minoria de estados e municípios ter estabelecido termos especiais com algumas instituições filantrópicas, a maioria dos convênios carece de especificação de serviços e definição de produtos. O desempenho, quando especificado, não está relacionado ao financiamento, os preços ou valores pagos estão desvinculados dos custos e a administração e monitoramento dos convênios pelos contratantes públicos não é sistemática.

Para a maioria das instituições filantrópicas financiadas com recursos públicos, a relação com o SUS consiste em negociações anuais com autoridades municipais, estaduais ou federais a respeito de limites orçamentários. Os limites anuais de gastos, que se aplicam a todos os hospitais financiados pelo SUS, são com frequência ajustados durante o ano, dependendo da situação fiscal do parceiro governamental. Ao longo do ano fiscal, as instituições filantrópicas apresentam faturas ao SUS para o reembolso de serviços por conta dos sistemas de AIH/SIA dentro do teto orçamentário autorizado. O único requisito aparente é o registro de informações de produção já exigido pelo sistema AIH/SIA para o reembolso. Apesar de os tetos estarem nominalmente baseados em estimativas gerais de demandas feitas pelo MS (por exemplo, internações e consultas de especialidades por 1.000 habitantes), essas estimativas são baseadas em dados históricos e não em demanda ou necessidade, enquanto os pagamentos são determinados muitas vezes pela disponibilidade de recursos públicos nos orçamentos de saúde governamentais. Em um certo sentido, os tetos são um tipo de garantia de receita para as instituições tradicionalmente ligadas ao SUS. Vale insistir que o financiamento não é relacionado a demanda, custo ou indicadores de desempenho, tais como produção, produtividade ou qualidade.

O MS vem tentando vincular o financiamento de hospitais filantrópicos ao desempenho. Em 2001 o governo federal iniciou o programa INTEGRASUS, pelo qual instituições filantrópicas selecionadas pelas secretarias estaduais de saúde podiam receber financiamento adicional em troca de um compromisso com um conjunto de regras e indicadores de desempenho.[48] Em termos da oferta de serviços, as instituições deveriam reservar pelo menos 70% dos leitos gerais e cinco leitos de UTI para pacientes do SUS, garantir que pelo menos 70% das consultas ambulatoriais fossem para pacientes do SUS e servir de centros de referência a municípios próximos. No que diz respeito ao desempenho, o programa exigia a manutenção da taxa de cesarianas acordada com autoridades locais e a co-responsabilização com os gestores locais pela redução da mortalidade infantil e materna e dos níveis de infecção hospitalar. Os hospitais participantes do programa teriam também de estar em conformidade com pelo menos 60% dos indicadores (na maioria estruturais) do Programa Nacional de Avaliação de Hospitais. Em 2004 quase todos os hospitais filantrópicos recebiam fundos adicionais pelo INTEGRASUS. Não havia qualquer evidência, no entanto, de que o MS monitorasse o INTEGRASUS ou o cumprimento pelos hospitais dos indicadores de desempenho do programa. Na verdade, todos os hospitais recebiam algum pagamento pelo INTEGRASUS.

Após a implementação em 2004 de regulamentações do MS que estabeleceram arranjos contratuais para hospitais públicos (descritos a seguir), representantes do CONASS, CONASEMS, do MS e de entidades filantrópicas formaram um grupo de trabalho para desenvolver diretrizes para a elaboração de contratos orientados para o desempenho entre o SUS e os hospitais filantrópicos. Em agosto de 2005 o grupo de trabalho apresentou o esboço de uma regulamentação para a criação de um programa de reestruturação e contratação dos hospitais filantrópicos (CONASS 2005).[49] No entanto, a menos que o MS e os estados desenvolvam a capacidade de monitorar e garantir o cumprimento desses contratos, essa medida tenderá a aumentar o financiamento aos hospitais privados sem exercer nenhum impacto sobre seu desempenho.

Terceirização em Hospitais Públicos

A terceirização se tornou comum nos anos 1990, impelida pela limitação legal imposta sobre o gasto com pessoal em entidades públicas.[50] Muitos hospitais públicos passaram a terceirizar serviços de hotelaria, segurança e manutenção. Segundo Ferreira (2004), dificuldades em administrar o pessoal responsável por essas funções foi outro fator que contribuiu para que hospitais, estados e municípios optassem pela terceirização. A terceirização é, em boa parte, administrada diretamente pelo governo local, e não pela instituição. Mas a administração dos contratos é em geral falha. Uma pesquisa de rastreamento do gasto público com saúde (Banco Mundial 2007) descobriu que a maioria dos contratos de serviços de hotelaria e de apoio em hospitais municipais e estaduais carece de objetivos de produtividade, indicadores de qualidade ou sanções em caso de desempenho insatisfatório. Tais contratos raramente são atualizados ou revistos.

Apesar de a contratação de serviços médicos ser mais limitada, a terceirização desses serviços também é visível nos hospitais públicos. A forma mais comum consiste em contratar serviços específicos junto a cooperativas de profissionais. As cooperativas são compostas por grupos de especialistas, geralmente com significativo poder de mercado ou posição de monopólio (por exemplo, ortopedistas, neurocirurgiões e anestesistas), legalmente constituídas, com a finalidade de vender serviços para instituições públicas. O objetivo principal para os cooperados é conseguir salários ou remuneração mais altos do que receberiam como servidores públicos ou se contratados individualmente. As cooperativas ajudam a atrair médicos para instituições públicas porque pagam geralmente salários mais altos (mas sem benefícios adicionais). Elas poupam os gestores públicos da tarefa de gerenciar serviços específicos ou o corpo clínico. Por exemplo, uma cooperativa pode ser contratada para fornecer médicos e enfermeiras para todo um hospital ou para um serviço específico, como a anestesiologia.

Não há evidências de que contratos baseados em desempenho sejam utilizados nesses arranjos contratuais. Alguns poucos governos estaduais (por exemplo, Rio de Janeiro e Amazonas) terceirizam um amplo leque de serviços médicos. No Amazonas as cooperativas provocaram um aumento dos gastos sem nenhum impacto visível na melhoria das condições de saúde (quadro 4.2). As cooperativas são pagas por hora de trabalho de profissional, o que não está vinculado a custos, produtividade ou qualidade.[51] Assim como ocorre com os serviços não-médicos, esses contratos são administrados diretamente pelos governos locais e são supervisionados e implementados de forma fraca.

QUADRO 4.2
Dois Estudos de Caso: Terceirização de Serviços Médicos no SUS

Terceirização de Serviços Hospitalares no Amazonas

O governo do estado do Amazonas faz amplo uso de cooperativas para compor o quadro de pessoal de hospitais financiados com recursos públicos, centros diagnósticos e unidades de emergência. O estado contratou 19 cooperativas para prestar serviços em 36 unidades ambulatoriais e hospitalares, e isso representa 20% das despesas do estado com saúde. Cooperativas médicas (por especialidade) são a forma dominante, seguidas de cooperativas de enfermeiros.

Uma avaliação recente trouxe à tona algumas das questões que governos interessados em terceirizar serviços médicos devem enfrentar (Sangest International 2005). Quinze anos atrás, a primeira cooperativa foi criada como forma de garantir níveis altos de remuneração a médicos especialistas. Em 2004 as cooperativas contratadas eram responsáveis por aproximadamente 42% dos procedimentos hospitalares financiados pelo estado, embora consumissem 52% do gasto. Unidades de saúde sob administração direta, que são administradas diretamente pelo estado, e cujos serviços são executados por funcionários públicos, eram responsáveis pelo restante do gasto. Em média, procedimentos cirúrgicos, clínicos e pediátricos executados por cooperativas médicas constituíam 35, 43 e 24%, respectivamente, desses procedimentos realizados pelo SUS no estado. Os serviços das cooperativas, no entanto, eram mais caros do que procedimentos similares executados em unidades da administração direta. Além disso, embora algumas cooperativas fossem mais produtivas do que outras (por exemplo, cirurgia e pediatria registraram aproximadamente o dobro de produtividade da obstetrícia e clínica médica), não foi encontrada nenhuma diferença significativa de produtividade numa comparação entre equipes contratadas através de cooperativas e equipes formadas por funcionários públicos.

Os altos custos estão ligados à posição de monopólio exercida pelas cooperativas, ao mecanismo de pagamento e à fragilidade da gestão e monitoramento desses contratos por parte do governo estadual. Como é comum nas contratações públicas pelo SUS, o contrato é de natureza administrativa e não especifica serviços nem promove a qualidade. Os contratos são administrados diretamente pelo governo estadual, e não pela instituição interessada. Em suma, não há vínculo de trabalho ou gerencial entre as cooperativas e as instituições. Os contratos definem metas de produção, baseadas em médias históricas; as cooperativas recebem um pagamento mensal fixo por um número estipulado de plantões a fim de atingir metas gerais de produção. A relação entre produção e pagamentos (por plantão) parece ser arbitrária. Os pagamentos não são baseados em custos, que são desconhecidos, mas na remuneração estabelecida por plantão, negociada entre as partes. O sistema estimula o encarecimento dos serviços, porque fornece incentivos para maximizar o tempo (plantão pago) necessário para atingir as metas de produção. Qualquer aumento imprevisto na produção implica o pagamento de mais plantões. Todo o risco financeiro associado ao atendimento da demanda é transferido ao governo estadual. O monitoramento por parte do estado é centrado em relatórios financeiros e nos tetos de produção. A qualidade dos cuidados, a satisfação do paciente ou a cobertura contínua de grupos de risco (por exemplo, hipertensos e diabéticos) não são levados em conta.

Terceirização da Atenção Básica no Município de São Paulo

O Plano de Atendimento à Saúde (PAS) implementado pelo município de São Paulo entre 1993 e 1996 foi um modelo inovador, mas polêmico, para organizar e gerenciar a prestação de serviços de saúde. Era baseado em análises que identificaram problemas estruturais no sistema à época – centralização excessiva, falta de coordenação entre prestadores de serviços, baixa eficiência e qualidade e baixa produtividade e compromisso por parte dos trabalhadores do setor público – e apontaram para a necessidade de um modelo alternativo (FIPE 1994).

Elaborado por um grupo de estudiosos da Universidade de São Paulo, o modelo proposto originalmente era baseado nos seguintes princípios:

- Regionalização das unidades e serviços de saúde em módulos territoriais (subdistritos), com cadastramento da população a ser atendida em cada módulo.
- Administração flexível do trabalho pela organização de cooperativas de profissionais de saúde, combinada à ampliação da autonomia gerencial.
- Parceria entre o município (que retinha a propriedade das instalações e dos equipamentos) e instituições privadas, as quais eram constituídas por cooperativas de trabalhadores responsáveis pelo gerenciamento dos módulos através de convênios.
- Pagamento prospectivo *per capita* e distribuição de riscos. (Grupos de baixa renda eram priorizados por meio de um ajuste *per capita* baseado na renda.)
- Supervisão e acompanhamento pelo município a fim de oferecer apoio gerencial e evitar as distorções associadas ao novo mecanismo de pagamento (por exemplo, minimizar a quantidade de serviços prestados ou encaminhar pacientes a prestadores externos às cooperativas).
- Implementação gradual, começando com um projeto piloto em um distrito.

No início de 1995 o município preparou três versões sucessivas do projeto que alteraram um pouco o modelo original, resultando na Lei Municipal 11.866/95. Desde os primeiros documentos oficiais até a implementação da lei, passando por sua aprovação, houve forte resistência ao PAS, que foi repetidamente questionado nos tribunais por sindicatos de profissionais da saúde, por funcionários do sistema público de saúde, por partidos políticos de oposição e outros, que viam o plano como uma privatização inconstitucional do sistema público de saúde. O governo federal também considerou o novo modelo incompatível com os princípios básicos do SUS e cortou o financiamento federal ao município para o PAS, e o município teve de financiar a totalidade do programa.

Duas questões eram cruciais para a elaboração e implementação do PAS. Primeiro, após um período de transição, os profissionais de saúde foram obrigados a escolher entre tirar uma licença não-remunerada e entrar na cooperativa ou permanecer no serviço público e ser realocado (funcionários adicionais foram depois contratados por meio de uma nova cooperativa). Segundo, devido à sua capacidade gerencial limitada, as cooperativas contrataram empresas privadas para administrar o módulo ou unidades específicas.

Além do debate político acalorado e da implementação apressada do plano (todos os 14 módulos estavam em funcionamento nove meses após a aprovação da lei), o PAS exibia quatro fragilidades principais que comprometeram seu desempenho e foram cruciais para seu cancelamento e desmonte após a mudança da administração municipal em 2000:

- A estrutura de governança era complexa, envolvendo uma cooperativa principal formada por profissionais com formação universitária, uma segunda cooperativa de profissionais de nível médio e três conselhos e juntas de representantes; as cooperativas, por sua vez, subcontratavam empresas privadas para funções gerenciais.
- Diversos servidores públicos preferiram não ingressar no PAS e foram realocados para locais onde havia pouco trabalho. Ainda assim, continuaram a receber seus salários trabalhando pouco ou nada, inflando assim o custo final do modelo.
- Os sistemas de informação municipais, que já eram deficientes, foram desmantelados e substituídos por um sistema de monitoramento e controle novo, mas falho.
- O frágil controle gerencial resultou em custos operacionais inflados, muito acima do planejado, em meio a denúncias de fraude.

Fonte: FIPE 1994; Cohn e Elias 1999; Harvard Medical International 1998.

A terceirização de serviços médicos tem sido criticada e perdeu o impulso. As discussões são altamente politizadas. Sindicatos de empregados e políticos denunciam a terceirização como uma forma velada de privatização. Acusações incluem distorções inflacionárias nos sistemas de pagamento, fixação monopolística de preços, corrupção, conflitos de interesses e a baixa capacidade do governo para a gestão dos contratos e o monitoramento da prestação de serviços (ver quadro 6.3). Mais recentemente, o Ministério Público tem investigado estados e municípios que claramente favoreceram determinadas cooperativas em vez de contratar através de licitações, conforme exigido pela legislação (Lei 8.666). O Ministério do Trabalho também investiga denúncias de práticas trabalhistas injustas. Por fim, uma modificação na legislação tributária federal eliminou as vantagens fiscais da contratação de profissionais via cooperativas, aumentando o custo final para os contratantes. Diversos estados e municípios estão cancelando seus contratos com cooperativas.

Inovações na Contratualização no Estado de São Paulo

Um modelo de contratualização que está sendo implementado pelo governo do estado de São Paulo em hospitais públicos gerenciados por organizações sociais de saúde (OSS, organizações privadas filantrópicas) aponta o caminho para arranjos contratuais mais sólidos à medida que os governos se interessam cada vez mais em implementar arranjos semelhantes a fim de melhorar o desempenho de hospitais públicos e privados financiados pelo SUS.[52] O contrato de gestão, aperfeiçoado ao longo de quase dez anos, é um traço distintivo do modelo das OSS. O contrato e sua vinculação a um orçamento global são dois elementos de um arranjo baseado em responsabilização que tem levado aos resultados superiores em termos de desempenho relatados no capítulo 5.

Os contratos das OSS especificam metas quantitativas por tipo de serviço (por exemplo, internações, ambulatório, emergência, diagnóstico e procedimentos cirúrgicos). Essas categorias de serviços são ainda divididas em especialidades, procedimentos específicos, tipos de exame etc. O contrato obriga a criação e a utilização de sistemas de prontuários médicos e comissões internas nas unidades para avaliar dados de mortalidade, questões de ética profissional e o controle de infecções hospitalares. Também estabelece a exigência de relatórios mensais e anuais de atividades, custos, folha de pagamento, despesas, AIH (registro e faturamento) e pesquisa de satisfação de pacientes.[53] As OSS estão sujeitas a auditorias anuais do gestor estadual e do Conselho Estadual de Saúde. Em 2001 o estado instituiu uma comissão para avaliar o cumprimento dos indicadores de desempenho previstos nos contratos.

Todos os pagamentos são especificados no contrato e vinculados a metas de produção por serviço e atividade, assim como a um conjunto de exigências de relatórios e indicadores de qualidade. Noventa por cento do orçamento é desembolsado em parcelas mensais e vinculado ao cumprimento de pelo menos 85% das metas de produção. O fracasso no cumprimento das metas leva à redução nos pagamentos subsequentes. Por exemplo, se apenas 75% das metas são atingidas, uma unidade pode perder até 30% do repasse mensal.

Dez por cento do orçamento é retido pelo estado e alocado trimestralmente. Esse recurso é vinculado a indicadores de desempenho acordados entre o estado e a instituição. Os indicadores utilizados podem variar dependendo da instituição, mas são limitados a quatro categorias de avaliação: qualidade da informação, eficiência, qualidade da atenção e satisfação do paciente. Exemplos de indicadores utilizados em 2002-4 e seus pesos relativos são apresentados na tabela 4.5. Para cada indicador são negociadas metas trimestrais, e os resultados são avaliados por uma comissão estadual de avaliação independente.

TABELA 4.5
Indicadores de Desempenho Vinculados ao Componente Variável do Financiamento por Orçamento Global das OSS, Estado de São Paulo, 2002-2004

Categoria e Peso	*Indicador*
Qualidade da informação/0,10	• Prontuários médicos registram diagnósticos secundários.
	• Códigos de local de residência registrados nos prontuários.
	• Apresentação de motivos para cesarianas realizadas.
Eficiência/0,10	• TMP para serviços específicos (sem diagnósticos secundários) se mantém dentro dos limites definidos.
Qualidade da atenção/0,70	• Comissões de mortalidade, ética e infecção em funcionamento pleno.
	• Porcentagem dos óbitos analisados pela comissão de mortalidade.
	• Porcentagem de redução dos níveis de infecção hospitalar.
Satisfação dos pacientes/0,10	• Porcentagem de averiguação de reclamações dos pacientes.
	• Realização de pesquisas de satisfação dos pacientes.

Fonte: Secretaria de Saúde do estado de São Paulo.

Contratualização do SUS com Hospitais Públicos Universitários

Baseando-se na experiência com as OSS, o MS recentemente passou a implementar arranjos contratuais mais sólidos com alguns hospitais públicos. Em 2004 o MS lançou um programa para reestruturar e melhorar a qualidade dos hospitais universitários por meio da introdução de contratos baseados no desempenho.[54] Em junho de 2006 o MS havia assinado contratos com 86 dos 220 hospitais de ensino e transferido R$ 270,3 milhões a essas instituições. Esse programa, no entanto, precisa ainda ser avaliado.

O programa tem diversas características inovadoras. Consolida três subvenções federais individuais em um único bloco para formar um orçamento global. No caso de hospitais universitários administrados por estados e municípios, o orçamento global também conta com fontes orçamentárias desses governos.[55] O programa também introduziu um esquema de financiamento com parte fixa e variável. O repasse fixo aumenta o valor total dos repasses até então separados que essas instituições já recebiam do MS; não está vinculado ao desempenho.[56] A parte variável, 15% do valor do orçamento global, está ligada a indicadores de processo, volume e qualidade. O pagamento variável deve aumentar 5% ao ano até atingir 50% do valor total (fixo e variável) do orçamento global. A regulamentação estabelece quatro níveis de desempenho, cada um ligado a um pagamento percentual do valor dos repasses variáveis.[57] O MS gerencia diretamente os orçamentos globais e contratos para os 48 hospitais universitários federais, enquanto estados e municípios fazem o mesmo para as demais 172 instituições.

TABELA 4.6
Comparação das Principais Características dos Contratos das OSS com o Modelo de Contrato entre o SUS e os Hospitais-Escolas

Elementos centrais do processo de contratualização	*Convênio proposto com hospitais universitários*	*Contrato de gestão, OSS/São Paulo*
Objetivos	Definidos genericamente em termos de "integração" ao SUS e garantia de acesso a pessoas dos municípios vizinhos	Combinação de cláusulas gerais e específicas.
Especificação de serviços	A instituição é responsável por cumprir o plano de operação. A especificação de metas de volume depende do contrato.	Detalhado em termos de altas de internação, consultas ambulatoriais com especialistas, consultas de emergência e exames de laboratório.
Incentivos	15% do valor dos repasses (parte variável) ligado a metas de processo, volume e qualidade nos planos anuais de operação.	Define faixas de cumprimento para cada meta de produção, vinculadas à porcentagem do pagamento fixo. Define indicadores de desempenho para 10% de pagamento variável (liberado trimestralmente).
Pagamentos	Montantes fixos e variáveis especificados. Pagamento mensal.	Pagamentos fixos especificados por área de produção (por exemplo, internação, ambulatório, emergência). Pagamento da parte fixa feito mensalmente; parte variável, trimestralmente.
Indicadores de desempenho	Especificados em termos de produção, qualidade, acesso e utilização. Alguns são difíceis de medir.	Especificados em termos de produção e qualidade (produtos e resultados).
Exigência de relatório	Quatro relatórios especificados: relatório mensal de serviços; faturas (AIH) para serviços prestados; relatório anual sobre execução de contrato; e fornecimento regular de dados para os sistemas de informação do MS.	Relatórios mensais de produção para quase todos os tipos de serviço. Relatório de custos trimestrais. Relatórios mensais de qualidade segundo indicadores de cumprimento contratual. Balanço financeiro anual e registros de RH.
Monitoramento e avaliação	O estado ou município contratante estabelece uma comissão de monitoramento para acompanhar cumprimento do contrato. Se o gestor local não forma a comissão, o sistema nacional de auditoria fará o monitoramento. MS monitora os hospitais universitários federais.	Especifica o papel de: • Comissão de avaliação independente – verifica o cumprimento de metas de produção e qualidade e elabora relatório anual. • Unidade de coordenação de contratos de serviços de saúde da secretaria estadual – administra contratos, incluindo a liberação de pagamentos, monitoramento da produção e a análise de custos.
Sanções	Não especificadas: convênio pode ser rescindido pelo governo local se as condições não são cumpridas.	Especificadas em três níveis: aviso, multa e suspensão.
Resolução de conflitos	Cada parte pode contestar o conteúdo do convênio até 120 dias após a assinatura.	OSS têm cinco dias para contestar qualquer sanção. Processo de resolução de conflitos não especificado.

Fonte: Modelo de convênio preparado pelo MS; contrato das OSS.

A tabela 4.6 compara as principais características dos contratos das OSS com o convênio-modelo para os hospitais universitários. Muitas dessas características são semelhantes às implementadas nas OSS. Como no início da contratualização com as OSS, a falta de especificidade de alguns arranjos propostos pelo MS descritos na tabela reflete a experiência ainda incipiente do governo com contratualização.[58]

Apesar de a iniciativa sugerir que o MS está realmente se orientando para um modelo de contratualização e o considere uma forma de melhorar o desempenho, esse esforço de contratação enfrenta três problemas. O primeiro está relacionado à autonomia. A experiência europeia, assim como outras, com sistemas de saúde sugere que a independência dos hospitais para modificar o escopo de serviços, gerenciar insumos e negociar preços e fluxos de recursos com o pagador é crucial para uma contratação bem-sucedida (Parker e Langenbrunner 2005; Preker e Harding 2003). A maioria dos hospitais públicos tem pouca autonomia para tomar decisões a respeito dessas funções. Esse é o caso, principalmente, de hospitais administrados por estados e municípios. Hospitais universitários federais têm maior liberdade para administrar seus orçamentos e recursos materiais.

O segundo problema diz respeito ao grande número de indicadores de desempenho e à capacidade de as instâncias subnacionais gerenciarem efetivamente os convênios. Trinta indicadores com vários pesos foram definidos na regulamentação de 2004. Apesar de o MS ter reduzido esse número para 17 em regulamentações posteriores (2006), algumas unidades propuseram convênios com o número impraticável de 60 indicadores. Outros propuseram um número mais razoável de indicadores com metas de pesos diferentes. Os próprios indicadores consistem de um amplo leque de processos produtos, a maioria definindo limites mínimos para a disponibilidade de leitos por nível de atendimento, taxa de ocupação de leitos, média de permanência, produção e oferta de equipamentos. Outras diretrizes obrigam à criação de um conjunto de programas de formação, treinamento e educação continuada de recursos humanos. Muitos dos indicadores são difíceis de ser medidos e avaliados, e outros não podem ser implementados sem aumentos significativos de financiamento. Igualmente importante, muitos municípios e estados não têm capacidade para monitorar esses convênios.[59] O risco é alto de que esse instrumento se torne um mecanismo para distribuição de recursos diretamente aos hospitais, de modo semelhante ao convênio global utilizado para os hospitais privados.

O terceiro problema diz respeito aos incentivos para o desempenho. O MS determinou que futuros aumentos no gasto estejam vinculados ao desempenho, como especificado nos convênios de assistência atuais. Se essa determinação será cobrada é ainda incerto. É de notar que o MS reteve parte do financiamento variável de vários hospitais devido ao não-cumprimento de um ou mais dos indicadores de desempenho. Uma vez que o pagamento variável aumenta em relação ao pagamento fixo, os hospitais terão incentivos crescentes para o cumprimento do desempenho.[60] Gestores estaduais e municipais, no entanto, vêm resistindo à vinculação entre financiamento e desempenho, e não se sabe até quando esse modelo continuará sendo implementado.

Conclusões e Recomendações

Os mecanismos de pagamento a prestadores (MPP) para hospitais procuram mudar comportamentos a fim de melhorar o desempenho. Isso pode envolver uma combinação de aumento de eficiência, equidade, melhoria da qualidade e redução de custos. Os mecanismos podem igualmente criar incentivos para estimular mudanças organizacionais que podem afetar ainda mais o desempenho. Um MPP bem-elaborado depende de uma série de condições e fatores, incluindo informação sobre custos, quantidades, resultados e características de pacientes, como o diagnóstico e severidade do caso (Waters e Hussey 2004; Langenbrunner e Wiley 2002).

A maneira como essa informação é coletada e medida é outro ponto importante. Porque muitos MPP envolvem alguma forma de definição de valores, eles dependem das características dos prestadores e de suas relações com os contratantes (por exemplo, autonomia do prestador, uso de contratos, negociação e regulamentação). Como acontece em muitos países de renda média, muitos desses fatores condicionantes estão ausentes ou mal desenvolvidos no Brasil.

Principais Resultados

Na forma como são aplicados no Brasil, os MPP parecem estimular pouco o desempenho, e alguns podem mesmo induzir a um baixo desempenho. Os principais fatores que contribuem para as limitações dos MPP a hospitais no Brasil são resumidos a seguir.

Incentivos Diluídos e Comportamentos Indesejáveis

A diversidade do setor hospitalar brasileiro e o grande número de entidades pagadoras contribuem para a multiplicidade de MPP existentes.[61] O hospital privado típico e um número crescente de unidades públicas recebem receitas de diversas fontes privadas e públicas. Cada financiador aplica um ou mais MPP. Essa situação resulta em incentivos diluídos e por vezes conflitantes que acabam não influenciando a eficiência ou a qualidade. Por exemplo, muitos hospitais privados recebem parte importante de sua receita por meio de três ou mais MPP (AIH, SIA, pagamento prospectivo por serviço descontado, pagamento por serviço tradicional). Quaisquer incentivos à qualidade ou ao controle de custos presentes em um MPP podem ser anulados pelo outro. Em lugar de estimular os administradores dos hospitais a alocarem recursos de forma eficiente, a falta de uniformidade nos MPP pode encorajar comportamentos indesejáveis, como o superfaturamento ou a transferência de custos de fontes de pagamentos mais baixos como o SUS, para fontes melhores como os planos privados de saúde. Por sua vez, isso pode estimular iniquidades ao criar um sistema de dois níveis, inclusive em uma mesma unidade, com um atendimento mais eficiente e possivelmente de maior qualidade (por exemplo, com filas menores) para pacientes afiliados a "bons pagadores", como planos de saúde privados, e atendimento menos eficiente e provavelmente de menor qualidade, para pacientes afiliados a "maus pagadores". Em ambos os casos, os hospitais procuram maximizar a receita recebida dos pagadores que pagam melhor a fim de compensar as "perdas" incorridas com os pagadores que pagam menos – mas que respondem pelo maior volume de serviços.

Ausência de Informação sobre Custos

A situação descrita atrás está intimamente relacionada a uma deficiência geral do sistema: em todos os casos, os MPP não estão alinhados com os custos reais dos serviços e assim não refletem o uso de recursos. Em consequência, não oferecem aos hospitais incentivos para o uso eficiente de recursos. Distorções na relação entre remuneração e custos também oferecem incentivos à superprodução ou subprodução de determinados serviços. A tabela de pagamento da AIH é um exemplo disso. As grandes distorções nas relações entre valor pago e custo, pagando demais por procedimentos de baixo volume, mas alta complexidade, e pagando pouco por procedimentos de alto volume, mas baixa ou média complexidade, encorajam os hospitais a se comportarem de forma ineficiente (mas provavelmente racional). Esses hospitais desenvolveram estratégias de sobrevivência financeira tais como a diversificação de fontes pagadoras e a especialização em procedimentos e especialidades bem pagos. Outras estratégias menos transparentes incluem fraudes e a seleção de riscos.

Os MPP são desvinculados dos custos reais em parte porque é rara a informação de custos confiável nos hospitais brasileiros. Poucos hospitais possuem sistemas de contabilidade de custos, e as informações raramente podem ser comparadas ou mesmo obtidas, quando elas existem. A falta de informações sistemáticas e confiáveis sobre custos é o maior obstáculo para a melhoria dos MPP baseados em casos em vigor (tal como a AIH) e o desenvolvimento de MPP alternativos com maior potencial para influenciar o desempenho. A falta de informação de custos de tratamentos também impede a adoção ou a migração para um sistema de pagamento baseado em DRG.

Ausência de Ajuste por Severidade dos Casos

Nenhum dos métodos de pagamento utilizados para financiar hospitais no Brasil faz ou permite ajustes de pagamento em função da severidade ou do perfil de pacientes (*case mix*).[62] Os orçamentos por elemento de despesa, o principal mecanismo de pagamento nos hospitais públicos, não levam em conta diferenças de *case mix*. Apesar de a AIH requerer o registro dos diagnósticos, essa informação não é utilizada para ajuste de riscos. O SIA tampouco registra o diagnóstico ou a severidade do caso; em vez disso, os serviços de ambulatório são classificados segundo a complexidade em básica, média ou alta. Nenhum dos MPP utilizados pelos planos de saúde privados permite o ajuste por *case mix*. Considerando a importância do ajuste por riscos diferenciais na estrutura dos MPP, a falta de ajuste por *case mix* é uma limitação importante dos mecanismos de pagamento a hospitais no Brasil.

Assim como no caso dos custos, a possibilidade de ajuste por *case mix* é limitada pela fragilidade dos sistemas de informações clínicas ou de tratamento nas próprias unidades. Isso está relacionado à precariedade dos registros nos prontuários médicos, à falta de padronização das práticas médicas e à quase inexistência de análises sistemáticas de casos. O registro inconsistente de diagnósticos primários e, principalmente, secundários é particularmente problemático porque os diagnósticos são uma base importante dos ajustes por *case mix*.

Expansão do Orçamento por Elemento de Despesa nos Hospitais Públicos

A decisão do governo federal de substituir os pagamentos de AIH/SIA por transferências fundo a fundo de recursos aos governos estaduais e municipais teve como resultado indireto a expansão do orçamento tradicional (por elemento de despesa) como o principal MPP dos hospitais públicos. Os incentivos potenciais dos mecanismos de pagamento baseados na produção de serviços (como, por exemplo, um mecanismo de AIH/SIA reformado) se perdem assim para os hospitais públicos. Isso é preocupante. Apesar de o orçamento tradicional oferecer previsibilidade no financiamento para os hospitais e ser fácil de administrar, o montante pago (isto é, o orçamento) é baseado em padrões históricos de gasto. Essa modalidade também oferece poucos incentivos ao aumento de produtividade e qualidade, à inovação e flexibilidade gerenciais, à racionalização da oferta (ou capacidade) ou ao estabelecimento de um ambiente sólido de informação. Por causa dessas limitações, a maior parte dos países de alta renda que costumava utilizar o orçamento por elemento de despesa para financiar hospitais vem adotando MPP mais sofisticados, tais como os DRG (*Diagnostic-Related Groups*), o pagamento por diária e o orçamento global baseado em desempenho.[63] Hospitais financiados por orçamentos por elementos de despesa estão entre os menos eficientes e mais caros do Brasil. O MPP de orçamento por elemento de despesa contribui para o baixo desempenho observado nos hospitais públicos.

MPP Baseados em Casos Ultrapassados

O sistema AIH representou um grande progresso em relação ao sistema de pagamento por serviço existente no início dos anos 1980. Sua estrutura baseada em casos agrega vários serviços e insumos em procedimentos e tratamentos mais abrangentes. Teoricamente, o sistema tem potencial para ajudar a controlar a escalada dos custos. Também pode permitir maior controle do volume de procedimentos realizados por causa de sua natureza prospectiva e pode ajudar os hospitais a planejarem e controlarem melhor suas despesas. No entanto, o sistema tem sérias limitações e distorções acumuladas ao longo dos anos. Listas de procedimentos e regras de faturamento obsoletas, sistema de auditoria que consome tempo, mas é pouco efetivo, registro inadequado ou incompleto de diagnósticos, inconsistência entre fatura e prontuário médico e dissociação entre valor pago e o uso de recursos e custos reais são os principais fatores que comprometem a confiabilidade da AIH, tanto como sistema de informação quanto de pagamento.

Competição Desigual

O SUS remunera os hospitais públicos (pelo orçamento público) a níveis muito mais altos do que os hospitais privados, cujos recursos recebidos do SUS são restritos aos pagamentos federais pelo sistema AIH/SIA. Como já foi dito, os pagamentos por AIH/SIA cobrem apenas uma parte dos custos reais, exceção feita a alguns procedimentos e tratamentos mais complexos. Isso prejudica a competição entre prestadores e não estimula a eficiência, tanto nos hospitais públicos quanto nos privados.

Contratualização "Passiva"

Apesar de o SUS ter uma longa história de contratação com hospitais privados para a prestação de serviços hospitalares, o sistema aplica um instrumento passivo (convênio) que não especifica funções, não define produtos nem metas de desempenho em contrapartida ao financiamento. Os convênios são essencialmente instrumentos legais para a distribuição de recursos orçamentários a prestadores privados tradicionalmente ligados ao sistema público. Enquanto ferramenta contratual, o convênio é destituído de mecanismos de responsabilização e não é utilizado como forma de criar incentivos para melhorar a produtividade, a qualidade e a eficiência dos serviços hospitalares.

Recomendações

A fim de melhorar o sistema de pagamento a hospitais no Brasil, recomendam-se mudanças de curto e médio prazo nas políticas de saúde. No curto prazo, dadas as dificuldades e o tempo exigido para a reformulação e fortalecimento dos sistemas de informação, a ênfase deve ser colocada na melhoria e modernização desses sistemas e na expansão de modelos bem-sucedidos de mecanismos de pagamento. No médio e longo prazo, os mecanismos de pagamento deveriam evoluir, a fim de apoiar os novos arranjos organizacionais propostos no capítulo 5 e incorporar informações sistemáticas de diagnósticos e custos.

Informações confiáveis de diagnósticos e custos são cruciais para a elaboração de mecanismos de pagamento a prestadores que ofereçam incentivos adequados para a prestação de serviços de saúde eficientes e de qualidade. Também são necessárias caso a seleção e o pagamento dos prestadores sejam baseados no desempenho, e para promover a eficiência na alocação de recursos.

Medidas e atividades de curto prazo incluem:

- *Desenvolver e testar sistemas alternativos de pagamento* que estimulem a eficiência e a qualidade e suportem novos arranjos organizacionais nos hospitais públicos. O orçamento global baseado em contratos e desempenho, utilizado em hospitais públicos novos no estado de São Paulo (ver capítulo 5), pode servir como referência. Esses orçamentos globais devem incluir uma parte fixa vinculada a objetivos (cobertura, produtividade) e uma parte variável vinculada a indicadores de desempenho (eficiência, qualidade e alcance de metas) e à participação em iniciativas tais como sistemas de acreditação e de custos. A expansão dos orçamentos globais baseados em desempenho deve ser acompanhada de políticas de compras estratégicas, que incluem o uso de contratos de gestão, arranjos organizacionais que garantam maior autonomia, monitoramento do cumprimento de metas de desempenho, gestão de contratos e avaliações de impacto.
- *Melhorar os sistemas de informação de pacientes e de serviços* tanto ao nível dos hospitais quanto em nível nacional. Os sistemas AIH/SIA podem servir como ponto de partida porque incluem uma série longa de dados e permitem o monitoramento da produção e utilização de serviços. Esses sistemas deveriam, no entanto, ser revisados a fim de eliminar inconsistências e distorções nas listas de procedimentos e nos níveis de pagamento – excessivo ou insuficiente – de diferentes procedimentos. Apesar de a AIH e o SIA não serem mais utilizados para o pagamento de hospitais públicos e de o MS estar considerando pagar os hospitais filantrópicos por meio de um MPP semelhante ao orçamento global, tanto o SIH/AIH quanto o SIA continuam sendo fontes de informação cruciais. Uma vez melhorados, esses sistemas podem prover as informações básicas necessárias para a definição dos orçamentos globais.
- *Desenvolver e testar um sistema baseado em diagnósticos para medir o* case mix *hospitalar.* No curto prazo, tal sistema poderia usar as informações de diagnóstico registradas na AIH, apesar de suas limitações. Quando o sistema for incrementado, técnicas de ajuste para *case mix* devem ser desenvolvidas e aplicadas a fim de refinar as informações de diagnóstico.
- *Desenvolver um sistema nacional padronizado de custos hospitalares* que permita a estimativa do custo por casos ou tratamentos.

- *Promover uma competição justa e igualdades de condição para hospitais públicos e privados* pela harmonização dos sistemas de pagamento e incentivos. Isso contribuiria bastante para a eliminação de distorções atuais na alocação de recursos.
- *Avaliar o impacto de programas e iniciativas em andamento*, tais como contratos baseados em desempenho com os hospitais universitários públicos.

Entre as medidas e atividades de médio e longo prazo estão:

- *Migrar o sistema AIH/SIA para um sistema similar ao DRG*, que funcione como um sistema consistente de informação e como base para a definição e o monitoramento de orçamentos globais e a apuração de custos de tratamento. Um estudo em profundidade deveria ser realizado para examinar quais elementos dos sistemas AIH/SIA podem e devem ser preservados e adaptados e quais devem ser descartados e substituídos. Elementos cruciais da transição são a revisão da tabela do sistema AIH e a vinculação dos procedimentos de AIH a diagnósticos (esse trabalho tem sido realizado por pesquisadores individuais e se mostrou possível);[64] a introdução de ajustes por *case mix*; e o desenvolvimento de um sistema de contabilidade de custos sólido, que possa gerar informações a respeito dos custos de tratamento.
- *Estimular a igualdade de condições entre todas as fontes pagadoras de hospitais*, incluindo o SUS e as operadoras de planos de saúde, por meio de regulamentação pela ANS e pela adoção ou desenvolvimento de sistemas de pagamento similares. Isso facilitaria a comparação e a cooperação entre o SUS e o setor de saúde supletiva. Como um passo preliminar, um estudo aprofundado dos sistemas de pagamento privados no Brasil deveria ser realizado, examinando seus pontos fortes e pontos fracos e levando em consideração as experiências internacionais.

Mecanismos de pagamento e seus incentivos inerentes influenciam o comportamento de prestadores. Porém, um hospital pode responder a esses incentivos apenas dentro dos limites definidos por sua estrutura organizacional, como será discutido no capítulo seguinte.

Anexo 4A

Características e Efeitos dos Principais Mecanismos de Pagamento a Prestadores (MPP)

Método de pagamento	*Unidade de pagamento*	*Prospectivo ou retrospectivo*	*Descrição*	*Eficiência*	*Qualidade e equidade*	*Sistemas de gestão e informação*	*Risco financeiro*
Orçamento por elemento de despesa	Categorias orçamentárias funcionais.	Ambos	Orçamento alocado segundo categorias de recursos ou funções específicas, em geral anualmente. As categorias orçamentárias incluem salários, medicamentos, equipamentos, alimentos, *custos gerais*, administração.	Pouca flexibilidade no uso de recursos. Tendência a gastar todo o orçamento, mesmo quando não necessário, a fim de garantir a manutenção do nível atual orçamentário.	Pode ocorrer racionamento caso o orçamento seja insuficiente. Se ocorre racionamento casos complexos podem ser recusados.	Relativamente simples.	Prestador = BAIXO Pagador = BAIXO
Orçamento global	Unidade de saúde: hospital, clínica, centro de saúde.	Prospectivo	Pagamento total fixado antecipadamente, cobrindo período específico. Alguns ajustes de fim de ano são permitidos. Várias fórmulas podem ser utilizadas: orçamentos históricos, valores *per capita* ajustados (por idade, sexo), taxas de utilização do ano anterior.	Flexibilidade no uso de recursos. Gasto definido de forma artificial, e não segundo mercado. Nem sempre vinculado a indicadores de desempenho (por exemplo, volume, qualidade, *case mix*). Transferência de custos é possível se o orçamento global cobre conjunto limitado de serviços. Prestador pode referir pacientes a outro prestador fora da competência do orçamento global a fim de minimizar gasto do seu próprio orçamento global.	Racionamento pode ocorrer caso o orçamento seja baixo demais. Se ocorre racionamento, casos complexos podem ser encaminhados para outras unidades. Ajustes por *case mix* em fórmulas gerais vinculam o orçamento à complexidade dos casos. Outros mecanismos de ajuste podem ser utilizados para ajustes de pagamento para grupos populacionais especiais.	Exige habilidade para acompanhar eficiência, efetividade e uso de recursos em diferentes departamentos, e mecanismos para redirecionar recursos para usos mais eficientes.	Prestador = ALTO Pagador = BAIXO

(continua)

Método de pagamento	*Unidade de pagamento*	*Prospectivo ou retrospectivo*	*Descrição*	*Eficiência*	*Qualidade e equidade*	*Sistemas de gestão e informação*	*Risco financeiro*
Captação	Por pessoa, por ano.	Prospectivo	Pagamento realizado diretamente aos prestadores de serviços de saúde para cada pessoa cadastrada. Pagamento cobre custos de pacote definido de serviços para um período determinado de tempo. Prestador pode por vezes subcontratar serviços que ele não pode (ou recusa) prestar.	Flexibilidade no uso de recursos. Quanto mais abrangente o pacote de serviços, menor o espaço para transferência de custos. Recursos vinculados ao tamanho da população atendida e suas necessidades.	Prestadores de serviços podem sacrificar qualidade para conter custos. Pode ocorrer racionamento caso a captação seja muito baixa. Captação pode encorajar os prestadores a cadastrar pacientes mais saudáveis e excluir os menos saudáveis. Para os pacientes, a escolha do prestador em geral é restrita. Mecanismos de ajuste nas fórmulas de captação permitem o ajuste para grupos populacionais especiais.	Sistemas de gestão são exigidos para garantir o cadastro de cada beneficiário com um prestador. Gestão de uso e programas de controle de qualidade são essenciais para evitar a subprestação de serviços. Se o pagamento cobre serviços primários e secundários, os prestadores de níveis diferentes do sistema devem estabelecer vínculos contratuais uns com os outros.	Prestador = ALTO Pagador = BAIXO
Pagamento por serviço	Por caso ou ocorrência.	Prospectivo	Pagamento fixo cobrindo todos os serviços para um caso ou doença específicos. Sistemas de classificação de pacientes (como DRG) agrupam pacientes de acordo com diagnóstico e procedimentos principais realizados. Mais frequentemente utilizado em serviços de internação, mas grupos de atenção ambulatórial estão sendo desenvolvidos.	Flexibilidade no uso de recursos. Hospitais tendem a inflar casos (aumentando ou duplicando internações) a fim de aumentar receita. Sistemas de classificação de pacientes podem ser utilizados para monitorar o desempenho.	Pagamento baseado em casos vincula o pagamento diretamente à complexidade do caso.	Prestadores precisam poder registrar e cobrar por caso, o que geralmente implica coletar um grande volume de informações confiáveis a respeito de características do paciente, diagnóstico e procedimentos.	Prestador = MODERADO Pagador = MODERADO

Por diária	Por dia, para diferentes departamentos dos hospitais.	Prospectivo	Pagamento agregado cobrindo todas as despesas de um dia de internação.	Flexibilidade no uso de recursos. Hospitais tendem a aumentar a duração da internação para aumentar receita.	Valores de diárias permitem internações mais longas para casos mais complexos.	Necessidade de acompanhar o período de internação por departamento e garantir a cobertura dos custos.	Prestador = BAIXO Pagador = ALTO
Pagamento por serviço	Por unidade de serviço.	Retrospectivo	Taxas separadas para diferentes itens de serviços (por exemplo, remédios, consultas, exames)	Flexibilidace no uso de recursos Prestador tende a aumentar o número de serviços a fim de aumentar receita.	Pagamento é diretamente relacionado à intensidade do serviço. Tendência à sobreprestação de serviços ou à realização de intervenções desnecessárias.	Prestadores devem registrar e cobrar cada ato ou serviço médico	Prestador = BAIXO Pagador = ALTO

Fonte: Wouters, Bennet e Leighton 1998.
Nota: DRG, grupo de diagnósticos relacionados.

Anexo 4B

Histórico dos Mecanismos Públicos de Pagamento a Hospitais

O primeiro sistema nacional de pagamento de serviços hospitalares do Brasil foi criado pelo Instituto Nacional de Seguridade Social (INSS) quando estruturava a contratação de serviços privados para seus beneficiários. O sistema foi baseado em um mecanismo *de pagamento por serviço*. A partir de um contrato padrão, os pagamentos autorizados pelo INSS eram realizados segundo uma tabela de serviços, procedimentos e produtos médicos, cujos valores eram especificados em unidades de serviço. Em 1975-77 a Guia de Internação Hospitalar (GIH) foi introduzida, e o DATAPREV, organismo responsável pelo processamento de dados do Ministério da Previdência Social, passou a informatizar o sistema de faturamento médico-hospitalar (Castro, Travassos e Carvalho 2002).

No início dos anos 1980 o Ministério da Previdência e Assistência Social (MPAS) implementou um sistema novo, o Sistema de Assistência Médico-Hospitalar da Previdência Social (SAMHPS). O sistema autorizava pagamentos mais altos como um incentivo financeiro para os prestadores de serviços de alta complexidade, conforme especificado pelo Índice de Valorização Hospitalar (IVH). O IVH foi introduzido de forma experimental no estado do Paraná em 1981 e foi estendido ao resto do país a partir de 1983, com a publicação da primeira Tabela de Procedimentos Hospitalares. O novo sistema informatizado introduziu filtros de validação e verificação, uma maior padronização de preços e procedimentos e a auditoria de faturas com visitas aos hospitais. O sistema era capaz de gerar relatórios automáticos de erros e estabeleceu a base para a recusa de pagamento parcial ou total de faturas hospitalares. Um sistema de pontuação foi estabelecido para pagamentos, e os pagamentos passaram a ser agrupados em materiais médicos, serviços profissionais, serviços hospitalares e serviços de diagnósticos e terapêuticos.

O SAMHPS e a GIH ainda eram baseados no pagamento por serviço, e isso contribuiu para a crise financeira e estrutural de meados dos anos 1970 (Lebrão 1999). Ao preservar o sistema anterior de pagamento de procedimentos isolados, estimulava os hospitais à sobreprestação de serviços de internação, levando a distorções, além de ficar sujeito a fraudes por causa da fragilidade do processo de verificação das faturas hospitalares – faturas sob suspeita de fraude eram em geral verificadas manualmente (Chiyoshi 1989; Levcovitz e Pereira 1993).

A passagem para o sistema atual, baseado em pagamentos prospectivos por meio da Autorização de Internação Hospitalar (AIH), foi realizada em 1983-84 pela Comissão AIH. A comissão, criada para tratar das deficiências do sistema GIH, era formada por representantes da Associação Médica Brasileira (AMB), da Confederação das Santas Casas de Misericórdia, Hospitais e Entidades Filantrópicas (CMB), de hospitais universitários e da Confederação Brasileira de Hospitais (Castro, Travassos e Carvalho 2002). O novo modelo foi criado para reembolsar as despesas dos hospitais após a verificação das faturas, seguindo determinados parâmetros baseados no uso previsto de insumos para o tratamento de um quadro específico ou para a realização de determinado procedimento médico (Levcovitz e Pereira 1993). Valores máximos foram estabelecidos para cada procedimento médico, para a quantidade de dias de permanência, materiais médicos e medicamentos utilizados e outros parâmetros. Para facilitar a transição para o novo sistema e preservar a compatibilidade, o enfoque da classificação no novo sistema se mantinha no tratamento e nos principais procedimentos médicos realizados, e não no diagnóstico do paciente.

A partir dos anos 1980, duas mudanças importantes foram introduzidas: a responsabilidade da administração do sistema AIH – até então a cargo do MPAS e de seus escritórios regionais – foi transferida para as secretarias estaduais de saúde e, a partir de 1990, os hospitais públicos foram incluídos no sistema (Levcovitz e Pereira 1993).

Anexo 4C

Mecanismos de Pagamento a Prestadores Utilizados pelo SUS

Tipo e programa
A. *Pagamentos por serviços prestados*
1 Atenção ambulatorial (SIA)
2 Internação (SIH/AIH)
B. *Transferências, Média e Alta Complexidade*
3 AIDS – intervenções estratégicas
4 Acompanhamento pós-transplante – intervenções estratégicas
5 Deficiências auditivas – intervenções estratégicas
6 Antígeno leucocitário humano (HLA)
7 Assistência a municípios em estado de calamidade pública
8 Atenção ambulatorial, Média e Alta Complexidade (MAC)
9 Campanhas de oftalmologia – intervenções estratégicas
10 Campanha para acompanhamento de deficiências auditivas
11 Campanha para acompanhamento pós-transplante
12 Campanha para cirurgias cardiovasculares
13 Campanha para cirurgia de catarata
14 Campanha para cirurgia de próstata
15 Campanha para cirurgia de hérnia inguinal
16 Campanha para epilepsia
17 Campanha para pré-natal
18 Campanha para quimioterapia
19 Campanha para radioterapia
20 Campanha para retinopatia diabética
21 Campanha de vacinações
22 Campanha de vacinação contra a raiva
23 Cirurgia para veias varicosas
24 Cirurgia para deformidades craniofaciais
25 Cirurgia de mama
26 Cirurgia de câncer
27 Cirurgias eletivas – intervenções estratégicas
28 Co-financiamento de carga viral de HIV e TCD4/CD8
29 Co-financiamento de unidades do MS
30 Teto de financiamento adicional, gestão plena
31 Mecanismo de compensação por procedimentos de alta complexidade
32 Câncer de colo uterino – intervenções estratégicas
33 Deformidade craniofacial – intervenções estratégicas
34 Fator de reajuste de 25% – gestão plena
35 Financiamento de registro e avaliação de unidades de saúde
36 Gravidez de alto risco, extrateto orçamentário
37 Gestão plena do sistema municipal – alta complexidade

Tipo e programa
38 Gestão plena do sistema municipal – média complexidade
39 Histocompatibilidade – intervenções estratégicas
40 Humanização do parto – intervenções estratégicas
41 Impacto da psiquiatria
42 Incentivo (MAC) para serviços à população indígena
43 Leitos de UTI, extrateto
44 Vigilância sanitária MAC
45 Medicamentos de alto custo para pacientes crônicos
46 Medicamentos de alto custo para transplantes
47 Neurocirurgia, extrateto
48 Ortodontia – intervenções estratégicas
49 Plano nacional de controle da tuberculose
50 Programa de combate ao câncer do útero
51 Programa de humanização nos cuidados pré-natais e parto
52 Programa de radioterapia/quimioterapia
53 Próstata – intervenções estratégicas
54 Queimaduras – intervenções estratégicas
55 Reabilitação – intervenções estratégicas
56 Terapia renal
57 Transferências extraordinárias
58 Transplantes
59 Transplantes – intervenções estratégicas
60 Tuberculose – intervenções estratégicas
61 Cuidados emergenciais, extrateto
62 Veias varicosas – intervenções estratégicas
63 Inspeção do PNASH – intervenções estratégicas
C. *Transferências, atenção básica*
64 Apoio à população indígena
65 Cadastro nacional de usuários do SUS
66 Epidemiologia e controle de doenças
67 Medicamentos básicos
68 Incentivos adicionais para o programa de interiorização de profissionais de saúde
69 Incentivo para intervenções básicas de vigilância sanitária
70 Incentivo para o combate às deficiências nutricionais
71 Incentivos à descentralização das unidades da FUNASA
72 Incentivos para tratamento dentário
73 Medicamentos para saúde mental
74 Piso de atenção básica (PAB fixo)
75 Programa de agentes comunitários de saúde
76 Programa saúde da família (PSF)
77 Projetos similares ao PSF
78 Vacinação contra a poliomielite

Fonte: Ministério da Saúde/DATASUS.
Nota: AIH, Autorização de Internação Hospitalar; FUNASA, Fundação Nacional de Saúde; UTI, Unidade de Tratamento Intensivo; MS, Ministério da Saúde; PAB, Piso de Atenção Básica; PNASH, Programa Nacional de Avaliação dos Serviços Hospitalares; SIA, Sistema de Informação Ambulatorial; SIH, Sistema de Informação Hospitalar; SUS, Sistema Único de Saúde.

Anexo 4D

Aumentos Diferenciais nas Tabelas de Reembolso, 1995-2001

Tratamento ou procedimento	*Ajuste (%)*
Identificação e contato com possível doador de órgãos	300
Extração de órgão para transplante (diversos procedimentos)	300
Amidalectomia	133
Tratamento clínico de concussão cerebral	113
Eclâmpsia (complicação séria da gravidez)	107
Choque anafilático	105
Esquistossomose	86
Infarto do miocárdio	77
Ressecção de tumor uretral, multicêntrica e sincrônica	75
Cistectomia total	75
Prostatectomia	75
Ureterocistotomia	75
Cistectomia total e derivação simultânea	75
Prostatovesiculectomia	75
Transplante (todos os órgãos)	75
Pancreatite	75
Peritonite	75
Risco de aborto	73
Desidratação aguda	71
Abscesso renal	70
Reconstrução total do nariz	70
Ressecção endoscópica da próstata	69
Intoxicação por medicamento	66
Doenças reumáticas	64
Obstrução intestinal	63
Insuficiência hepática aguda	60
Cirrose hepática	60
Tratamento conservador da osteomielite	59
Apendicectomia	58
Colecistectomia videolaparoscópica	55
Fratura da coluna	54
Diverticulite	53
Insuficiência renal aguda	51
Colecistectomia	50
Hepatite infecciosa	49
Sarampo	49
Pneumonia infantil	48
Bronquite aguda	48
Gastrite e duodenite	48
Crise de hipertensão	47
Cirurgia de hérnia inguinal	46

Fonte: MS 2004b.

Anexo 4E
Da AIH ao DRG

Nas duas últimas décadas diversos países adotaram alguma variante do método de grupos de diagnósticos relacionados (DRG) como o principal mecanismo de pagamento a prestadores de serviços hospitalares. Originalmente elaborado e implantado nos Estados Unidos no início dos anos 1980, variações do esquema de DRG foram gradualmente implementadas na Austrália (a partir de 1985) e em diversos países europeus, em sua maioria durante os anos 1990. Mais recentemente, economias de renda média, tais como Hungria, República da Coreia, Taiwan (China) e Tailândia, passaram a adotar o DRG. A maioria desses países implementou o DRG no âmbito de uma transição geral dos mecanismos de pagamento por serviço e por diárias para orçamentos globais e sistemas de pagamento baseados em casos (Schneider 2007). A implementação de DRG é muitas vezes parte de um pacote de reformas mais abrangente do setor hospitalar (Fidler et al. 2007).

Por que Usar o DRG?

De forma resumida, o DRG é um esquema de classificação que agrupa casos que demandam recursos e processos de tratamento semelhantes. É um sistema de classificação hierárquico: por exemplo, em uma versão específica, a APR-DRG, o sistema compreende 25 grandes categorias diagnósticas (MDC, Major Diagnostic Categories) baseadas nos sistemas anatômicos e especialidades médicas; mais de 400 DRG baseados principalmente no diagnóstico; e aproximadamente 1.500 subclasses baseadas em fatores de riscos e diagnósticos secundários (ver figura 4E.1).[65]

O aumento de popularidade do método DRG se deve a diversos fatores. Mostrou-se capaz de conter os custos hospitalares, principalmente com a redução dos tempos de internação (Chasin, Samyshkin e O'Dougherty 2005). É uma ferramenta flexível: o núcleo do sistema DRG tem sido adaptado a diferentes cenários nacionais de acordo com necessidades específicas e à qualidade dos sistemas de informação existentes.[66]

FIGURA 4E.1
Estrutura Hierárquica e Critérios de Classificação dos DRG

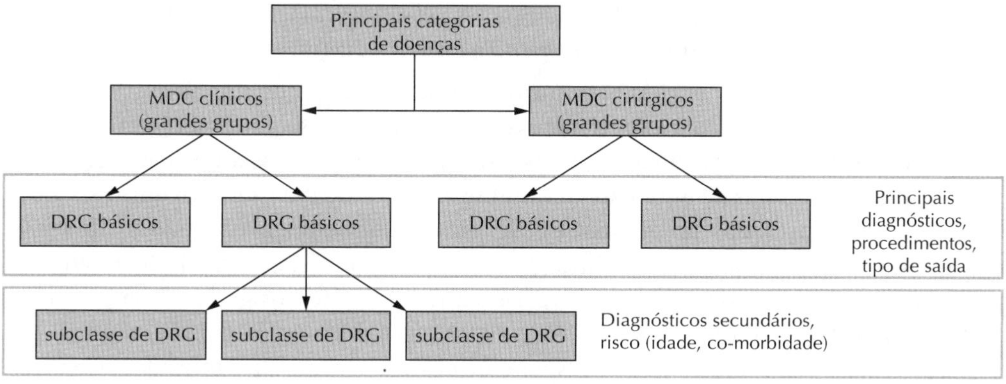

Fonte: Adaptado de Schneider (2007).

Outra razão para sua popularidade é que o sistema é útil não apenas como mecanismo de pagamento, mas também como mecanismo de alocação de recursos, e forma de administrar os cuidados dispensados aos pacientes, promover o controle de qualidade e monitorar o desempenho. Além disso, permite ajustes por *case mix* e por fatores de risco como idade e gravidade do caso, que podem aumentar os custos.

Qualquer MPP deveria refletir os custos dos cuidados. Uma vez que o DRG é um sistema de classificação baseado na intensidade relativa do uso de recursos, exige informações de custos detalhadas e confiáveis. O sistema também depende de informações consistentes de diagnósticos, incluindo diagnósticos primários e secundários e co-morbidades, assim como informações a respeito das atividades do hospital.[67] Na maioria dos países as classificações de DRG são revisadas e atualizadas de modo regular, muitas vezes anualmente, e por isso exigem informações ágeis e atualizadas, o que pode sobrecarregar os sistemas de informação.

Além da forte demanda em informação, o DRG requer supervisão e controle de qualidade intensivos. Práticas fraudulentas como altas antecipadas e reinternações e o registro de procedimento mais complexo são problemas constantemente enfrentados pelos sistemas DRG.[68] Uma vez que o pagamento é baseado em casos, os DRG podem estimular os hospitais a aumentar a quantidade de internações, resultando no aumento de gasto. Os países que adotaram o sistema têm respondido a essas distorções potenciais por meio da combinação de DRG com orçamentos globais e ajustes por *case mix* (Docteur e Oxley 2003).

Apesar de o mecanismo de pagamento de internações brasileiro (AIH) partilhar diversas características do DRG, este oferece diversas vantagens. A tabela 4E.1 compara as principais características desses dois sistemas, destacando as principais vantagens do DRG. O MPP da AIH, baseado em casos, foi implementado no Brasil em meados dos anos 1980, aproximadamente ao mesmo tempo em que os primeiros países que utilizam o DRG o estavam implementando, mas o sistema AIH seguia outra abordagem, como descrito no anexo 4B.

Como afirmado no texto do capítulo, o sistema AIH precisa de uma revisão profunda de sua estrutura e sistema de classificação a fim de corrigir distorções existentes.[69] Tal revisão é uma oportunidade para desenvolver e iniciar um processo de migração em direção a um sistema baseado em DRG. Comparado a outros países que recentemente adotaram DRG, o Brasil (e o SUS) está em posição vantajosa por causa das características do sistema AIH indicadas. Entre elas estão as informações baseadas em casos, um sistema de pagamento de internação que registra um subconjunto das informações exigidas pelo sistema DRG e uma unidade central, o Datasus, que já coleta e processa essa informação. O que falta ao sistema AIH são informações consistentes com respeito a custos e diagnósticos.

Por fim, o Brasil se beneficiaria bastante de uma abordagem que combinasse orçamentos globais e DRG, como mostra a experiência de diversos países da Europa (Docteur e Oxley 2003). Orçamentos globais são pagamentos fixos, geralmente feitos antecipadamente, para cobrir despesas agregadas de um hospital durante um período definido. Orçamentos globais são muitas vezes vinculados a contratos de desempenho que definem um conjunto de serviços e apontam metas anuais preestabelecidas (por exemplo, volume) e medidas de desempenho como a qualidade dos serviços. Como sugerido antes, orçamentos globais complementam o DRG ao desestimular a internação. DRG, por sua parte, complementam os orçamentos globais por fornecerem informações a respeito de *case mix* e custos, permitindo a elaboração mais precisa do orçamento.

Uma Estratégia de Implementação

Diversas lições aprendidas com a experiência internacional de implementação do DRG podem guiar a transição para o sistema no Brasil. A implementação do DRG é um processo gradual. É geralmente mais bem-sucedida se conduzida ao longo de alguns anos. O restante deste anexo resume a aplicação de lições tiradas da implementação de DRG ao contexto brasileiro.[70] Os passos técnicos necessários para a implementação de um sistema DRG são resumidos no quadro 4E.1.

TABELA 4E.1
Comparação entre os Sistemas AIH e DRG

Características	*AIH*	*DRG*
Objetivo	Substituir o sistema de pagamento por serviço por um sistema de faturamento baseado em casos.	Medir a alocação de recursos, custos e produção nos hospitais.
Princípio	Agrupar serviços individuais para cada paciente segundo o principal procedimento médico realizado.	Agrupar pacientes segundo o diagnóstico.
Critério básico de classificação	Procedimento médico.	Diagnóstico principal (segundo a Classificação Internacional de Doenças, CID).
Estrutura de classificação e codificação	Classificação de 2.300 procedimentos, agrupados segundo especialidade e subespecialidade médica.	Classificação hierárquica com 23 grandes categorias de diagnóstico e 600 DRG (variam segundo o país).
Relação entre custo e uso de recursos	Valores originais vagamente baseados em informações de custos limitadas.	Agrupamento baseado no uso relativo de recursos (ponderado por custo).
Qualidade das informações sobre diagnóstico	Variável (exigida, mas fraca, em especial para diagnósticos secundários).	Boa (base do sistema).
Permite avaliar severidade ou co-morbidade	Não.	Sim; incluído nos códigos (na versão avançada).
Revisões e atualizações periódicas	Nenhuma revisão ampla.	Diversas revisões amplas.
Operação	Formulário padrão, manual ou informatizado.	Informatizado.
Distorções e fraudes	Registro de procedimento mais complexo, pagamentos baixos e distorcidos.	"DRG creep": registro de grupo diagnóstico mais complexo.
Principal sistema de controle	Auditoria contábil.	Avaliação por pares.
Países que adotam	Brasil (1986).	Estados Unidos (anos 1970-1983); Áustria (1992); Alemanha (2003); Suíça e Portugal (fim dos anos 1990); Itália, Espanha, Finlândia, Reino Unido (início dos anos 2000).

Fonte: Elaboração dos autores.

- *Elaboração.* Criar um grupo de trabalho no Ministério da Saúde (MS) para coordenar a preparação do novo sistema e o processo de transição. Esse grupo será responsável por preparar a estrutura geral e o plano de trabalho que orientará a elaboração do sistema proposto e sua implementação. Atenção especial deve ser dirigida à definição dos objetivos do novo sistema (por exemplo, aumentar a eficiência, conter custos ou apoiar a gestão de casos) e à identificação dos riscos e problemas do sistema atual a ser reformado. Conseguir o apoio dos atores por meio da caracterização do DRG como uma forma de remediar as distorções conhecidas do sistema AIH e a introdução de um sistema de pagamento de hospitais mais transparente. O grupo de trabalho pode analisar as experiências de outros países por meio de uma revisão bibliográfica profunda e visitas aos locais onde o sistema já existe.

QUADRO 4E.1
Passos para a Elaboração de um Sistema DRG

Um sistema DRG classifica pacientes em grupos que são clinicamente similares (isto é, segundo o mesmo sistema anatômico e grupo de doença), economicamente homogêneos (usam uma quantidade semelhante de recursos e têm, portanto, custos semelhantes) e estatisticamente representativos (incluem um número suficientemente grande de casos). Tecnicamente, a implementação de um sistema DRG consiste em três passos principais:

1. *Determinar os critérios para o agrupamento de casos.* Esse passo implica a criação de categorias principais de diagnósticos; a qualificação dos casos como clínicos ou cirúrgicos, seja por tratá-los como dois grupos separados ou por atribuir pesos aos grupos segundo a complexidade do procedimento; e agrupar casos segundo idade e outros fatores de risco.
2. *Determinar a distribuição de custos segundo diagnósticos (códigos da Classificação Internacional de Doenças [CID])*: O custo médio por caso é definido, agrupado, e sua média é calculada para cada código CID; as exceções são eliminadas a fim de minimizar distorções.
3. *Combinar critérios clínicos e de custos para definir os grupos de casos finais*: Isso requer a criação de grupos de casos e o cálculo do custo médio por caso para cada um desses grupos.

Fonte: Cashkin, Samyshkin e O'Dougherty 2005.

- *Teste piloto e introdução gradual.* Considerar a possibilidade de testar a transição em um pequeno número de hospitais que apresentem as condições exigidas pelo novo sistema.[71] Introduzir gradualmente o novo sistema a fim de garantir a estabilidade do financiamento e das operações, assim como a continuidade da coleta de dados.
- *Ambiente organizacional facilitador.* Facilitar a implementação de DRG pela adoção de contratos baseados em desempenho e medidas de contratação estratégica (dentro do contexto de orçamentos globais)[72] e promover arranjos organizacionais que garantam a autonomia administrativa crescente dos hospitais públicos, incluindo a possibilidade de alocar insumos e recursos apropriadamente, a fim de atingir os objetivos definidos.
- *Capacitação.* Desenvolver e implementar um plano para fortalecer a capacidade de regulação, supervisão e monitoramento dos gestores federais e estaduais e ao mesmo tempo oferecer apoio técnico em nível estadual e regional para a transição e implementação do sistema em nível local. Qualquer plano deve incluir o fortalecimento da capacidade de contratação e administração de contratos de estados e municípios, assim como da capacidade de gestão e assistência.
- *Sistemas de informação.* Fortalecer o sistema de AIH, especialmente em relação à confiabilidade do registro de diagnósticos primários e secundários. Introduzir um sistema de

contabilidade de custos padronizado que permita estimar o custo por caso, e não apenas por centro de custos.

- *Avaliação.* Planejar uma avaliação de impacto, coletando dados de linha de base numa amostra de hospitais comparáveis com e sem DRG.

Notas

1. Como descrito no capítulo 6, hospitais públicos relatam que estes são problemas comuns.
2. "Administração indireta" em geral se refere a arranjos organizacionais especiais utilizados em hospitais públicos, tais como fundações públicas (capítulo 5).
3. Até recentemente, o AIH era o mecanismo de pagamento principal utilizado pelo governo federal para pagar por internações em hospitais públicos. Foi substituído por repasses aos governos subnacionais, que por sua vez remuneram os hospitais através dos seus orçamentos.
4. O sistema AIH atual foi concebido em diversas fases (ver anexo 4B).
5. O SUS utiliza diversos mecanismos de pagamento, principalmente para a atenção básica e ambulatorial. O anexo 4C contém uma lista dos mecanismos utilizados.
6. Medicamentos e materiais são pagos na categoria "serviços hospitalares".
7. Martin, Travassos e Noronha (2001) mostraram que, por causa da precariedade dos registros de diagnósticos secundários, um índice de co-morbidade que os autores derivaram de dados da AIH era um preditor inadequado da probabilidade de morte nos hospitais e, assim, um indicador ruim para ajuste por risco.
8. Tais problemas não são exclusivos do SUS. Hsia et al. (1998), por exemplo, mostraram que nos Estados Unidos informações clínicas eram registradas incorretamente em 21% dos casos e que a maioria dos erros beneficiavam os hospitais.
9. As auditorias devem, supostamente, verificar se a fatura de um paciente inclui cobranças não autorizadas e se os procedimentos realizados são compatíveis com o diagnóstico.
10. Como o sistema AIH é baseado em procedimentos médicos, e não em grupos de diagnósticos, é suscetível às mudanças tecnológicas e aos avanços terapêuticos.
11. A AIH define os componentes segundo uma lógica diferente, baseada em dois critérios: o beneficiário dos pagamentos e a separação de insumos de alto custo a fim de melhor controlar os custos. Os principais componentes utilizados no sistema AIH são serviços hospitalares, serviços profissionais (de médicos, principalmente), serviços de diagnósticos (exames), procedimentos especiais (de alto custo), medicamentos em geral e materiais médicos, medicamentos especiais (de alto custo) e materiais especiais. Enquanto alguns desses componentes estão relacionados a categorias contábeis por elemento de despesa, outros componentes, tais como serviços hospitalares e de diagnóstico, são compostos por uma combinação variável de trabalho, materiais e serviços que não podem ser facilmente separados. Essa discrepância entre categorias contábeis e categorias de pagamento do sistema AIH dificulta a estimativa e o controle dos custos por procedimentos de forma consistente e reduz assim a utilidade do AIH como um sistema de informações gerencial.
12. Não existe correlação entre os procedimentos da AIH e os códigos do sistema de Classificação Internacional de Doenças (CID).
13. Por exemplo, em anos recentes o reajuste dos pagamentos ou foram aumentos gerais lineares ou favoreceram procedimentos complexos e caros, tais como cirurgias cardíacas e transplantes. Mas, como mostrado a seguir, esses são os procedimentos mais bem pagos na tabela de AIH e precisam ser menos reajustados do que outros. O anexo 4D apresenta os principais reajustes da tabela realizados nos últimos anos.
14. A metodologia utilizada pela AMB é desconhecida, mas algumas evidências sugerem que as tabelas de remuneração foram baseadas em consultas a seus membros. A AMB apresentou a edição mais recente de uma nova tabela introduzida em 2005.
15. Além de co-pagamentos instituídos por alguns planos de saúde, pacientes que possuem seguro de saúde privado muitas vezes precisam pagar diretamente a diferença entre o

valor pago pelo seguro e as tarifas cobradas pelo hospital. Esses pacientes também pagam por exames e por medicamentos não cobertos ou apenas parcialmente cobertos por seus planos.

16. Para o reembolso de pacientes com seguro-saúde privado tratados em unidades do SUS, a ANS adotou uma tabela de tarifas (TUNEP) na qual os valores são muito mais altos do que na tabela da AIH aplicada a hospitais privados, nem estão relacionadas à tabela da AMB. A característica comum a todas essas tabelas de pagamento é que são baseadas exclusivamente na negociação entre pagadores e prestadores sem base em informações confiáveis de custos.
17. Esses "pacotes" compartilham algumas semelhanças com o sistema AIH, mas estão consideravelmente defasados em termos de acúmulo de experiência e elaboração.
18. Para fins de comparação, o SUS reembolsa R$ 7,55 para uma consulta médica com especialista.
19. Essa é a mesma metodologia de pesquisa utilizada para a análise da DEA e de *benchmarking* descrita no capítulo 3. Ver anexo 3D para metodologia de amostragem.
20. O principal mecanismo de pagamento foi identificado a partir da combinação da classificação de hospitais na pesquisa da AMS por esfera e arranjo organizacional. Por exemplo, instituições públicas sob administração direta são financiadas pelo orçamento público tradicional. A distribuição das internações por categoria de paciente e o custo relativo médio estimado de uma internação para cada categoria de paciente foram então utilizados para estimar a proporção de receita derivada de cada mecanismo de pagamento.
21. A suposição é que as instituições que prestam atendimento a servidores públicos ou às Forças Armadas são financiadas por meio de um mecanismo semelhante ao seguro privado, em vez do orçamento público típico.
22. A AIH cobre apenas 34% dos custos, se levarmos em conta a frequência do procedimento.
23. Para essa análise, uma classificação técnica de complexidade foi utilizada em lugar das categorias do MS de procedimentos estratégicos e de complexidade média ou alta.
24. Quando as médias são ponderadas pela frequência do procedimento, os resultados se mantêm, mas com uma redução no pagamento de procedimentos de alta complexidade 8% acima dos custos.
25. Diversos países, incluindo a Alemanha, enfrentaram essa questão reembolsando apenas os serviços prestados com equipamentos de alta tecnologia adquiridos após aprovação da autoridade sanitária.
26. Os orçamentos das instituições públicas provêm de três fontes principais: repasses federais aos estados e municípios; pagamentos especiais, incluídos nos repasses, para exames, medicamentos e materiais de alto custo; e receitas do tesouro estadual ou municipal. Como mencionado, os repasses federais aos governos subnacionais substituíram os pagamentos diretos de AIH/SIA na maioria dos hospitais públicos. Essas transferências, que são baseadas em pagamentos AIH/SIA, são, no entanto, complementadas por recursos orçamentários dos governos subnacionais. Em suma, uma vez que as tarifas de AIH/SIA são as mesmas para hospitais públicos e privados, as políticas de financiamento do SUS têm favorecido os hospitais públicos. Esse favorecimento dos prestadores públicos é intencional e resulta de uma política deliberada de favorecimento desde a introdução das reformas do SUS nos anos 1980 (ver quadro 2.1).
27. Sobre a crise dos hospitais filantrópicos, ver Comissão de Seguridade Social e Família (2004).
28. Federação das Misericórdias do Estado de São Paulo (FEHOSP), "Panorama das Santas Casas e Hospitais Beneficentes", 2007 (*press release*). O CREMESP estima que só em 2005 a dívida era de R$ 1,5 bilhão (CREMESP 2005b).
29. Comunicação de técnico da secretaria de saúde estadual (anônimo).
30. "A crise dos hospitais" (editorial), *O Estado de S. Paulo*, 30 dez. 2004.
31. Secretaria Estadual de São Paulo, "Secretaria libera R$ 48 milhões extras para Santas Casas do Estado" (informe). http://portal.saude.sp.gov.br (acesso em: 14 maio 2007).
32. A respeito de hospitais filantrópicos no estado do Paraná, ver "Santas Casas em crise", *Gazeta do Povo*, 16 de outubro de 2005.

33. www.cns.org.br./links/menup/noticiadosetor/clippings (acesso em: 13 set. 2006).
34. É do conhecimento comum que médicos proprietários, membros de conselhos e diretores de instituições privadas com frequência vêm a exercer cargos políticos ou têm conexões com autoridades públicas de governos municipais e estaduais.
35. As taxas foram baseadas nos padrões brasileiros de licenciamento hospitalar.
36. Portaria 1.721/GM, de 25 de setembro de 2005.
37. IBGE (2003); N = 428. Para métodos de amostragem e DEA e discussão de variáveis de confusão, ver anexo 3D.
38. Esse agrupamento reflete o MPP responsável pela maior parte das receitas dos hospitais da amostra.
39. A remuneração por serviço foi a principal fonte de receita para nenhum hospital da amostra. Além disso, o número de hospitais sob o MPP de orçamento global era insuficiente para a análise.
40. Um índice de *case mix* foi computado a partir dos custos de hospitais individuais em relação à média para cada procedimento e foi utilizado para ajustar os custos médios.
41. Razões próximas de 100 implicam custos próximos à média da amostra.
42. Os resultados foram prejudicados pelo pequeno número de instituições em alguns desses grupos, e as instituições foram classificadas segundo a principal fonte de financiamento. Hospitais filantrópicos derivam suas receitas de diversos MPP.
43. A qualidade foi medida por meio de um índice de qualidade baseado nas taxas de mortalidade ajustadas por *case mix*, na razão de pessoal de enfermagem por leito e na proporção de enfermeiros graduados por pessoal de enfermagem total (ver capítulo 3 para uma discussão desse índice e o anexo 3D para a metodologia).
44. A medida de qualidade utilizada aqui, como a maior parte das demais medidas disponíveis na literatura, pode captar apenas parte do espectro de qualidade do serviço de saúde.
45. Apesar de ser geralmente adotada no Brasil a ideia de que a proporção de enfermeiros, e especialmente enfermeiros graduados, por paciente é um indicador de qualidade, nenhum estudo sistemático foi encontrado que fundamentasse essa hipótese.
46. A relação é regulada pela Lei 8.080 e pelas Normas Operacionais Básicas aprovadas em 1996 (NOB/96). O convênio é informal porque entidades filantrópicas são consideradas quase-públicas. O SUS mantém contratos mais formais com hospitais com fins lucrativos, mas esses contratos são igualmente mal gerenciados e mal supervisionados.
47. Os convênios datam do sistema anterior ao SUS, operado pelo Instituto Nacional de Assistência Médica da Previdência Social (INAMPS). O INAMPS fechou contratos com hospitais privados para o fornecimento de serviços de saúde à população contribuinte da previdência social. Com a criação do SUS e a descentralização da prestação de serviços, os contratos não foram renovados, atualizados ou substituídos. Assim, nenhum hospital privado financiado pelo SUS mantém contrato formal.
48. Portaria MS 604/GM, de 24 de abril de 2001.
49. A proposta espelha a regulamentação para a contratualização de hospitais universitários, descrita anteriormente nesta seção. Alguns estados já estão implementando instrumentos de contratualização com instituições filantrópicas, nos quais o desempenho é vinculado a uma parte do orçamento global (São Paulo) ou ao financiamento para investimento (Minas Gerais). O estado de Minas Gerais negociou e fechou recentemente contratos de gestão com diversos hospitais regionais (SES-MG 2006).
50. A Lei Camata e a lei de responsabilidade fiscal determinaram um máximo de 70% para gastos com folha de pagamento dos servidores públicos. Nenhum limite equivalente foi imposto sobre "outros serviços de pessoal" (terceirizados). A terceirização de serviços médicos é comum nas instituições lucrativas, mas não nas filantrópicas. Desvantagens fiscais criam um desincentivo para estas instituições e as OSS contratarem empregados próprios em vez de terceirizar.
51. A experiência internacional sugere que hospitais públicos administram mal a terceirização de serviços médicos. Em geral, a terceirização é uma resposta pontual ou temporária e muitas vezes pouco clara para um sistema de rigidez trabalhista excessivo.

52. Como descrito com maiores detalhes nos capítulos 5 e 6, a OSS é um arranjo organizacional e de governança implementado em 16 novos hospitais públicos. Implica autonomia de decisão para os gestores das unidades, contratos e financiamento baseados em desempenho, monitoramento do cumprimento dos contratos e um ambiente sólido de informações.
53. Um sistema padronizado de contabilidade de custos foi implementado em todas as OSS, em parte porque os pagamentos são baseados no cálculo de volume-custo.
54. Programa de Reestruturação dos Hospitais de Ensino; ver Portarias 1.702/1.703 (agosto) e 2.352 (outubro), de 2004.
55. Dos 220 hospitais de ensino, 48 são federais, 108 são estaduais e 64 são municipais.
56. Assim, diferentemente do caso das OSS, descrito a seguir, o esquema de financiamento baseado em desempenho não está vinculado ao orçamento total.
57. Por exemplo, hospitais que alcançam menos de 50% dos níveis de desempenho receberão 50% do valor do pagamento variável; aqueles que atingem níveis entre 51 e 75% receberão 75% do valor.
58. Como descrito no capítulo 6, a maioria das características dos contratos de gestão das OSS e do orçamento global foi desenvolvida em um período de dez anos, muitas vezes por meio de tentativa e erro.
59. Duas possíveis exceções são os estados de São Paulo e de Minas Gerais, que estabeleceram programas e sistemas para o monitoramento de desempenho dos contratos. Ver SES-SP (2007); SES-MG (2006).
60. No estado de São Paulo nenhum dos hospitais universitários sob contrato recebe o repasse variável na íntegra por causa do não-cumprimento de um ou mais indicadores (comunicado do Secretário de Planejamento da Secretaria de Saúde do Estado, 12 de dezembro de 2007).
61. Mais de seis mil entidades financiadoras públicas (incluindo cada um dos 5.500 municípios) e duas mil privadas estão em atividade no setor saúde.
62. Tal ajuste é importante porque o custo dos cuidados de saúde é fortemente influenciado pela gravidade de casos individuais e pelo perfil de pacientes – ou casos – tratados por um prestador.
63. Como descrito nos capítulos 5 e 6, o estado de São Paulo vem experimentando com orçamentos globais baseados em desempenho em 16 novos hospitais públicos.
64. Ver Zanetta (n.d.); Silver et al. (1992); Veras et al. (1990).
65. Os APR-DRG (*all patient refined DRG*) correspondem a uma versão mais elaborada do DRG básico; representam melhor os DRG fora do sistema Medicare (os DRG básicos foram elaborados com base nos pacientes de Medicare) e incorporam a severidade das doenças a fim de desagregar os DRG em subclasses.
66. As diferentes versões de DRG reduziram, no entanto, a possibilidade de comparações internacionais e do desenvolvimento de ferramentas e métodos padronizados.
67. Os DRG dependem de três fontes fundamentais de informação: dados de atividade do hospital, dados sobre custos do hospital e *case mix*. Exigências específicas de informação incluem o número de identificação do hospital, sexo, idade e estado civil do paciente, local de residência do paciente, data de internação, duração da internação, alta, diagnósticos principais, diagnósticos secundários e outros, procedimentos realizados, fonte de internação, especialidade, ocupação, internação em UTI, dados sobre uso de recursos, grupo de *case mix*, indicador para hospital-dia e transferência interna (Wiley 2007).
68. Esses problemas já estavam presentes no sistema AIH brasileiro.
69. Diversos autores (Veras et al. 1990; Veras e Martins 1994; Martins, Travassos e Noronha 2001; Martins e Travassos 1998) exploraram as semelhanças entre os sistemas AIH e DRG e a possibilidade de migração de um para o outro e concluíram que tal migração é possível.
70. Essa seção toma como base Schneider (2007) e Cashin, Samyshkin e O'Dougherty (2005).
71. Esses requisitos básicos devem incluir pelo menos a quantidade de leitos (hospitais médios a grandes são mais adequados) e informações confiáveis a respeito de dados do paciente e de custos.
72. Essas questões são discutidas nos capítulos 5 e 6.

5

Arranjos Organizacionais e Desempenho dos Hospitais Brasileiros

Os incentivos inerentes aos mecanismos de pagamento influenciam o comportamento de prestadores de serviços de saúde, mas os hospitais não reagem a eles da mesma maneira. Hospitais públicos respondem diferentemente dos hospitais privados, e o mesmo vale para hospitais com ou sem fins lucrativos e instituições com diferentes graus de autonomia (Harding e Preker 2003; Bogue, Hall e La Forgia 2007). Hospitais pressionados pela competição ou que precisam mostrar resultados, se comportam de maneira diversa dos hospitais que não enfrentam tais pressões. O modo como um hospital responde aos incentivos inerentes a um mecanismo de pagamento, a um contrato ou a uma regulamentação, depende de sua forma de organização. O grau de autonomia, a obrigação de prestar contas tanto aos pagadores quanto ao público e a exposição ao mercado são elementos-chave de arranjos organizacionais, que influenciam seu comportamento e, no final das contas, seu desempenho. Os elementos dos arranjos organizacionais dos hospitais brasileiros e sua relação com o desempenho são examinados neste capítulo.

Os arranjos organizacionais são os indutores do desempenho hospitalar menos compreendidos e, de um ponto de vista analítico, os mais difíceis de isolar. Apesar de as variáveis de confusão impedirem que se façam afirmações definitivas a respeito do impacto de arranjos específicos sobre o desempenho, há evidências, tanto no Brasil como em outros países, de que certos arranjos geram melhores resultados do que outros. Isso é verdade, em especial, no setor público, no qual o governo vem testando modelos inovadores com o fim de melhorar tanto qualidade e a eficiência de instituições privadas e públicas financiadas com recursos públicos quanto a satisfação dos usuários.

Nos últimos cinquenta anos, diversos tipos de hospital surgiram no Brasil, em especial nos subsetores público e filantrópicos, e diferenças no seu comportamento são evidentes. Intuitivamente, faz sentido que hospitais com diferentes graus de independência e diferentes obrigações e metas respondam de formas distintas a um mesmo conjunto de incentivos. Esse capítulo procura identificar as diferenças entre tipos de organizações hospitalares no Brasil que podem ser sistematicamente vinculadas a seu desempenho. Onde tal vínculo pode ser verificado, são feitas recomendações para melhorar o desempenho dos hospitais financiados com dinheiro público pelo fortalecimento de seus arranjos organizacionais.

Apesar de a administração direta ser a forma dominante no setor hospitalar público brasileiro, arranjos organizacionais alternativos se desenvolveram em algumas instituições públicas nos últimos vinte e cinco anos, na forma de fundações privadas de apoio,, empresas públicas, organizações sociais e outras formas de "administração autônoma". O leque de modelos reflete o descontentamento com o *modus operandi* tradicional da administração direta, como praticada no Brasil. Em seu conjunto, os novos modelos representam tentativas de contornar ou evitar as restrições e a rigidez impostas pelas regulamentações do setor público no que diz respeito à administração de recursos humanos e compras. O grau de autonomia varia consideravelmente entre esses arranjos, e alguns tipos podem ser vulneráveis a grupos de interesse. Inovações recentes procuram introduzir maior responsabilização pelos resultados e sistemas de incentivo por meio da combinação de autonomia de contratação e a introdução de mecanismos de pagamento alternativos.

Mesmo em unidades privadas, em especial em hospitais filantrópicos que dependem de financiamento público, práticas de gestão e de governança podem não induzir um bom desempenho, e muitas unidades carecem de independência administrativa. Algumas instituições privadas, no entanto, estão implementando modelos de governança, contratação e gestão mais sólidos, a fim de melhorar o desempenho e competir em um mercado de serviços de saúde cada vez mais desafiador. Infelizmente, apenas um subconjunto dessas experiências foi examinado de forma rigorosa. Os resultados de pesquisas pertinentes a esse tema são apresentados aqui.

Arranjos Organizacionais: Marcos Conceituais e Literatura

Arranjos organizacionais são características específicas do ambiente hospitalar que influenciam o comportamento da instituição e assim, o desempenho. Este capítulo acompanha o marco teórico desenvolvido por Harding e Preker (2003) e por Jakab et al. (2002). Este marco considera cinco dimensões: autoridade para tomar decisões, em especial em relação à gestão de insumos (autonomia); exposição a pressões do mercado para prestação de serviços a diversos compradores (exposição ao mercado); retenção de excedentes financeiros e responsabilidade por déficits orçamentários (condição de reclamante residual); grau de responsabilidade direta pelo desempenho (responsabilização direta); e a especificação de objetivos e missão institucionais, assim como de receitas para cobrir os custos desses serviços (funções sociais). Essas dimensões são consideradas características de empreendimentos bem-sucedidos, com visão de mercado, em um ambiente competitivo.

A maior parte do trabalho a respeito de arranjos organizacionais se dá na forma de recomendações baseadas na teoria e em experiências nacionais. Junto com os mecanismos de pagamento, considera-se que essas orientações contribuem para a criação de um ambiente institucional que favorece o bom desempenho em hospitais públicos. O marco teórico de Harding e Preker enfoca estruturas organizacionais que podem contribuir para um ambiente de responsabilização ou gerar incentivos para um melhor desempenho. Apesar de esses autores reconhecerem que componentes de estruturas organizacionais podem variar amplamente, eles sustentam que hospitais públicos em muitos países em desenvolvimento, têm baixo desempenho por terem objetivos mal definidos e pouco claros, estruturas de responsabilização e supervisão fracas ou inexistentes, falta de autonomia e exposição ao mercado, interferência política e escassez de informação. Eles propõem reformas organizacionais que viabilizem a autonomia de decisão nos hospitais, indicando que tais reformas melhoram a governança por promoverem uma orientação para o bom desempenho, por fortalecer as estruturas de responsabilização e por aprimorar a capacidade de sobrevivência das unidades prestadoras de serviços no ambiente do mercado mais amplo. Segundo as cinco dimensões analíticas apresentadas, e levando em consideração experiências com reformas de hospitais públicos em países desenvolvidos e em desenvolvimento, Harding e Preker (2003) oferecem uma tipologia de arranjos organizacionais:

- *Unidade administrativa*. O hospital depende completa ou quase completamente do controle hierárquico das autoridades do governo para a maioria das decisões orçamentárias e relativas à gestão de insumos. Na verdade a unidade é diretamente administrada pelo governo. Essa forma é comum na maioria dos hospitais públicos de países em desenvolvimento, em especial na América Latina.

- *Unidades autônomas.* Os gestores das instituições possuem maior autoridade para decidir a respeito de venda de serviços, cobrança de tarifas e gestão orçamentária, mas as unidades continuam sendo de propriedade pública e estão sujeitas às regras do setor público para aquisição, relações de trabalho e contratação. A contratualização pode ser parcialmente administrada por unidades administrativas do governo, e nesses casos os hospitais são mais bem descritos como unidades semiautônomas. Países que organizaram alguns de seus hospitais, ou todos, dessa maneira incluem Argentina, Malásia, Cingapura, Tunísia e Reino Unido.
- *Unidades totalmente autônomas.* Os gestores têm poder de decisão total ou quase totais sobre uso de insumos, o conjunto de serviços oferecidos, finanças e despesas. São responsáveis pelo desempenho financeiro e assistencial das unidades, mas não são obrigados, em geral, a seguir as regulamentações do setor público.[1] Por serem propriedade pública, devem respeitar a obrigação legal de atender a "pacientes públicos". Austrália, Áustria, Colômbia, Estônia, Hong Kong (China), Holanda, Nova Zelândia, Cingapura e Espanha, entre outros, são países que organizaram seus hospitais públicos dessa maneira.
- *Unidade privada.* Engloba unidades com e sem fins lucrativos nas quais os gestores não estão submetidos ao controle público (exceto quando especificado em contratos com pagadores públicos). Essas unidades estão totalmente expostas às pressões do mercado no que diz respeito ao desempenho financeiro e assistencial. Teoricamente, os incentivos são definidos de forma a recompensar os administradores em função pela geração de receita, pelo monitoramento e manutenção do desempenho, e por expandirem ou preservarem sua participação no mercado. Países que têm hospitais financiados com recursos públicos organizados dessa maneira incluem, entre outros, Canadá, Malásia, Cingapura e Estados Unidos.

No Brasil existem exemplos de cada um desses tipos de organização e com financiamento público. Como é comum em outros lugares, variações dentro desses grupos são importantes, particularmente nas categorias híbridas de unidades semiautônomas e completamente autônomas. Arranjos organizacionais podem não apresentar todas as cinco dimensões do marco teórico, e inconsistências consideráveis na implementação de novas formas ou em mudanças, foram observadas na experiência internacional (Ham e Hawkins 2003). Alguns países deram ênfase a um subconjunto dessas dimensões, deixando de lado outras.[2] Por exemplo, o modelo de organizações sociais de saúde introduzido em hospitais públicos no fim dos anos 1990 no Estado de São Paulo, se destacaria em termos de autonomia, responsabilização e função social, mas significou uma reforma modesta em termos de expor as unidades ao mercado. Teoricamente, a consistência na implementação de todas as dimensões, aumenta o potencial de desempenho sustentável. A garantia de maior autonomia, sem as outras dimensões, por exemplo, pode não resultar em melhor desempenho.

Na prática, a introdução de arranjos organizacionais alternativos é uma tarefa complexa, e o êxito pode depender de fatores que são externos ao ambiente organizacional, incluindo vontade política, liderança e disponibilidade de recursos. Além disso, reformas organizacionais em hospitais raramente ocorrem isoladamente; em geral estão ligadas a reformas paralelas, por exemplo nos mecanismos de pagamento, na modernização do Estado e em parcerias público-privadas. Esse tem sido o caso no Brasil. Esses fatores contextuais constituem as variáveis de confusão que desafiam os avaliadores na tentativa de isolar o impacto das estruturas organizacionais sobre o desempenho. Sem tal informação, é impossível identificar as lições dessas experiências, sejam elas bem ou mal sucedidas.

Nem todos aceitam esse marco teórico e essa tipologia. Em uma revisão de estudos sobre reformas de "autonomização" em hospitais públicos em países em desenvolvimento, Castaño, Bitrán e Giedion (2004) expressam pessimismo a respeito do impacto dessas reformas sobre o desempenho dos hospitais e afirmam que a autonomia de decisão ainda é, em geral, limitada. Eles citam diversas experiências com reformas que procuraram ampliar a autonomia administrativa dos hospitais, como descrito em seguida.[3]

Cinco casos examinados por Govindaraj e Chalwa (1996) em Gana, Índia, Indonésia, Quênia e Zimbábue mostraram o pouco impacto da maior autonomia sobre eficiência e qualidade. A equidade parecia ser afetada negativamente em alguns casos, e a autonomia não resultava em melhor responsabilização. Kamwanga et al. (2003), em sua análise de cinco hospitais semiautônomos na Zâmbia, não verificaram nenhum impacto sobre o desempenho, e os hospitais continuaram dependentes de orçamentos centralizados e históricos. Eid (2003) descobriu que no Líbano os conselhos de hospitais que se tornaram corporações tinham poucos poderes de decisão e muitas vezes se tornavam presas dos gestores das unidades. A politização dos conselhos resultou na perda de transparência e de independência decisória.

Outros estudos, no entanto, sugerem que arranjos organizacionais autônomos contribuem para melhorar o desempenho. Estudos comparativos no Panamá, envolvendo um hospital público operando com plena autonomia e dois hospitais administrados operando segundo arranjos institucionais tradicionais chegaram à conclusão de que o primeiro atingia níveis mais altos de produtividade, eficiência e qualidade (Bitrán, Má e Gómez 2005). McPake et al. (2003) relataram que a criação de arranjos organizacionais e de governança autônomos em cinco hospitais de Bogotá melhorou a qualidade e a eficiência. Reformas paralelas em mecanismos de pagamento e melhorias significativas no sistema geral de financiamento, no entanto, impedem que se atribuam esses resultados somente à maior autonomia. Dos sete casos de economias em desenvolvimento analisados por Preker e Harding (2003), quatro – Hong Kong (China), Malásia, Cingapura e Tunísia – pareciam exibir melhora de qualidade e resultados, mas as reformas aumentaram também os custos. Neste capítulo o desempenho de hospitais sob arranjos organizacionais autônomos é comparado ao de unidades diretamente administradas pelos governos municipais e estaduais.

Castaño, Bitrán e Giedion (2004) identificaram alguns potenciais efeitos perversos da autonomização.[4] Por exemplo, hospitais autônomos podem ter poucos incentivos para oferecer serviços de saúde prioritários e de alto impacto, mas pouco lucrativos, tais como atenção pré-natal, e podem, em vez disso, dar ênfase a serviços tais como cuidados terciários que atraem pacientes ricos ou que possuem seguro de saúde privado, especialmente se os mecanismos de pagamento favorecem tais serviços. Consequentemente, serviços gratuitos ou cuidados de saúde voltados às necessidades de saúde dos mais pobres podem ser reduzidos. Hospitais autônomos também têm incentivo para instituir ou aumentar a cobrança de taxas de utilização para pacientes públicos, a fim de aumentar a receita.[5] Se os orçamentos públicos fossem cortados, os administradores seriam encorajados a buscar fontes alternativas de receita, tal como a venda de serviços ou a cobrança de taxas, e isso poderia ter efeitos negativos sobre a equidade.

Outro ponto diz respeito ao ambiente de regulamentação. Autonomia sem governança adequada, monitoramento, regulação e cobrança dos contratos podem resultar em corrupção, como as práticas de comissões entre administradores das unidades e fornecedores de insumos. Finalmente, administração autônoma poderia dificultar a integração de redes, resultando em um sistema ineficiente de referência de pacientes e na falta de coordenação com os prestadores de atenção básica. Este capítulo procura abordar essas questões no contexto brasileiro para cada um dos arranjos examinados aqui,com base nas informações disponíveis.

Alguns dos efeitos perversos sugeridos por Castaño, Bitrán e Giedion são pouco relevantes para o contexto brasileiro, por duas razões. Primeira, todos os serviços financiados com recursos públicos são, por lei, gratuitos para os pacientes do Sistema Único de Saúde (SUS), tanto em hospitais públicos quanto privados, e há poucas evidências de cobrança de taxas "por fora" ou de pagamentos informais por pacientes do SUS.[6] Segunda, a administração pública direta, na qual quase todas as unidades públicas em cada nível do sistema, são de propriedade e administração do governo, é predominante no cenário organizacional público. Mas há pouca evidência de que o modelo de administração direta tem conseguido assegurar a coordenação da atenção â saúde no Brasil (Mendes 2001). Isso é verdade especialmente para ações que precisam ser coordenadas entre municípios, entre serviços administrados pelos municípios e os administrados pelo Estado, e entre instituições públicas e privadas financiadas com recursos públicos. De fato, pode-se mostrar que as redes de atenção, independentemente da forma como são definidas, são pouco funcionais ou não existem na maior parte do país.[7] Assim, no pior dos casos, o aumento da autonomia das unidades apenas reduziria o potencial de um instrumento pouco utilizado, a coordenação integrada da atenção sob comando público. Como mencionado no capítulo 2, a falta de coordenação está mais ligada com os princípios e o processo de descentralização da saúde, que delega considerável autoridade sobre a organização e prestação de serviços de saúde aos 5,5 mil municípios brasileiros, do que com os regimes organizacionais dos hospitais públicos (Mendes 2005). Muitos brasileiros procuram cuidados básicos nos hospitais, em parte porque os cuidados primários financiados com recursos públicos são deficientes ou ausentes (Mendes 2002). Em suma, há bastante evidência de que os serviços de saúde no Brasil estão bastante centrados nos hospitais (CONASS 2005) e que não são adequadamente coordenados entre níveis diferentes de atenção (cuidados básicos, diagnósticos, hospitais), pelos instrumentos de controle e gestão administrativos existentes.

Arranjos Organizacionais nos Hospitais Públicos Brasileiros

O Brasil vem se debatendo com reformas na administração pública há setenta anos, aplicando uma série de estratégias para combater o clientelismo e o favorecimento.[8] Em geral, os avanços têm sido parciais, com sinais de algum êxito e alguns retrocessos. Enquanto alguns setores exibem maiores progressos do que outros, um modelo de reforma amplo, sistemático da administração pública ainda está por surgir. Mesmo assim, algumas reformas deixaram suas marcas no setor público na forma de pequenos enclaves de bom desempenho (Shepherd 2002). O resultado tem sido um mosaico de arranjos organizacionais nas instituições públicas em quase todos os setores, incluindo os hospitais públicos. Dados os melhores resultados de alguns hospitais públicos isolados, os elementos básicos organizacionais para a elaboração de estratégias mais abrangentes de desenvolvimento e expansão dos hospitais de públicos de alto desempenho no Brasil já existem.

O Brasil é um caso excepcional entre os países em desenvolvimento por causa de sua variedade de arranjos organizacionais nos hospitais públicos e privados. Em certo sentido, o país pode ser considerado um laboratório de experimentos naturais em tais arranjos. A tabela 5.1 apresenta a distribuição do número de hospitais públicos e privados de acordo com o principal modelo de organização adotado. Os anexos 5A e 5B oferecem uma descrição resumida de cada um dos arranjos descritos neste capítulo.

Três tipos de arranjos organizacionais podem ser encontrados em hospitais públicos. *Administração direta* é o regime predominante (ver tabela 5.1). Nesta categoria estão essencialmente as unidades administrativas pertencentes e administradas pelo governo federal, estadual ou municipal. A maioria dessas unidades não administra um orçamento próprio. *Administração indireta,* aplicada em aproximadamente 2% das instituições públicas, refere-se a organizações semiautônomas, paraestatais, nas quais os gerentes possuem um pouco mais de autoridade de decisão no que diz respeito a algumas funções organizacionais, tais como compras de insumos e execução orçamentária. Essas unidades são mais corretamente descritas como organizações híbridas que contêm elementos tanto de controle hierárquico – característico da administração direta – e autonomia, característica da terceira categoria, *organização autônoma.* Essas organizações autônomas, que compreendem pouco mais de 1% dos hospitais públicos, têm autoridade completa de decisão a respeito de insumos, uso de recursos e produção. A maioria foi criada nos anos 1990.

TABELA 5.1
Arranjos Organizacionais em Hospitais Públicos e Privados no Brasil, 2005

Classificação	*Tipo de arranjo organizacional*	*Número*	*%*
Hospitais públicos			
Administração direta	Instituições administradas pelos governos federal, estadual ou municipal	2.585	35
Administração indireta	Autarquias	62	2
	Fundações públicas	75	
Administração autônoma	Serviços sociais autônomos	6	1
	Empresas públicas[a]	19	
	Fundações de apoio	46[b]	
	Organizações sociais	17	
Hospitais privados			
Sem fins lucrativos	Fundações privadas	107	25
	Associações e sociedades filantrópicas	1.700	
	Sindicatos de trabalhadores e cooperativas	44	
Com fins lucrativos	Empresas privadas	2.765	37
Total		7.426	100

Fonte: MS 2005; MS/DATASUS.

a) Inclui unidades classificadas como empresas de economia mista.

b) Número estimado de hospitais sob administração direta e indireta vinculados a fundações de apoio.

Apesar de terem surgido em diferentes períodos, praticamente todas as formas indiretas e autônomas tinham como objetivo contornar a rigidez da administração direta e proporcionar flexibilidade e autoridade para os gestores. Algumas formas atingiram (e mantiveram) esse objetivo melhor do que outras. O cenário legal e regulatório complexo, muitas vezes composto por reformas múltiplas no serviço público e por reformas sistêmicas (como descentralização), contribui para a multiplicidade de formas de organização, assim como para as variações observadas dentro de modelos específicos. O anexo 5B descreve e compara cada um desses arranjos de acordo com as dimensões propostas por Hardin e Preker (2003). A tabela 5.2 resume essa comparação.

O mosaico atual de arranjos organizacionais no setor hospitalar público teve origem em três ondas de reforma:

- A reforma administrativa de 1967 (Lei 200/1967), que criou os arranjos da administração indireta.[9] Em sua formulação inicial, tais regimes implicavam uma autonomia administrativa completa.
- As reformas constitucionais de 1988, incluindo legislação subsequente sobre o funcionalismo público (Lei 8.112/1990), licitações (Lei 8.666/1993) e a descentralização do sistema de saúde (Lei 8.080/1990). Essas reformas submeteram todas as entidades de propriedade e administração públicas aos regimes públicos de emprego, compras e finanças. Na realidade, restringiram seriamente a autonomia das instituições públicas sob administração indireta.
- Reformas administrativas implementadas no fim dos anos 1990 (Emenda Constitucional de 1998) que levaram à fundação de modelos de organização autônomos, tais como as organizações sociais.

TABELA 5.2
Comparação dos Componentes dos Arranjos Organizacionais em Hospitais Públicos Brasileiros

Componente organizacional	*Administração direta*	*Administração indireta*	*Administração autônoma*			
			SSA	*EP*	*FA*	*OSS*
Autonomia decisória	Muito limitada	Limitada	Alta	Alta	Alta	Alta
Exposição ao mercado	Muito limitada	Limitada	Moderada	Alta	Alta	Moderada
Responsabilização	Muito limitada	Muito limitada	Moderada	Moderada	Moderada	Alta
Condição de reclamante residual	Muito limitada	Moderada	Moderada	Moderada	Moderada	Alta
Funções sociais	Implícita	Implícita	Implícita	Implícita	Explícita	Explícita

Fonte: Anexo 5B.
Nota: FA, Fundação de apoio; SSA, serviço social autônomo; EP, empresa pública; OSS, organização social de saúde, Estado de São Paulo.

Limites da Administração Direta

"Administração direta" refere-se a um conjunto de estruturas, funções e processos que determinam o comportamento de instituições públicas de propriedade e responsabilidade administrativa do governo. Quase todos os hospitais públicos, diretamente administrados pelo ministério ou por secretarias de saúde, utilizam esse regime (ver tabela 5.1). Hospitais sob administração direta possuem pouca autonomia de decisão, são financiados por orçamentos históricos por elementos de despesa, e não têm a responsabilidade de monitorar o desempenho; seu ambiente administrativo se caracteriza por responsabilização difusa e as exigências de desempenho são implícitas; finalmente, têm pouca exposição ao mercado. Essas características são típicas de instituições operadas pelo governo em outros locais (Preker e Harding 2003). Todos os hospitais sob esse regime seguem um único conjunto de regras, especificadas na legislação federal que define as regras trabalhistas, de compras e orçamentárias para o setor público.[10] Essa legislação, conhecida como lei do serviço público ou regime de direito público, é anterior à Constituição de 1988, mas foi consideravelmente reforçada por ela e por legislação subsequente.

O caráter confuso da legislação do setor público, combinado com as complexidades da descentralização do sistema público de saúde, levou a maioria dos estados e quase todos os municípios a centralizar a execução dos processos de recursos humanos, compras e orçamento nas secretarias de administração ou finanças. Por exemplo, a maioria das entidades subnacionais criaram unidades centrais de compras e de recursos humanos para desempenhar essas funções por conta das secretarias setoriais, e as secretarias de finanças padronizam a maioria dos processos orçamentários e de administração financeira para todas as unidades executoras.[11] As secretarias setoriais e as unidades executoras, como os hospitais, simplesmente implementam os orçamentos definidos por níveis administrativos superiores. Em diversos estados e municípios, a compra de materiais, o recrutamento de pessoal e a administração orçamentária são realizadas fora das secretarias setoriais, que com frequência têm pouca influência sobre esses processos (Banco Mundial 2007).

A descentralização no Brasil foi uma reforma profunda, intimamente ligada ao fim de mais de duas décadas de ditadura militar e ao processo de redemocratização subsequente. No setor de saúde o alcance e a profundidade da descentralização levaram alguns observadores a se referir a ela como um "choque de sistema" (Akhavan 2001: 8) por causa da falta de alinhamento entre responsabilidades (descentralizadas) e a capacidade administrativa, técnica e fiduciária do nível municipal.[12] Além de determinar a obrigatoriedade de cobertura universal de saúde, a reforma transferiu toda a responsabilidade operacional pelo sistema de saúde, antes centralizada, para os municípios.[13] Poucos estavam preparados para assumir essa responsabilidade ou tinham experiência anterior em gestão de hospitais, e em quase todos os casos a transferência de hospitais federais e estaduais aos estados e municípios significou pouca ou nenhuma mudança na maneira como as unidades eram gerenciadas. Além disso, a maioria dos trabalhadores das unidades descentralizadas mantiveram sua condição de servidores federais, fazendo com que os municípios tenham dificuldade em desenvolver uma estratégia de recursos humanos para os hospitais. A centralização nas respectivas secretarias pelos governos locais proporcionou maior consistência na implementação da nova regulação, mas também criou maior rigidez, particularmente na contratação de pessoal, demissão, salários, definição de cargos e práticas de compras e licitações (Banco Mundial 2007), limitando a autoridade das secretarias de saúde sobre essas funções chave.

Ascensão e Queda da Administração Indireta

Entre o fim dos anos 1960 e o final dos anos 1980 formas de organização tais como autarquias e fundações públicas - conhecidas como administração indireta - surgiram no Brasil, em parte por causa da reforma administrativa de 1967. Essas reformas foram originalmente implementadas por um governo militar e consideradas por ele como uma estratégia de controle institucional e clientelismo. As reformas, no entanto, também procuraram expandir o escopo dos serviços financiados com recursos públicos ao criar instituições mais ágeis. Foram aplicadas a um subconjunto de hospitais e outras instituições de saúde públicas, e aproximadamente 2% das unidades (5% dos hospitais públicos) estão hoje sob o regime de administração indireta (ver tabela 5.1). Na concepção original, esses regimes garantiram autonomia para os gerentes das unidades no que diz respeito à administração orçamentária, práticas de contratação e demissão de funcionários, compras e contratação de fornecedores. Esses gerentes podiam também reter as sobras de receitas ou superávits. Diretores e funcionários de alto escalão, no entanto, eram indicados politicamente. No contexto da centralização federal extrema, característica do Brasil à época, a maioria das organizações de administração indireta estava diretamente ligada ao executivo e era controlada pelo governo militar. Esses arranjos foram criticados como fontes de práticas de corrupção e favorecimento político.[14] Apesar dessas críticas não se dirigirem necessariamente ao setor de saúde, o descontentamento geral com as unidades de administração autônoma contribuíram para as mudanças nos processos da administração pública incorporadas à constituição de 1988 (Shepherd 2002).

A padronização das reformas nas áreas de compras, funcionalismo e orçamento teve o efeito de impor nova rigidez ao modelo de administração indireta. Apesar de quase todos os arranjos organizacionais formais da administração indireta terem permanecido intactos, os processos por meio dos quais eles operavam mudaram drasticamente, comprometendo a autonomia real desses arranjos. Os modelos da administração indireta preservaram o *status* do estado como reclamante residual, continuaram a permitir a captação de recursos além do financiamento público e mantiveram o seu *status* de unidades orçamentárias autônomas, mas toda a gestão de recursos e de pessoal foi submetida às regras do serviço público, conforme estipulado na nova legislação.[15] Como resultado das reformas de descentralização, as unidades antes autônomas também foram submetidas ao controle hierárquico dos governos locais no que diz respeito ã indicação de diretores e supervisão.[16]

Em suma, a nova legislação de compras e do funcionalismo restringiu significativamente a autonomia de decisão das entidades sob regime de administração autônoma. Mendes et al. (2002) sugerem que tais unidades são hoje quase idênticas àquelas da administração direta.

A Emergência e Expansão das Organizações Autônomas em Hospitais Públicos

Apesar da reduzida independência gerencial decorrente das reformas constitucionais, algumas instituições de saúde foram capazes de garantir e manter um alto grau de autonomia por meio de uma legislação especial que atendia à sua posição de prestígio, e muitas vezes de privilégio, no setor, e ao forte apoio político que possuíam. Outros modelos surgiram ou se expandiram em parte como resposta à rigidez imposta pela Constituição de 1988 e pela legislação subsequente. Conjuntamente, esses regimes são chamados de administração autônoma na tabela 5.1 e anexos 5A e 5B. Apesar de representarem menos de 1% dos hospitais públicos, têm recebido atenção crescente por parte dos formuladores de políticas públicas em todos os níveis de governo.

Antes da Constituição de 1988

Dois modelos de organizações autônomas são encontrados em alguns hospitais: empresas públicas (EP) e serviços sociais autônomos (SSA).[17] A maioria dessas instituições foi criada a partir de legislação federal especial nos anos 1960 e 1970 e gozam de alto prestígio e forte apoio político, em especial as SSA. A maioria é financiada diretamente pelo governo federal por meio de orçamentos com bases históricas ou repasses diretos. O financiamento público é a única fonte de financiamento de algumas dessas instituições, enquanto outras também vendem serviços para o setor privado. Apesar das pressões para a incorporação das SSA e EP ao sistema descentralizado do SUS e à legislação pública no que diz respeito a compras e recursos humanos, essas unidades preservaram até hoje sua autonomia, operando com base no regime privado quanto a recursos humanos, contratação e compras. A maioria é administrada por um conselho diretor.

É escassa a documentação a respeito do desempenho dos SSA e EP, mas já não são considerados modelos organizacionais viáveis, e estados e municípios não vêm demonstrando nenhum interesse em elaborar uma legislação voltada para a criação de instituições segundo esses modelos pré-reforma. Em todo caso, as reformas administrativas dos anos 1990 que resultaram na criação do modelo de organização social (descrito a seguir) muito diminuiu o incentivo para a criação de SSA e EP.

Pós-Constituição de 1988

Os anos 1990 trouxeram a emergência e expansão de dois regimes organizacionais autônomos: as fundações de apoio (FA), resultado de iniciativas nascidas no interior das unidades, e as organizações sociais (OS). Ambas tinham como objetivo contornar as restrições dos regimes públicos de emprego, contratação e compras. As organizações sociais surgiram de uma segunda onda de reformas administrativas conduzida pelo governo federal. Apesar de esse modelo estar presente em uma minoria de hospitais públicos, marcou uma grande mudança nas estruturas organizacionais no que diz respeito à responsabilização, poderes de decisão, exposição ao mercado, condição de reclamante residual e funções sociais.

Fundações de Apoio

Apesar das fundações de apoio já estarem presentes em hospitais antes das reformas de 1988, seu número aumentou nos anos 1990, alcançando aproximadamente cinquenta em 2005.[18] As FA são geralmente presentes nos hospitais públicos de ensino, altamente especializados e que funcionam sob regime de administração direta.[19] No contexto hospitalar, as FA são estruturas paralelas do ponto de vista financeiro, de governança e gestão, que operam com base na legislação privada trabalhista, de compras, contratação e administração financeira. A instituição de uma FA não exige nem legislação específica nem amplo apoio político. Ao contrário, uma FA é instituída por meio de um acordo com o governo federal, estadual ou municipal que administra a unidade ou por meio de um estatuto. O propósito das FA é triplo:

possibilitar a captação de recursos adicionais de fontes privadas e, em menor grau, públicas para complementar o orçamento do governo; permitir a contratação de pessoal adicional e o pagamento de bônus ou adicionais salariais para os servidores públicos; e permitir maior flexibilidade na compra de bens e materiais.

Geralmente, as FA são fundadas por um grupo de profissionais – normalmente, médicos – empregados da unidade. O processo é simples e consiste em (1) criar um conselho de curadores para nomear um diretor e formular o estatuto e regulamentos; (2) obter a aprovação para a constituição da fundação, do conselho de curadores e da Curadoria de Fundações do Ministério Público; (3) assinar um termo de parceria que define a relação entre a FA e o hospital. Uma vez dados esses passos, a FA recebe isenção fiscal do governo estadual ou municipal. A Curadoria das Fundações do governo federal é responsável pelas auditorias financeiras das FA. A *raison d'être* das FA é apoiar a instituição pública à qual estão ligadas segundo o termo de parceria e estatuto. As FA devem ter sua sede física na própria unidade pública por pelo menos dois anos, e deve ser financeiramente autossuficiente.

Na prática, as FA levantam recursos adicionais pela venda de serviços a planos privados de saúde e pacientes particulares, doações e verbas públicas e privadas para pesquisa. Com essas receitas, contratam mais funcionários (sob o regime da legislação trabalhista do setor privado, CLT), oferecem bônus para os funcionários da unidade, e compram equipamentos médicos. Alguns analistas sugerem que as FA ajudaram a manter especialistas renomados nos hospitais públicos por financiarem bônus, complementação salarial e pesquisa médica. As FA também se mostraram ágeis na aquisição dos equipamentos necessários, processos que podem levar anos se conduzidos segundo os mecanismos de compras públicos. O quadro 5.1 descreve como uma das fundações opera dentro de um hospital público.

Críticos afirmam que as FA criaram uma administração paralela e estratificaram o sistema de prestação de serviços dentro do hospital, favorecendo tanto pacientes privados, quanto os próprios fundadores das FA, que são invariavelmente médicos.[20] As receitas e as despesas das FA são geralmente pequenas, se comparadas ao orçamento da unidade, e se concentram nos serviços mais lucrativos para as fundações e os médicos fundadores, mas não melhoram necessariamente o acesso ou a qualidade para pacientes do SUS.

O Tribunal de Contas da União (TCU) por diversas vezes questionou a raison d´être das FA (*O Globo*, 26 de julho de 2006). Mais recentemente, em uma auditoria de cinco FA de hospitais do Rio de Janeiro, o TCU declarou ilegal o uso de fundos públicos para remunerar pessoal médico contratado segundo o regime privado, assim como o pagamento de benefícios monetários (como bônus, por exemplo) para servidores públicos. O TCU recomendou que todo o pessoal contratado pela CLT deveria ser substituído por servidores públicos contratados por meio de concurso público. Alguns observadores afirmam que as FA são "uma ilegalidade que sobrevive" (Kanamura 2006: 19) e que o modelo já não é viável por conta dos contínuos questionamentos legais. Apesar da necessidade de mais pesquisa sobre as vantagens e desvantagens do modelo de FA, a sua expansão nos últimos quinze anos fornece evidência de que instituições públicas são beneficiadas de forma importante por essas fundações.

Organizações Sociais

As reformas administrativas do governo federal no final dos anos 1990 introduziram um novo conjunto de arranjos organizacionais, conhecido como organizações sociais (OS). Esse modelo foi aplicado a diversos hospitais operados pelo governo do Estado de São Paulo

QUADRO 5.1
Flexibilização das Relações de Trabalho no Modelo de Administração Pública Direta: A FUNDACOR

Fundado em 1973, o Instituto Nacional de Cardiologia de Laranjeiras (INCL), no Rio de Janeiro, é um hospital de referência para o tratamento de doenças cardiovasculares. É de propriedade e operado pelo governo federal sob regime de administração direta. Em 1996, o INCL patrocinou a criação da FUNDACOR, cuja missão era melhorar a qualidade da formação dos profissionais e do tratamento de doenças cardiovasculares no Rio de Janeiro.

Em 2004 a FUNDACOR registrou receita de R$ 26,2 milhões e despesas de R$ 21,3 milhões (51% do orçamento do INCL). Aproximadamente 92% da receita originava-se do governo – na forma de repasses regulares do SUS (AIH), e repasses adicionais para tratar pacientes em listas de espera nos hospitais públicos. Apesar do alto grau de dependência do financiamento público da FUNDACOR não ser comum, esse modelo pode ser encontrado em outros hospitais especializados que possuem fundações de apoio privadas. A venda de serviços para planos de saúde foi responsável por 4,2% da receita. É pouco se comparado a instituições filantrópicas e a outras FA, que obtêm de 10 a 20% de suas receitas dos planos de saúde (ver tabela abaixo).

FUNDACOR – Receitas e Despesas, 2004

Fonte de receita (receita total, R$ 26,2 milhões)	*Porcentagem*
Seguro privado	4,2
SUS (AIH)	21,7
SUS (especial)	70,1
Outras	4,0
Despesas (total R$ 21,3 milhões)	
Pessoal	70,7
Materiais e suprimentos	10,7
Serviços de informação	3,5
Serviços de diagnóstico	8,6
Outras	6,5

Fonte: Dados do FUNDACOR.

Nota: AIH, Autorização de Internação Hospitalar; SUS, Sistema Único de Saúde.

Mais de 70% dos gastos são destinados a pagar principalmente profissionais contratados pela FUNDACOR e bônus ou complementações salariais para pessoal técnico e não técnico do INCL. Em 2004 a FUNDACOR pagou bônus ou complementações salariais para 200 funcionários do INCL, 40% do quadro técnico do hospital. Representantes do INCL e da FUNDACOR afirmam que a produção tem aumentado constantemente. Por exemplo, entre 1998 (o primeiro ano completo de operação da FUNDACOR) e 2003, o número de cirurgias cardíacas aumentou 130%. Dados do período anterior à criação da FUNDACOR não estão, no entanto, disponíveis, e assim o impacto do FUNDACOR sobre esse aumento não pode ser avaliado. Críticos afirmam que as FA servem apenas a pacientes privados que podem pagar, mas nenhuma evidência substancial de tal comportamento foi encontrada na FUNDACOR. Em 2002-2004 os pacientes do SUS respondiam por 94% das altas, 97% dos casos de cirurgia e 96% das consultas ambulatoriais subsidiadas pela FUNDACOR.

Fonte: Compilado pelos autores a partir de documentação fornecida pela FUNDACOR.

como parte de um amplo conjunto de medidas de reforma do aparelho do estado (MARE 1996). Aplicando princípios da "nova gestão pública", a reforma procurou corrigir as deficiências estruturais da administração pública brasileira, excessivamente "burocrática", e conferir maior autonomia e responsabilidade às agências públicas e seus gestores.[21] Os principais pontos da reforma eram:

- Fortalecer a descentralização dos serviços sociais.
- Identificar e separar funções "exclusivas" e "não exclusivas" do Estado (ações e serviços sociais são considerados responsabilidades não exclusivas do Estado e podem assim ser transferidas para o setor privado sem fins lucrativos).
- Gerar maior autonomia e responsabilidade para agências governamentais e seus gestores.
- Aprimorar a responsabilização pela introdução de mecanismos que orientem o sistema para resultados (em vez de controles *ex ante* ou com foco no uso de recursos), gerar participação e controle diretos pelos beneficiários e comunidades e promover maior transparência no serviço público e na administração financeira.

A reforma foi incorporada numa Emenda Constitucional de 1998 (artigo 8) que modificou o artigo 37 da Constituição a fim de garantir "autonomia plena administrativa, financeira e orçamentária para entidades de administração direta e indireta". A autonomia foi condicionada à assinatura de contratos entre gestores e autoridades do executivo que especificavam o financiamento e o desempenho esperado. É de se notar que a emenda também autorizava qualquer nível de governo a definir remuneração, práticas de contratação e demissão, descrição de cargos e funções e qualquer outro aspecto relacionado à administração de recursos humanos. Em suma, a emenda propiciava apoio constitucional para a introdução de maior flexibilidade na administração pública e, em certa medida, representava uma saída para a rigidez contratual e de recursos humanos criada pela Constituição e pelas leis de serviço público relevantes.[22]

A Emenda Constitucional estabeleceu as bases para a criação de organizações sociais enquanto arranjos organizacionais legais para a prestação de serviços sociais. A Lei Federal 9.637, de 1998, criou o marco legal para as OS como entidades sem fins lucrativos, privadas (não-governamentais), e submetidas à legislação trabalhista, de compras e contratação privada (na figura de uma pessoa jurídica de direito privado). Essencialmente, uma OS escapa das limitações das regras e regulações públicas trabalhistas e de compras.

Organizações Sociais de Saúde (OSS) no Estado de São Paulo

Em 4 de junho de 1998, quatro meses após a Lei Federal que criava as organizações sociais ser aprovada no Congresso, o Estado de São Paulo implementou a Lei 846, criando as organizações sociais de saúde (OSS).[23] As OSS foram criadas como entidades sem fins lucrativos, de utilidade pública, instituídas sob direito privado. Diferentemente das instituições submetidas à administração direta e indireta, as OSS não estão presas às leis públicas de contratação, funcionalismo público ou compras. As OSS são arranjos organizacionais legalmente independentes de acordo com a lei estadual. Nenhuma legislação adicional é exigida para instituir tal arranjo em uma determinada unidade de saúde.

Entre 1998 e 2005 o Estado de São Paulo criou OSS em 16 unidades novas. Essas OSS são hospitais gerais, com uma média de 200 leitos por unidade, que oferecem as quatro especialidades básicas: cirurgia, ginecologia e obstetrícia, clínica médica e pediatria. A maioria também oferece internação psiquiátrica, assim como hospital dia e serviços cirúrgicos ambulatoriais. Todas mantêm unidades de tratamento intensivo (UTI) e neonatal, além de serviços de emergência. Dois terços das unidades oferecem cuidados ambulatoriais para pacientes com problemas não-emergenciais; esses hospitais são conhecidos como unidades de "porta aberta". Os restantes, unidades de "porta fechada", aceitam apenas pacientes referenciados.[24] Todos estão localizados em bairros com população de baixa renda em cidades intensamente urbanizadas da periferia da cidade de São Paulo.

Características Organizacionais

As características organizacionais mais importantes do modelo de OSS, na forma como foi implementado em São Paulo, estão descritas no quadro 5.2. Talvez a inovação mais importante desse modelo seja a concessão de autonomia gerencial completa de decisão a respeito da utilização de insumos, processos gerenciais e a operação diária da unidade de unidades públicas para organizações privadas sem fins lucrativos, em troca da responsabilização por resultados especificados em um contrato de desempenho, e mantidos por meio de um mecanismo de financiamento baseado em resultados. Em troca, o Estado abre mão do controle hierárquico e da administração direta de tarefas ligadas à gestão da unidade, recursos humanos, abastecimento de insumos, e assume responsabilidades mais ligadas à administração de contratos, negociação e monitoramento do desempenho. As OSS não podem tratar pacientes particulares ou cobrar quaisquer taxas.

QUADRO 5.2
Características Principais dos Hospitais que Operam no Modelo de Organização Social de Saúde (OSS), Estado de São Paulo, 2004

Quadro legal
- Arranjo organizacional das OSS criado por lei estadual.
- Apoiado por marco regulatório federal.
- OSS submetidas ao direito privado.

Propriedade
- Pública: governo do Estado de São Paulo.

Entidades responsáveis
- Governo estadual é o financiador, mas é legalmente responsável pela propriedade e pelo sistema de prestação de serviços.
- A gestão e operação das unidades é de responsabilidade de uma entidade privada não-lucrativa (EPNL), normalmente uma universidade ou organização filantrópica.

Seleção de contratados
- Licitação competitiva

Financiamento
- Orçamento global pago em parcelas mensais.
- Fundo de retenção: 10% do financiamento é retido e repassado trimestralmente de acordo com o cumprimento de metas e indicadores de desempenho.
- Financiamento e depreciação de capital não estão incluídos no orçamento global.

Responsabilização
- Curadores (conselho diretor da EPNL): gestão e desempenho geral; cumprimento da lei estadual e dos termos contratuais.
- Pagadores/proprietários (Secretaria de Estado da Saúde): indicadores de desempenho e relatórios financeiros especificados no contrato.
- Reguladores (Tribunal de Contas do Estado): gastos e administração de recursos públicos.
- Pacientes: não organizados formalmente, mas o contrato obriga à realização de pesquisa anual de satisfação de pacientes.

Autonomia de decisão
- Todos os insumos, exceto investimentos de capital.
- Todos os processos gerenciais.
- Todos os contratos com fornecedores.
- Negociação das metas de desempenho com o pagador (governo estadual).

Exposição ao mercado
- Não é permitida a cobrança de taxas ou a venda de serviços para pacientes particulares ou planos de saúde.
- Participação em esquemas compartilhados de licitação.
- Pode terceirizar serviços clínicos, de diagnóstico e de hotelaria sem necessidade de permissão do governo.

Condição de reclamante residual:
- Reter e investir sobras financeiras no mercado de capitais, mas não pode oferecer bônus aos gestores, que são remunerados por salário fixo.
- Não pode vender ações ou procurar investidores externos.

Monitoramento, informação
- Ambiente de informação robusto: relatórios trimestrais de produção, AIH, despesas e custos.
- Sistemas de contabilização de custos padronizados implementados em todas as OSS.

Orientação de resultados
- Metas de produção e indicadores de desempenho especificados no contrato, vinculados ao mecanismo de financiamento e supervisionados pela Secretaria de Estado da Saúde.

Funções sociais
- Obrigação legal e contratual de atender apenas a pacientes do SUS; são unidades localizadas em bairros pobres.
- Serviços e atividades, e volume correspondente, especificados em contrato.
- Governo estadual cobre os custos das metas de produção especificadas.

Fonte: Lei estadual 846, São Paulo; documentação estadual das OSS.

Contrato de Gestão e Pagamento

O modelo de OSS pode ser descrito como um tipo de arranjo baseado em contrato de gestão no qual uma entidade privada não-lucrativa (EPNL) é contratada para dirigir e gerenciar todas as funções e serviços de uma instituição de propriedade pública. Geralmente o contratado é uma universidade ou organização filantrópica que já possui e opera unidades hospitalares, e é selecionado por meio de um processo licitatório semicompetitivo envolvendo uma certificação estadual.[25] Uma vez certificada – isto é, autorizada como OSS –, uma EPNL pode ser contratada pelo Estado para operar uma unidade por meio de um contrato de gestão de cinco anos renovável.[26] A EPNL é responsável por contratar todo o pessoal e providenciar todos os insumos (com exceção de capital) a fim de cumprir com os objetivos de produção e qualidade especificados no contrato de gestão. Não é permitido gastar mais do que 70% do orçamento com folha de pagamento.

As OSS são financiadas por orçamento global negociado entre o Estado e a instituição contratada. Originalmente, o orçamento para cada unidade era definido a partir de estimativas de custos baseadas nos padrões históricos de gastos em outras instituições estaduais (não-OSS). Em 2001, no entanto, o Estado implementou um sistema padronizado de custos em cada hospital. Atualmente, os custos obtidos pelo sistema são a base para a definição do orçamento anual. Apesar de o orçamento global representar uma limitação orçamentária rígida, sua alocação é dividida em duas partes, cada uma ligada ao desempenho conforme especificado no contrato de gestão. A primeira parte é vinculada a metas de produção; a segunda, ao cumprimento de exigências de relatórios ou de indicadores de qualidade. O não cumprimento das metas de produção, entrega de relatórios ou indicadores de qualidade, pode resultar na retenção ou suspensão de porcentagens definidas do financiamento.

A lei estadual estipula que as OSS não podem cobrar taxas ou vender serviços para terceiros. Podem reter as "sobras" da receita, mas apenas para investimentos em atividades relacionadas à saúde. Os diretores recebem um salário fixo e não podem receber bônus ou pagamentos de incentivo, mas as OSS podem pagar bônus de desempenho para seus funcionários. As EPNL podem obter empréstimos no mercado de capitais para cobrir déficits operacionais, mas não para custear melhorias de infraestrutura. A depreciação não está incluída no cálculo do orçamento global. Qualquer investimento de capital é negociado anualmente com o governo estadual e é assim dependente do orçamento do Estado para capital e de negociações políticas com as autoridades da área da saúde. Em suma, o financiamento de capital das OSS é semelhante ao das unidades diretamente administradas pelo Estado. A falta de financiamento para compensar a depreciação de instalações e equipamentos é a principal deficiência do modelo. À medida em que as unidades se deterioram com o tempo, as OSS estão sujeitas incertezas do financiamento estatal para capital e podem enfrentar dificuldades na melhoria das instalações e dos equipamentos.

A lei estadual das OSS obriga à formação de conselhos de governança (ou gestão) em instituições administradas pelas mesmas (Lei 846, artigo 3). Constituídos principalmente por representantes da sociedade civil, os conselhos são a autoridade máxima da unidade. Essa medida ainda está para ser implementada, e o fracasso em sua implementação pode, a longo prazo, pôr em risco a viabilidade do modelo. Apesar das responsabilidades serem determinadas pelo contrato de gestão e pelos mecanismos de financiamento baseados no desempenho, pode-se dizer que uma estrutura de governança independente com ampla participação da sociedade civil – encarregada de supervisionar as práticas de gestão, desempenho fiscal, planejamento e definição de políticas, e prestação de contas aos indivíduos, comunidades e governos – melhoraria o desempenho geral e o apoio da comunidade.[27]

Análise Comparativa das Características Organizacionais dos Hospitais Públicos

Como os modelos de organização de hospitais públicos influenciam seu comportamento e desempenho? A partir de pesquisas em hospitais, essa seção relata duas análises comparativas de regimes organizacionais de hospitais públicos. O primeiro estudo compara perfis de pacientes (*pacient mix*) e fontes de financiamento, a partir de amostra retirada da pesquisa AMS de 2002 (IBGE 2003). O segundo analisa estruturas organizacionais e comportamentos de uma pequena amostra de unidades, seguindo os modelos analisados na seção anterior.

A tabela 5.3, baseada na primeira análise, mostra a distribuição estimada de internações por tipo de paciente atendido segundo o pagador final dos serviços (por exemplo, SUS e planos de saúde). A tabela também mostra a proporção de financiamento derivada das diversas fontes ou mecanismos de pagamento.

Todos os hospitais públicos atendem principalmente a pacientes do SUS, mas apenas unidades sob administração direta dependem fortemente do orçamento tradicional do governo. Uma pequena parte dessas unidades, junto com hospitais sob administração indireta, atende a pacientes particulares e pacientes com cobertura de planos privados de pré-pagamento. Essas unidades ampliaram sua demanda e, consequentemente, derivam receita de várias fontes, incluindo operadoras de saúde (HMO) e pacientes particulares, que pagam por serviço. Para chegar a isso, provavelmente instituíram fundações privadas de apoio a fim de permitir a contratação, cobrança e a obtenção de receita de pagadores privados. As unidades classificadas como regimes administrativos autônomos – principalmente OSS e organizações de serviço social autônomo – atendem exclusivamente a pacientes do SUS. Como mencionado, unidades sob o regime de OSS recebem um orçamento global e, por lei, só podem prestar serviços a pacientes do SUS.[28]

Como esses regimes podem ser comparados no que diz respeito à criação de um ambiente organizacional flexível que ofereça condições para que os administradores realmente gerenciem suas unidades? Essas questões são o tema da segunda análise mencionada anteriormente, um estudo pioneiro de regimes organizacionais nos hospitais públicos de Mendes et al. (2002).

TABELA 5.3
Hospitais Públicos: Perfil de Pacientes e Fontes de Financiamento, por Arranjo Organizacional, 2002
(N = 284)

	Clientes, por pagador (% de internações)		*Principal fonte de financiamento por sistema de pagamento (% da receita)*			
Regime organizacional	*SUS*	*Planos de saúde*	*Orçamento tradicional do governo*	*Orçamento descentralizado do governo*	*Pagamento prospectivo do governo (SUS)*	*Planos privados de pré-pagamento*
Administração pública direta	98	2	86	0	10	4
Administração indireta	90	10	0	56	28	16
Administração autônoma[a]	100	0	0	100	0	0

Fonte: Figura 4.1; Couttolenc et al. 2004.

Nota: Para cada categoria analítica principal ("clientes, por pagador" e "principal fonte de financiamento por sistema de pagamento"), as linhas somam 100%. As definições das fontes principais de financiamento são as seguintes:

Orçamento tradicional: baseado em alocação por elemento de despesa e utilizado amplamente no setor público sob administração direta. *Orçamento descentralizado* (incluindo orçamento global e unidades orçamentárias autônomas): encontrado em modelos de administração indireta e autônoma; unidades com orçamentos descentralizados geralmente têm maior autonomia na execução do orçamento, mas podem ter de cumprir a regulamentação pública trabalhista e de compras. *Pagamento prospectivo do SUS*: utilizado pelo SUS para o pagamento de serviços hospitalares (AIH) e ambulatoriais (SIA) de hospitais públicos e privados. *Planos de saúde/pré-pagamento privado*: principalmente operadoras de planos de saúde (do tipo HMO); amplamente utilizado em contratos entre planos privados (e públicos) e hospitais.

a) Inclui organizações sociais e serviços sociais autônomos.

Os pesquisadores selecionaram, por meio de amostragem dirigida, 24 hospitais de tamanho e complexidade semelhantes de todas as partes do Brasil. Um grupo, denominado "alternativo", consistia de dez unidades submetidas a regime administrativo indireto e autônomo e duas unidades sob administração direta com práticas de organização inovadoras.[29] Os pesquisadores assumiram a hipótese de que essas unidades seriam dotadas de estruturas flexíveis que permitiriam comportamentos mais "estratégicos" e "autônomos". As demais doze unidades, que operavam sob administração direta, foram chamadas de "tradicionais". Essas não exibiram nenhum indício de práticas organizacionais inovadoras e operavam como unidades administrativas do governo. A hipótese era que sua estrutura, submetida a controle "hierárquico", determinaria comportamentos mais "normativos" (isto é, cumprimento de regras e prestação de contas segundo essas regras). Baseado em pesquisa junto a gerentes de unidades e entrevistas posteriores, a investigação procurou determinar, a partir de comparações intra e intergrupos, como os hospitais diferiam no que diz respeito à estrutura organizacional (regras e processos formais) e comportamentos organizacionais (aplicação de regras e processos).

A fim de investigar a estrutura organizacional, um levantamento foi realizado, consistindo de uma série de questões. As respostas foram utilizadas para elaborar um conjunto de vinte e cinco variáveis agrupadas em seis categorias: profissionalismo e continuidade dos gestores (processo de nomeação de gerentes em cargos de responsabilidade, e estabilidade dos gerentes); autoridade de decisão a respeito de questões estratégicas (planejamento, orçamento, alocação de recursos, presença de restrições orçamentárias rígidas); responsabilização (mecanismos de prestação de contas relacionados a proprietários, pacientes e comunidades, e informações de desempenho e transparência); locus – na unidade ou na hierarquia administrativa – das decisões relativas a recursos humanos (contratação, demissão e remuneração); e competitividade (habilidade de competir com outros provedores e negociar com fornecedores). Os pesquisadores construíram quatro indicadores compostos baseados nessas variáveis: responsabilidade, decisão sobre questões estratégicas, decisão a respeito de recursos humanos e exposição ao mercado.

Baseados na presença ou ausência de cada elemento (variável), dois conjuntos de pontuações foram gerados a fim de determinar o grau de funcionamento da organização dentro de um conjunto de regras "hierárquico", no qual a maioria das decisões e questões estratégicas é controlada por autoridades governamentais e submetidas a regras do serviço público, ou dentro de um conjunto "flexível" ou independente de regras, no qual a maioria das decisões e questões estratégicas é determinada pelos próprios gerentes da unidade, que têm maior margem para definir o conjunto de serviços e insumos e definir práticas administrativas. Assim, cada hospital recebia pontuações tanto de "estrutura hierárquica" como de "flexibilidade".[30] Previsivelmente, diferenças significativas foram encontradas entre os dois grupos de hospitais. Hospitais públicos dotados de estrutura organizacional autônoma exibiram maior flexibilidade (ou menos grau de hierarquização) do que unidades sob estruturas tradicionais (por exemplo, administração direta) para cada uma das quatro variáveis que compõem o indicador: responsabilização ($p < 0{,}014$), decisão sobre questões estratégicas ($p < 0{,}0001$), decisão a respeito de recursos humanos ($p < 0{,}0001$) e exposição ao mercado ($p < 0{,}0001$).

A figura 5.1 mostra a pontuação de flexibilidade e hierarquia recebida por cada hospital na amostra. Uma separação clara foi observada entre os dois grupos de hospitais: unidades alternativas tinham pontuações de flexibilidade maiores e pontuações de hierarquia menores, enquanto os hospitais tradicionais exibiam uma correlação quase oposta. Dispersão considerável era evidente entre hospitais dotados de estrutura organizacional alternativa.[31] Isso é consistente com a discussão prévia a respeito das variações entre regimes organizacionais nas categorias indireta e autônoma. O grupo alternativo consistia de uma variedade de organizações sob administração direta, indireta e autônoma. Como discutido anteriormente, organizações sob administração indireta são formas híbridas que contêm os elementos hierárquicos da administração direta, mas também alguns elementos de flexibilidade. Segundo sua concepção, organizações autônomas exibem alto grau de flexibilidade e autonomia. Hospitais sob administração direta são mais homogêneos do ponto de vista estrutural. Isso é de esperar, porque todos estão sujeitos a um conjunto semelhante de regras.

FIGURA 5.1
Pontuações de Hierarquia e Flexibilidade para Estruturas Organizacionais, Hospitais Alternativos e Tradicionais, 2000
(N = 24)

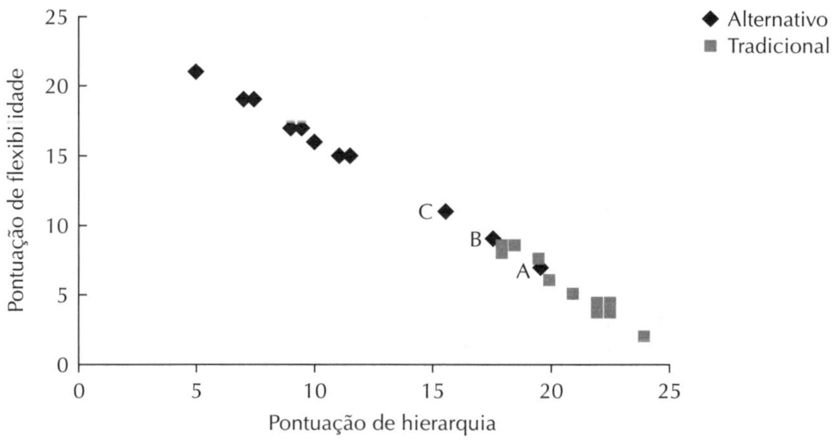

Fonte: Mendes et al. 2002.

Duas unidades sob administração direta (A e B na figura 5.1) foram inicialmente consideradas, por hipótese, "alternativas" porque eram conhecidas por adotarem políticas flexíveis de recursos humanos, incluindo mecanismos de remuneração de profissionais baseados no desempenho. Os resultados do levantamento, no entanto, mostraram poucos indícios de flexibilidade em outras dimensões estruturais ou de políticas inovadoras para outras categorias de profissionais. Essas duas unidades podem assim ser consideradas como organizações hierárquicas. Uma terceira unidade (C na figura) ocupa um meio termo na pontuação estrutural. A unidade era uma dentre várias de um grande complexo administrado por um governo estadual e havia criado uma fundação de apoio (FA). A inserção da fundação no mercado, contudo, era mínima, derivando pouca receita de fontes não-públicas.

Estruturas Organizacionais do Setor Privado e Arranjos de Governança

Hospitais sem fins lucrativos e filantrópicos constituem aproximadamente dois terços do total de unidades hospitalares no Brasil. Como explicado no capítulo 2, o SUS mantém contratos ou convênios para prestação de serviço com aproximadamente 90% das unidades não-lucrativas, assim como com metade das instituições lucrativas. A tabela 5.4 mostra que o SUS responde por 80% do volume de pacientes tratados em unidades não-lucrativas, mas por menos de metade de sua receita.

TABELA 5.4
Hospitais Privados: Perfil de Pacientes e Fontes de Financiamento, por Arranjo Organizacional e Natureza, 2002
(N = 304)

		Clientes, por pagador (% de internações)			*Principal fonte de financiamento por sistema de pagamento (% da receita)*				
Propriedade	*Regime organizacional*	*SUS*	*Planos de saúde*	*Privado*	*Orçamento tradicional governamental*	*Orçamento descentralizado governamental*	*Pagamento prospectivo governamental (SUS)*	*Pré-pagamento de planos privados*	*Remuneração por serviço privada*
Privado sem fins lucrativo	Associações filantrópicas [a]	74	20	6	0	0	33	45	22
	Fundações privadas	85	10	5	0	0	48	29	23
Privado com fins lucrativo	Gestão corporativa	34	48	17	0	0	8	58	33

Fonte: Figura 4.1.

Nota: Para cada categoria analítica principal ("clientes, por pagador" e "principal fonte de financiamento por sistema de pagamento"), linhas somam 100%.

a) Uma pequena porção desse grupo (<2%) inclui cooperativas e sindicatos.

Essas unidades cada vez mais buscam receitas de planos de saúde e pacientes particulares para complementar as receitas do SUS.[32] No caso de instituições não-lucrativas, o SUS representa menos de um terço do volume de pacientes e é a fonte de menos de 10% de sua receita. As lucrativas derivam a maior parte de sua receita de contratos com planos de saúde privados. Receitas advindas de pacientes particulares, não vinculados ao SUS, são sua segunda fonte mais importante de receita.

Pouco se sabe a respeito de arranjos organizacionais e práticas administrativas do setor privado, e o que se sabe é limitado às instituições não lucrativas. Instituições operadas por organizações de voluntários ou de caridade (filantrópicas) são a maior categoria dentre esse grupo. Existem aproximadamente 1700 hospitais filantrópicos, representando quase 90% dos hospitais filantrópicos do Brasil, 37% dos hospitais privados, e 23% do total de hospitais (ver tabela 5.1).

A maioria das unidades que não visam lucro é afiliada a uma gama heterogênea de associações filantrópicas e beneficentes, incluindo a maçonaria, grupos de caridade e ordens religiosas. Um subconjunto desse grupo formou fundações privadas. Cooperativas ou sindicatos de organizações profissionais respondem por uma pequena parte do grupo.[33]

Sociedades filantrópicas fundaram hospitais assim como outras instituições de assistência social, tais como orfanatos, albergues e escolas. Apesar de algumas instituições datarem do período colonial, a maioria dos hospitais foi fundada no início do século XX. Aproximadamente 30% dos hospitais não-lucrativos são ligados a organizações religiosas; a maioria dos demais pertence a sociedades seculares, "comunitárias" (17%) ou sociedades civis (52%); ver Barbosa et al. (2002). Instituições não-lucrativas estão presentes em todo o território brasileiro, mas estão concentrados nas regiões Sul e Sudeste, em geral no interior. Mais da metade dessas instituições estão localizadas em municípios onde são a única unidade de atendimento hospitalar.

Hospitais não-lucrativos, operados por organizações filantrópicas e beneficentes, se tornaram uma fonte importante de atendimento hospitalar e treinamento profissional antes do desenvolvimento do sistema público. Na verdade, em algumas partes do Brasil, eles eram a única entidade prestadora de serviços de saúde. Com o decorrer do tempo, muitas dessas organizações passaram a abandonar outras funções de caridade, tais como orfanatos e albergues, a fim de se concentrar no fornecimento de serviços de internação hospitalar e na formação de profissionais de saúde.

O setor hospitalar sem fins lucrativos brasileiro está em transição. A maioria dessas instituições foi criada principalmente como instituições de caridade voltadas à prestação de serviços médicos, mas um conjunto cada vez mais complexo de demandas as está forçando a alterar sua missão, papel e objetivos. Um novo ambiente está se formando devido às transformações tecnológicas, educacionais e de pesquisa, à diversificação do mercado, a irregularidade do financiamento público e mudanças nos sistemas de pagamento. Para sobreviver, as instituições não lucrativas estão sendo forçadas a mudar. Apesar de muitas ainda serem pequenas organizações gerenciadas informalmente, um número crescente tem iniciado um processo de modernização.

Mendes (1986) classifica o setor sem fins lucrativos em dois grupos. O primeiro é tradicional, no sentido de manter a missão beneficente estabelecida pela sociedade ou organização fundadora. Essas instituições geralmente menores, independentes, são financeiramente altamente dependentes do financiamento do SUS. O segundo grupo é mais "empreendedor" e opera mais como um negócio lucrativo. São em geral instituições maiores e conseguem receitas de planos de saúde e pacientes particulares. Algumas pertencem a conglomerados sem fins lucrativos que administram diversas unidades. De forma crescente, essas instituições estão abandonando sua orientação beneficente e atuando como empreendimentos comerciais, embora sem finalidade lucrativa (por exemplo, não distribuem lucros das atividades para os proprietários).

Um levantamento recente fornece indícios da transformação da natureza dos hospitais filantrópicos e sua posição no mercado de serviços de saúde. Em uma amostra de 530 hospitais sem fins lucrativos, Giardi e Barros (2001) verificaram que apenas 17% obtinham receitas exclusivamente do SUS. Apesar de sua receita ainda depender significativamente do SUS, mais de 80% registraram a entrada de receitas derivadas de contratos com operadoras privadas, e 11% haviam estabelecido um plano próprio de pré-pagamento.[34] Se essas unidades enfrentam ou não pressões do mercado ou restrições orçamentárias rígidas é uma questão em aberto. Por exemplo, alguns estados e municípios alocam parte de seus profissionais médicos para instituições filantrópicas (Giardi e Barros). Além disso, como discutido no capítulo 4, muitos hospitais sem fins lucrativos recebem subsídios eventuais importantes, conhecidos como "doações públicas", quando confrontado com uma crise financeira, além dos pagamentos por Autorização de Internação Hospitalar (AIH). Essa prática, apesar de não ser incomum, é difícil de ser quantificada porque essas transferências, que têm o objetivo de manter as instituições funcionando, são negociadas politicamente entre o governo e os mantenedores das instituições.[35]

Marco Legal e Regulatório

A Constituição de 1988 define as organizações não-lucrativas como entidades legais e, diferentemente de instrumentos legais prévios, não se refere a tais entidades como organizações filantrópicas ou beneficentes. De maneira muito significativa, a personalidade jurídica e sua condição de direito privado dessas instituições não-lucrativas é protegida pelo artigo 5 da Constituição. Hospitais filantrópicos gozam de isenções fiscais se pelo menos 60% dos serviços forem prestados a pacientes do SUS.[36] Todas as instituições filantrópicas devem possuir (e atualizar a cada três anos) um certificado de filantropia fornecido por conselhos de assistência social municipais, estaduais ou federais.[37] A instituição deve apresentar provas, entre outras coisas, da presença de gestores eleitos,[38] ausência de remuneração dos mesmos, funcionamento contínuo nos três anos anteriores, publicação anual de demonstrativos contábeis; registro oficial do estatuto e a aplicação de suas receitas segundo sua missão e estatuto, assim como os "resultados" relativos aos três anos precedentes e a demonstração de porcentagem mínima do atendimento total ou da infraestrutura (em geral pelo número de leitos) dedicada a atendimento a pacientes do SUS. A última exigência é negociada anualmente, caso a caso, com o nível de governo que realiza os pagamentos à instituição.[39] Em um censo de 2002 das instituições filantrópicas, Barbosa et al. (2002) verificaram que 15% não possuíam certificação válida.

Arranjos Organizacionais

Arranjos organizacionais no setor privado consistem de fundações privadas, associações beneficentes, associações de profissionais e cooperativas de funcionários ou sindicatos (ver tabela 5.1 e anexo 5A).[40] Esta seção foca nos hospitais ligados a organizações filantrópicas ou beneficentes (OFB).[41] Essas organizações são dotadas de estrutura de governança definida por lei, com um ou mais gestores estatutários: conselheiros, associados, curadores ou instituidores. Esses cargos são de dedicação parcial, e não remunerados. Cada organização define o papel e as responsabilidades desses executivos estatutários em relação à gestão da instituição, de acordo com seus regulamentos internos (se existirem). A divisão de responsabilidades entre esses executivos e a administração é, no entanto, definida por lei.

Algumas instituições são dotadas de conselhos, formados por executivos estatutários, que realizam reuniões regulares. Em outras, tais executivos se reúnem sem regularidade ou informalmente, para avaliar o desempenho financeiro da instituição. Contudo, para parte significativa dos hospitais sem fins lucrativos, os gestores exercem funções tanto de gestão como de governança (quadro 5.3). Segundo Barbosa et al. (2001, vol. 2: 6), o limite entre gestão e governança é muitas vezes impreciso:

> em vários casos a separação entre a entidade gestora e o hospital é clara e evidente - especialmente no caso de instituições maiores e conglomerados, mas em outros casos a entidade e o hospital se confundem - particularmente no caso de entidades menores mas também em entidades maiores que operam um único hospital.

Uma fonte de variação entre as organizações filantrópicas e beneficentes é a gestão, que algumas organizações levam mais a sério do que outras. Segundo Barbosa et al. (2002, vol. 3: 49), apenas 60% dos 1.414 hospitais filantrópicos considerados no levantamento em 2001 possuíam equipe gerencial formal. A entidade filantrópica gerenciava diretamente o hospital em 34% dos casos, e em cerca de 3% terceirizava a administração.[42] Instituições menores, na maior parte das vezes, são geridas diretamente pela sociedade filantrópica e instituições maiores, por uma equipe de gestão.

Barbosa et al. (2002) examinaram o tipo de responsabilidade executiva dos gestores em amostras de instituições pequenas e grandes pertencentes e operadas por uma única sociedade, assim como unidades (em geral grandes) pertencentes a conglomerados, que podem possuir e operar diversas instituições. A tabela 5.5 resume as responsabilidades gerenciais das unidades hospitalares de acordo com a situação do executivo principal. Metade dos hospitais menores e um terço dos maiores, não tinham gestor executivo próprio na unidade. Todas, menos uma, das oitenta instituições pertencentes a conglomerados, alegaram ter um diretor próprio. Isso está relacionado ao fato de que as sedes dos conglomerados são geralmente localizadas em locais distantes dos hospitais. Em contraste, quase todas as instituições afirmaram ter um cargo de diretor médico (não mostrada na tabela) e dois terços

QUADRO 5.3
Governança e Gestão de Hospitais

Governança diz respeito às estruturas e funções de uma organização que definem e fazem cumprir políticas e diretrizes gerais e exercem a autoridade final em decisões tomadas em nome da organização e de seus proprietários. Os instituidores, comissionários ou diretores são responsáveis pela instituição, incluindo seu patrimônio e a qualidade do atendimento. Funções importantes de governança hospitalar (baseadas em modelos comuns entre hospitais finantrópicos nos Estados Unidos e Europa) incluem definir e revisar a missão, papel e objetivos da instituição; definir diretrizes financeiras; formular estratégias para o futuro; apontar e avaliar o diretor-executivo chefe; garantir eficiência e qualidade clínica; e representar as partes interessadas no hospital (Coile 1994). Os curadores delegam a autoridade de gerenciar a unidade a uma equipe de gestão.

Funções *gerenciais* incluem definir estratégias comerciais e médicas e elaborar planos para atingir os fins e metas da organização; selecionar, avaliar, contratar e demitir funcionários; formular e analisar orçamentos anuais; definir o conjunto de serviços oferecidos e os preços; supervisionar as operações, incluindo o desempenho financeiro; supervisionar a utilização dos recursos materiais e financeiros; e avaliar o desempenho e resultados, tomando as iniciativas corretivas necessárias (Rowland e Rowland 1984).

TABELA 5.5
Gestores Responsáveis pela Administração de Hospitais Filantrópicos, por Tamanho e Tipo de Hospital, 2002

(%)

	Instituições individuais		*Unidades operadas por*
Tipo executivo	*Pequenas (N = 69)*	*Grandes (N = 15)*	*conglomerados (N = 80)[a]*
Executivo baseado no hospital	49	33	99
Diretor-executivo estatutário da entidade filantrópica ou beneficente (OFB)	22	33	0
Diretor-executivo e executivo estatutário da entidade	29	33	0
Total	100	100	100

Fonte: Barbosa et al. 2002.

Nota: Pequenas: média = 67 leitos. Grandes: média = 576 leitos. Conglomerados: média = 136 leitos. As colunas podem não somar 100 devido ao arredondamento.

a) Onze conglomerados formando um total de 80 hospitais. Dados de uma unidade não disponíveis.

das instituições relataram possuir um diretor-geral. Essa contradição aparente pode estar ligada à informalidade e à fusão de funções de governança e gestão. Muitas unidades relataram simplesmente a existência desses cargos mas não faziam distinção entre os executivos que desempenhavam as funções relativas aos mesmos. Barbosa et al. (2002, vol. 3: 74) explicam:

> paraa maioria dos hospitais [da amostra], os executivos estatutários da organização assumem o cargo [de diretor do hospital] junto com o diretor executivo da organização ou com o administrador do hospital, ou simplesmente ocupam o cargo de diretor geral [do hospital] sem que o mesmo seja explicitamente instituído.

A tabela 5.6 mostra que a autoridade de decisão da gestão do hospital varia conforme a função.[43] Apesar do hospital estar livre da hierarquia do controle público, a entidade filantrópica ou beneficente gestora possui autoridade de decisão em relação a muitas funções em cada uma das três categorias de instituição. A maioria das instituições tem autoridade discricionária sobre administração de recursos humanos e fornecimento de medicamentos e suprimentos médicos. Cerca de 60% alegam ter autoridade para abrir, fechar ou expandir os serviços; negociar contratos com terceiros (SUS, planos privados de saúde); e terceirizar serviços de manutenção e de hotelaria. Como era de esperar, na maioria das unidades a entidade gestora tem autoridade sobre as políticas de recursos humanos, investimentos de capital e funções financeiras.

O grau de autonomia tem relação com o tamanho da instituição, assim como com os padrões históricos e centralizados das práticas de gestão das OFB, incluindo a fusão e mistura de funções de gestão e governança descritas anteriormente (muitas vezes no mesmo diretor). Outro fator é o envolvimento parcial e voluntário das pessoas ocupando cargos executivos. Por exemplo, 22% dos hospitais menores e 33% dos maiores são administrados diretamente pelo executivo estatutário da entidade (tabela 5.5).[44] O grau de autonomia pode ser limitado nesses hospitais, em parte por causa da ausência de separação entre funções de gestão e governança. A autonomia pode também ser limitada por causa do envolvimento parcial tanto da equipe gerencial quanto dos conselheiros.

TABELA 5.6
Nível de Autonomia de Decisão Relatado por Administradores de Hospitais Filantrópicos, por Função, Tamanho e Tipo de Unidade, 2002
(%)

Função	*Instituições individuais* Pequenas (N = 61)	*Instituições individuais* Grandes (N = 15)	*Instituições operadas por conglomerados (N = 81)*
Recursos humanos			
Recrutamento/contratação	80	73	77
Demissão	77	73	83
Política salarial	40	47	52
Fornecimento			
Consumíveis	83	73	86
Equipamento	67	67	59
Terceirização			
Manutenção	77	67	78
Serviços de hotel	62	53	70
Melhoria de capital	46	53	42
Mix de serviços			
Abrir novos serviços	59	60	57
Expandir serviços existentes	62	67	62
Eliminar um serviço	59	60	57
Financeiro			
Aprovação de orçamento	41	27	27
Empréstimos	32	45	14
Investimentos financeiros	46	60	54
Negociação – contratos com pagadores			
SUS	57	60	58
Planos privados	62	67	65

Fonte: Barbosa et al. 2002.

Nota: Para a definição de instituições, ver tabela 5.5.

Como indica a figura 5.2, vários hospitais com executivos próprios afirmam que esses administradores são voluntários e trabalham meio período. Unidades menores são muitas vezes administradas diretamente por executivos da entidade (OFB) ou por administradores voluntários, em regime de dedicação parcial, enquanto instituições maiores geralmente possuem uma equipe própria, de administradores. Como regra geral, a maioria dos hospitais com administradores executivos, com dedicação integral, tem maior autonomia de decisão do que aqueles administrados por voluntários em tempo parcial.

Uma parte significativa de instituições sem fins lucrativos precisa ainda modernizar suas práticas de gestão. No ambiente externo atual, práticas tradicionais não favorecem a sobrevivência da organização. Além disso, a informalidade das decisões, combinada à ausência de separação das práticas de governança e administração hospitalar das OFB, sugere responsabilidades difusas dentro da organização. Isso pode impedir a execução de funções gerenciais e o desempenho dos gerentes. Práticas gerenciais em hospitais públicos e privados serão discutidas mais extensamente no próximo capítulo.

FIGURA 5.2
Porcentagem de Executivos em Dedicação Integral e Voluntários em Hospitais Filantrópicos, por Categoria de Unidade, 2000

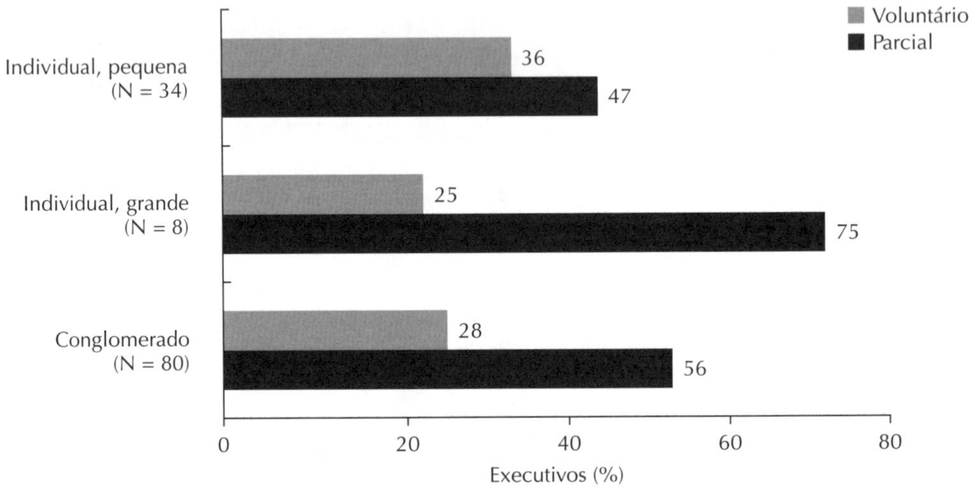

Fonte: Barbosa et al. 2002.

Comparação do Desempenho de Hospitais sob Diferentes Arranjos de Propriedade e Organizacionais

Arranjos organizacionais são determinantes significativo importantes do desempenho. O comportamento institucional dos hospitais não responde ao ambiente externo (por exemplo, mecanismos de pagamento, políticas públicas, marcos legais e regulatórios) em um vácuo. Como visto anteriormente neste capítulo, os hospitais variam segundo sua independência, autoridade de decisão, mecanismos de responsabilização e exposição ao mercado. A presença ou ausência desses elementos influencia as práticas e comportamentos gerenciais e, assim, o desempenho. Os resultados aqui relatados mostram que arranjos organizacionais sólidos estão associados à maior eficiência e que arranjos organizacionais e escalas de operação adequados, permitem que hospitais públicos sejam tão eficientes quanto os hospitais privados, e talvez mais. Além disso, ganhos de eficiência podem ser obtidos sem comprometer a qualidade.

Essa seção apresenta os resultados de três análises que comparam instituições sob administração direta com arranjos organizacionais alternativos ou não tradicionais. Cada análise se apóia em diferentes fontes de dados.[45] A primeira é uma comparação da eficiência relativa de hospitais públicos e privados funcionando sob diversos arranjos organizacionais, usando a DEA descrita no capítulo 3. A segunda é uma análise comparativa do desempenho na amostra de hospitais alternativos e tradicionais discutida anteriormente. A terceira compara indicadores de eficiência e qualidade de uma amostra de hospitais no Estado de São Paulo sob o regime das OSS com os de uma amostra de hospitais do mesmo Estado sob administração direta.

Análise de eficiência baseada em pesquisas de hospitais

A presente discussão resume os resultados da análise DEA de eficiência, separando os hospitais segundo seu arranjo organizacional.[46] A tabela 5.7 mostra a pontuação de eficiência técnica total (ETT), eficiência técnica interna (ETI) e eficiência de escala (EE), segundo o arranjo organizacional.[47] Devido à variação da eficiência segundo o tamanho dos hospitais, a tabela inclui os resultados DEA para hospitais com mais de 50 leitos. Como visto no capítulo 3, a pontuação média de ETT foi de 0,42 para a amostra de hospitais com 50 ou mais leitos (contra uma pontuação máxima de 1,0), mas de apenas 0,34 para a amostra de hospitais menores, com apenas 25 leitos ou mais.[48]

TABELA 5.7
Pontuações da DEA, por Natureza e por Arranjo Organizacional, em Hospitais com Mais de 25 e Mais de 50 Leitos, 2002

	Hospitais com 25 ou mais leitos				*Hospitais com 50 ou mais leitos*			
Propriedade e regime organizacional[a]	*N*	*ETT Média*	*ETI Média*	*EE Média*	*N*	*ETT Média*	*ETI Média*	*EE Média*
Hospitais públicos								
Administração direta	141	0,262	0,671	0,417	64	0,294	0,681	0,460
Administração indireta[b]	37	0,356	0,644	0,552	23	0,446	0,686	0,636
Administração autônoma[c]	18	0,398	0,626	0,688	14	0,470	0,670	0,716
Hospitais privados								
Fundações filantrópicas	53	0,385	0,668	0,562	22	0,449	0,834	0,535
Associações filantrópicas	101	0,372	0,653	0,559	69	0,444	0,778	0,575
Empresas com fins lucrativos	105	0,396	0,694	0,577	56	0,481	0,794	0,617

Fonte: Couttolenc et al. 2004.
a) Apesar das tentativas de limpar os dados derivados da Assistência Médico-Sanitária (AMS), alguns dos grupos não são inteiramente homogêneos por causa das múltiplas interpretações das definições de arranjos organizacionais.
b) Autarquias e fundações públicas.
c) Organizações sociais e serviços sociais autônomos.

No setor público, hospitais sob arranjo organizacional autônomo ou indireto se revelaram claramente mais eficientes, obtendo pontuações de ETT mais altas do que aqueles sob administração direta. Entre as instituições privadas, as lucrativas parecem ser ligeiramente mais eficientes do que associações sem fins lucrativos e fundações. Em geral, os hospitais públicos sob regime administrativo autônomo, formado majoritariamente por OSS, constituem o grupo mais eficiente, seguido dos hospitais lucrativos. Hospitais sob arranjo da administração direta são os menos eficientes, tanto na amostra de 25 ou mais, quanto na de 50 ou mais leitos, exibindo pontuação de ETT de 0,26 e 0,29, respectivamente.

A eficiência de escala representou o principal fator da ETT, em especial para a amostra de 25 ou mais leitos. A EE variou consideravelmente entre as unidades dessa amostra, e as instituições públicas autônomas exibiram as pontuações de EE mais altas, e as sob administração direta, as mais baixas. O pequeno tamanho das unidades sob administração direta contribuiu para as pontuações baixas de ETT porque a maioria das unidades menores opera com baixa capacidade. Em outras palavras, o baixo volume de produção resulta na subutilização da capacidade, que, por sua vez, pode estar associada à pouca demanda. Como esperado, as pontuações de EE para cada arranjo organizacional da amostra de 50 ou mais leitos, são significativamente mais altas do que a da amostra de 25 ou mais leitos, com os hospitais sob administração autônoma na dianteira. As pontuações de eficiência interna (ETI) exibem pouca dispersão,em particular para a amostra de 25 ou mais leitos. Hospitais privados lucrativos receberam as maiores pontuações, seguidos dos hospitais públicos sob administração direta. Para a amostra de 50 leitos ou mais, fundações sem fins lucrativos e unidades lucrativas registram as pontuações de ETI mais altas, e hospitais sob administração direta e autônoma, as mais baixas.[49]

Comparação de Desempenho entre os Arranjos Organizacionais do Setor Público

A segunda análise trata do desempenho de hospitais alternativos e tradicionais segundo a pesquisa de 2002 relatada na discussão acima.[50] Mendes e Costa (2005), seguindo Mendes et al. (2002), classificam como "tradicionais" as instituições caracterizadas como "hierárquicas" em sua estrutura organizacional e "normativa" em seu comportamento organizacional.[51] Unidades que receberam altas pontuações para "flexibilidade" de estrutura e regras e comportamento organizacional "estratégico" foram chamadas de "alternativas". Os dois grupos foram pareados em termos de tamanho, utilização de insumos, resultados e complexidade (perfil de pacientes ou *case mix*).[52]

O desempenho dos grupos foi comparado com relação a um subconjunto de indicadores de qualidade e eficiência. Como mostra a tabela 5.8, para todos os tipos de taxa de mortalidade, as unidades alternativas mostraram melhor desempenho. Diferenças importantes foram encontradas em todas as taxas, com exceção de cardiologia. Esses resultados sugerem que as unidades alternativas oferecem atendimento de melhor qualidade. No que diz respeito à eficiência, apesar de as unidades alternativas exibirem taxas de ocupação menores e duração média da internação menor, exceto para septicemia, as diferenças não são significativas. Em geral, a variação intragrupal, tanto para dados de qualidade como de eficiência, foi maior para unidades tradicionais.

As figuras 5.3 e 5.4 exibem a mudança percentual dos indicadores de mortalidade e eficiência selecionados entre 1998 e 2003 para a amostra de unidades alternativas e tradicionais. Para cinco ou seis indicadores de mortalidade na figura 5.3, as unidades alternativas exibiram resul-

TABELA 5.8
Comparação de Indicadores Selecionados de Qualidade e Eficiência, Unidades Alternativas e Tradicionais, 2003-2004

	Alternativo (N = 11)		*Tradicional (N = 11)*	
Indicador	*Média*	*Variação*	*Média*	*Variação*
Qualidade				
Mortalidade (geral)*	4,6	(3,4–5,7)	8,8	(5,8–11,7)
Mortalidade por septicemia*	28,9	(22,7–35,0)	42,7	(35,1–50,2)
Mortalidade (cardiologia)	10,5	(8,0–13,0)	13,8	(8,8–18,7)
Mortalidade (diabetes)*	5,3	(2,0–8,5)	12,5	(7,9–17,0)
Mortalidade (cirurgia)**	3,6	(2,6–4,5)	6,8	(4,6–9,0)
Mortalidade (>60 anos)*	10,9	(8,6–13,3)	17,6	(13,2–21,9)
Eficiência				
Taxa de giro de leitos	3,0	(2,2–3,8)	3,0	(1,4–4,7)
Taxa de ocupação	68,3	(56–81)	75,5	(57–94)
Tempo médio de permanência (TMP)	6,9	(5,8–8,1)	7,5	(5,7–9,4)
TMP (>60 anos)	8,7	(7,4–10,0)	8,8	(6,3–11,3)
TMP (septicemia)	12,6	(10,5–14,7)	8,8	(3,1–14,4)
TMP (cardiologia)	9,3	(7,2–11,4)	9,9	(7,8–12,1)
TMP (diabetes)	8,8	(6,8–10,8)	9,5	(6,5–12,5)

Fonte: Mendes e Costa 2005.
*$p < 0{,}05$. **$p < 0{,}01$ (teste Mann-Whitney).

tados mais favoráveis: maior redução da mortalidade ou aumentos menores do que nas unidades tradicionais. Em quatro categorias as taxas de mortalidade aumentaram nos hospitais tradicionais. Para apenas uma categoria, a de parada cardíaca, a taxa de mortalidade aumentou nos hospitais alternativos e diminuiu nos hospitais tradicionais. Além disso, em 2003 a taxa de mortalidade cardiovascular era de 13,8 em unidades tradicionais comparada com 10.5 do grupo alternativo (não mostrado na figura). Apesar de ambos os grupos terem progredido na redução das taxas de mortalidade por diabetes, o grupo tradicional conquistou maiores ganhos.

As figuras 5.3 e 5.4 mostram que entre 1998 e 2003 o grupo alternativo registrou decréscimo das taxas de ocupação, TMP geral e TMP para pacientes com mais de 60 anos, ao mesmo

FIGURA 5.3
Mudança Percentual em Taxas de Mortalidade Selecionadas, Hospitais Alternativos e Tradicionais, 1998-2003
(N = 22)

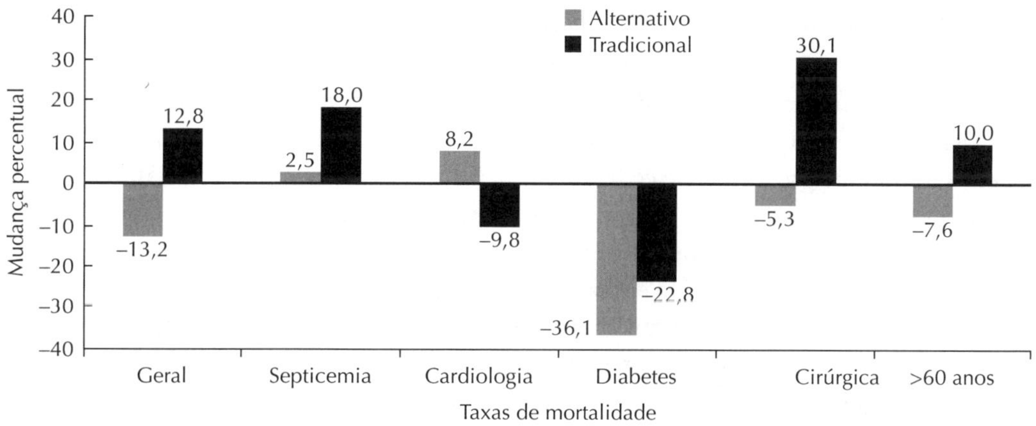

Fonte: Mendes e Costa 2005.

FIGURA 5.4
Mudança Percentual em Indicadores de Eficiência Selecionados, Hospitais Alternativos e Tradicionais, 1998-2003 (N = 22)

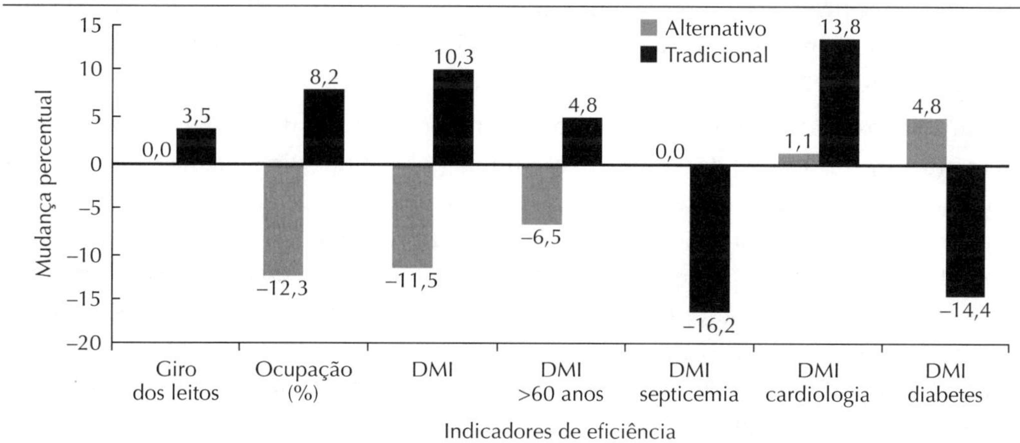

Fonte: Mendes e Costa 2005.

tempo em que não exibiu nenhuma mudança na rotatividade dos leitos. No mesmo período as unidades tradicionais melhoraram suas taxas de rotatividade e ocupação de leitos, mas também registraram aumentos em TMP geral e TMP para pacientes maiores de 60 anos. Os hospitais tradicionais exibiram reduções impressionantes de TMP para septicemia e diabetes se comparados com aumento ou estagnação para o grupo alternativo. Considerados conjuntamente, as unidades alternativas exibem maiores ganhos nesses indicadores de eficiência. Os ganhos foram obtidos simultaneamente com a melhoria da qualidade (medida pelo decréscimo das taxas de mortalidade) no mesmo período.

Desempenho Comparativo das OSS e Hospitais sob Administração Direta no Estado de São Paulo

O desempenho das OSS pode ser medido de duas formas: pelo grau de cumprimento dos termos do contrato de gestão e pela comparação com outros hospitais de tamanho e complexidade equivalente, mas operados sob arranjos organizacionais diferentes.[53]

O grau de cumprimento do contrato é indicado pelos resultados da análise formal de desempenho das OSS feita pela comissão estadual de avaliação, a partir de 2002 (ver tabela 5.9). Em média, as OSS excederam as metas agregadas de produção, tanto em 2002 quanto em 2004, com exceção dos serviços ambulatoriais em 2002. No mesmo ano, das 12 unidades de OSS, 7 atingiram ou superaram as metas para casos de internação; 8 para atendimentos de urgência; 6 para cuidados de emergência. Apenas 5 unidades atingiram as metas para consultas ambulatoriais, mas o não cumprimento da meta agregada em 2002 foi fortemente influenciado pelos resultados de duas unidades. Em uma delas, o Estado não alocou orçamento para o atendimento ambulatorial e, consequentemente, todo atendimento deste tipo foi realizado na sala de emergência. O segundo caso é de um hospital novo que enfrentou atrasos no início de operação. Desconsiderados esses dois casos, as OSS atingiram em média também as metas de atendimento ambulatorial em 2002. Em 2004 quase todas as unidades atingiram ou superaram as metas de produção, e as OSS como um todo atingiram a meta agregada de produção para cada um dos serviços. No que diz respeito aos indicadores ligados ao componente variável do orçamento global, todas as unidades atingiram as metas relacionadas à qualidade de informação, de atendimento e de satisfação do paciente em 2002 e 2004.

Em 2003 o Estado de São Paulo procedeu a uma comparação de 9 OSS com 12 hospitais sob arranjo organizacional de administração direta (5 hospitais diretamente administrados pelo governo estadual e outros 7 administrados pelo município de São Paulo). Os resultados são apresentados na tabela 5.10. Apesar de os hospitais não terem sido pareados em função do perfil de pacientes, tamanho e nível de despesas, e o enfoque do estudo estar principalmente no desempenho financeiro, os resultados mostram que as OSS oferecem serviços de alta complexidade a um custo mais baixo.[54] O valor médio da AIH para as OSS – um indicador proxy para a complexidade do atendimento – era aproximadamente 20% maior do que o valor para instituições municipais e estaduais sob administração direta, o que sugere que as OSS tratam casos de internação mais complexos.

TABELA 5.9
Cumprimento de Metas de Produção e Desempenho Estipuladas nos Contratos de Gestão das OSS, 2002 e 2004
(N = 12)

Produção (componente fixo do financiamento)				
	2002		*2004*	
Serviço	*Número dos que alcançam a meta*[a]	*% da meta alcançada*[b]	*Número dos que alcançam a meta*[a]	*% da meta alcançada*[b]
Internação	7	102	12	9,2
Ambulatório	5	87	11	4,7
Emergência (entrada direta)	8	105	10	9,1
Emergência (encaminhados)	6	108	11	6,4

Qualidade (componente variável do financiamento)		
	Número de hospitais que alcançam a meta	
Categoria de avaliação[c]	*2002*	*2004*
Eficiência (TMP)	Todos menos 1[d]	Todos
Qualidade de informação	Todos	Todos
Qualidade dos cuidados	Todos	Todos
Satisfação do paciente	Todos	Todos

Fonte: SES-SP 2006, 2003a.
a) Dentro de margens de desvio aceitáveis.
b) Agregado para todas as OSS (N = 12).
c) Ver tabela 4.5 para definições.
d) Uma unidade não atingiu a meta para TMP de partos normais e consequentemente foi penalizada em 2,5% do orçamento variável.

TABELA 5.10
Comparação entre Hospitais Selecionados sob Administração Direta Municipal e Estadual com Unidades Administradas sob o Regime de OSS, 2003

Indicador	*Administração municipal direta (N = 7)*	*Administração estadual direta (N = 5)*	*OSS (N = 9)*
Número médio de leitos	254	200	211
Número médio de altas anuais	6.684	9.636	11.904
Número médio de altas/leito	26,3	48,1	56,4
TMP	6,5	5,3	5,5
Ocupação (%)	50,1	70,1	87,0
AIH médio (R$)	344	335	415
Gasto mensal médios por unidade (R$ milhões)	N/D	2,90	2,75
Gasto mensal médio/altas (R$)	N/D	3.603	2.774
Gasto mensal médio/leito (R$)	N/D	14.476	13.047

Fonte: Estado de São Paulo, base de dados do CCSS e CGA.
Nota: N/D, não disponível.

As OSS são também mais produtivas, como indicado pela relação de altas por leito, mas o TMP é ligeiramente mais alto do que nas unidades estaduais sob administração direta. É importante ressaltar, pelo critério da despesa média por hospitale por leito, as OSS mostraram menor custo médio, apesar de tratarem de casos mais complexos. Isso conduz à questão da qualidade: por exemplo, as OSS são mais baratas porque mantêm padrões de qualidade mais baixos? Como será visto a seguir, no entanto, os indicadores de qualidade mostram que as OSS exibem melhor desempenho.

Um segundo estudo colocou lado a lado 12 unidades de OSS e 12 hospitais sob administração direta de complexidade semelhante, e comparou os dados de desempenho dos anos 2003 e 2004. Nenhum dos hospitais da amostra era hospitais de ensino, e não havia nenhuma diferença relevante entre os dois grupos no que diz respeito à média de leitos, gastos totais, gastos por leito ou quantidade de profissionais por leito.[55] Os hospitais também eram semelhantes em termos de complexidade.

Os resultados dessa comparação são apresentados na tabela 5.11. Nos indicadores de qualidade, as taxas de mortalidade geral e por cirurgia eram mais baixas nas OSS, mas as diferenças eram apenas marginalmente significativas ($p< 0{,}10$). A mortalidade pediátrica era ligeiramente mais alta nas OSS (2,8 vs. 2,6). Três das 12 OSS são oficialmente acreditadas, e muitas estão procurando acreditação. Nenhuma das unidades sob administração direta é acreditada, ou está buscando acreditação.

Em relação à eficiência, as OSS exibiram melhor desempenho nas taxas de giro dos leitos (número anual de altas por leito), taxa de substituição de leitos (média de dias que um leito permanece desocupado entre pacientes), taxa de ocupação de leitos e TMP. As OSS utilizam aproximadamente um terço de médicos a menos (em equivalente período integral: $p< 0{,}05$) e um terço a mais de enfermeiros (também em equivalente período integral: $p< 0{,}10$) do que as unidades sob administração direta. A substituição de médicos por enfermeiros está de acordo com as melhores práticas internacionais e provavelmente contribui para os menores gastos, conforme descrito abaixo.

As OSS são significativamente mais produtivas segundo os indicadores de altas por leito, nas áreas geral, cirúrgica e clínica. Dado que as despesas totais médias são comparáveis para ambos os grupos de hospitais, a maior produtividade leva a um menor custo médio nessas unidades. As OSS gastam menos por paciente-dia e por alta, apesar da diferença só ser significativa no primeiro caso. Esses resultados de produção e gasto são consistentes com a pesquisa encomendada pelo Estado, descrita adiante.

Para a amostra total de hospitais, as despesas eram altamente correlacionadas à produção ($r = 0{,}66$), medida pelo número de altas de internação. Uma análise de regressão procurou determinar o impacto de gastos adicionais sobre a produção para cada categoria de hospital. De forma consistente com os resultados de eficiência já apresentados, os resultados mostram que um acréscimo de 1% nos gastos resultam em um aumento de 0,47% na quantidade de altas em unidades OSS, comparado com 0,22% de aumento nos hospitais sob administração direta.

Apesar de os dois estudos comparativos serem baseados em amostras pequenas, os resultados, considerados conjuntamente, sugerem que as OSS são mais produtivas e eficientes e oferecem cuidados de maior qualidade do que as unidades com as quais são comparadas.[56] Além do mais, são mais interessantes do ponto de vista econômico, por apresentarem maiores resultados em relação aos recursos gastos. O estudo encomendado pelo Estado também mostra que as despesas por leito são menores, em parte por causa de maior produtividade, mas também por causa da composição mais adequada do quadro de pessoal (por exemplo, a razão entre o número de enfermeiros e de médicos). A análise DEA discutida anteriormente, que utilizou uma amostra muito maior de hospitais, também é consistente com as conclusões de maior eficiência observada nas OSS. No modelo implementado no Estado de São Paulo, as OSS são uma alternativa forte para a organização e prestação de serviços hospitalares nas instituições públicas. Deve ser dito, no entanto, que as OSS de São Paulo foram implementadas em unidades novas, e o modelo contou com forte apoio político.

TABELA 5.11

Comparação de Indicadores de Qualidade e Eficiência Selecionados, Hospitais sob Regime de OSS e Administração Direta, Estado de São Paulo, 2003

	Hospitais sob regime das OSS (N = 12)		*Hospitais sob administração direta (N = 12)*[a]	
Indicador	*Média*	*Variação*	*Média*	*Variação*
Qualidade (taxa de mortalidade)				
Geral*	3,3	2,7–5,8	5,3	3,2–9,1
Cirúrgica*	2,6	1,7–4,8	3,6	0,9–10,3
Clínica	11,6	9,5–14,0	12,0	10,7–14,1
Pediátrica	2,8	1,7–4,2	2,6	1,1–4,9
Eficiência alocativa (horas: equivalente a período integral)[b]				
Médicos**	143	95–273	203	90–339
Enfermeiros	54	24–100	41	7–64
Auxiliares	234	78–385	257	89–391
Eficiência: estatísticas descritivas				
Taxa de giro de leitos***	5,2	3,7–7,6	3,3	1,9–4,8
Taxa de substituição de leitos***	1,2	0,1–3,8	3,9	1,7–9,7
Taxa de ocupação de leitos**	81	52–99	63	38–76
TMP**	4,2	3,8–5,6	5,4	4,1–8,1
TMP cirurgia*	4,8	3,0–5,7	5,9	2,3–7,7
Eficiência técnica (alta/leito)				
Geral***	60	43–94	46	32–73
Cirúrgica**	71	24–103	44	27–84
Clínica**	86	25–198	53	17–101
GIN/OB (N = 20)*	96	34–169	58	24–80
Despesas anuais (milhares de R$)				
Despesas/leito	177	116–279	187	149–227
Despesas/alta**	2,9	2,3–3,9	4,3	2,9–7,0

Fonte: Costa e Mendes 2005.

a) Para eficiência alocativa e estatística descritiva, N = 10.

b) Equivalência de tempo integral = horas totais/40 para enfermeiros e horas totais/20 para médicos.

* $p < 0,10$. ** $p < 0,05$. *** $p < 0,01$.

Resumo da Avaliação

Olhando para o panorama organizacional do setor saúde brasileiro nos últimos 25 anos, o setor hospitalar pode ser descrito como estando em transição permanente, com direcionamento ainda incerto. A primeira onda de reformas administrativas "indiretas" sob o regime militar assegurou uma autonomia considerável para os hospitais, mas essas reformas foram bastante criticadas pelos governos democráticos subsequentes por terem possibilitado práticas clientelistas. Outros observadores sugerem que as primeiras reformas deram aos gestores o controle irrestrito sobre insumos e resultados, resultando em folhas de pagamentos inchadas e participação limitada no sistema de saúde mais amplo. As reformas constitucionais de fins dos anos 1980 resultaram em uma mudança de política manifestada pelo retrocesso quanto a autonomia administrativa das unidades sob administração indireta e pela expansão do modelo hierárquico da administração direta.[57] Apenas uns poucos hospitais públicos do período anterior foram capazes de manter a autonomia de decisão. Ao mesmo tempo, o sistema de saúde estava sendo descentralizado. Tal descentralização deu maiores poderes aos governadores e prefeitos, mas o poder decisório não foi transferido para os prestadores de serviços. A descentralização não envolveu os arranjos organizacionais, de gestão ou de governança. Quase todos os municípios adotaram o modelo de administração direta, em parte para facilitar o cumprimento da legislação de compras, administração financeira e de serviço público. Poucos tinham qualquer experiência ou capacidade para gerenciar hospitais ou supervisionar unidades autônomas.

As reformas administrativas de meados dos anos 1990 colocaram a questão da autonomia de volta na agenda política, com a aprovação de legislação que promovia a criação das organizações sociais. Apesar de o governo federal parecer pouco disposto a implementar essas reformas, em parte por medo da reação dos sindicatos de servidores públicos, alguns estados e alguns poucos municípios estão tomando a dianteira na implantação do modelo de organização social e outras alternativas de gestão autônoma em contraste ã administração direta e indireta. O apoio federal para esses esforços pode catalisar e estender a inovação a todo o país. O modelo de organização social é consistente com as reformas organizacionais dos hospitais públicos na Europa (ver quadro 5.4 e anexo 5E).

Essa segunda onda de reformas organizacionais é sustentável? Apesar de o governo de Luiz Inácio Lula da Silva, que assumiu o poder em 2003, não ter apoiado as reformas organizacionais envolvendo o modelo de OSS iniciado pelo governo anterior – hoje na oposição –, fez pouco para impedi-la. Na verdade, dado que todos os níveis governamentais enfrentam endividamento elevado, altas cargas tributárias e alto nível de gasto, as autoridades financeiras estão procurando cada vez mais controlar os gastos públicos. Pronunciamentos recentes de autoridades econômicas e do tesouro deixam claro que a melhoria da "qualidade dos gastos públicos" é um objetivo central do segundo governo Lula (2007-11). O MS, por exemplo, tem considerado diversas medidas para conter o aumento dos custos, incluindo a reforma dos hospitais segundo a linha do modelo de OSS.[58] É importante notar, no entanto, que a sustentabilidade do modelo paulista de OSS pode ser melhorada pela implementação de estruturas de gestão nas próprias unidades, como obriga a lei estadual.

QUADRO 5.4
Em Direção à Maior Independência dos Hospitais Públicos: Lições da Europa

A administração hierárquica direta dos hospitais públicos ainda é o modelo organizacional principal no Brasil e em outros países da América Latina, mas esse não é o caso em outros lugares. Apesar de o arranjo da administração pública direta ter sido inspirado nos sistemas unificados de saúde dos países europeus, em particular da Espanha e Portugal, hoje esse regime é o menos presente na organização hospitalar pública na Europa. Diversos outros modelos surgiram. Muitos são híbridos e ocupam um meio termo entre organizações semiautônomas e completamente autônomas. Alguns têm graus razoáveis de autoridade de decisão sobre funções gerenciais cruciais, tais como planejamento, definição do orçamento e administração de recursos humanos. Em outros casos a autonomia administrativa tem sido incrementada pela substituição do orçamentos por elemento de despesa por orçamentos globais, e em outros países os hospitais públicos operam mais como organizações privadas nas quais os administradores possuem autoridade de decisão completa, sendo responsáveis pelos resultados finais e estando expostos a pressões competitivas. Em quase todos os países os governos introduziram alguma forma de contratualização de serviços nos quais metas de desempenho são especificadas em contratos ou convênios intergovernamentais. Paralelamente à introdução de reformas organizacionais e de contratualização, alguns países reformaram os sistemas de pagamentos a hospitais e colocaram ênfase crescente em medições sistemáticas e *benchmarking* comparativo do desempenho hospitalar.

O anexo 5E resume as formas organizacionais de hospitais públicos europeus e suas características. Diversos países têm a tradição de garantir ampla autoridade de decisão sobre a gestão de insumos e o orçamento. Áustria, Bélgica e Alemanha são exemplos de países nos quais os hospitais públicos possuem autonomia quase completa sobre a administração de insumos, contratação e demissão de funcionários, compra de materiais e gestão orçamentária. Mas a exposição às pressões do mercado pode ser limitada (por exemplo, os hospitais podem não ter autorização para cobrar taxas ou obter lucros). Os países bálticos, a Itália, Portugal, os países escandinavos, Espanha e Reino Unido gradualmente ampliaram os direitos de decisão dos hospitais e suas responsabilidades. Essas reformas têm sido acompanhadas pela introdução de arranjos de contratualização que incluem a contratação "interna" de unidades no intuito de definir metas explícitas de desempenho. Na Espanha diversas áreas do país estão experimentando formas alternativas de propriedade pública, tais como fundações, consórcios e empresas públicas. Os países bálticos reestruturaram seus hospitais, até então de propriedade estatal, na forma de empresas públicas, que são capazes de estabelecer contratos com o governo e com instituições de seguridade social. Por fim, alguns dos países recém-independentes da Europa central e do leste ainda administram diretamente os hospitais públicos, exercendo controle hierárquico sobre eles, enquanto outros transferiram alguma autoridade de decisão sobre a compra de insumos materiais e a definição do conjunto de serviços a ser oferecido. Tradicionalmente, diretores de hospitais públicos nos países da ex-URSS possuem poder administrativo considerável.

A implementação de reformas organizacionais em hospitais públicos é uma tarefa altamente complexa. Conforme a análise apresentada neste capítulo, a experiência das OSS em São Paulo foi facilitada por ter sido introduzida apenas em unidades novas. A introdução de arranjos organizacionais alternativos em unidades já existentes é muito mais difícil. Em uma análise da experiência europeia com estruturas organizacionais mais autônomas, Maarse et al. (2005: 271) oferecem um resumo convincente do processo de reforma dos hospitais:

> "Em muitos países, vê-se forte resistência à realização de reformas em larga escala. O padrão comum parece ser os governos procederem em passos gradativos. Hospitais com estruturas

(continua)

QUADRO 5.4 *(continuação)*

orçamentárias foram convertidos em hospitais [mais] autônomos [por exemplo, com controle sobre recursos materiais], que por sua vez têm sido transformados em modelos [totalmente autônomos] [por exemplo, com controle total sobre todos os insumos, incluindo os recursos humanos]. Muitos governos, parece, continuam convencidos de que os hospitais devem preservar sua condição de instituições públicas e que a privatização irá minar os objetivos públicos de controle de custo, equidade e acessibilidade"

Fonte: Figueras, Robinson e Jakubowski 2005; Preker e Lagenbrunner 2005; Jakab et al. 2002; Ham e Hawkins 2003.

A reforma dos hospitais públicos também é um tópico cada vez mais relevante no nível subnacional. Como indicado no capítulo 2, nos últimos 15 anos os municípios e Estados assumiram uma participação crescente do financiamento total da saúde, enquanto a participação do governo federal tem diminuído. Os hospitais são os principais responsáveis pelas despesas dos sistemas de saúde subnacionais, e os Estados e municípios estão procurando maneiras de melhorar a qualidade do gasto com saúde, em parte por meio de reformas no sistema hospitalar. Alguns Estados, como Minas Gerais e Ceará, estão adotando um programa de reforma da administração pública conhecido como "choque de gestão", que tem como objetivo conter o aumento dos gastos, mediante o firme controle de custos operacionais e com pessoal.[59] Ambos introduziram recentemente o modelo de OSS em hospitais novos. Outros Estados, incluindo o Amazonas e o Rio de Janeiro, estão considerando a implementação de reformas segundo o modelo das OSS a fim de melhorar a eficiência e a qualidade dos hospitais públicos como parte de um esforço mais amplo de reforma administrativa.

Arranjos Organizacionais e Desempenho em Hospitais Públicos

Os arranjos organizacionais fazem diferença para o desempenho dos hospitais, como mostram os dados apresentados neste capítulo. Isso é verdade, em especial, para as unidades públicas. Hospitais públicos que operam sob modelos de organização autônoma exibem maior produtividade, eficiência e qualidade do que as unidades nas quais os administradores têm pouca ou nenhuma autonomia de decisão. Também parecem ter atingido maiores ganhos de eficiência e qualidade ao longo do tempo do que unidades não autônomas. Os hospitais de pior desempenho no Brasil são hospitais públicos sob administração direta.

O arranjo mais promissor é o modelo de Organizações Sociais de Saúde (OSS) implementado no Estado de São Paulo. Sua eficiência rivaliza com a de hospitais privados lucrativos. Esses hospitais públicos com alto desempenho, estabelecidos sob a legislação privada, recebem recursos estatais para prestar serviços especificados em um contrato de gestão. Não estão submetidos à regulamentação pública relativa a compras, administração de recursos humanos, administração financeira ou contratação. Os gestores têm total autonomia no que diz respeito à administração de insumos, mas são responsáveis perante o Estado (e seus Conselhos) por oferecer volumes definidos de serviços, fornecendo dados financeiros e de produção e cumprir com os padrões de qualidade especificados nos contratos de gestão. As responsabilidades são reforçadas mediante um sistema de financiamento, por meio do qual uma proporção do financiamento é vinculado ao cumprimento de metas de volume de serviço e padrões de qualidade. O Estado de São Paulo tem de fato garantido o cumprimento dos contratos por meio da retenção ou recusa de pagamentos para hospitais que deixam de cumprir os termos dos contratos.

Hospitais dotados de independência e flexibilidade para gerenciar insumos, definir o conjunto de serviços ou o perfil de pacientes, ajustar a capacidade, realocar recursos e realizar outras funções gerencias estratégicas têm melhor desempenho do que hospitais sem tal independência. Mas a independência, por si só, pode não ser suficiente para melhorar o desempenho; deve ser acompanhada por mecanismos diretos de responsabilização que levam os gestores a focarem em resultados. Mecanismos de responsabilização introduzidos em unidades públicas no Brasil incluem a contratualização e financiamento público baseados em desempenho, estruturas de governança, administração e monitoramento de contratos e exposição ao mercado.

Os modelos de hospitais autônomos analisados aqui mostram que autonomia é difícil de ser definida ou categorizada. Por exemplo, hospitais paulistas sob regime de OSS não têm direito de decidir sobre a cobrança de taxas, adquirir ou vender bens de capital, ou vender serviços para terceiros, mas gozam de poder de decisão no que diz respeito a funcionários, materiais, especificação de serviços e processos gerenciais. Isso sugere que a autonomia não é uma característica "tudo ou nada". Alguns poderes de decisão podem ser mais importantes do que outros na indução de bom desempenho. Porque o atendimento hospitalar depende muito dos funcionários, a autoridade de decisão com respeito aos mesmos pode ser um fator crucial.[60]

Arranjos Organizacionais e Desempenho em Hospitais Privados

As reformas constitucionais protegeram a personalidade jurídica e o direito privado dos hospitais sem fins lucrativos. Além disso, a Constituição de 1988 permite o financiamento de instituições privadas, e a maioria das instituições filantrópicas, depende bastante de financiamento público. Uma parte significativa dessas instituições está, no entanto, em falta com a legislação relativa à governança e à certificação.

Os hospitais privados enfrentam problemas diferentes dos enfrentados pelos hospitais públicos. As pontuações da DEA indicam que os sem fins lucrativos exibem um nível intermediário de eficiência entre hospitais sob administração pública direta e hospitais lucrativos. Suas pontuações de eficiência são similares às de unidades públicas sob administração indireta, mas abaixo daqueles sob arranjo autônomo. Devido à carência de informações, nenhuma conclusão definitiva pode ser tirada a respeito da relação entre os diferentes arranjos organizacionais encontrados entre hospitais sem fins lucrativos (por exemplo, fundações, associações), mas parece que a sobreposição de funções de governança e funções de gestão pode comprometer o desempenho. As decisões entre muitos hospitais sem fins lucrativos, em especial nas unidades menores, parecem ser informais. Somente hospitais maiores têm estruturas organizacionais formais, valendo-se de práticas comerciais modernas, possuindo equipes gerenciais em período integral e diferenciando práticas de governança e práticas administrativas.

A experiência de hospitais sem fins lucrativos nos Estados Unidos fornece alguma indicação da direção futura de instituições sem fins lucrativos no Brasil (quadro 5.5). Em certo sentido, hospitais não-lucrativos no Brasil ecoam uma época não muito distante da saúde nos Estados Unidos, durante a qual as unidades lucrativas eram essencialmente consultórios médicos. Tanto no Brasil como nos Estados Unidos o controle estrito anteriormente exercido pelos curadores de organizações de caridade desapareceu e, muito provavelmente, passou para as mãos dos médicos. Uma hipótese que merece ser considerada é que uma quantidade indeterminada de instituições sem fins lucrativos no Brasil serve aos interesses dos médicos e são geridas pelos mesmos e seus representantes. A gestão dessas unidades não tem sido uma preocupação central, e isso tem impedido a profissionalização dos administradores de hospitais, especialmente em instituições menores - a ampla maioria das não-lucrativas. Políticos locais que também são médicos com vínculos fortes com instituições não-lucrativas ajudam os hospitais pequenos a sobreviver por garantir auxílios financeiros governamentais apesar da baixa utilização (ver a discussão sobre esses auxílios no capítulo 4). Sem pressões de competição ou de contratos baseados em desempenho, essa situação pode persistir no futuro próximo.

QUADRO 5.5
Modernização Administrativa de Hospitais Filantrópicos: Lições dos Estados Unidos

---

Como nas instituições sem fins lucrativos no Brasil, nos fins dos anos 1990 e início dos anos 2000, os hospitais filantrópicos nos Estados Unidos passaram a enfrentar um ambiente cada vez mais competitivo nos anos 1970 e 1980. A mudança foi induzida pelas novas políticas governamentais de pagamento, que diminuíram o valor dos reembolsos; pela preocupação crescente das HMO e outras operadoras de planos de saúde em conter custos e portanto reduzir a demanda por serviços hospitalares; por mudanças nos marcos legais e regulatórios; e pelo crescimento das cadeias de hospitais lucrativos. Segundo Starr (1982: 431-32), o surgimento de cadeias de hospitais privados lucrativos contribuiu para a modernização da administração dos hospitais americanos. Elas introduziram "práticas administrativas padronizadas, contabilidade padronizada e outros serviços uniformes. Essas tendências [estavam], via de regra, menos avançadas no setor não-lucrativo".

Esse ambiente, por fim, levou ao fechamento de hospitais, à aquisição por conglomerados lucrativos, à formação de sistemas de hospitais sem fins lucrativos e a fusões entre instituições não-lucrativas. Assim, os hospitais sem fins lucrativos tiveram que adaptar práticas comerciais semelhantes às de corporações lucrativas, modernizando suas práticas administrativas e de governança. A fim de adaptarem-se aos incentivos oriundos do ambiente externo, os hospitais filantrópicos tiveram que fortalecer seu *know-how* em áreas como reestruturação financeira, contabilidade de custos, administração clínica e não-clínica, definição de preços, negociações contratuais, padronização de processos e a mensuração de dados de eficiência e qualidade. Apesar de o setor sem fins lucrativos ter uma longa história de adaptação a ambientes externos em transformação, Stevens (1989: 290) repara que os hospitais filantrópicos não eram mais capazes de "... permanecer sentados complacentemente, como se fossem feudos, com base em um ambiente social de abundância e princípios éticos. O próprio ambiente estava sendo reconsiderado".

Como ocorreu nos Estados Unidos há duas décadas, a caridade como princípio fundador dos hospitais sem fins lucrativos está desaparecendo rapidamente no Brasil e está sendo substituída por um ethos comercial. Com a noção de "negócio" vem a noção de sucesso financeiro, assim como as práticas comerciais exigidas para atingi-lo. O caráter informal das práticas administrativas e de governança observadas entre organizações filantrópicas e beneficentes no Brasil não cabe nesse ambiente externo em transformação.

Fonte: Stevens 1989; Starr 1982.

A análise comparativa apresentada aqui examinou o desempenho médio de grupos de hospitais semelhantes em tamanho, uso de insumos e complexidade. Para sermos justos, alguns poucos hospitais sob administração direta exibem bom desempenho, e alguns hospitais sob regime administrativo autônomo exibem mau desempenho. Pesquisas adicionais baseadas em amostras mais completas são necessárias a fim de que se possa compreender melhor a relação entre arranjos organizacionais e desempenho para essas exceções aparentes. Outra lacuna importante do estudo diz respeito a como práticas de gestão e administrativas afetam o desempenho de hospitais privados.

Vínculos entre arranjos organizacionais, comportamentos gerenciais e desempenho, e em especial como as estruturas inerentes de incentivo afetam as práticas administrativas e induzem o bom desempenho, são questões exploradas no próximo capítulo.

Algumas Advertências

Com exceção da análise da DEA, a maioria dos resultados discutidos aqui se baseia em estudos envolvendo amostras pequenas. Isso é consequência da falta generalizada de informações disponíveis em hospitais sob administração direta, o que exige dos pesquisadores longas visitas aos locais a fim de reunir dados. Em alguns casos, determinados hospitais foram excluídos das amostras porque, nem mesmo com as visitas, foi possível reunir dados suficientes para uma análise comparativa. Sistemas de administração direta são frágeis em informações porque os administradores são responsáveis apenas pelo cumprimento de regras, e não pelo desempenho.

Anexo 5A

Arranjos Organizacionais em Hospitais Públicos e Privados no Brasil: Resumo

Este anexo apresenta de forma concisa as várias formas organizacionais encontradas no setor hospitalar brasileiro.

Administração Direta

Hospitais sob administração direta pertencem e são operados pelos governos federal, estadual ou municipal. De acordo com o modelo de Preker e Harding (2003), são organizações "orçamentárias"; são geralmente financiadas por meio da alocação direta de orçamento, muitas vezes definido de acordo com critérios históricos. Algumas instituições que funcionam como unidades orçamentárias independentes podem também receber financiamento pelo sistema de reembolso da AIH (autorização de internação hospitalar) e do SIA. Isso é feito geralmente por meio de fundações privadas de apoio (ver a seguir). Os administradores, que são indicados politicamente, em geral têm pouca autoridade de decisão a respeito de recursos humanos, investimentos e a contratação de serviços auxiliares e de hotelaria. A gestão de recursos humanos e de compras deve seguir a legislação estipulada nas Leis 8.122 e 8.666; atividades relacionadas a essas áreas podem depender do aparato governamental geral e são muitas vezes administradas por secretarias de finanças ou de administração. Isso é verdade especialmente nos estados e municípios. Os funcionários são funcionários públicos, e não empregados dos hospitais, e têm direito à estabilidade. Escalas de pagamento são uniformes para cada categoria de profissionais – médicos, enfermeiros, administradores, etc. A supervisão é realizada pelas autoridades de saúde do governo.

Administração Indireta

O leque de arranjos oferecidos pelo modelo de administração indireta confere maior autoridade discricionária do que o modelo de administração direta, e organizações nessa categoria podem ser classificadas como "autonomizadas". Gozam de *status* de "sem fins lucrativos" se prestam serviço social. Todas foram cobertas pelo Decreto-lei 200 de 1967 e lhes foram garantidos originalmente diversos níveis de autonomia, como discutido mais à frente. Na maioria dos modelos, leis específicas eram necessárias. A Constituição de 1988 e a legislação subsequente subordinaram essas organizações à legislação pública trabalhista, de contratação e de licitações, e assim para esses processos há pouca diferença entre o modelo direto e o indireto. No entanto, organizações sob administração indireta preservam autoridade para conseguir financiamento não fiscal, reter a parte não gasta da receita e realocar recursos orçamentários. Os diretores são nomeados politicamente e respondem hierarquicamente à autoridade governamental que os nomeou. Organizações sob administração indireta incluem diversas categorias, como indicado a seguir.

- *Autarquia.* Esse "regime administrativo descentralizado" tem sido aplicado a organizações em diversos setores, incluindo hospitais e universidades. Cada autarquia é criada por meio de legislação especifica e é uma unidade orçamentária independente dotada de personalidade jurídica. Os diretores são nomeados politicamente. Os governos controlam decisões internas sobre pessoal, que devem respeitar a legislação trabalhista do setor público.
- *Autarquia de regime especial.* Esse regime, semelhante à autarquia, ainda não foi aplicado a hospitais. Uma vantagem dessa variante sobre a autarquia é que o diretor-administrativo é nomeado pelo poder executivo do governo e confirmado pelo poder legislativo, garantindo alguma estabilidade administrativa ao longo dos governos, uma vez que a substituição de diretores exige a aprovação do poder legislativo. Esse formato também goza do *status* de reclamante residual.
- *Fundação pública.* A fundação pública é semelhante à autarquia no que diz respeito à autoridade discricionária. Essas organizações estavam anteriormente sob regime comum de administração indireta. Foram fundadas por meio de legislação específica e submetidas às regras do serviço público trabalhista e de compras. Esse tipo de regime ainda é comum no setor saúde; exemplos são a Fundação Oswaldo Cruz (FIOCRUZ) e a Fundação Nacional de Saúde (FUNASA). As unidades podem reter sobras do orçamento assim como receitas de outras fontes, e os procedimentos são atualmente similares aos das autarquias.

Administração Autônoma

A maioria dos regimes administrativos autônomos surgiu nos últimos quinze anos. Os gestores geralmente possuem controle considerável sobre insumos, uso de recursos e produção, se comparado às unidades do modelo direto e indireto. Todas as modalidades de administração autônoma aplicam a legislação privada, trabalhista e de contratação. Em algumas unidades os administradores ainda respondem hierarquicamente ao governo, mas o controle é menos direto. Em ao menos um modelo a responsabilidade por resultados é especificada em contratos de desempenho. Esses regimes devem ser classificados como organizações corporativas, apesar de haver algumas diferenças entre elas e as organizações privadas. Quatro tipos de arranjos de administração autônoma são encontrados nos hospitais públicos, como indicado a seguir:

- *Serviços sociais autônomos (SSA).* Essa forma responde hierarquicamente ao poder executivo do governo. Existem duas formas principais de financiamento: transferências orçamentárias segundo lei do Congresso, e contribuições de seguradoras e operadoras privadas. A propriedade é da organização, que é gerida por um conselho de curadores. Essas organizações paraestatais são criadas por meio de legislação especial e gozam de grande autonomia; não estão subordinadas a uma autoridade pública específica exceto no que diz respeito à prestação de contas. Os SSA são normalmente organizações especializadas que dirigem suas atividades a beneficiários específicos. As unidades mais autônomas sob esse modelo são algumas instituições públicas que se beneficiam de grande prestígio e apoio político. Um desses casos no setor de saúde é a Rede Sarah Kubitscheck, uma rede de unidades para a reabilitação de pacientes internados ou ambulatoriais, aos quais fornece cuidados especializados.

- *Empresa pública.* Em algumas bases de dados esse regime é referido como o de empresas de economia mista. O governo é o único ou principal acionista da empresa (detentor do capital e do direito de voto), e os administradores respondem hierarquicamente ao governo. Os acionistas do setor privado são os reclamantes residuais. Esse regime é pouco comum nos setores sociais. Como no caso das autarquias e SSA, cada empresa pública exige legislação especial e é uma unidade orçamentária independente dotada de personalidade jurídica. O arranjo não oferece nenhuma vantagem fiscal sobre outras formas empresariais mais tradicionais. De um ponto de vista legal, esse arranjo é mais bem aplicado a uma empresa econômica do que de serviço público. É um regime autônomo e, enquanto empresa, ela pode aplicar a legislação privada no que diz respeito a recursos humanos e compras. Essa modalidade perdeu sua atratividade desde a descentralização, mas foi aplicada a alguns poucos hospitais prestigiados que contavam com forte apoio político, particularmente no Rio Grande do Sul.
- *Fundações de apoio.* Fundações de apoio são entidades privadas legalmente vinculadas a hospitais públicos que, em geral, operam sob administração direta. A maioria dos hospitais de ensino altamente especializados adotou esse arranjo. As fundações permitem que as instituições contornem as regras públicas de recrutamento, contratação, remuneração e de compras e busquem financiamento extra pela venda de serviços ao setor privado (seguradoras e operadoras privadas) ou a entidades públicas. Em alguns casos as fundações recebem financiamento diretamente do governo. Geralmente as fundações priorizam a contratação de funcionários extras e o pagamento de bônus para os funcionários, a fim de complementar os salários pagos pelo governo. Uma reclamação geral é que elas têm sido capturadas profissionais médicos com o objetivo de aumentar seus salários. Outras críticas são a falta de transparência na administração financeira e a criação de um sistema de dupla entrada na prestação de serviços hospitalares, estratificado de acordo com o nível socioeconômico do paciente, no interior dos hospitais públicos. Apesar dessas preocupações, a quantidade de fundações de apoio cresceu consideravelmente nos anos 1990.
- *Organizações sociais.* As OSS são o acréscimo mais recente ao panorama de modalidades organizacionais. Induzido pelas reformas administrativas dos anos 1990 e criado pelo governo federal em 1995, esse arranjo consiste na contratação de organizações privadas sem fins lucrativos para gerenciar hospitais públicos. No modelo praticado em São Paulo, os contratos de gestão são celebrados por meio de concorrência pública. As organizações vencedoras estabelecem um contrato baseado em desempenho (com retenção de recursos por falha de desempenho) e um orçamento global. As OSS contratam pessoal pela legislação privada (Consolidação das Leis do Trabalho, CLT) e não seguem a legislação pública de concorrência para compras. Os administradores do hospital respondem a um conselho gestor da entidade sem fins lucrativos. As OSS dependem do governo para o financiamento de investimentos, que não está incluído no contrato de gestão e no orçamento correspondente. Um regime semelhante surgiu em fins dos anos 1990 na forma de organizações da sociedade civil de interesse público (OSCIP), criadas pela Lei 9.790/99 sob regulação direta do Ministério da Justiça.

Organizações Sem Fins Lucrativos

- *Associações filantrópicas e sociedades beneficentes.* Essas sociedades consistem em hospitais afiliados a organizações não-lucrativas que possuem e operam unidades hospitalares. A maioria depende altamente do financiamento do Sistema Único de Saúde (SUS). Organizações desse tipo têm estrutura de gestão legalmente constituída de um ou mais executivos estatutários ou curadores. São cargos de dedicação parcial, não remunerados. Cada organização define o papel e as responsabilidades desses conselheiros em relação à administração da unidade de acordo com seus regulamentos internos. Em alguns casos, as organizações têm conselhos que se reúnem regularmente e nos quais os curadores têm assento, e em outros casos, os mesmos se reúnem de forma irregular ou informal, a fim de analisar o desempenho do hospital. Em um número significativo desses hospitais, executivos voluntários das entidades filantrópicas ou beneficentes desempenham tanto as funções de governança como as de gestão.

- *Fundações privadas*. Há pouca informação disponível a respeito desse arranjo organizacional. Todas as fundações privadas são mantidas por organizações privadas voluntárias ou sociedades beneficentes. Algumas evidências sugerem que existe pouca diferença quanto a práticas de governança e gestão entre as unidades sob esse arranjo e as descritas anteriormente. Todas as fundações devem ter conselhos gestores. As fundações são regulamentadas pela Curadoria das Fundações do Ministério Público.
- *Associações de profissionais*. São principalmente cooperativas de profissionais da saúde que são proprietárias ou administradoras de hospitais. Segundo a legislação brasileira, as cooperativas são organizações voluntárias sem fins lucrativos. Como é próprio de cooperativas em outros locais, uma assembleia de membros elege um conselho que constitui a estrutura de gestão. Em alguns casos os membros do conselho desempenham funções administrativas. Relativamente poucas cooperativas administram unidades financiadas com recursos públicos. Mais comum são cooperativas que têm contratos com uma entidade pública para prestar serviços de hotelaria e de diagnósticos e, em menor grau, serviços médicos (cooperativas médicas também operam diversas operadoras de planos de saúde – UNIMEDs – e são então financiadas com recursos privados). O modelo financiado com recursos públicos está em risco; o *status* fiscal das cooperativas tem sido questionado em tribunais federais e estaduais, e o Ministério Público insiste em que, para receber financiamento público, uma cooperativa precisa vencer concorrência pública. Evidentemente, poucas querem entrar em concorrências. Essas organizações são regulamentadas pelo Ministério da Justiça.
- *Sindicatos*. Sindicatos de profissionais da saúde operam algumas poucas unidades e também prestam serviços específicos em hospitais públicos. Pouco se sabe sobre esse modelo. Serviços prestados por sindicatos estão em rápido declínio no setor privado porque as cooperativas e planos de saúde privados têm dominado o mercado. Esse modelo é regulamentado pelo Ministério do Trabalho.

Organizações Com Fins Lucrativos

- *Corporações*. A corporação é o arranjo mais comum em hospitais brasileiros. As corporações podem estar sob propriedade limitada ou pública. As primeiras são empresas de capital fechado; as últimas emitem ações e são empresas de capital aberto. Ambas distribuem lucros (os acionistas são os reclamantes residuais). Pouco se sabe sobre os arranjos de governança e práticas de gestão em hospitais com fins lucrativos. A maioria das grandes corporações mantêm uma estrutura de governança como um conselho de administração. Tais arranjos são raros em empresas menores e de sociedade limitada.

Anexo 5B
Matriz: Características dos Arranjos Organizacionais nos Hospitais Públicos Brasileiros

Elementos organizacionais	*Administração direta*	*Administração indireta*		*Administração autônoma*			
		Unidade administrativa autônoma	*Fundação pública*	*Serviço social autônomo*	*Empresa pública*	*Fundação de apoio*	*Organização social de saúde*
AUTONOMIA (**poder de decisão**) • Trabalho • Capital • Outros recursos • Desempenho (metas) • Processos administrativos	**Muito limitada** • Totalmente sujeitas a controle hierárquico • Alguns administradores podem obter influência em decisões sobre funcionários em função de ligações com autoridades políticas • Em alguns estados, unidades maiores têm autonomia para realizar aquisições	**Limitada** • Possui autoridade decisória em relação a equipe, serviços gerais, gerenciamento orçamentário e processos administrativos • Pode fixar taxas para pacientes não atendidos pelo SUS • Subordinada às regras da administração pública para recrutamento, salários e aquisições • Compra de material pode ser administrada pelo governo estadual, municipal ou federal • Sem poder decisório sobre bens ou investimentos de capital		**Alta (autonomia plena ou quase plena)** • Possuem autoridade decisória sobre todos os recursos, incluindo contratações, demissões, salários, incentivos e compras de material • Têm capacidade para definir toda a administração interna e os processos de supervisão, incluindo o estabelecimento de metas de desempenho • Evidência de inovação administrativa (organizações sociais) • Fixam taxas para pacientes fora do SUS (exceto para organizações sociais) • Decisões de investimentos em capital dependem de financiamento do governo para todos os acordos, com exceção de fundações privadas e empresas públicas. Estas, porém, raramente financiam grandes investimentos			

EXPOSIÇÃO DE MERCADO • Lucros ligados a produtividade e desempenho • Acesso a capital • Negociação com fornecedores	**Muito Limitada** • Financiada via orçamentos baseados em dados históricos • Diretores são escolhidos politicamente • Parte da renda está ligada indiretamente à produção através do sistema de pagamentos da AIH, mas o incentivo é distorcido pelos múltiplos sistemas de pagamento	**Limitada** • Financiadas principalmente via orçamentos históricos, mas parte da renda está ligada de forma indireta à produção através do sistema de pagamentos da AIH • Diretores são escolhidos por indicação política • Podem vender serviços a compradores privados e a outras instituições públicas, mas a exposição ao mercado através da venda de serviços é limitada.	**Moderada** • Financiado principalmente via orçamentos históricos, mas vendem serviços a indivíduos, a seguradoras privadas e a outras instituições públicas • Negocia com fornecedores de recursos • A maioria dos diretores é escolhida por indicação política • Oferece serviços gratuitos	**Alta** • Financiada principalmente via orçamentos históricos, mas vende serviços a indivíduos, a seguradoras privadas e a outras instituições públicas • Exposição de mercado evidente, mas as entidades conveniadas geralmente se beneficiam de posição de monopólio na unidade • Negocia com fornecedores de recursos • Oferece serviços gratuitos	**Alta** • Especializada em levantar recursos junto a fontes não orçamentárias, como planos pré-pagos (propósito geral), mas também pode receber repasses de orçamento • Negocia com fornecedores de recursos • Acesso a fontes não-públicas de capital	**Moderada** • Financiada principalmente via orcamento global (do governo), vinculado à produção. (Porção de financiamento de risco.) • Na maioria dos casos, não está autorizada a vender serviços • Negocia com fornecedores de recursos • Acesso a fontes privadas de capital • Oferece serviços gratuitos apenas a pacientes do SUS

(continua)

Elementos organizacionais	*Administração direta*	*Administração indireta*		*Administração autônoma*			
		Unidade administrativa autônoma	*Fundação pública*	*Serviço social autônomo*	*Empresa pública*	*Fundação de apoio*	*Organização social de saúde*
CONTABILIDADE • Para pacientes • Para pagadores • Para proprietários • Para reguladores	**Muito limitada** • Centros de supervisão hierárquica sobre processos financeiros, administrativos e compras • Objetivos e metas de desempenho geralmente não especificados • Não há orientação para resultados • Participação em programas governamentais irregulares para medir a satisfação dos pacientes	**Muito limitada** (semelhante ao modelo de administração direta)		**Moderada** • Forte supervisão interna (administração responde ao conselho administrativo) • Orientação para resultados (de contratos privados) se concentra em produção, mas não necessariamente em qualidade • Supervisão hierárquica por centros de governo não diz respeito a processos financeiros, administrativos e compras	**Moderada** • Administração responde a conselho administrativo • Orientação para resultados (de contratos privados) se concentra em produção mas não necessariamente em qualidade	**Moderada** • Responde a conselho conjunto formado por autoridades públicas e o ministério público estadual • Foco em produção • Administradores escolhidos e supervisionados pelo conselho, mas a supervisão é pouco rigorosa • Orientação para resultados pode ser especificada em contratos com pagadores privados	**Alta** • Administradores escolhidos e supervisionados por conselho da ONG, mas os acordos de contabilidade aparentam ser apenas *pro forma*. • Forte orientação para resultados via contrato administrativo e mecanismo de financiamento governamental vinculado a desempenho • Foco em produção, qualidade e e desempenho financeiro

STATUS DE REIVINDICAÇÃO RESIDUAL • Retenção de "economias" • Responsabilidade por "perdas"	**Muito limitado** • Incapaz de reter renda de orçamento não aplicada • Perdas podem ser transferidas ao governo	**Moderado** • Capaz de reter renda orçamentária não aplicada e "economias" da venda de serviços; perdas podem ser transferidas ao governo	**Moderado** • Capaz de reter renda orçamentária não aplicada e "economias" da venda de serviços; perdas podem ser transferidas ao governo (exceto no caso de fundações de apoio)		**Alta** • Capaz de reter renda de orçamento não aplicada • Perdas não podem ser automaticamente transferidas ao governo
FUNÇÕES SOCIAIS • Responsabilidade em cobrir pacientes do SUS • Mandatos não financiados	**Implícitas** • Missão geralmente implícita: prover atendimento "gratuito (subsidiado) a pacientes do SUS. Porém, há indícios do uso de atendimento de alta complexidade por grupos de alta renda para procedimentos não cobertos por planos privados • É comum a existência de mandatos financiados e não financiados	**Implícitas** • Funções sociais estipuladas na lei de criação da entidade, mas não são distintas das funções da administração direta	**Implícitas** • Oferecem atendimento subsidiado a toda a população para serviços gerais • Funções sociais estipuladas na lei que criou a entidade • É comum a existência de mandatos financiados e não financiados	**Explícitas** • Subsídio cruzado oferecido à população carente mediante deficiência de abrangência no atendimento e baixos salários	**Explícitas** • Especificadas em contrato de desempenho • Subsídio do Governo baseado em custos reais de atendimento

(continua)

Elementos organizacionais	*Administração direta*	*Administração indireta*		*Administração autônoma*			
		Unidade administrativa autônoma	*Fundação pública*	*Serviço social autônomo*	*Empresa pública*	*Fundação de apoio*	*Organização social de saúde*
ESTRUTURA LEGAL E REGULATÓRIA	• Sujeita a leis de serviço público, contratação e aquisições	• Cada unidade (ou rede) é estabelecida como entidade legal autônoma por meio de legislação específica • Sujeitos a leis de serviço público, contratação e aquisições		• Cada unidade (ou rede) é estabelecida como entidade legal autônoma • Leis privadas de funcionalismo e contratos • Sob pressão política e legal para obedecer a regime administrativo público para trabalho, aquisições e contratos		• Criada por ato estatutário e aprovada pelo Ministério Público federal • Não sujeita a leis de serviço público, contratação e aquisições, porque o financiamento não é governamental	• Acordos de categorias estabelecidos por leis governamentais • Não sujeita a leis de serviço público, contratação e aquisições
RESUMO DA AVALIAÇÃO							
VANTAGENS	• Estabilidade orçamentária, em particular em relação a equipe e investimentos	• Estabilidade orçamentária, em particular em relação a equipe e investimentos • Retêm lucros residuais e lucros não orçamentários • Potencial para desempenho melhor do que administração direta, mas as variações são consideráveis		• Modelo sustentável (contanto que o apoio político continue) • Aplicação de regimes privados de trabalho e aquisições.	• Aplicação de regimes privados de trabalho e aquisições • Estabilidade orçamentária e investimentos sustentáveis	• Oferece renda adicional para complementar alocações orçamentárias • Fomenta retenção de equipe profissional • Agilidade para contratações e incentivos	• Alto desempenho em termos de qualidade, eficiência e satisfação de pacientes • Ambiente de informações consistente • Aplicação de regimes privados de trabalho e aquisições

DESVANTAGENS	• Sujeita a decisões políticas • Baixo desempenho e alta ineficiência devido ao ambiente de incentivos • Ausência de informações • Contabilidade confusa	• Quase impossível de diferenciar da administração direta • Sujeitas a decisões políticas • Ausência de informações • Contabilidade confusa	• Demanda legislação específica • Modelo dependente de apoio político inicial • Desempenho desconhecido e contabilidade ruim • Não há orientação para resultados	• Raramente usada em hospitais • Demanda legislação específica • Desempenho desconhecido e contabilidade ruim • Não há orientação para resultados	• Evidência de controle de grupos profissionais • Ausência de informações • Possível conflito de interesses com a missão dos hospitais públicos • Evita os problemas da administração direta, em vez de enfrentá-los	• Na prática, o modelo se limita a novas unidades • Desempenho dependente da capacidade do governo de administrar contratos e monitorar resultados
CLASSIFICAÇÃO ORGANIZACIONAL	Classificação orçamentária	Organização semiautônoma ("autonomizada")	Organização totalmente autônoma ("corporatizada")		Organização híbrida (organização paralela totalmente autônoma)	Organização totalmente autônoma ("corporativizada")

Nota: AIH: Autorização de Internação Hospitalar; ONG: Organização Não-Governamental; SUS: Sistema Único de Saúde.

Anexo 5C

Metodologia para Análise de Hospitais Alternativos e Tradicionais

A discussão a seguir descreve as características de hospitais tradicionais e alternativos examinados no estudo de Mendes e Costa (2005), utilizado para este relatório. Na sequência, será realizada uma análise comparativa de desempenho entre as unidades.

Pareamento entre Hospitais Alternativos e Tradicionais

Como mostra a tabela 5C.1, não foram encontradas diferenças significativas entre hospitais alternativos e tradicionais, equivalentes no que diz respeito ao número médio de leitos, número de funcionários por leito, médicos por leito e enfermeiros por leito. Como esperado, todos os hospitais tradicionais atendem exclusivamente pacientes do SUS, ao passo que sete unidades não tradicionais atendem tanto pacientes do SUS como particulares.

Dos treze hospitais tradicionais na amostra original, doze eram instituições de ensino, enquanto sete dos treze alternativos pertenciam a essa categoria. Essa diferença, como se mostrou, tinha importância marginal ($p < 0,10$). Hospitais de ensino geralmente recebem casos mais complexos, sugerindo que unidades tradicionais tratam mais casos graves, mas testes posteriores sugerem que isso é apenas parcialmente verdadeiro. Vários indicadores de complexidade foram utilizados: porcentagem de pacientes acima de 60 anos de idade, valores de Autorização de Internação Hospitalar (AIH), porcentagem de pacientes vindos de outros municípios e número de pacientes homens em relação a mulheres. A porcentagem de pacientes acima de 60 anos e de pacientes de outros municípios não evidenciaram diferenças significativas entre os dois grupos.[61] Embora unidades alternativas apresentem valores médios de AIH maiores (atendimento geral, cirúrgico e para pacientes acima de 60 anos), o que sugere maior complexidade, a diferença entre os dois grupos foi insignificante. Hospitais tradicionais geralmente têm maior proporção de pacientes do sexo masculino em relação a pacientes do sexo feminino do que unidades alternativas, mas a diferença foi insignificante. Isso sugere que unidades alternativas podem oferecer uma proporção maior de atendimento materno, ao passo que unidades tradicionais podem tratar uma quantidade maior de casos traumáticos ou crônicos. Em suma, os dois grupos são comparáveis em termos de complexidade.

Comparação de Desempenho entre Hospitais Alternativos e Tradicionais

A análise de desempenho foi aplicada em 22 hospitais, onze de cada grupo. Um dos hospitais alternativos foi eliminado porque apresentava valores muito acima da média. Outra unidade alternativa e duas tradicionais foram descartadas devido à ausência de dados. A análise de custos se baseou nos valores de AIH ajustados segundo custos reais de procedimentos, levantados por um estudo de custos realizado em uma amostra separada de 24 hospitais (De Matos 2002). As figuras 5C.1 e 5C.2 mostram que as unidades dos dois grupos tiveram resultados equivalentes no que diz respeito a custos e valores de AIH ajustados; a correlação entre as duas distribuições de custos ajustados foi alta ($r = 0{,}987$, $p < 0{,}0001$) e AIH ($r = 0{,}987$, $p < 0{,}0001$).

TABELA 5C.1
Resumo dos Indicadores de Recursos, para Hospitais Tradicionais e Alternativos, 2004

Indicador	*Tradicional (N = 11)*		*Alternativos (N = 11)*	
	Média	*Diferença entre mínimo e máximo*	*Média*	*Diferença entre mínimo e máximo*
Leitos				
Total	304	131–579	349	70–1.005
Cirúrgicos	168	55–352	152	22–306
Clínicos	107	49–209	159	33–584
Tratamento intensivo	30	0–67	38	20–412
Médicos				
Cirurgiões (número)	55	22–121	48	7–128
Horas por cirurgião (ETI/semana)	36	19–87	39	2–139
Cirurgiões/leito	0,2	0,1–0,4	0,1	0,1–0,2
Internos (número)	215	111–558	280	21–1.342
Horas por interno (ETI)	144	75–443	227	10–1.332
Internos/leito	0,7	0,3–1,7	0,8	0,1–1,8
Enfermeiros				
Total (Número)	55	1–94	94	6–457
Horas (ETI)	46	1–75	90	4–464
Enfermeiros/leito	0,2	0,1–0,4	0,3	0,1–0,6
Todos os profissionais[a]				
Total (número)	619	53–1.100	961	95–3.847
Profissionais/leito	2,0	0,1–4,9	2,8	1,4–5,0
Índice de uso de equipamento*[b]	91	46–100	97	85–100
Complexidade (indicadores)[c, d]				
Custo médio ajustado de AIH (R$)	1.557	925–2.016	1.623	971–2.252
Média geral de AIH (R$)	619	503–735	759	300–1.252
AIH médio, acima de 60 anos (R$)	670	554–786	970	317–1.578
AIH médio para cirurgia (R$)	828	672–786	1.171	438–1.985
Pacientes acima de 60 anos (R$)	23	18–28	20	13–30
Pacientes de outros municípios (%)	31	26–35	36	15–25
Relação entre pacientes masc./fem.	126	113–139	86	50–205

Fonte: Mendes e Costa 2005.

Nota: ETI: equivalente de tempo integral.

a) Inclui médicos, enfermeiros, auxiliares de enfermagem, assistentes sociais, técnicos de diagnóstico e outros profissionais.

b) Porcentagem de equipamento em uso.

c) Dados de 2003.

d) Custos ajustados para procedimentos pertencentes aos 60% mais frequentes, de acordo com valores de estudos prévios da PLANISA para custos reais.

* $p < 0{,}05$ (teste de Mann-Whitney).

FIGURA 5C.1
Custos Ajustados Baseados em Valores de AIH, 2003

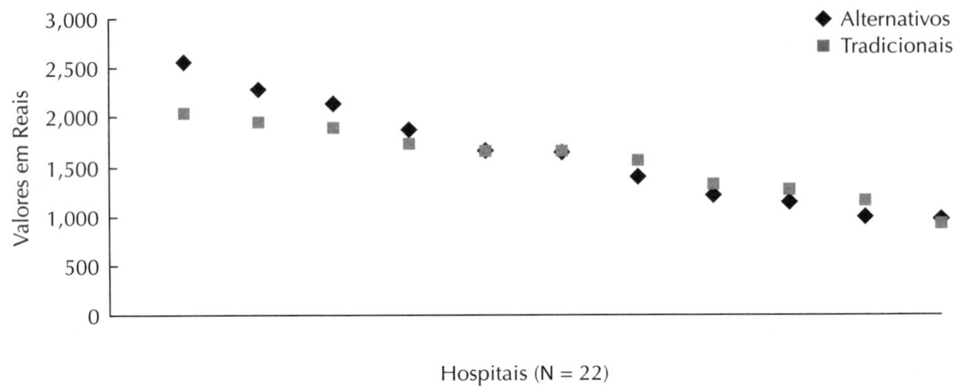

Fonte: Mendes e Costa 2005.

FIGURA 5C.2
Valores de AIH, por Tipo de Hospital, 2003

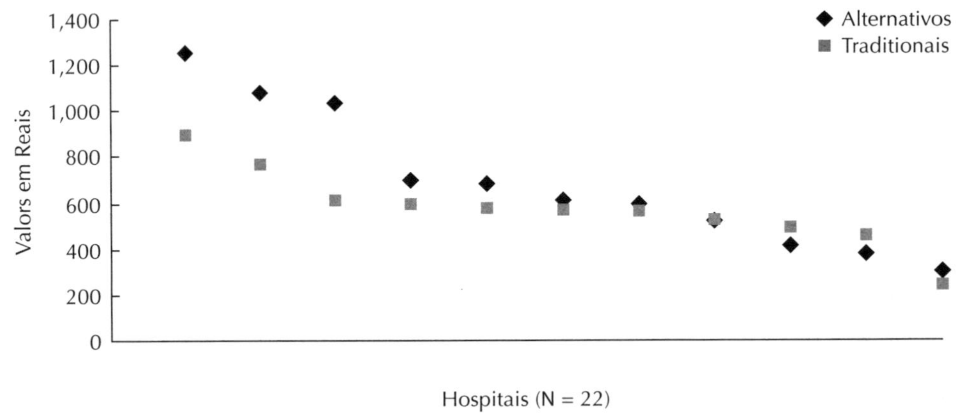

Fonte: Mendes e Costa 2005.

Uma comparação entre o desempenho de seis unidades de ensino alternativas e dez tradicionais (tabela 5C.2) mostra que unidades alternativas apresentam um conjunto de casos levemente mais complexo, com base no valor médio da AIH ($p < 0{,}10$), do que as tradicionais. Instituições alternativas também apresentaram taxas de mortalidade significativamente maiores ($p < 0{,}05$) e fazem melhor uso do equipamento disponível. Embora as unidades educacionais alternativas tenham sido em geral mais eficientes do que as tradicionais, em relação TMP, as diferenças não foram significativas.

TABELA 5C.2
Comparação de Indicadores Selecionados de Qualidade e Eficiência, Hospitais-Escola Alternativos e Tradicionais, 2003

Indicador	*Alternativos (N = 6)*	*Tradicionais (N = 10)*
Complexidade (valor de AIH, em R$)*	864	607
Eficiência		
TMP (em dias)	7,7	8,5
Taxa de ocupação (%)	68	75
Uso de equipamento (%)**	99	87
Horas de enfermagem/leito	9,6	6,6
Horas profissionais/leito	96	68
Qualidade		
Taxa de mortalidade geral**	5,5	9,5

Fonte: Mendes e Costa 2005.

* $p < 0,10$ (teste de Mann-Whitney). ** $p < 0,05$.

Anexo 5D

Metodologia para Análise Comparativa de OSS e Hospitais da Administração Direta

As unidades da Organização Social de Saúde e da administração direta foram comparadas para evitar diferenças significativas entre os grupos na média de oferta de leitos, gastos totais, gastos por leito, altas, médicos por leito e complexidade. Nenhuma unidade da amostra era hospital-escola. Duas unidades da administração direta foram eliminadas da amostra por causa da indisponibilidade de informações.

As unidades da administração direta tinham, em média, um número expressivamente maior de profissionais por leito. As unidades são de complexidades similares de acordo como a medida proxy da Autorização de Internação Hospitalar (AIH), porcentagem de pacientes acima de 60 e relação entre pacientes homens e mulheres.

TABELA 5D.1
Comparação de Indicadores Selecionados, OSS e Hospitais da Administração Direta, Estado de São Paulo, 2003

	Hospitais OSS (N = 12)		*Hospitais da Administração Direta (N = 10)*	
Indicador	*Média*	*Variação Min.-Máx.*	*Média*	*Variação Min.-Máx.*
Leitos				
Total	209	140–318	205	164–271
Cirúrgico	63	26–106	75	36–202
Clínico[a]	49	20–81	92	56–180
Pessoal (2004)				
Médicos (equivalente a tempo integral)*	143	94–276	203	90–339
Enfermeiras (equivalente a tempo integral)	54	23–96	40	7–64
Despesas (R$ mil)				
Total de despesas	35.395	20.449–48.166	37.325	30.356–44.109
Despesa/leito	177	116–279	187	149–228
Produção				
Altas (número)*	12.239	8.517–16.093	8.938	5.292–11.594
Complexidade				
AIH geral	419	320–525	420	294–597
AIH cirurgia	542	400–695	520	264–820
Pacientes > 60 anos (%)	14	8,5–19	18	9–36
Relação pacientes mulheres/homens	76	45–132	59	45–75

Fonte: Costa e Mendes 2005.

*$p < 0,05$ (teste Mann-Whitney).

Anexo 5E

Matriz: Arranjos Organizacionais em Hospitais Europeus

País	*Administração pública ou privada em hospitais*	*Poder decisório da administração*	*Mudanças recentes*
Albânia	Todos os hospitais são públicos	Não há autonomia em relação ao grupo de especialidades, organização de setores ou utilização de recursos	Fechamento de pequenos hospitais; conversão de seis hospitais distritais (em um total de 12) em unidades regionais
Alemanha	Em 2000, entre 2.030 hospitais gerais, cerca de 790 eram da administração pública, 820 eram privados filantrópicos e 420 privados com fins lucrativos	Hospitais públicos têm direitos decisórios consideráveis em relação a contratações e demissões. Os hospitais podem rolar dívidas e obter lucros. Custos de investimentos são cobertos pelos estados (*Länder*); custos correntes são cobertos por fundos de planos de saúde	Foi implantado um sistema federal de grupos de diagnóstico relacionados (DRG)
Armênia	Combinação entre hospitais públicos e entidades com fins lucrativos	Autonomia administrativa considerável para estabelecer preços, determinar tamanho de equipes e negociar contratos com médicos	Desde 1993 há um aumento na autonomia dos hospitais
Áustria	Em 1998 havia 49 hospitais privados, 37 filantrópicos e 142 hospitais públicos. Dois terços dos leitos são públicos	Hospitais públicos têm autonomia total para contratações, demissões, grupo de especialidades e organização de setores, mas autonomia limitada na utilização de recursos	Implantação de financiamento vinculado a desempenho
Bélgica	60% são instituições privadas filantrópicas; 40% das unidades são de propriedade pública (centros de assistência municipais, associações estaduais, intermunicipais ou de províncias)	Hospitais públicos têm total autonomia em relação a contratações, demissões, grupo de especialidades e organizações de setores, mas autonomia limitada na utilização de recursos	Não há informações disponíveis
Dinamarca	A maioria dos hospitais é de propriedade dos condados	Autonomia em relação a contratações, demissões, mas autonomia limitada na determinação do grupo de especialidades e na utilização de recursos	Em 2003 o governo lançou planos para a criação de hospitais autônomos
Eslovênia	Todos os hospitais são públicos	A maioria dos hospitais é autônoma	Foi implantado um sistema de pagamentos DRG

(continua)

País	*Administração pública ou privada em hospitais*	*Poder decisório da administração*	*Mudanças recentes*
Espanha	Aproximadamente 42% dos hospitais são públicos, 16% filantrópicos e 42% com fins lucrativos	Uma gama de acordos autônomos surgiu em todo o país nas últimas duas décadas; entre os formatos, há fundações (fundación), consórcios (consorcio), sociedades públicas (sociedad mercantil pública, ou entidad pública empresarial) e organizações autônomas (organismo autónomo).	A reforma hospitalar é parte de uma reforma sistêmica mais ampla, que envolve a separação entre aquisições e provisão e a implantação de contratos baseados em desempenho
Estônia	A maioria dos hospitais é de propriedade do estado	Todos os hospitais públicos foram incorporados sob legislação privada como sociedades anônimas por ações ou fundações (conhecidas como *trusts*). Os hospitais são administrados por diretores-executivos contratados via concurso e têm direitos decisórios plenos	Os hospitais se fundiram em redes, resultando na redução do número de unidades de 78 em 1998 para 19 em 2006
Finlândia	A maioria dos hospitais é de propriedade pública, via federações municipais (i.e., distritos hospitalares)	Direitos decisórios limitados; administradores respondem aos distritos; não são autorizados a obter lucro; recursos de propriedade dos distritos	Estão a caminho projetos para separar distritos hospitalares para dividir compradores e prestadores de serviços
França	25% dos hospitais são públicos (mil, de um total de 4 mil); 33% são filantrópicos (1.400); e 40% privados com fins lucrativos (1.750).	Em hospitais públicos direitos decisórios quanto à equipe são limitados por leis nacionais; a maioria dos empregados de hospitais públicos são servidores civis. O diretor não tem poder para determinar salários, mas tem autoridade decisória em relação a outros recursos	Introdução de agências hospitalares regionais para planejamento e alocação financeira de recursos para hospitais públicos e privados. Introdução de acordos para acordos de aquisições estratégicas
Holanda	Todos os hospitais são privados filantrópicos	Totalmente autônomos com respeito à administração interna, mas decisões maiores quanto a planejamento precisam ser aprovadas pelo governo	Implantação de sistema de pagamentos hospitalares baseado em casos
Itália	Aproximadamente 60% são hospitais públicos (81% dos leitos)	Em 2000 98 fundações hospitalares autônomas foram criadas. Os direitos decisórios dessas fundações são maiores. Os administradores têm o poder para definir a missão e objetivos hospitalares em planos estratégicos trienais	Conversão de hospitais públicos em fundações

País	*Administração pública ou privada em hospitais*	*Poder decisório da administração*	*Mudanças recentes*
Portugal	Aproximadamente 58% dos hospitais são públicos (78% dos leitos); o restante é igualmente dividido entre unidadescom fins lucrativos e filantrópicas	Tradicionalmente, administradores de hospitais públicos têm pouca flexibilidade orçamentária ou autonomia em investimentos ou recursos humanos	Em 2002 foi implantada contratação seletiva, com sistema de pagamentos vinculado ao desempenho. Os hospitais estão sendo reorganizados sob um novo sistema de classificação: públicos autônomos, públicos corporativizados e públicos corporativos. Os últimos são privados, mas tendo o estado como acionista exclusivo
Reino Unido	Quase todos os hospitais são públicos	Conversão de hospitais da administração direta em fundações do Serviço Nacional de Saúde autogeridas. Cada fundação determina o tipo de serviços prestados, a estrutura de funcionalismo e o tamanho e escolhe sua própria equipe. As fundações são proprietárias de seus próprios recursos e podem reter o excedente. Embora a autonomia seja limitada por regras de servidores civis e controle hierárquico, as fundações gozam de mais poder decisório do que unidades da administração direta	A reforma hospitalar é parte de uma reforma mais ampla para transformar autoridades de saúde em compradores de serviços e hospitais em vendedores

Fonte: Adaptado de Maarese et al. (2005); Reino Unido: Ham e Hawkins (2003); Espanha: Martín Martín (2003).

Notas

1. A responsabilidade financeira leva os administradores a se concentrarem mais na sobrevivência financeira e, portanto, na renda gerada pelos serviços prestados.
2. Em uma análise de reformas realizadas no país, Ham e Hawkins (2003) encontraram diversidade considerável na amplitude e profundidade das reformas em todas as cinco dimensões estruturais.
3. As reformas organizacionais listadas geralmente foram acompanhadas por reformas em mecanismos de pagamento hospitalar, como descrito no capítulo 4.
4. Apenas no caso de taxas para usuários foram apresentadas evidências comprovando tais efeitos.
5. Em alguns países, a mobilização de recursos foi maior fator indutor das reformas para aumento de autonomia em hospitais públicos (Govindaraj e Chawla 1996).
6. A exceção se dá no caso de medicamentos e, em menor proporção, suprimentos médicos, em épocas de faltas em estoque. Este problema se estende por todo o sistema e é evidente em todos os níveis de prestação de serviço. Além disso, matérias na imprensa têm relatado a prática de pagamentos ilegais, por subterfúgios, para alguns procedimentos em hospitais

particulares com financiamento público, mas esses pagamentos não foram estudados de forma sistemática.

7. A cidade de Curitiba pode ser a exceção (Banco Mundial 2006a; Mendes 2005).
8. Nunes (1999) caracterizou a administração pública no Brasil como clientelista, corporativista, burocraticamente isolada e focada em procedimentos.
9. A reforma administrativa de 1967, no projeto original, era parte de um esforço maior de descentralização do governo federal. Essa descentralização foi reprimida pela ditadura militar e não retornou à agenda política até a implantação do regime democrático, no final dos anos 1980.
10. A legislação do trabalho e de compras em nível estadual e municipal deve estar de acordo com a lei federal.
11. A Constituição buscou incluir todas as instituições públicas em um único regime de administração pública (direito público). Leis complementares para servidores civis (1990) e aquisições públicas (1993) sujeitaram a maior parte das organizações públicas, incluindo as da administração indireta, ao novo marco regulatório para compras e funcionalismo. O Decreto Presidencial 27 de 2000 também determinou que todas as agências públicas deveriam obedecer a um único grupo de regras e procedimentos orçamentários.
12. É comum que a descentralização reduza a autonomia e piore problemas administrativos, em parte devido à ausência de capacidade institucional em níveis subnacionais (Jakab et al. 2002).
13. Por exemplo, em 1992 aproximadamente 70% de todas as entidades de saúde eram operadas por municípios, um aumento em relação aos 22% de 1982. Em 2004, os municípios administravam aproximadamente três quartos de todos os hospitais públicos.
14. De acordo com Shepherd (2002), 160 unidades administrativas autônomas (autarquias) e fundações públicas foram criadas, respondendo por 58% dos empregos no setor público. A maior parte dessas entidades eram universidades públicas.
15. De acordo com as práticas atuais, esses modelos da administração indireta podem ser melhor descritos como unidades orçamentárias "descentralizadas", no sentido de que não são administrados pelo governo de forma central. Os administradores das unidades devem obedecer a leis padronizadas para aquisições, gerenciamento de recursos humanos e financeiro, geralmente com considerável supervisão central.
16. Alguns observadores sugerem que processos centralizadores permitiram o controle central de cargos de confiança e criou oportunidades para corrupção relacionada a aquisições.
17. Também são referidos como empresas de economia mista. Embora esses modelos tenham títulos diferentes e sejam geralmente classificados em grupos separados nos bancos de dados oficiais, hospitais constituídos como empresas públicas e sociedades de economia mista são essencialmente a mesma coisa, tanto em termos legais como organizacionais. A categoria de serviços sociais autônomos inclui, por exemplo, o Hospital Sarah Kubitschek e o Hospital Municipal São João Batista. Ambos são entidades legais financiadas (e protegidas) por lei especial.
18. No passado, apesar de ser um assunto sem relação direta com o setor de saúde, as fundações de apoio foram usadas por políticos para direcionar repasses públicos para projetos "politiqueiros" em suas bases eleitorais. Elas também foram utilizadas por empresas para financiar atividades filantrópicas. As FA não devem ser confundidas com "fundações públicas". A Constituição de 1988 eliminou o formato legal de fundação pública de direito privado e o substituiu pelo de fundação pública de direito público. O novo formato legal apresentou poucas vantagens - se é que apresentou alguma - em relação ao arranjo da administração direta e, de fato, um número não determinado de hospitais no formato de fundação pública foi convertido em administração direta depois de 1988.
19. Exemplos mais famosos de FAs incluem a Fundação Zerbini, que sustenta o Instituto do Coração do Hospital das Clínicas da Universidade de São Paulo, e a Fundação Pró Coração (FUNDACOR) do Instituto Nacional do Coração de Laranjeiras no Rio de Janeiro (ver quadro 5.1).

20. O modelo de FA é melhor descrito como um modelo para contratações de funcionários, como o encontrado em muitos hospitais públicos de países desenvolvidos e em desenvolvimento. Nesse modelo, profissionais empregados pelo poder público têm permissão para ganhar renda extra oferecendo serviços a pacientes privados. Normalmente, esse tipo de acordo permite ao menos que unidades públicas retenham profissionais altamente qualificados e em falta no mercado. Em geral, o modelo não funcionou muito bem em países em desenvolvimento, resultando em atendimento estratificado cliente-servidor (La Forgia 1990) ou em transferências (ocultas) de subsídios de serviços públicos para privados (Fiedler e La Forgia 2005). Ele pode ser descrito como uma resposta pontual, baseada nas unidades, para um problema trabalhista que seria mais bem abordado de forma sistemática. Por exemplo, reconhecendo que o regime de empregos no serviço público não é adequado para profissionais que trabalham em hospitais públicos, países europeus têm aumentado a flexibilidade na gestão de recursos humanos (Figueras, Robinson e Jakubowski 2005).
21. De acordo com o arquiteto da reforma, esta nova onda se deu em resposta à falha nas reformas "administrativas" anteriores na abordagem de estruturas institucionais e foi "criada para substituir a confusão existente entre administração pública burocrática e práticas clientelistas ou patrimonialistas no Brasil" (Bresser-Pereira 2003: 90). Para a estrutura básica por trás das organizações sociais, ver Bresser-Pereira (1998: 235–50). Costa e Mendes (2005) sugerem outras motivações para a reforma, incluindo restrições legais aos gastos com funcionários sob a Lei 82 de 1995 e a Lei de Responsabilidade Fiscal (LRF), Lei 101 de 2000. Essas restrições levaram os governos a estabelecerem contratos de prestação de serviços junto a OSS e cooperativas. A LRF também buscou estimular uma nova cultura de administração pública por meio da exigência de maior transparência orçamentária, do planejamento de lucros e gastos e do estabelecimento de limites em gastos e débitos públicos. Todos os níveis de governo receberam limites percentuais para gastos com pessoal (servidores civis), mas não em relação a "gastos para contratações de outros", o que poderia incluir gastos com serviços contratados. Essa limitação deu a governos municipais e estaduais um incentivo para buscar alternativas à administração direta.
22. O debate sobre a emenda constitucional foi caloroso e politicamente pesado. A emenda em si deixou a decisão final sobre como avançar, nas mãos dos governos federal, estaduais e municipais. Em parte devido ao debate, leis complementares de reforma ao funcionalismo civil nunca foram implantadas. As leis para OS seguem enfrentando desafios legais baseados no mandato constitucional que permite o financiamento público de provedores privados como natureza "complementar". Isso tem sido interpretado por alguns como a prova de que a compra de serviços privados é legal apenas em áreas onde não há prestadores públicos. Como o Congresso ainda precisa promulgar legislação complementar para que a emenda tenha efeito, Vargas (2006) sugere que o aumento na autonomia e a aplicação de contratos de entidades públicas sob administração direta ou indireta, continuará sendo uma reforma apenas no papel. Como discutido no capítulo 6, a falta de regulamentação desta emenda impede a conversão de hospitais da administração direta em arranjos alternativos e mais autônomos.
23. Vários estados promulgaram leis para criar OSS, partindo do conjunto de leis federais, mas apenas São Paulo implantou plenamente os arranjos de OSS em hospitais públicos, com base na legislação federal. Os estados de Ceará e Minas Gerais implantariam OSS em unidades públicas em 2007.
24. Em contraste, todos os hospitais públicos da administração direta são unidades "portas abertas". Entretanto, o governo do estado se move no sentido de converter hospitais da administração direta em unidades "portas fechadas", em áreas onde os governos municipais oferecem ampla cobertura de atenção básica.
25. A oferta relativamente alta de organizações privadas sem fins lucrativos, com experiência em administração hospitalar em São Paulo, favorece o modelo de OSS. A presença dessas entidades no restante do Brasil é escassa, particularmente no Norte. Os critérios de seleção requerem que os pretendentes tenham ao menos cinco anos de experiência em administração

e operação de unidades de atendimento de saúde e que tenham um comitê administrativo (Lei 846, cap. 1, seç. 1).

26. O contrato da gestão é especificado por lei estadual. Não deve ser confundido com a contratação interna entre entidades governamentais. O contrato de gestão é firmado entre um comprador do governo, o estado de São Paulo, e um provedor de serviços privado, sem fins lucrativos (uma OSS). O processo de contratações do governo em saúde é descrito no capítulo 4.
27. Atualmente, as OSS respondem formalmente a estruturas de governança EPNL, as quais geralmente incluem comitês. Essa configuração, entretanto parece ser apenas pro forma. Comitês EPNL foram removidos há muito tempo de unidades OSS, e supervisionam várias entidades, incluindo universidades, escolas médicas, outras OSS, ou entidades sem fins lucrativos. Além de listar requisitos, os comitês EPNL raramente questionam a administração de hospitais OSS ou pressionam gestores dos mesmos a aumentar qualidade e eficiência. Bogue, Hall e La Forgia (2007) concluíram que hospitais públicos e particulares na América Latina, com administração independente e baseada em unidades, apresentaram níveis de desempenho mais elevado do que hospitais sem comitês.
28. Alguns prestadores autônomos de serviços sociais vendem serviços a operadoras de planos de saúde e pacientes privados, mas essas unidades não fizeram parte da amostra.
29. A amostra consistiu de três hospitais sob acordos organizacionais autônomos; quatro fundações de apoio privadas ligadas a unidades da administração direta (OSS); uma empresa pública sob regime trabalhista privado; uma unidade da administração indireta (autarquia); uma fundação pública; e catorze unidades da administração direta. Uma das unidades da administração direta implantou um esquema inovador de pagamento vinculado ao desempenho para médicos, e outro contratou serviços médicos e diagnósticos junto a cooperativas profissionais.
30. A pontuação máxima é 26 com relação à flexibilidade e dimensões hierárquicas combinadas. Em teoria, uma unidade recebendo a pontuação máxima de 26 para flexibilidade (e portanto 0 para hierarquia) é considerada como tendo estrutura organizacional plenamente flexível de acordo com as seis dimensões organizacionais descritas no texto. Por outro lado, uma entidade que receba pontuação 26 para hierarquia (e portanto 0 para flexibilidade) opera sob controle hierárquico pleno.
31. A pontuação de flexibilidade variou entre 7 e 21 para o grupo alternativo e entre 2 e 8 para o tradicional. A variação nos níveis de hierarquia foi de 5 a 20 no grupo alternativo e de 18 a 24 nas unidades tradicionais.
32. A divergência entre volume de pacientes e lucros derivados do SUS tem relação com o mecanismo de pagamentos abaixo do custo. Um número não determinado de unidades sem fins lucrativos recebem transferências irregulares mas significativas de repasses, para manter suas operações.
33. De um total estimado de 1851 hospitais sem fins lucrativos, 92% pertencem a associações filantrópicas; 6% são fundações privadas, e 2% são cooperativas (ver tabela 5.1).
34. O empreendedorismo observado no setor de saúde não lucrativo levou muitas vezes a debates acalorados com relação ao papel desses hospitais na rede do SUS. Alguns defendem que essas unidades oferecem atendimento estratificado e preferem pacientes particulares (cobertos por planos de saúde ou que pagam do próprio bolso). Um estudo do governo, de 1999, revelou que as isenções fiscais aos hospitais filantrópicos custou aos cofres públicos R$ 600 milhões naquele ano. As organizações filantrópicas defendem que devido ao baixo nível de reembolso do governo, elas são forçadas a compensar a diferença vendendo serviços a terceiros (Giardi e Barros 2001).
35. A situação financeira dos hospitais filantrópicos financiados pelo SUS é um tema trazido à tona constantemente pelas suas associações de classe. Essa questão recebeu atenção da imprensa e do "lobby" da saúde no Congresso.
36. A oferta de menos de 60% é permitida desde que aprovada pelas autoridades locais do SUS (Lei 9732/1998) [TMP]; Resolução CNAS 177/2000).

37. De acordo com a Lei Orgânica de Assistência Social (LOAS 1993); Decreto 2536/1998; Decreto 3504/2000.
38. Esses executivos, conhecidos como "executivos estatutários", podem ou não formar um comitê.
39. Várias agências estão envolvidas na regulação de instituições sem fins lucrativos. Conselhos de assistência social federais, estaduais e municipais são responsáveis por conferir e renovar certificados de filantropia; o Ministério da Economia confere isenções fiscais; e o MS ou as secretarias de saúde estaduais e municipais conferem licenças às unidades e pagam serviços prestados a pacientes do SUS.
40. Esta seção se baseia em grande parte no censo de Barbosa et al. (2002), que considerou 1414 unidades e analisou em profundidade uma amostra aleatória de 69 hospitais sem fins lucrativos.
41. Infelizmente, há pouca informação a respeito de arranjos organizacionais em hospitais operados por fundações sem fins lucrativos e sociedades e empresas com fins lucrativos.
42. Não houve resposta de nenhuma das 191 unidades consideradas.
43. Barbosa et al. (2002) não examinou a relação entre autonomia e arranjos organizacionais específicos (por exemplo, fundações privadas, associações, firmas).
44. Por lei, esta posição é não remunerada; nem mesmo um executivo que acumule a função de administrador hospitalar é remunerado. Aproximadamente 80% dos executivos estatutários trabalham em meio-período.
45. Foi impossível realizar uma análise mais abrangente devido à insuficiência de dados, especialmente no caso de hospitais da administração direta.
46. Como explicado no capítulo 3, a DEA estima a eficiência relativa com base na quantidade de recursos utilizados para produzir um ou mais serviços. Os resultados da análise apresentados aqui se baseiam em uma amostra aleatória de 428 unidades com mais de 25 leitos, retirada da Pesquisa Nacional de Unidades de Saúde (AMS), que analisou 7397 hospitais em 2002.
47. A ETT é formada por duas partes: eficiência de escala (EE) e eficiência técnica interna (ETI). A EE se relaciona diretamente com a capacidade das unidades: a eficiência aumenta à medida que o volume de serviços aumenta porque os custos fixos são diluídos. A ETI se relaciona com o processo produtivo e implica obter o máximo de resultados para um determinado grupo de recursos. Os métodos da DEA aplicados na análise são descritos no anexo 3E.
48. Isso significa que uma unidade típica era 34% tão eficiente como os hospitais classificados no limite do nível eficiência. Em outras palavras, em comparação com os hospitais mais eficientes (que receberam a pontuação 1), a unidade média produziu cerca de um terço dos resultados para seu nível de utilização de insumos.
49. Os resultados do ETI, que também são afetados pela escala, merecem menção. Os menores hospitais no Brasil tendem a utilizar menor número de insumos e produzem número menor de internações mas, por outro lado, um número maior de casos de emergências e consultas ambulatoriais. Isso os torna mais eficientes do que grandes unidades com maior utilização de insumos produzindo mais internações. Além disso, um número crescente de grandes hospitais está limitando o volume de serviços oferecidos nas salas de emergência para casos não emergenciais, serviços sob demanda; o porte do Pronto Socorro pode diminuir a pontuação ETI.
50. Essa pesquisa de acompanhamento foi contratada pelo Banco Mundial e incluiu dois hospitais adicionais (um sob a administração direta e outro sob um arranjo contratual). A amostra original continha 12 alternativas e 12 unidades tradicionais. Para o estudo de acompanhamento quatro unidades foram descartadas e duas adicionadas, para um total de 22. Das quatro que foram descartadas, um hospital alternativo foi eliminado por que era discrepante em termos de complexidade e não poderia ser correlacionado com uma unidade tradicional, e, uma unidade alternativa e duas tradicionais foram descartadas em função dados insuficientes. Esses últimos foram substituídos por duas unidades tradicionais para

análise de desempenho. Um hospital alternativo foi reclassificado com tradicional com base na analise de estruturas e comportamentos descritos anteriormente.

51. Esta classificação resultou no deslocamento de um hospital que estava sob o regime de administração indireta (fundação pública) para o grupo tradicional.
52. Ver o anexo 5C para os métodos usados para adequar e comparar os dois grupos de hospitais. A análise de desempenho foi aplicada a 22 hospitais (11 de cada grupo).
53. Essa discussão baseia-se em três fontes de informação: relatórios anuais da comissão estadual de avaliação das metas de desempenho estabelecidas no contrato de gestão; uma avaliação comparativa realizada peça secretaria de saúde do estado (SES-SP 2003ª, 2003b); e uma avaliação comparativa encomendada para este volume (Costa e Mendes 2005)
54. A análise foi realizada nos hospitais onde as informações estavam facilmente disponíveis.
55. Ver anexo 5D para uma discussão sobre métodos. A falta de informações disponíveis para dois hospitais da administração direta levou a supressão dessas unidades para um subconjunto de indicadores.
56. A pesquisa foi limitada por uma total falta de informações disponíveis em hospitais da administração direta. Mesmo simples estatísticas descritivas não eram disponíveis e foram empregados tempo e recursos consideráveis na coleta de dados no local. Consequentemente a expansão da amostra não foi economicamente possível nos limites do orçamento de pesquisa. As OSS, ao contrário, mostraram um rico ambiente de informação, incluindo informações sobre custos padronizados, produção, produtividade e qualidade. Essas informações são usadas tanto pelos dirigentes da unidade como pelos dirigentes do estado para monitorar o desempenho.
57. Em retrospecto uma política mais prudente teria sido reduzir a folha de pagamento e intensificar a supervisão em vez de eliminar completamente a autonomia por meio da adoção forçada de compras públicas padronizadas e regras de gestão de pessoal que emergiram da reforma constitucional do fim dos anos 80.
58. O modelo proposto, conhecido como fundações estaduais, é discutido no capítulo seguinte.
59. A Lei de Responsabilidade Fiscal de 2000 também estabelece limites para gastos com pessoal e outras variáveis fiscais.
60. Ver, por exemplo, Leonard, Masatu e Vialou (2005); Das e Hammer (2005).
61. Pacientes internados de outras municipalidades são geralmente transferidos das unidades locais em função da gravidade do caso.

6

Abrindo a Caixa-Preta: A Relação entre Arranjos Organizacionais, Comportamentos Gerenciais e Desempenho em Hospitais Públicos e Privados

A missão dos hospitais é oferecer às pessoas serviços de qualidade a um preço acessível. Mas os hospitais também são organizações que fazem uso intensivo de mão de obra, e são também complexas. Quando os pacientes recebem cuidados adequados e o tratamento resolve seu problema de saúde a um custo com o qual o sistema de saúde possa arcar, o desempenho do hospital pode ser considerado bom. Esses pacientes são os "premiados" pelo bom desempenho. Quando os pacientes são obrigados a aguardar durante horas em macas nos corredores por causa da má gestão clínica, quando sofrem os efeitos perniciosos de infecções hospitalares e não recebem tratamento adequado por causa da falta de manutenção dos equipamentos, e o hospital tem constantemente gastos acima de seu orçamento, isso é sinal de do mau desempenho. Seus pacientes são as "vítimas" do mau desempenho. Como foi visto no último capítulo, os hospitais que funcionam sob determinados arranjos organizacionais exibem bom desempenho de forma mais consistente, enquanto hospitais sob outras arranjos apresentam sistematicamente desempenho ruim. Por quê?

Os dirigentes geralmente atribuem êxito ou fracasso organizacional a práticas gerenciais, mas essas práticas não ocorrem por acaso. Práticas gerenciais são comportamentos organizacionais que respondem a incentivos inerentes ao ambiente organizacional e comercial. O capítulo 5 dissecou os arranjos organizacionais e as práticas de gestão em hospitais públicos e privados no Brasil, e chegou-se à conclusão de que o desempenho de hospitais varia significativamente conforme os diferentes arranjos organizacionais, em especial no setor público. Neste capítulo são examinadas as práticas gerenciais adotadas em diferentes arranjos organizacionais do setor público. As seguintes questões são examinadas: como as práticas gerenciais estão relacionadas aos arranjos organizacionais e como influenciam o desempenho? Os regimes não tradicionais, tal como o de administração autônoma, são capazes de alterar o ambiente de incentivos e viabilizar ou motivar o bom desempenho? De modo inverso, os administradores de hospitais com modelos tradicionais também podem introduzir inovações nas cinco dimensões organizacionais estudadas aqui – autonomia, responsabilização, exposição ao mercado, *status* de reclamante residual e função social – sem antes modificar as estruturas organizacionais?

As práticas gerenciais podem ser definidas como "o conjunto de regras e procedimentos formais e informais de seleção, utilização e supervisão de recursos da maneira mais eficiente possível, a fim de atingir objetivos institucionais" (Over e Watanabe 2003: 122-23). A gestão hospitalar implica um leque amplo de funções clínicas e não-clínicas. A área clínica inclui serviços médicos, de enfermagem e outros serviços auxiliares. A área não-clínica inclui pessoal, material, serviço de hotelaria, financiamento, abastecimento e relações públicas. Existe uma literatura internacional abundante, incluindo guias, livros de texto e manuais, a respeito de estruturas, padrões de desempenho, processos de trabalho, necessidades de informação, controle, qualificação de pessoal e implicações financeiras para cada uma dessas áreas, que são geralmente organizadas por departamentos em um hospital. Este capítulo não investiga como essas funções são executadas nos hospitais brasileiros. Apesar de haver bastante informação de caráter descritivo disponível, há poucos trabalhos analíticos. Em vez disso, o capítulo enfoca práticas gerenciais gerais ligadas à gestão de recursos humanos, compra de materiais, administração financeira e contratação. Atividades nessas áreas respondem por grande parte das despesas dos hospitais e são determinantes fundamentais do desempenho geral.

Práticas Gerenciais em Hospitais Públicos

Baseado nas conclusões de Mendes et al. (2002), o capítulo 5 comparou estruturas organizacionais em uma pequena amostra de hospitais classificados hipoteticamente como "alternativos" ou "tradicionais". As unidades alternativas exibiam estruturas organizacionais "flexíveis", enquanto os hospitais tradicionais obedeciam a regras e estruturas "hierárquicas". Esta seção relata os resultados da relação entre estruturas e comportamentos gerenciais.

Estruturas Organizacionais e Comportamentos Gerenciais

Os pesquisadores assumiram como hipótese que os hospitais sob estruturas hierárquicas exibiriam comportamentos "normativos" (por exemplo, cumprimento de um conjunto de regras administrativas), enquanto hospitais dotados de estruturas mais flexíveis exibiriam comportamentos e práticas gerenciais "estratégicos" ou autônomos. Com base em um *levantamento* de administradores de 24 hospitais (12 tradicionais e 12 alternativos), o estudo procurou determinar como os hospitais diferiam dentro do mesmo grupo e entre os dois grupos em termos de comportamentos gerenciais (aplicação de regras e processos) e se as estruturas, definidas como flexíveis ou hierárquicas, estavam correlacionadas aos comportamentos previstos.

Os pesquisadores examinaram características de comportamentos e práticas gerenciais utilizando de 34 variáveis relacionadas a comportamentos organizacionais. Essas variáveis foram organizadas em 10 grupos: planejamento estratégico, administração de orçamento, administração de investimentos, monitoramento de desempenho e qualidade, administração de recursos humanos, políticas de recursos humanos, outras funções administrativas (administração de informação e equipamentos), compras, relacionamento com pacientes e com o mercado.[1] A pontuação máxima nos grupos foi 37. Os pesquisadores também construíram um grupo de quatro variáveis compostas baseadas nas 34 variáveis iniciais: demonstração de comportamentos (por exemplo, aplicação de processos e regras) ligados a responsabilização, decisões sobre assuntos estratégicos, decisão a respeito de pessoal e exposição ao mercado.

Cada hospital foi colocado em um contínuo segundo o grau de aplicação de regras e funções da gestão do dia a dia. Cada hospital recebeu duas pontuações: "estratégica" e "normativa" ou "administrativa". Uma unidade *estratégica* exibiu sinais de práticas gerenciais em cada um dos dez grupos supramencionados e pareceu implementar essas práticas de forma autônoma. Em outras palavras, os administradores estavam gerenciando de fato – tomando decisões, exercendo suas responsabilidades e tomando iniciativas sem necessidade de aprovação de níveis superiores em questões como, por exemplo, contratação de funcionários, definição de preços, definição de serviços, venda de serviços, acesso a fontes de receita não orçamentárias e à avaliação da satisfação dos pacientes. Uma unidade *normativa* exibiu indícios de que as funções e comportamentos seguiam a hierarquia das regras e controles governamentais, eram responsabilidade de entidades governamentais externas às unidade, ou não eram exercidas.[2]

Os hospitais receberam uma pontuação nas dimensões estratégica e normativa. Teoricamente, uma unidade individual poderia receber uma pontuação máxima de 37 para uma das dimensões, mas não para ambas. Uma unidade que recebesse pontuação estratégica de 37, e portanto pontuação normativa de 0, foi considerada como demonstrando uma forte cultura estratégica ou gerencial. Inversamente, uma unidade com pontuação normativa de 37, e portanto com pontuação estratégica de 0, foi considerada uma unidade com forte cultura administrativa.

Como na análise de estruturas organizacionais relatadas no capítulo 5, diferenças significativas, que favorecem as instituições alternativas, foram encontradas entre os dois grupos nas quatro variáveis compostas derivadas das 34 variáveis comportamentais iniciais: responsabilização ($p < 0{,}0001$), tomada de decisão a respeito de assuntos estratégicos ($p < 0{,}0001$), tomada de decisões a respeito de pessoal ($p < 0{,}0001$) e exposição ao mercado ($p < 0{,}01$). Em ambos os grupos encontrou-se maior variação no que diz respeito aos comportamentos relatados do que quanto a estruturas.

As pontuações estratégica e normativa para cada unidade estão representadas na figura 6.1. Três unidades que hipoteticamente foram consideradas "alternativas" (indicadas por A, D e F na figura) receberam pontuações relativamente altas para comportamentos normativos. A unidade A era da administração direta e terceirizava a maioria de seus serviços pra cooperativas de médicos e enfermeiras. A unidade F era sem fins lucrativos e gerenciada pela municipalidade que também terceirizava todos os seus serviços para cooperativas profissionais. Ambas exibiam padrão normativo em todos os outros comportamentos e funções. A unidade A também recebeu pontuação alta por hierarquia (ver figura 5.1) e deve ser classificada como "tradicional". A unidade D era uma fundação de apoio (FA) que exibia pouca integração ao mercado em termos de venda de serviços a terceiros. Em contraste, uma unidade "tradicional" (E na figura 6.1), que exibia características estruturais hierárquicas e operava segundo o modelo de administração direta, recebeu uma alta pontuação para comportamentos estratégico e autônomo. Essa unidade exibia inovações atípicas para a maioria dos hospitais do grupo tradicional, incluindo planejamento estratégico, programas para melhorar a satisfação dos clientes, expansão das fontes de receita pela venda de serviços a planos de saúde privados,[3] programas especiais de treinamento de equipe e esquemas de remuneração por incentivo. Isso foi conquistado apesar do controle hierárquico em termos de estrutura organizacional.

O caso dessa unidade sugere que inovações administrativas podem ser introduzidas em estruturas de organização hierárquica. Em outras palavras, transformações são possíveis em unidades sob administração direta, mas a abrangência de tais transformações pode ser limitado por obstáculos estruturais impostos pelo controle hierárquico. Por exemplo, nenhuma das unidades sob administração direta relatou dispor de poderes de decisão a respeito do gerenciamento de recursos humanos, excetuando o pagamento de incentivos por desempenho.[4] Assim, é possível introduzir inovações organizacionais na administração direta e indireta, que podem servir como base para mudanças modestas em instituições operando segundo esses modelos. No entanto, mudanças mais amplas são mais difíceis devido às limitações estruturais do controle hierárquico imposto pelo setor público. Em contraste, um hospital com uma FA e dois que terceirizam a maioria dos serviços para cooperativas mostraram um comportamento mais alinhado com a administração direta. Aparentemente esses arranjos não levam necessariamente a comportamentos gerenciais inovadores. Como foi sugerido no capítulo 5 as FA formam estruturas organizacionais paralelas dentro de unidades da administração direta, enquanto as cooperativas sob contrato com o governo são mal monitoradas. É necessário mais pesquisa sobre a forma como as FA e as cooperativas impactam a gestão e o desempenho hospitalar.

FIGURA 6.1
Pontuação Estratégica e Normativa para Hospitais com Comportamento Alternativo e Tradicional, 2000
(N = 24)

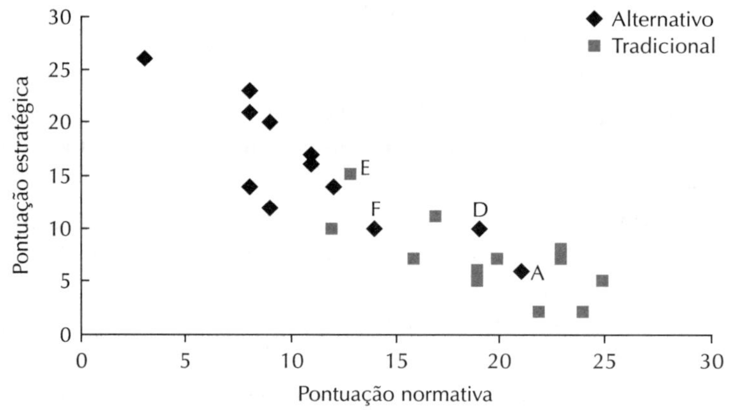

Fonte: Mendes et al. 2002.
Nota: As letras utilizadas para designar as instituições são as mesmas utilizadas nas figuras 5.1 e 6.2.

As estruturas também estão fortemente relacionadas ao comportamento administrativo. Uma correlação alta ($r = 0,75$) foi encontrada entre as pontuações de estrutura organizacional relatadas no capítulo 5 e as pontuações de comportamento gerencial para a amostra de unidades alternativas e tradicionais, discutidas anteriormente. A figura 6.2 apresenta em forma gráfica as pontuações estrutural e de comportamento para unidades alternativas e tradicionais da amostra (N = 24). Quanto mais altas as pontuações registradas para estrutura (eixo x), mais flexível (e menos hierárquico) é a organização. Quanto mais altas as pontuações de comportamento (eixo y), mais estratégica (e menos normativa) é a organização.

Os hospitais que exibem estruturas menos flexíveis (mais hierárquicas) em geral exibem comportamentos menos estratégicos (mais normativos). O contrário também é verdade: hospitais dotados de estruturas organizacionais flexíveis exibem comportamento estratégico e autônomo. No entanto, certa variação, em especial na pontuação de comportamento, foi notada em ambos os grupos de hospitais. Quatro desvios em relação ao padrão merecem atenção:

- Dois hospitais alternativos (B e C na figura 6.2) ocupam lugar intermediário tanto em estrutura quanto em comportamento.
- Um hospital tradicional (E) que foi classificado como "hierárquico" por causa de sua estrutura exibiu comportamentos mais compatíveis com organizações flexíveis.
- Um hospital alternativo (A) recebeu pontuação baixa tanto em estrutura quanto em comportamento e seria mais corretamente classificado como hierárquico e normativo.[5]
- Dois hospitais alternativos (D e F) demonstraram flexibilidade em termos de estrutura mas eram mais normativos em termos de comportamento. Como foi mencionado acima um deles tinha uma FA enquanto outro contratava os serviços externos de uma cooperativa profissional. Esses arranjos não encorajam práticas gerenciais estratégicas nas quais os gerentes tomam decisões independentemente das regras hierárquicas.

FIGURA 6.2
Correlação entre Pontuações Estratégicas e Flexibilidade, Unidades Alternativas e Tradicionais, 2000
(N = 24)

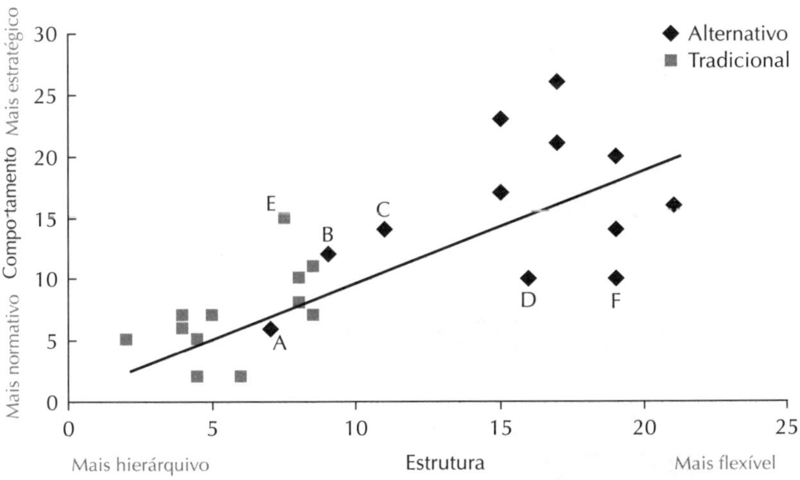

Fonte: Mendes et al. 2002.
Nota: As letras utilizadas para designar as instituições são as mesmas utilizadas nas figuras 5.1 e 6.1.

Práticas Gerenciais e Desempenho

Tendo estabelecido que as estruturas organizacionais e os comportamentos estão associados, voltamos a discussão para o ambiente gerencial típico do regime do setor público. Como são gerenciadas as unidades? Que comportamentos podem contribuir para o mau desempenho? Os papéis e responsabilidades administrativos estão claramente definidos? Para responder a essas questões, discute-se em primeiro lugar algumas análises de gerenciamento de suprimentos e recursos humanos em hospitais públicos. Porque muitas funções gerenciais são desempenhadas por organismos do governo externos às unidades, a capacidade gerencial das unidades administrativas estaduais e municipais é então examinada.[6] O anexo 6A analisa os pontos fortes e fracos do marco legal e regulatório que define o gerenciamento de recursos humanos, suprimentos e finanças.

Regras Complexas de Fornecimento e Compra Centralizada

Cerca de 20% dos hospitais municipais e 16% dos estaduais relatam falta de medicamentos e suprimentos médicos. Quase todos os gerentes de hospitais municipais e metade dos gerentes dos hospitais estaduais relataram dificuldades tanto em manter estoques adequados de remédios e materiais médicos e não médicos, como também em ter acesso a serviços de manutenção (figura 6.3). A frequência de atrasos na compra e na entrega de suprimentos para hospitais municipais chegou a mais de 80% para medicamentos e 60% para suprimentos médicos. Entre os hospitais estaduais mais de 40% relataram atrasos na compra e entrega de medicamentos e 60% relataram os mesmos problemas em relação aos suprimentos médicos.

FIGURA 6.3
Atrasos na Aquisição de Materiais e Serviços, Conforme Relatado por Gerentes de Hospitais Estaduais e Municipais, 2003
(N = 24)

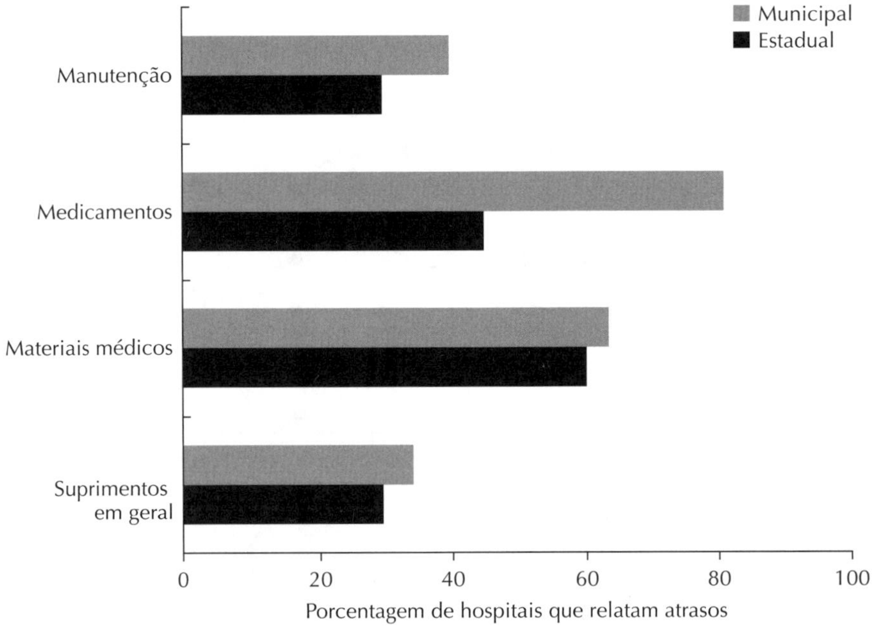

Fonte: Banco Mundial 2007.

Os gerentes entrevistados citaram problemas no processo de compras e abastecimento – que são muitas vezes administrados por secretarias centrais dos governos subnacionais – como as principais razões para os atrasos, seguido pelo controle precário de inventários[7] e atrasos nos pagamentos aos fornecedores por parte dos dirigentes municipais. Em alguns casos os atrasos forçaram a suspensão temporária dos serviços. Uma avaliação recente do processo de abastecimento descobriu que o caráter excessivamente específico das regras de licitação e gestão de materiais conduz a um "fluxo constante de disputas relacionadas a abastecimento [que] resultam em atrasos na contratação e compra. Os numerosos questionamentos administrativos e mandados de segurança emitidos pelos tribunais podem suspender as licitações por muitos meses, ou mesmo anos" (Banco Mundial 2004b: 2).

Mais de três quartos dos dirigentes de hospitais municipais relataram que a maior parte das compras de medicamentos e suprimentos médicos era centralizada pela Secretaria de Saúde ou por outra secretaria municipal.[8] Isso contrasta com os hospitais federais, que possuem autonomia para comprar todos os medicamentos e suprimentos médicos. Os hospitais estaduais ocupam posição intermediária, com 70% deles tendo autonomia para comprar esses itens. A maioria das unidades, no entanto, realiza suas compras por meio de procedimentos licitatórios mais simples e menos competitivos, tais como a tomada de preço, a compra direta e carta-convite. Isso sugere que os hospitais geralmente têm autonomia apenas para compras pequenas, geralmente em casos de emergência. Compras grandes que envolvem licitações são administradas por outros órgãos do governo.

No que diz respeito aos sistemas internos de gestão de recursos materiais, cerca de 60% dos hospitais estaduais e 30% dos municipais relatam não possuir controle sobre os estoques intermediários de medicamentos. Metade dos hospitais públicos não dispõe de lista de medicamentos básicos de requisição padronizados. Apenas cerca de metade dos hospitais estaduais adotou o sistema de dose unitária, que poderia reduzir significativamente o desperdício.[9]

Administração de Recursos Humanos Centralizada e Processos Rígidos de Serviço Público

As organizações de saúde são empresas intensivas em mão de obra e altamente profissionalizadas. A gestão efetiva de recursos humanos – como a organização contrata, remunera, treina, recompensa e disciplina seu pessoal – determina, em última análise, as práticas e comportamentos que contribuem para o desempenho. O comportamento dos recursos humanos, especialmente dos profissionais, é muitas vezes induzido pelas formas de organização e pelos incentivos financeiros e não financeiros a elas inerentes.[10] O quadro 6.1 retrata pesquisas a respeito do comportamento de trabalhadores da saúde sob várias formas de organização.

QUADRO 6.1
Formas Organizacionais e Comportamento dos Trabalhadores da Saúde

Pesquisas recentes mostram que os trabalhadores da saúde se comportam de maneira diferente sob diferentes formas de organização. Clínicos que trabalham em hospitais filantrópicos na Tanzânia prestavam atendimentos mais adequados à sua capacidade técnica do que seus colegas em hospitais públicos, controlando-se pela habilidade médica e pelas características da unidade eram monitoradas (Leonard et al. 2005). Nos hospitais públicos, os médicos prestavam atendimentos bem abaixo de suas capacidades, resultando em erros recorrentes de diagnóstico e no tratamento inadequado dos pacientes. Os autores concluíram que os incentivos associados aos processos organizacionais, evidentes nos hospitais filantrópicos e ausentes nos hospitais públicos – por exemplo, autoridade de decisão para os dirigentes a respeito de contratação e demissão, definição de salários e composição do quadro de pessoal – determinavam o melhor atendimento. Uma pesquisa semelhante na Índia mostrou que os médicos assalariados do setor público faziam menos do que sabiam e eram menos produtivos do que médicos do setor privado, que são remunerados por ato ou serviço (Das e Hammer 2005). Os pesquisadores atribuíram a

(continua)

QUADRO 6.1 *(continuação)*

diferença ao regime de emprego assalariado combinado à pouca supervisão e ausência de sanções. Em Uganda, a falta de autonomia dos hospitais públicos na administração de recursos humanos contribuiu para um uso menos eficiente do pessoal quando comparado a hospitais filantrópicos (Ssengooba et al. 2002).

O absenteísmo dos médicos é outro problema que assola as instituições públicas. Federighi e Pedrosa (2002) mostraram que as faltas variavam de menos de 1 a 6% em uma pequena amostra de hospitais públicos brasileiros. Em uma pesquisa de instituições que prestam atenção básica em cinco países em desenvolvimento (Bangladesh, Índia, Indonésia, Peru e Uganda), Chaudhury et al. (2006: 93) revelaram que, em média, 35% dos profissionais de saúde estavam ausentes. Em quase todos esses casos, as decisões a respeito de recursos humanos eram tomadas pelo governo central segundo regras públicas rígidas. Poucos, para não dizer nenhum, dos profissionais ausentes sofreram sanções. De acordo com os autores, "dada a raridade de ações disciplinares contra ausências repetidas, o mistério... pode não ser o porquê dos altos índices de ausências, mas porquê qualquer trabalhador comparece ao local de trabalho".

Nos resultados do levantamento feito pelo Banco Mundial (2007), quase todos os hospitais municipais e estaduais alegaram que a administração de recursos humanos é o principal problema que afeta o desempenho das instituições. A figura 6.4 mostra as respostas dos dirigentes municipais e estaduais em relação a essas questões. A baixa produtividade, a pouca disposição para o trabalho, o absenteísmo e a disparidade entre as habilidades dos recursos humanos e as necessidades dos hospitais são problemas centrais, em particular nos hospitais públicos. Por que isso ocorre?

Antes de prosseguir, é importante compreender o contexto mais amplo da gestão de recursos humanos nos diferentes arranjos organizacionais. O anexo 6B apresenta um resumo das características dos regimes de trabalho adotados para contratar profissionais médicos. Essas características são em geral similares àquelas usadas para outras categorias profissionais, tais como enfermeiros e técnicos. A maioria dos médicos prefere contratos de dedicação parcial (20 horas), remuneração salarial e o estabelecimento de vínculo empregatício com a instituição. Consideradas conjuntamente, essas preferências são uma resposta à instabilidade do mercado de trabalho, viabilizam o acesso a benefícios e garantem uma renda estável (Banco Mundial 2006a). O regime de meio período permite que os profissionais tenham outros empregos ou atendam pacientes em seus consultórios particulares, em parte para compensar os baixos salários ou para alcançar a renda desejada. Múltiplos empregos e jornadas de trabalho são a regra para os médicos no Brasil e é cada vez mais o caso para outros profissionais da saúde.

Apesar de o serviço público ser o principal regime de trabalho nos hospitais públicos, não é incomum encontrar profissionais contratados sob outro regime prestando serviços nessas unidades. Esses profissionais podem ser contratados individualmente ou por meio de cooperativas de profissionais (ver capítulo 4). Recebem geralmente salários por período parcial (20 horas) ou período integral (40 horas), salários esses definidos pelo governo, em casos individuais, ou pelas cooperativas, quando se trata de profissionais afiliados a elas.[11] Cooperativas, fundações de apoio, organizações sociais e outras instituições autônomas seguem o regime trabalhista privado para assalariados conhecido como CLT (Consolidação das Leis do Trabalho; ver anexo 6B). Os processos de contratação, salários e a composição do pessoal são definidos pelos empregadores, geralmente dirigentes de hospitais, segundo as necessidades e demandas da instituição. As demissões seguem os processos "por justa causa" ou "sem justa causa". Demissões "por justa causa" seguem um processo padrão, de acordo com as regras definidas na CLT. As demissões "sem justa causa" são quase imediatas (aviso prévio de trinta dias), mas o empregador deve indenizar o (ex) funcionário. Benefícios tais como previdência social são exigidos por lei, mas não há garantia de estabilidade.

FIGURA 6.4
Principais Problemas Relacionados com Recursos Humanos Identificados por Dirigentes de Hospitais Estaduais e Municipais, 2003
(N = 29)

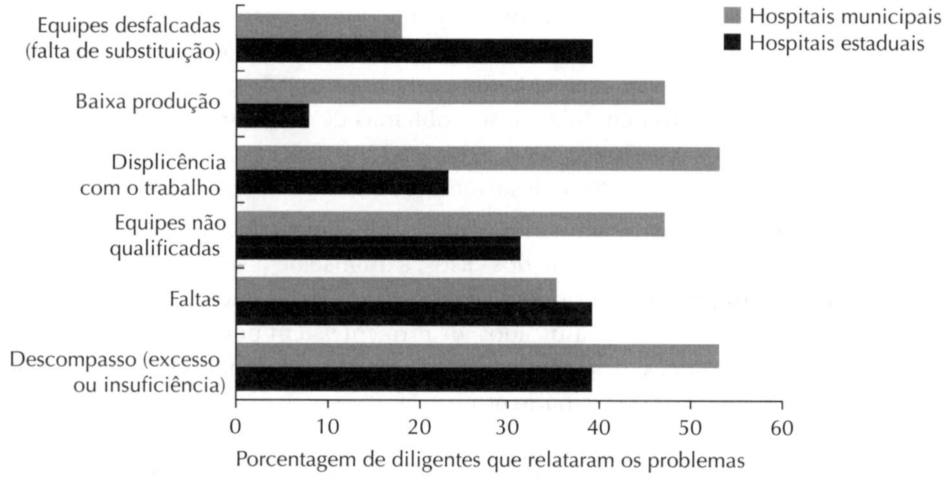

Fonte: Banco Mundial 2007.

Conforme mencionado, a maioria dos funcionários e profissionais dos hospitais públicos são servidores públicos (estatutários). Os dirigentes das unidades têm pouca influência sobre a contratação de pessoal, a definição de salários, ou a demissão, em parte porque esses processos seguem a legislação trabalhista para o setor público e são conduzidos pelos departamentos de recursos humanos centrais nas secretarias de saúde ou de administração dos governos subnacionais.[12] Por exemplo, o recrutamento invariavelmente envolve a seleção centralizada dos indivíduos mais bem classificados em concursos públicos, segundo pontuação obtida em provas de múltipla escolha e análise de currículo, sem a participação dos dirigentes das unidades (as provas variam de acordo com a categoria da função). Os candidatos não são entrevistados. O pessoal pertencente a uma categoria específica (por exemplo, enfermeiros, auxiliares de enfermagem, médicos) recebem a mesma remuneração básica. O emprego vitalício é garantido depois de três anos de período de experiência. Os processos de demissão são extremamente complexos e podem levar anos. Muitos dirigentes preferem não iniciar processos de demissão por causa do tempo e do desgaste envolvidos. Os dirigentes afirmam que essas práticas de recursos humanos resultam na seleção e retenção de pessoal pouco qualificado e de baixo desempenho, que não estão comprometidas com a instituição ou com o serviço público. Os servidores públicos recebem aposentadorias mais generosas do que trabalhadores do setor privado. O anexo 6B contém um resumo das características do serviço público estatutário e do regime de trabalho no setor privado.

No levantamento das unidades hospitalares, os dirigentes relataram excesso de pessoal em algumas categorias, em geral de baixa qualificação, nos setores administrativos e de apoio (por exemplo, limpeza, cozinha) e insuficiência de pessoal qualificado médico e gerencial. Mais de 50% dos dirigentes estaduais e aproximadamente 40% dos municipais citaram tal desequilíbrio. Cerca de 40% dos dirigentes estaduais e 20% de seus colegas municipais relataram também um número alto de trabalhadores afastados por licença médica mas sem substitutos.

Poucos dirigentes podem determinar a composição dos recursos humanos de suas unidades. Pior, essa composição em muitos hospitais públicos não é atualizada há décadas, ainda que serviços tenham sido acrescentados, expandidos ou eliminados. Isso resulta em descrições obsoletas de cargos e funções, ou na falta de cargos para cobrir novas tecnologias e serviços, e na retenção de funcionários que já não têm função específica. A renovação dos cargos pode levar anos, e as decisões sobre pessoal ainda estão sujeitas a influências políticas. A cessão ou o empréstimo recorrente de funcionários a outros hospitais (em geral devido à influência política), a recusa em lidar com problemas de disciplina e o fracasso em realocar funcionários excessivos para unidades com pessoal insuficiente impedem que a administração de recursos humanos seja efetiva e sustentável.

Por fim, a avaliação de desempenho é muito rara, em parte por causa da dificuldade de se tomar ações corretivas. Na maioria dos casos, a análise de desempenho enfoca os funcionários que estão cumprindo o período de experiência de três anos. Apesar dos altos índices relatados de funcionários não qualificados, os dirigentes têm pouca influência sobre capacitação e treinamento. Poucos dirigentes nos níveis subnacionais participam da elaboração ou da aprovação de programas de treinamento.

Práticas e Capacidades Gerenciais nas Unidades Centrais Subnacionais

Uma vez que um grande número de estados e municípios desempenha diversas funções administrativas para os hospitais públicos, em especial para aqueles sob administração direta, essa seção aborda as deficiências gerenciais nesses níveis administrativos mais altos.[13] Os altos funcionários públicos, lotados em geral nas secretarias municipais e estaduais de saúde, relatam deficiências no planejamento, elaboração do orçamento e manejo de informações, que contribuem para as amplas diferenças observadas entre as metas de gastos, orçamentos aprovados orçamentos executados. Municípios e unidades de saúde pequenos exibem níveis de execução orçamentária baixos. O financiamento inadequado é muitas vezes identificado como uma questão importante pelas autoridades de saúde subnacionais, mas a baixa capacidade de execução orçamentária e o desperdício dos recursos disponíveis sugerem que a formalidade excessiva e a supervisão e monitoramento inadequados dos hospitais são questões igualmente centrais. Uma breve caracterização do ambiente de planejamento, orçamento e informação nas secretarias estaduais e municipais é apresentada a seguir:

- *Sistema complexo, mas com baixa capacidade de planejamento.* O processo de planejamento no Sistema Único de Saúde (SUS) é um processo complicado e excessivamente formal, exigindo a elaboração de um conjunto de documentos relacionados ao planejamento. A efetividade do processo é questionável. Em primeiro lugar, os municípios alegam não ter em suas equipes pessoas suficientes ou suficientemente preparadas para realizar processos consistentes de planejamento com base na análise de informações. Em segundo lugar, como discutido a seguir, em geral prescindem de informações suficientes para fins de planejamento. Em terceiro lugar, a multiplicidade de instrumentos de planejamento mal formulados e pouco articulados entre si é um grande problema e contribui para falhas na coordenação das diferentes fases do processo, assim como entre atividades e programas.[14] Em quarto lugar, o planejamento em cidades e estados menores é bastante influenciado pelos programas e diretrizes de saúde federais, deixando pouco espaço para as iniciativas das autoridades locais. Os planos são, na maior parte das vezes, "listas de intenções" relativas a objetivos e metas, sem estratégias correspondentes para conduzir sua implementação. Os documentos de planejamento são elaborados porque são obrigatórios mas, uma vez aprovados, geralmente são esquecidos e têm pouca utilidade como ferramentas de gestão e avaliação. O Brasil ainda tem muito a fazer no que diz respeito à melhoria dos processos de planejamento, em especial nos níveis subnacionais – mas esse é o contexto no qual a maioria dos hospitais opera.

- *Rigidez orçamentária.* A rigidez da legislação e da estrutura orçamentárias reduzem a flexibilidade do processo orçamentário. Sempre que possível, as secretarias contornam essas dificuldades elaborando orçamentos a nível agregado e dividindo as compras e contratos em montantes menores. Algumas secretarias municipais possuem pouca autonomia de decisão em relação ao seu orçamento. Mudanças consideráveis ocorrem entre a alocação orçamentária inicial e a disponibilidade final de recursos, reduzindo a utilidade do orçamentos como um instrumento de planejamento e gestão. Os recursos orçamentários não são liberados, e os pagamentos não são feitos conforme planejado, às vezes devido ao congelamento do orçamento. Atrasos e pagamentos fora do período normal são frequentes, em especial na liberação da primeira e da última parcelas trimestrais. Esses fatores, somados à capacidade administrativa limitada, colocam em risco a habilidade das instâncias executoras de gastar os seus orçamentos; não é incomum que as unidades não consigam gastar a totalidade de um orçamento inicialmente considerado insuficiente. Por fim, os sistemas de monitoramento, controle e prestação de contas relativos aos orçamentos são bem-estruturados e bastante formalizados, mas centrados principalmente no cumprimento de normas estabelecidas de controle financeiro, e quase sem nenhuma preocupação com a avaliação dos resultados.
- *Falhas de coordenação entre planejamento, elaboração e execução orçamentárias.* A elaboração dos orçamentos – que, no nível municipal, é geralmente tarefa das secretarias de finanças, e não de saúde – segue um processo que está em geral dissociado do planejamento técnico de saúde, que é responsabilidade das secretarias de saúde. A estrutura dos instrumentos orçamentários não é consistente com a estrutura dos instrumentos de planejamento.[15] Isso dificulta o bom desempenho técnico e financeiro e o monitoramento da prestação de serviços de saúde. Na verdade, há pouca coerência entre políticas, planos e orçamentos, apesar de serem formalmente parte de um processo único e integrado. Os recursos orçamentários no nível local estão em geral dissociados das demandas e necessidades, e isso por duas razões: em primeiro lugar, o financiamento segue a disponibilidade da arrecadação pública, com pouco espaço para que os planejamentos locais, onde eles existem, possam influenciar sua definição. Em segundo lugar, as unidades recebem níveis pré-definidos de produção de serviços, em geral na forma de tetos de despesa que são independentes da demanda, dos problemas de saúde da população ou dos custos. Em geral, o orçamento do ano anterior é a principal fonte de informação para o planejamento e orçamentação subsequentes. O planejamento e a definição do orçamento se tornam uma rotina formal que pouco varia de ano a ano, e isso não estimula a qualidade

do processo de planejamento ou o gerenciamento adequado da prestação de serviços (as características de um sistema bem gerenciado são delineadas no quadro 6.2).

- *Falta de informações.* O ambiente institucional geral carece de informações sobre insumos, desempenho e custos, fazendo com que seja quase impossível vincular a alocação de recursos aos resultados. Não há avaliação de impacto. O monitoramento se centra nos controles financeiros obrigatórios e avaliações formalísticas. Por exemplo, o monitoramento e auditoria do orçamento focam-se em verificar se os fundos são utilizados em conformidade com a legislação e as regras orçamentárias, e não nos resultados. De maneira similar, as regras que regulam os repasses federais exigem que os estados e municípios prestem contas dos repasses anteriores e cumpram exigências formais, tais como a criação de conselhos de saúde ou a aprovação de um plano de saúde. A disponibilidade de dados desagregados de execução orçamentária é limitada, e isso é um empecilho para o monitoramento da aplicação real de recursos orçamentários. Informação a respeito de custos são em geral inexistentes, exceto em algumas unidades maiores. Muitas unidades dispõem de informações financeiras limitadas ou simplesmente não as têm, em parte porque qualquer informação que exista permanece na unidade central administrativa e nas secretarias de finanças. Por exemplo, a figura 6.5 mostra que de uma amostra de 49 hospitais (a maioria hospitais grandes), apenas 24% dispõe de informações financeiras de algum tipo, e 26% não dispõe de informação alguma (Banco Mundial 2007).

QUADRO 6.2
Características de um Sistema de Planejamento e Orçamento Bem Gerenciado

Um processo de definição orçamentária adequado deve ser mais do que um exercício rotineiro de contabilidade para sustentar as atividades de organizações governamentais. É pelo processo de elaboração do orçamento que as políticas prioritárias do governo são esclarecidas, acordadas e financiadas. Um sistema de planejamento e orçamento bem gerenciado possui as seguintes características:

- Disponibilidade de estimativas de receita realistas e projeção da disponibilidade total de recursos a médio prazo (por exemplo, baseada em projeções macroeconômicas), ou seja, para três ou quatro anos.
- Um processo por meio do qual as prioridades de políticas (de saúde) são comparadas e competem por um financiamento limitado. Isso requer a disponibilidade de informações necessárias para avaliar as vantagens e desvantagens das alternativas.
- Uma definição clara das políticas governamentais prioritárias.
- Análise setorial das demandas e necessidades da população como base para a definição das prioridades de cada setor (de preferência, com a estimação do custo de cada intervenção proposta).
- Capacidade de estimar as implicações fiscais a médio prazo de uma política de gasto específica (por exemplo, implicações em termos de gastos correntes de investimentos de capital, tais como a contratação de pessoal, disponibilidade de materiais e equipamentos necessários para viabilizar um hospital recém-construído).
- Uma estrutura orçamentária transparente e relatórios regulares da execução orçamentária com o objetivo de viabilizar a responsabilização e controle externo.

FIGURA 6.5
Informação Financeira em Unidades de Saúde, 2003
(N = 49)

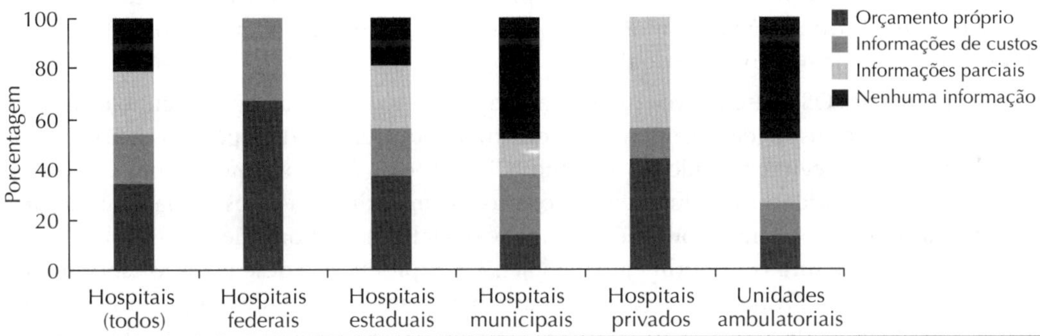

Fonte: Banco Mundial 2007.

Práticas Gerenciais em OSS e Hospitais sob Administração Direta no Estado de São Paulo

O capítulo 5 apresentou evidências de que as organizações sociais de saúde (OSS) no estado de São Paulo exibem desempenho significativamente melhor, conforme medido por indicadores de produção, qualidade e eficiência, do que hospitais sob arranjos organizacionais mais tradicionais, tais como a administração direta. Por que o regime de OSS supera em desempenho outros regimes? Essa questão é tema de um debate cada vez mais acalorado. Diversas razões já foram apontadas. Primeiro, o fato de as unidades serem novas (nenhuma é anterior a 1998) e a grande visibilidade do modelo organizacional podem ser fatores contributivos. Segundo, as OSS têm sido constantemente monitoradas pelas autoridades estaduais e recebem visitas frequentes de autoridades governamentais locais de outras partes do país. Esse "efeito holofote" pode fornecer um forte incentivo para o bom desempenho sustentado. Por fim, a maioria dos diretores de unidades de OSS está no cargo desde a inauguração das unidades, enquanto as unidades sob administração direta sofrem com a alta rotatividade nos cargos de direção.[16]

Diversas OSS estão em atividade desde 1998 e continuam a exibir desempenho sólido (e cada vez melhor), pelo menos se comparadas a outros arranjos organizacionais. Uma razão mais plausível do que aquelas citadas para o bom desempenho dessas organizações tem a ver com as características do modelo (ver quadro 5.2). Os elementos-chave incluem ampla autonomia de decisão, mecanismos de responsabilização especificados nos contratos de gestão, financiamento baseado em desempenho e clareza das funções.[17] Isso, no entanto, levanta a questão de como os dirigentes das unidades respondem aos incentivos inerentes ao arranjo organizacional. O que há neste tipo de arranjo que conduz ao bom desempenho?

Dois estudos recentes examinaram esse tópico. Ferreira (2004) comparou cinco unidades OSS com cinco hospitais sob administração direta do estado de São Paulo a fim de investigar como os diferentes modelos afetavam o comportamento dos diretores na gestão de recursos humanos, terceirização, finanças e abastecimento. O Banco Mundial (2006a) avaliou e comparou a gestão de recursos humanos em uma pequena amostra de OSS, sob administração direta e instituições privadas.

Ferreira encontrou diferenças notáveis nos comportamentos gerenciais. O quadro 6.3 apresenta as conclusões relevantes do estudo e citações de entrevistas com dirigentes das unidades a respeito de processos e práticas relacionadas à gestão de recursos humanos, financeira, de contratos e de materiais.[18] No geral, os resultados sugerem que os dirigentes de OSS respondem à estrutura de incentivos inerente ao arranjo organizacional e exibem considerável autonomia, flexibilidade e inovação nos processos gerenciais. Os diretores tomam decisões a respeito da dimensão e composição do quadro de pessoal, do recrutamento, da seleção, das sanções e da demissão de pessoal.[19]

Nenhuma das OSS desenvolveu um sistema formal de avaliação do desempenho de pessoal ou testou um mecanismo de pagamento por desempenho. Quase todo o pessoal interno é contratado segundo o regime privado de trabalho (CLT). Apesar de os orçamentos das OSS serem definidos pelas autoridades estaduais em negociações com os dirigentes das unidades, todos realocam recursos entre os itens do orçamento a fim de sanar limitações orçamentárias, cobrir gastos de emergência e garantir o cumprimento de objetivos de produção e desempenho especificados no contrato de gestão. Atingir os objetivos é particularmente importante porque uma parte do financiamento está vinculada ao desempenho. Três unidades relataram ter realizado empréstimos bancários para cobrir insuficiências de curto prazo do financiamento público. O fato do financiamento das OSS não considerar a depreciação exigida para manter as instalações e os equipamentos originalmente alocados para a unidade é a principal deficiência do modelo das OSS.

Diferentemente das unidades sob administração direta, as OSS não terceirizam os serviços de hotelaria, mas terceirizam mais serviços médicos e diagnósticos. Os dirigentes de OSS parecem ser mais estratégicos na seleção de serviços a serem terceirizados. As organizações filantrópicas são isentas de impostos sobre os serviços que oferecem diretamente. As empresas e cooperativas contratadas, no entanto, pagam imposto sobre sua receita, o que aumenta os preços dos serviços contratados e assim representam um desestímulo para a contratação.[20] Por fim, a contratação é realizada pela unidade ou entidade não-lucrativa (a EPNL) sob contrato com o estado e segue regras próprias das OSS publicadas pelo estado. Os dirigentes não relatam problemas ou atrasos no fornecimento dos produtos ou serviços ou no inventário. Todos os dirigentes alegam poder fazer ajustes de preços, ajustar os termos e rescindir os contratos.

Em contraste, os gerentes de unidades sob administração direta agem como administradores ou executores de funções que são realizadas em outros órgãos da burocracia estatal, e sua autonomia com respeito a recursos humanos, tarefas financeiras e de compras é limitada. O quadro de pessoal foi definido quando as unidades foram inauguradas, o que em alguns casos ocorreu há décadas, e pode ser ajustado apenas pelo governo estadual – um processo irregular e pouco frequente. Além disso, o recrutamento ocorre durante grandes concursos públicos, realizados a intervalos irregulares, quando os recursos fiscais ficam disponíveis. Os administradores das unidades não participam do processo de recrutamento. Invariavelmente, eles precisam contratar os indivíduos com melhores notas enviados pelo governo estadual após o processo seletivo.

Devido ao fato de que quase todos os funcionários de OSS são contratados sob a CLT, a demissão com ou sem justa causa, depois de um período de experiência, é simples se comparada com os procedimentos de demissão de funcionários públicos estatutários. A demissão por justa causa exige prova dos motivos e um aviso prévio por escrito, e se a transgressão ocorre uma segunda vez, o funcionário pode sofrer redução em seus benefícios. O empregado pode contestar qualquer decisão na justiça trabalhista, que, em geral, favorece o trabalhador. Muitos dirigentes de OSS preferem a demissão sem justa causa. Esse processo é imediato e exige apenas um único comunicado, mas pode ser custoso por causa das indenizações a serem pagas.

Sob o regime da administração direta, a falta de autoridade real sobre os funcionários conduz a uma situação gerencial complexa na qual os gerentes pouco podem fazer a não ser "negociar" questões como o cumprimento de tarefas, o comparecimento ao trabalho, a pontualidade, etc. Essa prática comum no sistema público é conhecida como "troca de favores". Os dirigentes negociam com os funcionários o número de horas reais de trabalho, que é sempre menor do que as horas definidas no contrato de trabalho. O que esse benefício significa, no final das contas, é que trabalhar menos do que o estabelecido no contrato é tolerado na maioria dos hospitais sob administração direta, contanto que seja negociado com os dirigentes.

QUADRO 6.3
Avaliação de Processos e Práticas Gerenciais em Hospitais sob Regime de Administração Direta e OSS, Estado de São Paulo, 2003

Administração direta (N = 5)	*OSS (N = 5)*
Administração de recursos humanos	
• Três dirigentes de hospitais consideraram a área de recursos humanos (RH) a mais problemática por causa da pouca autoridade que têm sobre as decisões em relação a processos de RH, que são centralizados. Um lamentou que qualquer coisa relacionada a RH é "complicada demais". (Dois administradores consideram essa área a menos problemática porque "ela não lhes diz respeito"). Um dirigente mencionou que ele tem de "negociar constantemente com os funcionários" o cumprimento de tarefas e da carga horária definida nos contratos. • As faltas e a pouca disposição para o trabalho são problemas constantes; os funcionários conseguem atestados médicos para justificar faltas e atrasos. • Todos os dirigentes relataram problemas com a quantidade insuficiente e o despreparo dos funcionários. O número e tipos de cargos (definidos de forma centralizada) não foram revisados desde a inauguração das unidades e não acompanharam as mudanças de demanda ou tecnológicas. As vagas ficam disponíveis apenas como consequência da rotatividade dos funcionários. Alguns dirigentes deram início a programas de treinamento, mas, mesmo nesse caso, a aprovação pela administração central é exigida. • A maioria dos funcionários é contratada por meio de concurso público conduzido pela administração central. As faixas salariais para cada função são definidas pelo estado. Os gestores só dispõem de autonomia para contratar funcionários temporários. • Os baixos salários são considerados um problema, e alguns dirigentes instituíram pagamentos de incentivo associado à produção (programa estadual). • Ações disciplinares e demissões são raras porque os processos são complicados e tomam tempo, tornando pouco efetivos esses mecanismos de controle. Um dos dirigentes afirma que a demissão exige uma transgressão "tão grave... que seja coisa de outro mundo". • Instrumentos e processos para distinguir entre funcionários com bom e mau desempenho não existem. De acordo com um dirigente, questões de RH estão enraizadas no aparelho da administração pública: "A solução de problemas de RH não depende da administração do hospital. Na verdade, não depende nem mesmo da secretaria estadual de saúde".	• Apenas dois dirigentes consideraram questões de RH problemáticas. Em um caso as decisões de RH são centralizadas na *entidade privada não-lucrativa* (EPNL) responsável, que, para o dirigente, "está desconectada da realidade do hospital". Outro dirigente mencionou a dificuldade de criar uma cultura organizacional de alto desempenho entre os funcionários, pois esses consideravam a OSS uma instituição pública. Os funcionários "precisam largar a mentalidade de servidor público... de que tudo pode e nada deve". Todos os dirigentes (ou seus antecessores) definiram a quantidade e tipo de funcionários de suas unidades. Mudanças devem ser aprovadas pela EPNL. • Todos os dirigentes relataram que a unidade recrutava e selecionava todos os funcionários. O recrutamento segue processos criados pela direção da unidade ou pela EPNL. Problemas de recrutamento estão relacionados à relutância dos funcionários a se deslocarem para bairros pobres e distantes. • Os baixos salários foram mencionados como um problema para os enfermeiros, mas duas OSS estão priorizando os recém-graduados e providenciando treinamento extra. Nenhuma OSS estabeleceu um mecanismo de pagamento por desempenho. Não há evidência de instrumentos para avaliação de desempenho. • A maioria dos dirigentes não relatou problemas com volume ou qualificação dos funcionários. Dois afirmaram que precisavam de mais funcionários, mas que limitações orçamentárias impediam mais contratações. Quase todos os funcionários internos são contratados conforme a CLT; alguns funcionários especializados são contratados via terceirização para empresas ou cooperativas. Os dirigentes dos hospitais definem os níveis de pagamento com base na realidade do mercado de trabalho local. • Todos os dirigentes relatam utilizar a CLT para demitir funcionários, aplicando os procedimentos de demissão com ou sem justa causa. A maioria prefere o método sem justa causa, que é mais rápido, apesar de mais caro, uma vez que implica o pagamento de indenização.

(continua)

QUADRO 6.3 *(continuação)*

Administração direta (N = 5)	*OSS (N = 5)*
Administração financeira e orçamentária	
• O orçamento é definido pelo estado com pouca participação da direção da unidade. • Não são especificadas metas de produção, exceto pela determinação de "manter os níveis anteriores". Nenhuma sanção está prevista para o não cumprimento dessa determinação. • Os dirigentes "administram" o orçamento e não podem transferir recursos entre itens de despesa. Se equipamentos quebram, exigindo consertos caros, os dirigentes precisam solicitar financiamento extra ou permissão das autoridades estaduais para realizar a transferência. Isso pode levar tempo, resultando em longas interrupções dos serviços.	• O teto orçamentário é definido pelo estado com pouca participação da direção da unidade, mas os orçamentos das unidades são negociados com as EPNL com base em metas de produção e custos. • Metas de produção são especificadas no contrato de gestão negociado com o estado com base no orçamento total. Uma parte do orçamento está sujeita a retenção se as metas de produção e qualidade não são atingidas. • Todos os diretores entrevistados dispunham de autonomia total para "gerenciar" o orçamento, realocá-lo entre os itens de despesa, garantir o cumprimento das metas de produção (ou perder parte da receita) e fazer compras de emergência (por exemplo, para reparo de equipamentos e peças). Alguns relataram usar o orçamento de gastos correntes para aquisições de bens de capital. • Três dirigentes relataram contrair empréstimos para cobrir déficits orçamentários por causa de atrasos na alocação do orçamento global pelo estado.
Administração de contratos (de terceirização)	
• Todas as unidades terceirizam serviços de hotelaria ou de manutenção, mas não serviços médicos ou diagnósticos. • Os gestores não negociam preços nem definem os termos do contrato. O estado define os valores de serviços para todos os contratos. • Todos os dirigentes ajustaram os preços (com aumentos de até 25%), mas apenas com aprovação da administração central e se os fundos necessários estiverem disponíveis. Os gestores não alteram termos do contrato sem aprovação da administração central. • Apenas um administrador relatou cancelamento de contrato.	• Poucos casos de terceirização de serviços de hotelaria foram relatados, exceto em uma unidade, mas manutenção e transporte são frequentemente terceirizados. Três unidades terceirizam serviços médicos (anestesista) e de diagnóstico (laboratório, radiologia e hemodiálise). • Todos os dirigentes negociam preços e termos contratuais. Também relataram realizar ajustes nos preços. Em um caso a instituição gestora (a EPNL) desempenhava essa função. • Todos os dirigentes relataram rescindir contratos devido ao baixo desempenho ou ao não cumprimento de termos contratuais.
Abastecimento	
• Faltas periódicas de suprimentos foram relatadas por quatro (dos cinco) dirigentes. • Quase todo o abastecimento é centralizado; isso é considerado burocrático e lento. Segundo um dos entrevistados, "o timing (das compras centralizadas) deve ser correto, senão o hospital fica sem estoque". • Apenas um hospital relatou possuir uma lista de medicamentos básicos padrão. • Todas as unidades têm fundos de caixa para compras de emergência de até R$ 8 mil. Licitações não são necessárias nesses casos. • Todos os dirigentes relataram problemas com a infraestrutura dos estoques (espaço físico, climatização, organização). • São mantidos estoques para três a seis meses porque o sistema de abastecimento estadual faz compras grandes porém irregulares.	• Não foi relatada falta de suprimentos. • Todas as OSS realizam processos de compras de acordo com regras internas publicadas no *Diário Oficial do Estado*. Em três unidades, os dirigentes realizam todas as compras; em duas, ela é realizada pela EPNL. Esse último procedimento é considerado vantajoso porque as EPNL participam de um esquema compartilhado de compras com outras unidades e conseguem com isso preços menores. • Compras de emergência são feitas rapidamente sem restrições (exceção feita à disponibilidade de orçamento). • São mantidos estoques para menos de 45 dias, graças à flexibilidade do sistema de abastecimento. • Nenhum problema com controle de estoques foi relatado. • Todos os hospitais desenvolveram ou adotaram uma lista de medicamentos padrão

Fonte: Ferreira 2004.

Conforme sugerido, as sanções e demissões são raras em instituições sob administração direta, nas quais os dirigentes precisam lidar com processos de demissão longos e complicados que podem levar anos, com custos pessoais e de tempo altos. Dados os curtos mandatos dos dirigentes, eles preferem evitar tais processos. Nas OSS a negligência com o trabalho e faltas recorrentes não são toleradas. A ameaça de sanção imediata e possivelmente demissão tendem a reforçar o incentivo à produtividade.

Os dirigentes públicos são impedidos de realocar recursos mesmo entre elementos de despesas sob seu controle a fim de fazer face a um aumento ou mudança da demanda, ou mesmo fazer um conserto emergencial. A lentidão e a irregularidade do processo de compras e abastecimento empreendido pelo estado contribuem para a falta de suprimentos, enquanto as compras típicas em larga escala são grandes demais para a capacidade de estocagem de muitas unidades. Todos os hospitais sob administração direta terceirizam serviços de hotelaria e operacionais. Apesar de o estado definir os preços e termos dos contratos, os dirigentes relatam ter de tomar decisões para ajustar esses itens. Os contratos são administrados em geral por unidades administrativas do governo.

De suas observações a respeito dos comportamentos gerenciais dos hospitais sob administração direta, Ferreira conclui que esse arranjo organizacional, pelo menos como praticado no estado de São Paulo, é um modelo "restritivo", "centralizado" e "deficiente" que oferece "poucas oportunidades para inovação" (Ferreira 2004: 120). Esses hospitais públicos têm dificuldade em se adaptar a um ambiente em transformação, em parte por causa da interferência política na administração e a rigidez das normas de serviço público, que limitam a capacidade do dirigente de fazer as mudanças necessárias. Ferreira cita a área de recursos humanos como a mais problemática. Ele conclui que as regras do serviço público limitam os dirigentes que tentam desenvolver e implementar uma política de recursos humanos efetiva que possa ajudar a melhorar o desempenho dos serviços e operações da unidade.[21]

Em entrevista recente com um diretor de um hospital de OSS, a importância de um ambiente favorável criado pelo modelo foi destacada:

> "Eu me convenci de que não é possível aplicar técnicas modernas de gestão de recursos humanos e ter mecanismos ágeis de compra de insumos sem as ferramentas [organizacionais] para tanto... o modelo [OSS] é bastante ágil, provendo o gerente com os meios gerenciais semelhantes aos de empresas privadas, e isso é um progresso em termos de administração [pública]... A grande virtude [do modelo] é a ausência de interferência [administrativa] da Secretaria de Estado da Saúde, que responsabiliza as OSS pelos indicadores de resultados" (*Revista de Administração em Saúde* 6[24]: 81).

A questão dos recursos humanos também foi analisada em um estudo aprofundado de práticas de gerenciamento de recursos humanos em sete unidades sob administração direta, sete OSS, quatro unidades privadas e duas unidades públicas ligadas a fundações de apoio privadas (Banco Mundial 2006a). Os resultados relatados aqui enfocam os hospitais sob administração direta e os hospitais mantidos por OSS. Os resultados confirmam o poder de decisão dos dirigentes de OSS e a falta de tal autonomia dos diretores de unidades sob administração direta, em relação a itens como controle da folha de pagamento, seleção de pessoal e definição de remuneração. É importante ressaltar que, embora as OSS disponham de informações muito mais sólidas a respeito de produção e eficiência, elas não avaliam sistematicamente o desempenho ou possuem um sistema de pagamento por desempenho. Unidades sob administração direta implementaram um programa estadual, o Prêmio Especial de Incentivo, para médicos, enfermeiros, auxiliares de enfermagem e outros profissionais de saúde. Em um resultado semelhante ao de Ferreira, o estudo concluiu que o sistema é, no geral, sem efeito porque quase todos os funcionários recebem o bônus.

Através do levantamento de informações por grupos focais,, entrevistas e pesquisas com funcionários, o estudo procurou testar quatro hipóteses relacionadas a recursos humanos para explicar o melhor desempenho observado nas OSS, quando comparadas a unidades sob administração direta. As hipóteses eram: (1) salários mais altos nas OSS permitem que os dirigentes atraiam e mantenham funcionários qualificados; (2) as OSS oferecem aos funcionários bônus específicos para a melhoria do desempenho; (3) as OSS supervisionam melhor; (4) as OSS oferecem mais oportunidades de desenvolvimento profissional e de treinamento.

Todas as hipóteses foram rejeitadas. Os resultados sugerem, em vez disso, que um elemento importante de responsabilização contribui para o desempenho: a autoridade dos dirigentes para recrutar, selecionar e demitir funcionários. Por exemplo, os diretores procuravam médicos por meio de redes informais da comunidade de profissionais de saúde do estado. Eles entrevistavam todos os candidatos e verificavam os currículos. Assim, eram capazes de selecionar aqueles que tinham um perfil mais adequado à missão da instituição e ao estilo de gestão. Os cargos de enfermagem eram anunciados publicamente, mas aqui também a seleção seguia um processo de entrevista formal.[22] Em contraste, os hospitais sob administração indireta devem seguir as regras do serviço público que exigem que os gerentes selecionem os candidatos com melhores notas obtidas em concurso com prova de múltipla escolha, padronizada e por meio de análise de currículo feita pelos administradores de recursos humanos estaduais. Os candidatos não são entrevistados, e não se considera se o candidato selecionado é adequado para a organização.

Como foi dito antes, o horário flexível de trabalho parece ser parte integral da estrutura de incentivos aos funcionários públicos, enraizado no regime de serviço público. Os profissionais da saúde têm, tipicamente, diversos empregos para conseguirem atingir o nível de renda desejado e diminuir o risco de perda de um único emprego (CREMESP 2002). A maioria dos médicos é contratada para jornadas de trabalho de 20 horas semanais, e a maioria dos enfermeiros para jornadas de 30 horas semanais. Profissionais da saúde procuram emprego ou continuam no emprego em unidades sob administração direta por causa dos horários flexíveis e da estabilidade de emprego.

Essa prática é tacitamente permitida porque os salários do setor público são considerados baixos. Não há evidências, no entanto, de que os salários em instituições sob administração direta sejam mais baixos do que aqueles pagos nas OSS, onde a negociação de carga horária é proibida. De fato, entrevistas com funcionários com experiência em ambos os modelos sugerem que as diferenças salariais não são grandes, e ainda assim as OSS conseguem maior produtividade de seu pessoal médico (Banco Mundial 2006a).

Alguns diretores de instituições sob administração direta introduziram incentivos financeiros, financiados pelo estado, a fim de aumentar a produtividade. Tais mecanismos de incentivo ainda não foram avaliados, mas é possível que o impacto seja mínimo. Os bônus são, em geral, dados a toda uma categoria de pessoal (por exemplo, médicos e enfermeiros), com pouca diferenciação entre os indivíduos. Nenhuma das OSS oferece bônus de desempenho, nem há evidência de que as OSS ofereçam mais oportunidades de treinamento ou desenvolvimento profissional do que as instituições sob administração direta.

Por fim, a pesquisa sugere que muitos profissionais consideram as OSS locais de trabalho melhores e cada vez mais prestigiosos. Essa percepção, acrescida do fato de as instalações serem recentes e o efeito "holofote" da inovação, pode contribuir para a maior produtividade. Mas, na verdade, o regime geral de incentivos – autoridade autônoma para gerenciar recursos humanos e aplicar procedimentos da CLT, responsabilidade por metas de produtividade num envelope orçamentário rígido, conforme especificado no contrato de gestão, e financiamento vinculado a produtividade – induz os dirigentes a contratarem estrategicamente funcionários com o perfil adequado às necessidades da instituição e a demiti-los rapidamente quando surgem problemas de desempenho. Em certo sentido, os profissionais devem alinhar seus incentivos pessoais com os incentivos institucionais ou procurar outro lugar.

Autonomia Gerencial e Arranjos Organizacionais

A autonomia é considerada um determinante crucial do comportamento gerencial porque "deixa os gestores gerenciarem". É considerada o principal indutor de desempenho, em parte porque oferece flexibilidade para os dirigentes comprarem e alocarem todos os insumos. Mas a autonomia não é um "estado absoluto" (Castaño, Bitrán e Giedion 2004: 3). Como mostra a experiência internacional, a autonomia é difícil de validar: varia de acordo com os modelos organizacionais, e de acordo com as dimensões de gestão dentro de cada modelo (Parker e Harding 2003). Regimes formais podem não resultar em autoridade real de decisão. É importante entender os níveis e formas reais de autoridade de decisão que determinam o comportamento.

Como assinalado acima, as estruturas organizacionais e os comportamentos gerenciais estão correlacionados. O estudo de caso das OSS mostra que, comparadas às instituições sob administração direta, as unidades mantidas por OSS empregam práticas de gerenciamento de recursos humanos, compras e de finanças mais modernas e efetivas. Autoridade sólida de decisão parece ser um fator essencial.

O vínculo entre autonomia e práticas gerenciais é explorado aqui a partir de uma análise tipológica. A tabela 6.1 apresenta a evidência disponível sobre a amplitude de autonomia decisória para as principais dimensões gerenciais de acordo com as formas de organização encontradas nos hospitais brasileiros.[23]

Os dirigentes de instituições sob administração direta e indireta são dotados de direitos de decisão limitados. Se um hospital é uma unidade orçamentária independente, como são os hospitais federais e a maioria das unidades sob administração indireta, os dirigentes têm alguma margem para gerenciar o orçamento.[24] Nos regimes de administração direta e indireta, a maioria dos governos subnacionais não permite que os dirigentes de unidades operem mecanismos de incentivos na forma de pagamentos, mesmo que haja recursos. Os dirigentes de instituições sob administração indireta também têm autonomia de decisão restrita sobre a definição da composição dos serviços e do pessoal. Seus direitos de decisão sobre contratação e demissão de funcionários são limitados; assim como no regime de administração direta, aqueles dirigentes devem seguir o regime público trabalhista e de compras.

TABELA 6.1
Autonomia Gerencial em Arranjos Organizacionais do Setor Público
(legenda: N, nenhuma ou muito limitada; R, restrita; T, total ou quase total)

			Administração autônoma		
Dimensões gerenciais	*Administração direta*	*Administração indireta*	*FA*	*SSA*	*OSS*
Recursos humanos					
Contratação e demissão	N	N	T	T	T
Promoção	N	N	T	T	T
Remuneração	N	R	T	T	T
Composição de equipes	N	R	T	T	T
Promoção	N	N	T	T	T
Composição de serviços					
Abrir ou fechar serviços	N	R	N	T	R
Compras					
Consumíveis	R[a]	R	T	T	T
Equipamento	N	N	T	T	T
Negociação de preços	N	N	T	T	T
Contratação (terceirização)					
Definição	N	N	T	T	T
Negociação	N	N	T	T	T
Gerenciamento de contratos	R[b]	R[b]	T	T	T
Orçamento e finanças					
Preparação do orçamento	N[c]	R	R	T	T
Modificação do orçamento	N[c]	R	R	T	T
Sistema de contabilidade	N	N	R	T	T
Capital					
Instalações	N	N	N	T	N
Atualização dos equipamentos	N	N	R	T	N
Organização					
Definição de estrutura	N	R	T	T	T

Fonte: Elaboração dos autores.
Nota: FA, fundação de apoio privada; SSA, serviço social autônomo; OSS, organização social de saúde.
a) As instituições federais realizam suas próprias compras. A maioria das unidades municipais não realiza. Na maioria dos casos o abastecimento é administrado diretamente pelas unidades e é limitado a pequenas compras. Alguns estados, como São Paulo, permitem que as instituições maiores comprem todos os medicamentos e suprimentos.
b) As instituições podem ter alguma autoridade para expandir ou eliminar a contratação de serviços não-médicos, mas isso geralmente é feito de forma coordenada com as autoridades governamentais.
c) As instituições operadas pelo governo federal, assim como uma pequena parte das instituições estaduais e municipais, são unidades orçamentárias independentes e assim têm alguma autonomia na gestão orçamentária.

O modelo de administração autônoma exibido na tabela 6.1 permite maior autonomia, mas também existem restrições. Todos os modelos garantem autonomia total ou quase total para decisões envolvendo recursos humanos, compras e terceirização. Apenas os serviços sociais autônomos gozam de autonomia total em todos os itens. O modelo, no entanto, é raro nos hospitais e depende de legislação federal específica. Conforme visto, as OSS garantem direitos de decisão amplos para os seus dirigentes, e esses exercem esses direitos, demonstrando comportamento e práticas de decisão autônomas em diversas dimensões administrativas. Os investimentos de capital nas OSS, no entanto, dependem e são administrados pelo governo. As OSS podem criar, eliminar e expandir seus serviços sem necessitar da aprovação do governo, mas não podem vender serviços para pacientes privados ou operadoras.[25]

Contratação e Gestão de Contratos

Conforme analisado nos capítulos 4 e 5, o contrato de gestão é um elemento crucial do regime de responsabilização que leva a resultados de desempenho comparativamente melhores. Os contratos das OSS especificam metas de produção, parâmetros de qualidade, a implementação de um sistema de prontuários médico, exigências de relatórios financeiros e processos de melhoria de qualidade. Auditorias financeiras anuais são realizadas pelo tribunal de contas estadual.

O estado de São Paulo enfrentou uma curva de aprendizado difícil no que diz respeito à gestão distanciada de contratos. Não foi uma transição simples, considerando a cultura de administração direta que permeava todos os aspectos da administração da saúde da secretaria estadual antes da introdução da política das OSS. Aprender a influenciar o comportamento dos hospitais por meio de contratos, especificamente por meio da negociação e gestão dos contratos, não foi algo que ocorreu da noite para o dia.[26] Por exemplo, o contrato original (de 1998) não incluía financiamento variável ligado a desempenho, e a especificação dos resultados exigidos não era muito precisa. Em 2001 o estado começou a reter 10% da alocação trimestral orçamentária das OSS, a ser desembolsado segundo o desempenho. Foi apenas em 2001 que a Secretaria de Estado da Saúde criou uma unidade de coordenação de contratos para supervisionar e administrar os contratos de OSS. A secretaria também obrigou as OSS a implantar sistemas de informação e contabilidade sólidos a fim de prover o estado com os dados necessários para a especificação adequada de serviços, supervisão e elaboração de orçamento. Dado os potenciais conflitos de interesses, a legislação das OSS obrigou à criação de uma comissão de avaliação independente, que foi finalmente formada em 2001. A cada trimestre a comissão, formada por representantes dos poderes executivo e legislativo do estado e da sociedade civil avalia o desempenho e o cumprimento contratual e faz recomendações de pagamento baseadas no cumprimento de metas de produção e indicadores de qualidade.

A capacidade crescente de administração de contratos do estado é outro elemento do sistema de responsabilização. O estado tem demonstrado disposição e capacidade de cobrar os termos contratuais, reter parte do orçamento variável em diversos casos e de cancelar contratos de OSS. Em 2002 uma unidade deixou de atingir as metas para a média de permanência (MP), e uma parte do orçamento variável foi retido. Outra unidade perdeu parte do financiamento variável por causa de práticas de contabilidade deficientes. Em 2004 o pagamento variável de dois hospitais foi reduzido, um por conta do não-cumprimento das metas de qualidade de informação e o outro pelo fracasso em atingir as metas de qualidade de atendimento. Em 2007 o estado deixou de renovar um contrato de OSS (com uma EPLN), em parte por conta de seu mau desempenho.

A Experiência Brasileira com Conversão de Hospitais: Superando Obstáculos na Gestão Financeira e de Recursos Humanos

A conversão de hospitais sob administração direta em arranjos organizacionais mais autônomos é uma questão importante para o Brasil, e tem sido levantada pelas autoridades subnacionais. Diversas dessas autoridades têm interesse na conversão, mas não têm capacidade institucional e conhecimento técnico para conduzir a transformação. Também temem a perda de apoio político (de sindicatos de servidores e seus apoiadores) e veem pouco apoio federal para regimes mais autônomos (quadro 6.4). Alguns estados e municípios estão revisando sua legislação a fim de facilitar a conversão. Assim, há evidências de que uma nova geração de reformas possa surgir, dessa vez com o intuito de transformar hospitais públicos em entidades organizacionais alternativas.

QUADRO 6.4
Aspectos Políticos da Implementação das OSS no Setor Saúde

As organizações sociais foram vistas como o arranjo organizacional central para a realização de ações e prestação de serviços sociais financiados parcial ou integralmente pelo governo. Conforme descrito neste capítulo, no setor saúde alguns estados procuraram introduzir o modelo de OSS em hospitais *novos*, mas apenas um punhado de hospitais *existentes* foram convertidos nesse modelo. Há diversas razões para isso.

Primeiro, a conversão exigiria que os servidores públicos abrissem mão dos direitos e proteções de que usufruem no âmbito da legislação trabalhista do setor público e ingressassem no regime de trabalho privado (CLT), que pode oferecer salários mais altos, mas não garante estabilidade no emprego. Os servidores públicos têm pouco incentivo para alterar sua situação, e o custo político de forçar a transferência seria proibitivamente alto. Segundo, uma vez que as OSS contratam todos os funcionários pela CLT, os governos locais perderiam o controle sobre oportunidades importantes para exercer clientelismo. Por fim, os debates sobre as OSS têm sido intensos e muitas vezes ideológicos. Sindicatos de funcionários públicos do setor saúde, assim como outras associações profissionais, veem nas organizações sociais uma forma de privatização ligada às reformas administrativas "neoliberais" associadas ao governo de Fernando Henrique Cardoso (1996-2002). Esses grupos são politicamente alinhados com o Partido dos Trabalhadores (PT) do presidente Lula, que assumiu o poder em 2003 e implementou uma política de fortalecimento do modelo de administração direta e expandiu o funcionalismo público.[a]

De maneira significativa, em 10 de março de 2005 o Conselho Nacional de Saúde publicou sua Deliberação Número 1, que declarava o modelo de OSS uma forma de terceirização inconstitucional e não compatível com os "princípios do SUS". O decreto exigia a eliminação das OSS e dava doze meses para que os estados e municípios tomassem as medidas cabíveis. Apesar de o decreto ter pouca autoridade legal e a alegação de inconstitucionalidade poder ser questionada, a ação mandou um recado claro para os governos locais – o Ministério da Saúde se opunha à expansão das organizações sociais. No entanto, o segundo governo Lula (2007-2011) parece ter mudado de posição e vem apoiando a legislação que cria arranjos organizacionais semelhantes ao modelo das OSS em hospitais públicos, conforme descrito neste capítulo.

a) Essa política tem como causa, ao menos em parte, o fato de os servidores públicos serem uma base eleitoral importante do partido. Por exemplo, em 2004 o governo federal tentou eliminar a prática de contratação de longo prazo de consultores sob contratos privados (CLT, temporário e outras formas) nos ministérios e determinou que todos os servidores federais que ocupassem essa posição fossem servidores públicos. Alguns ministérios e departamentos ministeriais tiveram suas equipes recompostas por meio de concurso público; outros ainda aguardam aprovação para dar início ao processo de seleção.

Apenas algumas instituições de saúde sob administração direta no Brasil foram convertidas em regimes alternativos. Essa seção relata duas experiências em curso no estado de São Paulo, com um grande centro de atendimento de emergência e ambulatorial e um hospital municipal que foram transformados em OSS.[27] Uma vez que essas iniciativas são recentes e os dados do período anterior à conversão são limitados, as conclusões relatadas aqui são preliminares e devem ser interpretadas com cautela; nenhuma dessas duas experiências foi avaliada até o momento Essas experiências, no entanto, fornecem evidências indiretas do potencial de ganho de eficiência e qualidade, assim como os empecilhos relacionados à difícil gestão de recursos humanos e as questões financeiras envolvidas na conversão. É importante lembrar que os hospitais sob regime de OSS descritos anteriormente eram novos e assim não tiveram de enfrentar as questões aqui descritas.

Caso 1: Centro de Emergência e Ambulatório Luzia de Pinho de Melo

No fim de 2004 o estado de São Paulo terminou a construção de um novo hospital dotado de 270 leitos para internação, que foi anexado a um centro de atendimentos de emergência dotado de 50 leitos de observação e uma unidade de atendimento ambulatorial especializado. Todos os 690 funcionários do centro eram servidores públicos estaduais.[28] A maioria do pessoal de saúde tinha contratos de 20 horas semanais. O novo hospital foi inaugurado sob o regime de OSS com orçamento global e contrato de gestão. A ideia inicial era que a OSS administrasse apenas o hospital, enquanto o centro de emergências permaneceria sob administração direta. Esse regime, no entanto, teve vida curta, em parte por conta das diferenças nos regimes de contabilidade e estilos de gestão dos dois modelos.

Alguns meses após a inauguração do hospital, a OSS assumiu a administração do centro de emergência e do ambulatório. Aos funcionários do centro foi oferecida a opção de permanecer na instituição sob as regras de contratação da OSS, incluindo o compromisso de cumprir com a carga horária definida, ou serem transferidos para outra instituição administrada pelo estado. Mais de 60% escolheu deixar a instituição no primeiro ano de administração como OSS, e a maioria obteve cargos em outras instituições da administração direta do estado. Quarenta e cinco por cento dos médicos (129 de 290) e 84% dos enfermeiros e auxiliares (185 de 220) procuraram cargos em outras instituições ou pediram demissão, alegando "horário de trabalho incompatível" ou "incapacidade de adaptação" ao regime de OSS.

Essa experiência sugere que os funcionários preferem negociar carga horária real (e escalas de trabalho) em hospitais da administração direta e não se submeterem às regras mais exigentes das OSS. Conforme dito, essa prática permite que o funcionário tenha mais de um emprego, o que é comum entre os profissionais da saúde de São Paulo. Por exemplo, muitos enfermeiros trabalhavam no regime "12 por 36", alternando 12 horas de trabalho com 36 horas de descanso. As OSS exigiam turnos diários de seis horas a fim de garantir assistência mais continuada e vínculos mais fortes com a instituição. A maioria dos enfermeiros deixou a instituição porque tinha outros empregos durante o período de folga. Também era do conhecimento de todos que diversos médicos trabalhavam menos tempo do que deveriam segundo seus contratos.

A OSS descobriu formas criativas de conquistar o compromisso dos servidores que permaneceram. Por exemplo, a OSS "driblava" as regras do serviço público e promoveu e concedeu aumento de salário a 36 funcionários que, não oficialmente, ocupavam cargos gerenciais, eram qualificados para tanto, mas não haviam sido promovidos devido à falta de vagas, ou por causa da rigidez nas regras do setor público. De fato, esses funcionários não recebiam remuneração compatível com sua qualificação ou com a função que desempenhavam.[29]

Reconhecendo essa discrepância, a OSS ofereceu a esses funcionários contratos sob a CLT para que trabalhassem horas adicionais com remuneração compatível em funções para as quais eram qualificados, e que já desempenhavam de fato. A OSS também ofereceu benefícios adicionais, tais como uniformes, cesta básica e seguro de vida para todos os funcionários, assim como bolsas de estudos para alguns.

A OSS assumiu a administração de uma unidade bastante desorganizada. O estoque e a farmácia centrais estavam desorganizados, com remédios com prazos de validade vencidos. A manutenção dos equipamentos era insuficiente, e as condições sanitárias abaixo dos padrões mínimos. A OSS investiu na melhoria dos equipamentos e instalações e no treinamento de funcionários. Renegociou contratos de serviços de limpeza e manutenção, reduzindo assim em 40% os gastos e atingindo desempenho adequado. Padronizou os processos de controle do fluxo de pacientes (por exemplo, triagem no centro de emergência, referência de pacientes no interior da unidade), escala de funcionários, acesso de visitantes, requisições e cobrança de materiais, central de suprimentos, controle de estoque, laboratório, farmácia, serviço de alimentação e lavanderia. Introduziu sistemas de informação para monitorar as prescrições, a distribuição, cobrança e pagamento de medicamentos. Por fim, expandiu o atendimento especializado e auxiliar oferecido no centro de emergência, acrescentando 12 especialidades e 3 serviços de diagnóstico: tomografia, mamografia e ecoencefalografia.

A maioria dessas melhorias foi financiada por meio do orçamento global negociado com o estado para o hospital recém-construído. Durante o segundo ano de operação o orçamento do centro de emergência foi incorporado ao orçamento global do hospital.[30] De forma significativa, a unidade não reteve o valor monetário dos salários dos funcionários transferidos; todas as contratações adicionais para substituir esses funcionários foram financiadas pelo orçamento global. Ganhos de eficiência derivados da renegociação de contratos de suprimentos e de serviços foram investidos na melhoria das instalações e na expansão dos serviços. Algumas das compras de equipamentos haviam sido feitas pelo governo estadual antes da conversão, mas a OSS completou a instalação do equipamento e iniciou a expansão dos serviços.

Os dados disponíveis sugerem ganhos significativos em produção e produtividade. Entre 2004 (antes da conversão) e 2006, o número anual de consultas de emergência no centro aumentou 50%. Claramente, o aumento de produção é resultado, em parte, do acréscimo de novas especialidades, tais como neurocirurgia. Além disso, a unidade de emergência (agora a sala de emergência do hospital) opera atualmente com uma equipe menor do que antes da conversão, o que sugere ganhos de produtividade. Por exemplo, em 2007 a unidade de emergência empregava 272 médicos, enfermeiros e auxiliares de enfermagem, uma diminuição de 8% em relação aos 296 registrados em 2004. O número total de funcionários - médicos, recepcionistas, técnicos, escriturários, etc. - foi ligeiramente reduzido, de 319 para 316. As melhorias nas instalações e nos equipamentos, a introdução de processos padronizados para administração de recursos materiais e medicamentos, para a organização do fluxo de pacientes e a presença contínua de médicos e enfermeiros indicam ganhos de qualidade. Em 2006 o hospital e o centro de emergência receberam o selo da Organização Nacional de Acreditação (ONA).[31]

Caso 2: Hospital Municipal de São José dos Campos

Em 2006 o município de São José dos Campos, uma cidade com população de cerca de 600 mil habitantes, ao norte da cidade de São Paulo, solicitou que uma OSS assumisse a administração de um hospital dotado de 275 leitos e operado diretamente pelo município. Em 2005 o orçamento de R$ 84,6 milhões (US$ 35 milhões) do hospital consumia aproximadamente metade do orçamento para a saúde do município.[32] Em julho de 2006 a OSS assumiu a gestão da unidade com um orçamento global e contrato de gestão, de acordo com o modelo definido pelo estado de São Paulo.

Essa unidade tinha 900 funcionários antes da conversão. Com a transformação, 200 funcionários, incluindo 102 enfermeiros, solicitaram e foram transferidos para outras unidades da rede municipal. Como no caso 1, a maioria preferiu negociar sua escala de trabalho em unidades da administração direta em vez de se submeter às regras de trabalho mais rígidas impostas pela OSS. Vale ressaltar que a administração municipal viu essas transferências com bons olhos, uma vez que elas possibilitaram que a secretaria de saúde preenchesse vagas em outros locais do sistema de saúde. A OSS contratou 809 funcionários em tempo parcial sob regime da CLT, incluindo 139 médicos, 58 enfermeiros graduados e 213 auxiliares de enfermagem, a fim de preencher necessidades urgentes de recursos humanos do hospital e de formar equipes para a expansão de serviços existentes e a abertura de outros.

Assim como a OSS que assumiu o hospital do caso 1, a OSS investiu em novas instalações e equipamentos e em sistemas de informação, num total de aproximadamente US$ 1,3 milhão. Também viabilizou aproximadamente 10 mil horas de treinamento para melhorar a qualificação do pessoal, criou processos padronizados para a gestão clínica, não-clínica e farmacêutica e introduziu um sistema de triagem no serviço de emergência. O hospital deu início a novos serviços ambulatoriais (neurologia e endocrinologia) e expandiu os serviços de cardiologia, otorrinolaringologia, fisioterapia e terapia ocupacional. Diferentemente da situação pré-conversão, os serviços internação, terapia intensiva e emergência agora operam com a presença de um contingente completo de pessoal de enfermagem. Diversas unidades de atendimento ambulatorial aumentaram o período de atendimento de 8 para 12 horas.

Dados preliminares dos 10 meses que se seguiram à conversão (agosto de 2006 a maio de 2007) sugerem ganhos de produção e de eficiência quando comparados com os dados correspondentes aos 10 meses anteriores à conversão, agosto de 2005 a maio de 2006 (tabela 6.2).[33] O volume de consultas ambulatoriais, altas de internação e cirurgias aumentou significativamente. Os atendimentos de emergência diminuíram como resultado da implementação de um sistema de triagem que reduziu o número de consultas desnecessárias. O aumento no giro dos leitos e a ligeira redução no Tempo Médio de Permanência (TMP) indicam melhoria de eficiência. A redução da mortalidade neonatal por sua vez sugere uma melhora significativa de qualidade. Segundo as autoridades do hospital, essas reduções foram conquistadas graças à melhora da gestão clínica, incluindo a contratação de um especialista em neonatologia, e a criação de um comitê de avaliação da mortalidade infantil e materna, que recomendou a implantação de procedimentos para evitar mortes futuras e a aplicação de protocolos em unidades de obstetrícia e neonatais.[34] Vale repetir que essas melhorias de desempenho, junto com o aumento de qualidade e treinamento, foram conquistadas principalmente por conta dos ganhos de eficiência, mais do que por aumentos no orçamento.[35]

TABELA 6.2
Hospital Municipal de São José dos Campos: Comparação dos Indicadores Disponíveis de Produtividade, Eficiência e Qualidade Antes e Após a Conversão

Indicador	*Antes da conversão (10 meses, agosto de 2005 a maio de 2006)*	*Após a conversão (10 meses, agosto de 2006 a maio de 2007)*	*Mudança percentual*
Consultas ambulatoriais	37.715	45.115	19,6
Consultas de emergência	211.804	205.555	–3,0
Altas de internação	12.536[a]	15.160[b]	20,9
Cirurgias	5.029	5.658	12,5
Média de Permanência (dias)	4,5	4,3	–4,4
Giro dos leitos[c]	5,0	5,9	18,0
Taxa de mortalidade neonatal[d]	8,5[e]	5,5[f]	–35,0

Fonte: Registros estatísticos, Hospital de São José dos Campos.
a) Nove meses, agosto de 2005 a abril de 2006.
b) Nove meses, agosto de 2006 a abril de 2007.
c) Média de altas por leito por mês.
d) Morte de crianças durante os primeiros 28 dias de vida por 1.000 nascimentos, 2005.
e) 2005.
f) Janeiro a junho de 2007.

O contrato de gestão financiou todo o investimento e financiamento dos gastos correntes. O contrato especificava um orçamento de R$ 81,3 milhões (US$ 37,3 milhões) para um período de 12 meses, de agosto de 2006 a julho de 2007.[36] Esse montante era essencialmente o mesmo do orçamento dos 12 meses anteriores.[37] Em outras palavras, a OSS administrou a unidade dentro da mesma disponibilidade financeira que sua predecessora, a administração municipal no regime de administração direta.[38]

Com o mesmo orçamento, a OSS financiou principalmente melhorias na infraestrutura, melhora da qualidade e expansão dos serviços, a partir de três fontes. Primeiro, a OSS retinha o valor monetário dos duzentos funcionários transferidos (evidentemente, o município tinha vagas previstas no orçamento em outras unidades de saúde para absorver esses funcionários). Segundo, as OSS conquistaram ganhos de eficiência ao renegociar contratos com fornecedores e prestadores de serviços. Por exemplo, após analisar a carga de trabalho dos funcionários terceirizados (por exemplo, segurança), a OSS exigia e garantia reduções no valor desses contratos ao eliminar funcionários excedentes.[39] A principal fonte de financiamento, no entanto, era constituída de economias não previstas, derivadas da eliminação de quase todos os pagamentos de horas extras. Antes da conversão, cerca de setecentos trabalhadores recebiam remuneração por hora extra, respondendo por quase 25% da folha de pagamento.[40] A redução significativa das horas extras resultou na economia de aproximadamente US$ 525 mil por mês, e a maior parte desse valor foi utilizada para a contratação de novos funcionários.

Lições dos Estudos de Caso

Que lições podemos tirar dessas experiências de conversão?[41] A primeira lição envolve a área crítica de gerência de recursos humanos. Em parte a fim de evitar questionamentos legais, à época da conversão garantiu-se aos servidores públicos a manutenção de seu vínculo empregatício com o governo, assim como de seus salários e benefícios. Foi-lhes dada também a opção de permanecer na unidade administrada pela OSS ou serem transferidos para outra unidade do governo. Os funcionários transferidos foram substituídos em parte por funcionários contratados pela OSS sob o regime trabalhista privado. Os dois casos revelam a relutância dos servidores públicos em aceitar regras de trabalho mais flexíveis como as exigidas pelas OSS. Quando lhes é dada a chance de escolher, muitos preferem ser realocados em outras unidades da administração direta. A experiência sugere que entre 20 e 50% dos funcionários optam por ser transferidos, mas a porcentagem pode ser mais alta entre médicos e enfermeiros. A menos que os governos subnacionais tenham uma grande necessidade de funcionários em outras unidades do sistema de saúde e possam incorporar gastos extras em seus orçamentos, acabam enfrentando dificuldades em continuar pagando os salários de servidores alocados em outras unidades, e assumirem ao mesmo tempo os custos adicionais das novas contratações para a unidade convertida. Igualmente, dada a dificuldade de demitir funcionários públicos por conta de mau desempenho, a OSS tem um acordo informal com o governo local para transferir funcionários ineptos, não confiáveis e de baixo desempenho para outras unidades do sistema. Isso pode ser ideal para garantir o compromisso institucional da equipe e melhorar o desempenho da unidade convertida, mas oferece poucas vantagens para as unidades que recebem esses funcionários indesejados. A experiência, uma década antes, com o Plano de Atendimento à Saúde (PAS) foi que os funcionários públicos que eram realocados em outras unidades tinham pouco trabalho, contribuindo para o aumento do custo do novo modelo e com pouco ou nenhum impacto sobre a produtividade.[42] Isso mostra que em qualquer sistema a recolocação de servidores públicos de baixo desempenho tem seus limites.

Os servidores públicos relutam em abrir mão do regime trabalhista público. Alguns prezam a vantagem da estabilidade. A maioria acumulou anos de contribuição no sistema público de previdência social, que oferece benefícios superiores aos oferecidos pela maioria dos sistemas privados. Sob essas condições, os servidores públicos têm mostrado pouco interesse em renunciar ao serviço público e ingressar na CLT.

Outra limitação diz respeito à quantidade de enfermeiros e médicos. O estado de São Paulo tem um vasto contingente de profissionais da medicina, mas outras regiões do país teriam dificuldades em encontrar substitutos para os funcionários de unidades convertidas, por conta da escassez de profissionais.

Uma vez que uma unidade convertida garante uma massa crítica de funcionários, sejam eles servidores públicos ou CLT, que querem estar na unidade e se submetem às regras de trabalho determinadas pelo regime de OSS, cria-se um ambiente propício para a gestão de recursos humanos que leva à melhoria de desempenho. Conforme praticado em São Paulo, o modelo de conversão, no que diz respeito a recursos humanos, é limitado pela disponibilidade de vagas para funcionários (financiadas pelo orçamento) em outras unidades do sistema de saúde que possam absorver os funcionários transferidos, e pela oferta total de profissionais no mercado que possam substituir os funcionários que preferem deixar a unidade após a conversão. Além disso, poucos servidores públicos estariam dispostos a mudar para o regime de trabalho privado. Dadas essas restrições, futuras conversões podem ocorrer de modo mais lento (e demorar mais em exibir resultados) porque os servidores públicos só seriam gradualmente substituídos por funcionários contratados pela CLT após certo período, no qual houvesse desligamento dos primeiros por demissão ou aposentadoria. Estabelecer contratos segundo a CLT com servidores públicos para que trabalhem horas adicionais (como feito pela OSS do caso 1) pode gerar compromisso dos funcionários com a instituição e melhorar a responsabilização pelo desempenho.

Conforme será discutido na próxima seção, a experiência internacional sugere que a conversão seria facilitada, e possivelmente acelerada, por uma legislação que criasse estruturas institucionais autônomas e regimes trabalhistas flexíveis para profissionais da saúde. O quadro 6.5 analisa elementos do marco legal brasileiro que podem oferecer apoio para práticas de gestão autônoma e práticas trabalhistas alternativas relacionadas ao processo de conversão de hospitais.

Uma segunda lição envolve o potencial para ganhos de eficiência e qualidade, que podem compensar os custos da conversão. Em ambos os casos, o governo não teve de aumentar significativamente o orçamento ou os investimentos para essas unidades, em virtude das economias realizadas pela redução dos gastos com horas extras, pela renegociação e gerenciamento de contratos de fornecimento e serviços, pela eliminação de funcionários excedentes e pela padronização dos processos relativos à administração de recursos materiais e clínicos, fluxo de pacientes e serviços de diagnóstico. De fato, essas economias cobriram os custos de contratação de funcionários substitutos, a extensão dos horários de serviço, a introdução de novos serviços e o investimento em melhoria nas estruturas e processos de qualidade. A limitada evidência disponível sugere que as unidades convertidas passaram a valorizar seus recursos financeiros, exibindo maiores ganhos de produção e qualidade sem grandes aumentos na folha de pagamento ou nos níveis gerais de despesas. No entanto, é preciso realizar mais pesquisas a respeito das economias geradas pela melhoria na administração de recursos com os custos de transferência e manutenção de funcionários inadaptados em outras unidades do sistema.

Em terceiro lugar, as entrevistas com os funcionários sugerem que a conversão causa um "choque cultural" com relação aos processos de gestão hospitalar e de trabalho. Ela implica transformar um estilo gerencial centrado no empregado e focado o cumprimento de normas e regras para um que é centrado no paciente e focado no cumprimento de obrigações contratuais relacionadas a desempenho. Também exige a aplicação de práticas gerenciais modernas às questões clínicas e não-clínicas. A conversão exige a responsabilização por processos e resultados onde ela não existia. Nem todos os funcionários ou administradores que passaram suas carreiras trabalhando em unidades da administração direta podem realizar essa transição. Em cada um dos casos discutidos a resistência dos funcionários manifestou-se muitas vezes através da imprensa e de políticos locais. Há uma pressão constante, em especial de funcionários transferidos para outros locais, para que se retorne à condição anterior. Apesar de a conversão ainda ser um processo em andamento, essa resistência tem sido superada por meio do apoio forte e contínuo dos governos estaduais e municipais e de organizações da sociedade civil aliadas às OSS, tais como universidades e hospitais filantrópicos. Mas as experiências também sugerem que a conversão implica investir em recursos humanos: capacitar, melhorar as condições de trabalho, oferecer acesso a novos conhecimentos e tecnologias, melhorar a remuneração, criar oportunidades de promoção e vincular os níveis de salário aos graus de responsabilidade. A rigidez do regime de trabalho do setor público, combinado com a falta de autoridade de decisão, limita a capacidade dos gestores para implementar práticas de trabalho inovadoras.

QUADRO 6.5
Conversão de Hospitais no Brasil: Limites Legais e Oportunidades

Uma emenda constitucional de 1998 (Artigo 8, que modifica o Artigo 37) obrigou a extensão da "autonomia financeira, orçamentária e administrativa" aos hospitais sob administração direta e indireta e autorizou a elaboração de projeto de lei para definir a remuneração de funcionários, assim como termos e processos contratuais. A emenda estabelecia os princípios do fundamento legal para a conversão de hospitais públicos em formas mais autônomas de organização e para lidar com a questão delicada dos funcionários em unidades convertidas. O congresso ainda não começou a elaborar a lei.

A legislação federal para as organizações sociais (OSS) não era muito específica no que diz respeito ao setor saúde ou aos hospitais. A intenção original dos autores do projeto era modificar a administração de museus, institutos de pesquisa e outras agências paraestatais em OSS. A lei continha um desincentivo para a conversão do regime trabalhista público – o principal regime nos hospitais públicos – em regime privado. A legislação das OSS (Artigo 14) proíbe os servidores de reter qualquer benefício (por exemplo, planos de carreira) e direitos (por exemplo, estabilidade no emprego) do regime público uma vez que sejam incorporados ao regime (privado) na OSS. Assim como na Colômbia, Portugal e Espanha, os autores da lei de OSS consideram que os servidores públicos seriam aos poucos substituídos, por desgaste, por funcionários contratados sob o regime privado (Bresser-Pereira 1998: 246). A lei não permite que os servidores públicos permaneçam no hospital convertido a fim de receber remunerações ou benefícios adicionais pagos pela OSS além daqueles especificados pelo regime público. Consequentemente, os funcionários de uma unidade a ser convertida tenderiam a procurar realocação, em parte porque os horários flexíveis seriam eliminados e assim mais trabalho seria exigido, sem compensação adicional.

No caso do Hospital Municipal de São José dos Campos, discutido no texto, a OSS assinou contratos baseados na CLT com servidores públicos que ocupavam cargos de direção ou desempenhavam informalmente funções para as quais eram plenamente qualificados. Também assinou contratos com servidores públicos para que trabalhassem durante horários fora do previsto pelos contratos públicos. De acordo com a OSS, tal arranjo é legal porque envolve um contrato separado e não remuneração adicional ou bônus e não interfere na carga horária prevista ou nas responsabilidades definidas no contrato público.

A conversão de funcionários também ocorreu em serviços de outras naturezas convertidos em OSS, por exemplo, diversas agências paraestatais.[a] Alguns servidores públicos optaram por demissão voluntária e aceitaram contratos privados. Essas experiências precisam ser melhor avaliadas para que se possa explicitar as nuances das práticas trabalhistas.

Fonte: Elaboração dos autores.

a) Entre essas agências estava a Associação de Comunicação Educativa Roquette Pinto (ACERP), o Instituto de Desenvolvimento Sustentável Mamirauá (IDSM) e o Instituto Nacional de Matemática Pura e Aplicada (IMPA).

Por fim, a conversão implica conquistar a adesão dos clientes e da comunidade. A redução das listas de espera, a melhoria da qualidade, expansão dos serviços e a extensão dos horários ajudaram a conquistar o apoio da comunidade para as unidades convertidas. Será ainda melhor se esses benefícios forem visíveis a curto prazo.

Experiência Internacional com a Conversão de Hospitais

A experiência internacional sugere que a conversão é um processo paulatino de longo prazo, repleto de desafios políticos. Apesar de nenhuma avaliação rigorosa dos efeitos da conversão sobre o desempenho ter sido publicada, avaliações preliminares em diversos países sugerem que houve ganhos em eficiência e produtividade, sem perda de qualidade ou diminuição da satisfação dos pacientes.[43] A conversão, no entanto, não ocorre isoladamente. A experiência demonstra que ela deve ser parte de um conjunto mais amplo de reformas do sistema hospitalar, orientado para a racionalização dos serviços e para a melhoria da eficiência e da qualidade. Alguns aspectos importantes de tais iniciativas consistem na reforma dos mecanismos de pagamento, na separação entre as funções de finanças e prestação, na redução de infraestrutura excessiva e na consolidação de serviços duplicados, a introdução de estruturas de organização autônoma e a modificação das práticas de gestão de recursos humanos. O restante deste capítulo resume experiências em seis países que procederam à conversão de hospitais públicos: Áustria, Austrália, Colômbia, Estônia, Portugal e Espanha. A discussão enfoca três elementos essenciais do processo: a formulação de um plano diretor, a modificação do marco legal e regulatório, e as regulações que afetam a administração dos recursos humanos.

Marco Legal e Regulatório

A legislação define o cenário para a transformação gradual da gestão e governança de hospitais públicos. Em todos esses países foi aprovada uma legislação convertendo unidades públicas em instituições privadas não lucrativas (por exemplo, fundações, instituições filantrópicas, associações, empresas de capital aberto) sob lei que rege a iniciativa privada. Um plano diretor preparou o caminho para a elaboração do projeto de lei. Arranjos organizacionais alternativos criados na Áustria, Colômbia, Estônia e Espanha são comentados a seguir.

Áustria

A partir de fins dos anos 1990, os hospitais municipais, com seus ativos, foram transferidos para empresas holding hospitalares em nível estadual, criadas sob a lei empresarial privada em cada um dos nove estados austríacos.[44] Apesar de as unidades serem de propriedade do governo, elas são administradas efetivamente pelas empresas. O governo estadual continua sendo o principal acionista dessas empresas e mantém relações contratuais com elas. Esse modelo tem a vantagem adicional de inserir a maioria das unidades em uma rede multihospitalar sob comando e administração únicos (a empresa holding). Isso possibilitou a integração horizontal das unidades de cada estado e conduziu a ganhos de eficiência por meio da redução de infraestrutura subutilizada, fusão de serviços hospitalares e de especialidades e pela centralização de funções de apoio e diagnóstico, tais como serviços de laboratório e de tecnologia de informação.[45] As reformas organizacionais foram acompanhadas pela introdução de mecanismos de pagamento por grupos de diagnósticos (DRG) para os hospitais. Os resultados em termos de contenção de custos foram impressionantes; uma vez implementadas as reformas, os aumentos anuais de custos foram reduzidos à metade (Fidler et al. 2007: 332).

Colômbia

A Lei n. 100 de 1993 introduziu uma onda de reformas de longo alcance e transformou o sistema de saúde colombiano. Uma característica central da reforma foi a conversão de hospitais administrados pelo governo ou pela previdência social em organizações autônomas, conhecidas como empresas sociais do estado (*empresas sociales del estado*, ESE), submetidas às normas de direito privada. Em 2004 quase todos os hospitais secundários e terciários haviam sido convertidos em ESE. Os dirigentes dos hospitais gozam de poder de decisão com respeito a abastecimento e compras, *case mix*, processos administrativos e investimentos de capital, mas não gozam da condição de reclamantes residuais e, conforme explicado a seguir, são dotados de autoridade de decisão limitada sobre questões de recursos humanos. Decisões que dizem respeito ao uso de fundos adicionais são de responsabilidade do governo. A administração é supervisionada por comitês de gestão formados por representantes do governo, funcionários e usuários. Em face da reforma, as ESE competem por contratos de seguradoras e HMO, mas recebem subsídios diretos do governo para prestar serviços a pacientes que não cobertos por seguro de saúde. Em acordo com a reforma ESE, o governo está reestruturando os hospitais públicos a fim de melhorar a eficiência e qualidade da atenção e criar condições para que os hospitais sejam competitivos no mercado de serviços de saúde. A reestruturação envolve a redução de custos com funcionários e das dívidas com fornecedores, a introdução de técnicas modernas de gestão e a implementação de financiamento por desempenho junto a governos e seguradoras. Toro et al. (2007) concluíram que os 179 hospitais reestruturados exibem maior produção e produtividade e menores custos de produção do que as unidades sob administração direta; os déficits operacionais também foram significativamente reduzidos.

Estônia

Uma lei nacional de 2001 converteu hospitais públicos em fundações privadas ou companhias de capital aberto. Em cada instância foi garantida independência legal aos hospitais, com autonomia financeira e gerencial, mas os ativos permaneceram como propriedade pública. Quase todas as unidades operam de acordo com a legislação sobre iniciativa privada para a gestão de recursos, incluindo recursos humanos. A extensão da condição de reclamantes residuais e o acesso ao mercado variam. Em diversos casos a legislação obriga à formação de conselhos diretores nas unidades que são responsáveis pelo desempenho financeiro e operacional. O governo, por ser o principal acionista ou o instituidor das fundações e empresas, é fortemente representado nos conselhos. Em consonância com o plano diretor para investimentos em hospitais, diversas unidades foram consolidadas em virtude dos arranjos organizacionais recém-criados. Algumas fundações, assim, administram redes multiunidades com hospitais, unidades ambulatoriais e centros diagnósticos. Essas transformações resultaram em melhoria de eficiência por meio do fechamento de unidades, redução da capacidade ociosa de leitos, unificação de serviços duplicados e melhoria da gestão clínica. Dados de três redes regionais indicam uma redução significativa de leitos e do TMP, junto com aumentos da ocupação de leitos e do giro de leitos, como resultado das reformas (Fidler et al. 2007).

Espanha

Desde o início dos anos 1990 diversos governos provinciais independentes deram início a reformas de seu sistema público hospitalar, criando um leque de regimes alternativos autônomos. Esses esforços eram parte de uma reforma mais ampla, envolvendo a separação das funções de compra e prestação de serviços e a aplicação de contratos baseados em desempenho. Diversos tipos de organizações foram legalmente criados: fundação (*fundación*), consórcio (*consorcio*), empresa pública (*sociedad mercantil pública*, ou *entidade pública* empresarial) e organizações autônomas (*organismo autónomo*). Dependendo do marco legal e regulatório, que era muitas vezes específico dos governos subnacionais como das instituições individuais, esses novos regimes foram implementados em unidades públicas convencionais que eram até então unidades orçamentários do governo. No novo regime, os hospitais passaram a receber financiamento por meio de orçamento global e outros mecanismos especificados em contratos com o comprador público. Esses novos arranjos organizacionais ainda não foram avaliados.

Gestão de Recursos Humanos

As regras que definem as práticas trabalhistas podem facilitar ou restringir a capacidade de uma organização em gerenciar a sua mão de obra de forma eficiente. A legislação que restringe a flexibilidade da gestão de recursos humanos nas unidades de saúde tem sido questionada em sistemas públicos no mundo todo. Diversos países europeus, por exemplo, têm gradativamente substituído modalidades macrorregulatórias de administração de recursos humanos, rígidas e "processualmente tortuosas" por formas microrregulatórias mais flexíveis e direcionadas (Dubois, McKee e Nolte 2006).[46] Esses instrumentos regulatórios demandam maior responsabilização e melhora de desempenho das organizações de saúde. As organizações têm gradualmente sido dotadas de maior autoridade de decisão por meio de uma transformação progressiva do controle burocrático e centralizado para regimes mais descentralizados. Flexibilizar a administração dos funcionários das instituições autônomas recém-criadas foi um dos objetivos das reformas do sistema hospitalar em diversos países.

Em muitos países, como o Brasil, os principais empecilhos para a conversão de unidades são as regras trabalhistas rígidas do setor público e o caráter centralizado (e frequentemente politizado) das decisões ligadas à gestão dos recursos humanos.[47] Diversas soluções para essas podem ser encontradas em países que converteram ou estão convertendo seus hospitais públicos. Na Colômbia, Portugal e Espanha modelos de transição surgiram baseados em legislação ou em políticas implícitas ou explícitas. Nesses países, a conversão é um esforço de longo prazo, que depende da saída por demissão voluntária ou aposentadoria dos servidores públicos e sua substituição por funcionários contratados pelo regime trabalhista privado. Em outros casos, tais como o da Áustria e Estônia, a legislação exigia a renúncia à condição de servidor público e rápida incorporação sob a legislação privada.[48]

Portugal

Os funcionários podiam escolher entre permanecer no regime público ou mudar para contratos privados. A maioria dos funcionários antigos optou por permanecer como servidores públicos, mas os funcionários novos passaram a ser contratados por meio de contratos privados. Assim, a conversão dos funcionários será realizada gradativamente, por consequência de aposentadoria ou demissão voluntária, enquanto os hospitais operam com funcionários de ambos os regimes. O governo prepara planos de carreira para os novos integrantes dos quadros de pessoal.

Espanha

Os hospitais receberam o direito de gerenciar recursos humanos sob o regime trabalhista do setor privado. No entanto, em todos os casos, as unidades mantiveram o regime de funcionalismo público, em parte por conta de pressões de sindicatos de funcionários públicos. No entanto, um modelo de transição surgiu em diversos governos provinciais. Como em Portugal, a condição de servidor público e as tabelas de salário para os funcionários já contratados foram respeitadas, mas a esses funcionários foi dada a opção de permanecer na condição de servidores públicos ou serem recontratados sob o regime privado de trabalho. Isso, da mesma forma que a figura do contrato de trabalho de direito privado brasileiro, deu aos gestores maior flexibilidade em quase todos os aspectos da administração de recursos humanos. Foram estabelecidos sistemas de incentivo a fim de estimular os funcionários a migrar para o regime privado de trabalho, mas aos funcionários de algumas unidades foi dada a chance de mudar de ideia mesmo depois de optar pelo regime privado: podiam tirar licença e retornar ao regime público depois de três anos. Na maioria dos casos os novos funcionários foram contratados pelo regime privado. Em algumas unidades os médicos e outros profissionais receberam incentivos especiais a fim de estimular a "dedicação exclusiva" à unidade, em tempo integral, facilitando assim a criação de um quadro de pessoal fixo.

Colômbia

As ESE estão sujeitas a certas restrições em seu poder de decisão na administração de recursos humanos. Os conselhos diretores e os gerentes de unidades devem obedecer a regras trabalhistas públicas complicadas de administração de recursos humanos, que limitam severamente sua possibilidade de definir salários e avaliar, demitir, promover ou transferir empregados. Acordos coletivos que regulamentam certos cargos e funções limitam ainda mais a autoridade de decisão das ESE. À luz da forte presença de autoridades públicas nos conselhos das ESE, pode-se dizer que as decisões a respeito de funcionários permanecem nas mãos do governo. Por causa do caráter politicamente delicado do assunto, o governo não tem uma política explícita de gestão de recursos humanos nos regimes de ESE. No entanto, uma vez que as ESE individualmente podem contratar novos funcionários sob o regime trabalhista privado, uma política implícita vem sendo implementada pela maioria das unidades, que implica a substituição gradual dos servidores públicos por pessoal contratado por terceirização e por contratos individuais. À medida que os servidores públicos se aposentam ou pedem transferência para outras unidades, são substituídos por funcionários contratados por meio de um desses mecanismos. Estima-se que 20% dos funcionários é hoje contratado por meio desses regimes, expandindo assim a flexibilidade na gestão de recursos humanos.

Áustria e Estônia

A legislação austríaca exigia a transferência dos funcionários dos hospitais para as instituições holding privadas não lucrativas que assumiram a gestão dos hospitais, mas eles permaneceram contratados segundo o regime público. Alguns direitos especiais, tais como horários de trabalho flexíveis e proteção contra demissões e transferências, foram abolidos, e a lei trabalhista pública foi modificada a fim de permitir que as empresas administrassem os funcionários segundo um regime essencialmente semelhante ao privado. Assim, os funcionários passaram a responder à companhia que assumiu os hospitais, que tem o direito de decidir a respeito de contratação, demissão e transferência de funcionários. A remuneração continua a obedecer ao regime trabalhista público. Diferentemente dos modelos de transição descritos acima, as autoridades austríacas consideraram importante ter todos os empregados contratados sob um regime trabalhista único, mas flexível.

Na Estônia os direitos dos servidores públicos foram revogados para todos os profissionais médicos, que foram incorporados ao regime trabalhista privado. Ali foi fundamental para os planejadores do governo garantir aos administradores dos hospitais direitos irrestritos de empregador.

Práticas Gerenciais no Setor Privado Filantrópico

Esta seção analisa a formalidade das funções gerenciais, assim como a adequação das práticas gerenciais em hospitais filantrópicos financiados pelo SUS. Ela se apoiou principalmente nos resultados de um levantamento realizado por Barbosa et al. (2002).[49] A discussão enfoca a composição da equipe de gerentes, as práticas de gerenciamento e a avaliação geral da competência dos administradores.

Equipe gerencial

Entre um terço e a metade dos gerentes nos hospitais filantrópicos trabalham meio período, e mais de metade são voluntários, como visto no capítulo 5. A informalidade da gestão hospitalar se reflete nos outros cargos. A tabela 6.3 mostra a porcentagem de unidades que possuem cargos formais para funções de gestão hospitalar essenciais, gerais e especializadas (a existência de cargos formais, no entanto, não significa que as vagas tenham sido preenchidas). A maioria das unidades menores (com, em média, 75 leitos) relata a ausência de tais cargos para gerência financeira, de recursos humanos, serviços gerais, materiais e informação. Uma vez que muitas dessas unidades prestam um volume pequeno de atendimento em internação, essas funções podem ser assumidas pelo diretor médico da unidade ou por executivos das organizações filantrópicas ou beneficentes (OFB). No entanto, entre 20 e 30% dessas unidades carecem de cargos para diretor médico, de enfermagem e geral, o que sugere que essas funções são de responsabilidade dos executivos das OFB. Não se sabe até que ponto essas funções são realmente assumidas pelos gerentes das OFB. Parecem ser, no melhor dos casos, incipiente a definição clara de linhas de autoridade e responsabilidade nas unidades filantrópicas menores, dado que tanto as funções de governança quanto as funções gerenciais estão geralmente centralizadas em um ou dois executivos voluntários pertencentes à OFB, que trabalham em tempo parcial, e não existem cargos gerenciais formais e específicos.

A maioria dos hospitais maiores relata ter cargos formais para diretor médico e de enfermagem, mas muitos carecem de cargos para recursos humanos, serviços gerais e administração de materiais. Considerando o tamanho dessas unidades (mais de 599 leitos), o volume de serviços exigiria provavelmente arranjos mais formais que demandam funcionários especializados trabalhando em período integral. Quase todos os hospitais não vinculados ao SUS relatam ter um contingente completo de gerentes gerais e especializados.[50] Pode-se argumentar que a posição que ocupam no mercado leva essas organizações a desenvolverem estruturas administrativas modernas e especializadas nas unidades.[51]

TABELA 6.3
Cargos Formais de Gestão em Hospitais Privados Filantrópicos, por Função Principal e Categoria do Hospital, 2001
(%)

Cargo ou função	*Pequenos (N = 64)*	*Grandes (N = 15)*	*Conglomerados (N = 81)*	*Não vinculados ao SUS (N = 10)*
Diretor médico	81	93	64	100
Diretor de enfermagem	78	93	67	100
Diretor geral	67	73	81	90
Diretor financeiro	41	73	N/D	90
Gerente de recursos humanos	33	60	N/D	100
Gerente de materiais	32	53	N/D	90
Gerente de serviços gerais	29	60	N/D	70
Gerente de informática	29	93	N/D	90
Assessoria de Planejamento[a]	12	27	N/D	40

Fonte: Barbosa et al. (2002).
Nota: N/D, informação não relatada ou não disponível.
a) Inclui a contratação de serviços de consultoria.

Práticas Gerenciais

A tabela 6.4 mostra a frequência de práticas e instrumentos gerenciais específicos para cada categoria de hospital filantrópico. Alinhada aos padrões de administração discutidos anteriormente, a maioria das unidades menores não implementou práticas e instrumentos essenciais ligados a finanças, recursos humanos e materiais e manutenção. Mais de metade delas aparentemente não possui estrutura organizacional formal, como evidenciado pela ausência de quadro organizacional.[52] Quase todas as unidades pequenas carecem de sistemas de informação eletrônicos para dar apoio à gestão clínica e não-clínica. Técnicas de gestão modernas são mais visíveis em hospitais maiores, e mais uma vez os hospitais não financiados pelo SUS são mais avançados no que diz respeito à implementação formal de práticas de negócios essenciais. A avaliação de desempenho dos recursos humanos é comum na maioria das unidades, mas em geral não existem sistemas de promoção.

Alguns poucos hospitais pequenos oferecem oportunidades de treinamento para os funcionários ou dispõem de sistemas de incentivos, monetários ou não. Essa limitação (não mostrada na tabela) poderia contribuir para a alta rotatividade de funcionários – mais de 20% anualmente – referida por um quarto dos hospitais menores. Unidades maiores, com sistemas de recursos humanos mais sólidos, relatavam taxas de rotatividade de funcionários mais baixas.

Parte significativa dos hospitais independentes financiados pelo SUS não tem planos de negócios formais, o que sugere que muitos deles carecem de estratégias de negócios de médio ou longo prazo para a assistência à saúde. Monitoramento sistemático, auditorias internas e análise de desempenho parecem ser os aspectos mais precários em todos os

TABELA 6.4
Instrumentos e Práticas Gerenciais Formais em Hospitais Filantrópicos, por Categoria, 2002
(%)

Instrumentos e práticas gerenciais	*Pequenos (N = 26)*	*Grandes (N = 15)[a]*	*Conglomerados (N = 81)*	*Conveniados ao SUS (N = 10)*
Organograma	44	93	82	90
Análise de desempenho[b]	30	N/D	N/D	80
Sistema de monitoramento[c]	26	47	31	80
Análise de mercado	26	67	33	60
Planejamento formal	26	47	68	60
Recursos humanos				
Tabela de salários	51	80	48	90
Especificação de funções	12	27	7	50
Avaliação de desempenho[d]	41	60	64	90
Sistema de promoção	9	33	12	40
Auditoria				
Independente	30	85	N/D	100
Interna	21	54	N/D	40
Finanças				
Orçamento anual	36	60	74	80
Avaliação orçamentária	29	53	57	80
Registro de fluxo de caixa	32	69	N/D	90
Contas a pagar / a receber	83	88	N/D	100
Fundo de depreciação	30	77	N/D	100
Sistema de apuração de custo hospitalar	35	34	N/D	80
Materiais				
Inventário anual	30	58	N/D	70
Uso de método ABC[e]	23	67	52	N/D
Padronização de produtos[f]	38	80	63	N/D
Manutenção de equipamento				
Preventiva	54	100	85	N/D
Registros de manutenção	30	93	57	N/D

Fonte: Barbosa et al. 2002.
Nota: N/D, informação não relatada ou não disponível.
a) Para auditoria e finanças (não orçamentária), N = 26.
b) Por serviço, função, ou global (formal).
c) Inclui o uso de objetivos e indicadores.
d) Sistemático e formalizado.
e) Custeio por atividade (técnica comum de controle de estoque segundo a qual os materiais são priorizados de acordo com os gastos).
f) Materiais médicos apenas.

hospitais, com exceção das unidades não vinculadas ao SUS. Isso é talvez a conclusão mais preocupante: poucos hospitais se preocupam com o desempenho. Dados sobre desempenho não são levantados ou analisados, impedindo a identificação de problemas e o desenvolvimento de medidas corretivas. A falta de preocupação com o desempenho compromete a capacidade de uma organização de oferecer padrões mínimos de qualidade dos serviços ou de sobreviver em um ambiente cada vez mais complexo e exigente. Esse ambiente é caracterizado por transformações nas políticas públicas, modificações nos sistemas de pagamento, avanços tecnológicos, aumento de custos, aumento da concorrência, mudança nas características da força de trabalho e o aumento das expectativas da comunidade – o que exige práticas modernas e sólidas de governança e gestão.

Avaliação da Gestão

Com base nas respostas ao levantamento de aproximadamente setenta questões a respeito de gestão, estrutura organizacional e práticas gerenciais de hospitais filantrópicos, Barbosa et al. (2002) elaboraram um índice de modernidade gerencial. O índice classifica, em uma escala de 0 a 10, seis dimensões gerenciais essenciais: gerência de planejamento e executiva; gerencia econômica e financeira; recursos humanos; logística (materiais); serviços técnicos (atendimento médico); e tecnologias de informação. Os pesquisadores classificaram como "incipientes" (inferiores) as unidades que atingiram menos que 5 e como "em desenvolvimento" aquelas que atingiram de 5 a 9 pontos na escala. As unidades que receberam a pontuação máxima de 10 foram classificadas como "avançadas". O índice foi avaliado em 63 hospitais pequenos, 13 grandes financiados pelo SUS e 10 hospitais não vinculados ao SUS (figura 6.6).

FIGURA 6.6
Pontuação de Desenvolvimento Gerencial em Hospitais Filantrópicos, por Categoria, 2001

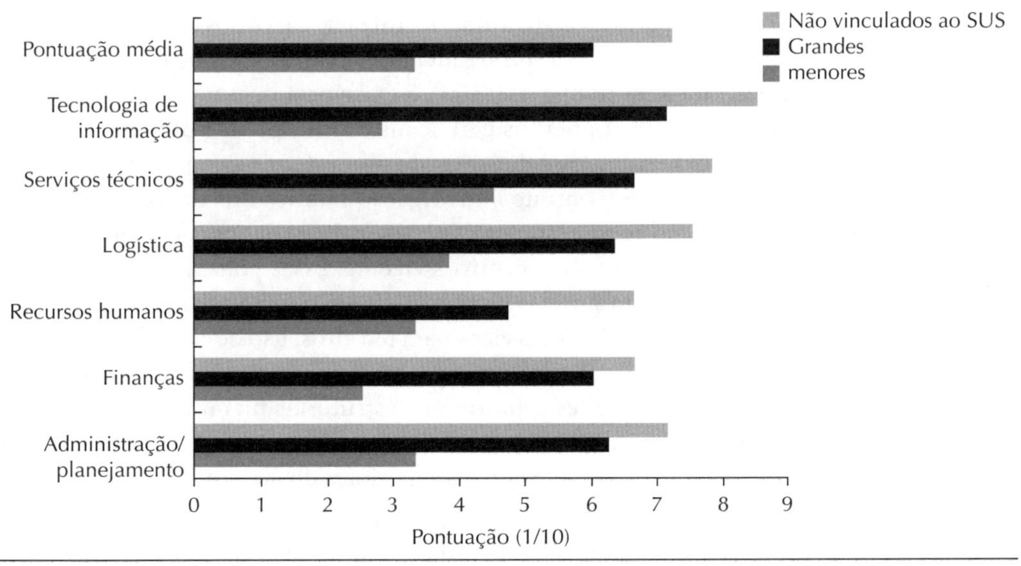

Fonte: Barbosa et al. 2002.

Nota: Pontuação máxima = 10.

Para unidades menores, a pontuação média foi de 3,4. A maioria (82%) de suas estruturas e processos gerenciais foi classificada como "incipiente". Apenas 11 unidades (17%) receberam 5 ou mais pontos. A pontuação das unidades menores foi especialmente baixa para funções relacionadas à gerência financeira (2,6) e gerência de informação (2,9). Foram mais bem sucedidas em serviços técnicos (4,6).

Considerando as unidades maiores, a pontuação média foi 6,1, mas 5 dos 13 hospitais foram classificadas como "incipientes", e o restante (8) entrou na categoria "em desenvolvimento". Apesar de diversas unidades terem recebido 10 pontos para aspectos gerenciais específicos, nenhum grande hospital recebeu 10 em todos os aspectos. Os hospitais maiores – aqueles com mais de 600 leitos – receberam pontuação máxima. Esse subgrupo (não mostrado na figura) teve maior pontuação para tecnologia de informação, serviços técnicos e logística, tendo ficado para trás em recursos humanos e a gestão financeira.

Por fim, os hospitais não financiados pelo SUS tiveram o melhor desempenho, exibindo pontuação média de 7,2. Quase todos (9 dos 10 hospitais incluídos) estavam na categoria "em desenvolvimento". Apenas um hospital desse grupo, uma unidade pequena dotada de 50 leitos, foi classificado como "incipiente". Assim como no caso das instituições grandes financiadas pelo SUS, diversos hospitais do grupo não vinculado ao SUS receberam pontuação máxima em diversos aspectos administrativos, mas nenhum recebeu 10 em todos os quesitos. O grupo recebeu pontuação mais alta, em média, para tecnologia de informação, serviços técnicos, logística e administração de materiais e gerência executiva e planejamento. Na maior parte dos quesitos a pontuação era mais do que o dobro daquela recebida pelas instituições financiadas pelo SUS, geralmente menores.

Resumo da Avaliação e Recomendações

A partir dos resultados relacionados a desempenho relatados no capítulo 5, este capítulo explorou o que se conhece a respeito das estruturas organizacionais e dos ambientes de incentivos que afetam as práticas gerenciais, a fim de identificar os fatores que contribuem para melhor desempenho nas unidades públicas. É clara a existência de uma forte relação entre arranjos organizacionais e comportamentos gerenciais. Os hospitais públicos dotados de arranjos organizacionais flexíveis no que diz respeito ao poder de decisão sobre insumos, mecanismos de responsabilização (contratos, divulgação pública dos dados e informação sobre o desempenho), exposição ao mercado e definição explícita de funções exibem práticas gerenciais alinhadas com o ambiente de incentivos vigente. Essas práticas incluem planejamento estratégico, introdução de programas para medir e melhorar a satisfação dos clientes, expansão da receita por meio da venda de serviços para terceiros, uso de sistema de pagamentos associados a incentivos e a aplicação das regras privadas para contratação e demissão de funcionários. Em contraste, as unidades sob arranjos estruturais hierárquicos, usualmente no modelo da administração direta, exibem comportamento normativo – processos administrativos, regras e controles exigidos pelos níveis superiores do governo.

Os principais problemas ligados ao ambiente de gestão e governança de hospitais tradicionais e às burocracias governamentais a que respondem também foram avaliados: regras complexas de compras e centralização irracional dos processos de compras; gerenciamento de recursos humanos sujeito a regras rígidas do serviço público; falta de informação para planejamento e monitoramento; e descompasso entre planejamento e orçamento. Dadas ao caráter restritivo das regras de funcionamento do serviço público e a centralização excessiva da gestão de recursos humanos e das decisões de compras, associadas à insuficiência de informação, os gestores de unidades públicas carecem dos meios necessários para melhorar o desempenho de suas unidades.

As instituições com modelos alternativos tiveram desempenho melhor do que as tradicionais ou sob administração direta, como mostrado no capítulo 5. Nem todas as unidades, no entanto, se encaixam nesse esquema. Dois hospitais com estruturas de organização flexíveis exibiram comportamento normativo mais alinhado a unidades convencionais da administração direta, e um hospital sob estrutura hierárquica exibiu comportamentos mais próprios do grupo alternativo. Mais pesquisas são necessárias para que se possa destrinchar a relação entre estruturas e comportamentos nessas unidades.

Apesar de parecer que a autonomia melhora o desempenho dos hospitais públicos, a relação entre autonomia e desempenho não parece funcionar tão bem nos hospitais privados filantrópicos. Sem contratos para cumprir ou concorrência a enfrentar, há pouca pressão para o desempenho. As práticas gerenciais nesses hospitais estão longe de serem ideais, especialmente nas unidades menores – a grande maioria dos hospitais privados financiados pelo SUS. Um número preocupante dessas unidades carece de instrumentos gerenciais – por exemplo, orçamento formal, tabela de salários e especificação de funções – e de processos tais como monitoramento, controle de inventário e manutenção. Muitos hospitais pequenos e médios parecem não ser gerenciados, ou ser informalmente administrados, sugerindo ineficiência e baixa qualidade.[53] Todas essas unidades dependem muito dos repasses do SUS para sua sobrevivência econômica.[54] Parte do problema está nos mecanismos de contratualização do SUS e em na abordagem passiva adotada nessa contratualização.

Por Que as OSS Funcionam

Na forma como foram implementadas pelo governo do Estado de São Paulo, as OSS, cujo modelo implica a separação entre as funções de compra e prestação de serviços, são o exemplo mais sólido de arranjo organizacional alternativo nos hospitais públicos brasileiros. O capítulo examinou as razões que levam as OSS a exibirem melhor desempenho. Os gerentes de OSS respondem ao ambiente de incentivos inerente a esse arranjo organizacional aplicando a legislação privada para a gestão de recursos humanos, em especial para as práticas de contratação e demissão; desenvolvendo e implementando processos e procedimentos eficientes de compras e abastecimento; demonstrando responsabilização pelo cumprimento dos termos contratuais; terceirizando serviços quando é economicamente vantajoso; e administrando e realocando recursos a fim de atingir objetivos de produção. Igualmente importante é a clara disposição do estado de fazer cumprir termos contratuais por meio da redução ou retenção dos pagamentos, ou do cancelamento total dos contratos.

Os elementos do modelo de OSS merecem a atenção dos formuladores de políticas públicas. Os resultados sugerem que um regime de responsabilização foi posto em funcionamento nesse modelo, que inclui cinco características essenciais: autonomia, flexibilidade na gestão de recursos humanos, compra estratégica (com seleção dos prestadores), garantias de cumprimento do contrato e um ambiente de informação sólido. Juntos, constituem as bases de uma estratégia de reforma do setor hospitalar brasileiro.

Autoridade Autônoma

A autonomia, embora provavelmente insuficiente para sustentar por si só um bom desempenho, parece ser a característica crucial dos modelos de organização. A autonomia possibilita flexibilidade administrativa para os hospitais. Sem autonomia, é difícil para os gerentes serem responsabilizados pelos objetivos ou incentivos do sistema – sejam eles especificados nos contratos, normas ou regulamentações ou embutidos nos mecanismos de pagamento. Sem autoridade, os dirigentes não podem assumir a responsabilidade financeira pelos resultados finais, expandir a capacidade instalada, alterar as combinações de insumos e de serviços, incorporar novas tecnologias ou melhorar a qualidade e satisfação do paciente. O governo exerce controle hierárquico excessivo sobre a maioria dos hospitais públicos brasileiros, de maneira que estes funcionam como unidades administrativas burocráticas com pouca autoridade de decisão. Os gerentes hospitalares são implementadores de decisões tomadas em outros órgãos do governo; têm flexibilidade limitada para cumprir seus papéis de liderança e autoridade. A falta de autoridade para gerenciar seu pessoal, junto com o seu mandato relativamente curto, contribui para um fenômeno que pode ser descrito como "gerenciando o não gerenciável".

Gerenciamento Flexível de Recursos Humanos

Apesar de a autonomia criar as condições que viabilizam a gestão bem-sucedida de recursos humanos, os resultados relatados aqui sugerem que nem todos os gerentes de estruturas organizacionais autônomas implementam de fato práticas de recursos humanos eficientes. Os diretores de OSS se valem, no entanto, de sua autoridade para aplicar normas do regime privado e assim identificar e recrutar profissionais qualificados que se enquadrem na organização. Eles recrutam funcionários por meio de redes informais e anúncios públicos, e todos os candidatos são entrevistados. Nenhum dirigente de OSS utilizou a prática de concursos públicos, nos quais a burocracia estatal, sem realizar entrevistas, seleciona os "vencedores" com base em análise de currículo e na pontuação obtida em provas de múltipla escolha. Sob tal sistema, os gestores das unidades possuem pouca flexibilidade ou possibilidade de decisão.

Os gestores de OSS também parecem dispostos a demitir funcionários que não têm bom desempenho, aplicando a modalidade "sem justa causa", que permite demissões sumárias, mas exige o pagamento de indenizações. Demissões dentro do regime trabalhista público são processos demorados que poucos dirigentes estão dispostos a enfrentar. Além disso, ao contrário de seus equivalentes da administração direta, os gestores de OSS não estão presos a padrões rígidos de lotação, que raramente são atualizados. Eles acrescentam, transferem ou cortam funcionários a fim de responder a mudanças tecnológicas e de demanda.

Por fim, a experiência das OSS contradiz um axioma normalmente aceito entre os servidores públicos em unidades hospitalares – a necessidade de compensações, ou trocas de favores, pelos quais os funcionários ganham flexibilidade na sua carga horária real em troca de um salário baixo. As OSS não pagam a seus funcionários salários significativamente mais altos do que as instituições públicas, mas são capazes de exigir melhor desempenho.

Compra Estratégica

O conceito de compra estratégica entrou recentemente na agenda política do Brasil, mas apenas em poucos estados. A compra estratégica implica contratos de aquisição (contratualização) "mais criteriosos e prudentes" (Robinson, Jabubowski e Figueras 2005a: 7). Envolve a identificação seletiva dos fornecedores, a especificação correta dos produtos, a vinculação do pagamento ao desempenho e a gestão e implementação cuidadosas dos contratos pelo contratante. "Compra estratégica" significa substituir agentes pagadores governamentais passivos por "agentes compradores inteligentes" que procuram maximizar o desempenho dos serviços contratados (Preker 2005: 38).

O Estado de São Paulo foi o primeiro a passar de um modelo público de controle e comando integrado de contratação passiva de fornecedores privados para um modelo que envolve a contratação ativa, com objetivos específicos de desempenho definidos pelo estado. De maneira importante, esses objetivos estão vinculados ao financiamento. Conforme aplicado nos hospitais gerenciados por OSS, o estado tem substituído o controle hierárquico pela relação contratual. As OSS têm como missão fornecer cuidados de saúde em áreas de baixa renda do Estado de São Paulo, onde o acesso a serviços hospitalares tem sido problemático. Por meio do direcionamento à população carente, a maioria das OSS foi construída em favelas. De acordo com os contratos de gestão, as OSS não podem prestar serviços a pacientes com seguro de saúde ou cobrar pelos serviços, principalmente por causa da natureza universal do SUS. O acesso é irrestrito, e não se sabe quantos pacientes com renda mais alta utilizam essas instituições gratuitas. Dada sua localização, no entanto, é pouco provável que sejam utilizadas pela população de nível econômico mais alto.[55]

O estado selecionou as OSS entre instituições com experiência considerável em serviços hospitalares. Na maior parte dos casos, são universidades e organizações beneficentes que já possuem e operam hospitais e têm a capacidade institucional e a estrutura de gestão exigidas para estabelecer uma relação contratual com o estado e prestar os serviços definidos. Ao contrário da situação verificada em outras localidades no Brasil, há um grande número de instituições com esse perfil no Estado de São Paulo.

O tipo e volume de serviços, assim como os recursos alocados, são especificados em um contrato de gestão negociado entre as autoridades estaduais e as OSS. No início não havia nenhuma metodologia para a definição de prioridades, resultando em ajustes semestrais. Com o passar do tempo e a introdução de sistemas de informação, dados sobre custos unitários, produção, tratamentos e incidência de enfermidades se tornaram as principais referências para a negociação anual dos termos contratuais. Os contratos constituem a base para um mecanismo de pagamento prospectivo por orçamento global. Os custos médios unitários de produtos específicos e as metas negociadas de produção formam a base para se determinar o orçamento global.[56] De modo significativo o estado vincula o financiamento ao desempenho, ao vincular uma proporção do financiamento à produção, satisfação do paciente e indicadores de qualidade. É esperado que os gestores permaneçam dentro dos limites dos orçamentos e ainda assim atinjam os objetivos de desempenho. O estado não aumentou o orçamento de nenhuma OSS deficitária, e diversas contraíram dívidas com o setor privado a fim de cobrir as limitações orçamentárias.

Monitoramento e Cumprimento de Contratos

A autonomia dos prestadores de serviços exige poderosos mecanismos de responsabilização. Como foi visto, o SUS tem sido um pagador passivo de serviços por meio de convênios e contratos com o setor privado. O sistema de contratualização descrito anteriormente exige o monitoramento e gestão vigorosos dos contratos pelo comprador. Sem monitoramento e cumprimento dos contratos a responsabilização não se materializa. A capacidade de gestão de contratos tem melhorado com o tempo, e uma mudança era necessária na cultura gerencial da Secretaria de Saúde, de uma postura "interventora" para uma com menos envolvimento direto. O estado teve de aprender a ser proativo sem microgerenciar cada detalhe. Em outras palavras, a "gestão à distância" não significa "faça o que puder e o que quiser".

Diversos procedimentos e mecanismos foram implementados a fim de facilitar o monitoramento. Primeiro, os registros de despesas são auditados pelo Tribunal de Contas do Estado. Segundo, exige-se que as OSS forneçam relatórios estatísticos mensais de produção e de custos para a secretaria de saúde. Terceiro, o desempenho é monitorado por uma unidade de coordenação de contratos. Esse órgão também administra o sistema de pagamento baseado em desempenho e determina se os pagamentos alocados serão integrais ou parciais. Quarto, sessões de monitoramento entre comprador e contratado são realizadas regularmente para acompanhar o andamento do contrato. Por fim, o estado criou uma comissão de avaliação independente que se reúne anualmente a fim de analisar o cumprimento dos contratos e o desempenho geral das OSS.

Os contratos perdem o sentido se o comprador não faz ou não consegue fazer cumprir as determinações contratuais. O estado tem feito cumprir essas determinações por meio da retenção de pagamentos dos hospitais que deixam de cumprir as exigências do contrato e os objetivos de desempenho. O fracasso em cumprir com os termos dos contratos resultou no cancelamento (e na realização de nova licitação) de um contrato com uma OSS. Ao contrário da situação nos primeiros anos do modelo de OSS, o estado não fornece mais recursos adicionais para além do orçamento global negociado, caso uma OSS se mostre deficitária.[57]

A capacidade de monitorar e fazer cumprir contratos levou anos para ser desenvolvida e ainda é um trabalho em andamento. O contexto local foi favorável ao desenvolvimento dessa capacidade. A região de São Paulo possui diversas universidades e empresas de consultoria com considerável conhecimento técnico e administrativo e experiência, de que o estado se valeu para desenvolver a capacidade de monitoramento e gerenciamento de informação. Isso não é necessariamente o caso em outras partes do país. Por fim, o estado encorajou a avaliação da experiência com as OSS, permitindo a pesquisadores e estudantes o acesso a informações e funcionários.

Ambiente Sólido de Informação

O êxito final de qualquer processo de contratação depende da disponibilidade e uso de informações para a tomada de decisões a respeito do desempenho do contratado e para acompanhar o progresso num contexto mais amplo de políticas de saúde, planos e objetivos. Mais especificamente, a forma como um contrato é gerenciado depende da informação prestada pelo contratado para o monitoramento do contrato. Um contratante precisa de informações atualizadas a respeito do andamento, desempenho técnico e custos a fim de viabilizar decisões ou ações corretivas, se necessárias.

Ao longo do tempo, o Estado de São Paulo criou um ambiente de informações a fim de facilitar o monitoramento e a avaliação das OSS. O estado exigiu a implementação de um sistema padronizado de contabilidade de custos e outros sistemas de informação informatizados em todas as OSS, para oferecer aos dirigentes (e ao contratante) dados confiáveis e detalhados a respeito da produção dos serviços e de seus custos.[58] Exige-se que as OSS gerem e forneçam dados a respeito de atividades, quantidade e qualidade. Alguns dados são encaminhados mensalmente; outras informações são encaminhadas trimestral ou anualmente. O estado compara o desempenho observado com relação às metas de cada OSS e compara o desempenho das OSS entre si.[59] As exigências de relatórios facilitam uma retroalimentação regular a respeito do progresso e da identificação de possíveis problemas. Por exemplo, os gestores estaduais preparam relatórios comparativos que são compartilhados com as OSS. Os dirigentes das unidades podem, assim, comparar o desempenho de suas unidades com outras OSS a partir de um conjunto comum de indicadores de produção e de qualidade. A Secretaria de Saúde publica balanços financeiros anuais no Diário Oficial do Estado, e os resultados da avaliação anual de cumprimento contratual, realizada pela comissão de avaliação independente, são apresentados à Assembleia Legislativa Estadual e colocados à disposição do público.

Conversão de Hospitais Públicos: O Próximo Passo?

O Brasil realizou poucos esforços para converter instituições de saúde sob administração direta em formas de organização alternativas, tais como as OSS. As OSS foram implementadas em novos hospitais de São Paulo e outras cidades, e assim conseguiram evitar diversas questões relacionadas a recursos humanos, aspectos legais e financeiros ligados ao processo de conversão de unidades públicas já em funcionamento. As ambiguidades e os desincentivos inerentes aos marcos regulatórios, que talvez reflitam o medo da reação política por parte dos sindicatos de servidores públicos e dos políticos a eles ligados, tornaram-se um vespeiro para os estados e municípios interessados em converter seus hospitais públicos. A maioria das autoridades subnacionais, apesar de pessoalmente interessadas na conversão de instituições públicas, evitarão publicamente o assunto, a não ser que haja políticas públicas e marcos regulatórios claros.

O Estado de São Paulo também realizou experiências de conversão de unidades sob administração direta em OSS. O modelo implementado em São Paulo, apesar de estar ainda nas etapas iniciais de implementação, oferece lições importantes sobre as possibilidades e armadilhas da conversão de hospitais públicos no contexto brasileiro. Conforme praticada em São Paulo, a conversão é limitada pela disponibilidade de vagas em outras partes do sistema que possam absorver os funcionários públicos que optam por não permanecer nas unidades convertidas. Esse problema pode ser parcialmente compensado por ganhos de eficiência nos hospitais convertidos. As unidades convertidas também exibem melhorias significativas de qualidade que contribuem para a maior satisfação do paciente e a conquista do apoio da comunidade. Diversas agências públicas fora do setor de saúde se converteram em OSS com êxito. Pesquisas ainda precisam ser realizadas para medir o impacto dessas experiências sobre custos, desempenho e relações trabalhistas. O processo de conversão dos contratos dos funcionários públicos em funcionários contratados pelo regime CLT é outro campo relevante de pesquisa.

Por fim, a experiência internacional sugere que a conversão de hospitais públicos é um processo de longo prazo que envolve planejamento cuidadoso, reformas regulatórias e implementação gradual. A experiência indica que a conversão funciona melhor quando é parte de um conjunto mais amplo de reformas hospitalares. Diversos modelos bem-sucedidos implementados em outros países poderiam ser adaptados ao contexto brasileiro. Mais especificamente, a experiência indica que a criação de estruturas institucionais autônomas e de regimes trabalhistas flexíveis para profissionais da saúde viabiliza o ambiente institucional adequado para a conversão. A próxima seção descreve uma proposta do Ministério da Saúde (MS) para realizar justamente isso.

Fundações Estatais: O Caminho para os Hospitais Públicos?

No início de 2007, conforme descrito em Barbosa (2007), o MS anunciou uma proposta para converter hospitais públicos da administração direta e indireta em fundações estatais (FE). O MS está esboçando um projeto de lei, a ser submetido ao Congresso, que viabilizaria a criação de FE em nível nacional. A proposta das FE toma emprestados diversos elementos do modelo das OSS conforme praticado no estado de São Paulo. A organização seria uma instituição privada filantrópica, criada sob a legislação privada, e teria autonomia de decisão sobre todos os recursos. Dado seu *status* privado, a FE se valeria de formas flexíveis de gerência de recursos humanos segundo as quais a lei trabalhista privada se aplicaria a toda a gestão de recursos humanos. Os mecanismos de responsabilização implicariam contratos de gestão vinculados a um sistema de financiamento baseado em desempenho, ainda a ser desenvolvido. O modelo inclui elementos adicionais, tais como conselhos gestores com representantes do governo (que seriam maioria), da sociedade civil, dos funcionários e dos usuários, assim como a profissionalização da administração do hospital. A proposta possivelmente será questionada judicialmente, mas de acordo com as evidências apresentadas neste capítulo e no capítulo anterior, as FE representam uma reforma estrutural ampla que tem grande potencial para melhorar o desempenho dos hospitais públicos.

Os planejadores do MS terão de lidar com diversos desafios que poderiam ameaçar a implementação efetiva do modelo. Primeiro, haverá necessidade de desenvolver diretrizes e opções para a realização da conversão de unidades sob administração direta e indireta em FE. Atenção especial deve ser dada a questões ligadas a recursos humanos e custos. Essas diretrizes deveriam ser baseadas em uma avaliação aprofundada das experiências nacionais e internacionais apresentadas neste capítulo. Segundo, essas experiências mostram que uma das deficiências principais dos modelos de contratualização reside na fragilidade do monitoramento, gestão e cumprimento dos contratos, junto com a falta de transparência nas relações entre governo e contratados. Os estados e municípios necessitarão de bastante apoio técnico e administrativo a fim de desenvolver as capacidades necessárias. Além disso, a criação e o fortalecimento do *know-how* de gestão de contratos levam tempo. Essa realidade sugere uma abordagem gradativa pela qual os contratos são implementados inicialmente em um pequeno número de unidades e depois estendidos para outras unidades em fases subsequentes, uma vez desenvolvidas as capacidades técnicas e gerenciais. Terceiro, o ambiente informacional em diversos estados e municípios é deficiente e pode dificultar seriamente o monitoramento, a avaliação e o cumprimento dos contratos. Sem informações adequadas a respeito de desempenho (e custos), a avaliação – o primeiro passo em direção à ação corretiva – é impossível. Por fim, o MS terá de tomar medidas para evitar que os conselhos gestores das FE sejam capturados por grupos de interesse profissionais ou políticos.

Anexo 6A

Pontos Fortes e Fragilidades do Regime Público de Compras, Recursos Humanos e Orçamento

O resumo apresentado a seguir é baseado em Banco Mundial (2007).

Compras

Dispositivos legais: Lei 8.666 (1993); Lei 10.520 (2002).

Pontos Fortes

Baseada em princípios sólidos de competição, transparência, publicidade e igual tratamento entre competidores; permite características inovadoras, tais como o "pregão reverso", que pode ser conduzido por meio eletrônico; as instituições de auditoria funcionam de forma adequada.

Fragilidades

Excessivamente complexo e detalhado; a ênfase está mais nos elementos formais dos processos de licitação do que nos aspectos que podem proporcionar maiores vantagens para o comprador; a maioria dos municípios não tem a capacidade de planejar o processo de compras e de implementar regras de forma eficiente e oportuna; o *know-how* para compra de suprimentos e equipamentos médicos é pouco desenvolvido; a interpretação rígida das normas licitatórias contribui para a proliferação de reclamações de empresas concorrentes a respeito de irregularidades, gerando um fluxo constante de disputas, e intervenções legais; muitas (24) dispensas de licitação são permitidas, contribuindo para confusões e atrasos; a contratação de consultores individuais é difícil; não há documentação de licitação padronizada nem padronização dos produtos; o sistema não é útil para a compra de produtos de alta tecnologia; não há negociação de preços; o sistema não evita conluios entre concorrentes. Relatos da imprensa sugerem que a Lei 8.666 não reduziu a corrupção no fornecimento para instituições públicas. O pagamento de comissões em contratos com o governo parece ser comum.

Recursos Humanos

Dispositivo legal: Lei 8.112 (1990), complementada por legislação local.

Pontos Fortes

Estimula a estabilidade do pessoal e a proteção contra interferência política; a seleção é baseada em um processo seletivo (até certo ponto) competitivo; estimula a contratação de um núcleo de servidores públicos especializados em bens públicos (por exemplo, planejamento, regulação e vigilância epidemiológica).

Fragilidades

Os gerentes são incapazes de selecionar diretamente os candidatos (a contratação é normalmente baseada na pontuação em provas de múltipla escolha que pode não avaliar habilidades reais e experiência, e os candidatos não são entrevistados, o que dificulta a verificação de seu valor específico para a instituição); todos os funcionários de determinada categoria técnica (médicos, enfermeiros, etc.) recebem o mesmo salário inicial; os aumentos salariais são feitos globalmente, definidos pelo governo e válidos para todos os funcionários; emprego vitalício é garantido após três anos de experiência; o processo de demissão é longo e tortuoso; a contratação está sujeita a concursos públicos para vagas no serviço público, realizados sem regularidade e que podem levar até seis meses; novos cargos raramente são criados (e os existentes raramente extintos) porque o quadro de pessoal de uma unidade é raramente revisto ou atualizado, fazendo com que seja difícil para os hospitais ajustar a composição do quadro a inovações tecnológicas e mudanças na demanda; o sistema não induz à análise de resultados.

Orçamento e Financiamento

Dispositivos legais: Lei 4.320 (1964); Decreto-lei 200 (1967); lei orçamentária anual.

Pontos Fortes

Processo estruturado de planejamento financeiro e preparação do orçamento; estimula a cultura de planejamento e orçamento; o monitoramento e controle financeiros reduzem a possibilidade de mau uso de recursos e fraudes; a maioria das secretarias e as maiores unidades têm órgãos estruturados de planejamento, finanças e orçamento.

Fragilidades

Processo de planejamento excessivamente complexo; quantidade excessiva de controles *ex ante* e avaliações formais; a estrutura orçamentária está muitas vezes defasada e desvinculada das prioridades e programas de governo; as decisões a respeito de financiamentos e orçamentos muitas vezes estão a cargo de outras secretarias que não a de saúde (isto é, das secretarias de finanças); os gestores das unidades têm pouca autonomia para realocar recursos disponíveis entre os itens do orçamento; há pouca participação dos conselhos locais ou municipais em decisões financeiras; a ênfase em controles formais não elimina o mau uso e as fraudes; planos e orçamentos raramente são utilizados como instrumentos gerenciais; não se realizam avaliações de impacto; "fazer o melhor" muitas vezes implica ignorar as normas; os funcionários responsáveis pelas finanças e pelo orçamento são pouco qualificados e mal informados a respeito de questões técnicas e em geral se preocupam apenas em seguir as regras.

Anexo 6B

Comparação das Características do Regime de Trabalho dos Médicos sob Diferentes Arranjos Organizacionais em Hospitais Públicos e Filantrópicos

Arranjo organizacional	*Regime de trabalho*	*Vínculo empregatício*	*Contratação*	*Demissão*	*Método de pagamento*	*Entidade que determina a remuneração*
Administração direta ou indireta	Público: servidores públicos	Governo (federal, estadual ou municipal)	Concurso baseado em prova escrita	Segue as regras do serviço público; processo longo e tortuoso.	Salário (20-40 horas por semana). Níveis salariais rígidos.	Governo
	Privado: cooperativas terceirizadas	Cooperativas	Processos estabelecidos pelas cooperativas de acordo com regras internas. Em geral, processo seletivo baseado em análise de currículo, referências e entrevistas. Candidatos pagam taxa ou parcela e são eleitos por uma assembleia.	Para funcionários assalariados contratados pela CLT, segue processos de demissão com e sem justa causa.[a] Para membros da cooperativa, a demissão ocorre por decisão da assembleia.	Por hora ou salário. Níveis salariais são definidos pela cooperativa. Membros da cooperativa podem receber distribuição de rendimentos.	Cooperativa
	Privado: contratos individuais	Governo (federal, estadual ou municipal)	Contratos temporários, mas geralmente renovados anualmente. Vínculo empregatício pode durar por muitos anos.	Para os celetistas, segue os passos processuais para demissão por ou sem justa causa.[a] Para indivíduos contratados, o fim do vínculo é imediato.	Salário ou por hora. Níveis salariais rígidos	Governo

(continua)

Arranjo organizacional	Regime de trabalho	Vínculo empregatício	Contratação	Demissão	Método de pagamento	Entidade que determina a remuneração
Fundações de apoio (afiliadas a hospitais públicos)	Privado	Fundação de apoio[b]	A fundação estabelece o processo de acordo com a legislação privada. Normalmente há um processo seletivo baseado em análise de currículo, referências e entrevista. Os contratos em sua maioria são temporários, renovados anualmente.	Para CLT, segue processo por ou sem justa causa.[a] Para funcionários contratados, o fim do vínculo é imediato.	Salário, baseado nas horas trabalhadas por semana, em geral 20-40 horas. N Os níveis salariais são bastante variados.	Fundação de apoio
OSS e administração autônoma	Privado: CLT	Hospital ou organização gestora	Processo seletivo baseado em análise de currículo, referências e entrevista.	Segue os processos para demissão por ou sem justa causa determinados pela CLT.[a]	O salário depende das horas trabalhadas por semana, em geral entre 20 e 40 horas. Níveis salariais variados.	Hospital ou organização gestora

Fonte: Elaboração dos autores.

Nota: CLT, Consolidação das Leis do Trabalho. A CLT difere de emprego público estatutário nos seguintes aspectos: (1) não há garantia de estabilidade; (2) o programa de previdência é menos generoso, mas as contribuições na forma de porcentagem do salário são maiores para trabalhadores que têm maior renda; (3) indenização por demissão é garantida (em contraste com o setor público); (4) os processos de demissão são relativamente rápidos e diretos – empregados podem ser demitidos sem justa causa; (5) os salários são definidos pelo mercado e não pelas categorias salariais definidas pelo governo ou suas políticas salariais; (6) o processo seletivo, em geral definido pela organização, pode envolver análise de qualificações, entrevistas, referências etc., mas não envolve necessariamente seleção baseada em prova de múltipla escolha, como é o caso para os servidores públicos; e (7) a relação de emprego é entre o hospital e o empregado. Servidores públicos têm vínculo empregatício com o governo.

a) "Por justa causa" significa que a demissão segue um processo padronizado definido pela CLT. "Sem justa causa" significa que a demissão ocorre rapidamente (requer apenas aviso prévio de 30 dias), mas o empregador deve indenizar o empregado.

b) Uma vez que as fundações de apoio são afiliadas aos hospitais públicos, muitos médicos têm vínculo empregatício tanto com o governo (como no caso dos servidores públicos ou trabalhadores contratados) como com a fundação de apoio.

Notas

1. Essas variáveis são similares àquelas descritas no capítulo 5 para estruturas organizacionais, mas as perguntas da pesquisa e as entrevistas subsequentes procuraram levantar evidências de como as estruturas e os conjuntos de regras eram ou não colocadas em prática. Para a estrutura e a medição das variáveis, ver anexos 5C e 5D.
2. As pontuações de comportamento dos hospitais eram independentes das pontuações de estrutura, que foram geradas a partir de um conjunto separado de perguntas na pesquisa. Por exemplo, uma unidade sob administração direta poderia ser classificada como "estratégica" (os administradores contornavam os controles hierárquicos) ou, ao contrário, uma unidade alternativa poderia ser considerada "administrativa" (os administradores não tiravam vantagem da flexibilidade de regras e de estrutura).
3. O termo "planos de saúde" se refere a um leque de operadoras ou seguradoras privadas, incluindo as do tipo Health Maintenance Organizations (HMO), organizações de medicina de grupo e seguradoras tradicionais.
4. Os sistemas de pagamento de incentivos são, em geral, uma iniciativa dos governos subnacionais, mas são destinados a todos os empregados.
5. Para a análise de desempenho relatada no capítulo 5, essa unidade foi transferida para o grupo tradicional.
6. Os resultados apresentados aqui se baseiam principalmente numa pesquisa de rastreamento do gasto público em saúde, realizada em 2003 (Banco Mundial 2007). Gestores de 25 secretarias estaduais e 18 secretarias municipais de saúde e de 52 hospitais foram perguntados sobre sua capacidade e problemas relacionados com planejamento, preparação do orçamento, processo de compras e gestão de recursos humanos. Outra fonte utilizada foi os relatórios de diagnósticos de oito estudos de consultoria contratados pelo MS para diagnosticar e enfrentar problemas de gestão em uma amostra de 25 hospitais selecionados em todo o Brasil (MS/REFORSUS 2002).
7. Vinte e cinco por cento das unidades municipais disseram não possuir local para estocagem.
8. Poucos hospitais afirmam ter autonomia para compra de equipamentos.
9. Desenvolvida nos anos 1960, a distribuição de medicamentos por dose unitária se tornou uma prática padrão nos hospitais dos países da OCDE. Nesse sistema, os remédios são entregues aos pacientes em embalagens com a dosagem definida e pronta para ser administrada, preparadas e embaladas pela farmácia central. Descobriu-se que sistemas de dose unitária reduzem o desperdício e erros de dosagem (Murray e Shojania 2001).
10. O ambiente regulatório também é um fator crucial para a sustentabilidade de arranjos organizacionais que permitam melhor gestão de recursos humanos em organizações prestadoras de serviços de saúde.
11. Os profissionais com contratos temporários não possuem vínculo empregatício, são geralmente remunerados por hora ou por regime parcial e não têm direito a benefícios. Profissionais da cooperativa (cotizados) podem ser assalariados ou remunerados em função da quantidade de horas trabalhadas, assim como pelo número de cotas da cooperativa que possuem.
12. Os diretores das unidades têm autonomia no que diz respeito à contratação e demissão de funcionários temporários ou emergenciais. Em alguns estados e municípios, os administradores podem pagar adicionais de desempenho.
13. Os resultados apresentados aqui são baseados em um levantamento e em entrevistas com gestores feitos em cinco estados e dezoito municípios (Banco Mundial 2007).
14. Os instrumentos de planejamento incluem a agenda da saúde, o plano anual, o plano plurianual, o plano diretor de regionalização e o plano diretor de investimentos.
15. Por exemplo, o plano de saúde anual de um município pode ser estruturado segundo quatro áreas principais: prestação de serviços, administração, recursos estratégicos e financiamento. Esses, por sua vez, são divididos em prioridades programáticas e geográ-

ficas. Em contraste, o orçamento anual para o mesmo ano é estruturado por elemento de despesa, e projeto ou atividade, incluindo manutenção da unidade, novas construções e equipamentos. Poucas, ou às vezes nenhuma, das áreas programáticas do plano anual são mencionadas no orçamento.

16. A alta rotatividade do pessoal gerencial é um sintoma da ingerência política na composição do quadro de pessoal nos hospitais sob administração direta.
17. Como já foi dito, essas características organizacionais foram vinculadas a desempenho superior em outros sistemas de saúde (Figueras, Robinson e Jakubowski 2005).
18. Não foi encontrada nenhuma diferença na formação profissional dos diretores de unidades. Quase todos têm formação em administração hospitalar ou administração de empresas. Ambos os grupos de hospitais também relataram possuir equipes semelhantes de profissionais nas áreas de recursos humanos, financeira, de contratos e de compras.
19. No caso de uma OSS da amostra, essas funções são centralizadas em uma entidade privada não-lucrativa (EPNL).
20. A relutância em terceirizar os serviços de hotelaria também foi observada em instituições filantrópicas, mas não nas que visam lucro, confirmando a distorção relacionada à taxação de serviços contratados, mas não da produção interna.
21. A maioria dos países-membro da OCDE está abandonando a gestão centralizada dos recursos humanos dos hospitais públicos. A experiência internacional com administração de recursos humanos é discutida na conclusão deste capítulo.
22. O risco aqui é que os diretores contratem amigos e familiares. Essa prática é impedida no caso das OSS pelas organizações gestoras, auditorias públicas e demandas por desempenho.
23. Os arranjos organizacionais apresentados na tabela foram descritos no capítulo 5. Nem todos os arranjos aparecem na tabela 6.1, mas Mendes e Costa (2005) incluíram quase todos eles em sua análise posterior das estruturas e comportamentos de unidades alternativas e tradicionais.
24. Todos os hospitais federais e a maioria dos hospitais da administração indireta gerem seus próprios orçamentos. As unidades são consideradas unidades orçamentárias independentes pelo governo.
25. Em contraste, as fundações de apoio privadas (FA) em geral têm autonomia para buscar recursos adicionais, incluindo por venda de serviços, e aplicar a receita na compra dos insumos necessários, mas têm pouca influência sobre os padrões de gastos ligados ao orçamento geral (não-FA) da unidade. Todo investimento em equipamentos é feito em coordenação com a direção do hospital.
26. Esse processo de aprendizagem relacionado a processos de contratação foi observado na Europa e em outros lugares (Figueras, Robinson e Jakubowski 2005; Preker e Harding 2003).
27. Em ambos os casos a conversão foi implementada pela mesma OSS, a Sociedade Paulista para o Desenvolvimento da Medicina, sob um contrato de gestão com um governo estadual. As fontes dessa discussão incluem documentação fornecida por cada unidade e entrevistas com o Dr. Nacime Mansur, superintendente da OSS, em 13 de outubro de 2005; 27 de julho de 2006; 17 de março de 2007; e 21 de junho de 2007.
28. O excesso de funcionários é característico de unidades sob administração direta no Brasil. Ajuda a manter a produção total em unidades sob administração direta, compensando o efeito do absenteísmo e baixa produtividade.
29. Por exemplo, uma pessoa contratada como auxiliar de enfermagem deve ocupar essa posição (e faixa salarial) até que participe e passe em um concurso para outra função. Mas raramente há abertura de vagas, e o estado raramente realiza concurso. Nesse meio tempo, o auxiliar de enfermagem pode ter se tornado um enfermeiro padrão. Mesmo que o enfermeiro tenha formação em administração e assuma funções de coordenação

de enfermagem por muitos anos, para o estado essa pessoa ainda é auxiliar de enfermagem e recebe o salário definido para essa função.

30. Por causa da junção de serviços (por exemplo, serviços de laboratório e de diagnóstico) entre hospital e unidade de emergência, é impossível determinar como a conversão afetou as despesas com serviços de emergência.
31. A unidade foi credenciada pela ONA no Nível 2. Conforme mencionado no capítulo 8, a maioria dos hospitais não está em dia com a regulamentação de licenciamento.
32. A taxa de câmbio utilizada é de 2005: US$ 1 = R$ 2,43. O orçamento inclui custos de administração indireta em que incorre a Secretaria de Saúde do município por administrar a unidade.
33. Os dados apresentados na tabela 6.2 devem ser interpretados com cautela. Eles representam uma comparação simples de períodos relativamente curtos (10 meses) antes e depois da conversão. Uma análise mais sólida deveria cobrir períodos mais longos antes e depois da conversão.
34. Uma análise temporal de dados é necessária para verificar qualquer tendência no desempenho em relação a indicadores de eficiência e qualidade. De acordo com os registros dos hospitais, no entanto, a taxa de mortalidade neonatal era de 10,2 em 2004 e de 11,2 em 2006, sugerindo que as medidas para melhoria da qualidade, implementadas no final de 2006 e em 2007, contribuíram para reduzir a mortalidade neonatal para 5,5. A maioria das mortes neonatais de 2006 ocorreu antes da conversão.
35. O único desembolso adicional foi um repasse único em 2005, equivalente a 1% do orçamento.
36. A taxa de câmbio utilizada é de 2006: US$ 1 = R$ 2,18.
37. Conforme mencionado, o orçamento de 2005 era mais alto: US$ 84,6 milhões, incluindo as despesas administrativas indiretas do município.
38. O orçamento incluía uma estimativa das despesas do município com a gestão da unidade. A OSS assumiu muitas dessas funções. O município não precisava mais de um departamento hospitalar na Secretaria de Saúde, mas precisava de um órgão para gerir e monitorar o contrato com a OSS. O município liberou uma verba inicial de R$ 700 mil para capitalizar a OSS.
39. A OSS assumiu o controle sobre os contratos com as firmas prestadoras desses serviços no hospital; o município tinha administrado muito mal essa contratação.
40. Mais de 85% dos gastos com horas extras foi com médicos e enfermeiros. Teoricamente, as horas extras seriam suficientes para garantir os serviços hospitalares 24 horas por dia, sete dias por semana, mas a rigidez das regras trabalhistas e a má administração do pessoal resultaram na falta de profissionais durante as noites e os fins de semana.
41. Um terceiro caso, não descrito aqui, é o de um centro ambulatorial operado pelo Estado de São Paulo. Essa unidade de 2.000 m^2 com unidades de diagnóstico, farmácia e 54 consultórios foi transferida para uma OSS em fins de 2005. Após a conversão, 120 dos 540 funcionários pediram transferência para outras unidades estaduais, em parte por causa de incompatibilidade de horários. Como as outras instituições descritas, o centro estava em más condições, demandando grandes investimentos em instalações e equipamentos. A unidade não foi capaz de reter o valor monetário dos salários dos funcionários transferidos ou economizar com a eliminação das horas extras, como o hospital municipal havia feito. O estado e a OSS combinaram um aumento no orçamento para bancar os custos de extensão dos serviços e melhorar a qualidade. A OSS usou esses fundos extras para substituir alguns dos funcionários transferidos (via CLT), atualizar e consertar instalações e equipamentos, treinar funcionários, implementar sistemas de informação, criar novos serviços e ampliar o horário de atendimento. Havia pouca informação disponível para a realização de um estudo mais detalhado.
42. O PAS foi outra tentativa (fracassada) de conversão de unidades de saúde básica. O PAS envolvia a contratação de cooperativas para prestação de serviços de saúde básicos na cidade de São Paulo. As lições da experiência são descritas no quadro 4.2.

43. Para a Áustria e a Estônia ver Fielder et al. (2007) e Palu e Kadakmaa (2001). Para a Austrália, ver Corden (2003). Para Portugal, ver CAHSA (2006) e Guichard (2004). Para a Espanha, ver Ibern (1998), Martín Martín (2003) e CHC (s. d.). A discussão sobre a Colômbia se baseia em Humberto Arango, comunicação pessoal, 2006, e Toro et al. (2007).
44. Na Áustria a maioria dos prefeitos ficou satisfeita em repassar o controle dos hospitais para as empresas porque seu alto custo e endividamento pesava nos cofres públicos. Um número indeterminado de municípios não tinha capacidade suficiente para supervisionar ou administrar as unidades.
45. Toda redução ou modificação da infraestrutura e da prestação de serviços tem de estar de acordo com o plano diretor austríaco de que orienta os investimentos hospitalares.
46. As formas microrregulatórias são mais alinhadas com as reformas financeiras e organizacionais mais amplas orientadas para a obtenção de impacto retorno dos gastos realizados,, refletindo preocupações com o aumento dos custos e a evidência crescente de práticas clínicas pouco efetivas.
47. Um abastecimento mais flexível de medicamentos e suprimentos é igualmente importante, mas pode não ser crucial. Diversos estados conferiram autoridade para os hospitais comprarem um leque amplo de insumos, seguindo as normas de licitação pública. São necessárias mais pesquisas a respeito de desempenho no processo de compras após a descentralização dessas funções de compras para as unidades.
48. Outros tipos de instrumentos regulatórios que demandam a responsabilização dos funcionários são evidentes na França, na Alemanha e no Reino Unido. Por exemplo, a especificação de padrões de desempenho clínico e metas de desempenho é parte das mudanças regulatórias recentes no Reino Unido, que se refletem em instrumentos gerenciais, tais como os planos de negócios e contratos entre compradores regionais e hospitais. Na França e na Alemanha os instrumentos em implementação demandam maior responsabilização das organizações e de seu pessoal, exigindo a realização de *scorecards*, análises de utilização, relatórios públicos de desempenho e auditorias médicas.
49. Os pesquisadores analisaram funções e práticas administrativas em três categorias de hospitais afiliados a organizações filantrópicas e beneficentes (OFB) e que recebem financiamento público (como é o caso da maioria das OFB). As três categorias são unidades isoladas pequenas (a maioria com menos de 100 leitos), unidades isoladas grandes e hospitais de porte médio que pertencem a organizações filantrópicas ou a conglomerados. Uma quarta categoria consiste em unidades que não recebem recursos do SUS. Não existem informações desse tipo sobre hospitais operados por fundações não-lucrativas e corporações privadas.
50. Um hospital com menos de 50 leitos ficou de fora desse grupo.
51. Pressões advindas da competição contribuíram para a introdução de práticas de governança e gestão modernas em hospitais filantrópicos nos Estados Unidos, a partir de fins dos anos 1970 (Stevens 1989; Starr 1982).
52. A maioria dos hospitais não seria aprovada pela inspeção de licenciamento prevista na legislação brasileira, se ela fosse cumprida.
53. Essas unidades operam com baixa capacidade, e sua qualidade é baixa ou desconhecida.
54. Uma iniciativa recente do MS (MS 2004f) procura converter hospitais de pequeno porte em centros de atenção básica, mas não se sabe se essa iniciativa se aplicará a instituições privadas. Parte do problema está no comportamento passivo do SUS em relação a contratualização.
55. As OSS tampouco oferecem cuidados altamente especializados, que muitas vezes não são cobertos pelos planos privados de saúde, mas são requisitados pelos usuários de maior poder aquisitivo. Tais serviços são tipicamente prestados por grandes hospitais públicos de ensino.

56. O estado planeja introduzir um sistema de pagamento por DRG que permite o ajuste pela gravidade da doença.
57. Em 2003, por causa de o estado estar atrasado com o repasse mensal, diversas unidades não conseguiram atingir as metas de desempenho. O estado e as OSS renegociaram o contrato – com metas mais modestas.
58. Consultores e servidores públicos do órgão de coordenação de contratação de serviços são responsáveis pela análise de dados.
59. As unidades da administração direta geralmente não dispõem de dados semelhantes, o que requer coleta primária de dados, procedimento caro.

7

Qualidade da Atenção: Ainda o Componente Esquecido?

A qualidade é uma questão que ocupa lugar de destaque no Brasil, porém é discutida principalmente em reportagens da imprensa sensacionalista sobre problemas, erros e eventos adversos hospitalares. Exatamente como em muitos países, tanto desenvolvidos como em desenvolvimento, a carência de dados confiáveis, de medição sistemática e de infraestrutura institucional para o monitoramento e a avaliação da qualidade frustra a maioria das tentativas para avaliar a qualidade dos serviços nos hospitais brasileiros. Em razão do baixo nível de cumprimento da regulação, da natureza voluntária dos controles externos e da falta de mecanismos que impõem responsabilização, os hospitais não sofrem nenhuma pressão para introduzir processos e procedimentos explícitos para a melhoria da qualidade ao nível da organização como um todo. É verdade que existem muitos hospitais de primeira linha no Brasil, mas as evidências disponíveis – provenientes, normalmente, de pesquisas de pequena escala – sugerem que muitos hospitais são simplesmente inseguros.

Quase todos os documentos de políticas de saúde do governo brasileiro dos últimos 15 anos têm reconhecido a necessidade de uma melhoria na qualidade, mas poucas estratégias e ações foram concretizadas para encarar sistematicamente as questões da qualidade dos hospitais. A situação é semelhante no setor privado. Poucos compradores privados de serviços monitoram a qualidade dos produtos entregues pelos prestadores contratados.

A qualidade é o "componente esquecido" do sistema de saúde brasileiro, concluiu o Banco Mundial em 1994, depois de analisar o estado da qualidade dos serviços de saúde e a ausência de esforços sistemáticos, públicos ou privados, para monitorar ou melhorar a qualidade. Apesar dos avanços feitos desde então, muitos dos achados do relatório continuam válidos. A boa notícia é que alguns progressos têm sido realizados. Por exemplo, a Organização Nacional de Acreditação (ONA), recentemente instituída, e outras instituições têm desenvolvido padrões que servem como orientações para o fornecimento de serviços de excelência. Sistemas de *benchmarking* baseados na coleta sistemática de dados a respeito de indicadores de desempenho estão sendo desenvolvidos. Além disso, um pequeno número de hospitais tem tomado a dianteira no desenvolvimento de programas eficazes de melhoria de qualidade, que têm grande valor como modelos para o resto do País. Apesar dessas pequenas, mas promissoras, experiências, tem havido poucos progressos no sentido de encarar sistematicamente as questões de qualidade, melhorar processos clínicos, fortalecer o gerenciamento clínico e assegurar que as evidências sobre melhores práticas se incorporem na prestação de serviços.

Este capítulo avalia a situação atual da qualidade nos hospitais brasileiros. O capítulo 8, por sua vez, analisa as iniciativas para a melhoria da qualidade, tanto nacionais como locais, visando o estabelecimento de padrões, sua medição e avaliação, e a melhoria do desempenho nos hospitais.

A Qualidade, a Melhoria da Qualidade e os Custos

A qualidade é um conceito abstrato, de fácil descrição, mas de operacionalização difícil. Não é fácil definir o que seja um "bom" serviço de saúde, e isso muitas vezes depende de padrões específicos para cada país, estabelecidos pelas respectivas agências reguladoras. De qualquer maneira, a qualidade é frequentemente um objetivo em mudança constante para qualquer organização prestadora de serviços de saúde: bons resultados em determinado ano não são garantia de bons resultados no ano seguinte. A qualidade também tem dimensões múltiplas que estão mudando constantemente. Avanços acelerados na tecnologia, perfis epidemiológicos em rápida evolução, a velocidade e a abrangência das pesquisas médicas e o meio ambiente regulatório em constante mudança tornam difíceis as definições simples. Embora o conceito de serviços de boa qualidade tenha mudado ao longo dos anos, as abordagens para a avaliação e a melhoria da qualidade constituem um bom ponto de partida. Essas abordagens serão examinadas aqui. A primeira se baseia no quadro de referência clássico de avaliação da qualidade desenvolvido por Donabedian (1980). A segunda é o padrão *Crossing the Quality Chasm* (Transpondo o abismo da qualidade), publicado em 2001 pelo Instituto de Medicina dos EUA (IOM 2001).

O quadro de referência de Donabedian se fundamenta em três componentes da qualidade: estrutura, processo e resultados. Esses componentes se tornaram a pedra angular dos instrumentos e padrões de avaliação da qualidade no mundo inteiro. A avaliação de estrutura consiste na avaliação da capacidade dos prestadores de serviços, incluindo unidades de saúde, equipamentos, mão de obra e financiamento. A avaliação de processos abrange a análise do próprio processo de produção dos serviços, baseada idealmente em evidências. A avaliação dos resultados consiste na identificação dos produtos finais da produção de serviços, normalmente especificada no tocante à saúde, segurança ou satisfação do paciente. Mais adiante, neste mesmo capítulo, esse quadro referencial é utilizado para a avaliação da qualidade nos hospitais brasileiros.

A abordagem IOM, mais abrangente, inclui critérios tanto técnicos como aqueles baseados nos pacientes. Considera seis dimensões da qualidade da atenção: segurança do paciente, efetividade, cuidados centrados no paciente, adequação no tempo, eficiência e equidade (quadro 7.1). O IOM recomendou que todas as organizações de prestação de serviços de saúde adotem essas dimensões como importantes objetivos de qualidade. De acordo com a disponibilidade dos dados, várias dessas dimensões são usadas aqui para avaliar a qualidade dos serviços nos hospitais brasileiros.

O IOM (citando Lohr 1990) definiu a qualidade como "o grau em que os serviços de saúde para indivíduos e populações aumenta a probabilidade de serem atingidos os resultados desejados e são coerentes com o conhecimento profissional atual" (IOM 2001: 232). Recorrendo em parte ao relatório do IOM, Glugacz, Restifo e Greenwood (2004) apresentam uma definição mais operacional da atenção de boa qualidade como "atenção segura em termos mensuráveis, do mais elevado padrão, baseada em evidências, entregue de forma uniforme e com a utilização apropriada de recursos e serviços".

Progressivamente, a qualidade hospitalar está sendo vista como um sistema e uma preocupação organizacional que abrange garantias institucionais de controles e compensações, mais do que como um dever particular de um médico, gerente, departamento ou unidade (WHO 2003a; Scrivens 2002, 1997b; Shaw 2004a). A qualidade é uma "característica sistêmica" (IOM 2001: 4) que requer continuamente avaliação, gerenciamento e melhorias dos processos de cuidados, acompanhados pelos padrões, instituições e sistemas apropriados para apoiar essas ações. Os hospitais são sistemas complexos caracterizados por múltiplas funções inter-relacionadas, especializações, processos dependentes do tempo e uso intensivo de recursos humanos. De acordo com o IOM, assegurar qualidade requer o redesenho dos processos de atenção, bem como das interações intraorganizacionais.

> Tornar o meio ambiente mais seguro implica examinar os processos de cuidados para reduzir os defeitos nos processos ou os desvios em relação ao modo como as coisas deveriam ter sido feitas. Garantir a segurança do paciente, portanto, implica o estabelecimento de sistemas e processos operacionais que aumentem a confiabilidade do cuidado dispensado ao paciente (IOM 1999: 58).

> Um dos principais fatores para acidentes em qualquer indústria, inclusive nos serviços de saúde, é o erro humano. No entanto, dizer que um acidente se deve a erro humano não é o mesmo que atribuir culpa porque a maioria dos erros humanos é devida a falhas de sistema... erros de sistema constituem a maior ameaça à segurança de sistemas complexos, visto que levam a erros por parte de quem opera o sistema (IOM 1999: 65).

Tomando como base estudos de grande escala empreendidos em 1997 em três estados americanos (Colorado, Nova York e Utah) e extrapolando os resultados para quase 34 milhões de internações hospitalares ocorridas em toda a nação, o IOM (2000) estimou que erros médicos resultavam na morte de 44.000 americanos anualmente. Esta cifra é mais alta que a mortalidade anual por acidentes automobilísticos, câncer da mama ou AIDS.[1]

Esses dados não significam que a medicina norte-americana seja de baixa qualidade: de fato, nunca foram realizados em outros países estudos semelhantes para determinar os efeitos adversos de erros médicos. Os resultados das pesquisas de pequena escala registrados neste capítulo sugerem a necessidade de empreender avaliações sistemáticas de eventos relacionados a erros médicos, que têm resultado em ferimentos e morte nos hospitais brasileiros.

QUADRO 7.1
As Dimensões Principais da Atenção à Saúde de Boa Qualidade

Atenção à saúde de boa qualidade possui seis dimensões principais:

- *Segurança dos pacientes:* evitar danos aos pacientes por parte dos serviços cujo propósito é ajudá-los.
- *Efetividade*: proporcionar serviços pautados no conhecimento científico e evitar proporcioná-los àqueles que provavelmente não se beneficiariam deles.
- *Cuidados centrados nos pacientes:* proporcionar cuidados que respeitem e correspondam às preferências, necessidades e valores dos pacientes individualmente e assegurar que os valores dos pacientes orientem todas as decisões clínicas.
- *Adequação no tempo:* reduzir as demoras às vezes prejudiciais tanto para os beneficiados como para os fornecedores dos serviços.
- *Eficiência:* evitar desperdício de equipamentos, suprimentos, ideias e energia.
- *Equidade:* prover cuidados que não variem em qualidade em virtude de características pessoais, tais como gênero, grupo étnico, naturalidade ou *status* socioeconômico.

Fonte: IOM, 2001: 5-6.

Além das consequências que recaem sobre a saúde dos indivíduos, a baixa qualidade também gera grandes custos desnecessários que ameaçam a viabilidade econômica do sistema de saúde. Embora as pesquisas feitas sejam limitadas, os estudos no Brasil discutidos neste capítulo mostram que a baixa qualidade é em geral associada a um aumento de despesas. Nos Estados Unidos, onde se tem realizado muito trabalho no tocante à relação entre a qualidade e os custos, a baixa qualidade -indicada pelo uso exagerado, a sub-utilização, erros, eventos adversos, informações extraviadas, repetições de diagnósticos e procedimentos, e reinternações - resulta em perda de renda para os indivíduos e despesas mais elevadas com saúde. Com base nos dados americanos para 1992, Thomas et al. (1999) calcularam os custos totais de eventos adversos (perda de renda, perda de produção, incapacidade e custos dos serviços de saúde) entre US$ 37,6 bilhões e US$ 50 bilhões. Custos adicionais de tratamento por si só representaram mais da metade dessa quantia. Thomas et al. registraram que essas despesas foram mais altas do que o gasto total para cuidar de pessoas com Aids em 1992. Outros observadores afirmam que a baixa qualidade pode representar até 30% de todas as despesas médicas americanas (Lawrence 2003). O Grupo Leapfrog, baseado nos Estados Unidos, sugere que três medidas poderiam reduzir erros significativamente, poupar vidas e gerar economias de US$ 41,5 bilhões anualmente: pessoal adequado para as unidades de tratamento intensivo (UTI); a realização de procedimentos cirúrgicos complexos em unidades de grande porte, e o uso de sistemas computadorizados de prescrições médicas (Leapfrog Group 2006). Embora os dados necessários para estimativas dessa natureza não estejam disponíveis no Brasil, é provável que recursos substanciais (e muitas vidas) poderiam ser poupados e recursos realocados pelo desenvolvimento de medidas semelhantes.

A Qualidade nos Hospitais Brasileiros

Existem dois hiatos de qualidade no Brasil. O primeiro se dá entre a pesquisa e a prática médica, e o segundo entre a qualidade dos cuidados proporcionados em alguns centros de excelência e na grande maioria das outras unidades de saúde. Embora o Brasil esteja tomando a dianteira em muitas áreas de pesquisa médica de importância mundial, as evidências em outras áreas sugerem grandes deficiências de qualidade permeando esses três componentes de serviços.

Hiatos de Qualidade

Os hospitais brasileiros desempenham um papel de importância crescente na pesquisa internacional biomédica e clínica (tabela 7.1). Por exemplo, a contribuição brasileira para publicações mundiais sobre pesquisa cardiológica e a pesquisa sobre o câncer aumentou em 59 e 61%, respectivamente, entre 1989 e 1994 (Rodrigues, Fonseca e Chaimovitch 2000), e inovações lideradas por brasileiros em pesquisas sobre células-tronco, psiquiatria, oncologia e embriologia têm consolidado a reputação do País em pesquisa médica de nível mundial.

O Brasil também tem lançado iniciativas inovadoras em saúde, tais como a elaboração de normas e regulamentos nacionais para a prática da medicina alternativa (inclusive a homeopatia e a acupuntura), e a elaboração de uma política nacional sobre o uso de medicamentos genéricos e a publicidade comercial de medicamentos. Ao mesmo tempo, os hospitais têm elaborado políticas internas para a melhora de seu gerenciamento e o monitoramento de procedimentos e produtos. Por exemplo, o Hospital das Clínicas da Universidade de São Paulo lançou um programa de treinamento para enfermeiros para aprimorar o planejamento estratégico e a prestação de serviços com foco no cliente. Talvez a iniciativa mais significativa direcionada à melhoria da qualidade tenha sido a elaboração de programas nacionais e regionais para a certificação e acreditação de hospitais (ver capítulo 8). O anexo 7A apresenta uma visão panorâmica das políticas de melhoria da qualidade e inovações gerenciais por especialidade médica.

Dois centros de excelência merecem menção especial. O Instituto Ludwig de São Paulo participa do Human Cancer Genome Project (O Projeto do Genoma do Câncer Humano) e já identificou um milhão de sequências nos genes dos tumores mais comuns do Brasil. Demorou menos de um ano para realizar essa tarefa, depois que um projeto semelhante nos Estados Unidos havia levado mais de três anos para identificar o seu primeiro milhão de sequências. O Instituto Nacional do Câncer (INCA) do Rio de Janeiro está realizando pesquisas pioneiras sobre medicamentos inteligentes que atacam células neoplásicas. O INCA e o Instituto Ludwig são duas dentre pelo menos oito instituições brasileiras mundialmente reconhecidas pelo seu pioneirismo em pesquisas médicas sobre tumores, genética, biologia molecular e engenharia biomédica.

Embora sejam realizadas pesquisas avançadas em centros brasileiros de excelência, a qualidade dos serviços para a maioria dos pacientes com câncer no Brasil está ultrapassada. De acordo com os dados da Sociedade Brasileira de Oncologia Clínica, um paciente que sofre de câncer dos intestinos nos Estados Unidos viverá por mais 20 meses após o início do período mais crítico da doença. No Brasil, o tempo médio de sobrevivência é de apenas 12 meses (*Veja*, 19 out. 2005, p. 74). Nos Estados Unidos e na Europa 74% das pacientes com câncer de mama sobrevivem cinco anos após o tratamento, comparados com 51% no Brasil. Diferenças semelhantes nas taxas de sobrevivência foram registradas para outros tipos de câncer.

O contraste entre a qualidade dos serviços proporcionados por uns poucos hospitais de elite e pela maioria dos outros hospitais também é significativo. Por exemplo, as taxas de sobrevivência para o tratamento de câncer nos centros de excelência reconhecidos, como os já mencionados, são semelhantes às dos países de renda alta, mas não é o caso na maioria das unidades. Algumas unidades de saúde enfrentam grandes desafios para simplesmente manterem os padrões básicos de infraestrutura, pessoal e serviços, ao mesmo tempo em que uns poucos hospitais desenvolvem tratamentos de nível mundial e possuem profissionais médicos de destaque. Os melhores hospitais estão concentrados no Sul e Sudeste, nas cidades de Rio de Janeiro, São Paulo e Porto Alegre. Possuem tecnologia médica avançada e profissionais médicos e não médicos altamente qualificados (Noronha e Garcia Rosa 1999).

Numa análise comparativa de estudos de coortes realizados na cidade de Pelotas em 1982 e 1993, Victora et al. (2000) consideraram que, embora as taxas da mortalidade infantil geral para recém-nascidos de baixo peso tanto de mães abastadas como de mães de baixa renda tivessem diminuído durante o período, a diferença entre esses dois grupos havia de fato aumentado. Os autores concluíram que um "hiato de equidade", induzido pela qualidade, estava atuando: as mães de melhor *status* socioeconômico tinham maior acesso a tecnologias mais novas e de melhor qualidade nos serviços neonatais (geralmente nos hospitais particulares que não atendiam pelo SUS), do que as mais pobres, que frequentavam as unidades do SUS onde essas tecnologias não estavam disponíveis. Os serviços de atenção materna e neonatal de qualidade inferior nos hospitais do SUS, utilizados pelas mães negras, são vistos como fator contribuinte para a mortalidade infantil significativamente mais alta observada nessa população (Leal, Gama e Cunha 2005; Barros, Victora e Horta 2001; PNUD 2004).

TABELA 7.1
Avanços Significativos na Pesquisa Médica Brasileira, 2000-2005

Especialidade da pesquisa	*Desenvolvimento e inovação*	*Local e ano*
Clonagem	Clonagem terapêutica (transferência do núcleo de uma célula para um óvulo sem núcleo).	HC-FMUSP, 2004
Embriologia	Embriões descartados usados para tratar doenças degenerativas e incuráveis, inclusive distrofia, doença de Parkinson, esclerose múltipla e diabetes.	HC-FMUSP, 2004
Doenças infecciosas	Vacina DNA usada para impedir recidiva da tuberculose.	Departamento Municipal de Saúde, São Paulo, 2005
	Desenvolvimento de vacina preparatória contra gripe aviária.	Instituto Butantã, São Paulo, 2005
Oncologia	Desenvolvimento de técnica para o diagnóstico de câncer da bexiga usando o ácido hialurônico.	UNIFESP, São Paulo, 2000
	Tratamento de câncer de pele usando o emissor de luz de diodo como alternativa ao tratamento com laser.	Universidade de São Paulo (USP), São Carlos, 2003
	Descoberta de efeito protetor de vinho e suco de uva na arteriosclerose.	Instituto do Coração, HC, FMUSP, São Paulo, 2004
Psiquiatria	Tratamento para desordem obsessivo-compulsiva usando técnicas cognitivas.	HC-FMUSP, São Paulo (sem data)
	Tratamento de depressão usando um dispositivo portátil para estimular áreas do cérebro controladoras do humor.	Instituto de Pesquisa, HC-FMUSP, São Paulo, 2005
	Pesquisa farmacológica sobre plantas medicinais das regiões das florestas amazônica e atlântica para uso na diagnose e pesquisa psiquiátrica.	Instituto de Etnopsicologia Aplicada da Amazônia, IDEAA-Amazonas, 2005
Reumatologia	Novo tratamento para artrite reumatóide, baseado em proteína endógena.	UNIFESP, São Paulo, 2004
Avanços tecnológicos	Aplicação de um dispositivo de ressonância magnética que facilita exames de rotina.	Hospital Beneficência Portuguesa, São Paulo, 2005
	Aperfeiçoamento do uso de raio X tridimensional para a terapia de radiação de intensidade modulada (TRIM).	Hospital Albert Einstein, São Paulo, 2004
Transplantes	Desenvolvimento da técnica de transplante hepático usando laser que ajuda a detectar alterações na composição de tecidos humanos.	FMRP/USP, São Paulo (sem data)
Células-tronco	Transplante de células-tronco da medula óssea do paciente para a medula da coluna.	Universidade de São Paulo, 2003

Fonte: Elaboração dos autores com base em informações dos Conselhos Federal e Regionais de Medicina, 2005.
Nota: FMRP, Faculdade de Medicina de Ribeirão Preto; HC-FMUSP, Hospital das Clínicas da Faculdade de Medicina da Universidade de São Paulo; UNIFESP, Universidade Federal de São Paulo.

Uma análise mais abrangente do sistema hospitalar, sob uma perspectiva nacional, realça as enormes discrepâncias na prestação de serviços de saúde de boa qualidade, tanto entre os hospitais como dentro deles. Deficiências generalizadas em estruturas, processos e resultados hospitalares são evidentes tanto em hospitais administrados pelo Estado como nos privados.

A Medição da Qualidade

A coleta de dados confiáveis que mostram tanto as realizações como os problemas na área da qualidade dos hospitais brasileiros constitui um desafio. Para começar, há pouco consenso sobre como se deve colher tais informações e quais as medidas ou indicadores deveriam ser usados. Por exemplo, cada um dos diversos sistemas de avaliação da qualidade e acreditação aplicados no Brasil propõe metodologias de coleta de dados um pouco diferentes, e cada um tem seus defensores e seus críticos. Nenhum deles tem recebido o apoio irrestrito do Ministério da Saúde (MS) por tempo razoável. Nenhuma instituição nacional coleta, mede e registra sistematicamente, informações sobre a qualidade dos serviços.

Na maioria dos hospitais as informações sobre a qualidade, qualquer que seja sua definição, simplesmente não estão disponíveis. Em outros, os dados são colhidos de maneira desorganizada, ou o esforço se concentra em um único departamento ou serviço e, normalmente, corresponde às preocupações de um pequeno grupo de profissionais dedicados. Os dados coletados raramente são analisados ou usados para embasar a definição de políticas de saúde. Nas entrevistas realizadas para este relatório, os dirigentes hospitalares expressaram interesse em adotar sistemas de dados para a medição da qualidade, mas careciam do *know-how* ou não tinham motivação real para levar semelhante projeto adiante. Muitos são frustrados pela falta de um sistema unificado para orientar esse tipo de esforço.

O restante deste capítulo adota o quadro de referência de Donabedian, baseado em estrutura, processo e resultados, para realçar algumas das deficiências aparentes no sistema de saúde brasileiro. Recorre a pesquisas nacionais de unidades saúde, levantamentos estaduais e pesquisas de pequena escala, enfocando as áreas para as quais existem dados disponíveis.[2]

Deficiências Estruturais

Esta seção revê problemas nos principais componentes estruturais da qualidade: infraestrutura, equipamentos, materiais e recursos humanos. Inclui também uma discussão das questões regulatórias relacionadas à formação, licenciamento e qualificação médicas.

Infraestrutura e Recursos Materiais

A qualidade da infraestrutura, dos equipamentos e materiais – as ferramentas de trabalho dos hospitais – é um fator determinante da atenção hospitalar. O desafio para as autoridades governamentais tem sido assegurar a padronização e a sistematização dessas estruturas em todo o País pela regulamentação. O debate aqui se baseia principalmente nos resultados de levantamentos avaliativos estaduais e nacionais das características estruturais de amostras de unidades de saúde, que procuraram determinar o grau de cumprimento com as normas nacionais e estaduais de licenciamento para unidades de saúde.[3] Os resultados desse levantamento são consistentes: muitas unidades simplesmente não estão cumprindo os regulamentos para licenciamento e, por conseguinte, provavelmente são inseguras.

Nos últimos anos da década de 1990 o MS lançou o Programa Nacional de Avaliação dos Serviços Hospitalares (PNASH), cuja meta era avaliar hospitais de acordo com um conjunto de padrões estruturais preparado pelo MS para estruturas físicas, equipamentos e recursos humanos. Cada hospital receberia uma avaliação (ruim, abaixo da média, regular, bom ou excelente) de acordo com um instrumento de avaliação aplicado pelos inspetores do MS.

Uma nota de 61 (de um total de 100) era considerada um nível minimamente aceitável de cumprimento dos regulamentos e significava que a unidade possuía infraestrutura, pessoal e equipamentos adequados para tratar pacientes. No entanto, só as unidades psiquiátricas chegaram a ser avaliadas. Em 2002 foram inspecionados e avaliados 252 hospitais psiquiátricos, mas nenhum relatório oficial jamais chegou a ser publicado. Evidentemente, houve um número considerável deles que não alcançou o patamar adequado de 61 pontos, e o MS relutou em revelar essa informação.[4] No entanto, foram fechadas 29 unidades psiquiátricas com avaliações extremamente baixas. O MS descontinuou o PNASH em 2004.

Em 2005 o MS lançou um novo programa de avaliação, o Programa Nacional de Avaliação de Serviços de Saúde (PNASS). Naquele ano o PNASS coletou dados relativos a 6.030 unidades ambulatoriais e hospitalares financiadas pelo SUS, e que proporcionavam serviços especializados. O instrumento se baseou em padrões extraídos da regulação brasileira para licenciamento.[5] Como com o PNASH, as unidades eram avaliadas em uma escala Likert de cinco pontos e uma nota ponderada de 61 (de 100) era considerada a mínima aceitável. O levantamento consistia em duas partes: uma autoavaliação por parte da própria unidade e uma avaliação externa feita por inspetores indicados pelas autoridades sanitárias do governo local. Os resultados da avaliação por essas autoridades estão apresentados na figura 7.1: 39% das unidades avaliadas foram consideradas como superiores ou boas; e mais de um terço delas (37%, não mostrado na figura) foi considerado como não cumprindo com a regulamentação, sendo avaliado abaixo do padrão mínimo aceitável de 61. Quase 40% das unidades não responderam ao questionário, e pode-se presumir que a maioria delas também não deve cumprir com os padrões.[6]

É altamente provável que os inspetores externos tenham sido excessivamente condescendentes na avaliação dos padrões nas unidades públicas. Todos os inspetores foram selecionados entre profissionais das secretarias de saúde estaduais e municipais e eram, portanto, integrados ao SUS. De fato, as avaliações dos inspetores eram mais favoráveis do que as autoavaliações.

FIGURA 7.1
Pontuação da Avaliação PNASS de Unidades de Saúde, 2005-2006 (%)

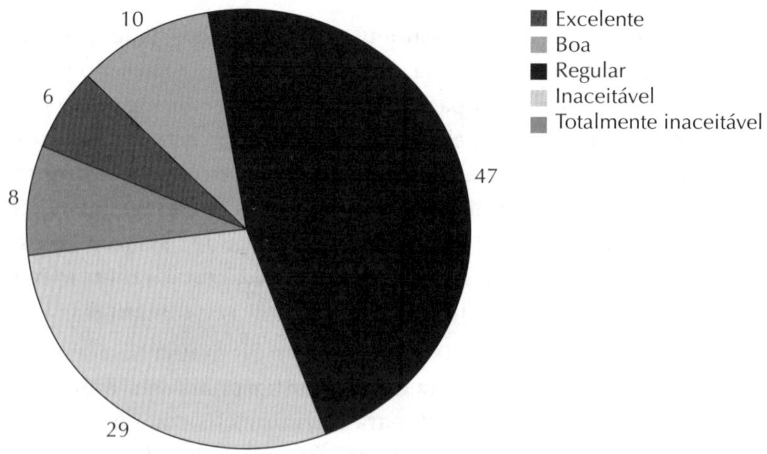

Fonte: MS 2006d (dados preliminares).

É notório no Brasil que as autoridades de saúde municipais e estaduais responsáveis pela aplicação dos regulamentos inspecionam ou aplicam as normas de licenciamento de maneira irregular. As inspeções geralmente são feitas apenas depois de reportagens da imprensa escrita sobre má prática ou eventos adversos.[7] Como sugerido pelo levantamento descrito anteriormente, muitas unidades operam sem uma licença válida. Ademais, quando as inspeções são realizadas, as autoridades enfocam os hospitais privados com fins lucrativos; elas poucas vezes inspecionam unidades administradas pelo governo ou as unidades filantrópicas financiadas pelo SUS. As unidades de prestígio com finalidade lucrativa, que atendem `a população de renda média e alta, são inspecionadas regularmente para verificação do cumprimento da legislação de licenciamento e códigos sanitários, enquanto os hospitais públicos que atendem à população de baixa renda são raramente inspecionados, se é que o são. Os conflitos de interesses podem ser um fator nessa situação, visto que técnicos do governo que participam das equipes de inspeção são também responsáveis pela supervisão das unidades públicas.

O tamanho e complexidade das regulações de licenciamento e sanitários do Brasil diminuem seu impacto e eficácia. Por exemplo, o instrumento do levantamento do PNASS se baseia em 123 regulamentos, resoluçoes, diretrizes, leis e normas que surgiram ao longo de um período de 80 anos. Muitos já estão ultrapassados e são irrelevantes para um hospital moderno. A compreensão exata das exigências regulatórias pode ser uma tarefa desanimadora. A revisão e a simplificação do marco regulatório facilitaria bastante a sua implementação.[8]

Os levantamentos proporcionam informações agregadas sobre o grau de conformidade real com os regulamentos que definem os padrões estruturais mínimos. Mas o que isso significa no tocante às condições de funcionamento dos hospitais e suas unidades de serviços? Levantamentos realizados a nível estadual oferecem algumas respostas.

O critério mais comumente usado para a medição da qualidade estrutural diz respeito ao estado das edificações e à infraestrutura dentro de um complexo hospitalar. Em 2002 e 2003 o Conselho Regional de Medicina do Estado de São Paulo (CREMESP) empreendeu um levantamento em mais de mil hospitais, unidades de emergência e maternidades do estado.[9] O CREMESP (2004a) classificou a condição de um hospital como "adequada" quando cumpria com os padrões estaduais e nacionais mínimos para o licenciamento (ou seja, limpeza, espaço adequado entre os leitos para a circulação, leitos ligados a uma rede de suprimento de oxigênio, postos de enfermagem em todas as salas de primeiros socorros). No levantamento, realizado no local por inspetores independentes, usou-se um instrumento fundamentado nesses regulamentos. Um resumo dos resultados é apresentado na tabela 7.2.

Em mais da metade dos hospitais vistoriados a área física para os pacientes foi considerada abaixo do padrão mínimo aceitável. Os hospitais públicos tiveram uma pontuação acima dos privados. Os hospitais filantrópicos receberam uma avaliação especialmente baixa: somente 30% foram classificados como adequados nesse quesito. A maioria dos hospitais filantrópicos era pequena, com menos de 50 leitos. Uma proporção mais elevada das unidades privadas com fins lucrativos do que das filantrópicas e das públicas foi considerada adequada.

Barbosa et al. (2002) empreenderam um levantamento nacional de 69 hospitais filantrópicos variando em tamanho de 50 até mais do que 300 leitos. Treze por cento deles não tinham nenhum sistema estabelecido para a manutenção de prédios e equipamentos hospitalares,[10] e 22% não dispunham de nenhum profissional responsável pela manutenção.

Hospitais e conglomerados maiores (com mais de 600 leitos) saíram-se melhor; somente 9,3% entre as 86 unidades amostradas relataram não terem nenhum profissional responsável pela manutenção.

TABELA 7.2
Condições Físicas nos Hospitais de São Paulo, por Tipo de Propriedade, 2003
(N = 743)

	Propriedade						
	Pública			*Privada*			
Área física	*Todos*	*Estaduais*	*Municipais*	*Todos*	*Sem fins lucrativos*	*Com fins lucrativos*	*Total*
Adequada (%)	50,0	45,7	46,5	44,0	30,3	62,8	45,4
Inadequada (%)	47,6	51,4	50,5	53,9	68,8	33,3	52,5
Sem informações (%)	2,4	2,9	33,0	2,1	0,9	3,9	2,2
Número (total)	164	35	101	579	337	231	743

Fonte: CREMESP 2004a.

Barbosa et al. também constataram que muitos hospitais filantrópicos tinha laboratórios ou unidades radiológicas que operavam sem uma licença válida de funcionamento. O levantamento mostrou que 80% dos hospitais avaliados tinham a licença necessária para seus laboratórios, mas somente 58% tinham licenças para suas unidades radiológicas.

Em um levantamento separado de 81 hospitais pertencentes a conglomerados privados filantrópicos, cerca de um quarto não contava com licenças para seus laboratórios ou unidades radiológicas. As unidades maiores apresentaram pior resultado do que as menores nesse particular; dos 15 hospitais grandes (acima de 500 leitos) pesquisados, 10 tinham licenças válidas para seus laboratórios e 11 para suas unidades de radiologia.[11]

Voltando ao levantamento do CREMESP, 667 salas cirúrgicas foram inspecionadas para avaliar se tinham os equipamentos mínimos necessários para a realização de procedimentos cirúrgicos e anestésicos seguros. Os resultados indicam que quase um terço dos hospitais privados e um quinto dos públicos tinham menos que metade dos equipamentos mínimos (tabela 7.3).[12] No outro extremo, 34% dos hospitais privados e 40% dos públicos tinham salas de cirurgia com pelo menos 90% dos equipamentos mínimos necessários.

Concluiu-se também que as Unidades de Terapia Intensiva não estavam adequadamente equipadas. Para estar de acordo com os regulamentos brasileiros, uma UTI deve ter uma quantidade mínima de equipamentos relacionados a diversos procedimentos. Como apresentado na tabela 7.4, o estudo do CREMESP verificou que das 359 UTI para as quais havia dados disponíveis (não havia informações disponíveis sobre 17), somente 44% tinham os equipamentos necessários na ocasião da vistoria. As unidades privadas saíram-se ligeiramente melhor do que as públicas, com 59% possuindo os equipamentos necessários, comparados com 49% das UTI públicas. O mesmo estudo verificou que 14% das UTI não alcançaram as necessidades mínimas nos serviços de apoio, inclusive no tocante a medidor de gás, laboratório clínico e banco de sangue.

TABELA 7.3
Salas de Cirurgia com os Equipamentos Mínimos Necessários no Estado de São Paulo, por Tipo de Propriedade, 2003
(N = 667)

Proporção de equipamentos mínimos necessários (%)[a]	*Tipo de unidade*					
	Particular		*Pública*		*Total*	
	N.	*%*	*N.*	*%*	*N.*	*%*
<50	170	31,5	24	18,9	194	29,1
50–90	183	33,8	47	37,0	230	34,5
>90	183	33,8	50	39,4	233	34,9
Não disponível	4	0,7	6	4,7	10	1,5
Total	540,0	100,0	127,0	100,0	667,0	100,0

Fonte: CREMESP 2004a.

a) Equipamentos mínimos necessários para salas de cirurgia incluem: lâmpada cirúrgica, cabos e lâminas para laringoscóplo, agulhas anestésicas, sondas endotraqueais, respirador, oxímetro de pulso, monitor de eletrocardiograma (ECG), monitor de capnometria, sistema de vácuo, oxigênio e óxido nitroso.

TABELA 7.4
Equipamentos em UTI no Estado de São Paulo, por Tipo de Propriedade, 2003
(N = 359)

Equipamentos mínimos necessários presentes	*Tipo de unidade*		
	Pública	*Particular*	*Total*
Não (%)	48,6	58,6	56,5
Sim (%)	51,4	41,4	43,5
Número de unidades	74	285	359

Fonte: CREMESP 2004a.

A qualidade dos arquivos médicos nos hospitais também se mostrou inadequada (tabela 7.5). Cerca de dois terços de todos os hospitais e 72% de todos os hospitais privados tinham prontuários incompletos, de acordo com o levantamento do CREMESP. Os hospitais públicos apresentaram resultado ligeiramente melhor: 56%.

As condições estruturais deficientes nos hospitais não parecem estar limitadas ao estado de São Paulo e podem ser muito piores em outros estados. Outras evidências do descumprimento da legislação sobre licenciamento vêm de uma avaliação de hospitais financiados pelo governo em um estado do Centro-Oeste, realizada por inspetores independentes certificados pela ONA. As unidades foram avaliadas de acordo com os três níveis de padrões da ONA. O primeiro nível corresponde aproximadamente ao cumprimento da legislação sobre licenciamento no que concerne às características estruturais do hospital. Para obter a aprovação do Nível 1 da ONA, um hospital tem de demonstrar para a equipe de vistoria que suas estruturas são "confiáveis e organizadas".

TABELA 7.5
Adequação do Registro de Prontuários Médicos em Hospitais do Estado de São Paulo, por Tipo de Propriedade, 2003
(N = 743)

Situação dos prontuários	*Pública*			*Privada*			*Total*
	Todos	*Estadual*	*Municipal*	*Todos*	*Beneficente e Filantrópica*	*Com fins lucrativos*	
Prontuários dos pacientes adequadamente preenchidos (%)	31,7	42,9	23,7	16,6	10,7	23,4	19,9
Prontuários incompletos (%)	55,5	42,9	62,4	71,8	80,7	60,2	68,3
Nenhuma informação (%)	12,8	14,2	13,9	11,6	8,6	16,4	11,8
Número	164	35	101	579	337	231	743

Fonte: CREMESP 2004a.

Nenhum dos hospitais avaliados preencheu os padrões do Nível 1 da ONA; todos os 15 hospitais avaliados ficaram bem aquém dos padrões mínimos em quase todas as áreas (tabela 7.6). Apenas nos quesitos relacionados à "liderança e administração", mais da metade dos hospitais cumpria as exigências. Nenhum chegou ao nível exigido para "infraestrutura e apoio logístico" ou "serviços e atenção profissionais". Neste estado específico, em toda a rede, não houve um hospital que satisfizesse os requisitos básicos para a segurança do paciente nem cumprisse os padrões estabelecidos pela lei que lhe permitissem operar para a prática de suas atividades. Não se sabe se condições semelhantes existem em outros estados.

Diversos estudos já examinaram as condições estruturais de maternidades no Brasil. Costa et al. (2004) avaliaram os aspectos estruturais de 28 hospitais que, em 1996, proporcionavam serviços de maternidade em Minas Gerais. Os pesquisadores aplicaram um modelo de avaliação baseado em pontos que classificava a "segurança" das unidades no que concerne à infraestrutura geral, infraestrutura perinatal, pessoal para cuidados perinatais e recursos técnicos para esses serviços. Constatou-se que 13 maternidades (46%) apresentavam condições adequadas para os serviços de atenção materna e perinatal em casos de baixo risco, enquanto somente 6 (21%) foram consideradas adequadas para casos de risco médio e alto. É preocupante o fato de pelo menos 50% das unidades não possuírem salas de parto higiênicas, unidades de ressuscitação neonatal, incubadoras de UTI, lactários, salas para recuperação materna ou geradores elétricos de emergência. Os autores concluíram que os hospitais que se achavam com condições estruturais deficientes estavam "certamente expondo (pacientes) a riscos desnecessários e evitáveis" (Costa et al. 2004: 709). A situação provavelmente melhorou desde 1996, e como resultado dos levantamentos da pesquisa, cinco dos hospitais foram descredenciados em 1998 e já não recebem pacientes do SUS. Na cidade de Teresina, em um estudo patrocinado pelo Fundo da Criança das Nações Unidas (Unicef), Borba et al. (2001) examinaram as condições dos serviços obstétricos e perinatais em maternidades do SUS e verificaram que a situação se caracterizava como "de grave deficiência". Finalmente, uma análise em profundidade de quatro maternidades da cidade do Rio de Janeiro registrou que nenhuma delas tinha possibilidade de realizar uma cirurgia cesariana de emergência em 30 minutos ou menos pela falta de suprimentos cirúrgicos, anestesia ou aventais cirúrgicos (Garcia Rosa e Hortale 2000).

TABELA 7.6
Qualificação de Hospitais do SUS para a Acreditação de Nível 1 da ONA em um Estado Brasileiro, 2002

Componente ONA	*Número de hospitais*	*Número de hospitais qualificados*	*Hospitais qualificados*
Liderança e administração			
Gestão	15	15	100
Administração	15	10	67
Garantia de qualidade	15	0	0
Serviços profissionais e de apoio			
Corpo clínico	15	0	0
Enfermagem	15	0	0
Serviços relacionados à atenção ao paciente e usuário			
Internação	15	0	0
Referências	13	1	8
Atenção ambulatorial	9	0	0
Emergências	15	0	0
Centro cirúrgico	15	0	0
Anestesiologia	15	0	0
Obstetrícia	13	0	0
Terapia intensiva	6	0	0
Hemoterapia	13	7	54
Reabilitação	5	1	20
Serviços de apoio diagnóstico			
Laboratório clínico	14	0	0
Diagnóstico por imagem	15	1	7
Serviços de apoio e suprimentos			
Arquivos médicos	15	1	7
Controle de infecções	11	2	18
Farmácia	15	2	18
Lavanderia	15	0	0
Higiene	15	1	7
Nutrição e Dietética	15	0	0
Serviços de infraestrutura e de apoio logístico			
Manutenção de edifícios	15	0	0
Sistemas elétricos	15	0	0
Manutenção geral	15	0	0
Segurança geral	15	0	0

Fonte: Gastal et al. 2005b.

Recursos Humanos

Além das deficiências em infraestrutura e arquivos médicos, o levantamento do CREMESP encontrou evidências de inadequações em recursos humanos. Estas incluem pessoal em número insuficiente, falta de apoio técnico e pessoal pouco qualificado ou sem qualificação. Quando examinou os cargos superiores da estrutura do hospital, o levantamento verificou que 16% dos hospitais não tinham diretor-clínico entre seu pessoal (nos hospitais públicos, 33% não possuíam). Das unidades que não contavam com diretor-clínico, em apenas 47% delas o diretor era eleito pelo corpo médico do hospital, conforme exigência da legislação brasileira (Resolução do CFM 1.352/1992).

Os dados dos hospitais filantrópicos estudados por Barbosa et al. (2002) mostraram que a maioria tinham cargos superiores preenchidos e apenas 4% não dispunham de diretor-clínico. O mesmo estudo em 69 unidades, entretanto, revelou muitos outros cargos não preenchidos. Digno de nota era a falta de diretores ou de pessoal de apoio técnico em diversas áreas, inclusive nos serviços de diagnósticos e terapia, qualidade e vigilância.

O levantamento do CREMESP incluiu a inspeção em 564 maternidades. Em 13% delas os partos eram realizados por um profissional não-qualificado, tal como um auxiliar de enfermagem ou atendente. Esse problema parece estar relacionado ao tamanho do hospital: em mais da metade dos casos nos quais faltavam as qualificações necessárias ao pessoal a unidade tinha menos de 50 leitos. O mesmo estudo constatou, em uma amostra de 492 unidades, que os prontuários médicos nas maternidades e berçários não eram adequadamente preenchidos em 78% dos casos, incluindo 83% das unidades privadas e 58% das unidades públicas.[13]

Em outros lugares do Brasil a situação pode ser pior do que em São Paulo, mas a falta de informações e o pequeno tamanho das amostras nos estudos disponíveis não permitem generalizações. Por exemplo, Costa et al. (2004) relataram que 11 das 28 maternidades da amostra não proporcionavam serviços pediátricos de 24 horas nas salas de parto, e metade não oferecia serviços de enfermagem de 24 horas nas salas de parto.

Educação Médica, Certificação e Avaliação de Desempenho

A qualidade dos serviços prestados nos hospitais é um produto de organizações bem-administradas e da qualidade da prática profissional. Esta discussão da qualidade dos médicos trata das medidas regulatórias para certificação dos médicos, bem como de atualização de sua competência. Como em muitos outros países, a prática médica é também autorregulada no Brasil, delegada por lei aos conselhos regionais de medicina.

A certificação dos médicos no Brasil consiste em graduação por uma Escola de Medicina e registro junto a conselho estadual. Não há nenhum processo formal - nenhum exame ou sistema - para avaliar o conhecimento ou o desempenho potencial. Apesar de pedidos repetidos do CREMESP e de outras organizações pela instituição de um exame médico nacional para determinar a certificação do médico, semelhante medida ainda não é aceita por todos. Entretanto, as evidências sugerem que algumas escolas médicas não preparam adequadamente seus estudantes para a prática da profissão. Um estudo realizado em 2004 pela Associação Médica Brasileira registra a deterioração dos padrões da educação médica (Bueno, Loures e Pieruccini 2004). Vários fatores têm contribuído para esse declínio: o aumento na disponibilidade de cursos privados, apesar do excesso de médicos; diferenças regionais na disponibilidade de escolas médicos, com uma elevada concentração de universidades e médicos no Sul e Sudeste; e uma falta de consenso entre os Ministérios da Saúde e da Educação sobre os números de estudantes e padrões de qualidade nas Escolas de Medicina. Essas questões são apresentadas no quadro 7.2.

O CREMESP tem apoiado, por muitos anos, um exame facultativo de avaliação de estudantes de Medicina. O exame é, geralmente, administrado a estudantes em seu ano final (o sexto) de estudos ou a recém-formados. Em fins de 2005 1.003 estudantes do sexto ano do curso de 23 Escolas de Medicina no estado de São Paulo fizeram a prova. De acordo com o CREMESP (2006), estes representavam cerca da metade dos estudantes de Medicina em seu sexto ano de estudos no estado.[14] A prova consistiu em 120 questões sobre ciência básica, bioética, saúde pública e sete especialidades médicas. Do total que se submeteu à avaliação, 68% alcançou a nota mínima de aprovação de 60 pontos, e a nota média foi de 73,3. Observaram-se, porém, amplas variações entre escolas médicas. Por exemplo, 40% dos estudantes ou mais em mais da metade das escolas foram reprovados, como também ocorreu com aproximadamente 60 e 80% dos estudantes em cinco escolas específicas.

Os estudantes que fizeram a prova em 2006 e 2007 tiveram um resultado ainda pior; somente 62 e 44%, respectivamente, dos que fizeram a prova foram aprovados nesses anos.[15] Em 2007 mais de 50% dos estudantes de 13 entre as 23 Escolas de Medicina representadas foram reprovados.[16] O relatório do CREMESP lamenta as condições deterioradas da educação médica em São Paulo.

> "O déficit educacional crescente expõe a população a riscos de saúde [relacionados] à baixa qualidade dos serviços, [dada] a elevada concentração de médicos em muitas cidades [...] São Paulo não precisa de mais médicos, precisa [antes] de médicos melhores" (CREMESP 2007:7).

O único Conselho Estadual de Medicina que aplica exame semelhante é o do Espírito Santo. Em 2007 78 estudantes, representando 53% dos estudantes do sexto ano que frequentavam Escolas de Medicina naquele estado, fizeram a prova. Todos foram aprovados. Não se sabe até que ponto os estudantes de Escolas de Medicina em outros estados estão preparados.

Evidências indiretas de médicos inadequadamente treinados podem ser encontradas nos registros de queixas formais apresentadas por pacientes. O CREMESP mantém um registro de tais reclamações para o estado de São Paulo. O número de médicos alvo de queixas formais aumentou de 1.029 em 1995, quando o cadastro teve início, para 3.569 em 2006. De acordo com o CREMESP, a taxa de reclamações (o número de casos dividido pelo número de médicos ativos) também aumentou durante esse período, de 1,7 para 3,9%. Informações sobre as queixas em outros estados não estão disponíveis.

Depois de muitos anos de debate, o Brasil tem dado os primeiros passos no sentido de promover a competência dos médicos. Reconhecendo que já não é aceitável que um jovem médico seja certificado vitaliciamente, em 2005 o Conselho Federal de Medicina aprovou um processo obrigatório de recertificação para especialistas. A medida, entretanto, aplica-se somente a especialistas certificados depois de 1.º de janeiro de 2006; a participação é voluntária para especialistas que se certificaram antes dessa data. A recertificação, que é necessária de cinco em cinco anos, é feita por uma comissão nacional ainda por ser formada e implica um sistema baseado em pontos. Candidatos ganham pontos ao informarem os cursos completados; seminários, simpósios e congressos assistidos; títulos de pós-graduação obtidos, artigos científicos publicados; e programas de residência coordenados durante um período de cinco anos. A não-participação leva à perda de licença.

QUADRO 7.2
O que Está Acontecendo com a Qualidade da Educação Médica no Brasil?

Trava-se um debate dentro da profissão médica brasileira sobre a avaliação da qualidade da educação médica. O Exame Nacional para Cursos Médicos (ENC) é o instrumento de teste mais largamente aplicado. (a) As pontuações são medidas em uma escala de A a E, onde A é avaliado como 1 desvio padrão acima da pontuação média geral, B é de 0,5 a 1 acima da média, C é de 0,5 abaixo a 0,5 acima da média, D está entre 0,5 e 1 abaixo, e E é mais do que 1 desvio padrão abaixo da média.

Os resultados do ENC entre 1999 e 2002 sugerem uma polarização, com a incidência tanto das pontuações mais altas como as mais baixas, em crescimento: os resultados do grau A subiram de 12% em 1999 para 17% em 2002, e os resultados do grau E subiram de 9 para 14%. Além do mais, as diferenças regionais parecem estar aumentando: em 1999, de um total de 13 Escolas de Medicina no Nordeste, 5 alcançaram A ou B, mas em 2002 nenhuma ficou acima de C. Durante o mesmo período de tempo, o número de Escolas de Medicina que alcançaram A ou B na região Sudeste permaneceu mais ou menos estável (15 em 1999 e 16 em 2002, em relação ao total de 44 em 1999 e 48 em 2002).

Um sistema diferente para a medição de qualidade da educação médica, a Avaliação das Condições de Oferta (ACO), avalia as Escolas de Medicina de acordo com padrões para o pessoal docente, métodos de ensino e infraestrutura. Os resultados para 1999 e 2000 corroboram o levantamento do ENC de que os padrões das universidades privadas são muito mais baixos do que os das instituições públicas. A qualidade do ensino foi classificada como "inadequada" em 12 dentre as 34 universidades privadas (35%), com nenhuma alcançando o conceito de "muita boa". Somente 7 das universidades públicas (5%) foram classificadas como "inadequada", e 30 (22%) alcançaram o conceito de "muito boa".

Entre 2000 e 2003 foram abertas 20 Escolas de Medicina novas no Brasil. Bueno, Loures e Pieruccini (2004) argumentam que esse crescimento irrestrito do número de escolas, em época na qual o número de médicos "per capita" está bem acima dos níveis internacionalmente recomendados, está contribuindo para a deterioração da educação médica e, por conseguinte, dos padrões hospitalares. Os padrões do ensino, em declínio, junto com as diferenças regionais gritantes entre as universidades, infraestrutura inadequada e unidades malpreparadas, estão erodindo a qualidade dos serviços de saúde e dificultando o acesso das pessoas das áreas rurais pobres a serviços de saúde de boa qualidade.

Fonte: Bueno, Loures e Pieruccini 2004.

a) Conforme estipulado pela Lei 9.131 (1995), exige-se de todos os estudantes que façam o teste adotado para avaliar a qualidade das Escolas de Medicina. No entanto, a aplicação do teste aos graduados das Escolas de Medicina é irregular, e a aprovação no ENC não é necessária para a certificação.

Esse sistema de recertificação, baseado na atribuição de pontos obtidos em função da educação médica continuada, já foi criticado pela sua relação desconhecida e talvez fraca com o desempenho efetivo do médico. Os programas de recertificação de outros países estão se distanciando de sistemas fundamentados na atribuição de pontos e na direção da inclusão de medidas adicionais, tais como exames de competência,[17] revisões de reclamações de pacientes e ações disciplinares, avaliação de padrões de prática e avaliações por pacientes e pares (Norcini 1999; Newble, Paget e MacLaren 1999; Swinkels 1999). Mesmo reconhecendo que essas medidas são custosas, impopulares e difíceis de concretizar, são consideradas mais eficazes para melhorar o desempenho do médico do que os sistemas mais simples baseados em atribuição de pontos. O sistema brasileiro em desenvolvimento de recertificação do médico é um primeiro passo importante no estimulo à responsabilidade do médico para proporcionar serviços de boa qualidade, mas é muito cedo para saber se o processo poderá eliminar os maus médicos e melhorar a proteção ao paciente.

Diferentemente dos passos recentes no sentido de recertificar médicos, os mecanismos disciplinares para proteger os pacientes da má prática médica têm progredido pouco e parecem ineficazes. Os Conselhos Médicos federal e regionais são responsáveis pela avaliação, julgamento e disciplina de médicos por atos de más práticas e violações da ética. Todos os médicos têm, forçosamente, de pertencer a um Conselho Regional, que existe em cada estado. Os integrantes dos tribunais ético ou disciplinar dos conselhos são médicos eleitos pelos seus colegas. As ações disciplinares são originadas de uma reclamação feita ao Conselho Regional. Uma ação pode resultar em exoneração, advertência ou censura confidencial, censura pública ou suspensão de licença por 30 dias. Os Conselhos Regionais normalmente não precisam publicar nem o número de casos processados nem os resultados dos tribunais disciplinares. Embora o número de casos processados pareça estar aumentando em alguns estados, os Conselhos têm sido brandos tradicionalmente nos seus julgamentos e não cumprem seu mandato de proteger a saúde e a segurança do público. Evidências sugerem que os Conselhos raramente suspendem licenças médicas e com maior probabilidade emitem advertências ou censuras confidenciais. Por não haver nenhuma participação pública ou governamental nos Conselhos, as linhas de responsabilização parecem difusas.

Os Conselhos Regionais não revogam licenças, mas podem recomendar a revogação. Somente o Conselho Federal de Medicina pode revogar uma licença com base na recomendação de um Conselho Regional. Um médico que recebe uma suspensão temporária do Conselho Regional tem o direito de apelar contra a sentença ao Conselho Federal de Medicina. A entidade federal, entretanto, raramente confirma uma ação disciplinar séria: como a tabela 7.7 indica, entre 2001 e 2005 somente cerca de 9% dos casos no Brasil resultaram em ação disciplinar séria (suspensão temporária ou revogação de uma licença médica). Por contraste, as Juntas Médicas estaduais dos Estados Unidos suspenderam ou revogaram licenças em, em média, 58% dos casos entre 2001 e 2005; os estados da Califórnia e Nova York suspenderam ou revogaram licenças em 55 e 60% dos casos, respectivamente. Em 2005, conforme publicado por O Globo (21 ago. 2006), o Conselho Regional de Medicina do estado do Rio de Janeiro (CREMERJ) processou 93 casos, emitiu 3 suspensões temporárias (3,2%) e recomendou 5 revogações (5,4%). Os médicos punidos têm o direito de apelar para o Conselho Federal de Medicina, com uma elevada probabilidade de abrandamento (ver tabela 7.7).

Em resumo, o Brasil ainda precisa desenvolver um sistema regulatório que proteja o público de médicos mal preparados ou incompetentes. Não existe nenhum sistema para a certificação de formandos de Escolas de Medicina, e a autorregulação, como meio de detectar e reduzir más práticas médicas, não funciona. A regulamentação dos médicos atualmente permanece tão "presa aos interesses e corporativismo da profissão médica" como era há mais de uma década (Banco Mundial 1994: 139).

TABELA 7.7
Ações Disciplinares contra Médicos no Brasil e nos Estados Unidos, 2001-2005

País ou Estado	*2001*	*2002*	*2003*	*2004*	*2005*
Brasil					
Casos (número)	141	184	239	231	344
Suspensão de licença por 30 dias (%)	4	3	3	4	8
Revogação de licença (%)	4	8	4	4	2
Estados Unidos					
Casos (número)	4.758	4.946	5.342	6.261	6.213
Restrição de licença (%)	25	25	25	21	22
Revogação de licença (%)	35	36	34	34	32
Estado da Califórnia					
Casos (número no estado)	495	569	572	651	624
Restrição de licença (%)	26	25	29	24	23
Revogação de licença (%)	34	33	36	33	35
Estado de Nova York					
Casos (número no estado)	503	461	508	534	534
Restrição de licença (%)	19	21	28	38	29
Revogação de licença (%)	51	49	46	42	39

Fonte: Brasil: Conselho Federal de Medicina 2006; Estados Unidos: Federation of State Medical Boards 2006.

Deficiências em Processos e Resultados

A medição de processos implica a avaliação da qualidade dos mecanismos e procedimentos para o fornecimento de serviços de saúde nos hospitais. Poucos são os estudos brasileiros que encaram essa questão diretamente, e informações sobre os resultados são ainda mais escassas.[18] Os pesquisadores que procuram avaliar processos e resultados de qualidade dos serviços de saúde brasileiros invariavelmente se deparam com deficiências nos dados disponíveis. As informações raramente são coletados sistematicamente, o acesso a registros é limitado e os bancos de dados disponíveis são pouco confiáveis ou são incompatíveis entre si, impossibilitando comparações. Até entre os hospitais que participam dos mesmos programas para credenciamento ou acreditação (por uma agência externa), os métodos para a avaliação de processos e coleta de dados variam, e indicadores diferentes podem ser usados para avaliar um mesmo processo.

Por serem os dados sobre a qualidade dos cuidados tão inadequados, uma revisão de literatura de 1.100 publicações e relatórios sobre a qualidade da atenção no Brasil entre 1997 e 2002 foi desenvolvida para o presente livro. A revisão revelou que poucos estudos basearam as avaliações de qualidade sobre a análise de dados pela aplicação de métodos rigorosos. A maior parte das pesquisas era de pequena escala e enfocou um serviço ou departamento específico de um hospital grande ou de ensino. Ademais, a revisão identificou um grande número de autores, mas somente uns poucos tinham produção consistente de pesquisas sobre o assunto (apenas cinco autores tinham publicado mais do que quatro artigos).[19]

Os achados desses estudos de pequena escala estão resumidos no quadro 7.3 e são apresentados detalhadamente no anexo 7B. Embora esses resultados enfoquem processos e resultados,

QUADRO 7.3
Problemas com Qualidade e Possíveis Causas: Percepções de uma Revisão da Literatura

A revisão da literatura feita para este relatório, empreendida por Kisil (2003) e Sampaio (2004), identificou os seguintes problemas relacionados à qualidade nos hospitais brasileiros e algumas prováveis causas: Ver anexo 7B para pormenores sobre a literatura consultada.

Erros ou demoras no diagnóstico

- Dificuldades do paciente em encontrar ou ter acesso a serviços especializados para obter diagnósticos especializados
- Falhas de diagnóstico no exame inicial do paciente e dificuldades do médico em priorizar os casos mais sérios
- Uso exagerado de exames pré-operatórios

Não aplicação de procedimentos recomendados

- Uso de terapias e técnicas ultrapassadas

Não aplicação de procedimentos corretos em cirurgias e exames

- Brandura dos conselhos de medicina em punir casos de má prática; revogação de licenças médicas raríssima
- Inexistência de documentos publicamente disponíveis que relatam e classificam casos de erro médico
- Falta de avaliações abrangentes e sistemáticas da qualidade clínica de profissionais médicos
- Deficiências nos serviços de parto e neonatais, talvez atribuíveis à atuação de trabalhadores de saúde sem qualificação

Falhas na seleção e administração de tratamentos

- Falta de padronização no uso de medicamentos
- Não-cumprimento por parte dos médicos dos protocolos para a prescrição dos medicamentos, com uma tendência a escolher os mais caros disponíveis

Erros na dosagem ou modo de usar dos medicamentos e na dispensação de medicamentos receitados

- Ambiente inapropriado para prescrição e dispensação de medicamentos
- Falta de atenção a detalhes; distração; falhas de segurança durante a preparação dos medicamentos
- Medicamentos receitados para crianças não administrados de forma ou na dosagem apropriada para consumo por menores

Demoras desnecessárias no tratamento ou em compartilhar resultados de exames

- Talvez atribuíveis a deficiências em estrutura, serviços e equipamentos

Uso de tratamentos incorretos ou inapropriados

- Tratamentos que visam economizar tempo ou recursos aplicados para a conveniência do pessoal médico, ou a pedido do paciente por motivos de *status* social (por exemplo, a elevada proporção de cesáreas)

(continua)

QUADRO 7.3 *(continuação)*

Não-uso de tratamentos profiláticos recomendados

- O não-uso por parte de gestores e planejadores de saúde de tratamentos mais baratos e acessíveis, mesmo quando existe um consenso de que esses tratamentos devam ser padrões

Falta de sistema de monitoramento, revisão e controle

- Falta de avaliações sistemáticas de dados sobre prestadores de serviços
- Inexistência de comissões hospitalares obrigatórias
- Deficiências quanto a qualificações profissionais; inexistência de literatura em português

Problemas com equipamentos

- Falta de treinamento sobre o uso de equipamentos novos e existentes
- Ausência de equipamento essencial em certas unidades de saúde

Inexistência de sistema para treinamento de pessoal

- Contratos de curto prazo, salários baixos e conflitos internos que levam a absenteísmo
- Problemas de comunicação e interação entre equipes
- Falta de continuidade de pessoal administrativo

problemas relacionados à estrutura também são registrados. Ao aplicar o quadro de referência desenvolvido pelo IOM (2001), a revisão encontrou uma ampla variedade de problemas de qualidade: erros e demoras nos diagnósticos, não-cumprimento de práticas recomendadas; não-cumprimento de tratamentos, procedimentos e diagnósticos usando protocolos apropriados; problemas na seleção e administração de tratamentos; erros na dosagem ou uso de medicamentos e na dispensação de determinados medicamentos; demoras evitáveis nos tratamentos; não-uso de tratamentos profiláticos recomendados; e inexistência de um sistema para monitoramento, revisão e controle.

Os estudos apontam uma variedade de deficiências em processos em todo o sistema hospitalar. Por exemplo, um estudo feito por Pereira, Franken e Sprovieri (2000) sobre a iatrogenia em cardiologia realça um número significativo de incidentes de falhas terapêuticas, efeitos colaterais indesejados da medicação, complicações em procedimentos terapêuticos e diagnósticos e más práticas médicas.[20] Um estudo realizado em 2001 sobre mortes maternas em um hospital universitário concluiu que 91% dessas mortes eram evitáveis e que em mais da metade dos casos a negligência médica foi a causa (Almeida 2001). Com exceção das questões éticas e de saúde pública levantadas por esses relatórios, Carvalho et al. (1991) observam que evitar mortes desnecessárias é importante porque distorcem as estatísticas médicas e limitam o uso desses dados no aprimoramento das políticas de saúde pública. Um estudo em grande escala sobre cirurgia coronariana em 131 hospitais brasileiros mostrou uma taxa de mortalidade de 7,2%, muito mais elevada do que nos Estados Unidos (2,8%), Canadá (2,5%) ou França (3,2%) (Noronha et al. 2003; WHO 2003a).

Embora as informações relacionadas à qualidade de processos nem sempre estejam prontamente disponíveis, a pesquisa realçou algumas das causas da baixa qualidade dos serviços nos hospitais brasileiros. Entre as mais importantes estão a inexistência de sistemas de monitoramento e controle de qualidade; pouca ou nenhuma compreensão de protocolos ou procedimentos clínicos padronizados; o não-cumprimento de tais protocolos, mesmo quando existem; a inexistência de redes funcionais para proporcionar cuidados contínuos; a baixa habilidade técnica e gerencial entre os prestadores dos serviços; a inexistência de estruturas bem-organizadas de gestão; e prédios e infraestrutura deteriorados e obsoletos.

A inexistência de normas ou guidelines padronizados de práticas clínicas ou protocolos de tratamento parece ser outra deficiência associada a processos que contribui para a baixa qualidade. Em 1997 e 1998 o CREMESP realizou levantamentos aleatórios de unidades de maternidades e neonatais em hospitais do estado de São Paulo. Como a tabela 7.8 demonstra, menos de 20% das unidades tinham normas para internações maternas ou protocolos para as salas de pré-parto, e somente cerca de um terço delas dispunha de protocolos para as salas de parto. O levantamento verificou que a maioria dos hospitais universitários tinha processos padronizados, o que não se aplicava às unidades privadas.

TABELA 7.8
Presença de Normas Padronizadas de Práticas Clínicas ou Protocolos de Tratamento, Serviços de Maternidade em Hospitais de São Paulo, por Esfera, 1997-1998

(%)

Serviço	*Público (N = 16)*	*Privado (N = 73)*	*Universitário (N = 10)*	*Total*
Internações	20	12	70	19
Sala pré-parto	21	10	70	18
Sala de parto	33	20	100	31

Fonte: CREMESP 2000.

No Brasil, um número crescente de pesquisas sobre mortalidade perinatal relacionam estruturas e processos a resultados.[21] As conclusões seguintes merecem atenção.

- Em um estudo de coorte de 40.953 nascimentos e 825 mortes perinatais na cidade de Belo Horizonte, Lansky, França e Kawachi (2007) relataram que as taxas de mortalidade perinatal eram mais elevadas em hospitais públicos e privados do SUS do que nas outras unidades, não-SUS.[22] Essa relação mantinha-se tanto para neonatos de baixo peso como para os de peso normal. Os pesquisadores procuraram entender essa diferença, controlando por variáveis de confusão. Primeiro, encontraram diferenças significativas na causa de morte. Por exemplo, a asfixia *intrapartum* evitável era de duas a quatro vezes mais elevada nas unidades do SUS, enquanto a prematuridade era a causa principal nas unidades privadas não afiliadas ao SUS. A mortalidade perinatal por infecções hospitalares adquiridas também era mais elevada em unidades do SUS. Mesmo após controlar pela escolaridade materna e o peso ao nascer – dois fatores associados à mortalidade perinatal –, as unidades do SUS se mostraram associadas a mortalidade perinatal mais alta. As unidades de mais baixa qualidade também se mostraram independentemente associadas à mortalidade perinatal mais elevada.[23] Além do acesso em tempo inadequado, os autores também atribuíram as taxas perinatais mais elevadas nas unidades do SUS à "desorganização" dos serviços, associada ao gerenciamento obstétrico ineficaz e deficiências das unidades em "responder adequadamente a situações como complicações do parto" (Lansky, França e Kawachi 2007:

872). A ausência do monitoramento de qualidade e a inexistência de auditorias de rotina foram deficiências adicionais observadas pelos autores.

- Aproveitando-se do banco de dados criado para a pesquisa citada anteriormente, Lansky et al. (2006), em um segundo estudo mais nitidamente focalizado sobre 118 mortes perinatais e 492 nascimentos em hospitais do SUS em Belo Horizonte, procuraram entender como os processos de serviços obstétricos presentes em hospitais afetavam os resultados.[24] Metade das mortes foi atribuída à asfixia intrapartum evitável. Sessenta por cento das mortes ocorreram em unidades sem serviços neonatais adequados; somente 6% eram partos assistidos em unidades com UTI neonatal. O monitoramento fetal de hora em hora e o monitoramento materno não foram realizados em 82% e 84% dos casos Não foi utilizado monitoramento em 37% dos casos de morte, comparados com 21% dos controles.[25] Em um modelo de regressão que controlou por diversas variáveis de confusão (por exemplo, peso ao nascer, idade materna, serviços pré-natais, gênero da criança e doenças durante a gravidez) concluiu-se que o não-uso de um monitor materno-fetal estava independentemente associado à mortalidade perinatal.[26]
- Finalmente, uma pesquisa pioneira no Brasil examinou a interação entre estrutura e processo em hospitais e o impacto dessa interação na mortalidade neonatal. Rattner (2001) analisou cuidados neonatais, baixo peso ao nascer e mortalidade neonatal evitável em 51 hospitais no estado de São Paulo. De acordo com os resultados, quando melhorias em estrutura (por exemplo, instalações, recursos materiais, número e especialização dos recursos humanos) são feitas sem a implementação concomitante de processos corretos, tais como a aplicação de protocolos de tratamento, o risco de resultados negativos como a mortalidade neonatal evitável aumenta. A implicação desses resultados é de que há uma sinergia entre estrutura e processo: uma redução mais marcante na mortalidade evitável seria alcançada se investimentos forem feitos simultaneamente em estruturas e processos. Se os investimentos enfocarem apenas a infraestrutura e os equipamentos, sem atenção concomitante (e provavelmente contínua) aos processos de cuidados, o impacto nas variáveis de saúde pode ser negativo (ver quadro 7.4).

Estudo de Caso: Taxas de Infecção Hospitalar e sua Medição

Marçal dos Santos et al. (2005) registraram os resultados de um levantamento nacional de 2003 sobre 27 hospitais estaduais, 1.009 hospitais municipais e 4.148 hospitais privados, que tentou avaliar a incidência e o controle de taxas de infecção hospitalar (IH).[27] Os autores não conseguiram quantificar as taxas de IH porque os métodos internos para a medição das taxas eram frequentemente inválidos. Por exemplo, muitos hospitais não calculavam corretamente o número de altas hospitalares, não chegando a somar o total dos pacientes saídos por alta, transferência e morte. Em outros casos, esses dados eram incompletos. Além disso, muitos hospitais não colhiam detalhes suficientes quanto à gravidade das infecções ou o período de exposição, impossibilitando, assim, comparações intra e inter-hospitais. Os autores consideraram os dados confiáveis em somente 13% dos casos.

Somente um terço dos hospitais relatou que adotava medidas para controlar um surto infeccioso, e cerca da metade declarou possuir um programa de controle da IH (figura 7.2).[28] Aproximadamente três quartos tinham comissões nomeadas de controle de infecções e declararam que monitoravam IH regularmente. Menos da metade declarou que tinha realizado treinamento de pessoal para controlar a IH. Dados não apresentados na figura 7.2 indicam que hospitais públicos operados pelo governo federal tiveram o melhor desempenho, os hospitais privados vieram em segundo lugar e os hospitais estaduais e municipais tiveram o pior desempenho. Por exemplo, somente 56% dos hospitais municipais declararam ter um comitê de infecções, e 30% revelaram ter um programa para o controle da IH.

Em 1995 o governo adotou o sistema NNISS/CDC, reconhecido internacionalmente, para o diagnóstico e rastreamento de infecções hospitalares.[29] Em 2003, entretanto, somente 17% dos hospitais o estavam utilizando. Um outro sistema, lançado pelo MS em 1998, já foi adotado por 51% dos hospitais. Preocupante, porém, é que 37% dos hospitais declararam não ter critérios definidos para a identificação e monitoramento de infecções.[30]

Marçal dos Santos et al. (2005) conseguiram determinar taxas de infecção para 182 hospitais (dentre 636) com UTI, porque essas unidades tinham mais cuidado em aplicar os critérios e métodos de notificação. Essas unidades registraram mais de 9.000 casos de infecção hospitalar e 1.320 mortes relacionadas à IH (tabela 7.9). Baseado em um total de quase 100.000 altas hospitalares, calculou-se a taxa total de infecção hospitalar em cerca de 9% e as mortes relacionadas a IH foram estimadas em 14%. As cifras verdadeiras são, provavelmente, mais altas porque somente 29% da amostra original de 636 hospitais forneceu dados confiáveis. Além do mais, os hospitais que monitoram a IH rigorosamente têm mais probabilidade de dispor de programas para a redução da incidência de IH. Para fins de comparação, Prade et al. (1995) estimaram uma taxa de IH no Brasil de 15,6%.[31]

A qualidade de resultados depende da qualidade dos processos. A elevada mortalidade relacionada à IH pode, em parte, ser atribuída ao fato de que a formação de comissões de controle de IH (CCIH) por isso não tem produzido resultados em muitos hospitais.[32] Marçal dos

FIGURA 7.2
Controle de Infecções Hospitalares, por Nível de Complexidade Hospitalar
(N = 4.148 hospitais)

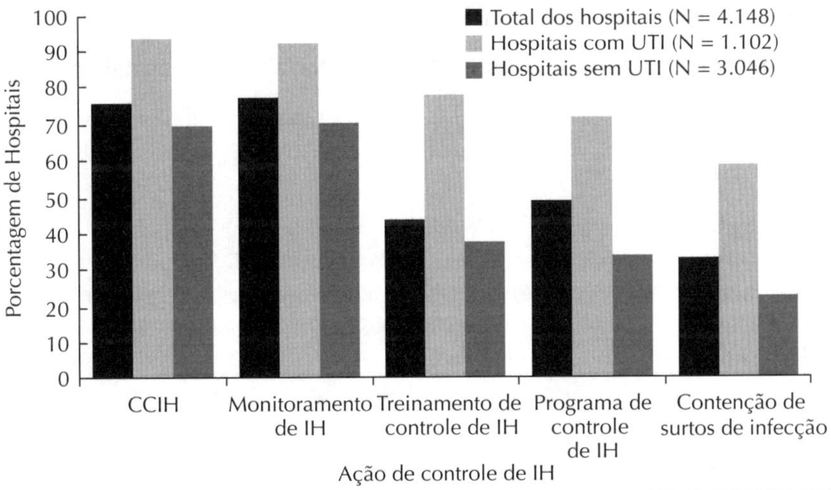

Fonte: Marçal dos Santos et al. 2005.
Nota: CCIH, Comissão de controle de infecção hospitalar.

Santos et al. (2005) constataram que 76% dos hospitais tinham nomeado integrantes da comissão de infecção hospitalar exigida pelo regulamento hospitalar brasileiro; 24% não tinham feito isso (figura 7.2). Os hospitais maiores e aqueles com maior capacidade (isto é, com UTI) mostraram maior tendência em adotar tais sistemas.

QUADRO 7.4

Processos Inadequados como um Problema de Primeira Ordem: Interação entre Estrutura e Prática em Enfermarias Neonatais

Rattner (2001) fez a seguinte indagação: Qual é a interação entre estrutura e processos? Se os processos em hospitais não são de alto padrão, mas se são feitos investimentos em estrutura, pode-se assim alcançar melhores resultados em qualidade de saúde? Ou pode o inverso acontecer? Se, por exemplo, forem realizados investimentos em equipamentos novos, qual será o efeito se o pessoal do hospital não souber como usá-los devidamente ou interpretar os resultados? O que acontece quando os processos são corretos, mas não têm o apoio das estruturas necessárias?

Rattner avaliou estruturas e processos, suas interações e seu impacto sobre a mortalidade neonatal evitável. Os resultados mostram que investimentos em processos, qualquer que seja o nível da estrutura, terão um efeito positivo, porém não significativo. Rattner encontrou, entretanto, uma correlação significativa entre investimentos em estruturas para diversos níveis de processos, como é apresentado na figura. Mesmo para uma amostra pequena de 51 hospitais, o risco de um resultado negativo (mortalidade neonatal) pode de fato aumentar se a qualidade do processo for inadequada e ao mesmo tempo se fizerem investimentos em estrutura.

A figura mostra que quando os níveis dos processos são baixos (P10 no eixo x), investimentos grandes em estruturas triplicam o risco de mortalidade neonatal evitável, com um intervalo de confiança entre 1,43 e 6. Pontos de dados com risco positivo ou mais elevado aparecem acima da linha horizontal passando pelo ponto 1, enquanto pontos de dados com risco mais baixo (i.é, com maior proteção) são encontrados abaixo dessa linha. Quando os processos são bons (P75, significando uma possibilidade de 75% de um processo de qualidade, ou P90, significando uma possibilidade de 90%), grandes investimentos em estrutura têm impacto positivo, reduzindo o número de mortes neonatais evitáveis. Na faixa de P90, indicando um processo extremamente bom, grandes investimentos em estrutura terão um efeito protetor de 0,28, significando que a taxa de mortalidade neonatal evitável será reduzida em 72%.

Efeitos de Investimentos em Estrutura sobre o Risco de Mortalidade Neonatal em Diferentes Níveis de Processos

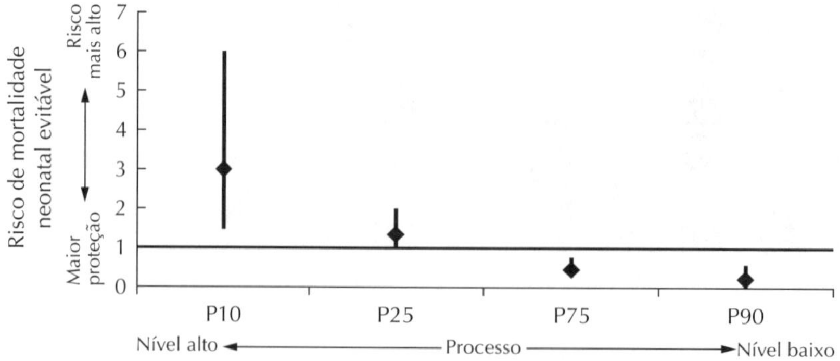

Nota: Os valores P representam o grau (em porcentagem) de cumprimento dos critérios especificados pela Secretaria de Saúde do Estado de São Paulo. Quanto mais alto o valor P, tanto melhor será a atenção em termos de processo.

A nomeação da comissão não significa que a comissão realmente monitore as infecções. Um estudo de 1999 encontrou que as comissões de infecção hospitalar ou eram inativas ou inexistentes em mais da metade entre 6.387 hospitais. Um programa de controle de IH plenamente operacional garantiria o cumprimento de padrões de serviços de saúde básicos e controlaria a aplicação de agentes hospitalares antimicrobianos e germicidas, que, se usados indiscriminadamente, podem aumentar a resistência bacteriana, elevando assim os custos totais de saúde (Prade et al. 1995).

O exemplo das comissões de infecção hospitalar realça um outro problema com alguns dos processos e medidas de resultados atuais. Embora se exija por lei que todos os hospitais tenham uma comissão de infecção hospitalar, a ênfase está na exigência formal de simplesmente se ter tal comissão, e não de ela estar efetivamente funcionando – realmente trabalhando para detectar e controlar as IH.[33] As altas taxas de infecção em todos os hospitais, inclusive naqueles (três quartos do total) que têm comissão de infecção instalada, demonstram dessa dicotomia entre a exigência e a prática.

TABELA 7.9
Incidência de IH em UTI para Adultos, Brasil (exceto São Paulo), 2001-2003

Hospitais com UTI para adultos (número)	636
Hospitais que forneceram dados (número)	182
Hospitais que forneceram dados (%)	29
Casos de IH (número)	9.197
Altas hospitalares (número)	97.946
Mortes relacionadas a IH (número)	1.320
Taxa de IH (%)	9
Mortes relacionadas a IH (%)	14

Fonte: Marçal dos Santos et al. 2005.

O estudo do CREMESP de 2004 já referido confirma os resultados de Marçal et al. (2005). O CREMESP investigou mais de mil hospitais e unidades de emergência em São Paulo e verificou a presença da comissão de IH exigida por lei. Os resultados, apresentados na tabela 7.10, revelam que em 67% das unidades tal comissão não existia. Somente 32% dos hospitais no estudo dispunham de todas as comissões exigidas por lei, e em 38% deles uma ou mais delas não funcionavam. Uma análise dos dados relativos aos hospitais públicos revela que os hospitais estaduais cumprem mais a legislação que os hospitais municipais, quase 90% dos quais não tinham nenhuma comissão.

A importância de desenvolver essas atividades é reforçada por trabalho internacional reconhecido, que estimou que 40 a 60% das infecções são evitáveis por meio de programas de controle da IH bem-conduzidos (IHI 2007). Políticas simples sobre limpeza hospitalar podem reduzir a taxa de infecção significativamente. Por exemplo, o Hospital Broomfield, no Reino Unido, reduziu infecções em sua unidade ortopédica em dois terços em um ano por adotar práticas melhoradas para a limpeza das mãos, higiene e lavagem das escovas dos médicos, proibindo que os prestadores de serviços usassem joias e impondo outras práticas para limitar a transmissão de bactérias de pacientes infectados para objetos inanimados e depois para outros pacientes (McCaughey s.d.).

Finalmente, o monitoramento e a redução das infecções hospitalares são importantes não apenas em virtude da mortalidade resultante das infecções, mas também em razão dos custos adicionais que o tratamento dos pacientes infectados implica. Um estudo de 136 pacientes em uma UTI do Recife, estado de Pernambuco, constatou que a média de permanência no hospital era de 2,8 dias para pacientes que não desenvolviam infecções, mas de 8,4 dias para aqueles com infecções hospitalares. O custo diário médio do tratamento era de R$ 1.486,24 para pacientes não-infectados, mas quase duas vezes mais alto (R$ 2.820,82) para pacientes que contraíram alguma infecção no hospital (Costa et al. 2003).[34]

Satisfação do Paciente

Uma medida importante de resultados é a satisfação do paciente. Entrevistas com gerentes de hospitais sugerem considerável interesse em monitorar as opiniões dos clientes sobre seus serviços, porém poucos hospitais fazem isso sistematicamente. O motivo principal da escassez de avaliações da satisfação dos pacientes é a falta de uma metodologia padronizada: aqueles hospitais que levantam a satisfação de seus pacientes usam métodos e instrumentos diversos, e comparações inter-hospitalares são praticamente impossíveis. Poucos dos hospitais que procuram medir a satisfação de seus pacientes utilizam os resultados para influenciar as políticas e ações do hospital ou para introduzir mudanças baseadas nas recomendações dos pacientes. Por exemplo, entrevistas com os diretores de 6 hospitais constataram que 5 deles usam uma avaliação da satisfação dos clientes, mas apenas 1 revelou que os resultados são consultados; os outros 4 relataram que raramente eram consultados (Kisil 2004).

TABELA 7.10
Existência e Funcionamento de Comissões Hospitalares Obrigatórias, Estado de São Paulo, 2003

	Tipo de hospital						
	Público			*Privado*			
Situação da comissão hospitalar obrigatória	*Todos*	*Estaduais*	*Municipais*	*Todos*	*Filantrópicos*	*Com fins lucrativos*	*Total*
Existentes e ativas (%)	14,6	48,6	5,7	23,0	20,4	24,5	19,8
Existentes mas inativas (%)	7,3	20,0	4,4	15,3	14,2	16,5	12,2
Inexistentes (%)	77,3	31,4	89,0	60,7	64,5	57,9	67,1
Dados não disponíveis (%)	0,8	0	0,9	1,0	0,9	1,1	0,9
Número (total)	384	35	318	627	338	278	1,011

Fonte: CREMESP 2004a.

A satisfação do paciente é uma área pela qual o MS tem mostrado interesse. Em 1998 e 2002 o MS e o Conselho Nacional de Secretários de Saúde (CONASS) patrocinaram levantamentos nacionais de satisfação do paciente com os serviços do SUS, avaliando percepções dos serviços de saúde entre usuários e não-usuários do SUS. Infelizmente, todos os dados foram agregados por região, de maneira que as informações estaduais e municipais não estão disponíveis para comparação.

O levantamento de 2002 registrou um grau de satisfação adequado do cliente com os serviços hospitalares, mas identificou vários problemas (CONASS 2003a). De acordo com os resultados, 30% das famílias reportaram uma internação hospitalar durante os dois anos anteriores ao levantamento, e quase 70% dessas internações eram em hospitais financiados pelo SUS. Cerca de 72% dos inquiridos avaliaram sua internação como "boa" ou "muito boa" e 14% avaliaram-na como "ruim", "má" ou "nem boa nem má". Quase 12% dos pacientes de hospitais do SUS acharam que os cuidados em internação estavam "piorando"; 29% não viam "nenhuma mudança". Os problemas principais relacionados aos serviços do SUS mencionados pelos pesquisados incluíam as filas para as consultas de ambulatório (41%), serviços de diagnósticos (14%) e os cuidados com pacientes internados (7,5%); tratamento desrespeitoso ou mal-educado (5%); e preparo inadequado do médico (5%).[35]

Resumo da Avaliação

As evidências disponíveis sobre a qualidade hospitalar no Brasil indicam deficiências sérias nas três áreas principais da análise: estrutura, processo e resultados. Um número significativo de hospitais é inseguro, como evidenciado pela sua incapacidade em atender aos padrões de licenciamento ou satisfazer as exigências para o controle das infecções hospitalares. Pesquisas de pequena escala sugerem que os processos clínicos são deficientes, resultando em uma variedade de erros, eventos adversos e práticas inadequadas.

Aparentemente, a imprensa escrita consegue monitorar melhor a qualidade do que as partes interessadas, tais como o SUS, as seguradoras ou os próprios prestadores de serviços de saúde. A mídia, entretanto, não nos oferece os melhores meios para monitorar a qualidade dos serviços. Apesar do reconhecimento generalizado de que dados sobre a qualidade são essenciais para a avaliação e o aprimoramento dos serviços hospitalares, os levantamentos e a literatura analisados neste capítulo sugerem que a medição e a comparação da qualidade não são um tópico prioritário para análise.

É tentador atribuir esses problemas de qualidade a uma falta de recursos. Entretanto, a pesquisa tanto nos países desenvolvidos como nos em desenvolvimento mostra que variações em qualidade entre organizações prestadoras de cuidados não têm relação com o nível de gastos (Peabody et al. 2006; IOM 2001). Embora algumas unidades possam precisar de uma injeção de recursos para melhorar a qualidade, um gasto mais alto não leva necessariamente a melhorias nos serviços ou nos resultados. Há um consenso generalizado entre os estudiosos da qualidade de que a falta de padronização dos processos clínicos e o não-aproveitamento das evidências clínicas para informar essas práticas constituem os principais motivos das variações em custos e em qualidade. Na análise comparativa de hospitais sob arranjos organizacionais diferentes apresentada no capítulo 6, um grupo de hospitais apresentou melhor desempenho que outro quanto à qualidade, muito embora os dois apresentassem níveis semelhantes de despesas.

A qualidade hospitalar também é afetada pela qualidade da prática profissional. A recertificação obrigatória está sendo introduzida, mas se aplica apenas a médicos licenciados depois de 1.º de janeiro de 2006, e, portanto, terá impacto somente em gerações futuras de médicos. Embora o modelo brasileiro de recertificação por meio da educação continuada obrigatória já tenha sido adotado por alguns países (Allsop e Jones 2005), o elo entre educação e desempenho continua sem confirmação.

Falta ao Brasil um sistema para a certificação da competência de formandos de Escolas de Medicina, e seu mecanismo regulatório atual para detectar e lidar com prática médica inadequada é ineficaz. Como foi mencionado em um relatório do Banco Mundial de mais de uma década atrás, a regulamentação de médicos continua "prisioneira dos interesses e do corporativismo da profissão médica" (Banco Mundial 1994; 139). Exames obrigatórios de certificação e processos disciplinares efetivos, bem como medidas para aprimorar a educação médica, são essenciais para a melhora da qualidade geral dos serviços médicos no Brasil. Exames de certificação obrigatórios dariam às Escolas de Medicina um incentivo para melhorar a qualidade de seu ensino e currículo. A padronização e a supervisão dos currículos das Escolas de Medicina, relacionados às exigências para licenciamento, constituem uma medida adicional. De modo geral, reconhece-se que os médicos devam pelo menos se manter atualizados sobre novos conhecimentos concernentes a tratamentos e tecnologias. A inclusão mais ampla de representantes da sociedade civil e do governo nos Conselhos Médicos seria um passo na direção certa, no sentido de melhorar a responsabilidade dos Conselhos diante do público.

A qualidade dos hospitais no Brasil se baseia frequentemente em afirmações subjetivas e estratégias de marketing garantindo "prestígio", "confiança" ou posse da "mais recente tecnologia". Sem dados sobre processos e resultados é difícil apoiar tais pretensões. Talvez os levantamentos mais preocupantes sejam os que revelam que a qualidade dos serviços prestados na maioria dos hospitais é desconhecida e que pouco se está fazendo de maneira sistemática para medir e avaliar o desempenho do sentido da qualidade.

Esta situação está começando a mudar. Desde a segunda metade dos anos 1990, diversas abordagens para a avaliação da qualidade nos hospitais têm sido desenvolvidas. A implementação dessas abordagens ainda é lenta e um tanto quanto fragmentada, mas sua adoção por um número maior de hospitais seria um sinal de que a importância da qualidade hospitalar está sendo reconhecida. Além disso, algumas unidades já lançaram programas bem-sucedidos para a melhoria da qualidade. O próximo capítulo examinará algumas dessas iniciativas recentes.

Anexo 7A

Inovações em Políticas e Gestão em Algumas Especialidades Médicas, 2000-2005

Especialidade médica	*Mudanças e avanços*	*Local e ano*
Medicina alternativa	Elaboração de diretrizes e regulação nacionais para o uso da Medicina Alternativa (Fisioterapia, Homeopatia e Acupuntura) em hospitais do SUS.	Conselho Nacional de Saúde, 2005
Fonoaudiologia	Desenvolvimento de uma válvula para disfasia.	Hospital Albert Einstein, São Paulo, 2000
	Reabilitação de pacientes com câncer que têm dificuldade para falar, mastigar, engolir ou ouvir.	Associação Brasileira do Câncer, 2003
	Educação para deambulação para portadores de paralisia cerebral.	HC-FMUSP, São Paulo, 2004
Enfermagem	Planejamento administrativo estratégico e foco no cliente para enfermagem.	HC-FMUSP, São Paulo, 2004
	Sistematização de procedimentos.	HC-FMUSP, São Paulo, 2003
Farmácia	Implementação da política nacional sobre o uso de medicamentos genéricos e o monitoramento da propaganda de medicamentos.	ANVISA, 2000
	Revisão da legislação para testar a efitividade e efeitos colaterais de medicamentos novos.	ANVISA, 2001
Fisioterapia e Terapia Ocupacional	Reabilitação: mobilidade melhorada de pacientes sob cuidados intensivos para acabar com a dependência de respiração assistida.	Hospital Albert Einstein, São Paulo, 2005
	Diagnóstico precoce de deficiência visual em crianças prematuras para prevenir cegueira.	UNICAMP, São Paulo, 2004
	Efeito hemodinâmico da hipertensão cirúrgica após cirurgias em pacientes cardíacos (respiratórias).	Instituto do Coração, HC-FMUSP, São Paulo, 2004
Psicologia	Participação de psicólogos em programa de Gestão da Qualidade, ajudando com mudanças no entendimento de processos mentais.	Instituto do Coração, HC-FMUSP, São Paulo, 2003
	Psicoterapia domiciliar.	PUC-SP, São Paulo, 2002
	Grupos conjuntos para promoção da saúde comunitária.	HC-FMUSP, Ribeirão Preto, 2002

Fonte: Dados de conselhos profissionais federais e regionais 2005.

Nota: ANVISA, Agência Nacional de Vigilância Sanitária; HC-FMUSP, Hospital das Clínicas da Faculdade de Medicina da Universidade de São Paulo; PUC-SP, Pontifícia Universidade Católica de São Paulo.

Anexo 7B

Problemas Relacionados a Processos nos Hospitais Brasileiros e suas Possíveis Causas

Deficiências e possíveis causas	*Evidências baseadas em microestudos*
Diagnóstico	
Erros ou demoras no diagnóstico	
• Dificuldades do paciente em localizar ou acessar serviços especializados para obter diagnóstico preciso.	Estudos feitos por Sánchez Cenunón (1993), Ferreira (1999) e Almeida (2001) criticam a falta de clareza e de hierarquia entre os níveis e redes de prestadores de serviços de saúde, levando a atrasos no referenciamento do paciente.
• Falhas diagnósticas por ocasião do exame inicial do paciente e dificuldade dos médicos em priorizar os casos mais sérios.	Deficiências no treinamento médico, na organização de pessoal e no ambiente de trabalho foram constatadas por Garcia Rosa e Hortale (2000).
• Uso exagerado de exames pré-operatórios.	Arieta et al. (2004) sugerem que a redução do número de exames pré-operatórios em até 60% não alteraria os resultados dos procedimentos cirúrgicos.
Não-adoção de procedimentos recomendados	
• Uso de terapias e técnicas ultrapassadas.	Prade (2002) mostra que a drenagem aberta de urina ainda é comum, apesar do risco comprovado de ela aumentar as infecções hospitalares em até 24 vezes
Tratamento	
Falhas na escolha e dispensação de tratamentos	
• Falta de padronização no uso de medicamentos.	Constatou-se que somente 35% dos hospitais filantrópicos usam o mesmo sistema de padronização de medicamentos; a dispensação de medicamentos em doses individuais mostrou-se consistente em apenas 54% dos mesmos hospitais (Barbosa et al. 2002).
• Os médicos não adotam protocolos para a prescrição de medicamentos e têm uma tendência em escolher os mais caros disponíveis.	Akashi (1998) verificou que os médicos em um hospital terciário receitavam com maior frequência os medicamentos anti-hipertensivos mais caros, enquanto as orientações internacionais e nacionais recomendam um medicamento diferente.
• Medicamentos receitados para crianças, não são fornecidos de forma ou na dosagem apropriadas para consumo por menores.	Um estudo em hospital universitário sobre o uso de medicamentos intravenosos para crianças constatou que, das 8.245 doses administradas em um mês, nenhum dos 41 medicamentos estava em dosagem apropriada para uso pediátrico. Isso levou, em alguns casos, a doses aumentadas, riscos de contaminação e desperdício maciço; o custo estimado para 24 horas de tratamento intravenoso era de US$ 46,23, dos quais US$ 6,71 eram o custo dos medicamentos administrados ao paciente e US$ 39,52 eram de medicamentos descartados porque não eram necessários para a dosagem pediátrica (Peterlini, Chaud e Pedreira et al. 2003).

Deficiências e possíveis causas	*Evidências baseadas em microestudos*
Falhas na dosagem ou método de usar medicamentos e na dispensação de medicamentos receitados.	
• Ambiente inapropriado para a prescrição e dispensação de medicamentos. • Falta de atenção a detalhes; distração; falhas de segurança durante a preparação de medicamentos.	Estudos concluíram que 35% das receitas eram ilegíveis e em 95% das receitas faltavam um ou mais itens (Bohomol 2003; Silva 2003).
Demoras desnecessárias no tratamento ou no compartilhamento dos resultados de exames	
• Talvez atribuíveis a inadequações de estrutura, serviços e equipamentos.	Garcia Rosa e Hortale (2002) atribuem a longa demora entre a decisão de fazer uma cesárea e o momento de realizá-la a problemas relacionados a estrutura, serviço e equipamentos.
Uso de tratamento incorreto ou inapropriado	
• Tratamentos visando economia de tempo ou dinheiro para a conveniência dos profissionais ou a pedido do paciente, por motivos de *status* social.	Vários estudos mostram taxas alarmantemente altas de cesarianas no Brasil (Gomes et al. 1999; Gouveia 1996).
Falhas de profilaxia	
O não-uso de tratamentos profiláticos recomendados	
• Falha de gerentes e planejadores em usar tratamentos mais baratos e mais acessíveis, mesmo quando existe consenso de que esses tratamentos deveriam ser padrão.	É de amplo consenso no mundo da medicina que, a terapia com corticosteróides pré-natal deve ser usada em casos de nascimentos prematuros. Um estudo sobre sete enfermarias de maternidade no Rio de Janeiro mostrou que essa terapia era usada em apenas 4% dos nascimentos prematuros, quando se esperava uma taxa de uso de 100% (Kraus da Silva et al. 1999).
Deficiências sistêmicas	
Falta de sistema de monitoramento, revisão e controle	
• Falta de avaliações sistemáticas de dados sobre prestadores de serviços no sistema nacional de informações. • Ausência de comissões obrigatórias. • Deficiências nas qualificações profissionais; falta de literatura em Português.	Em 67% das 1.011 unidades visitadas a comissão de prevenção de infecção hospitalar não existia; em 35% dos hospitais que tinham constituído tais comissões não havia nenhum registro disponível de suas atividades (CREMESP 2004a). A ausência de tais comissões em muitos hospitais contribui para altas taxas de infecções hospitalares: 15,6% no Brasil, contra 3 a 5% nos Estados Unidos (Santos, 1996), e média global de 8 a 10% (Prade et al. 1995). A tradução de textos médicos importantes como regra tende a não usar exemplos brasileiros (Prade 2002).

(continua)

Deficiências e possíveis causas	*Evidências baseadas em microestudos*
Problemas com equipamentos	
• Falta de treinamento no uso de equipamentos novos e existentes. • Falta de equipamentos essenciais em certas unidades de saúde.	Ambulâncias com equipamentos completos e funcionais estavam presentes em somente 25% das unidades privadas e 25% das unidades públicas no estado de São Paulo; apenas 50% das salas de emergência eram consideradas adequadamente equipadas (CREMESP 2004a).
Falta de sistema de treinamento de pessoal	
• Contratos de curto prazo, baixos salários e conflitos internos levam a absenteísmo. • Problemas de comunicação e interação entre equipes. • Falta de continuidade do pessoal administrativo.	Barboza et al. (2003), Cecilio (1994) e outros atribuem a suspensão de procedimentos cirúrgicos ou a demora em realizá-los ao elevado absenteísmo. Baixos salários de enfermeiros significam que muitos deles procuram um segundo emprego e assim ficam sobrecarregados (Nakao et al. 1986; D'Innocenzio 2001).

Fonte: Sampaio 2004; Kisil 2003.

Notas

1. O IOM argumenta que a magnitude do problema (erros médicos) é muito maior do que é reconhecido atualmente porque os pacientes hospitalares representam somente uma pequena proporção dos contatos de pacientes com o sistema de serviços de saúde.
2. A maior parte dos achados surge de revisões e análises da literatura comissionadas para este estudo (Sampaio 2004; Kisil 2003, 2004; Gastal et al. 2005a, 2005b). Pesquisas em pequena escala, revisadas por Kisil (2003), também são uma fonte importante.
3. O licenciamento estabelece os padrões de operação minimamente aceitáveis para organizações de serviços de saúde. Os padrões normalmente enfocam infraestrutura, pessoal e equipamentos.
4. Os resultados insatisfatórios foram discutidos em uma reunião do Conselho Nacional de Saúde em 2004.
5. O instrumento foi derivado do instrumento de Nível 1 usado pela ONA para avaliar o cumprimento do regulamento para licenciamento e é muito parecido com ele.
6. Um viés de autosseleção pode ter afetado os resultados. A participação no levantamento do PNASS foi voluntária, e as unidades que optaram por não participar podem ter maior probabilidade de apresentar baixa qualidade.
7. O levantamento PNASH descrito foi aplicado a unidades psiquiátricas em parte em razão de uma série de reportagens na imprensa escrita da época denunciando as condições em tais unidades.
8. Instrumentos diagnósticos recentes desenvolvidos pela ONA e pelo MS especificam padrões de licenciamento e sua fonte regulatória (ONA 2005; MS 2004b). Esses instrumentos facilitam grandemente a avaliação de cumprimento tanto por hospitais como pelas autoridades.
9. A amostra representou 95% das unidades nas categorias registradas com o CREMESP.
10. Tal sistema existia em 53,6% dos hospitais; 24,5% tinham um sistema incompleto.
11. Pupo (2004) constatou que as unidades maiores geralmente conseguem uma pontuação maior nos instrumentos de avaliação que revisam suas habilidades estruturais. Em contraste, hospitais menores têm deficiências numerosas em infraestrutura: pessoal, equipamentos de apoio à vida, cirúrgicos e de esterilização; recuperação pós-anestésica; e serviços de diagnóstico adiantados e terapêuticos. Às unidades menores também faltam comissões de ética médica.
12. Todas as unidades privadas estavam sob contrato com o SUS e recebiam uma proporção significativa de seu financiamento de fontes públicas.

13. O levantamento do CREMESP realizado em 1997 e 1998 de uma amostra de 99 salas de parto e unidades neonatais em hospitais de São Paulo encontrou muitas deficiências estruturais. Muitos hospitais não cumpriam os padrões mínimos para equipamentos e pessoal exigidos pela legislação brasileira sobre o licenciamento (CREMESP 2000).
14. Visto que o teste é voluntário, os que o fazem não são representativos do corpo discente de qualquer Escola de Medicina.
15. Em 2006 688 estudantes fizeram o teste; em 2007 foram 998.
16. Estudantes de 23 das 31 Escolas de Medicina do estado participaram do exame.
17. Um candidato que não acumular pontos suficientes terá a opção de se apresentar para um exame de competência.
18. Existem evidências consideráveis de que processos de cuidados bem-elaborados resultam em serviços de melhor qualidade (Desai, O'Connor e Bishop, 1997; Griffin e Kinmouth, 1998).
19. Umas poucas ressalvas tornam-se necessárias quanto aos resultados da revisão da literatura. Em virtude da escassez de estudos, a variedade e a falta de comparabilidade dos métodos, o uso de nomenclaturas diferentes e o pequeno tamanho das amostras ou do contexto dos cuidados, a interpretação e a síntese foram difíceis. As informações disponíveis não permitem que se deem respostas concretas às seguintes perguntas: em que medida os levantamentos são generalizáveis para o conjunto dos hospitais brasileiros? Com que frequência ocorrem os erros no sistema como um todo? Existem fatores sistêmicos que contribuem para a baixa qualidade? Qual é o custo global da baixa qualidade?
20. Iatrogenia refere-se a complicações médicas induzidas inadvertidamente por um médico ou cirurgião ou pelo tratamento médico ou procedimentos diagnósticos.
21. O período perinatal começa com 22 semanas completas (154 dias) de gestação, ocasião em que o peso ao nascer é normalmente de 500 gramas, e termina com 7 dias completos após o nascimento.
22. Em Belo Horizonte 97% dos nascimentos ocorrem em hospitais; essa média é semelhante à do Brasil.
23. A qualidade foi medida por um sistema estruturado baseado em pontos desenvolvido por Costa et al. (2004), pelo qual os hospitais são colocados em uma de três categorias – alta, intermediária ou baixa.
24. A amostra foi colhida aleatoriamente de um universo de 40.953 nascimentos e 825 mortes perinatais e é, portanto, representativa de Belo Horizonte. A qualidade dos serviços obstétricos foi determinada na base de uma análise dos prontuários médicos. Os autores notaram que o estudo foi limitado pela baixa qualidade e deficiências dos prontuários. Esse, já por si só, é um levantamento importante.
25. Um monitor materno-fetal (partógrafo), que é recomendado pela OMS, retrata a progressão do parto e ajuda a identificar quando a intervenção é justificada.
26. Outras variáveis que se mostraram independentemente associadas à mortalidade perinatal incluíram falta de acompanhamento pré-natal, baixo peso ao nascer, doenças durante a gravidez e doenças do recém-nascido.
27. Esse levantamento foi apoiado pela Agência Nacional de Vigilância Sanitária (ANVISA). As taxas de resposta ao levantamento são como segue: estados, 100%; municipalidades, 18%; hospitais privados, 70%.
28. Todos os hospitais são obrigados a ter um programa de controle da IH pela Lei Federal 9.431 (1997).
29. NNISS/CDC representam, em inglês, o Sistema de Vigilância de Infecções Hospitalares e os Centros para o Controle de Doenças.
30. Da mesma maneira encontrou-se um número significativo de hospitais que não utilizavam medidas para combater infecções. Quando se perguntou sobre o uso de substâncias antimicrobianas, germicidas e outros materiais, 53,5% dos hospitais responderam que usavam tais medidas; 40,8% disseram que não as usavam; e 5,7% não responderam (Marçal dos Santos et al. 2005). A ausência em tantos hospitais de medidas apropriadas para combater infecções

pode levar a aumentos no número e tipos de tais infecções e a formas multirresistentes, prolongando, assim, os períodos de hospitalização e elevando a morbidade, mortalidade e os custos de tratamento.

31. Comparações internacionais são difíceis em razão das diferenças em definições e metodologia. Além disso, os dados de Marçal referem-se somente às UTI. Nos Estados Unidos as taxas de infecção cirúrgica variam entre 2 e 5% (Qualis Health, 2006). A Pensilvânia, um dos poucos estados americanos que rastreiam sistematicamente as infecções hospitalares, registrou 7,5 infecções adquiridas em hospitais por 1.000 internações em 173 hospitais agudos gerais em 2004 (PHC4 2005).
32. Comissões de infecção hospitalar são obrigatórias pelo regulamento do MS (Portaria 196, de 24 de junho de 1983).
33. Além da comissão de IH, exige-se que todo hospital no Brasil tenha comissões de ética médica, de controle de infecção hospitalar, de revisão de prontuário médico e uma comissão interna de prevenção de acidentes.
34. Essas estimativas de custos são coerentes com os dados internacionais. O sistema NNISS/CDC estima que as infecções de local cirúrgico prolonguem as hospitalizações em 7,5 dias e aumentem custos entre US$ 2.734 e US$ 26.019 por caso.
35. Oitenta e nove por cento dos inquiridos disseram que utilizavam o SUS.

8

Avaliação e Melhoria da Qualidade

A capacidade de qualquer país de medir, avaliar e aumentar a qualidade dos serviços de saúde é crítica para o aperfeiçoamento da prestação de cuidados à saúde e dos resultados para os pacientes no sistema de saúde como um todo. Frequentemente, as unidades de saúde que atuam isoladamente são pouco preparadas ou não têm incentivo para dar conta de tarefas tão complexas. Uma política sistemática e o apoio institucional para a qualidade e para a segurança dos pacientes encontram-se em estágio inicial de desenvolvimento no Brasil. Em geral, as iniciativas de aperfeiçoamento da qualidade, baseadas em métodos comprovadamente eficazes, não têm ocorrido com frequência; quando ocorrem, dão-se em nível meramente operativo, em vez de acontecerem no âmbito de políticas nacionais.

Ao longo dos últimos quinze anos, todavia, um número de iniciativas voluntárias ou apoiadas pelo governo teve êxito em estabelecer programas de acreditação, de *benchmarking* e de melhoria da qualidade como estratégias para avaliar e melhorar a qualidade da atenção hospitalar. Os mais importantes desses esforços incluem um sistema de acreditação promovido pelo governo, um programa de certificação e um sistema de *benchmarking* estabelecidos por uma associação médica estadual, um esquema de contratação de serviços baseado na qualidade desenvolvido por uma operadora privada, e diversos programas nacionais e estaduais promovidos pelos governos. Apesar de representarem avanços importantes, muitas dessas iniciativas são esforços isolados. Uma ampla implementação pelos hospitais (e por operadoras de serviços de saúde) tem sido limitada. Alguns desses esforços tiveram vida curta, e nenhum deles foi avaliado.

No tocante aos prestadores de serviços, alguns hospitais encararam com seriedade a questão da avaliação e aperfeiçoamento da qualidade. Muitos desses esforços estão ligados à participação em programas de certificação e acreditação. Em alguns casos, o aperfeiçoamento da qualidade se relaciona com um esforço para melhorar a situação financeira do hospital. Apesar de um número indeterminado de instituições ter desenvolvido iniciativas de melhoria da qualidade em departamentos ou serviços específicos, menos de 2% (estimados) dos hospitais brasileiros já implementaram programas contínuos de aperfeiçoamento da qualidade, abrangendo toda a organização. Somente uma pequena parcela desses hospitais coleta, analisa e divulga informações sobre os resultados obtidos.

Antecipando um dos pontos principais deste capítulo, pode-se afirmar que o Brasil ainda precisa desenvolver políticas nacionais de desempenho em qualidade, uma infraestrutura de avaliação e informação, e mecanismos de responsabilização para direcionar e apoiar a melhoria da qualidade no sistema como um todo. A não ser que sejam definidos esses elementos para um *desempenho* de qualidade, essa permanecerá como o componente esquecido do sistema brasileiro de saúde nos próximos anos.

Acreditação e Certificação Hospitalar no Brasil: Adesão, Desafios e Oportunidades

O Brasil é líder na América Latina no tocante ao desenvolvimento de sistemas de acreditação. Uma revisão dos avanços em acreditação hospitalar em dezenove países da América Latina concluiu que o Brasil é um dentre os cinco únicos países da região que não apenas haviam estabelecido uma comissão nacional de acreditação e produzido um manual de procedimentos padrões, mas também tinham iniciado a implementação de um programa em nível nacional. De fato, o Brasil foi o único país da América do Sul a chegar tão longe (Novaes 1999). Esta seção irá rever o desenvolvimento de sistemas de acreditação hospitalar no Brasil. O quadro 8.1 define a terminologia que será usada nesta revisão.

QUADRO 8.1
Acreditação, Licenciamento e Certificação

Acreditação é um processo formal por meio do qual um órgão reconhecido, normalmente uma organização não-governamental (ONG), avalia uma organização de serviços de saúde e verifica se ela cumpre critérios aplicáveis, predeterminados e publicados. Os critérios de acreditação, normalmente reconhecidos como ótimos e acessíveis, são desenhados para encorajar esforços contínuos de aperfeiçoamento internos nas organizações acreditadas. A decisão sobre a acreditação de uma organização de serviços de saúde específica implica a realização de avaliações periódicas *in loco* por uma equipe de vistoria que não faz parte da organização ou sistema avaliados.

A acreditação é normalmente reavaliada a cada dois ou três anos. Trata-se frequentemente, de um processo do qual as organizações participam voluntariamente; não é requerida pela lei ou por normas de regulação, diferindo, neste sentido, do licenciamento. Certo número de países, todavia, tornaram a acreditação obrigatória.

Licenciamento é um processo pelo qual uma autoridade governamental concede a um profissional individual ou a uma organização de serviços de saúde permissão para funcionar. As regulações de licenciamento normalmente buscam assegurar que a organização atenda a padrões mínimos de proteção à saúde pública e à segurança dos pacientes.

Certificação é um processo pelo qual um órgão autorizado – seja ele uma operadora, ou uma organização governamental ou não-governamental – avalia uma organização e reconhece que ela atende a padrões ou critérios predeterminados. Quando aplicada a uma organização, ou a uma parte de uma organização, como um laboratório, a certificação normalmente indica que a organização oferece serviços adicionais, tecnologia ou capacidade, além daquelas encontradas em organizações similares.

Fonte: Rooney e Van Ostenberg 1999.

A acreditação de hospitais no Brasil tem origem nas iniciativas voluntárias lançadas por hospitais na década de 1980, com o intuito de estabelecer critérios de acreditação que fossem distintos dos critérios de licenciamento definidos pelo Ministério da Saúde (MS). Em 1986 o Colégio Brasileiro de Cirurgiões, após deliberar a respeito do treinamento e habilitação de novos cirurgiões e da qualidade dos hospitais, criou o Comitê Permanente e Especial para Qualificação de Hospitais (Noronha e Garcia Rosa 1999).

No mesmo período, a Organização Pan-Americana de Saúde (OPAS) e a Organização Mundial de Saúde (OMS) passaram a trabalhar em iniciativas para estabelecer padrões de saúde especificamente adaptados para os contextos locais. O ímpeto desse movimento surgiu a partir da primeira Conferência Latino-Americana sobre Acreditação de Hospitais, realizada em 1989, que concluíra que nenhum país da América Latina, até então, utilizava a acreditação de hospitais como um meio para aperfeiçoar a qualidade dos hospitais. Subsequentemente essa iniciativa foi ampliada em um seminário de acreditação organizado pela OPAS em Brasília, em 1992 (Novaes e Neuhauser 2000).

Ao longo da década de 1990, foram lançadas em quatro estados brasileiros iniciativas de acreditação independentes. Em São Paulo a Associação Paulista de Medicina e o Conselho Regional de Medicina introduziram o Programa de Controle de Qualidade Hospitalar (CQH). No Rio Grande do Sul o setor privado estabeleceu um programa de acreditação hospitalar, e no Paraná a Secretaria de Saúde do Governo do Estado também iniciou um programa semelhante. No Rio de Janeiro a iniciativa envolveu um esforço conjunto da Academia Nacional de Medicina, do Colégio Brasileiro de Cirurgiões e do Instituto de Medicina Social da Universidade Estadual do Rio de Janeiro (UERJ).

De 1995 em diante o Ministério da Saúde procurou aproveitar essas iniciativas integrando essas várias iniciativas estaduais em um sistema nacional de acreditação. Combinando experiências dos quatro estados pioneiros, bem como de outros países, o Programa Brasileiro da Qualidade e Produtividade (PBQP) foi lançado em 1997 com o objetivo de definir padrões específicos para um processo de avaliação de acreditação hospitalar. O Manual Brasileiro de Acreditaçao Hospitalar (Novaes 1999), publicado em 1998 no âmbito do PBQP, foi o primeiro conjunto de normas e padrões nacionais para acreditação em todo o território brasileiro.

A Organização Nacional de Acreditação

Em novembro de 1998 o Ministério da Saúde aprovou a proposta de criação de uma comissão nacional para acreditação hospitalar, a Organização Nacional de Acreditação (ONA). À ONA coube a responsabilidade de desenvolver regras, normas e procedimentos para definir os padrões, e assumiu a liderança ao criar normas técnicas, desenvolver um código de ética, treinar pesquisadores e certificar institutos e empresas de vistoria. O quadro 8.2 descreve a estrutura de governança da ONA.

QUADRO 8.2
Estrutura de Governança na ONA

A ONA, uma organização não-governamental e privada, autorizada pelo Ministério da Saúde (Portaria n. 538, 2001), desfruta de um amplo apoio institucional. Assim como ocorreu no desenvolvimento de sistemas de acreditação em outros países, muitas partes interessadas se envolveram na sua fundação. A ONA foi produto de um processo de colaboração abrangendo sociedades médicas, associações de classe e instituições públicas e privadas.

A supervisão é feita por um conselho de administração independente, composto por representantes de sociedades médicas; associações de classe como hospitais privados e filantrópicos, cooperativas médicas e seguradoras privadas; instituições governamentais – o Ministério da Saúde (MS) e a Agência Nacional de Vigilância Sanitária (ANVISA); o Conselho Nacional de Secretários de Saúde (CONASS); e o Conselho Nacional de Secretários Municipais de Saúde (CONASEMS). Mais recentemente, a Agência Nacional de Saúde Suplementar (ANS) passou a integrar o conselho de administração da ONA, visando a expansão do sistema de acreditação para unidades que mantenham contratos com operadoras de planos de saúde privadas.

A ONA oferece o sistema de acreditação mais amplamente reconhecido e implementado no Brasil. O sistema foi desenvolvido a partir de iniciativas de acreditação regionais e contou com o apoio técnico da Organização Pan-Americana de Saúde (OPAS) e do Ministério da Saúde.

Fonte: Gastal et al. 2005b.

A ONA adotou uma estratégia de acreditação por fases. Os hospitais devem ser acreditados em cada nível antes de passar para o seguinte: Nível 1 (cujo foco se dá principalmente em aspectos estruturais); Nível 2 (com foco nos processos); e o Nível 3, o mais elevado nível de acreditação, cuja meta são os resultados (Zeribi e Márquez 2004). O Nível 2 é definido como "acreditação plena", enquanto o Nível 1 é designado simplesmente como "acreditação". Ambos os níveis são válidos por dois anos. O Nível 3, válido por três anos, significa que o hospital está "acreditado com excelência". Unidades de saúde acreditadas devem manter os padrões ao longo de todo o período de validade, e realizam-se avaliações regulares para assegurar que esses padrões estão sendo mantidos. Durante o processo de avaliação, se uma instituição chega perto de obter a acreditação, mas não a consegue por uma pequena margem, tem noventa dias para corrigir os problemas indicados antes de uma segunda avaliação. Cada nível requer um processo de avaliação separado com diferentes conjuntos de critérios (ONA 2004). A ONA não realiza diretamente as análises de acreditação; elas são terceirizadas para organizações privadas treinadas e certificadas pela ONA.[1]

Outra característica que distingue a ONA de outros sistemas de acreditação existentes no Brasil, além de sua organização, é a ênfase que dá à conformidade com regulações de licenciamento. Reconhecendo que a maior parte dos hospitais brasileiros está fora dos padrões de conformidade, o Nível 1 centra-se na obtenção de total conformidade com os padrões mínimos exigidos pela regulamentação. Assim, a acreditação em Nível 1 pode ser mais bem descrita como licenciamento. Um instrumento para autoavaliação recentemente publicado pela ONA relaciona cada padrão do Nível 1 à competente regulamentação (ONA 2005).

Do Nível 2 em diante, os padrões da ONA focam-se em processos e resultados. Em consonância com os padrões internacionais, eles são desenhados de modo a permitir comparações entre locais diferentes e também ao longo do tempo. Como nos demais sistemas de acreditação, os padrões fornecem uma visão geral da qualidade da organização como um todo. Ao longo do processo, nenhum departamento ou serviço do hospital é avaliado isoladamente, mas como parte da totalidade da instituição. Desse modo, um hospital somente poderá ser acreditado depois de cada unidade ter passado pela avaliação e ter sido aprovada. O objetivo final é melhorar a qualidade do serviço para com todos os pacientes. Um exemplo dos requisitos exigidos para uma dessas unidades, a obstetrícia, encontra-se descrito no anexo 8A.

Outros Sistemas de Acreditação

Além do sistema da ONA, dois outros sistemas de acreditação atuam no Brasil: o Consórcio Brasileiro de Acreditação (CBA), iniciativa estabelecida no estado do Rio de Janeiro, e o Programa de Controle de Qualidade Hospitalar (CQH) da Associação Paulista de Medicina (APM) e do Conselho Regional de Medicina do Estado de São Paulo (CREMESP). Ambos os sistemas foram desenhados a partir dos padrões desenvolvidos pela internacionalmente reconhecida Joint Commission on Accreditation of Healthcare Organization (JCAHO), assim como o sistema ONA. Ao contrário da ONA, porém, nenhum desses outros dois sistemas é oficialmente afiliado ao governo. A seguir encontra-se uma breve descrição dos dois sistemas.

- *CBA* – O Consórcio Brasileiro de Acreditação foi formado em 1998, com assistência da JCAHO, baseado em programas de acreditação anteriormente desenvolvidos por quatro hospitais.[2] A Academia Nacional de Medicina, o Colégio Brasileiro de Cirurgiões e a Universidade Estadual do Rio de Janeiro (UERJ), aos quais se juntou a Fundação Cesgranrio, desenharam um conjunto de critérios baseados nos padrões da JCAHO para hospitais. O manual resultante, concluído em 1999, tem sido usado para avaliar hospitais, principalmente no estado do Rio de Janeiro.

- *CQH* – O Programa CQH de Selo de Conformidade foi lançado em 1991 no estado de São Paulo com o objetivo de monitorar e controlar infecções hospitalares entre as instituições-membro do Estado, por meio de visitas regulares por equipes de avaliação externas. O CQH é uma iniciativa conjunta da Associação Paulista de Medicina (APM) e do Conselho Regional de Medicina do Estado de São Paulo (CREMESP). O CQH é o mais antigo sistema de avaliação de qualidade existente no Brasil que trabalha com o quadro de referência clássico de estrutura, processos e resultados. Assim como nos demais sistemas de acreditação do Brasil, a participação do hospital no programa CQH é voluntária; o hospital é visitado por uma equipe de avaliadores independentes que verifica o grau de conformidade da instituição aos padrões e processos de qualidade especificados no manual do CQH. O preenchimento completo desses quesitos autoriza a instituição a receber o Selo de Conformidade.

Cada um dos sistemas de acreditação descritos acompanha padrões internacionais, particularmente aqueles desenhados a partir do modelo da JCAHO. Todos especificam padrões semelhantes, particularmente para processos e resultados. Assim como nos programas de acreditação de outros países, a sua adoção pelos hospitais é voluntária. Os processos de avaliação são rigorosos, direcionados à organização como um todo, e são realizados por comitês multidisciplinares e independentes, formados por profissionais treinados. Dos três sistemas, os padrões da ONA são talvez os que mais se amoldam à realidade brasileira, estimulando uma progressão em três estágios, que partem da conformidade aos padrões mínimos até o mais alto nível de excelência. Os três sistemas são sólidos; a tabela 8.1 resume as principais características distintivas entre eles. Ao contrário da ONA, cuja acreditação é endossada pelo governo, ou da CBA, cujo processo de acreditação é realizado com a participação de pesquisadores internacionais e é internacionalmente reconhecido, o programa CQH de Selo de Conformidade é autorizado e aplicado localmente, principalmente no Estado de São Paulo. Assim, o programa CQH pode ser mais bem descrito como um sistema de certificação independente.

Apesar de o Brasil oferecer uma gama de sistemas de acreditação e certificação, a sua adoção tem sido frustrante. Como se verifica na tabela 8.2, apenas 55 dos mais de 6.500 hospitais no país estavam acreditados em 2003. A maioria dos 38 que se inscreveram na ONA obteve qualificação no Nível 1; 3 foram acreditados pela CBA e 14 tiveram a acreditação do CQH.

Boa parte dos hospitais acreditados são instituições especializadas de tamanho médio (menos de 100 leitos) localizadas nas regiões Sul ou Sudeste do País. Dos 55 hospitais acreditados, 38 se localizam no estado de São Paulo, e apenas 2 possuem menos de 50 leitos. Hospitais acreditados são, em geral, instituições privadas: 44 dos 55 são privados, 9 são públicos e 2 são hospitais militares. Em suma, a acreditação não está afetando partes importantes do setor hospitalar – pequenos hospitais, com menos de 50 leitos, que respondem por aproximadamente dois terços (65%) dos hospitais do país, e hospitais públicos, que representam mais de um terço.

TABELA 8.1
Comparação dos Três Principais Sistemas de Acreditação Hospitalar

Sistema de Acreditação	*ONA*	*CQH*	*CBA*
Composição	Órgãos de nível nacional representando os setores público e privado, compradores e sociedades médicas	Associação Paulista de Medicina e Conselho Regional de Medicina do Estado de São Paulo	Academia Nacional de Medicina, Colégio Brasileiro de Cirurgiões, Universidade do Estado do Rio de Janeiro e Fundação Cesgranrio
Base dos padrões	PAHO/WHO/JCAHO	JCAHO	JCAHO
Equipe de avaliação	Avaliadores de instituições certificadas independentes	Inspetores independentes do CQH	Inspetores externos da CBA e Comissão Conjunta Internacional (Joint Commission International – JCI)
Foco	Estrutura (segurança em saúde), processos e resultados	Processos e resultados	Processos, funções e resultados
Validade da certificação	Nível 1, dois anos Nível 2, dois anos Nível 3, três anos	Selo de Conformidade, dois anos	Acreditação da instituição, dois anos
Acompanhamento	Visitas agendadas e não agendadas e acompanhamento durante visitas-sentinela únicas[a]	Visitas de acompanhamento e relatórios de indicadores pós-certificação	Acompanhamento e visitas-sentinela[a]

Fonte: Schiesari 2003.

a) Uma visita-sentinela é uma resposta a um evento inesperado envolvendo morte, lesões ou risco de lesões físicas ou psicológicas sérias. Lesões sérias incluem especificamente perda de membro ou função. Um evento sentinela sinaliza a necessidade de investigação e resposta imediatas (JCAHO).

TABELA 8.2
Número de Hospitais Acreditados, por Tipo e Localização, 2003

Indicador	*Total*	*ONA*	*CBA*	*CQH*
Total	55	38	3	14
Por tipo e natureza				
Público	10	7	0	3
Privado	44	30	3	11
Militar	1	1	0	0
Por região				
Norte	0	0	0	0
Nordeste	3	3	0	0
Centro-Oeste	3	2	0	1
Sul	8	7	1	0
Sudeste	41	26	2	13
Por estado				
São Paulo	38	23	1	13
Minas Gerais	3	3	0	0
Rio Grande do Sul	6	5	1	1
Outros	8	7	1	0

Fonte: Gastal et al. 2005b.

Os hospitais parecem ter poucos incentivos para completar os requisitos para a acreditação. Apesar do apoio do Ministério da Saúde para a fundação da ONA, a acreditação ainda não está na agenda política do Sistema Único de Saúde (SUS), nem tampouco é considerada uma questão-chave entre operadoras privadas.[3] Parece haver um interesse considerável pelo programa CQH do Selo de Conformidade; as instituições contratadas pelo CQH para realizar inspeções já fizeram 142 visitas de certificação separadas. Desde o início do CQH, no início dos anos 1990, mais de 100 hospitais já participaram do programa, muitos por mais de dez anos. Todavia, mesmo após esse período, somente 23 receberam o Selo. Desses, 14 ainda tinham o selo em 2004, e 9 não o tinham mais. O CQH não explorou as razões desta aparente dificuldade de obter a certificação, nem os motivos da perda da certificação por algumas instituições de saúde que já tinham recebido o selo.

Uma preocupação manifestada tanto por autoridades públicas quanto por dirigentes de unidades públicas e privadas de saúde refere-se aos custos envolvidos para atingir os requisitos necessários para acreditação e licenciamento, especialmente os investimentos em instalações e equipamentos. Uma revisão dos investimentos realizados para obter a acreditação sugere, todavia, que os custos podem não ser a principal barreira. Gastal et al. (2005b) pesquisaram 18 hospitais que haviam conseguido o Nível 1 da ONA (licenciamento) entre 2002 e 2004, no tocante aos custos dos investimentos.[4] Os hospitais relataram a realização de investimentos em pessoal, consultorias, treinamento de pessoal, sistemas de informação, investimentos em infraestrutura, equipamento, mobiliário e custos de avaliação.[5] Os dispêndios financeiros médio e máximo, por categoria, são mostrados na tabela 8.3. Dos 18 hospitais, 88% haviam investido em infraestrutura, o que demonstra fragilidade nessa área específica. Aproximadamente 44% haviam realizado investimentos em assistência técnica, a um custo médio de R$ 32.800, incluindo o custo de avaliação.

TABELA 8.3
Custos e Investimentos Envolvidos na Obtenção do Nível 1 da ONA, 2002-2004
(em milhares de R$, 2004; N = 18)

Tipo de custo	*Médio*	*Máximo*
Infraestrutura	98,4	300,0
Equipamento médico	91,2	400,0
Sistemas de informação	62,7	638,0
Pessoal	49,5	620,0
Mobiliário	23,9	150,0
Outros equipamentos	20,1	100,0
Certificação	18,6	50,0
Consultorias (assistência técnica)	14,2	86,0
Outros	13,7	67,3
Treinamento	12,2	100,0
Média	293,8	1.750,2

Fonte: Gastal et al. 2005b.

Nota: US$ 1 = R$ 2,98 (média 2002-2004).

O investimento médio de aproximadamente R$ 300.000 (US$ 100.000) relatado na pesquisa representa menos de 1% do orçamento anual dos hospitais públicos de tamanho médio analisados no capítulo 6. Mesmo o pagamento máximo de R$ 1,8 milhão (em média) representa apenas cerca de 5% do gasto total desses hospitais.[6] Em comparação, entre 1998 e 2004 o projeto de investimento governamental denominado Reforsus, co-financiado pelo Banco Mundial e pelo Banco Interamericano de Desenvolvimento, investiu US$ 410 milhões em cerca de mil hospitais, especialmente para a aquisição de equipamentos e obras.[7] Aqueles investimentos não visavam assegurar a obtenção de acreditação nem estavam ligados à participação em programas de acreditação.

Outra pesquisa confirma que o custo pode não ser uma barreira importante para a expansão da acreditação. Uma revisão da literatura internacional sobre a implementação de sistemas de acreditação concluiu que apenas um dos dez documentos revisados mencionou o custo financeiro como uma razão para suspensão ou relutância em prosseguir com o programa (Quinto Neto 2004). Os obstáculos mais comumente citados incluem a falta de interesse por parte dos gerentes, recusa por parte dos funcionários em participar, e as dificuldades em mudar a cultura e práticas organizacionais, com frequência levando a conflitos internos.

Fatores adicionais podem contribuir para as dificuldades em expandir a acreditação. Em primeiro lugar, a existência de múltiplos sistemas de acreditação pode gerar confusão entre os gerentes de hospitais a respeito de qual seria a "melhor" escolha. Evidências pontuais sugerem certa rivalidade desnecessária entre os três sistemas. Qualquer sistema de acreditação requer uma massa crítica de participantes, que ajude a motivar outras organizações a tomar parte na iniciativa. Um programa nacional unificado, que fosse apoiado pelo MS e contasse com a participação ampla dos hospitais, poderia pressionar os não-participantes a aderir.

Um segundo desafio para os sistemas brasileiros de acreditação é acompanhar as mudanças produzidas por um cenário político em constante mutação. Uma nova equipe no MS pode enxergar a última iniciativa como um trabalho da gestão anterior em fim de mandato e, em vista disso, buscar mudanças ou até mesmo um sistema inteiramente novo. Em 2004, por exemplo, o MS rompeu o acordo com a ONA por razões que não ficaram inteiramente claras. Alguns observadores sugerem que a ONA perdeu sua preeminência porque havia sido criada pelo governo anterior e, portanto, não era bem-vinda. Outros especulam que o governo pisou no freio na expansão da acreditação para evitar sequelas políticas das avaliações, que poderiam revelar as desanimadoras condições da maioria dos hospitais públicos ou privados financiados pelo SUS. Nos últimos anos o MS fez muito pouco para promover qualquer modalidade de acreditação no Brasil.

A terceira e talvez mais importante questão a respeito dos programas de acreditação está relacionada aos incentivos. Assim como em muitos outros países, a acreditação no Brasil é voluntária.[8] A participação depende da liderança dos dirigentes ou conselhos de governança dos hospitais. A falta de incentivos para buscar a acreditação constitui o maior obstáculo para novas expansões. Há três tipos de incentivos que poderiam ser enfatizados para tornar a acreditação mais atraente: os incentivos econômicos, no sentido de que os compradores públicos e privados (o SUS, as seguradoras, os planos de pré-pagamento) podem exigir que os hospitais com os quais mantêm relações contratuais sejam acreditados, de modo a assegurar bons padrões de qualidade; o uso da acreditação como uma ferramenta de *marketing* para atrair mais negócios; e incentivos à eficiência, já que a boa qualidade pode resultar em economia de custos.[9] Muitas instituições privadas e, frequentemente, de prestígio, acreditadas pelo CBA, utilizam a acreditação como *marketing*. Essas instituições, todavia, parecem ter um interesse genuíno em oferecer cuidados de alta qualidade; elas foram as primeiras no Brasil a desenvolver e implementar programas de melhoria na qualidade em suas organizações.[10]

As experiências de outros países sugerem que o fato de tornar a acreditação um requisito para o financiamento, e de oferecer incentivos financeiros para que os hospitais obtenham acreditação, podem estimular fortemente a adesão. Nos EUA, pagadores públicos como Medicare e Medicaid requerem que os hospitais sejam acreditados se quiserem receber qualquer tipo de recurso. A acreditação também é exigida para financiamentos públicos e pela seguridade social na Bélgica e na Catalunha (Espanha).

Um programa recente e inovador para vincular a acreditação ao pagamento a hospitais, em curso atualmente no Brasil, apresenta um modelo a ser seguido. A UNIMED/BH é uma cooperativa privada de médicos de Belo Horizonte (BH) que opera um plano de pré-pagamento e contrata 40 hospitais para fornecer serviços aos seus associados. Em 2005 a UNIMED/BH lançou um programa que oferecia reembolso proporcional para os hospitais, conforme obtivessem cada nível de acreditação na ONA.[11] Por exemplo, as tabelas de reembolso aumentam 7% se o hospital concordar em participar do processo da ONA (por exemplo, se a organização conduz uma autoavaliação, submete-se a uma avaliação externa e adota um plano de ação com prazos de tempo determinados, a fim de obter a acreditação em Nível 1). O reembolso aumenta mais 7% quando se alcança a acreditação em Nível 1, e mais 9% e 15%, respectivamente, para os Níveis 2 e 3. De acordo com a UNIMED, o objetivo é que os 40 hospitais contratados por ela na cidade de Belo Horizonte e região atinjam o Nível 3 de acreditação em um período de três anos (2005-2008). É importante ressaltar que a UNIMED também financia o custo das avaliações e co-financia o treinamento requerido para aperfeiçoar as qualificações dos profissionais dos hospitais. As unidades que não atingirem pelo menos o Nível 1 de acreditação após dois anos serão desligadas da rede UNIMED. Se bem-sucedida, essa estratégia, adotada por uma única operadora, pode aproximadamente dobrar o número de hospitais acreditados no Brasil.

Acreditação e Desempenho

Quais são os benefícios da acreditação e como esses benefícios são atingidos? A acreditação, por si só, não garante boa qualidade: é apenas uma ferramenta dentro de um sistema geral de medição, avaliação e aperfeiçoamento de qualidade. Por meio dela são avaliados estruturas, processos e *desempenho* organizacionais, em relação a padrões preestabelecidos.

No mundo todo, os sistemas de acreditação estão cada vez mais ligados ao desenvolvimento de sistemas e programas de melhoria dos serviços hospitalares, num processo contínuo (Scrivens 1997b). Por exemplo, na década de 1990 a JCAHO modificou seus padrões, adotando uma abordagem mais sistêmica, baseada na melhoria contínua da qualidade. A respeito dessas revisões, Donahue e Van Ostenberg (2000: 244) comentam que "o foco dos padrões de acreditação está na capacidade interna da organização em criar e manter sistemas e processos necessários para avaliar e monitorar a competência da sua equipe de profissionais da saúde".

A acreditação obriga os hospitais a examinar suas competências, avaliar e comparar os serviços que oferecem com os padrões (Scrivens 1997a, 1997b; WHO 2003a; Shaw 2004a,

2004b; Dlugacz, Restifo e Greenwood 2004; Daucourt e Michel 2003). Isso se atinge por meio de um diagnóstico inicial, em geral uma autoavaliação, e depois, por meio da aplicação de metodologias de gestão que orientam o processo de aperfeiçoamento. Desse modo, a participação em um programa de acreditação, geralmente, requer que o hospital desenvolva um programa de aperfeiçoamento da qualidade e que o implemente internamente. Em certo sentido, o atendimento aos padrões torna-se o catalisador de um processo de melhoria da qualidade de toda a organização.

Uma série de ferramentas de gerenciamento da qualidade podem ser utilizadas para facilitar as mudanças, e um certo número de hospitais líderes no Brasil tem atingido e mantido programas de melhoria da qualidade utilizando algumas delas. A pesquisa de Gastal et al. (2005b) sobre hospitais acreditados, pediu aos gerentes que avaliassem as ferramentas de gestão que eles haviam utilizado para melhoria da qualidade. As respostas estão sintetizadas na tabela 8.4. Os processos ou ferramentas mais populares aplicados nos hospitais da amostra incluem PDCA, 5W2H, programas de qualidade total (TQM, sigla em inglês para total quality management) e 5S. Boa parte das ferramentas identificadas na pesquisa foram emprestadas de empresas dos setores industriais, de engenharia e de serviços, e adaptadas por hospitais no mundo todo para organizar e guiar seus esforços no sentido de melhorar a qualidade (Quinto Neto e Bittar 2004).

Os resultados da pesquisa mostram que muitos dos hospitais da amostra medem a satisfação do cliente, tomam providências a partir dos resultados encontrados (35 dos 37 hospitais) e implementam um programa para padronizar o processo de cuidado e os fluxos de pacientes em toda a organização (33 de 37). Os padrões da ONA servem de linhas mestras para a padronização interna. As maneiras de aferir e aumentar a satisfação dos clientes e de atingir a padronização podem variar entre os hospitais. Em muitos casos, a avaliação da satisfação do cliente e a padronização dos procedimentos não foram atividades desenvolvidas isoladamente, mas eram parte de um processo de gestão da qualidade realizado em toda a organização.

Ao analisar programas de aperfeiçoamento de qualidade em cinco hospitais brasileiros ao longo do processo de acreditação, Schiesari (2003) encontrou resultados similares aos registrados na tabela 8.4. Significativamente, a pesquisa relata que as instituições da amostra formaram grupos de trabalho para discutir um conjunto de questões que incluíam treinamento, auditoria, implementação de padrões, redução de eventos adversos, medição da satisfação do cliente e desenvolvimento de indicadores de *desempenho.*

A implementação bem-sucedida de tais programas exige o comprometimento da gerência na estruturação de incentivos para os funcionários e no treinamento contínuo. O estudo conduzido por Kisil (2004), que entrevistou diretores de cinco hospitais líderes, corrobora muitos resultados das pesquisas relatadas. Kisil identificou várias áreas de boas práticas, incluindo: a formação de uma equipe treinada em programas de melhoria de qualidade para conduzir o processo; a coleta regular de dados relacionados com indicadores sentinelas e o arquivamento dessas informações num banco de dados que permite a realização de análises e a produção de relatórios; a identificação de partes interessadas que são encorajadas a participar do processo e a disseminar as informações sobre qualidade; a educação de toda a equipe a respeito da necessidade da qualidade; o estabelecimento de objetivos reais e práticos ao longo do tempo, que servem para mostrar o progresso das melhorias; e o gerenciamento de processos de qualidade envolvendo três atividades inter-relacionadas – o planejamento de qualidade, o controle de qualidade e a melhoria da qualidade.

TABELA 8.4
Ferramentas de Gestão Hospitalar Utilizadas para Obter Acreditação, com a Respectiva Escala de Efetividade, 2002-2004

Ferramenta gerencial	*Número de hospitais que utilizam a ferramenta (N = 37)*	*Escala de Efetividade (média) (de 1 a 5)*	*Descrição*
Medida da satisfação do cliente	35	4,7	Uma avaliação – em geral uma pesquisa – empregada para medir a satisfação dos clientes, reduzir a quantidade de reclamações e melhorar o planejamento.
Padronização de processos	33	4,6	Aplicada dentro da organização para garantir que todos os métodos e procedimentos se desenvolvam do mesmo modo; permite análise crítica desses métodos com o objetivo de melhorá-los.
PDCA	27	4,3	Método de gerenciamento utilizado para promover melhorias progressivas por meio de quatro fases, das quais saem as letras da sigla (em inglês PDCA: planejamento, execução, verificação e ação). Metodologia contínua e cíclica, aponta para a consolidação da padronização de práticas.
5W2H	24	4,3	Utilizada para mapear e padronizar processos, construir planos de ação e estabelecer procedimentos baseados em indicadores. A sigla refere-se aos 5 W (em inglês: who, what, when, where, and why): quem, o quê, quando, onde e por quê, e aos dois H (em inglês: how and how much) como e quanto.
Gestão da Qualidade Total (TQM – Total Quality Management)	20	4,3	Introduzido no Brasil a partir do Japão, por empresas industriais. Não é uma ferramenta em si, mas uma série de métodos práticos de gerenciamento; desenvolve-se a partir dos conhecimentos e práticas que são essenciais para a organização. O principal foco é no gerenciamento de processos.
5S	20	4,0	Mobilização do pessoal, incorporando novas práticas e atitudes de trabalho visando reduzir o desperdício. Os cinco S derivam dos termos em japonês para descartar, arranjar, limpar, padronizar e disciplinar.
Balanced scorecard (BSC)	20	3,7	Permite que uma organização analise estratégias e planos com base em um sistema de indicadores que afetam o desempenho, alinhados com a visão presente e futura da organização. Estratégias e objetivos são subdivididos em cinco subseções: finanças, clientes e mercado, processo, aprendizado e crescimento, e sociedade.
ISO 9000	16	3,4	Um processo de avaliação baseado em padrões que busca assegurar a conformidade com normas de qualidade em todas as fases do ciclo de produção de um bem ou serviço. Os padrões, determinados pela Organização Internacional de Padronização (International Organization for Standardization, ISO), enfatizam a qualidade dos processos e a capacidade da organização, especialmente a manutenção de um sistema de gerenciamento de qualidade. O ISO 9000 é utilizado no setor de saúde brasileiro principalmente para certificação de laboratórios e unidades de diagnóstico. A certificação é feita por um órgão independente.

(continua)

TABELA 8.4 *(continuação)*

Ferramenta gerencial	*Número de hospitais que utilizam a ferramenta (N = 37)*	*Escala de Efetividade (média) (de 1 a 5)*	*Descrição*
Premio Nacional de Qualidade, PNQ	15	2,8	Um processo de avaliação baseado em padrões que é focado mais em processos de gerenciamento e menos em resultados. Derivado do Prêmio Nacional de Qualidade de Malcolm Baldridge, nos EUA, o PNQ se baseia em critérios ou padrões específicos de inovação e excelência em gerenciamento de qualidade. Originalmente desenhado para o setor de serviços, o PNQ tem sido aplicado no setor de saúde. Um hospital já ganhou esse prestigioso prêmio.

Fonte: Gastal et al. 2005b.

Nota: Pediu-se aos gerentes responsáveis pela melhoria da qualidade que identificassem as ferramentas de gerenciamento por eles utilizadas para melhoria da qualidade e as avaliassem usando uma escala Likert de 1 a 5, na qual 1 significa nada efetivo e 5 significa muito efetivo. Foram recebidas respostas de 37 hospitais acreditados pela ONA.

a) Ferramentas aplicadas por pelo menos 40% dos hospitais acreditados pela ONA que deram informações.

As experiências dos programas de acreditação em países desenvolvidos e em desenvolvimento mostram que sistemas de acreditação bem-desenhados contribuem para o aperfeiçoamento da qualidade dos sistemas de saúde. Apesar de poucos programas de acreditação terem sido avaliados com o uso de metodologias rigorosas, as instituições acreditadas atingem padrões de conformidade mais frequentemente do que empresas não-acreditadas (Shaw 2004a). Programas de acreditação e programas de melhoria de qualidade empregados para obter acreditação podem levar à melhoria da qualidade dos serviços médicos. A conformidade com padrões está relacionada à melhoria de processos de serviços de saúde associados a resultados, como a redução nas taxas de infecção hospitalar, de erros médicos e de outros eventos adversos (Heerey e Necochea 2005; Scrivens 2002; Shaw 2004a, 2004b). Isto é particularmente verdadeiro quando o projeto de acreditação é integrado a um programa global de aferição e melhoria da qualidade (OMS 2003a). Além disso, por si sós, os processos de treinar o pessoal, adaptar sistemas e desenvolver indicadores podem melhorar a qualidade do hospital, não importando se a acreditação é solicitada ou obtida.

No Brasil têm surgido evidências de que hospitais acreditados ou externamente certificados ultrapassam as unidades não-acreditadas em termos de qualidade e eficiência. Em 2005 o CQH conduziu uma análise comparativa de hospitais que participaram do Programa do Selo de Conformidade entre 1999 e 2003.[12] Os resultados são apresentados na tabela 8.5. Em praticamente todos os indicadores de qualidade e eficiência selecionados para o estudo, os hospitais certificados tiveram *desempenhos* significativamente melhores do que os hospitais similares não certificados. As diferenças na eficiência são dignas de nota: os hospitais certificados apresentaram períodos de internação significativamente menores e taxas de ocupação consideravelmente maiores do que os não-certificados. Os índices de absenteísmo, rotatividade de pessoal (*turnover*) e de infecção hospitalar, todavia, não foram muito diferentes.

TABELA 8.5
Eficiência e Qualidade nos Hospitais com e sem o Selo de Qualidade CQH, Indicadores Selecionados, 1999-2003

Indicadores que mostram desempenhos significativamente melhores nos hospitais com o selo CQH	*Com o selo*	*Sem o selo*	*p*
Eficiência			
Tempo médio de permanência[a]	3,5	4,1	0,000
Intervalo de giro de leitos[b]	1,6	2,4	0,000
Taxa de ocupação de leitos[c]	68,7	63,0	0,000
Taxa de giro de leitos[d]	6,2	5,5	0,000
Taxa de cancelamento de cirurgias[e]	2,5	5,4	0,000
Qualidade			
Mortalidade hospitalar[f]	1,46	2,74	0,000
Taxa de mortalidade em cirurgia[g]	0,26	0,93	0,000
Taxa de reinternações[h]	1,4	2,1	0,011
Taxa de reinternações UTI (durante a permanência do paciente)[i]	5,8	10,9	0,008
Taxa de infecção hospitalar (IH) neonatal ICU[j]	21,3	26,5	0,006
Taxa de Infecção hospitalar, maternidade[k]	2,0	1,1	0,000
Indicadores mostrando diferenças não significativas de desempenho entre grupos de hospitais			
Eficiência			
Taxa de absenteísmo[l]	4,6	4,0	0,382
Taxa de rotatividade de pessoal[m]	2,4	5,8	0,442
Qualidade			
Taxa de IH[n]	2,5	2,6	0,298
Taxa de IH cirúrgica[o]	1,4	2,3	0,145

Fonte: Nishikuni e Minuci 2006.
Nota: Baseado no relatório estatístico anual do CQH para uma média de 146 hospitais durante o período de cinco anos, desses, 13 (em média) possuíam o Selo de Qualidade e 133 não possuíam. UTI, unidade de terapia intensiva.
a) Número médio de dias que os pacientes (excluindo os recém-nascidos) permanecem no hospital.
b) Número médio de dias que um leito disponível fica vazio entre a alta de um paciente e internação do seguinte.
c) Porcentagem do total de leitos ocupados durante um período de tempo.
d) Número médio de pacientes "ocupando" cada cama durante um período (indica o uso dos leitos disponíveis).
e) Número de cancelamentos de cirurgias como porcentagem do total de cirurgias em um dado período de tempo.
f) Mortes depois de 48 horas de internação como porcentagem do total das altas de pacientes.
g) Mortes como uma porcentagem do total de intervenções cirúrgicas.
h) Reinternações como porcentagem de altas de pacientes.
i) Reinternações como porcentagem das altas de UTI.
j) Episódios como porcentagem de altas de UTI.
k) Episódios com uma porcentagem de altas da obstetrícia.
l) Total de horas de faltas do pessoal como porcentagem do total de horas contratadas.
m) Número de funcionários afastados como percentual do total de funcionários contratados.
n) Episódios como porcentagem das altas de pacientes.
o) Episódios como porcentagem das altas cirúrgicas.

Em suma, as evidências disponíveis sugerem que a adoção bem-sucedida de programas de acreditação, ou de programas de certificação com base em padrões como o CQH, está associada a melhorias significativas na eficiência e na qualidade.

Estudo de Caso: Revolução em Qualidade na Santa Casa de Porto Alegre, RS

Somente alguns poucos hospitais brasileiros conduzem programas de qualidade efetivos, com resultados aferíveis por meio da comparação de "antes e depois". A Santa Casa de Porto Alegre, localizado no estado do Rio Grande do Sul, é um deles. O estudo de caso - baseado em entrevistas *in loco* e documentos - analisa processos internos relacionados à mudança organizacional ampla pela qual passou toda a instituição; as mudanças foram tão bem-sucedidas que o Hospital conquistou o Prêmio Nacional de Qualidade.

A Santa Casa de Porto Alegre (SCPA) é uma instituição filantrópica que congrega seis hospitais e um total de 1.349 leitos, com uma média anual de 5 mil pacientes internados e 75 mil pacientes ambulatoriais. Os pacientes cujo atendimento é financiado pelo SUS respondem por 86% da clientela da SCPA. A maior parte dos demais pacientes tem seguros de saúde privados. Além de prestar serviços médicos, a SCPA é um centro de pesquisa e ensino que oferece cursos de graduação e pós-graduação em medicina e enfermagem. A estrutura organizacional consiste de um Conselho de Administração, Presidência e Diretoria Executiva.

A SCPA quase fechou as portas entre as décadas de 1970 e 1980, sobrecarregada por uma infraestrutura dilapidada, altos custos, baixo nível de investimentos, gerenciamento ineficiente, manutenção precária e persistente falta de estoque - os mesmos problemas enfrentados por muitos hospitais filantrópicos ou públicos, atualmente. Em 1983 uma equipe de administradores profissionais foi contratada para reorganizar o complexo. O processo de reorganização foi estruturado em fases, num planejamento de vinte anos. As mudanças no corpo de diretores e de gerência sênior, bem como as melhorias em infraestrutura realizadas ao longo dos anos de 1983 a 1987, resultaram na recuperação financeira da instituição, aperfeiçoaram a credibilidade do hospital junto aos fornecedores e levaram ao seu reconhecimento como um hospital-escola. O plano para 1988-1992 definiu o processo de modernização e redefinição da estrutura organizacional, a implementação de um processo de planejamento estratégico, o aumento da ênfase na produtividade, novas políticas de investimento, uma política de transparência de informações, e maior uso de tecnologias de informação. Em 1993 o hospital já estava pronto para prosseguir com uma agenda de melhoria na qualidade que alteraria o seu desempenho de "adequado" para "excelente".

O planejamento para a década de 1993-2003 começou com o desenvolvimento de um Programa de Gestão da Qualidade (PGQ), que contou com o apoio financeiro de fundações filantrópicas privadas e do Governo do Estado do Rio Grande do Sul. As principais ações realizadas ao longo do programa, em quatro estágios, foram as seguintes:

- *Estágio 1: Mobilizar a equipe gerencial para o controle de qualidade.* Estabelecer um conselho de qualidade, uma unidade de qualidade e grupos para a resolução de problemas (GRP) para cumprir funções estratégicas e executivas dentro do programa. Os GRP inicialmente se concentraram em problemas de infraestrutura e usaram o método de identificação, análise e solução de problemas. Atualmente, os GRP monitoram processos de aperfeiçoamento de qualidade, produtos e serviços.

- *Estágio 2: Desenvolver recursos humanos por meio de educação e treinamento.* O aspecto educacional incluiu a realização de seminários internos e externos, conferências com outras instituições sobre controle de qualidade e visitas a instituições que utilizavam a ferramenta dos 5S (ver tabela 8.4) e eram referências reconhecidas de qualidade.
- *Estágio 3: Planejar o Programa de Gerência de Qualidade.* Conduzido pelo conselho de qualidade, esse planejamento enfocou a gestão, apoio operacional, infraestrutura médica e produção clínica. Nesse estágio, o hospital integrou-se ao Programa Estadual de Gerenciamento de Qualidade.
- *Estágio 4: Implementar a gestão de qualidade.* Este trabalho requereu a consolidação do programa dos 5S e a execução do programa de gerenciamento de rotinas orientado para resultados. Dezenove áreas de avaliação de qualidade são agora monitoradas regularmente, e um prêmio de qualidade é concedido a cada dois meses para os que atingem os melhores resultados.

Em 2002 a SCPA tornou-se o primeiro hospital a ganhar o prestigioso Prêmio Nacional de Qualidade (PNQ), que reconhece realizações em gerenciamento de qualidade. Algumas dificuldades permanecem, mas a Santa Casa é hoje considerada um centro de excelência, especialmente na área de saúde materna e neonatal e por seu trabalho pioneiro em transplante de órgãos. O que é interessante na experiência da SCPA é que, antes de implementar o Programa de Gestão da Qualidade (PGQ), a empresa passou por dez anos de reformas organizacionais e gerenciais (e melhoria na infraestrutura) a fim de criar um ambiente institucional que permitisse um aperfeiçoamento contínuo na qualidade e no desempenho.

A implementação do Programa de Gerenciamento de Qualidade não ocorreu sem problemas. As dificuldades apareceram porque a Santa Casa estava pisando em terreno novo no tocante à modernização de arranjos organizacionais e estrutura de gerenciamento e introduzindo uma melhoria de qualidade sistemática. Havia poucos exemplos a seguir e escassas informações a respeito de padrões, processos e referências de *benchmarking*. Outro fator que contribuiu para atrasar o processo foi a quase completa dependência que a Santa Casa tinha dos financiamentos governamentais, limitados e muitas vezes incertos.

Apesar de tudo, hoje a Santa Casa é um modelo vencedor. O hospital tem um sólido sistema de informação para mensurar e analisar resultados. Os dados são coletados sistematicamente para alimentar uma série de indicadores e são utilizados para monitorar, avaliar e melhorar o desempenho financeiro, a qualidade, a produção e a eficiência. A satisfação dos usuários, monitorada por meio de pesquisas regulares com pacientes, elevou-se de 18% em 2001 (antes do PGQ) para 94% em 2004 (ver tabela 8.6). Outros resultados dignos de nota mostrados na tabela são as reduções nos cancelamentos de cirurgias e nos índices de mortalidade. A insatisfação dos trabalhadores, que se refletia na rotatividade de pessoal, aumentou levemente, mas o absenteísmo diminuiu.

Indicadores não-quantitativos também apontaram melhorias em outras áreas. Uma das recomendações anteriores à implementação do Programa de Gerenciamento de Qualidade era oferecer um serviço mais atencioso ao paciente. As práticas atuais apontam melhorias nessa área, o que inclui o aumento do número de doadores de sangue. De acordo com os gerentes da SCPA, o tempo de espera em consultas diminuiu de 13 horas para 8 minutos.

TABELA 8.6
Resultados do PGQ na Santa Casa de Porto Alegre
(%)

Indicador	*Antes d0 PGQ, 2001*	*Com o PGQ, 2004*
Satisfação do paciente	18,0[a]	94,0[b]
Satisfação do colega de trabalho	87,7	81,3
Cancelamento de cirurgia	18,2[c]	10,6
Absenteísmo	2,0	1,9
Rotatividade de pessoal	1,3	1,7
Mortalidade	4,2	3,6

Fonte: Documentos internos do Hospital.
a) 1998; b) 2003; c) 1999.

Outras Iniciativas de Avaliação e Aperfeiçoamento da Qualidade

Em diversos lugares no Brasil e em todo o mundo outros sistemas de *benchmarking* e de monitoramento de *desempenho* estão sendo implementados, e os governos têm patrocinado diversos programas nacionais de melhoria de qualidade.

Monitoramento de Desempenho e Benchmarking

Outro elemento importante para compor um sólido sistema de avaliação e melhoria da qualidade é a coleta rotineira de dados para indicadores clínicos, com o objetivo de monitorar e comparar processos e resultados ao longo do tempo. A coleta de dados é frequentemente complementar à acreditação baseada em padrões, fornecendo regularmente informação sobre resultados de qualidade, enquanto a acreditação oferece informação a partir de pesquisas *in loco* realizadas em intervalos de dois ou três anos.[13]

A maioria dos hospitais brasileiros ainda não realiza a coleta e análise sistemáticas de dados a respeito da qualidade. Faltam políticas e sistemas de mensuração e avaliação da qualidade, revisão e comparação de desempenho de qualidade e divulgação pública de resultados. Ademais, não existe uma infraestrutura institucional nacional para o desenvolvimento e implementação dessas políticas. Mas o Brasil não é um caso único nesse ponto.

Uma análise de programas de melhoria de qualidade em hospitais na Austrália, no Reino Unido e nos Estados Unidos concluiu que havia "uma escassez de dados clínicos válidos e confiáveis, assim como limitações na qualidade e no aproveitamento das bases de dados administrativos disponíveis" (McLoughlin et al. 2001: 461). O estudo apontou para uma falta de consenso a respeito de como os dados deveriam ser reunidos, o que também se dá no contexto brasileiro.

O *benchmarking* envolve a comparação de hospitais com base em medidas de desempenho (quadro 8.3). Algumas vezes, os hospitais consideram as medidas de desempenho de outros hospitais similares mais motivantes do que os padrões, já que atingi-las parece mais factível, e há uma motivação para ultrapassar os concorrentes. Duas recentes iniciativas de *benchmarking* e monitoramento oferecem aos hospitais um instrumental comparativo para aferir qualidade. A primeira foi lançada na década de 1990 pelo CQH. A segunda é um esforço muito recente, sob os auspícios da ONA.

Sistema de Benchmarking do CQH

O CQH opera um sistema de *benchmarking* para hospitais registrados no Programa do Selo de Conformidade. Em 2002 esse sistema consistia em 29 indicadores e incluía taxas de eficiência, produção, absenteísmo, mortalidade e infecção (CQH 2003).[14] Um subconjunto de indicadores, publicado trimestralmente, pode ser adotado como parâmetro para hospitais participantes e não-participantes. Não se sabe até que ponto esses indicadores são realmente utilizados para efeitos de comparação e de obter melhorias de qualidade. Numa análise do banco de dados da CQH, apenas dois terços dos hospitais participantes, incluindo todos os que receberam o Selo de Conformidade, apresentavam regularmente os dados completos. Limitações adicionais do banco de dados incluem a falta de estratificação dos hospitais por tamanho, localização, propriedade e complexidade, o que dificulta comparações significativas.[15]

QUADRO 8.3
Benchmarking

O *benchmarking* é baseado na ideia de que aprender a partir da experiência dos outros é o meio mais efetivo para melhorar a qualidade dos serviços. Busca tornar possíveis comparações de referenciais, processos, práticas ou medidas de desempenho específicos entre organizações diferentes. A comparação de uma instituição com o que há de melhor na sua área pode motivá-la a procurar igualar-se ou até mesmo superar a marca da instituição líder. As referências podem incluir a satisfação dos clientes, os resultados e a motivação do corpo de funcionários. Higgins (1997: 61) define *benchmarking* como

> um contínuo e sistemático processo para avaliar produtos, serviços e práticas de trabalho de organizações reconhecidas como representativas das melhores práticas para o propósito de melhoria organizacional. O foco do *benchmarking* pode ser interno, externo ou funcional, comparando *desempenho* em uma função específica ou processo com melhor desempenho, não importando o tipo de organização.

A implementação de um programa de *benchmarking* envolve tanto a operacionalização do sistema quanto o seu gerenciamento. A operacionalização compreende três passos: definir os referenciais, decidir quem ou o que servirá como instituição ou organização de referência em face do qual as comparações serão feitas, e encontrar e organizar os dados relevantes. O gerenciamento inclui fazer o que tiver de ser feito (*isto é*, treinamento) a fim de garantir que o processo de *benchmarking* seja realizado de modo efetivo.

Mello e Camargo (1998) distinguem quatro tipos de *benchmarking*: interno, que envolve comparações entre procedimentos similares dentro da organização; competitivo, que inclui comparações com o maior concorrente direto; funcional, que abrange comparações dos mesmos procedimentos ou funções em diferentes setores entre organizações que apresentam processos similares; e genérico, que compreende comparações de processos de trabalho com outras organizações que tenham métodos de trabalho inovadores. Os pesquisadores citam o exemplo de um hospital dos EUA no qual o *benchmarking* com outra instituição resultou em uma redução de 30% nos custos operacionais. O mesmo hospital realizou um processo de *benchmarking* interno que descobriu grandes diferenças nos tempos médios de internação de pacientes internados para os mesmos procedimentos (cirurgia de hérnia), com cirurgiões diferentes. Os pacientes do Doutor 2 permaneciam no hospital por um período médio de quatro dias a mais do que os pacientes do Doutor 1, e seus tratamentos custavam em média US$ 4.794 a mais.

Programa de Treinamento da ONA em Indicadores de Qualidade e Desempenho

Dando seguimento a uma série de oficinas de trabalho realizados em 2005 com organizações de pesquisa em acreditação e representantes de hospitais, a ONA produziu um curso *on line* e um manual para orientar profissionais de saúde e gerentes hospitalares no desenvolvimento, na implementação e no rastreamento de indicadores de desempenho para suas instituições (ONA 2006). Esse modesto esforço responde a uma falha na definição e aplicação de indicadores de desempenho no setor saúde brasileiro. Ainda não se sabe se a iniciativa resultará em um programa nacional e sistemático de *benchmarking*; isso dependerá da possibilidade de uma forte motivação para a expansão da acreditação e da coleta sistemática de dados em geral.

Esforços do MS para Melhorar a Qualidade

Ao longo dos anos, o MS lançou diversos programas inovadores para melhorar a qualidade dos serviços financiados pelo SUS. Muitos desses programas tiveram vida curta. Eles costumavam estar vinculados aos ciclos políticos, e nenhum deles chegou a ser avaliado. A falta de política e estratégia nacionais de aperfeiçoamento da qualidade desperta igual preocupação. A despeito da crescente evidência de insuficiência de qualidade, as autoridades nacionais de saúde não têm desenvolvido esforços coerentes e sustentáveis para colocar na agenda as questões relacionadas a qualidade. A seguir, são apresentadas breves descrições dos recentes programas desenvolvidos pelo MS que buscam avaliar e melhorar a qualidade; alguns já foram encerrados, outros ainda estão em andamento.

Programa de Centros Colaboradores

Em meados do ano 2000 o MS lançou um programa inovador, denominado Programa de Centros Colaboradores, que casavam hospitais de alta qualidade com instituições que buscavam melhorar a qualidade. Os mentores eram conhecidos como centros colaboradores (CC); os receptores, como hospitais clientes (HC). Os CC eram responsáveis por fornecer treinamento e assistência técnica aos HC em dez áreas clínicas e gerenciais.[16] Por meio de inspeções *in loco*, o MS selecionou 30 CC – grandes hospitais (com mais de 250 leitos), localizados principalmente nas regiões Sul e Sudeste do País. Os HC foram escolhidos com base em critérios como tamanho (mais de 100 leitos), importância na rede regional e necessidade de aperfeiçoamento de qualidade. Sessenta HC foram selecionados, localizados principalmente nas regiões Norte e Nordeste. O programa foi interrompido em 2003, e nenhuma tentativa de avaliá-lo foi realizada. Profissionais dos hospitais participantes sugerem que diversos problemas podem ter levado ao término do programa: insuficiência de fundos, falta de conhecimento e de experiência com avaliações e padrões de qualidade, e dificuldade por parte do pessoal dos HC de passar tempo suficiente nos CC para entender os contextos institucionais e fornecer apoio contínuo.

Programa Nacional de Humanização de Assistência Hospitalar

O Programa Nacional de Humanização de Assistência Hospitalar (PNHAH), lançado em 2001, buscou introduzir cuidados mais atenciosos com os pacientes nos hospitais financiados pelo SUS, por meio do monitoramento e do aumento da satisfação dos clientes com os serviços. O programa também apoiou sessões de treinamento para melhorar a interação profissional-paciente no ambiente hospitalar. Inicialmente, 94 hospitais participaram do PNHAH, e cada um deles realizou pesquisas de aferição da satisfação dos clientes. A meta era que cada hospital conquistasse um título de "hospital humanizado" concedido pelo MS. Na sua concepção original, o programa parece ter sido interrompido. A pesquisa realizada para esta publicação não obteve informação sobre os resultados ou sobre o impacto do programa nos 94 hospitais participantes.

Em 2003 o MS lançou uma política nacional, o HumanizaSUS, que inclui elementos do PNHAH, mas tem um escopo mais amplo (MS 2004c). O HumanizaSUS é direcionado a todos os serviços financiados pelo SUS. A política tem por objetivo reduzir as filas de espera, permitir a todos os pacientes saber quem é o profissional responsável pelo seu atendimento, garantir que todos os pacientes recebam informações sobre suas condições e promover a participação dos profissionais de saúde nas decisões de gerência e treinamento. Não há ainda informações disponíveis a respeito dos resultados do programa.

Programa Nacional de Avaliação dos Serviços Hospitalares

Em 1998 o MS lançou o Programa Nacional de Avaliação dos Serviços Hospitalares (PNASH) com o objetivo de avaliar, classificar e comparar hospitais de acordo com um conjunto de padrões, principalmente estruturais. Os padrões e os instrumentos correspondentes foram preparados pelo MS, e os inspetores do MS conduziram a pesquisa junto às unidades de saúde. Conforme relatado no capítulo 7, o PNASH foi implementado somente em institui ções psiquiátricas (mas resultou no fechamento de 29 instituições). O programa foi descontinuado em 2003 e redesenhado em 2004, como será descrito a seguir.

Programa Nacional de Avaliação de Serviços de Saúde

O Programa Nacional de Avaliação de Serviços de Saúde (PNASS) resultou de um redesenho do PNASH. É um sistema de avaliação e monitoramento de qualidade com diversos componentes interconectados (MS 2004b). O primeiro componente consiste em uma avaliação focada principalmente em características estruturais, baseada em padrões especificados nos regulamentos e nas normas governamentais de licenciamento de unidades de saúde, e similar aos padrões do Nível 1 da ONA. Assim como no PNASH (descrito mais detalhadamente no capítulo 7), as unidades recebem uma pontuação numa escala ponderada de 100 pontos, e agrupadas em cinco categorias: superior, boa, regular, inaceitável e altamente inaceitável. A avaliação é um processo de duas etapas: uma autoavaliação e, após esta, uma inspeção realizada por autoridades do SUS local. O segundo e o terceiro componentes do PNASS consistem em pesquisas de satisfação dos usuários e dos trabalhadores, realizadas com amostras aleatórias de indivíduos. O componente final envolve a análise e a comparação de um subconjunto de indicadores de qualidade e eficiência, selecionados a partir de bancos de dados disponíveis – como os da Autorização de Internação Hospitalar (AIH) e do Cadastro Nacional de Estabelecimentos de Saúde do MS (CNES).[17] De acordo com o MS, o PNASS será aplicado duas vezes por ano em todas as instalações financiadas pelo SUS que prestam serviços especializados, e os resultados devem ser disponibilizados para autoridades municipais e estaduais. Os resultados da primeira pesquisa, realizada em 2005, foram resumidos no capítulo 7.

O PNASS representará um passo importante no estabelecimento de avaliações sistemáticas das unidades de saúde, se for realizado duas vezes por ano, como é a intenção. Diferentemente do "controle externo" e da "orientação para conformidade" do PNASH, o PNASS é dirigido para a criação de uma cultura de avaliação em nível municipal e estadual, que são os responsáveis, no SUS, pela concessão de licenciamento e pela supervisão e monitoramento da prestação dos serviços. É difícil determinar se essa cultura será alcançada, visto que a implementação está apenas iniciando. Diversas falhas potenciais na sua implementação já são evidentes. Em primeiro lugar, são as autoridades governamentais locais as responsáveis pela inspeção. Como o PNASS se foca nas unidades financiadas pelo SUS, os inspetores não são partes independentes, o que leva a um conflito de interesses que pode resultar em uma avaliação enviesada. Em segundo lugar, não há incentivos – financeiros, regulatórios ou outros – para que os gestores das unidades elevem os seus padrões, aumentem a satisfação dos clientes ou melhorem os seus indicadores. Novamente, fica a cargo das autoridades locais decidir se, como e quando irão agir a partir dos resultados da pesquisa. Ao contrário do PNASH, no qual o MS usava os resultados para fechar instalações cujas condições eram inaceitáveis, o PNASS não faz nenhuma tentativa de punir instituições que estejam fora das determinações legais (*isto é*, normas de licenciamento). Finalmente, não há planos para a disseminação pública dos bancos de dados das instituições, o que reduz as pressões para a melhoria do *desempenho* por meio da responsabilização perante o público.

Cartas de Usuários e o DisqueSaúde

Desde 2002 o MS tem operado dois mecanismos para obter a avaliação de consumidores e medir a satisfação dos pacientes das instituições do SUS. O CartaSUS extrai e processa cartas de pacientes tratados nas instalações do SUS; já o Disque Saúde é um número de telefone gratuito (0800) para o registro de queixas. O Ombudsman do MS é responsável pelos dois programas. Em 2002 e 2003 o CartaSUS recebeu mais de 470 mil cartas e encaminhou-as para as secretarias estaduais e municipais de saúde. Conforme uma revisão realizada pelo MS, de 8.685 queixas mencionadas em cartas recebidas em 2002, 3.202 casos (37%) não foram respondidos em tempo oportuno, e outros 1.793 (21%) foram considerados "não-conclusivos" no tocante às ações realizadas para a sua correção. Por meio do Disque Saúde, o MS recebeu 1,3 milhão de telefonemas em 2003. As queixas são dirigidas às autoridades municipais e estaduais e não são divulgadas; não há informação sobre acompanhamento posterior.

Ambos os programas têm potencial para serem sistemas efetivos de catalogação e análise da avaliação dos serviços pelos consumidores. Todavia, a informação não é compilada sistematicamente para análise. Pior que isso, pouco ou nenhum esforço é realizado para obter informações a respeito das respostas ou das medidas corretivas tomadas pelas autoridades locais. Evidências casuísticas observadas sugerem que o ombudsman não faz muito mais do que direcionar as reclamações e queixas para as autoridades locais.

Coordenação Assistencial entre Níveis de Atenção

Algumas unidades de saúde podem adotar medidas de qualidade, mas a efetividade do sistema como um todo não depende somente da acreditação, do *benchmarking* ou de legislação aplicável a determinados hospitais. De igual importância é a capacidade dos hospitais em trabalhar com outros prestadores de serviços complementares de saúde. Isso inclui unidades de atenção primária, ambulatórios de especialidades, serviços de diagnóstico, unidades de atendimento de emergência e serviços de saúde domiciliar (Shortell et al. 2000a, 2000b). A coordenação clínica por meio da formação de redes ou de relacionamentos formais entre estabelecimentos de saúde ajuda a aperfeiçoar a eficiência e a qualidade (Aiken, Sochalski e Lake 1997; Gittell et al. 2000; Knaus et al. 1986; Shortell et al. 2001, 2000b; Lawrence 2003). Por que o sistema brasileiro, na sua organização atual, não facilita a coordenação de serviços de saúde entre diferentes níveis e organizações?

Necessidade de Coordenação Interorganizacional

A trajetória futura do sistema de saúde brasileiro se afasta da atenção hospitalar aguda e requer cada vez mais ligada a coordenação ou integração da oferta de serviços entre um conjunto de prestadores de serviços e de locais de atendimento. Essa transformação será um desafio de longo prazo. O expressivo aumento do número de pessoas com doenças crônicas e do tipo de cuidado complexo e caro demandado por esses pacientes têm importantes implicações para os serviços de saúde. O sistema de saúde no Brasil, assim como em outros lugares, está organizado para prover cuidados para doenças agudas que são rapidamente resolvidas, mas é necessária uma resposta diferente para doenças não transmissíveis (DNT).[18] O cuidado com pacientes de DNT deve ser prestado continuamente, ao longo da vida do paciente, e não em contatos intermitentes com o sistema de saúde.[19] Os sistemas de atenção precisam ser (re) organizados para possibilitar que o serviço seja prestado por uma equipe multidisciplinar e, usualmente, por meio de um arranjo de diversas organizações prestadoras de serviços médicos, com criteriosa alocação de tarefas entre os integrantes da equipe e um gerenciamento incessante do contato com o paciente. Há também um consenso quanto ao fato de que os serviços de saúde são melhor coordenados por meio de algum tipo de rede organizada e integrada de serviços.

Quando organizados em rede, os prestadores de diferentes tipos de serviço – hospitais, ambulatórios de especialidades, farmácias, centros de diagnóstico, pronto-socorros, unidades móveis e unidades de cuidados básicos – unem-se em um arranjo formal e, por vezes, legal, para gerenciar a prestação de serviços de saúde. Isso ocorre em geral através de acordos (ou contratos) com instituições compradoras de serviços de saúde. Não há consenso quanto ao "melhor" jeito ou ao jeito "certo" de configurar ou estruturar uma rede de serviços de saúde; isso depende muito dos ambientes institucionais e de mercado, bem como das características do sistema. Nos países-membros da Organização para a Cooperação e Desenvolvimento Econômicos (OCDE), nenhum modelo único de integração se destacou, e é pouco provável que um modelo único prevaleça no Brasil. O quadro 8.4 resume as características-chave das redes organizadas.

QUADRO 8.4
O que é uma Rede Organizada Regional?

Um sistema de atendimento organizado em rede deveria, idealmente, "ter como foco o atendimento às necessidades de saúde da população; adequar a capacidade dos serviços àquelas necessidades; coordenar e integrar a atenção à saúde entre um conjunto [de prestadores]; ter sistemas de informação que vinculem pacientes, prestadores de serviços e pagadores; ser capaz de prestar informações a respeito de custo, resultados de qualidade, e satisfação dos pacientes para múltiplas partes interessadas; utilizar incentivos financeiros e estrutura organizacional para alinhar governança, gestão, médicos e outros prestadores de cuidados; ser capaz de melhorar continuamente o atendimento que presta; e trabalhar com outros para assegurar que os objetivos de saúde da comunidade sejam alcançados" (Shortell et al. 2000b: 19).

De um ponto de vista mais operacional, qualquer arranjo deveria possibilitar, no mínimo, as seguintes funções entre prestadores de serviços: facilitar o intercâmbio e a troca de informações relativas aos pacientes; usar diretrizes clínicas para o gerenciamento de casos; aplicar regras padronizadas para referência e contrareferência de pacientes; definir os papéis e competências dos diversos prestadores, com a preocupação de atingir escalas de eficiência; e coletar, analisar, rastrear e compartilhar dados de desempenho, saúde e custos.

A aplicação de diretrizes clínicas é considerada uma das boas práticas para a coordenação de cuidados entre os prestadores de serviços. O Instituto de Medicina dos EUA (IOM 2001: 135) descreve as diretrizes clínicas como "modelos de atendimento que estabelecem uma série de serviços de que os pacientes com um dado tipo de problema de saúde necessitam e a sequência em que esses serviços deveriam acontecer". Igualmente importante é a necessidade de gerenciar a tecnologia da informação, de modo a viabilizar o compartilhamento de informações a respeito dos pacientes e o acompanhamento de seu progresso pelos médicos e por outros profissionais da saúde.

Em 2005 a Joint Commission on Accreditation of Healthcare Organization dos EUA publicou um manual para a acreditação de sistemas de prestação de serviços integrados (JCAHO 2005). Apesar de ser orientado para sistemas integrados nos EUA, o manual apresenta padrões para oito funções consideradas essenciais para um serviço de saúde de qualidade dentro de tais sistemas: direitos, responsabilidades e ética; continuidade do atendimento; educação e comunicação; promoção da saúde e prevenção de doenças; melhoria do desempenho; liderança; gestão de recursos humanos e gestão da informação.

Sistemas de Referência: um Ambiente Propício para a Formação de Redes?

Desde o final da década de 1990 o MS vem tentando estabelecer um sistema para organizar e gerenciar o fluxo de pacientes, encaminhamentos de pacientes entre as unidades de saúde financiadas pelo SUS que prestam serviços de atenção básica, diagnóstico, de especialidades, de emergência e de internação.[20] O principal mecanismo para instalar o sistema envolveu a criação de centrais de regulação (CR). Médicos, telefonistas e pessoal de tecnologia da informação compõem as equipes; essas centrais estão localizadas em macro e microrregiões predefinidas e normalmente servem vários municípios. Muitas são gerenciadas pelos Estados ou por cidades maiores e mais urbanizadas. As CR recebem, revisam, autorizam e monitoram pedidos de consultas ambulatoriais de especialidades, exames diagnósticos, referências e atendimentos de emergência entre todas as unidades de saúde localizadas em uma área de abrangência definida. As CR devem estar equipadas com centrais telefônicas e tecnologia da informação. Esta última fornece prontamente informações a respeito de disponibilidade de leitos, vagas em agendamentos, ambulâncias etc., em uma área geográfica definida.

Teoricamente, as CR deveriam ser baseadas na formação de uma rede de prestadores de serviços "hierarquizada e regionalizada" (MS 2006b: 13-14) e no uso de diretrizes clínicas (ver quadro 8.4) que "ordenam o fluxo de pacientes entre os níveis de serviços de saúde baseados nas definições das capacidades resolutivas [das unidades] de cada nível" (17). Por exemplo, a partir das informações sobre a disponibilidade de leitos, as vagas em agendamentos e as listas de espera nas unidades localizadas em uma área de abrangência definida, e de acordo com os protocolos e definições do tipo e volume de serviços prestados em cada instalação, as CR aprovam e autorizam pedidos de consultas em ambulatórios de especialidades, atendimento de emergência e internações hospitalares eletivas e emergenciais, incluindo alguns procedimentos de alta complexidade. Se o pedido é justificado, as CR marcam a consulta ou encaminham os casos para as unidades apropriadas em uma rede organizada. As CR também são responsáveis por verificar o andamento de cada caso, por meio do monitoramento da evolução dos pacientes, reduzindo as internações desnecessárias e as visitas subsequentes aos especialistas.

A implementação tem sido lenta e desigual. Na prática, muitas CR servem como centrais de agendamentos de consultas ou de emergência. Schilling, Reis e Morais (2006) relataram, em uma pesquisa realizada em todas as cidades com mais de 100 mil habitantes, que apenas 97 (38%) haviam instalado CR até o ano de 2005. Boa parte dessas CR foram considerados em estágio incipiente porque funcionavam principalmente como *centrais telefônicas* para obtençao de transporte de emergência, vagas em consultas com especialistas, cirurgias e exames diagnósticos ou leitos. Por exemplo, de 67 capitais e cidades com mais de 250 mil habitantes, 42% afirmaram ter uma CR para internações eletivas, mas 57%, 70% e 60% disseram possuir *centrais telefônicas* para atendimentos de emergência, consultas ambulatoriais de especialidades e exames diagnósticos, respectivamente. O uso de diretrizes clínicas não é comum. Apenas 24 (35%) relataram ter elaborado diretrizes clínicas, sugerindo que as CR simplesmente conciliar a demanda com a oferta de serviços, em vez de avaliar, triar e gerenciar os pedidos de serviços de maior complexidade. Por outro lado, uma informação positiva: muitos municípios que possuem CR ou centrais telefônicas têm investido em tecnologia da informação para facilitar uma coordenação em tempo real de internações eletivas e de emergência, consultas com especialistas e exames diagnósticos.

As CR têm o potencial de contribuir para uma maior coordenação dos serviços de saúde em nível vertical e horizontal. Claramente, até mesmo o uso de centrais telefônicas para conciliar demanda e oferta por serviços de grande volume é um feito de grande relevância. Para atingir seu potencial, entretanto, as CR precisam de sistemas de referência com regras definidas e equipes multidisciplinares funcionando dentro de arranjos em rede, formais e intermunicipais. Em outras palavras, o atual gerenciamento do fluxo de pacientes por meio das CR é sobrecarregado pela ausência de redes organizadas (ver a seguir),[21] pela falta de diretrizes clínicas para coordenar e padronizar o atendimento a pacientes entre os prestadores de serviços, e pela fragilidade dos arranjos intergovernamentais em que cada nível de governo concorde em fornecer um determinado volume e nível de cuidados em unidades sob sua competência para todos os cidadãos residentes de uma determinada área de abrangência.[22]

Um exemplo de sistema de referência bem-sucedido é a Central Nacional de Regulação da Alta Complexidade (CNRAC) operada pelo MS. A CNRAC organiza, autoriza e financia pedidos de todo o território brasileiro para aproximadamente 600 tratamentos de alta tecnologia não disponíveis de modo uniforme no país ou oferecidos por um número limitado de unidades. Equipes de especialistas reconhecidos de instituições de prestígio avaliam, triam e autorizam laudos médicos nas suas áreas de competência (*isto é*, câncer, traumatologia ortopédica, cardiologia, neurologia, neurocirurgia), baseados em diretrizes clínicas estabelecidas. Em 2005 a CNRAC aprovou e financiou 5.638 casos em instituições autorizadas – contra 232 em 2002, o primeiro ano do sistema (MS 2006c). Além de melhorar o acesso equitativo aos cuidados de alta complexidade, a CNRAC estabeleceu um mecanismo racional para avaliar e triar pedidos de referência de pacientes para atendimentos raros e caros.

Obstáculos para a Formação de Redes no SUS

No sistema SUS a responsabilidade pela prestação de serviços de saúde é distribuída entre estados e municípios de acordo com a complexidade do serviço prestado. Serviços de saúde primários e secundários são de responsabilidade dos governos municipais, enquanto os terciários e de referência pertencem aos governos dos estados e, em menor escala, ao MS.

Os regulamentos do MS decretados em 2002 (NOAS/SUS 01/02) determinaram a formação de redes regionais para prestação de serviços de saúde, de complexidade crescente em níveis micro, macrorregional e regional. O pensamento que fundamentou o sistema foi estabelecer uma rede pautada num modelo de serviços piramidal – dos serviços primários na base, aos de alta complexidade no topo. Por diversas razões, todavia, não surgiram redes significativas ou coordenação efetiva de serviços de saúde.

Em primeiro lugar, a estrutura do SUS, que divide as responsabilidades entre os municípios, estados e o MS, assegura que cada nível do sistema seja independente. O governo federal não utiliza instrumentos indiretos, tais como requerimentos de contrapartidas financeiras, como meios de organizar o sistema de prestação de serviços de modo a obter um desempenho mais efetivo. Dada a ausência de tais instrumentos, cada nível (por exemplo, o MS ou os estados) têm pouca influência sobre a resposta do outro nível (os municípios) para uma necessidade de atendimento à saúde que pode afetar todos os níveis. (Este é um problema comum nos sistemas descentralizados.) A estrutura de incentivos vigente encoraja cada nível a olhar para dentro, para sua própria população, e não para fora, para os demais componentes do sistema. Essa situação se torna mais complicada pela tendência dos municípios, enquanto entidade política, de se preocuparem com as necessidades dos seus eleitores, e não pelas questões mais amplas que poderiam ser compartilhadas com outros municípios. É do interesse dos políticos locais canalizar recursos para a melhoria da qualidade dos serviços dentro de sua própria cidade, e não para parcerias com outros municípios.

Em segundo lugar, o sistema de financiamento encoraja a fragmentação entre as unidades de saúde. Cada município gerencia seus próprios gastos e prestação de serviços, não obstante a fonte do recurso.[23] O modelo acaba incentivando os municípios a proverem, dentro de sua área, mais serviços de saúde do que as suas (pequenas) populações necessitariam (75% têm menos de 20 mil habitantes) – e não a formar redes para facilitar a coordenação da atenção à saúde e reduzir a duplicação de serviços. Os municípios, portanto, buscam a expansão da oferta de serviços de saúde em nível local, mesmo se o resultado dessa expansão for a subutilização, como se evidencia pela baixa taxa de ocupação de leitos em muitos hospitais municipais. Em suma, os municípios têm pouco incentivo para trabalhar em rede com outros municípios. Esta situação coloca uma limitação severa na formulação de uma resposta efetiva para desafio crescente das DNT e para a necessidade de um sistema de serviços de saúde integrado e contínuo.

A formação de redes é ainda restringida pela falta de uma organização distinta que se encarregue de supervisionar o seu desenvolvimento: a legislação ainda não definiu uma central que gerencie o desenvolvimento da rede (Shortell 2000b). Nos termos das Normas Operacionais de Assistência à Saúde (NOAS), o único órgão com mandato para liderar a formação de rede - a Direção Regional de Saúde - não tem poderes formalmente atribuídos. Como resultado, as redes acabam sendo arranjos informais e comumente operam numa área cinzenta entre os níveis municipal e estadual. Apesar de o desenvolvimento da rede existir no papel, as etapas práticas para o seu estabelecimento não foram pensadas e estabelecidas.

O modelo piramidal de organização de cuidados agudos com a saúde, no qual a atenção primária é subordinada à atenção de nível mais alto, diminui a importância da atenção básica (Mendes, 2002). Como resultado, a qualidade dos serviços prestados no nível da atenção básica - o mais importante nível para atender às demandas dos pacientes - tem sido pouco priorizada.[24] Conforme crescem a importância das DNT e a necessidade de interação entre os níveis e componentes do sistema, a estrutura piramidal torna-se menos efetiva porque essas condições requerem coordenação horizontal mais do que vertical, com as unidades de atenção primária atuando como o ponto central de referência para outras unidades de saúde. A falta de uma política nacional pode estar atuando contra a formação de redes; apesar disso, alguns poucos estados e municípios, entre eles a cidade de Curitiba e o estado de Minas Gerais, estão implementando redes organizadas.

Uma Rede Municipal em Curitiba

No início da década de 1990 a Secretaria Municipal de Saúde de Curitiba (estado do Paraná) reestruturou a administração de serviços de saúde, preparando o caminho para uma experimentação com organização em rede. Começando em 2001, a Secretaria passou a integrar diferentes níveis de cuidado. Esse esforço incluía inovações como a introdução de prontuários médicos eletrônicos, o estabelecimento de um laboratório central e o uso de cartões eletrônicos para a identificação de pacientes. A rede consiste em 107 unidades de saúde, 29 hospitais, 5 prontos-socorros e 40 ambulatórios de especialidades. Inclui unidades públicas e privadas contratadas na cidade de Curitiba, mas não em outros municípios da região metropolitana.

O processo de integração contou com o treinamento de pessoal em gestão clínica e com o desenvolvimento de uma série de diretrizes clínicas. Cada unidade de saúde deveria utilizar as diretrizes como base para o planejamento estratégico.[25] Além disso, a secretaria assinou um contrato de gestão com cada unidade de saúde, estabelecendo metas, incentivos de *desempenho* e um sistema de monitoramento (Banco Mundial, 2006a).

Para dar um exemplo, de acordo com as autoridades da cidade, a centralização dos serviços laboratoriais, acoplada a um serviço eficiente de coleta e entrega de amostras, aumentou a eficiência e a qualidade dos testes laboratoriais. Mendes (2005) cita o exemplo de pacientes hipertensos que, antes do estabelecimento das diretrizes, eram tratados com medicação, independentemente de precisarem dela ou não. Após o desenvolvimento das diretrizes para o atendimento da hipertensão, os profissionais passaram a ajustar o tratamento para os pacientes conforme a severidade de cada caso.

Redes Regionais no Estado de Minas Gerais

O Programa de Fortalecimento e Melhoria da Qualidade dos Hospitais (PROHOSP) do estado de Minas Gerais é similar ao programa de Curitiba, mas tem escopo estadual e é focado nos hospitais (SES-MG 2003, 2005). Assim como outros estados das regiões Sul e Sudeste do Brasil, Minas Gerais enfrentava problemas de tamanho e excesso de oferta. Dos 614 hospitais estaduais, no ano de 2002, apenas 20% tinham mais de 100 leitos. A taxa de ocupação média era de menos de 50%, e os hospitais menores operavam com menos de 30% de ocupação. O atendimento hospitalar era fragmentado entre um grande número de unidades. Em muitas unidades menores as condições estruturais eram inseguras. Em outras, o volume de procedimentos complexos realizados era pequeno demais para permitir o desenvolvimento de conhecimento especializado, e os resultados eram insatisfatórios. O estado também considerava que estava desperdiçando grandes quantidades de dinheiro em internações relativas ao tratamento de problemas de baixa complexidade, em vez de tratá-los no nível primário, de custo mais acessível. A tabela 8.7 mostra os gastos com internações por condições sensíveis à atenção ambulatorial em 2002.[26] O estado estimava que 28% de todas as internações hospitalares eram de pacientes nessas condições, a um custo de R$ 120 milhões – ou 21% dos gastos dos hospitais. Essas condições representavam de 33% a 47% das internações em hospitais com menos de 100 leitos.

Em 2005, a partir do Plano Estadual de Regionalização, o PROHOSP começou a racionalizar a oferta de serviços hospitalares com base em um modelo de redes regionais.[27] O programa estabeleceu 13 macrorregiões e 75 microrregiões, cobrindo todos os 853 municípios do estado. Instalaram-se unidades de gerenciamento nas macrorregiões para coordenar o desenvolvimento das redes.

TABELA 8.7
Estado de Minas Gerais: Gastos com Internações por Condições Sensíveis à Atenção Ambulatorial (CSAA), por Tamanho do Hospital, 2002

Tamanho (n. de leitos)	*N. de hospitais*	*Internações de CSAA*	*Gastos com CSAA (milhões de RS)*
0–30	144	43,2	10,7
31–50	168	37,5	20,7
51–100	182	32,0	37,8
101–200	81	26,2	28,8
201+	30	13,6	22,4
Total	614	28,1	120,4

Fonte: SES-MG 2005.

Nota: US$ 1 = R$ 2,93 (média de 2002).

O PROHOSP direcionou o financiamento estadual de investimentos para um subgrupo de 130 hospitais "polo" (hospitais de referência), nas micro e macrorregiões.[28] A ideia era reduzir a oferta de hospitais menores e aumentar a capacidade resolutiva dos hospitais de maior porte. Minas Gerais está investindo em hospitais maiores (de mais de 100 leitos) ou em hospitais com capacidade técnica para servir como centros regionais de referência. O estado planeja converter um número indeterminado de pequenos hospitais em ambulatórios ou prontos-socorros. Com o tempo, todo o financiamento para internações em unidades fora desse escopo (não "polo") deve ser descontinuado, e muitas dessas unidades devem provavelmente ser fechadas.

O estado também estabeleceu sistemas de referência no âmbito das centrais de regulação (CR) em cada macrorregião e em praticamente todas as microrregiões, ligando e coordenando o atendimento entre os hospitais de referência e entre esses hospitais e as unidades ambulatoriais.[29] Utilizando tecnologia da informação, cada CR avalia e autoriza pedidos de transporte e atendimento de emergência, internações eletivas, consultas com especialistas, exames diagnósticos e atendimentos de alta complexidade dentro de cada macro e microrregião, e entre elas. As CR também acompanham a evolução dos pacientes após a internação nos hospitais. De acordo com as autoridades estaduais, as CR têm contribuído para a redução nas internações desnecessárias, no tempo de permanência dos pacientes, nos atendimentos de emergência e nas transferências entre hospitais. Em 2006 as CR gerenciaram cerca de 70% de todas as internações hospitalares, contribuindo para uma redução de 50% na média de permanência hospitalar (SES-MG 2007).

Finalmente, Minas Gerais criou um sistema de financiamento inovador para fortalecer a prestação de serviços de atenção básica, especialmente nas áreas mais pobres. As secretarias municipais de saúde, que recebem os novos financiamentos estaduais, assinaram contratos de gestão com o estado e com os hospitais de referência, aceitando metas como redução das taxas de mortalidade e o desenvolvimento de sistemas de controle de estoques. As secretarias monitoram a qualidade do desempenho de cada hospital. O programa é apoiado por uma estratégia de educação na qual os gestores e sua equipe recebem treinamento em gestão hospitalar e elaboram planos para cada hospital ao final de cada curso.

Resumo e Recomendações: Diretrizes para o Aperfeiçoamento Sistêmico da Qualidade

Os programas e sistemas para aperfeiçoamento da qualidade em nível nacional, local e institucional foram examinados neste capítulo. Apesar de seu escopo limitado, o desenvolvimento de sistemas de avaliação, acreditação e *benchmarking* nos últimos quinze anos representou um importante passo no Brasil para a melhoria da qualidade. Programas institucionais de aperfeiçoamento da qualidade, combinados com tentativas locais de formação de redes, demonstram que a preocupação com a qualidade está ganhando força. Resta verificar se esses esforços isolados resultarão em um movimento nacional para a melhoria da qualidade.

A experiência internacional recente – em resposta às pesquisas emergentes e a uma crescente preocupação governamental com um "hiato de qualidade" (IOM 2000) – sugere que a melhoria da qualidade requer uma combinação de ações em três categorias: apoio sistêmico, mecanismos de responsabilização e desenvolvimento organizacional (ver figura 8.1). Apesar de haver uma sobreposição entre essas categorias e entre os elementos que as compõem, um consenso está sendo construído de que as ações em cada área são necessárias para estimular, implementar e manter a prestação de serviços de alta qualidade.

Categoria 1: Apoio Sistêmico

O aperfeiçoamento contínuo da qualidade requer uma abordagem ao nível do sistema de saúde como um todo, com uma sólida infraestrutura nacional de apoio. Os principais elementos incluem a formulação de políticas nacionais estratégicas para aumentar a qualidade; a constituição de instituições (públicas ou privadas) para medir e monitorar a qualidade, orientar as organizações de saúde e fortalecer a sua capacidade; e o apoio à pesquisa sistemática sobre a satisfação de pacientes e sobre avaliação das práticas clínicas.

Iniciativas em políticas nacionais parecem ser um importante ponto de partida para o debate nacional e para que se tomem providências no que concerne à qualidade dos serviços de saúde. Iniciativas recentes colocaram a qualidade nas agendas nacionais no Reino Unido (Department of Health 1998), nos Estados Unidos (President's Advisory Commission on Consumer Protection and Quality in the Health Care Industry 1998) e na Austrália (Commonwealth Department of Health and Aged Care 1999; AHAMAC 1996). As recomendações feitas nesses relatórios aceleraram um conjunto de atividades que podem ser vistas como o alicerce para o estabelecimento, em nível nacional, de estruturas e instituições especializadas em avaliação de desempenho e de qualidade, monitoramento e construção de capacidade institucional. O objetivo dessas atividades é encorajar e reforçar a melhoria da qualidade em nível organizacional ou de prestação de serviços. O anexo 8B apresenta as instituições desses três países e suas competências. O anexo 8C descreve aspectos importantes das experiências dos EUA, Grã-Bretanha e Austrália no estabelecimento de providências institucionais nacionais para medir, monitorar e melhorar a qualidade.

FIGURA 8.1
Elementos Constitutivos para Avaliação, Gestão e Aprimoramento de um Sistema Nacional de Qualidade

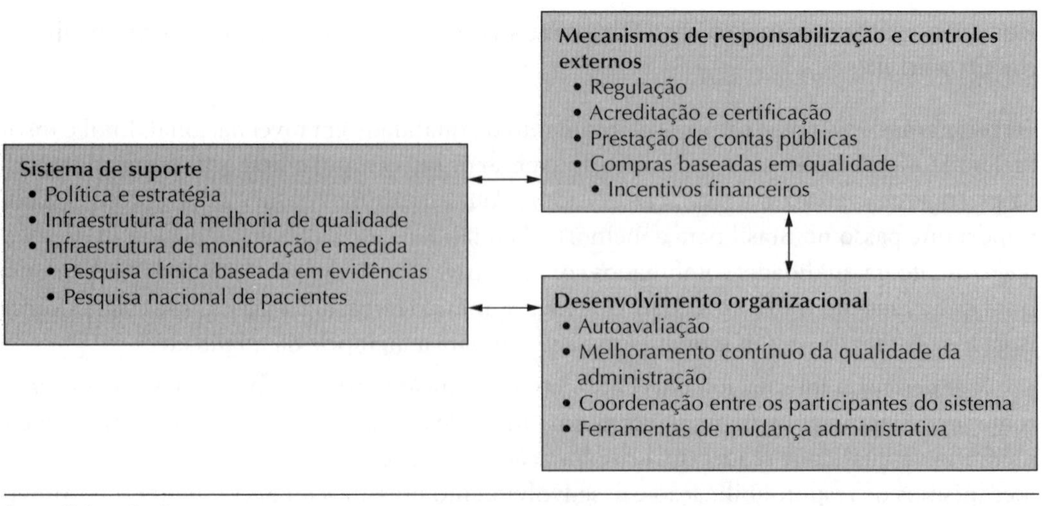

Fonte: Elaboração dos autores.

Por meio do amplo engajamento das partes interessadas, cada país estabeleceu órgãos que combinavam competências nacionais, refletindo prioridades específicas do país, o interesse público e arranjos institucionais. Essas competências tipicamente incluiam as seguintes ações:

- medir, monitorar e comparar desempenho;
- estabelecer medidas de desempenho; estabelecer, avaliar e reforçar informações e bancos de dados sobre desempenho;
- desenvolver e disseminar diretrizes clínicas;
- avaliar as evidências clínicas e dar assistência às organizações de serviços de saúde na conversão de evidências em práticas;
- promover uma agenda nacional de pesquisa e desenvolvimento relacionada à qualidade.

Como demonstrado neste capítulo, arranjos institucionais e os sistemas de monitoramento de qualidade por meio de medição de resultados e produtos são incipientes no Brasil, e pouco se tem progredido no sentido de assegurar meios e instrumentos nacionais para apoiar o desempenho em qualidade.[30] Ao longo dos próximos anos, o Brasil enfrentará quatro desafios:

- desenvolver uma estratégia nacional para o aperfeiçoamento da qualidade;
- alcançar um consenso nos padrões de conformidade para definir, coletar e analisar dados clínicos do Brasil e de outros países;
- criar uma agenda nacional para pesquisa sobre qualidade;
- estabelecer órgãos nacionais (e independentes) para aferir e monitorar o desempenho em qualidade, fornecer apoio técnico para organizaçoes prestadoras de serviços médicos, aumentar a capacidade para aperfeiçoamento da segurança e da qualidade, e desenvolver pesquisas sistemáticas sobre qualidade.

Cada uma dessas recomendações deveria ser desenvolvida com forte envolvimento das partes interessadas, como conselhos médicos, grupos de consumidores, organizações profissionais e instituições de pesquisa. A iniciativa da ONA em desenvolver um indicador baseado em desempenho e o sistema de *benchmarking* da CQH são passos importantes na direção certa, mas, sem um forte apoio ao nível nacional e sem a sua expansão, a implementação provavelmente será limitada às mesmas poucas unidades que já foram acreditadas e que já implementaram esforços para melhoria da qualidade.

Categoria 2: Controles Externos e Mecanismos de Responsabilização

Esta categoria consiste em um conjunto de controles e limitações externos, incluindo incentivos embutidos dentro do sistema de saúde para atender a padrões de qualidade estabelecidos e a metas de desempenho. Tais incentivos incluem regulação, acreditação, certificação, prestação pública de contas e contratualização baseada em qualidade. Muitos desses elementos já existem no Brasil, mas são pouco cobrados e fracamente implementados.

Regulação da Qualidade

A regulação da qualidade estabelece as regras básicas fundamentais que especificam padrões de desempenho minimamente aceitáveis por profissionais e organizações de serviços de saúde. O *licenciamento* é obrigatório e se baseia na inspeção governamental. Apesar de o Brasil possuir uma estrutura de licenciamento hospitalar sólida, ela não tem sido exigida e não tem tido êxito em fechar instalações inadequadas e, por vezes, até, perigosas. Muitas unidades não cumprem as leis quanto aos mínimos padrões estruturais, e deveriam ser obrigadas a fechar, se as normas fossem realmente cumpridas.

Acreditação

Diferentemente do licenciamento, a acreditação busca, por meio de avaliação independente, estabelecer padrões ótimos atingíveis. Ela tem foco na organização como um todo. Esses padrões fornecem uma estrutura para prestação de serviços de qualidade que os gestores das unidades podem utilizar para melhorar seu desempenho (Dlugacz, Restifo e Greenwood 2004). A distinção entre licenciamento e acreditação tem se tornado cada vez menos clara (Scrivens 2002). Nos EUA, muitos estados utilizam a acreditação como parte dos padrões de regulação de qualidade. Na França e na Itália, a acreditação é obrigatória para todos os hospitais, e no Canadá ela é obrigatória para as unidades de ensino. Espanha (Catalunha), Bélgica e EUA têm adotado a acreditação como uma ferramenta de certificação – um requisito para receber financiamento público ou da seguridade social. Outros reembolsam unidades acreditadas com valores mais altos, como é o caso da UNIMED/BH, descrito anteriormente.

Os sistemas de acreditação estão bem desenvolvidos no Brasil, mas a participação neles é voluntária e sua utilização é inaceitavelmente baixa. Não há conexão com as regulações de licenciamento governamentais ou com os requisitos da certificação baseada em qualidade que definem os arranjos contratuais e financeiros entre pagadores (o SUS e as seguradoras privadas) e os hospitais. Embora o governo tenha apoiado de maneira decisiva a criação do sistema de acreditação da ONA, parece hoje avesso à sua expansão. Essa relutância pode refletir um receio de que a acreditação universal possa deixar evidentes as más condições das unidades públicas de saúde.

Um governo ativo é, com frequência, visto como um governo competente. Consoante com o foco do Brasil nas pessoas e no seu bem-estar, os critérios de elegibilidade para financiamento do SUS deveriam estar vinculados ao licenciamento e, eventualmente, à acreditação hospitalar. Sem esse tipo de vínculo e sem o incentivo financeiro concomitante, muitos hospitais brasileiros permanecerão abaixo dos padrões e potencialmente inseguros num futuro próximo.

Novas intervenções regulatórias são necessárias para melhorar os resultados de procedimentos complexos realizados em hospitais. Como em outros locais, os hospitais brasileiros que realizam procedimentos pouco complexos apresentam resultados piores do que as unidades que realizam esses procedimentos em grande quantidade (ver tabela 3.10). O estado de Nova York fornece um exemplo de programa regulatório proativo: as taxas de sobrevivência para cirurgias de enxerto de artéria coronária aumentaram depois que o estado restringiu o número de hospitais autorizados a realizar tal procedimento somente a instituições de grande porte (Chassin 2002, 1997).

Divulgação de Resultados

Apesar de os padrões de conformidade serem fundamentais para a avaliação dos fatores que contribuem para a boa ou a má qualidade, a acreditação por si só é provavelmente um indutor insuficiente para a melhoria contínua da qualidade. A divulgação de resultados, baseada em monitoramento e comparação de indicadores contínuos, tem se tornado um mecanismo cada vez mais comum para complementar os sistemas de avaliação baseados em padrões de conformidade (Rooney e Van Ostenberg 1999; McLoughlin et al. 2001; Scrivens 1997a, 1997b). A acreditação fornece um retrato da qualidade da instituição, de acordo com os padrões, durante um período específico – os dias durante os quais a pesquisa de avaliação é realizada. Todavia, pouco revela sobre o período (geralmente de três anos) que decorre entre as pesquisas. Em outras palavras, a acreditação não substitui uma avaliação de resultados sistemática, desenhada a partir de bancos de dados que armazenam informações a respeito de indicadores-chave de desempenho.

A divulgação de resultados pode ser visto como uma espécie de *benchmarking* externo, no qual o desempenho organizacional de uma instituição é comparado com o de outras ou com instituições reconhecidas por suas boas práticas. O anexo 8D revisa a experiência internacional relacionada com relatórios de desempenho (*report cards*) hospitalares.

Há pouca demanda no Brasil para a divulgação pública de comparações de desempenho, provavelmente em consequência da fragilidade dos dados disponíveis e da ausência de plataformas institucionais. É necessário que haja um sistema de relatórios públicos comparando desempenhos dos hospitais e conectado a um monitoramento sistemático de desempenho para complementar as iniciativas baseadas em padrões de conformidade como a acreditação.

Contratualização Baseada na Qualidade

A contratualização baseada na qualidade envolve o uso do contrato (ou acordo) entre prestador e comprador como uma ferramenta de aprimoramento e reforço da qualidade. Além da especificação de requisitos de qualidade no contrato, a contratualização pautada na qualidade também pode ser atrelada à utilização de financiamentos e outros incentivos, de modo a garantir que o prestador atenda aos padrões de qualidade e estabeleça práticas para monitorar e melhorar a qualidade. Os compradores também têm um incentivo no tocante aos custos: é sabido que problemas de qualidade relacionados ao mau uso e ao excesso de uso de recursos técnicos resultam em custos mais altos (IOM 2001). As variações de qualidade estão intimamente relacionadas com as variações nos custos. A padronização da prestação dos serviços de saúde, baseada na evidência disponível, melhora a qualidade, ao mesmo tempo em que reduz as variações de custos. A iniciativa da UNIMED/BH de pagar reembolsos mais altos para unidades acreditadas é um exemplo de compras baseadas na qualidade. O anexo 8E analisa a experiência de contratualização baseada na qualidade nos países da Organização para a Cooperação e o Desenvolvimento Econômico (OCDE).

Categoria 3: Desenvolvimento Organizacional

As organizações de serviços de saúde, como os hospitais, são a interface entre o sistema de serviços de saúde e os pacientes. Dentro do hospital, as equipes clínicas, organizadas em departamentos, prestam os cuidados na "linha de frente". Melhorar a qualidade significa mudar o comportamento dessas equipes clínicas, bem como cultivar dentro da organização um ambiente que facilite o desempenho do trabalho. Estratégias e ferramentas têm sido desenvolvidas a partir de técnicas de gestão industrial, análises de sistemas e conceitos de engenharia, para avaliar e melhorar os processos de qualidade dos serviços de saúde em nível organizacional. Essas estratégias e os correspondentes instrumentos de mudança são referidos em conjunto como melhoria contínua da qualidade (em inglês, CQI - *continuous quality improvement*). CQI é uma abordagem organizacional e de gerenciamento para o aperfeiçoamento da qualidade que busca identificar, prevenir e corrigir erros mediante a avaliação contínua, o monitoramento e o fortalecimento de procedimentos de prestação de cuidados nas instituições. Também é abordagem sistêmica que envolve processos de trabalho de todos os departamentos e, portanto, atrelado a mudanças em todo o hospital. Resumindo, o foco da CQI é a mudança no processo ou no ambiente nos quais surgem os problemas de qualidade.

Alguns princípios básicos da abordagem de CQI na área de saúde são: liderança, avaliação sistêmica de desempenho, trabalho em equipe efetivo, mudança proativa, uso de tecnologia da informação, foco na melhoria de todos os processos de cuidados; incorporação de evidências na prática clínica; e coordenação de cuidados entre diversos prestadores de serviços (Lighter e Fair 2004; Dlugacz, Restifo e Greenwood 2004; IOM 2001; Lawrence 2003).[31] Frequentemente, a CQI é implementada em conjunto com técnicas de gerenciamento e métodos como PDCA, TQM, 5S e ISO (ver tabela 8.4), que são utilizados para coordenar o processo de mudança. Conhecimento considerável das características de CQI e das ferramentas de gestão já existe no Brasil, mas é limitado a relativamente poucos hospitais privados que têm introduzido programas de melhoria institucional baseados na CQI. Um número indeterminado de unidades redesenhou processos de prestação de serviços específicos (*e.g.*, cuidados maternos, atendimento de emergência), normalmente gerenciados individualmente por um médico, mas mudanças similares ainda não penetraram todos os setores de prestação de serviços do hospital. Poucas tentativas sistemáticas têm sido feitas para avaliar essas iniciativas, identificar as lições e as melhores práticas e compartilhar experiências.

Diversos aspectos de um programa abrangente de CQI requerem um reforço para facilitar a expansão dos programas de melhoria da qualidade nos hospitais brasileiros. Avaliação de dados para melhoria da qualidade, tecnologia de informação e coordenação entre prestadores de serviços são alguns desses aspectos que merecem referência.

Avaliação com Base em Dados

A chave para a melhorar a qualidade é a contínua avaliação de dados de desempenho. É virtualmente impossível alterar os processos dos serviços de saúde sem informação e análise. Os dados revelam problemas, assim como denunciam as áreas que necessitam de aperfeiçoamento. Dados sólidos são ferramentas objetivas e poderosas para áreas com problemas específicos. Eles são o ponto de partida para trabalhar com a equipe no sentido de reconhecer e corrigir os problemas e substituí-los por processos que previnam a sua recorrência.[32] Em muitos hospitais brasileiros faltam até mesmo dados elementares como estatísticas descritivas do uso de leitos e tempo de permanência, ou os dados existentes não são confiáveis. Dados sobre qualidade, incluindo resultados, processos, eventos adversos e acidentes, abertos por departamento, tratamento ou procedimento, são raramente ou irregularmente coletados pelas unidades de saúde. A informação é obtida para atender a regulamentos, não para mudar e melhorar.

Quase todos os hospitais brasileiros dispõem de algum tipo de informação computadorizada que pode ser utilizada para iniciar a coleta e a análise básica de dados.[33] Na ausência dessas informações, simples pesquisas com o pessoal médico e técnico e com os pacientes podem ser pontos de partida efetivos.[34] É fundamental iniciar esse tipo de pesquisa, com base em questões específicas, problemas observados ou prioridades sistêmicas e organizacionais. Essa abordagem adaptada à realidade ajudará a evitar a coleta de amontoados de informações de difícil administração, que acabam por não ser analisadas.

Tecnologia da Informação

Com a explosão da pesquisa médica nos últimos quinze anos, incorporar a evidência na prática é praticamente impossível sem a assistência de tecnologia da informação. Alguns observadores sugerem que "a medicina moderna não pode ser praticada de modo efetivo e com segurança sem o suporte da tecnologia da informação" (Lawrence 2003: 91). Como ocorre em outros lugares, muitos hospitais ainda precisam explorar a tecnologia da informação, disponível e cada vez mais barata, para melhorar a qualidade. Algumas instituições têm instalado sistemas avançados encontrados em centros de excelência reconhecidos em países da OCDE, mas o progresso tem sido lento em grande parte das outras instituições.

Há evidências crescentes de que a tecnologia da informação contribui para melhorar a qualidade e a eficiência.[35] Muitos observadores concordam que as seguintes tecnologias da informação oferecem as maiores vantagens no que concerne ao aperfeiçoamento da qualidade: (1) sistemas de apoio a decisões clínicas que auxiliam os médicos e os enfermeiros no diagnóstico e no monitoramento dos pacientes, na busca de informações sobre interações medicamentosas e no cumprimento de diretrizes clínicas; (2) bases de conhecimento eletrônicas que disseminam literatura médica selecionada e recomendações de tratamento, identificam boas práticas e avaliam resultados de diferentes métodos de tratamento; (3) prontuários médicos eletrônicos;[36] e (4) tecnologias baseadas na internet para comunicação com os pacientes (isto é, consultas via web e sistemas computadorizados que lembram ao paciente os horários da medicação, de modo a aumentar a adesão ao tratamento) e para facilitar a comunicação entre os clínicos e aumentar as oportunidades de treinamento.

A tecnologia da informação sozinha não ajudará na melhoria da qualidade nos hospitais brasileiros, a não ser que seja utilizada dentro de uma estrutura sólida de responsabilização, aplicada como parte de um pacote de ações de CQI[37] e conectadas a uma infraestrutura nacional de informação. Qualquer promoção ou investimento público em tecnologia da informação demanda uma análise cuidadosa (por exemplo, de padrões e aplicações), bem como uma estratégia de implementação para garantir a adesão. Em muitos hospitais o ambiente institucional ainda não contribui para grandes investimentos em tecnologia da informação.

Coordenação entre Prestadores de Serviços

Como em todos os países de renda média e alta, no Brasil as doenças crônicas lideram de longe as causas de doença, incapacidade e morte. Mais da metade da carga de doenças do

País está relacionada a cinco condições: câncer, diabetes e doenças neuropsiquiátricas, cardiovasculares e respiratórias crônicas. O custo do tratamento para essas doenças durante um período de cinco anos (2005-2009) foi estimado em US$ 34 bilhões, cerca de 5% do PIB em 2003 (Banco Mundial 2005a).

O número de pessoas afetadas e os recursos necessários para o tratamento irão aumentar nos próximos 20 anos. As doenças crônicas são mais bem tratadas por meio da organização de um processo de tratamento integrado e contínuo com a participação de múltiplos prestadores no qual os profissionais de saúde trabalham em equipe. Unidades de saúde que operam de forma independente e não coordenam o atendimento com outros prestadores, com o paciente e sua família estão mal preparadas para tratar doenças crônicas com eficiência e eficácia.[38]

No Brasil, apesar da natureza aparentemente integrada dos sistemas operados pelos governos (principalmente municipais), muitas unidades funcionam como ilhas com conexões limitadas de referência com os serviços de atenção básica, ambulatoriais, e diagnósticos. Nessas unidades, muitos especialistas agem como "artesãos independentes", em vez de atuarem como membros de uma equipe de saúde e de uma organização que integra e proporciona apoio à prestação de atenção à saúde.

A formação de redes funcionais, integradas e com base territorial, que desenvolvam uma abordagem em equipe no fornecimento de serviços de saúde, deve estar na lista de prioridades do Brasil. Para isso, será necessária a reestruturação do SUS, de acordo com um modelo regionalizado – e não com base municipal. A reforma do sistema de saúde deve incluir a redefinição dos papéis institucionais, a identificação das tarefas por equipes e arranjos organizacionais para apoiar e supervisionar as equipes de saúde e assegurar que o paciente receba os cuidados necessários. Atualmente, os municípios e estados têm poucos incentivos para ultrapassar sua área de abrangência, com o objetivo de estabelecer relações de trabalho em rede. Mantidas as condições atuais, é improvável que o Brasil tenha condições financeiras suficientes ou seja capaz de lidar com o desafio das doenças crônicas.

Anexo 8A

Um Exemplo de Padrões de Qualidade da ONA e Elementos de Desempenho: A Área de Obstetrícia

Os seguintes padrões foram definidos pela ONA (2004).

Padrão de nível 1. O serviço é composto por uma equipe multidisciplinar de profissionais qualificados e inclui áreas separadas e equipadas para fornecer atendimento de pré-parto, parto, pós-parto e do recém-nascido.

Elementos de desempenho

- Equipe multidisciplinar de profissionais qualificados, treinados em ressuscitação neonatal.
- Equipamentos e instalações que satisfaçam aos requisitos de atendimento obstétrico e de procedimentos com recém-nascidos.
- Sistema adequado de manutenção e checagem de equipamentos.
- Condições para assegurar a limpeza das mãos.
- Procedimento padrão adequado para o isolamento de pacientes conforme as necessidades.
- Lista de obstetras organizados por turnos para cada dia da semana, juntamente com informações para contato.
- Lista de especialistas não-obstetras, incluindo informações para contato, para emergências.
- Sistema de documentação implantado.

Padrão de nível 2. Manuais atualizados são disponibilizados especificando normas, rotinas e procedimentos; são realizados treinamentos e programas de educação continuada; são coletadas informações básicas de estatística para apoiar a gestão clínica e tomada de decisões são coletadas.

Elementos de desempenho

- Manual de normas, rotinas e procedimentos documentados, atualizados e aplicados.
- Participação em um sistema regional de cuidados pré-natais, que permite a transferência de pacientes de alto risco, conforme a necessidade.
- Programas de treinamento e educação continuada, com evidências de melhorias.
- Processos de orientação ao paciente.
- Processos para atendimentos em curso e acompanhamento posterior de pacientes.

Padrão de nível 3. Neste nível os dados sobre a satisfação dos pacientes são coletados e analisados, e o serviço participa ativamente de um programa institucional sobre qualidade e produtividade; o serviço é integrado ao sistema de informação da organização; e os dados sobre indicadores de desempenho são disponibilizados para possibilitar a avaliação e a comparação com os padrões de referência.

Elementos de desempenho

- Sistema de informação baseado em indicadores obstétricos específicos que permitam a análise e comparação.
- Ciclos de melhoria que demonstrem impacto sistemático.
- Sistema de análise da satisfação do cliente – interno e externo.
- Sistema de planejamento e melhoria técnica contínua dos funcionários, dos serviços de atendimento e dos procedimentos específicos.

Anexo 8B

Iniciativas Governamentais de Capacitação Nacional para a Melhoria Contínua da Qualidade, 1997-2001

Estratégias	*Estados Unidos*	*Reino Unido*	*Austrália*
Relatórios públicos descrevendo problemas de qualidade e pedidos de melhoria	*Quality First: Better Care for All Americans* (President's Advisory Commission on Consumer Protection and Quality in Health Care 1998) *Crossing the Quality Chasm: A New Health Care System for the 21st Century* (IOM 2001) *To Err is Human: Building a Safer Health System* (IOM 2000)	"The New National Health Service: Modern and Dependable" (Department of Health 1997) "A First-Class Service: Quality in the National Health Service" (Department of Health 1998) "An Organization with Memory: Report of an Expert Group on Learning from Adverse Events in the NHS" (Department of Health 2000)	Relatórios de comitês nacionais de especialistas *The Final Report of the Taskforce on Quality in Australian Health Care* (AHAMAC 1996) National Expert Advisory Group on Safety and Quality in Australian Health Care. *Implementing Safety and Quality Enhancement in Health Care* (Commonwealth Department of Health and Aged Care 1999) "Safety First: Report to the Australian Health Ministers' Conference" (ACSQHC 2000)
Estabelecimento de órgãos ou programas nacionais para melhorar a capacidade de medição e monitoramento do desempenho	Fórum Nacional de Medição e Avaliação da Qualidade	Autoridade Nacional de Avaliação Clínica Agência Nacional de Segurança do Paciente Quadro de Referência Nacional de Desempenho	Comitê Nacional de Desempenho em Saúde
Relatório público de desempenho, nacional e local	Relatório Nacional de Qualidade desenvolvido para 2003 pela Agência de Pesquisas e Qualidade em Saúde (AHRQ) Relatórios voluntários e obrigatórios locais	Relatório público sobre alguns elementos de desempenho em nível local Desenvolvimento da estruturas nacionais de serviços	Relatórios anuais de desempenho como parte dos Acordos Australianos de Atenção à Saúde Relatórios Anuais do Comitê Nacional de Desempenho em Saúde e seus antecessores
Estabelecimento de órgãos nacionais para aperfeiçoar a capacidade de melhoria de segurança e qualidade	Colocar novamente em foco o AHRQ	Instituto Nacional de Excelência em Saúde e Clínica Comissão de Melhoria da Saúde Quadro de Referência do Serviço Nacional para doenças prioritárias Agência Nacional de Modernização do Serviço de Saúde	Comissão Australiana de Segurança e Qualidade em Saúde Instituto Nacional de Estudos Clínicos Conselho Nacional de Ações Prioritárias em Saúde

(continua)

Estratégias	*Estados Unidos*	*Reino Unido*	*Austrália*
Uso sistêmico de incentivos	Federal (Centros de Serviços para Medicare – Atendimento Médico para pessoas acima de 65 anos e Medicaid – para pessoas de baixa renda) e requisitos estaduais para medição, avaliação e melhoria como condições para a participação nos programas	Compromissos de desempenho ao nível do Tesouro Governança clínica dentro dos contratos de agências Cumprimento obrigatório dos Quadros de Referência do Serviço Nacional	Fundos para a Melhoria e o Fortalecimento da Qualidade como parte dos Acordos Australianos de Atenção à Saúde Uma variedade de requisitos federais e estaduais em nível local e nacional (ex. pagamentos de incentivo à clínica geral por pacientes com melhoria de resultados em diabetes e asma)

Fonte: McLoughlin et al. 2001.

Anexo 8C

Definindo um Marco de Política e Institucional para a Medição Sistemática da Qualidade e sua Melhoria: Exemplos dos Estados Unidos, do Reino Unido e da Austrália

A medição sistemática do desempenho e o monitoramento da qualidade são um tema comum nos Estados Unidos, no Reino Unido e na Austrália. A coleta, a análise e a disseminação das informações são vistas como ferramentas críticas para promover o desempenho em qualidade ao nível do sistema. O Instituto de Medicina dos Estados Unidos solicitou uma "abrangente infraestrutura de informações de saúde", definida como um "conjunto de tecnologias, padrões, sistemas de tratamento, valores e leis que apóiem todos os aspectos da saúde individual, dos serviços de saúde e da saúde pública".[39] Outro aspecto comum foi o estabelecimento de instituições nacionais para desenvolver e implementar estratégias de melhoria da qualidade, mesmo que as organizações e instituições que financiam a saúde variem consideravelmente nos três países. Alguns desses grupos eram públicos, outros privados, e outros formados por parcerias entre a esfera pública e a esfera privada. Cada grupo era formado após amplas consultas com as partes interessadas (stakeholders).

A Agência de Pesquisa e Qualidade nos Serviços de Saúde (U.S. Agency for Healthcare Research and Quality – AHRQ) dos Estados Unidos tem desenvolvido conjuntos de indicadores de qualidade para o rastreamento nacional, a produção de relatórios públicos e a contratualização baseada na qualidade, assim como para organizações de serviços de saúde que estejam estabelecendo sistemas de melhoria da qualidade. Extensas listas de indicadores estão disponíveis para quatro áreas: atendimento preventivo, atendimento a pacientes em tratamento, segurança do paciente e pediatria. A tabela seguinte apresenta, como um exemplo, indicadores para pacientes internados classificados por mortalidade, volume e utilização.

O Reino Unido está implementando uma estrutura para a melhoria da qualidade, que consiste de duas estratégias principais: o marco nacional para serviços (de saúde) (NSF – National Service Framework) e o marco nacional de desempenho (NPF – National Performance Framework). Ambas são parte de um acordo de desempenho no âmbito do serviço público entre os departamentos de Saúde e o de Finanças. As NSF consistem em padrões e as estratégias correspondentes de implementação, para a melhoria da qualidade em áreas específicas de atendimento, tais como doenças coronárias, câncer, serviços pediátricos intensivos e diabetes. Elas são produzidas por grupos de especialistas sob o patrocínio do National Institute for Health and Clinical Excellence (NICE), uma instituição independente criada para facilitar o desenvolvimento e a implementação desses padrões para serviços definidos ou grupos de atendimento (ex. pacientes com câncer). As metas ou marcos servem de base para a medição da evolução dentro de um cronograma acordado.

As NPF incluem indicadores de desempenho que serão usados para medir e comparar o desempenho em regiões, hospitais e grupos de serviços básicos de saúde em seis áreas: melhoria da saúde, acesso, atendimento resolutivo e adequado, eficiência, satisfação do paciente e resultados de saúde. Indicadores específicos incluem taxas de mortalidade, reinternações de emergência de pessoas idosas, custo de tratamento e tempo de permanência. Esses indicadores podem ser incluídos nos compromissos de desempenho entre as autoridades executivas e regionais do Serviço Nacional de Saúde (National Health Services - NHS) e entre estas e as holdings hospitalares. Um grupo estatutário, a Comissão de Melhoria da Saúde (Commission of Health Improvement - CHI), foi instituído para desenvolver indicadores, coletar dados e disseminar informações sobre o desempenho comparativo de prestadores de serviços ao NHS. Para os hospitais, a CHI desenvolveu um sistema de classificação em estrelas, baseado em sete componentes de desempenho: gerenciamento de risco, auditoria clínica, pesquisa e educação, envolvimento do paciente, gestão da informação, envolvimento dos funcionários, educação, treinamento e desenvolvimento.[40] A CHI publica classificações anuais de hospitais. As instituições com desempenho insuficiente (com nenhuma estrela) preparam um plano de ação para corrigir as áreas deficientes, e a comissão monitora e auxilia os hospitais na implementação dos planos de ação.[41]

Indicadores de quantidade
Quantidade de cirurgias esofágicas
Quantidade de cirurgias pancreáticas
Quantidade de reparações de aneurismas aórtico- abdominais (AAA)
Quantidade de enxertos em artérias coronárias (IAC)
Quantidade de angioplastias coronarianas transluminais percutâneas (ACTP)
Quantidade de Endarterectomias Carotídeas
Indicadores de mortalidade por condições de pacientes internados
Taxa de mortalidade por infarto agudo do miocárdio (IAM)
Taxa de mortalidade por IAM sem transferências
Taxa de mortalidade por insuficiência cardíaca
Taxa de mortalidade por Acidente Vascular Cerebral (AVC) agudo
Taxa de mortalidade por hemorragia gastrointestinal
Taxa de mortalidade por fratura transtrocanteriana de fêmur
Taxa de mortalidade por pneumonia
Indicadores de mortalidade para procedimentos em internação
Taxa de mortalidade por cirurgia do esôfago
Taxa de mortalidade por cirurgia do pâncreas
Taxa de mortalidade por cirurgias reparadoras de AAA
Taxa de mortalidade por IAC
Taxa de mortalidade por ACTP
Taxa de mortalidade por craniotomia
Taxa de mortalidade por substituição de articulação coxo-femural
Indicadores de utilização
Taxa de parto por cesariana
Taxa de parto por cesariana primípara
Taxa de parto vaginal após cesariana (PVAC)
Taxas de PVAC sem complicações
Taxas de colecistectomia laparoscópica
Taxas de apendicectomia incidental em idosos
Taxa de cateterismo cardíaco bilateral

Fonte: AHRQ 2006.

Anexo 8D

Relatórios de Desempenho Hospitalar: Como Motivar os Hospitais?

Avaliações baseadas em indicadores formam a base de boletins de desempenho (*report cards*) sobre qualidade hospitalar. Estes são, frequentemente, sistemas de *benchmarking* que comparam o desempenho em qualidade com padrões estabelecidos e com as instituições de desempenho mediano e alto. Embora muitos países publiquem dados a respeito da qualidade e resultados obtidos pelos hospitais, o impacto desses esforços no desempenho de qualidade não é claro (WHO, 2003b).

Pesquisas recentes mostram que a liberação de informações sobre qualidade para o público pode representar para os hospitais um incentivo associado à reputação (Dudley et al., 2004). Aparentemente, foi isso o que aconteceu em Nova York e em Wisconsin, onde a qualidade dos hospitais com baixas pontuações melhorou (Chassin 2002; Hibbard, Stockard e Tusler 2003). O estudo feito em Wisconsin, um ensaio controlado randômico, mostrou que a qualidade aumentou em hospitais com baixa pontuação depois que uma grande operadora de planos de saúde publicou um relatório sobre qualidade nos hospitais regionais.[42] No Reino Unido, contudo, a publicação de resultados clínicos não resultou em melhoria da qualidade (Mannion e Goddard 2001).

Nos Estados Unidos, uma série de instituições está disponibilizando ao público dados comparativos de desempenho. O Leapfrog Group, uma organização filantrópica que representa grandes empregadores e compradores privados de serviços, desenvolveu um método de pontuação para avaliar hospitais. Os indicadores incluem: segurança e adequação do quadro de pessoal nas unidades de terapia intensiva; sistemas de referência que encaminhem pacientes necessitando de procedimentos complexos aos hospitais com mais experiência, maior volume e melhores taxas de sobrevivência;[43] o uso de sistemas computadorizados para a prescrição de medicamentos, exames e procedimentos; e uma pontuação de "prática segura" em 27 procedimentos para reduzir erros previníveis. De acordo com o Leapfrog Group, o cumprimento universal dos três primeiros indicadores nos Estados Unidos salvaria mais de 65 mil vidas, preveniria 907 mil erros médicos e economizaria US$ 41,5 bilhões em custos com tratamentos corretivos. O Fórum Nacional de Qualidade (FNQ), uma parceria entre o setor público e o setor privado nos Estados Unidos, cujo objetivo é aprimorar os padrões e medidas para divulgação pública de dados de desempenho dos serviços de saúde, está desenvolvendo um sistema comparativo de qualidade promover maior responsabilização e possibilidade de escolha pelos consumidores.[44] A pontuação de "práticas seguras" usada pelo grupo Leapfrog foi desenvolvida pela FNQ.

Anexo 8E
Contratualização Baseada na Qualidade em Países da OCDE

A Contratualização (ou compra de serviços) baseada na qualidade está mais avançada nos Estados Unidos, mas tem ganhado força entre os financiadores europeus públicos e da seguridade social.[45] A seguir é apresentada uma recapitulação do modo como a qualidade é especificada em contratos entre compradores e prestadores em países da OCDE.[46]

- *Especificação de requisitos básicos de qualidade* selecionando apenas prestadores que satisfaçam padrões de processo e estrutura estabelecidos, por meio de acreditação prévia ou certificação de uma agência externa. Na Europa, a acreditação é cada vez mais usada como um sistema de "licenciamento extra" para determinar a elegibilidade de hospitais para receber recursos públicos ou da seguridade social (Figueras, Robinson e Jakubowski 2005: 226). Nos Estados Unidos, apenas os hospitais acreditados são qualificados para receber fundos dos sistemas Medicare e Medicaid. Muitas seguradoras privadas também requerem acreditação.
- *Especificação (no contrato) dos tipos de informação de qualidade* a serem coletados e reportados (por exemplo, indicadores de rastreamento de processo e resultados para procedimentos e tratamentos específicos de grande volume).[47] Por exemplo, os contratos do governo com hospitais na França incluem reduções percentuais nas taxas de infecções hospitalares. Os sistemas de gerenciamento de qualidade ao nível das organizações, e os sistemas de coleta e documentação desses dados, precisam ser desenvolvidos primeiro. Em 1997, o Conselho Europeu recomendou que os compradores de serviços exigissem que os prestadores estabelecessem sistemas de melhoria e gerenciamento da qualidade (ver a seguir) em todos os contratos de compra de serviços. A Itália e a Alemanha são dois países que requerem a implementação de tais sistemas. Outras exigências utilizadas em hospitais europeus incluem o estabelecimento de cadastros de efeitos adversos (França), especificações de tempo máximo de espera (Reino Unido, Itália e outros), e o uso de sistemas padronizados de coleta de dados e relatórios (Alemanha e Itália). Finalmente, vários países europeus especificam indicadores de processo em contratos hospitalares, incluindo o estabelecimento e cumprimento de protocolos clínicos.
- *Inclusão de incentivos financeiros no contrato para melhorar a qualidade.* A qualidade pode ser recompensada por meio de mecanismos de pagamento. A compra baseada na qualidade envolve o uso de incentivos para que os hospitais modifiquem seus comportamentos de maneira a aprimorar a qualidade.[48] Qualquer sistema de pagamento (orçamento global, grupos de diagnósticos relacionados, a AIH no Brasil) pode ser estruturado para recompensar melhor a qualidade. Recompensar o desempenho requer um sólido sistema de informação para assegurar que os prêmios sejam alocados para prestadores que realmente alcancem as melhorias desejadas. Nos Estados Unidos, os compradores estão provavelmente mais à frente no uso de incentivos para aperfeiçoar a qualidade, mas a implementação é irregular, e as avaliações estão apenas iniciando.

Pesquisas recentes demonstram que o incentivo funciona. No entanto, elas não são conclusivas quanto a identificar a estratégia mais efetiva de compra baseadas na qualidade (Dudley et al. 2004). Vale a pena, porém, examinar algumas iniciativas.

O Leapfrog Group implementou um programa envolvendo seguradoras e hospitais que confere pagamentos de prêmios ou aumentam os valores de reembolso para hospitais que satisfaçam os objetivos de qualidade e eficiência em cinco áreas clínicas, representando, em média, um terço de todas as internações.[49] Para cada área são geradas pontuações ponderadas que contribuem para um índice composto. A tabela abaixo mostra o peso e a pontuação para uma área, a da pneumonia adquirida na comunidade.

Medida	*Peso (%)*	*Pontuação*
Antibiótico inicial recebido nas quatro horas após a chegada ao hospital	5,5	% classificação (0% = ruim, 100% = ótimo). Multiplicado pelo peso
Vacina contra gripe	7,5	% cumprimento multiplicado pelo peso
Vacina pneumocócica	12,0	% cumprimento multiplicado pelo peso
Aconselhamento e assessoramento a adultos para parar de fumar	7,5	% cumprimento multiplicado pelo peso
Quadro de pessoal da Unidade de Terapia Intensiva	13,5	Totalmente implementado: nota total (13,5%). Em bom progresso: 2/3 da nota (9%) Bom esforço em fase inicial: 1/3 da nota (4,5%). Qualquer outro caso: nota zero
Avaliação da oxigenação	14,5	% cumprimento multiplicado pelo peso
Hemoculturas (colhidas antes da administração de antibióticos)	14,5	% cumprimento multiplicado pelo peso

Fonte: Elaboração dos autores com base em dados do Leapfrog Group.

Como mencionado anteriormente, o Reino Unido aplica indicadores de desempenho aos compromissos de desempenho estabelecidos entre as autoridades de saúde regionais e as Holdings Hospitalares do National Health Service (NHS). Esses indicadores são monitorados pela National Health Commission.

Como visto, a promoção da qualidade por meio da contratualização (ou compras) ainda está começando no Brasil, mas vale a pena salientar duas iniciativas. No setor público, nos hospitais gerenciados por organizações sociais de saúde do estado de São Paulo (OSS), se incluem objetivos e indicadores de qualidade no contrato de gestão celebrado com o governo. Uma parte do financiamento é vinculada ao cumprimento desses indicadores. No setor privado, a UNIMED, em Belo Horizonte, vinculou as tabelas de reembolso dos hospitais credenciados à obtenção da acreditação pela Organização Nacional de Acreditação (ONA). Neste caso, a operadora aumenta o valor de reembolso por percentagens definidas de acordo com o nível de acreditação alcançado. Praticamente nenhum outro comprador de serviços no

Brasil utiliza a vinculação entre financiamento e qualidade, como usados pelas OSS e pela UNIMED.

Durante a implementação do contrato, é necessário que se faça um esforço sistemático para coletar e validar medidas de qualidade (por exemplo, indicadores de qualidade, cumprimento dos padrões, eventos adversos e satisfação do paciente). Dependendo do resultado, podem-se usar incentivos financeiros (credenciamento ou retenção do pagamento). No entanto, o simples cancelamento dos pagamentos pode não ser indicado, uma vez que o comprador pode querer trabalhar com o hospital para corrigir os problemas. Mediante a evidência de ação corretiva, o comprador pode reconsiderar e autorizar o pagamento. Finalmente, durante o processo anual de revisão do contrato, os compradores podem rever o desempenho em qualidade e ajustar os termos contratuais e os incentivos financeiros para promover a melhora da qualidade. No caso de descumprimento continuado dos objetivos especificados no contrato, o comprador pode cancelar o contrato, se houver prestadores alternativos disponíveis.

Notas

1. Atualmente, oito instituições, conhecidas como instituições acreditadoras (IA), foram credenciadas pela ONA. Além de conduzir pesquisas de avaliação, as IA proporcionam programas educacionais a hospitais que buscam a acreditação.
2. Esse programa de acreditação é às vezes conhecido pela sigla em português – programa JCI/CBA. JCI (Joint Commission International) é a subsidiária internacional da JCAHO.
3. A UNIMED/Belo Horizonte, discutida a seguir, é uma exceção importante.
4. A pesquisa foi autorizada para esse relatório. Todos os hospitais eram de tamanho mediano, com uma média de 170 leitos.
5. De acordo com a ONA, a taxa para hospitais de médio porte cobrada pelas instituições avaliadoras certificadas pela ONA– varia de R$ 12 mil a R$ 14 mil. Para hospitais de grande porte, a taxa pode ser muito mais alta.
6. Barbosa et al. (2002) verificaram que o orçamento médio de hospitais de médio porte filantrópicos variava de R$ 6,1 milhões a R$ 35 milhões. O orçamento de hospitais menores (menos de 100 leitos) variava de R$ 700 mil a R$ 6,1 milhões.
7. As programações anuais do MS sobre investimentos e financiamento não especificam o tipo ou o destino do investimento.
8. Há exceções a essas regras. A França e a Itália recentemente tornaram obrigatória a acreditação de todos os hospitais. O Canadá exige a acreditação para hospitais-escola.
9. Para uma revisão da pesquisa sobre os custos associados à qualidade insuficiente, veja IOM (2000).
10. Os exemplos incluem o Hospital Israelita Albert Einstein (São Paulo), o Hospital Moinhos de Vento (Porto Alegre) e o Hospital Samaritano (São Paulo).
11. Os hospitais também podem optar pela certificação ISO, mas o sistema ISO é mais apropriado para laboratórios e unidades de diagnóstico (ver tabela 8.4).
12. O estudo sobre o CQH comparou uma média de 13 hospitais que possuíam o selo de qualidade por um período superior a cinco anos (1999-2003) com uma média de 133 unidades que haviam participado do programa CQH durante o mesmo período, mas que não tinham conseguido o selo. Quase todas as unidades da amostra estavam localizadas no estado de São Paulo. A maioria delas eram grandes – quase metade delas (47) possuíam entre 151 e 500 leitos, 41 tinham entre 51 e 150 leitos e apenas 12 tinham menos de 50 leitos. A composição por tipo de propriedade foi a seguinte: 50 privados com fins lucrativos, 29 privados filantrópicos e 21 unidades públicas. A pesquisa foi focada em um subconjunto de indica-

dores que eram regularmente relatados pelos hospitais durante esse período. Os hospitais incluídos na análise foram selecionados porque regularmente contribuíam para o banco de dados do CQH. Isso pode influenciar o resultado da análise, pois as unidades interessadas em coletar e monitorar dados podem ter obtido melhores resultados que outras participantes do programa. Além disso, nenhuma tentativa foi feita para combinar os hospitais por tamanho, orçamento ou nível de complexidade.

13. A coleta e a análise de dados fazem cada vez mais parte dos sistemas de acreditação (Scrivens 2002; Shaw 2004a, 2004b).
14. A análise dos hospitais com e sem o selo de qualidade do CQH discutidos anteriormente foi baseada no banco de dados de indicadores de *benchmarking*. *Benchmarkings* do CQH foram incluídos na análise de eficiência do capítulo 3.
15. Kisil (2004) relata que a coleta e disseminação de dados do programa CQH nem sempre são confiáveis ou consistentes. Embora mais de 150 hospitais tenham sido parte do programa em 2004, apenas 100 forneciam dados regularmente para a unidade central do programa, e as informações eram frequentemente arquivadas nos hospitais em bancos de dados e sistemas diferentes.
16. As áreas incluíam organização e gerenciamento clínicos, diagnósticos, gerenciamento de suprimentos, gerenciamento de recursos humanos, suporte administrativo, relações públicas e foco no cliente.
17. Os indicadores incluem taxas de ocupação, dados de produção, tempo de permanência e um subconjunto de taxas específicas de doenças e tratamentos.
18. No Brasil, em média, dois terços da carga de doenças são atribuídos às DNTs, e os custos com o tratamento dessas doenças são estimados em quase a metade do custo total com internações hospitalares (ver tabela 2.2). A demanda só tende a aumentarem função da transição demográfica. Em 2000, 15% da população brasileira estava acima dos 50. Esse grupo deve aumentar para 29% até 2005 e para 42% até 2050 (Banco Mundial 2005a).
19. Há evidência crescente de que atenção coordenada reverte em melhores resultados e maior eficiência. Isso se confirma no caso de doenças crônicas (IOM 2001: 134). A saúde e a qualidade de vida de crianças asmáticas, por exemplo, melhoram bastante quando elas são atendidas por equipes médicas bem-organizadas e com forte apoio, em vez de serem atendidas por médicos independentes (Lawrence 2003).
20. Veja, por exemplo, os seguintes regulamentos: NOAS 01/02; Portaria GM 1.101 (12/06/2002); Portaria GM 2.309 (19/12/2001); Portaria SAS 494 (30/06/1996); Portaria SAS 39 (06/02/2006).
21. De acordo com Schilling et al. (2006), a maior parte das grandes cidades relatou que a grande maioria dos encaminhamentos foi de residentes no município, e não de residentes em outros municípios.
22. O recentemente aprovado (2006) Pacto de Gestão tem por objetivo co-financiar, fortalecer e reforçar acordos intergovernamentais relacionados aos sistemas de referência.
23. Como explicado no capítulo 2, aproximadamente metade do financiamento disponível nos estados e municípios vem do governo federal, geralmente na forma de transferências globais depositadas diretamente em suas contas. Quase todos os municípios gerenciam os gastos com a atenção básica, enquanto aqueles sob gestão plena do sistema gerenciam os gastos para todos os serviços. Quase todas os municípios urbanos de maior porte estão na condição de gestão plena.
24. Isso está mudando paulatinamente com a adoção do Programa de Saúde Familiar, mas tem havido variações consideráveis na implementação do programa nos municípios.
25. As diretrizes foram os instrumentos usados para induzir os prestadores a coordenarem com outras organizações e níveis (ex. atenção básica, ambulatórios especializados, unidades de diagnóstico e hospitais).
26. Estas consistem de doenças evitáveis e facilmente tratáveis que podem ser resolvidas ao nível da atenção básica ou ambulatorial se os pacientes tiverem acesso a atendimento de qualidade (Starfield 1998).

27. O plano foi baseado na análise das características relativas a espaço, oferta e demanda de atenção hospitalar no Estado.
28. Diretrizes clínicas que perpassem vários prestadores e sirvam como elemento de integração dentro desses territórios estão em desenvolvimento.
29. As unidades de atenção básica ainda não estão integradas no sistema de referências gerenciado pelas CR.
30. Isso não quer dizer que o assunto esteja sendo ignorado. Em uma série de entrevistas com gestores experientes em vários hospitais de São Paulo, Kisil (2004) verificou que muitos deles estavam preocupados com a medição de resultados, mas não tinham o *know-how*, o apoio ou os meios para levar um sistema adiante.
31. Embora esses aspectos sejam aplicados ao nível das organizações de saúde, eles requerem suporte ao nível do sistema de saúde (Categoria 1) e arranjos de responsabilização (Categoria 2) para atingir a melhoria de qualidade sustentada. Em outras palavras, padrões nacionais de desempenho, indicadores de *benchmarking* e metas de qualidade - geralmente estabelecidos e monitorados por entidades estatutários, agências reguladoras, organizações compradoras de serviços e outras instituições - definem as expectativas, as diretrizes e os objetivos que permitem aos hospitais acessar, monitorar e melhorar o atendimento à saúde.
32. De acordo com Dlugacz, Restifo e Greenwood (2004: 28, 62), "a melhor maneira de sustentar a ideia de que a sua unidade presta um atendimento de qualidade é quantificar seus processos, serviços e resultados. Com esses dados, um gestor poderá saber se seu pessoal é eficiente e resolutivo, e se os resultados para os pacientes satisfazem as expectativas [...] A disponibilidade de dados permite ao gestor comunicar a informação sobre a prestação de serviços de modo claro [...] Em outras palavras, não se pode gerenciar até que se meça. A análise deveria levar ao desenvolvimento de um programa [de melhoria de qualidade], e é preciso desenvolver medidas para avaliar a efetividade da melhoria".
33. Aqui, os mecanismos de responsabilização devem ser suficientemente fortes para obrigar as unidades a coletar e analisar os dados. Contudo, coletar dados para cumprir requisitos de regulação é qualitativamente diferente da abordagem de coleta de dados, análise e *feedback* proporcionada pela CQI.
34. Assistência técnica e treinamento para gerenciamento de dados estão disponíveis no Brasil assim como na WEB. A Joint Commission International publica vários manuais e treinamentos baseados na Internet sobre mensuração, coleta e análise de dados em hospitais; ver <http://www.jointcommissioninternational.com/international>.
35. Ver IOM (2001) e Lighter e Fair (2004) para uma revisão da literatura.
36. Como em quase todos os países de renda média e alta, no Brasil a maior parte das informações clínicas ainda é armazenada em papel, e por isso é gerenciada de môo ineficiente. É comum que hospitais possuam vários prontuários (em papel) para o mesmo paciente.
37. Alguns dos hospitais analisados neste livro tinham sistemas de informação, mas as informações básicas não estavam disponíveis.
38. Refletindo as melhores práticas na atenção a pacientes crônicos, Lawrence (2003: 21) declara: "O atendimento a doenças crônicas deve ser feito de modo contínuo, ao longo da vida do paciente, e não em visitas esporádicas quando as condições pioram ou surgem complicações agudas. O atendimento deve ser coordenado entre os muitos profissionais e instituições envolvidos no tratamento desses pacientes durante o longo curso dessas doenças [...] Profissionais médicos com diferentes conhecimentos (*e geralmente em diferentes ambientes)* devem trabalhar em conjunto para fornecer ao paciente o que ele precisa" (texto em itálico foi acrescentado).
39. O relatório cita o Comitê Nacional de Estatísticas Vitais e de Saúde, Grupo de Trabalho para a Informatização de Prontuários de Pacientes (2000).
40. Ver Comissão de Melhoria da Saúde <http://www.chi.nhs.uk/Ratings/Search/SearchResults.asp?TrustType=A>.
41. Ver Lawrence (2003: 96) a respeito do Instituto para Melhoria do Atendimento à Saúde.

42. O relatório comparou os indicadores de desempenho em qualidade de eventos adversos (mortes e complicações em atendimentos cirúrgicos e não-cirúrgicos) em 24 hospitais na área de Madison, Wisconsin.
43. Por exemplo, mais de 450 procedimentos por ano de enxertos de artérias coronarianas, (http://www.leapfroggroup.org).
44. De acordo com a declaração de missão da FNQ, "Consumidores e compradores precisam de dados confiáveis e comparativos para obter maior valor agregado no atendimento à saúde e para gerar demanda de mercado pela qualidade". Os prestadores também necessitam de dados comparativos para desenvolver programas de melhoria e comparar seu desempenho com o estabelecido por *benchmarkings* regionais e nacionais (http//:www.qualityforum.org).
45. Como no Brasil, na Europa existe um conjunto de arranjos para contratualização (ou compras): compra privada com prestação privada, compra pública com prestação pública e compra pública com prestação privada (Figueras, Robinson e Jakubowski 2005; Preker e Langenbrunner 2005).
46. Essa seção se baseia em Figueras, Robinson e Jakubowski 2005; Preker e Langenbrunner 2005.
47. A compra baseada na qualidade pode ser muito fortalecida por meio de consensos quanto a definição, especificação e medição de qualidade (elementos da Categoria 1).
48. Os incentivos também podem ser direcionados a médicos individuais, porém isso está além do âmbito desse trabalho. Para informações adicionais, ver Dudley et al. (2004).
49. As áreas clínicas são enxertos de artérias coronarianas (EAC), intervenção coronária percutânea (ICP), infarto agudo do miocárdio (IAM), pneumonia adquirida na comunidade, partos e atenção básica ao recém-nascido. As partes mais importantes das medidas de qualidade são baseados nos indicadores de acreditação e avaliação de qualidade desenvolvidos pela Joint Commission. Os indicadores de eficiência incluem tempo médio de permanência, taxas de reinternação e fatores de risco ajustados pela severidade. Ver Leapfrog Group (2006).

9

Conclusões e Recomendações*

Os hospitais são importantíssimos para a saúde dos brasileiros, muitos dos quais, quando doentes, procuram um hospital como primeiro ponte de assistência. Da mesma forma, os hospitais são críticos para o orçamento do governo, absorvendo aproximadamente 70% do gasto público com saúde. Os hospitais influenciam os altos e baixos da carreira de políticos, quando notícias chocantes a respeito de um hospital chegam às manchetes ou quando novidades sobre um hospital de alto desempenho colocam os políticos sob os refletores. Os hospitais também estão na vanguarda das discussões sobre políticas de saúde no Brasil. Os debates refletem a promessa dos hospitais como centros de inovação tecnológica e de avanços médicos, e também disseminam a preocupação com seus custos e desempenho. Em resumo, os hospitais brasileiros são importantes para muitas pessoas, e por muitas razões diferentes. O que os torna importantes é fácil de entender. O que os faz fornecer assistência de qualidade, de forma eficiente, ou falhar no cumprimento das expectativas de desempenho é muito mais difícil de compreender.

As conclusões e recomendações apresentadas neste livro estão baseadas em evidências disponíveis, selecionadas a partir de uma combinação de fontes e análises para avaliar e melhorar o desempenho hospitalar: o exame sistemático das pesquisas sobre eficiência, qualidade e equidade em assistência hospitalar; a análise de bancos de dados de instituições nacionais; uma pesquisa original comparando o desempenho de pequenas amostras de instituições e estudos de caso de iniciativas específicas e programas inovadores. Limitações relacionadas à disponibilidade e à qualidade dos dados, à qualidade da pesquisa disponível sobre desempenho hospitalar, ao custo de se obterem dados primários e ao tamanho limitado de várias amostras restringiram a extensão e a profundidade de algumas das análises feitas aqui.

Muitos dos capítulos que compõem este livro contêm recomendações relacionadas ao seu tema. Em conjunto, essas recomendações constituem uma ambiciosa – e potencialmente desafiadora – agenda para o aperfeiçoamento dos hospitais. Por essa razão, este capítulo procura sintetizar medidas essenciais para o aperfeiçoamento do desempenho hospitalar, que deveriam ser implementadas a curto e médio prazos. Muitas das ações estão inter-relacionadas; e não funcionarão conforme o planejado se forem implementadas isoladamente. As interrelações entre as políticas propostas estão destacadas neste capítulo.

O desafio da melhoria do setor hospitalar não é exclusivo do Brasil. Implementar políticas de reforma hospitalar é bastante difícil, e é ainda mais difícil quando a natureza (propriedade) do hospital, sua governança e seus mecanismos de pagamento assumem tantas formas diferentes, como ocorre no Brasil. Mesmo assim, a natureza pluralística desse sistema também constitui uma força do setor hospitalar brasileiro. Como foi revelado ao longo deste relatório,

* April Harding é co-autora deste capítulo.

há inúmeras experiências e iniciativas que podem preparar o terreno para uma reforma estrutural mais ampla.

Uma publicação de 2004 do Ministério da Saúde (MS) sobre reforma hospitalar abriu um debate nacional sobre os problemas, o potencial e o desempenho dos hospitais (MS 2004c). Foi o primeiro documento do MS a focalizar inteiramente o setor hospitalar. O estudo apresentou as conclusões de uma série de seminários realizados em hospitais no final de 2003 e início de 2004 e não pretendia ser uma avaliação profunda de problemas ou recomendar políticas. Em vez disso, o MS considerou esse documento como "um passo no sentido da organização de ideias" (MS 2004c: 68) a respeito da reforma hospitalar, visando o desenho de políticas futuras.[1] As amplas diretrizes políticas delineadas no relatório do MS são consistentes com um subconjunto de recomendações de políticas feitas neste volume. As recomendações para reformar os mecanismos de pagamento, desenvolver a autonomia em instituições públicas, fortalecer a contratação de pessoal por hospitais públicos e privados e racionalizar o número de pequenas instituições são dignas de nota.[2] Os autores do estudo do MS também recomendaram a realização de pesquisas mais amplas e a colaboração das comunidades hospitalares com o MS para aprofundar as análises e contribuir para o desenvolvimento de uma visão estratégica da reforma hospitalar. É nesse espírito que se inserem as recomendações feitas a seguir.[3]

Este capítulo está organizado em quatro partes. A primeira sintetiza as conclusões deste livro em relação às mudanças essenciais para melhorar o desempenho dos hospitais brasileiros. A segunda descreve as melhores práticas e as inovações promissoras destacadas neste volume, que são baseadas na experiência brasileira, e que podem servir como elementos fundamentais nessa mudança. A terceira parte traz as recomendações das principais políticas, e a quarta parte apresenta sugestões de ações para promover sua implementação.

Problemas do Setor Hospitalar Brasileiro

Muitos países de renda média e alta ainda lutam para garantir o acesso ideal a serviços hospitalares a toda a população – uma meta que o Brasil, por seu próprio mérito, atingiu em grande medida. Apesar disso, sérios problemas persistem no setor hospitalar brasileiro. Considerando a demanda sempre crescente por mais serviços – e mais avançados tecnologicamente – com que se deparam todos os sistemas hospitalares e a resultante pressão por recursos adicionais que satisfaçam essa demanda, é desolador verificar que o financiamento dos hospitais brasileiros não esteja gerando maior impacto (*"value for money"*). O gasto total com assistência hospitalar é alto e, mesmo assim, muitos hospitais financiados pelo Sistema Único de Saúde (SUS) e um número desconhecido de instituições privadas apresentam baixa qualidade e ineficiência. A ineficiência dos hospitais brasileiros relatada neste livro, medida pela análise de envoltório de dados (DEA) e pela análise do *benchmarking*, é digna de nota. Não pode haver dúvida de que o sucesso em enfrentar as fontes de ineficiências observadas (no caso, por exemplo, de escala insuficiente, da distribuição de infraestrutura e tecnologias, da gestão clínica e não-clínica e da utilização de recursos) permitiria o Brasil a utilizar de forma mais inteligente os recursos disponíveis no setor hospitalar.

A eficiência e a qualidade estão intrinsecamente ligadas. Melhorar a eficiência por meio de, por exemplo, maior padronização e controle das práticas de tratamento reduz a variação indesejada na qualidade e no custo. Os hospitais que realizam um grande volume de procedimentos complexos atingem uma economia de escala que pode reduzir a mortalidade e o risco de eventos adversos. Além disso, as disparidades na qualidade são a causa fundamental e crescente de desigualdade, como se torna evidente na dupla entrada na assistência hospitalar no Brasil, onde instituições de padrão internacional, em geral destinadas aos mais ricos, coexistem com instituições abaixo do padrão aceitável, geralmente frequentadas pelos mais pobres. Elevar a eficiência pode criar um "círculo virtuoso", resultando em maior qualidade e equidade. Da mesma forma, o aperfeiçoamento da qualidade leva à menor utilização de recursos, por reduzir os erros médicos, os eventos adversos e o uso exagerado desses recursos.

Quais são os principais determinantes da ineficiência e baixa qualidade? Cinco áreas críticas foram identificadas nos capítulos anteriores: governança hospitalar rígida e com baixa responsabilização; coordenação frágil e planejamento distorcido da capacidade; financiamento passivo, distorcido e diluído; ausência de programas sistemáticos e contínuos para padronizar tratamentos e medir e garantir a qualidade; e ausência de informações adequadas para a tomada de decisões. Cada uma delas é discutida abaixo.

Governança Hospitalar Rígida e com Baixa Responsabilização

Quase todos os hospitais públicos brasileiros exibem uma rigidez administrativa incompatível com a gestão hospitalar moderna. Sob as regras organizacionais existentes, mesmo os administradores motivados e comprometidos se sentem restringidos na sua atuação produzindo apenas melhorias limitadas. Os administradores hospitalares sem autoridade para gerenciar sua equipe, reorganizar departamentos ou reconfigurar serviços não podem realizar mudanças substanciais. Muitas das funções administrativas se baseiam em regulações e são centralizadas em níveis hierárquicos mais altos, situados em secretarias municipais ou estaduais de saúde, de finanças ou administrativas. Além de atuarem afastados da linha de frente da prestação de serviços, muitos administradores de nível intermediário não possuem *know-how*, motivação ou informação para gerenciar hospitais. A centralização excessiva das funções administrativas, combinada à regulação rígida do serviço público, à interferência política e à ausência de informação adequada criam um ambiente organizacional que priva os administradores institucionais dos meios para realmente gerenciar suas unidades e melhorar seu desempenho. Em parte por causa desse ambiente organizacional distorcido, as instituições públicas sob administração direta são, em geral, os hospitais com pior desempenho no Brasil.

Práticas de governança e arranjos organizacionais deficientes contribuem para o baixo desempenho de muitos hospitais privados, mas seus problemas são qualitativamente diferentes dos enfrentados pelas instituições públicas. Por falta de informações, a relação entre desempenho e governança de instituições privadas permanece desconhecida, mas é evidente que a sobreposição e a informalidade na governança e nas funções administrativas, associadas a um frágil controle e a um ambiente de pouca informação, podem comprometer o desempenho desses hospitais. Isso é especialmente verdadeiro nas instituições pequenas e filantrópicas, que constituem a maior parte dos hospitais privados financiados pelo SUS. A fraca pressão contratual e a ausência de competição não incentivam o bom desempenho nem promovem o enfrentamento das deficiências organizacionais existentes.

Por muitos anos os custos associados a essas ineficiências foram repassados às agências financiadoras por meio de demanda por maiores recursos orçamentários por parte das instituições públicas e por maiores valores de reembolso e por ajudas financeiras emergenciais por parte das instituições privadas. Essa situação não é mais sustentável por conta do já elevado gasto público e privado, do baixo crescimento macroeconômico e da alta carga tributária prevalente no país.

Financiamento Passivo, Distorcido e Diluído

Os mecanismos de pagamento permanecem como um instrumento relativamente pouco utilizado em políticas de saúde para apoiar suas prioridades e estimular o bom desempenho. Na prática, alguns mecanismos de pagamento, como o orçamento por elemento de despesa (a forma predominante de financiamento nos hospitais públicos) geram ineficiência e custos desnecessários. A alocação de recursos por elemento de despesa é baseada em dados históricos e padrões gerais de gastos, sem nenhuma relação com a qualidade ou o controle de custos.

O mecanismo de pagamento por Autorização de Internação Hospitalar (AIH), consiste em uma tabela predefinida de reembolso associada a produtos ou serviços (na forma de procedimentos). É utilizado para o pagamento de hospitais privados conveniados com o SUS e, teoricamente, poderia contribuir para o uso mais eficiente dos recursos. Mas, da forma como é aplicada atualmente, a AIH contribui apenas de forma modesta para o controle dos custos, pois os níveis de pagamento são gravemente distorcidos. Os valores pagos pela maioria dos cuidados prestados durante a internação estão muito abaixo do custo, mas alguns poucos tratamentos e procedimentos, geralmente de alta complexidade, são remunerados bem acima do custo. O resultado dessa distorção é uma ênfase exagerada em alguns poucos serviços "lucrativos" e a prestação insuficiente de serviços "não-lucrativos", mas que representam grande volume. Esse desequilíbrio compromete gravemente o acesso do paciente aos serviços de que necessita e a relação custo-efetividade da alocação dos recursos públicos. É também um fator determinante da conhecida crise financeira no setor de hospitais filantrópicos, fortemente dependentes do financiamento do SUS. Além disso, essa distorção pode levar os hospitais a multiplicar serviços ou a cobrar serviços não prestados com o objetivo de aumentar sua receita, especializar-se em tratamentos lucrativos, e buscar aportes emergenciais do governo (tornando-se dependente deles) para "fechar" as contas do mês.

O teto financeiro imposto pelo SUS fixa um limite global aos gastos, mas não encoraja comportamentos por parte dos prestadores que resultem em uso eficiente dos recursos institucionais. Os próprios tetos são baseados em tendências históricas e consequentemente abrigam ineficiências que se acumularam ao longo dos anos. As metas também são sempre alteradas, dependendo da arrecadação fiscal do governo durante o curso do ano fiscal. Além disso, os hospitais frequentemente reduzem a oferta de serviços perto do fim do ano fiscal, à medida que atingem o teto predefinido e passam a exercer pressão política para obter transferências fora do orçamento, ou podem reduzir gastos planejados para a manutenção de equipamentos ou a aquisição de materiais. Em geral, a administração e o planejamento financeiros efetivos são raros, assim como os esforços para melhorar a eficiência no uso dos recursos, de forma a permanecer dentro dos limites de despesa. Essa utilização passiva e não estratégica dos recursos financeiros do SUS para a assistência hospitalar chama a atenção, pois, em sistemas hospitalares pluralísticos, os recursos públicos para o pagamento de serviços podem ser um poderoso instrumento para estimular a eficiência e melhorar a qualidade.

Muitas operadoras e seguradoras privadas de saúde pagam pela assistência hospitalar por meio de uma tabela predefinida de reembolso negociada entre planos e hospitais. Os sistemas de pagamento baseados em tabelas de reembolso, utilizados por seguradoras privadas, são associados a um uso mais eficiente dos recursos, mas isso pode dever-se ao fato de as instituições privadas normalmente tratarem de casos menos complexos e graves do que as instituições públicas, e usufruírem de maior autonomia administrativa. A definição do valor de reembolso, neste caso também, pouco tem que ver com os custos reais dos serviços ou com o uso de recursos, em parte por causa da falta de informação confiável sobre os custos e do seu desconhecimento por parte dos prestadores de serviço e operadoras. Assim como no SUS, as discrepâncias entre valores pagos e custos no setor privado são evidentes, mas não têm sido sistematicamente analisadas. Entretanto, disputas tabelas de pagamento entre operadoras e prestadores de serviço (por exemplo, hospitais e médicos), frequentemente veiculadas na imprensa, sugerem que as tabelas de reembolso não estão alinhadas com os custos. Como no caso do mecanismo AIH/SUS, o impacto das tabelas de reembolso na contenção de custos parece, na melhor das hipóteses, modesta, porque as instituições privadas também têm um incentivo para indicar tratamentos melhor remunerados.

A multiplicidade de sistemas de pagamento com que se defronta o administrador hospitalar típico dilui o impacto dos incentivos associados a qualquer mecanismo individualmente. Os incentivos para melhorar a eficiência e a qualidade ou para controlar os custos em qualquer um dos sistemas de pagamento podem ser neutralizados ou compensados por desestímulos em outro sistema. Adicionalmente, as discrepâncias nas tabelas de reembolso podem contribuir para o aparecimento de distorções em todo o sistema. Por exemplo, os financiadores que pagam valores mais baixos, como o SUS, podem levar os hospitais a reduzir a qualidade, a transferir os custos para os financiadores que remuneram melhor ou a transferir os casos complexos para as instituições públicas, que não dependem de pagamento por produção, mas são obrigados a tratar todos os casos que se apresentam. Um número crescente de hospitais privados atende a pacientes cobertos por planos de saúde privados, que pagam tarifas mais altas do que o SUS e cobrem pacientes de alta renda, o que contribui para a estratificação do sistema hospitalar.

Finalmente, a maioria dos mecanismos de pagamento estão associados a contratos porque eles especificam os termos e as condições de pagamento. Embora o SUS tenha um longo histórico de contratação de hospitais privados para a prestação de serviços hospitalares, essa contratação é feita de forma passiva e, com frequência, mal gerenciada. Os convênios são essencialmente instrumentos legais utilizados para repassar recursos para prestadores de serviços privados, tradicionalmente ligados ao sistema público (essencialmente as instituições filantrópicas). O convênio, como ferramenta de contratação, é desprovido de mecanismos de responsabilização e não é utilizado para criar incentivos para melhorar a produção, a qualidade e a eficiência dos serviços hospitalares.

Coordenação Deficiente e Planejamento Distorcido da Capacidade

Serviços hospitalares financiados com recursos públicos são proporcionados por diferentes tipos de hospitais públicos e privados no Brasil. Os hospitais públicos podem ser de propriedade federal, estadual ou municipal. Os hospitais privados pertencem a indivíduos, organizações filantrópicas, sociedades beneficentes e corporações. Algumas instituições privadas pertencem a conglomerados, mas a maioria é constituída de prestadores independentes. Os vários proprietários de hospitais tomam decisões, em grande medida, de forma isolada uns dos outros. O pluralismo na propriedade de hospitais por si só não impede a coordenação, mas demanda mecanismos mais fortes que garantam essa coordenação tanto no fornecimento de assistência quanto na expansão da capacidade instalada.

De modo geral, os hospitais financiados com recursos públicos não se coordenam entre si ou com outros prestadores de serviços de assistência médica, em relação à atenção ao paciente, ao seu encaminhamento e acompanhamento. Mesmo os hospitais e outros prestadores de serviços controlados ou financiados pela mesma entidade (por exemplo, o município) não se coordenam efetivamente, e a coordenação entre os hospitais privados, ligados ou não ao SUS, é inexistente. Isso não ocorre porque os gerentes envolvidos não se importem, mas porque não existem mecanismos em vigor para motivar e facilitar a coordenação. E mesmo nas circunstâncias mais favoráveis, é difícil efetivar com êxito a coordenação interprestadores, em parte por causa da estrutura federativa do Brasil, que concede considerável autonomia aos governos municipais e estaduais. Além disso, a maioria dos municípios - que administram diretamente mais prestadores de serviços de atenção médica do que outros atores - cobrem uma área de abrangência muito pequena para realizar uma coordenação real. Na ausência de coordenação regional ou intermunicipal, perde-se economia de escala e ocorrem repasses de custos entre prestadores.

No Brasil muitos hospitais estão situados em locais inadequados e são muito pequenos para operar de modo eficiente ou para garantir a qualidade assistencial. A distribuição de tecnologia complexa e dispendiosa é outra área de preocupação. A oferta excessiva de certos recursos tecnológicos, a subutilização de outros, hospitais pequenos com pouca demanda em locais inadequados, e uma distribuição desigual de equipamentos médicos, contribuem para a ineficiência e o uso distorcido dos recursos; estão também relacionados às deficiências nos mecanismos de pagamento discutidos anteriormente. Essa distorção da capacidade hospitalar torna os serviços mais caros que o necessário e compromete sua qualidade. Todos os níveis de governo possuem hospitais no Brasil, assim como muitas entidades não-governamentais. Atualmente, esses "donos" de hospitais tomam importantes decisões em relação a investimentos de capital de forma isolada uns dos outros. Em contraste com outros sistemas hospitalares pluralistas (por exemplo, na Alemanha e na França), nenhum planejamento orienta o desenvolvimento da capacidade hospitalar individual para atender às necessidades e demandas da população como um todo.

Assim como em outras partes, a coordenação de assistência entre os ambientes clínico e organizacional no Brasil está engatinhando. Apesar da alta e crescente incidência de doenças crônicas, que são melhor prevenidas e tratadas por meio de um plano de atendimento integrado e contínuo envolvendo um conjunto de prestadores, o sistema de saúde, em particular o setor hospitalar, está organizado predominantemente para fornecer assistência a casos agudos por meio de prestadores isolados. Redes de atenção, nas quais diferentes prestadores de serviços se reúnem para formular planos de ação que viabilizem a administração e o fornecimento de assistência à saúde, são raras.

Ausência de Programas Sistemáticos e Contínuos para Avaliar Padrões de Cuidados e Medir e Garantir a Qualidade

Em contraste com muitos países de renda média, o Brasil possui um sistema regulatório (licenciamento) desenvolvido, capaz de garantir padrões mínimos de qualidade relacionados à estrutura e, em menor grau, a processos (por exemplo, exigência de registro de infecções hospitalares). O Brasil também está à frente de muitos países da região no desenvolvimento de programas de acreditação. O problema fundamental é que esses padrões não são aplicados ou cumpridos na maioria dos hospitais. O Brasil difere, também, no fato de ter estabelecido regulamentações e mecanismos institucionais para proteger os cidadãos de erros médicos. Entretanto, em parte por causa do corporativismo médico, esses mecanismos parecem ser ineficazes. O Brasil é um dos poucos países de renda média que possui uma forte indústria de pesquisa biomédica e de pesquisa clínica, o que resulta em avanços pioneiros na área médica e em inovações tecnológicas em uma série de áreas. Mesmo assim, os avanços tecnológicos e de tratamentos produzidos no Brasil ou em outros países nem sempre chegam à prática clínica dos hospitais brasileiros, exceto em alguns poucos prestigiados centros de excelência. Igualmente preocupantes são as grandes discrepâncias na qualidade da assistência inter e intra-hospitalar.

Poucos esforços contínuos e sistemáticos têm sido desenvolvidos para medir e melhorar a qualidade da atenção nos hospitais brasileiros. Não há políticas, programas ou sistemas nacionais de mensuração e avaliação de qualidade, comparação e análise do desempenho em termos da qualidade, reforço da capacidade institucional para aperfeiçoar a qualidade, a disseminação de pesquisas baseadas em evidências e a transparência pública. Além disso, falta infraestrutura institucional para desenvolver, coordenar e implementar tais políticas (essas deficiências não se restringem ao Brasil). Existem algumas iniciativas promissoras – regionais, do MS, e também no âmbito de organizações isoladas, assim como programas contínuos de aperfeiçoamento da qualidade, baseados nas características de cada instituição; mas, como essas iniciativas não foram avaliadas, não é possível saber se têm condições de ser reproduzidos. Sem uma política mais coordenada e sem um esforço institucional, qualquer progresso real no sentido de abordar questões de qualidade continuará tendo impacto limitado.

Ausência de Informações para a Tomada de Decisão

A ausência de informações úteis sobre qualidade, eficiência e custo dos serviços hospitalares está na base de todos os problemas apontados. Apesar da grande quantidade de dados coletados, praticamente não há, em nenhum nível, informações relevantes que possam fundamentar decisões. Por exemplo, a qualidade da atenção fornecida na maioria dos hospitais brasileiros é desconhecida, pois não há informações disponíveis que possam ser acessadas. A ausência de informações sistemáticas e confiáveis sobre custos, quantidade, características e resultados dos pacientes impede o delineamento de mecanismos mais sólidos de pagamento hospitalar. Sem coleta sistemática de dados é impossível monitorar, analisar e comparar progressos em termos de qualidade, eficiência e custos. A disponibilidade limitada e o custo da coleta de dados primários nas instituições levam os pesquisadores brasileiros a se concentrar em estudos de pequena escala, que frequentemente não podem ser generalizados. Além do mais, quando os dados estão disponíveis, com frequência não são confiáveis ou não podem ser comparados, em função de variações na definição e na medição das variáveis. Essa situação reduz a quantidade e a utilidade da pesquisa sobre o desempenho hospitalar.

Os formuladores de políticas públicas em cada nível do governo são forçados a tomar decisões chaves sobre a alocação de recursos, sem possuir informações mínimas sobre a qualidade, o custo ou o valor dos serviços. Os administradores hospitalares, da mesma forma, raramente têm as informações necessárias para identificar problemas urgentes de qualidade e para remanejar recursos humanos ou realocar recursos para melhorar a qualidade ou a produtividade. Pode-se dizer que na ausência de informação sólida, as providências que se vêm tomando para melhorar os hospitais brasileiros não passam de voos cegos.

Aproveitando a Base de Inovações e Experiências Brasileiras

Uma série de iniciativas e inovações nacionais, que podem servir como base para mudança, foi examinada neste livro. Algumas foram objeto de uma análise aprofundada; outras foram destacadas em estudos de caso. Muitas necessitariam de uma avaliação mais detalhada para determinar sua reprodutibilidade no contexto institucional e de organizacional do Brasil.

As iniciativas para melhorar o desempenho hospitalar deveriam ser construídas sobre esses fundamentos e ao mesmo tempo deveriam também levar em conta as lições da experiência internacional. O quadro 9.1 sugere a formação de parcerias com outros países que estão buscando reformar seus setores hospitalares. Os formuladores de políticas deveriam procurar entender a dinâmica e a experiência dessas iniciativas, de forma a poder adaptar o projeto e a implementação das políticas propostas ao contexto brasileiro atual.

Essas experiências brasileiras fornecem conhecimento valioso e uma base para melhorar a política hospitalar, mas a multiplicação de esforços descoordenados não levará à melhoria de desempenho necessária. Embora o escopo deste trabalho não tenha permitido uma análise abrangente de todos os esforços, as iniciativas discutidas a seguir, são as mais promissoras para atender a alguns dos problemas delineados na seção anterior.

Arranjos Organizacionais e Governança

Os hospitais administrados por organizações sociais de saúde, OSS, no estado de São Paulo representam um exemplo bem-sucedido de arranjo organizacional alternativo para hospitais públicos. Existe informação considerável sobre a experiência das OSS em avaliações, estudos de caso e dissertações de doutorado. Embora os hospitais do tipo OSS tenham sido criados em instalações novas e, portanto, fora da estrutura organizacional tradicional, as evidências sugerem que esse regime tem uma forte estrutura de responsabilização, consistindo de autonomia administrativa, administração flexível de recursos humanos e contratação estratégica por meio de instrumentos contratuais baseados em desempenho. Outra característica do modelo de OSS praticado no estado de São Paulo é a rigorosa monitoração, bem como a gestão e a fiscalização de contratos pela Secretaria de Saúde. Esses elementos são importantes e deveriam fazer parte de qualquer modelo de reforma.

QUADRO 9.1
Aprendendo com as Inovações e Experiências Internacionais

Muitos países de renda alta e média estão enfrentando os mesmos desafios delineados neste livro, na sua busca por melhorar o desempenho hospitalar. A experiência internacional relevante já foi citada ao longo deste trabalho. Assim como na experiência brasileira, pode-se aprender com as iniciativas adotadas em outros países e utilizá-las como base para a mudança. Até hoje os esforços do governo em identificar e aprender a partir dessas experiências têm sido tímidos. Estabelecer parcerias com os governos e as instituições que lidam com reforma hospitalar e melhoria da qualidade em outros países pode criar condições para a troca de informações e a análise comparativa do que funciona, como e por quê.

A colaboração entre a Secretaria de Vigilância em Saúde (SVS) do Brasil e o Center for Disease Control (CDC) dos Estados Unidos constitui um exemplo de tal parceria. Suas atividades incluem pesquisa conjunta, sessões de treinamento, intercâmbio de profissionais, visitas de estudo e discussões sobre políticas; essas atividades beneficiam ambas as instituições. A iniciativa SVS-CDC pode servir de modelo para parcerias similares com instituições de outros países que estejam tratando da complexa questão da reforma hospitalar.

Fonte: Elaboração dos autores.

Embora a experiência brasileira seja limitada, iniciativas estaduais e municipais recentes em São Paulo, convertendo hospitais de administração direta em organizações do tipo OSS, realçam o potencial para ganhos de desempenho, especialmente em eficiência e qualidade. A experiência, até o momento, também sugere a necessidade de estratégias de transição para abordar questões complexas financeiras e de recursos humanos e obter apoio político e da comunidade.

O MS deu passos importantes para começar a reformar e fortalecer as disposições contratuais tanto em hospitais públicos quanto em instituições privadas financiadas pelo SUS. Recentemente o MS assinou contratos administrativos com 86 hospitais-escolas, especificando serviços e definindo indicadores de desempenho. O desafio é aplicar essas inovações à maioria dos hospitais públicos e privados financiados pelo SUS.

Coordenação

A iniciativa de regionalização em curso no estado de Minas Gerais é um esforço promissor, que visa racionalizar a oferta de serviços hospitalares enquanto fortalece a coordenação da atenção entre hospitais e entre estes e outros prestadores de serviços dentro de territórios definidos. O estado desenvolveu um modelo regional de rede baseado nas características espaciais, de demanda e de oferta da assistência hospitalar e ambulatorial. Pequenas unidades administrativas foram estabelecidas em 75 microrregiões, e o investimento financeiro é direcionado apenas para grandes instituições com capacidade técnica e dimensão para servir como centros regionais de referência. Muitos hospitais – pequenas unidades com menos de 50 leitos – serão convertidos em ambulatórios ou centros de atendimento de emergência. Alguns serão fechados à medida que o estado gradualmente eliminar o financiamento para hospitais pequenos demais para servirem como centros de referência ou para atingir uma economia de escala mínima. O estado está desenvolvendo apoio logístico e um plano de coordenação de assistência para as redes em estruturação.

A cidade de Curitiba também desenvolveu um plano de estruturação de rede assistencial, incluindo o desenvolvimento de prontuários médicos eletrônicos que são utilizados por hospitais e prestadores de serviços ambulatoriais; distribuição de cartões de identificação eletrônicos (interligados aos prontuários médicos) para todos os usuários, o que possibilita o compartilhamento de informações sobre as condições dos pacientes; e a instalação de um laboratório central que elevou a qualidade e a eficiência dos serviços de diagnóstico. Vale frisar que os esforços para a formação de redes assistenciais no estado de Minas Gerais e na cidade de Curitiba foram acompanhados de iniciativas para ampliar a cobertura de atenção primária.

Muitos estados e grandes municípios estão implementando sistemas de referência (os centros de regulação, CR) para triagem e encaminhamento para serviços de maior complexidade. Esses sistemas podem contribuir para uma maior coordenação vertical e horizontal entre os prestadores de serviços de assistência à saúde.

Com o apoio do Banco Mundial, o Programa de Investimento MS QUALISUS-REDE recentemente encomendou uma série de estudos para analisar a coordenação de assistência e o planejamento de redes no Brasil. Os resultados servirão como fundamento para um programa de investimentos destinado a encorajar a racionalização hospitalar, a coordenação da assistência e a formação de redes.

A instituição de consórcios municipais, como especificado em legislação brasileira recente (Lei 11.107/2005), oferece um mecanismo para o compartilhamento e a administração de recursos visando coordenar a oferta de serviços entre municipalidades em regiões definidas. O MS também ordenou a formação de conselhos gerenciais regionais que podem funcionar como uma estrutura de governança para configurar redes de assistência à saúde (Portaria 699/GM de 2006).

Finalmente, a Política para Pequenos Hospitais do MS, lançada em 2004, tenta esclarecer o conceito de "hospital" e indica que unidades pequenas e subutilizadas não são realmente hospitais. Embora o escopo da política seja limitado, iniciou-se um debate questionando a razão de ser de pequenas unidades e preparou-se o terreno para políticas mais abrangentes, que definiriam o papel dos hospitais no sistema maior de prestação de serviços. Um ponto importante consiste em equilibrar a busca de eficiência pela garantia de escala mínima com o objetivo de garantir o acesso à assistência hospitalar em áreas remotas.

Mecanismos de Pagamento

O sistema AIH/SIA do MS, utilizado para o pagamento de hospitais privados, pode oferecer informação importante sobre assistência hospitalar e servir de base para o desenvolvimento de um sistema de pagamento similar ao de Grupos de Diagnósticos Relacionados (DRG, sigla americana de uso mais comum no Brasil). Estudos adicionais sobre as fragilidades e os pontos fortes da informação sobre diagnósticos, o agrupamento de serviços, a padronização na entrada de informações, e o custos de tratamento podem fornecer ao SUS bases sólidas para desenhar um mecanismo de pagamento hospitalar por DRG e um sistema de informação adequado para apoiá-lo. O modelo de orçamento global baseado em contratos de gestão utilizado pelo estado de São Paulo para os hospitais de tipo OSS e, mais recentemente, para a remuneração de instituições filantrópicas também pode inspirar pagadores públicos e privados interessados em vincular remuneração a desempenho. Um modelo similar está sob avaliação do MS para financiar serviços em hospitais-escolas e hospitais privados. Finalmente, uma operadora privada de planos de saúde por pré-pagamento na cidade de Belo Horizonte (Cooperativa de Saúde UNIMED) lançou recentemente um arranjo de compra de serviços médicos baseado em qualidade, no qual os hospitais credenciados são pagos com base numa tabela diferenciada de reembolso, condicionada à sua conformidade com as exigências para licenciamento e acreditação. Esse esforço se mostra promissor ao estimular o aperfeiçoamento da qualidade em hospitais e pode ser um modelo para outros pagadores públicos ou privados.

Qualidade da Assistência

Ao contrário de muitos países de renda média, o Brasil tem uma estrutura sólida de licenciamento de instituições e possui três programas rigorosos de acreditação e certificação hospitalar.[4] Fortalecer o cumprimento do licenciamento e expandir a acreditação são fundamentos importantes para o aperfeiçoamento da qualidade da assistência em hospitais. Participar de programas de acreditação e certificação também é um elemento chave para impulsionar o desenvolvimento de Programas de Melhoria Contínua de Qualidade (PMCQ) pelas próprias instituições. Embora um número crescente mas indeterminado de hospitais brasileiros tenha lançado tais programas, estima-se que apenas uma minoria tenha coletado os dados relevantes e documentado o impacto dessas iniciativas. A avaliação dessas experiências traria à tona a experiência de PMCQ já presente nos hospitais brasileiros. Existe também *know how* considerável no processo de mudança exigido para apoiar o aperfeiçoamento de qualidade nos hospitais.

Este trabalho demonstrou que os hospitais brasileiros em busca de programas de acreditação adotaram uma série de ferramentas de administração reconhecidas para facilitar a mudança organizacional como suporte para o aprimoramento da qualidade. Descobrir de que forma essas ferramentas foram aplicadas e solicitar às instituições a avaliação de sua efetividade seria de enorme valia para os hospitais que pretendem implantar programas de melhoria contínua da qualidade. Programas recentes do MS, tais como o HumanizaSUS e o CartaSUS, têm potencial para estimular de modo significativo o aperfeiçoamento de qualidade nos hospitais. Para saber se esses programas atingem os objetivos estabelecidos, é necessário que haja mais informação sobre o seu impacto, que se faça a análise sistemática dos dados disponíveis e um acurado acompanhamento dos resultados.

Informação e Avaliação do Desempenho

O sistema AIH/SIA do MS pode servir como meio para melhorar os sistemas de informação do paciente e dos serviços. Os sistemas AIH/SIA contêm dados importantes sobre a produção de serviços e os diagnósticos dos pacientes atendidos e, uma vez atualizados para eliminar distorções, podem fornecer informações úteis para estabelecer orçamentos globais e avaliar desempenho. O programa CQH de *benchmarking* hospitalar, o programa da ONA de reforço da capacidade institucional em indicadores de desempenho de qualidade e o sistema de vigilância hospitalar da Agência Nacional de Vigilância Sanitária (ANVISA), são pontos de partida importantes para o desenvolvimento e expansão de um sistema padronizado de coleta de dados, avaliação e monitoramento em todos os hospitais brasileiros.

Finalmente, o estado de São Paulo implementou sistemas de informação e contabilidade de custos em todas as OSS e em alguns hospitais filantrópicos, para facilitar as negociações de orçamento, a gestão de contratos e a avaliação do desempenho. Tanto os administradores institucionais quanto as autoridades estaduais dispõem hoje de um ambiente rico em informações, que inclui o rápido intercâmbio de dados sobre produção de serviços, qualidade e custos. Esse intercâmbio tem total apoio da agência supervisora (a Secretaria de Saúde do Estado) bem como dos hospitais. O ambiente de informação facilita o *feedback* regular dos resultados e a identificação de problemas, ao mesmo tempo em que permite planejar ações corretivas.

O que Pode ser Feito? Políticas Prioritárias

Esta publicação cobriu um amplo espectro de problemas relacionados ao desempenho e aos problemas dos hospitais, ao mesmo tempo em que se concentrou nas lacunas analíticas e de informação relacionadas às dimensões de políticas setoriais, identificadas no esquema apresentado no capítulo 1 (ver figura 1.1).[5] A partir das dimensões dessa política, bem como das conclusões que emergiram das análises, as principais recomendações podem ser agrupadas em cinco áreas: ampliar a autonomia hospitalar, a responsabilização e a governança; incrementar o fluxo financeiro e os mecanismos de pagamento; perseguir sistematicamente a coordenação de serviços, investimentos e planejamento da capacidade instalada; elevar os padrões de qualidade em todos os hospitais; e fortalecer o ambiente institucional para o uso dos recursos e a gestão para o desempenho. A necessidade de criar um marco estratégico para a reforma hospitalar constitui outra dimensão da política e dá origem a recomendações para os primeiros passos em direção à criação de um compromisso e à construção de apoio social e institucional para a mudança. O anexo 9A resume as principais diretrizes políticas e as ações sugeridas a curto e médio prazo para implementá-las, junto com as agências responsáveis por cada ação.

Aumentar a Autonomia Hospitalar e a Responsabilização

> **Recomendação 1:** Desenvolver uma estratégia, um marco regulatório e um plano de implementação para converter instituições de administração direta e indireta em arranjos organizacionais alternativos autônomos com administração flexível de recursos humanos.

> **Recomendação 2:** Formular uma política de investimentos que promova a aplicação de arranjos organizacionais autônomos a qualquer novo hospital público.

> **Recomendação 3:** Estabelecer mecanismos de parceria público-privada para fortalecer arranjos de governança nos hospitais privados contratados pelo SUS, incluindo a reforma e a aplicação do marco regulatório, fortalecimento da contratualização e estímulo à concorrência.

Melhorar o arranjo de governança nos hospitais públicos é uma prioridade para o governo brasileiro. A organização desses hospitais limita seriamente a administração e as decisões operacionais – frequentemente fazendo com que as decisões-chaves sejam tomadas fora do hospital. Essas rígidas limitações da administração pública minam os esforços para aumentar a responsabilização dos gestores. Quando os administradores não são responsáveis por decisões importantes, eles podem justificadamente usar tais limites para justificar os problemas de desempenho do hospital. Assim como um técnico de futebol deve ser capaz de selecionar e administrar seus jogadores e reorganizá-los para pôr em prática a sua estratégia, os administradores hospitalares devem controlar suas equipes, para garantir um bom desempenho.

Na verdade, qualquer esforço para melhorar a qualidade ou a eficiência hospitalar dependerá da elevação da motivação e da proatividade dos gestores públicos hospitalares. E a motivação administrativa depende, fundamentalmente, do arranjo organizacional vigente nos hospitais. Reformas que aumentem a autonomia podem dar aos administradores dos hospitais públicos a agilidade para empreender as mudanças necessárias, mas isso não basta para motivá-los a usar essa autonomia para melhorar a qualidade e conter os custos. A base do financiamento hospitalar, em especial, deve mudar para recompensar essas atitudes positivas. Esse é o assunto tratado no próximo item.

Políticas que aumentem a autonomia da administração hospitalar pública são pré-requisito para abordar a maioria das questões de desempenho discutidas neste trabalho. Muitas das discussões de políticas setoriais se concentram atualmente na expansão dos recursos e na melhoria das capacidades gerenciais. Entretanto, nenhuma dessas mudanças produzirá o efeito desejado se não se proporcionar aos administradores hospitalares a flexibilidade adequada para realizar as mudanças necessárias. Várias estratégias de implementação podem ser exploradas. Alguns países implementaram mudanças organizacionais focadas na governança dos hospitais públicos; em outros as reformas foram implementadas de forma gradual.[6] A mudança de regras organizacionais em novos hospitais é um bom começo, mas não afeta os hospitais onde a maioria dos pacientes são atendidos. Parece claro que se deve desenvolver uma estratégia que possa ser aplicada aos hospitais existentes. É necessário tomar medidas para desenvolver e testar estratégias de conversão hospitalar baseadas na experiência brasileira e internacional. Em vista da questão dos recursos humanos, a conversão requer liderança e vontade política. Soluções parciais dificilmente resultarão em melhoras substantivas nos arranjos organizacionais.

A proposta política e legislativa de 2007 do MS para converter hospitais públicos de administração direta em fundações estatais (FE) totalmente autônomas representa um avanço promissor no sentido de melhorar o desempenho dos hospitais públicos. O modelo tem muitos aspectos estruturais semelhantes aos das OSS, incluindo a autonomia administrativa, a contratação baseada em desempenho, o financiamento baseado em desempenho e a administração flexível de recursos humanos (sob a CLT). É importante frisar que a proposta estabelece a constituição de conselhos de governança para supervisionar e monitorar o desempenho. O modelo também envolve a conversão de funcionários públicos para o regime de trabalho privado (Consolidação das Leis do Trabalho – CLT) e a profissionalização da administração hospitalar.

Uma vez que a lei seja aprovada, o MS precisará trabalhar em uma estratégia de implementação efetiva envolvendo a conversão gradual dos funcionários públicos ao regime da

CLT – ou sua substituição – e o desenvolvimento em todos os níveis de governo de unidades administrativas de gestão de contratos com capacidade de monitorar, avaliar e fazer cumprir as cláusulas contratuais. Pesquisas que avaliem as experiências de conversão de hospitais brasileiros, bem como a análise profunda da experiência internacional, facilitariam a preparação de uma estratégia de implementação.

Implantar reformas destinadas à autonomia hospitalar individual nos hospitais pode minar a coordenação dos serviços. Portanto, é importante que qualquer plano para reformar a governança hospitalar leve em conta a necessidade de fortalecer a responsabilização dos hospitais em relação à coordenação com outros prestadores de serviços. Deve haver um empenho conjunto para melhorar concomitantemente a governança dos hospitais públicos e a coordenação dos serviços por meio da criação de uma estratégia de organização de redes assistenciais. Essa questão é discutida a seguir.[7]

Governança frágil não é prerrogativa do setor público. A maioria dos hospitais filantrópicos, especialmente os pequenos, demonstra supervisão e gestão muito frágeis. Embora não sofram da rigidez e da ausência de autoridade em tomada de decisão verificadas nas unidades públicas, a informalidade e a ausência de linhas claras de autoridade contribuem para o baixo desempenho. É necessário tomar medidas para fortalecer tanto as regulações, especificando o projeto de governança e suas funções em hospitais filantrópicos, quanto a aplicação e o cumprimento dessas regulações. Deve-se tomar também providências adicionais para fortalecer a contratação e promover a competição por contratos públicos. Essas medidas aumentam a pressão por desempenho, o que estimularia esforços para abordar as deficiências de governança.

Redesenhar os Fluxos de Financiamento para Promover a Eficiência, a Conscientização de Custos e a Qualidade

Recomendação 4: Redesenhar o fluxo de financiamento público (SUS) por meio de:

- Implementar sistemas alternativos de remuneração, tais como os orçamentos globais vinculados ao desempenho, para que substituir nos hospitais públicos o orçamento por elemento de despesa e criar fortes incentivos à melhoria da qualidade e da eficiência.
- Melhorar os arranjos contratuais aplicando instrumentos que especifiquem o volume e o tipo de serviços e definam metas prioritárias, condicionando uma parte do pagamento ao desempenho, e exigir o cumprimento das metas acordadas.
- Aprimorar o sistema AIH/SIA, alinhando os valores pagos com os custos, convertendo-o gradualmente para um sistema tipo DRG.

Recomendação 5: Dar início a uma reforma regulatória que melhore os fluxos privados de financiamento (para reduzir os repasses de custos e incentivar a contenção de custos e a disciplina fiscal), promover a coerência do sistema de pagamento a hospitais e gerar incentivos à eficiência dos hospitais e seus gestores.

Uma parte considerável das operações dos hospitais no Brasil é financiada pelo SUS. Esse financiamento tem um potencial poderoso para influenciar o comportamento do hospital, mas atualmente não está sendo utilizado em sua plena capacidade; alguns mecanismos de financiamento hospitalar do SUS até dificultam ou desestimulam o desempenho. É necessário implementar mudanças em várias frentes críticas: eliminar os orçamentos por elementos de despesa nos hospitais públicos e substituí-los por métodos alternativos, como os orçamentos globais; modificar o conteúdo dos contratos e o seu processo de elaboração e implementação; introduzir financiamento de investimentos em hospitais baseado em políticas setoriais; alinhar os sistemas de pagamento AIH/SIA com os custos; e consolidar os múltiplos mecanismos de pagamento hospitalar atualmente em uso.

A maioria dos fluxos de financiamento destinados aos hospitais públicos é baseada na alocação para elementos de despesa. Tais mecanismos de financiamento não são vinculados ao desempenho e dificultam a percepção dos custos, porque o que foi economizado em uma categoria de despesa não pode ser alocado para outra. Essa rígidas estrutura do orçamento público diminui a capacidade da administração de vincular as atividades hospitalares às necessidades e demandas das comunidades que elas servem. O foco em alocação por insumos da maioria do financiamento público dificulta profundamente a flexibilidade e a efetividade gerencial dos hospitais brasileiros. Os orçamentos não são relacionados ao desempenho nem promovem a eficiência. O fluxo de informação relacionado ao orçamento não gera informação sobre o custo ou a qualidade dos produtos.

Um sistema de orçamento global resolveria esses problemas. Alguns estados e municípios introduziram sistemas de orçamentos globais que definem tetos de recursos e vinculam uma parte do pagamento ao desempenho. Igualmente importante, esses arranjos financeiros dão ao administrador hospitalar flexibilidade suficiente para realocar recursos entre elementos de despesas, permitindo melhorar a produtividade e a qualidade. Há evidências de que quando combinado com outras medidas, tais como maior autonomia e contratação estratégica (discutidas a seguir), os orçamentos globais melhorariam a responsabilização e o desempenho. A extensão do orçamento global para todos os hospitais públicos seria um grande passo no sentido de melhorar o desempenho.

A responsabilização real para os hospitais requer mais do que um arranjo de governança e financiamento baseado em desempenho; requer que o papel e as responsabilidades dos hospitais públicos e de seus gestores sejam claramente especificados, de modo que seja claro o que representa o cumprimento dessas obrigações.

De modo similar, a clareza de comunicação sobre as expectativas de desempenho torna mais fácil identificar as deficiências e chegar a um consenso quanto às ações corretivas. Essa clareza pode ser mais bem alcançada por meio de arranjos contratuais que definam o conteúdo dos acordos de financiamento. Tais arranjos relativos aos hospitais públicos e privados financiados pelo SUS deveriam estabelecer metas claras relacionadas ao desempenho, incluindo a especificação de produtos e resultados, bem como os recursos necessários para atingi-las. Os contratos também deveriam especificar a parte do financiamento vinculada ao cumprimento de metas, como sugerido anteriormente.

Mudar o conteúdo dos mecanismos de financiamento entre o SUS e os hospitais é necessário mas não suficiente. O processo de relacionamento também deve mudar. Como demonstrado pela experiência com as OSS, e em muitos países membros da Organização para a Cooperação Econômica e Desenvolvimento (OCDE), a capacidade do financiador de gerenciar o processo de contratação e monitorar os contratos contribui de modo expressivo para o resultado (Den Exter 2005). Muitas iniciativas bem-sucedidas de contratação hospitalar incluíram, na fase inicial, um programa de reforço da capacidade institucional para administração de contratos.

Também é importante que a relação contratual minimize as oportunidades para favorecimentos na contratação pública com unidades públicas. Em arranjos organizacionais tais como a administração direta, as instituições prestadoras de serviços são essencialmente braços orçamentários das agências financiadoras. Isso cria um conflito de interesses. Alguns países alcançaram um relacionamento mais distanciado ao implementar reformas que separam pagadores públicos e prestadores de serviços. Em outros, onde alguns hospitais públicos permanecem sob administração direta, organismos externos foram criados para supervisionar o processo de contratação e o cumprimento das condições contratadas. A última opção foi utilizada no Estado de São Paulo, para garantir transparência e justiça na implementação dos contratos de gestão com as OSS.

Se o sistema de pagamento deve motivar o melhor desempenho de todos os hospitais, o método de pagamento dos hospitais filantrópicos pelo SUS também deve mudar. Atualmente, os hospitais privados recebem do SUS predominantemente pagamentos por atividade, que são alocados passivamente. Esse reembolso não cobre o custo de muitos dos serviços prestados. Os hospitais filantrópicos são fortemente motivados a ofertar em excesso os poucos serviços para os quais o pagamento por atividade excede os custos, ou a especializar-se em serviços bem remunerados. É crucial que os arranjos de financiamento propiciem um reembolso que cubra os custos, para garantir a estabilidade financeira dos hospitais privados e níveis mínimos de qualidade. Uma vez que o valor dos reembolsos seja ajustado para cobrir os custos, é igualmente importante ir adiante, utilizando os contratos para motivar a melhoria da qualidade e da eficiência. Onde a capacidade instalada for suficiente para permitir o fornecimento de certos serviços por múltiplos hospitais, deveria ser explorada a introdução da contratação seletiva e da competição por esses serviços. Em um ambiente mais competitivo, onde os hospitais correm o risco de perder serviços geradores de lucros, naturalmente haveria uma mudança em direção a uma estratégia mais proativa na melhoria da qualidade e na contenção de custos.

Embora nenhum sistema de pagamentos seja perfeito quanto à sua utilidade para atingir os objetivos de desempenho, em muitos países foram adotados métodos de pagamento ajustados por caso, tais como os DRG, para pagar diretamente aos hospitais ou embasar sistemas de orçamento global. O fundamento lógico para a adoção de DRG tem sido melhorar a eficiência da assistência hospitalar e controlar os custos. Embora não sem problemas, os DRG têm um histórico comprovado de estimular a eficiência e a contenção de custos em serviços hospitalares. Ao contrário do sistema AIH, baseado essencialmente em procedimentos (serviços prestados) e características do hospital (de ensino ou não), os DRG também refletem características dos pacientes, tais como diagnóstico, idade e custo (uso relativo de recursos).

Assim, um sistema baseado em DRG é mais eficaz do que alguns outros ao vincular a alocação de recursos a padrões de doenças, riscos e custos. O sistema AIH representa uma base importante para desenvolver um sistema de DRG. Além de eliminar distorções nos dados e classificações disponíveis da AIH sobre procedimentos, o desenvolvimento de DRG exigiria o fortalecimento da coleta de informação de diagnósticos, para facilitar o ajuste por caso, bem como a introdução de coleta sistemática e padronizada de dados de custo. As recomendações para melhorar o ambiente de informação estão delineadas mais adiante nesta seção.

O desenvolvimento de um mecanismo sólido de pagamento baseado em DRG contribuiria para outra recomendação de política – reduzir a fragmentação dos sistemas de pagamento – se os pagadores privados puderem ser motivados, por meio de regulação ou outros meios, a utilizar a mesma base de pagamento. Na situação atual de sistemas de pagamento múltiplos e frequentemente mal desenhados, os administradores hospitalares enfrentam uma combinação de incentivos muitas vezes contraditórios e iniquidades no pagamento, resultando em sub ou em superfinanciamento de certos serviços, dependendo do pagador e do mecanismo aplicado. Um sistema em que todos os pagadores hospitalares são sujeitos aos mesmos mecanismos de pagamento e aos mesmos valores reduziria as distorções existentes (por exemplo, a prática de substituir os serviços mal pagos pelos bem pagos) que resultam da multiplicidade de valores para o mesmo serviço. A aplicação de tal sistema exigiria primeiro um estudo da experiência internacional a respeito dos esforços para atingir a uniformidade de pagamentos entre diferentes pagadores. Sem um mecanismo de pagamento solidamente desenhado, tal como o DRG, que tanto o SUS quanto pagadores privados possam adotar, pagamentos uniformes serão impossíveis.

Buscar Sistematicamente a Coordenação dos Serviços e do Planejamento da Capacidade Instalada

> RECOMENDAÇÃO 6: Desenvolver e implementar planos mestres em nível estadual para a coordenação da assistência e o estabelecimento de redes regionais.

> RECOMENDAÇÃO 7: Fortalecer a estratégia nacional para a racionalização da oferta hospitalar, incluindo a transformação ou o fechamento de pequenos hospitais ineficientes e a melhora da cobertura e qualidade da atenção primária.

> RECOMENDAÇÃO 8: Fortalecer o financiamento de investimentos hospitalares baseado em políticas setoriais, com base na necessidade de autorização ou planos diretores de investimentos.

> RECOMENDAÇÃO 9: Desenvolver um sistema nacional para avaliação e alocação de tecnologia.

A prestação de assistência hospitalar requer coordenação próxima, dentro dos hospitais e com outros prestadores de serviços (especializados, de diagnóstico e de atenção primária). Para que os sistemas de saúde funcionem bem e para que a população receba assistência de boa qualidade, é necessária coordenação intensa e variada: entre prestadores (por exemplo, compartilhando a informação sobre o paciente para garantir a qualidade da assistência e o acompanhamento); com o sistema público de saúde (por exemplo, relativo a doenças de notificação compulsória); com os organismos regulatórios e autorregulatórios, visando à qualidade (por exemplo, relatar erros médicos e eventos adversos e utilizar estatísticas para identificar problemas); e com financiadores, bem como com os organismos de planejamento e regulação (por exemplo, obtendo autorização para a aquisição de equipamentos de alto custo ou para expandir a capacidade).

A coordenação entre entidades políticas de um sistema altamente descentralizado, onde hospitais são de propriedade dos governos locais, oferece dificuldades importantes.[8] Nesses casos, em que a unidade político-administrativa (o município) é muito menor do que a área geográfica atendida pela unidade de saúde, os governos locais devem estabelecer mecanismos de coordenação uns com os outros e com prestadores de serviços privados. No Brasil, isso significa que o planejamento e a operação hospitalar devem ser coordenados entre múltiplos níveis de governo e prestadores de serviços.

A coordenação no Brasil é, no entanto, limitada pela independência financeira e decisória de que estados e municípios usufruem sob a estrutura federativa descentralizada do SUS, na qual o governo federal permanece como importante financiador de serviços de saúde. Por exemplo, espera-se do governo federal que ele apóie os estados e os municípios durante crises financeiras, mas essas entidades subnacionais resistem com frequência às demandas federais no sentido de aumentar o financiamento local, condicionar o financiamento federal ao desempenho, racionalizar a oferta e melhorar a eficiência. Além disso, a coordenação é dificultada em nível subnacional pela frequente fragilidade da administração pública, pela baixa capacidade de gerenciar os hospitais públicos, por responsabilidades mal definidas entre os níveis subnacionais, por sistemas de referência precários, e pela ausência de vínculos com prestadores de serviços privados fora do SUS. A situação resulta em um "jogo de empurra-empurra" entre autoridades federais, estaduais e municipais quanto ao financiamento, responsabilidades e resultados, que com frequência aparece ao nível dos hospitais. De mais a mais, muitos pacientes SUS são tratados em hospitais privados conveniados com o SUS. Atualmente ocorre pouca coordenação entre essa ampla gama de tomadores de decisões e prestadores de serviços hospitalares, e os mecanismos de coordenação existentes no SUS são inadequados e ineficazes. Instrumentos já implementados como a Programação Pactuada e Integrada, PPI, não consegue assegurar uma coordenação efetiva por conta desses problemas subjacentes. Equilibrar as responsabilidades entre níveis hierárquicos diferentes é um desafio em qualquer sistema federativo. O quadro 9.2 destaca reformas recentes em países escandinavos onde os sistemas de saúde são descentralizados.

Há pelo menos três formas de coordenar serviços de saúde. Uma é por meio da propriedade conjunta de prestadores de serviços, e dos vínculos administrativos que os unem, como é o caso nas redes hospitalares de Victoria (Austrália) e nos hospitais da Administração de Veteranos dos EUA. O comportamento do prestador de serviço é coordenado com base nas relações hierárquicas ou funcionais e no setor público normalmente envolve algumas disposições regulatórias ou normas de funcionamento. (Este é o atual *modus operandi* para prestadores de serviços financiados pelo SUS que tem sido malsucedido, em parte por causa das restrições discutidas acima.)

As corporações que possuem uma extensa rede de prestadores de serviços, tais como a Kaiser Permanente nos Estados Unidos, são outro exemplo de coordenação por propriedade/ administração. Um segundo mecanismo é a coordenação contratual baseada em financiamento, como se vê nas autoridades regionais de saúde do Canadá e nos planos de saúde dos Estados Unidos. Nesse cenário, os financiadores procuram exercer a coordenação por meio de seus procedimentos contratuais e de exigências relacionadas à coordenação dos fornecedores contratados. O terceiro é a coordenação baseada na regulação. Embora esse método seja mais apropriado para a coordenação de investimentos em capital para evitar a proliferação de tecnologias médicas, nos Estados Unidos uma estrutura desse tipo regulamentou a construção de novos hospitais (ver a seguir).

QUADRO 9.2
Recentralização na Escandinávia? Alcançando a Coordenação entre Entidades Político-administrativas

O desafio de coordenar as diversas jurisdições políticas foi enfocado nos altamente descentralizados países escandinavos. Reformas recentes mostram uma tendência à regionalização e à criação de estruturas organizacionais. Na Suécia isso é conseguido por meio da ação de conselhos municipais, que estabelecem acordos legais e financeiros obrigatórios para garantir a coordenação entre os prestadores de serviços de propriedade de municípios diferentes e para assegurar o reembolso por serviços prestados a residentes de outros municípios. Os conselhos também asseguram o planejamento da capacidade instalada. Além disso, uma série de municípios se fundiu em microrregiões, em parte para melhorar a eficiência e conter os custos.

Na Noruega, o descontentamento com a coordenação municipal de serviços hospitalares levou à centralização (isto é, regionalização) da autoridade administrativa em todo o país. Como exemplo, cinco empresas regionais de saúde com conselhos executivos foram estabelecidas e tornaram-se responsáveis pelo fornecimento de serviços de saúde em regiões geográficas específicas. A propriedade do hospital foi transferida dos municípios para o Ministério da Saúde central. Essas reformas pretenderam em parte neutralizar a proliferação de hospitais municipais em duplicidade ou desnecessários, enfrentar os déficits orçamentários dos hospitais, o microgerenciamento municipal das operações hospitalares, e a responsabilização difusa na prestação de contas e a falta de transparência associadas ã estrutura de governança de "responsabilidade compartilhada" entre o governo central e os municípios para a coordenação dos serviços médicos.

A Dinamarca também está consolidando agencias prestadoras de serviços de saúde vinculadas aos conselhos municipais em autoridades de saúde regionais para melhorar a coordenação, a qualidade da assistência e a contenção de gastos.Os municípios foram agrupados em cinco regiões de 0,6 a 1,6 milhão de habitantes. Reformas recentes fundiram um grande número de municipalidades, introduziram um sistema de financiamento por transferências globais para as regiões, e redefiniram os papéis e responsabilidades subnacionais.

Fonte: Bibbee e Padrini 2006; Strandberg-Larsen et al. 2006; Hagen e Kaarbøe 2004.

Considerando os custos financeiros e de qualidade oriundos da fragmentação continuada do sistema, o Brasil deveria expandir e fortalecer um ou mais dos mecanismos descritos acima para aprimorar a coordenação dos serviços hospitalares. Uma vez que no Brasil os organismos governamentais não controlam diretamente os hospitais privados, e, dadas as restrições ã coordenação baseada em normas, as abordagens administrativas para intensificar a coordenação não podem ser aplicadas. Ao contrário, a coordenação baseada em financiamento, por meio de arranjos contratuais, pode oferecer maior possibilidade de sucesso.

A coordenação baseada em financiamento pode ser aprimorada pelo compartilhamento de financiamento e autoridade entre vários municípios, como na Suécia. Tais fundos comuns poderiam apoiar uma coordenação política e administrativa mais ampla. Essa combinação de recursos pode reduzir os problemas associados às populações de áreas geográficas muito pequenas servidas por hospitais pertencentes à municipalidade.[9]

A coordenação entre os prestadores de serviços será impossível se não houver uma estrutura de comando com autoridade real para tomar decisões sobre uma área geográfica determinada e uma rede de unidades de atenção primária financiada pelo SUS, centros de diagnósticos e hospitais, incluindo instituições filantrópicas. Tal organismo coordenador provavelmente iria requerer uma estrutura de governança envolvendo consórcios municipais, empresas *holdings* públicas porém independentes, ou fundações vinculadas ao poder público mas autônomas, para assegurar supervisão, financiamento compartilhado e responsabilização pelos resultados. Um braço executivo da entidade gerenciaria a rede. Por exemplo, os hospitais públicos e as unidades especializadas poderiam ser transferidos para um empreendimento regional no qual os municípios que compõem a região (e o estado) fossem acionistas. Ambos, município e estado, poderiam então adquirir os serviços da empresa regional, e, em troca, o empresa regional adquiriria os serviços de prestadores públicos e privados por meio de contratos.

Embora os arranjos de governança e de gestão possam ser altamente específicos de um certo contexto, há alguns princípios básicos:

- Os organismos coordenadores devem estar no nível territorial (regional) correto, e ter autoridade ou poder para oferecer incentivos para uma gama suficientemente ampla de prestadores de serviços (de atenção básica, centros diagnósticos e hospitais).
- Os organismos coordenadores devem ter autoridade suficiente sobre a alocação de recursos dentro da rede – por exemplo, sobre a distribuição de fundos compartilhados para prestadores de serviços dentro de uma região especificada, que inclua múltiplas municipalidades.
- Os organismos coordenadores devem ter autoridade ou poder para oferecer incentivos para um conjunto mínimo de decisões em relação a assuntos como investimento de capital, configuração/definição de serviços e incorporação de tecnologia.
- Os organismos coordenadores devem ter autoridade suficiente para orientar ou motivar de maneira significativa o desenvolvimento estratégico hospitalar (mas não as atividades do dia-a-dia).
- A autoridade coordenadora deve abranger as instituições privadas financiadas pelo SUS.

Há muito mais o que fazer em relação à oferta excessiva de pequenos hospitais e à distribuição desigual de recursos tecnológicos. A estratégia atual do MS para pequenos hospitais não é suficiente para reduzir o desperdício dos escassos recursos nessas instituições. É necessária uma política mais abrangente, que verifique a necessidade e o papel de qualquer prestador com menos de 100 leitos. Isso está alinhado com a recomendação quanto ao financiamento de investimentos com base em políticas caras. Embora a existência de algumas pequenas instituições se justifique em áreas rurais remotas, a rede de rodovias melhorou consideravelmente ao longo dos últimos 20 anos no Brasil e aumentou o acesso da população a prestadores maiores e de melhor qualidade.

A localização, a escala e a configuração de serviços hospitalares de um país influenciam fortemente seu custo. É por isso que no mundo inteiro os governos orientam a o desenvolvimento da capacidade hospitalar. Os mecanismos de financiamento para substituição ou expansão de capital são deficientes no Brasil por causa de sua suscetibilidade à pressão política. O sistema atual estabelece as prioridades para os investimentos públicos, mas elas não são baseadas em uma avaliação rigorosa das necessidades e não influenciam investimentos adicionais, que são, com frequência, orientados por interesses políticos e desvinculados das prioridades definidas. Em países onde os serviços hospitalares financiados por recursos públicos são fornecidos na maioria das vezes por hospitais públicos, isso é feito diretamente por intermédio da alocação de fundos públicos para investimento de capital. Nesses casos, a alocação de fundos de investimento baseada em políticas setoriais (cumpridas) impede a construção de hospitais ou alas hospitalares desnecessários, ou a aquisição indiscriminada de equipamentos de alto custo. De modo similar, os recursos alocados podem ser utilizados para garantir que as unidades de maior capacidade estejam localizadas em áreas de maior crescimento demográfico. Em sistemas com oferta pluralista, como a Alemanha, um plano diretor é desenvolvido indicando metas de médio prazo para o desenvolvimento da capacidade hospitalar.[10] Apenas as unidades e os departamentos cuja capacidade está incluída nesse plano diretor são reembolsados com fundos públicos. Portanto, se um governo municipal constrói uma unidade que não está prevista nesse plano, não há garantia de que qualquer serviço será pago com fundos públicos.

A capacidade hospitalar também pode ser diretamente regulada por uma diretriz pela qual toda nova unidade deva ser aprovada pelo órgão regulador. Os Estados Unidos utilizaram essa abordagem por muitos anos, exigindo de todos os novos hospitais ou departamentos hospitalares a obtenção de um certificado de necessidade antes de ser iniciada a construção. O certificado era exigido de todas as novas instituições, não apenas daquelas que poderiam receber recursos públicos, e dessa forma o programa conseguiu restringir a expansão da capacidade setorial.

O Brasil não pode bancar por muito mais tempo o custo de ter os hospitais errados nos locais errados. Pode-se obter ganhos significativos orientando a capacidade do setor hospitalar no sentido de melhorar a sua distribuição geográfica, aumentar a sua economia de escala e melhorar a configuração de serviços entre unidades prestadoras. Tanto a restrição regulatória direta ao nível do setor, por meio de um certificado de necessidade, quanto a abordagem por meio de um plano diretor vinculada ao financiamento público e seguido rigorosamente, poderiam dar bons resultados no Brasil. Ambas as abordagens provaram-se viáveis em sistemas hospitalares pluralísticos, onde investimentos de capital são realizados por muitos atores governamentais ou não.

O custo de tratar em hospitais casos que poderiam ser resolvidos mais eficiente e efetivamente ao nível da atenção primária é outra despesa que o Brasil não pode mais bancar. Estender a cobertura dos serviços de atenção básica e melhorar sua qualidade devem continuar sendo prioridades das políticas governamentais por muitos anos.

Este trabalho apresentou evidências de ineficiências e desigualdades na alocação e no uso de tecnologia médica – especialmente hospitalar. Embora o MS venha discutindo mecanismos para estimular mecanismos efetivos de avaliação tecnológica, tais iniciativas têm sido tímidas. Para reduzir a duplicação, o desperdício e a ineficiência, é necessário criar um sólido sistema nacional de avaliação e alocação de tecnologia. Tal sistema requer não apenas a criação e a implementação de uma metodologia para avaliar tecnologias, mas também o treinamento de especialistas capazes de aplicá-la e de interpretar os resultados das avaliações.[11] Acima de tudo, requer mecanismos que façam cumprir suas recomendações ou decisões. O cumprimento dessas recomendações pode ser alcançado por meio de mecanismos de financiamento (alocação de financiamento público apenas para tecnologias com bom custo-efetividade – a abordagem preferencial do SUS); por meio de regulação (a abordagem mais factível no setor privado); ou por ambos os meios. No plano internacional, muitas das iniciativas de sucesso nessa área estão baseadas no estabelecimento de organismos nacionais independentes com ampla participação das partes interessadas (stakeholders).

Melhorar o Padrão de Qualidade em todos os Hospitais

> Recomendação 10: Desenvolver e implementar uma estratégia de três pontos para a avaliação de melhoria da qualidade, constituída de três elementos: apoio ao nível do sistema de saúde como um todo, mecanismos de responsabilização e desenvolvimento organizacional
> (ver figura 8.1 no capítulo 8).

> Recomendação 11: Instituir um rigoroso exame nacional de habilitação dos graduados em escolas de medicina.

Nenhum cidadão deveria enfrentar riscos desnecessários associados ao tratamento hospitalar no Brasil. Embora existam muitos esforços isolados para melhorar a qualidade, eles devem ser aglutinados em um movimento nacional: uma liderança nacional para estabelecer com urgência políticas e planos institucionais que apóiem a melhoria da qualidade em todo o sistema, mas particularmente nos hospitais. É necessário também que as partes interessadas participem amplamente na formulação de uma estratégia nacional para melhorar a qualidade; para assegurar os meios e instrumentos institucionais para medir e monitorar a qualidade; para conduzir pesquisas de avaliação da qualidade; e para fornecer suporte técnico às instituições que buscam desenvolver programas de melhoria contínua de qualidade.

Outra prioridade é elevar os padrões mínimos de qualidade de todos os hospitais em operação no Brasil. Os padrões já existem na forma de exigências para licenciamento e devem-se tomar medidas urgentes para garantir a conformidade de todos os hospitais. Na maioria dos países, a conformidade com os padrões mínimos é alcançada em geral por meio de regulação (por exemplo, retendo ou revogando a permissão de operar de hospitais que não estejam de acordo com os padrões). No Brasil tais cláusulas regulatórias já estão em vigor, mas não são cumpridas. É, portanto, necessária uma estratégia alternativa.

A maioria dos padrões para licenciamento existentes está relacionada à qualidade estrutural, e, portanto, não é provável que a exigência de conformidade isolada tenha impacto suficiente na qualidade da assistência. O Brasil precisa então expandir simultaneamente a acreditação para garantir que os hospitais estejam altamente motivados a monitorar e melhorar processos e resultados. O país possui programas bem-desenhados de acreditação, mas sua assimilação é limitada a um pequeno número de hospitais, predominantemente da "elite" do setor.

Em sistemas hospitalares modernos, a qualidade é perseguida por meio de uma variedade de mecanismos – administrativos (baseados em normas), regulatórios, de financiamento e de contratação – e com estratégias de disseminação da informação, tais como o *benchmarking*. Entretanto, o governo tem a responsabilidade de garantir a qualidade dos hospitais públicos e privados. É importante, a médio prazo, aumentar a efetividade do marco regulatório e a capacidade dos organismos regulatórios. A curto prazo uma estratégia mais promissora consiste em utilizar o poder de financiamento do SUS para expandir o licenciamento e a acreditação.

Provavelmente a melhor estratégia de implementação é reduzir os valores de reembolso ao longo do tempo para os hospitais não licenciados, enquanto os fundos são transferidos para aumentar o reembolso dos hospitais que estejam em conformidade com os padrões de licenciamento. Isso deveria ser parte de um marco de compra estratégica (strategic purchasing) de serviços tanto do SUS quanto do setor privado, com o propósito de estimular a conformidade com as exigências de licenciamento e promover a acreditação. Em muitos países a acreditação também é largamente implementada por meio do critério de financiamento público. Por exemplo, nos Estados Unidos o programa Medicare não reembolsa hospitais não acreditados, e na Espanha (Catalunha) e na Bélgica a acreditação é exigida para que os hospitais recebam financiamento público. As reformas de financiamento discutidas mais acima deveriam incorporar incentivos financeiros para promover a acreditação. Alguns hospitais, no entanto, são os únicos fornecedores em sua área geográfica; portanto, a retirada do financiamento do SUS não seria uma opção (ou uma ameaça viável) em todas as situações. Os hospitais poderiam então ser motivados a obter a acreditação por meio de bônus ou valores mais altos de reembolso.

Muitas medidas cruciais para aperfeiçoar a qualidade dos serviços hospitalares devem ser tomadas nos hospitais, sob a liderança do gestor do hospitalar. Essas ações são bastante variadas, incluindo avaliação do desempenho, efetivo trabalho em equipe, uso de tecnologia da informação, incorporação da evidência na prática clínica, e coordenação da assistência dentro do hospital, bem como com os prestadores de serviços em outros níveis. É necessário adotar uma série de políticas para motivar tais mudanças. Primeiro, os administradores necessitam estar altamente motivados para melhorar a qualidade. Tal motivação pode ser elevada no Brasil por meio de políticas de contratação de recursos humanos, incentivos nos mecanismos de financiamento do hospital, e pela definição clara em contratos das responsabilidades administrativas e das expectativas de desempenho. Mas, como demonstrado acima, mesmo que tais políticas motivem fortemente os administradores, nos hospitais públicos os gestores precisam de liberdade para agir e dirigir. Além disso, os administradores hospitalares necessitarão do apoio técnico e capacitação por parte das instâncias nacionais para adquirir o conhecimento necessário para desenvolver, implantar e manter programas de melhoria da qualidade.

Os hospitais brasileiros fazem pouco uso de diretrizes ou protocolos clínicos, mesmo quando estes existem. É necessário um grande esforço para promover o desenvolvimento e a padronização dessas diretrizes e sua adoção gradual por todos os hospitais, públicos e privados. Mais uma vez, uma combinação de incentivos reguladores e econômicos é provavelmente a melhor abordagem para expandir o uso desses protocolos.

A qualidade da educação é ruim em muitas escolas médicas. As avaliações voluntárias de recém-graduados sugerem que algumas escolas não treinam seus alunos adequadamente para a prática da profissão. Embora um exame isolado não vá melhorar a qualidade dos novos médicos, pode pressionar as escolas de medicina a elevar sua qualidade de ensino. A publicação do resultado de cada escola também permitirá a futuros estudantes escolher entre as escolas de forma informada e com isso pressionar as de baixo desempenho.

Fortalecer o Ambiente Institucional para o Uso Eficiente dos Recursos e a Gestão Efetiva do Desempenho

Recomendação 12: Promover o uso efetivo de tecnologias da informação para auxiliar na mensuração do desempenho e dos resultados, no levantamento e análise de informações de custos, no acesso a informações clínicas, na tomada de decisões clínicas e na coordenação entre prestadores e entre equipes de saúde.

Recomendação 13: Apoiar a modernização das práticas gerenciais nos hospitais públicos e privados financiados pelo SUS.

Recomendação 14: Desenvolver um sistema nacional de *benchmarking* e de "report card" que enfoquem a eficiência e a qualidade.

Com raras exceções, os hospitais brasileiros não coletam, analisam ou compartilham informações cruciais relativas a custos ou qualidade. Os hospitais necessitam de sistemas de informação que lhes permita avaliar a qualidade, identificar problemas e tomar medidas corretivas. Esses sistemas precisam gerar informações relacionadas à qualidade, aos custos e à eficiência. Para que seja útil aos formuladores de políticas, o sistema utilizado por todos os hospitais financiados pelo SUS deve ser padronizado. A padronização dos relatórios, da análise e da apresentação da informação permitirá às operadoras e aos pacientes tomar decisões a respeito do lugar mais apropriado para buscar assistência. Tais escolhas, baseadas em informações de boa qualidade, podem exercer uma pressão valiosa sobre os hospitais para que realizem melhorias. O governo federal deveria desenvolver padrões para possibilitar um processo de *benchmarking* entre hospitais e entre estados, similar aos do Medicare norte-americano. O estabelecimento de condições para recebimento de financiamento ou prêmios por parte do SUS deveria ser utilizado para motivar a introdução de sistemas de informação padronizados.

Os sistemas de orçamento global foram recomendados anteriormente como um mecanismo para financiar os hospitais públicos. Esses sistemas, entretanto, nem sempre geram informações de boa qualidade, tão necessárias no Brasil, sobre o custo dos serviços. É importante que o sistema de orçamento global apóie a implantação de uma base sólida de informações sobre custos. Dessa maneira, o pagamento hospitalar ao longo do tempo pode ser baseado em serviços com custo estimado de forma realista e confiável.

Para que qualquer dessas iniciativas tenha efeito, os gestores hospitalares brasileiros necessitam de capacitação em administração hospitalar moderna – o que poucos têm, atualmente. O sistema atual, no qual os diretores de hospital funcionam, com frequência, como administradores passivos – não requer habilidades administrativas. É de crucial importância que se faça um esforço significativo para desenvolver a capacidade dos novos e dos atuais administradores, para que possam funcionar como líderes proativos e estratégicos de suas instituições.

Três características adicionais e desejáveis desses sistemas de informação deveriam ser consideradas. Primeiro, eles precisam ser seletivos e se concentrar nas informações essenciais para a tomada de decisões. Atualmente, apesar da grande quantidade de informações coletada rotineiramente no SUS, elas são frequentemente irrelevantes e sem utilidade para os administradores. Segundo, os sistemas de informação deveriam ser projetados tendo em mente as necessidades do gerente local, de forma que ele ou ela possa realmente usar a informação para monitorar e avaliar os serviços que gerencia. Terceiro, os sistemas de informação de custos deveriam ser projetados levando em conta a Recomendação 6 (acima): isto é, deveriam permitir a avaliaçao de custos de tratamentos e procedimentos específicos, e assim fornecer dados para a criação de um sistema de pagamento do tipo DRG.

Implementando as Mudanças

O Brasil pode melhorar o desempenho de seus hospitais? As evidências apresentadas neste trabalho sugerem que a resposta é sim. Mas isso exigirá liderança forte e constante, esforços coordenados entre os governos federal, estaduais e municipais, envolvimento direto com o setor privado de saúde, visão sistemática porém contínua, desenvolvimento de políticas e ações consistentes. A fragilidade ou a ausência de tais fatores facilitadores no sistema brasileiro de saúde ocasionou uma lacuna na implementação, na qual iniciativas promissoras morrem com cada governo que sai. Dada a autonomia dos governos subnacionais, a implementação fragmentada e irregular é sempre uma ameaça.

No entanto, o contexto político-institucional sugere que as chances de implementação neste momento são boas. Os Pactos pela Saúde de 2006 estão direcionados no sentido de utilizar o financiamento federal para forçar a responsabilização por resultados. A publicação de 2004 do MS sobre reforma hospitalar colocou os hospitais diretamente na agenda política. A proposta apresentada pelo MS em 2007 para reformar a governança de hospitais públicos, as medidas para melhorar a contratação de hospitais privados e as iniciativas tomadas pelos estados para implementar redes assistenciais organizadas e reformas organizacionais em hospitais públicos evidenciam o início de um movimento voltado para melhorar o desempenho hospitalar. As restrições fiscais e as pressões das autoridades econômicas para conter custos também constituem fatores facilitadores adicionais.

O desafio será coordenar esses esforços, criar e manter o diálogo entre as partes interessadas – os setores público e privado – e permitir flexibilidade para acomodar as diversas circunstâncias regionais do Brasil. É igualmente importante que isso se realize de acordo com uma visão coerente e consistente de um setor hospitalar reformado. De forma consistente com a prática do SUS de reformas progressivas e incrementais, a reforma hospitalar deveria ser desenvolvida gradativamente, ancorada em uma política abrangente e vinculada a objetivos e metas de implantação com cronograma.

As ações discutidas aqui são urgentemente necessárias mas complexas. Elas requerem esforços ativos e coordenados dos governos federal, estaduais e municipais e agências governamentais. Também requerem o compromisso dos hospitais privados, que fornecem grande parte dos serviços hospitalares no Brasil. Tal compromisso não vingará a menos que todos os protagonistas cheguem antes a um consenso a respeito dos problemas e das ações prioritárias. A criação de uma visão abrangente ajudará a conduzir as ações de todos os protagonistas. Espera-se que este documento contribua para estabelecer a base do processo. O Brasil tem uma importante vantagem estratégica que deveria explorar: seu reservatório de experiências inovadoras já testadas, com sua relevância para as prioridades políticas aqui discutidas.

Os formuladores de políticas de saúde brasileiros se concentraram em elevar o nível de financiamento destinado aos hospitais, deixando a decisão sobre alocação e uso dos recursos para os administradores, tanto nas unidades isoladas quanto nas hierarquias administrativas governamentais e corporativas. Os administradores hospitalares, entretanto, se fixam com frequência nas ações imediatas para atendimento da demanda, assegurando a disponibilidade de materiais e administrando recursos humanos e financeiros. Falta-lhes tempo, treinamento, autoridade e informação para ponderar sobre se utilizam bem os recursos, avaliar o desempenho obtido com esses recursos, definir direcionamentos e necessidades futuras ou examinar a mudança de papel de suas instituições em um sistema de saúde mais amplo. Decisões sobre alocação de recursos requer uma parceria entre os formuladores de políticas de saúde, os administradores hospitalares, os grupos de consumidores e os representantes dos prestadores de serviços não-hospitalares. Os governos e as instituições de governança têm a responsabilidade de garantir que hospitais utilizem os recursos de modo eficiente para fornecer serviços de qualidade, e que eles estejam vinculados a sistemas mais amplos de assistência à saúde. Isso será mais bem realizado garantindo-se arranjos institucionais adequados e assegurando os incentivos apropriados através dos mecanismos de financiamento.

O desenho de planos diretores hospitalares de longo prazo, incluindo as especificações e a sequência de sua implementação, foi o ponto de partida em muitos países para os quais se dispõe de informação. Em alguns casos, esses planos diretores foram ancorados em políticas formuladas especificamente, que propiciaram uma direção geral para a reforma hospitalar. Em cada país a conversão de hospitais públicos em organizações autônomas foi parte de uma reforma hospitalar mais ampla ou de um esforço de reestruturação do sistema, voltado para a melhoria da eficiência e à sustentabilidade financeira geral dos serviços de saúde. Quase todos os países estabeleceram comissões especiais ou grupos de trabalho para planejar e supervisionar a reforma hospitalar. Embora um elemento central de alguns planos fosse definir as capacidades e as necessidades tecnológicas, baseadas em projeções demográficas e epidemiológicas, e incluindo um critério de "tempo de viagem", os planos também visaram livrar os hospitais de um controle centralizado (e frequentemente político).[12] Os planos promoveram a separação clara entre as funções de compra e prestação, contratação e financiamento baseado em desempenho, condição de autonomia legal para os hospitais públicos objetos da reforma, e um sistema de pagamento prospectivo por produção, tal como os DRG. De certa forma, os planos também contemplaram direta ou indiretamente os elementos dos arranjos contratuais e de responsabilização inerentes ao modelo das OSS.

Muitos países não introduziram todas as medidas simultaneamente. Uma vez que a visão e o plano gerais foram elaborados, a implementação se deu num processo incremental: algumas medidas foram implementadas paralelamente, e outras introduzidas sequencialmente pelos governos federal, estaduais e municipais. O elemento chave foi o desenvolvimento prévio de uma política abrangente que orientou o desenvolvimento do plano e sua implementação subsequente. Uma liderança forte e consistente, algumas vezes apoiada em regulamentações inequívocas, nutriu as raízes profundas das reformas em todo o país.

No Brasil, qualquer esforço para uma reforma hospitalar exigirá uma política abrangente, bem como ações políticas coordenadas pelos governos federal, estaduais e municipais e pelas partes interessadas do sistema privado. A visão e a política acordadas devem ser acompanhadas por um plano de ação com ações acordadas, e os protagonistas devem estar comprometidos com uma implementação coordenada e compreender de que modo as peças se encaixam. O primeiro passo, portanto, é elaborar uma visão ou política, e o segundo passo é desenvolver um plano de ação coordenado com um esquema explícito das estratégias de implementação e das ações que garantam a coordenação do processo.

Uma visão abrangente e um plano de ação coordenado constituem o ponto de partida, não o final. As ações devem ser implementadas sistematicamente, e a implementação deve ser motivada e monitorada. Isso é sempre um desafio em estados federativos. A Austrália cumpriu o desafio ao instituir acordos a cada cinco anos, entre o governo federal e os governos dos estados, em relação às políticas hospitalares a serem implementadas. Se as políticas acordadas não são implementadas, a transferência de recursos federais para o estado é reduzida até que a implementação ocorra. Outra abordagem utilizada em estados federativos é estabelecer um fundo especial vinculado à políticas específicas, cujos desembolsos dependem da implementação da política específica. Qualquer que seja o caminho tomado, um governo federal deve instituir mecanismos para motivar e monitorar a implementação no setor hospitalar, onde muitas políticas devem ser abordadas de uma maneira coordenada por múltiplos níveis de governo. Esta é, certamente, a situação do Brasil.

Em sistemas hospitalares como o do Brasil, em que é grande a oferta de serviços pelo setor privado, abordar certas políticas requer envolvimento substancial dos protagonistas privados. No Brasil essas questões críticas são: a qualidade dos serviços, a coordenação dos serviços, o planejamento de capacidade instalada, e o reembolso hospitalar. Cada vez mais, os governos procuram formalizar o envolvimento dos atores privados, especialmente os prestadores de serviços, na formulação, promulgação e implementação de políticas hospitalares nessas áreas. Tal compromisso melhora a qualidade do projeto de reforma e pode facilitar a mobilização para a reforma e promover as mudanças comportamentais desejadas nos operadores privados.

Para estimular a eficiência do setor e a melhora da qualidade é necessária uma forte colaboração entre o SUS e o setor privado. Seguem alguns princípios de colaboração:

- A formalização dos mecanismos e do âmbito de envolvimento do setor privado pode tornar o processo mais previsível e transparente.
- O compromisso deve estar centrado nas políticas de maior interesse e relevância para os protagonistas privados (os mecanismos de consulta formais estão comumente dirigidos à determinação de valores de pagamento).

- A troca de informações deve ser bem gerenciada e produtiva, para motivar a participação contínua do setor privado.

Uma questão final é se há necessidade de mais recursos para completar os passos aqui delineados. Recursos adicionais serão sem dúvida necessários para apoiar o desenho e a implementação de várias das políticas discutidas neste capítulo. Certas atividades, como os sistemas de informação, são carentes de recursos, e será necessário destinar mais fundos a elas. Adicionalmente, os pagamentos da AIH para procedimentos de baixa e média complexidade terão de ser reajustados para que fiquem alinhados com seus custos. Em geral, entretanto, o setor hospitalar não é subfinanciado. Dada a necessidade de contenção fiscal, o programa de melhoria dos hospitais brasileiros poderia ser implementado por meio do aumento da produtividade e da eficiência e da racionalização da oferta hospitalar, liberando recursos que já estão no sistema, mas que estão sendo desperdiçados. Qualquer recurso novo para o atendimento hospitalar deveria estar condicionado à melhoria da produtividade, da eficiência e da qualidade. Sem essa vinculação, a mobilização de recursos adicionais para os hospitais poderia se mostrar contraproducente, ao aliviar as pressões existentes para a melhoria do desempenho.

Anexo 9A

Políticas e Ações Recomendadas

Objetivo ou área de políticas	*Recomendações de políticas*	*Ações para implementar as políticas recomendadas (ações de curto prazo destacadas em cinza)*	*Quem faz o quê*
Pré-condição: Definir um marco estratégico para a reforma hospitalar.	• Desenvolver uma política e uma estratégia de reforma hospitalar abrangentes que enfoquem os principais problemas de qualidade, eficiência e equidade enfrentados pelo setor. • Preparar um plano de ação com metas e prazos definidos para implementação da estratégia. O plano deve contemplar as áreas de políticas listadas a seguir. • Preparar um marco regulatório para facilitar a implementação da reforma hospitalar.	• Criar uma comissão independente com participação dos principais formadores de opinião e representantes das principais partes interessadas, para desenvolver uma estratégia de reforma hospitalar. • Planejar e implementar consultas formais com as principais partes interessadas dos setores público e privado, incluindo representantes de planos de saúde, escolas médicas e de enfermagem, organizações profissionais, grupos de consumidores e associações comerciais. • Empreender visitas de estudos e avaliação de experiências em países que desenvolvem reformas hospitalares.	O governo federal, com o apoio do Congresso, lidera, com forte participação das partes interessadas.
Aprimorar a autonomia, a responsabilização e a governança hospitalares.	1. Desenvolver uma estratégia, um marco regulatório e um plano de implementação para converter instituições da administração direta e indireta em arranjos organizacionais alternativos, que permitam autonomia e gestão flexível de recursos humanos. 2. Formular uma política de investimento que promova a aplicação de arranjo organizacional autônomo para todos os hospitais públicos novos. 3. Estabelecer mecanismos para um programa público-privado visando fortalecer arranjos de governança em hospitais privados contratados pelo SUS, incluindo a reforma e o cumprimento do marco regulatório, o fortalecimento da contratualização e o estímulo à competição.	• Apoiar projetos piloto para a conversão de hospitais públicos, começando nas instituições sob administração indireta. • Conduzir uma avaliação em profundidade da conversão e custos dos recursos humanos nas instituições brasileiras, de saúde e fora da área de saúde, convertidas em organizações autônomas.	Governos federal e estaduais
		• Avaliar as lições da experiência internacional em conversão de hospitais públicos, incluindo reformas na gestão de recursos humanos. • Fortalecer os mecanismos de contratualização e promover a competição nos contratos públicos, aumentando a pressão por desempenho, e com isso fornecendo incentivos para enfrentar as deficiências de governança nos hospitais privados.	Associações comerciais de hospitais filantrópicos, em colaboração com o governo federal.
		• Aprovar uma legislação que permita ao governo converter hospitais públicos em arranjos organizacionais alternativos que, entre outras coisas, facilitem a gestão flexível de recursos e deem autoridade aos administradores hospitalares para gerenciar os recursos humanos.	Todos os níveis de governo.
		• Fortalecer as regulações e o seu cumprimento em relação a arranjos de governança no setor hospitalar filantrópico, com especial atenção na definição dos arranjos e responsabilidades, separando as estruturas de governança e administrativa, especificando as exigências de relatórios e realizando ações para verificar a conformidade com a regulação. • Empreender um estudo em larga escala para analisar as características-chave de arranjos organizacionais que promovem melhorias no desempenho em instituições públicas e privadas.	Governo federal em colaboração com universidades, instituições de pesquisa e associações de hospitais privados.

(continua)

Objetivo ou área de políticas	*Recomendações de políticas*	*Ações para implementar as políticas recomendadas (ações de curto prazo destacadas em cinza)*	*Quem faz o quê*
Potencializar o efeito indutor dos fluxos de financiamento para aumentar a eficiência, a consciência de custos e a qualidade.	4. Potencializar o efeito indutor de fluxos de financiamento público (SUS): (a) implementando sistemas de pagamento alternativos, tais como orçamentos globais vinculados a desempenho, em substituição aos orçamentos por elementos de despesa em hospitais públicos, e a incorporação de fortes incentivos para melhoria de qualidade e eficiência; (b) melhorando arranjos contratuais pela aplicação de instrumentos que especifiquem volume, tipo de serviço e metas prioritárias, vinculando uma parte do pagamento ao desempenho, e fiscalizando o cumprimento das metas acordadas; e (c) aprimorando o sistema AIH/SIA, alinhando pagamentos aos custos e gradualmente convertendo para um sistema tipo DRG.	• Desenvolver sistemas padronizados de contabilidade de custos em todos os hospitais financiados pelo SUS e treinar os gestores para sua utilização. • Eliminar as distorções na tabela de procedimentos e nos níveis de pagamento de AIH/SIA, convertendo-os em um sólido sistema de informação para definir e monitorar orçamentos globais e custos de tratamento. • Desenvolver uma agenda de pesquisas para identificar e avaliar mecanismos de pagamento hospitalar que estimulem a melhoria em qualidade, eficiência e equidade; essa agenda deveria incluir a avaliação de iniciativas de orçamento global em hospitais universitários e outros hospitais federais, e dos efeitos dos sistemas de pagamento no setor privado (por exemplo, impacto sobre os custos do SUS).	O governo federal estabelece o marco e padrões para os sistemas de custo. Investimentos são financiados por qualquer nível de governo e pelo setor privado.
	5. Iniciar uma reforma regulatória que melhore os fluxos privados de financiamento (para limitar o repasse de custos, aumentar a consciência de custos e a disciplina fiscal), estimule a consistência no sistema de pagamento e gere incentivos para a eficiência para hospitais e administradores.	• Desenvolver e testar um sistema de pagamento e informação do tipo Grupo de Diagnósticos Relacionados (DRG) para medir e permitir ajustes de custos em função do perfil de casos ou pacientes. • Iniciar a implementação de um marco regulatório abrangente para todos os pagadores (públicos e privados) hospitalares, gradualmente caminhando em direção a uma ampla padronização de tabelas de reembolso dos serviços hospitalares e sistemas de informações. • Introduzir a contratação seletiva para uma parte dos serviços fornecidos por prestadores privados, onde existir oferta suficiente de hospitais privados. Tais serviços deveriam ser licitados seguindo os mais altos padrões de transparência e de supervisão, para garantir contratação efetiva e evitar qualquer ingerência política.	O governo federal, em colaboração com universidades, instituições de pesquisa e associações de hospitais particulares e planos de saúde.

Buscar sistematicamente coordenação de serviços e capacitação	6. Desenvolver e implementar planos mestres em nível estadual para coordenação da assistência e estabelecimento de redes regionais 7. Fortalecer a estratégia nacional para racionalização da oferta hospitalar, incluindo a transformação ou fechamento de pequenos hospitais ineficientes e a melhoria da cobertura e da qualidade da atenção primária. 8. Fortalecer o financiamento de investimentos hospitalares baseado em políticas setoriais, com base na necessidade de autorização ou planos diretores de investimentos. 9. Desenvolver um sistema nacional àvaliação e alocação de tecnologia.	• Analisar o impacto de iniciativas que estabeleceram redes hospitalares regionais no Brasil e em outros locais. • Preparar manuais federais para redigir planos diretores estaduais para coordenação de assistência e formação de rede regional, baseados nos princípios acordados para reconfiguração de serviços, racionalização hospitalar, delineamento de uma rede e fortalecimento da assistência primária. • Municiar as redes regionais com papéis claros para esse fim, com participação ativa dos hospitais.	O governo federal lidera, mas com forte participação dos governos estaduais e municipais, em conjunto com o setor privado.
		• Avaliar o impacto da política do MS para pequenos hospitais, bem como as iniciativas estaduais para reduzir seu número; baseado nesses resultados, preparar um manual de políticas para estados e municípios para converter ou fechar pequenas instituições desnecessárias.	O governo federal em colaboração com governos estaduais e municipais.
		• Desenvolver o ambiente regulatório, institucional e financeiro para permitir a fusão de fundos e viabilizar a coordenação de órgãos entre os municípios.	
		• Estipular a requisição de um certificado de necessidade para investimentos em novos hospitais e estabelecer capacidade para empreender a revisão das solicitações de investimento sob esse programa de certificação de necessidade. • Aprovar os parâmetros do conjunto de legislações para a alocação de recursos e tecnologia hospitalar, de acordo com a demanda e prioridades das políticas, otimizando sua utilização; estabelecer uma autoridade responsável para rever e tomar decisões sobre as solicitações. • Fortalecer o sistema existente de investimentos do plano diretor e estabelecer mecanismos para sua aplicação.	O governo federal com a colaboração de associações profissionais de hospitais privados.

(continua)

Objetivo ou área de políticas	*Recomendações de políticas*	*Ações para implementar as políticas recomendadas (ações de curto prazo destacadas em cinza)*	*Quem faz o quê*
Elevar os padrões de qualidade em todos os hospitais.	10. Desenvolver e implementar uma estratégia de três pontos para a avaliação de melhoria da qualidade, constituída de três elementos: apoio ao nível do sistema de saúde como um todo, mecanismos de responsabilização e desenvolvimento organizacional. 11. Instituir um rigoroso exame nacional de habilitação dos graduados em escolas de Medicina.	• Estabelecer uma comissão de alto nível e conduzir uma avaliação de qualidade ampla, participativa e confiável, revelando os problemas às partes interessadas e ao público geral, por meio de uma disseminação ampla e da apresentação acessível da informação. • Instituir um fundo comum para apoiar, disseminar e avaliar iniciativas promissoras de melhoria da qualidade nos hospitais brasileiros; estender iniciativas que funcionem. • Assegurar os meios e instrumentos institucionais nacionais (agências, equipes, decretos, capacitação, recursos e liderança) para apoiar (1) a avaliação, a mensuração e a pesquisa em qualidade; (2) a medicina baseada em evidências, incluindo revisões sistemáticas e disseminação de evidências científicas e boas práticas, desenvolvimento e implementação de procedimenos clínicos padronizados; e (3) o delineamento e a introdução de programas de melhoria contínua de qualidade em hospitais. • Promover, por meio de regulamentação e incentivos financeiros, o desenvolvimento continuado e a implementação e uso de manuais clínicos. • Criar e aplicar mecanismos de responsabilização para promover avaliação e melhoria da qualidade ao interligar financiamento de investimento hospitalar à conformidade com as regulamentações de licenças; promover aquisições baseadas em qualidade, incluindo incentivos para acreditação; e estabelecer um sistema de divulgação pública sobre a qualidade do desempenho hospitalar. • Apoiar a melhoria contínua de qualidade em nível institucional ao criar um programa público-privado para fornecer treinamento e assistência técnica e para promover colaboração entre os hospitais em administração clínica e avaliação baseada em dados. • Fortalecer os currículos das escolas de Medicina para apoiar práticas baseadas em evidências, avaliação e mensuração de qualidade e uso de tecnologias da informação.	O governo federal lidera, com forte participação das partes interessadas, por meio de associações profissionais, escolas de medicina e de enfermagem, instituições de pesquisa, organizações de acreditação e certificadoras de qualidade tais como a ONA e a CQH, organismos de licenciamento estaduais, conselhos médicos e associações hospitalares.

Fortalecer o ambiente institucional para o uso eficiente de recursos e o gerenciamento efetivo do desempenho.	12. Promover o uso efetivo de tecnologias da informação para auxiliar na mensuração do desempenho e dos resultados, no levantamento e análise de informações de custos, no acesso a informações clínicas, na tomada de decisões clínicas e na coordenação entre prestadores e entre equipes de saúde. 13. Apoiar a modernização das práticas gerenciais nos hospitais públicos e privados financiados pelo SUS. 14. Desenvolver um sistema nacional de *benchmarking* e de "report card" que enfoque a eficiência e a qualidade.	• Avaliar o impacto e o custo de tecnologias da informação utilizadas em hospitais públicos e privados. • Estabelecer uma política de desenvolvimento de tecnologia da informação e um plano de investimento com foco inicial no fornecimento de informação sólida e consistente em custos, qualidade e *case mix* em hospitais; incluir investimentos na capacitação para uso e administração da informação, coleta e análise de dados. • Avaliar os efeitos de iniciativas administrativas promissoras em hospitais públicos e privados • Instituir um fundo comum para apoiar um programa público-privado para melhorar a administração hospitalar. • Desenvolver diretrizes para uso e alocação de recursos humanos em assistência hospitalar. • Desenvolver e implementar um *benchmarking* hospitalar nacional e um sistema de boletim informativo público, preferencialmente por meio de um instituto independente.	Esforço colaborativo, com a participação de todos os níveis de governo bem como universidades (incluindo escolas de administração); instituições de pesquisa e associações de hospitais privados.

Fonte: Texto do capítulo 9.

Nota: AIH, Autorização de Internação Hospitalar; CQH, Controle de Qualidade Hospitalar; MS, Ministério da Saúde; ONA, Organização Nacional de Acreditação; SIA, Sistema de Informação Ambulatorial; SUS, Sistema Único de Saúde.

Notas

1. Os autores foram membros da equipe técnica e consultores da Coordenação Geral do MS para Assistência Hospitalar.
2. Como descrito neste trabalho, o MS deu andamento às políticas e ações relacionadas à contratação e a conversão de pequenos hospitais.
3. A pesquisa para o livro atual foi iniciada em 2003 e completada em dezembro de 2005. Os resultados preliminares e recomendações de políticas foram apresentados ao Ministro da Saúde e seu gabinete em junho de 2005.
4. Essas organizações são a Organização Nacional de Acreditação (ONA), o Consórcio Brasileiro de Acreditação (CBA) e o programa de Controle de Qualidade Hospitalar (CQH).
5. As dimensões políticas incluem a estrutura e as tendências do sistema hospitalar, a alocação de recursos e sua utilização nos hospitais, a alocação de recursos financeiros dentro do setor hospitalar, arranjos organizacionais e de governança, práticas administrativas e regulação e qualidade.
6. Por exemplo, as políticas no Reino Unido favoreceram mais os hospitais com mais *status* de fundação autônoma, baseadas em critérios explícitos relacionados ao desempenho administrativo e à informação. Essa abordagem passou a se chamar "autonomia adquirida".
7. De modo similar, a iniciativa de projeto de rede deveria levar em conta as implicações de qualquer reforma de governança hospitalar planejada.
8. Entre os países da Organização para a Cooperação e Desenvolvimento Econômico, apenas os países escandinavos têm essa propriedade descentralizada dos hospitais.
9. Os hospitais atendem pacientes de vários municípios, e isso encoraja o aumento da capacidade.
10. Um plano diretor documenta a oferta existente do setor, dividida por tipos de serviço ou departamentos, bem como a previsão da evolução da oferta. Em sistemas de seguro social de saúde, o reembolso dos serviços é normalmente limitado a hospitais ou a departamentos incluídos nos planos diretores. No Brasil, embora seja requerido a cada estado que elabore um plano diretor de investimentos, os planos são em geral "listas de desejos" e não se baseiam na análise de necessidades futuras. Além disso, os investimentos que não fazem parte do plano recebem fundos com frequência como resultado de pressões políticas.
11. Exemplos disso são os sistemas utilizados pela Agência Canadense de Medicamentos e Tecnologia de Saúde e pelo Instituto Nacional para Saúde e Excelência Clínica no Reino Unido.
12. Na Austrália, na Estônia e na Áustria os planos também implicaram a reconfiguração do sistema hospitalar, reduzindo a oferta do número de hospitais e leitos.

Bibliografia

ACSQHC (Australian Council for Safety e Quality in Health Care). 2000. "Safety first: report to the Australian health ministers' conference". ACSQHC, Canberra. Disponível em: http://www.health.gov.au/internet/safety/publishing.nsf/Content/84DB8F909972B098CA2571C600154A80/$File/safetyfi rst.pdf.

AHAMAC (Australian Health Ministers' Advisory Council). 1996. *The Final Report of the Taskforce on Quality in Australian Health Care*. Canberra: AHAMAC.

AHRQ (Agency for Healthcare Research e Quality). 2006. "Inpatient quality indicators overview".

AHRQ, Rockville, MD. Disponível em: http://www.qualityindicators.ahrq.gov/iqi_overview.htm.

AIKEN, Linda H.; CLARKE, Sean P.; SLOANE, Douglas M. 2002. "Hospital staffing, organization, and quality of care: cross-national findings". *International Journal for Quality in Health Care* 14 (1): 5-13.

AIKEN, Linda H.; SOCHALSKI, J.; LAKE, E. T. 1997. "Studying outcomes of organizational change in health services". *Medical Care* 35 (11 Supp.): NS6-18.

AKASHI, Daniela; ISSA, Flávia K.; PEREIRA, Alexandre C.; TANNURI, Anna C.; FUCCIOLO, Daniele Q.; LOBATO, Maurício L.; GALVÃO, Tatiana G.; BENSEÑOR, Isabela M.; LOTUFO, Paulo A. 1998. "Tratamento anti-hipertensivo. prescrição e custo medicamentos. Pesquisa em hospital terciário". *Arquivos Brasileiros de Cardiologia*. 71 (1): 55-57.

AKHAVAN, Dariush. 2001. "Decentralization in the administration of SUS – strategic issues in Northeastern Brazil". Consultant report for the World Bank, Brasília, DF.

ALBA, T.; SOUDERS, J.; McGHEE, G. 1994. "How hospitals can use internal benchmark data to create effective managed care arrangements". *Managed Care Quarterly* 2 (2): 79-89.

ALLSOP, Judith; JONES, Kathryn. 2005. *Quality assurance in medical regulation in an international context*. Brayford Pool, Lincoln, UK: University of Lincoln, Department of Health. http://www.lincoln.ac.uk/policystudies/.

ALMEIDA, P. G. 2001. "Estudo da mortalidade materna no Hospital das Clínicas da Faculdade de Medicina da Universidade São Paulo no período de 1986 a 1998". Tese de Mestrado. São Paulo: Universidade de São Paulo.

AMB (Associação Médica Brasileira). 2005. "Classificação brasileira hierarquizada de procedimentos médicos". AMB, São Paulo, SP. Disponível em: http://www.ramb.org.br/CBHPM_4_Edicao.pdf.

ANS (Agência Nacional de Saúde Suplementar). 2006a. "Caderno de Informação da Saúde Suplementar". ANS, Brasília, DF. Disponível em: http://www.ans.gov.br/portal/upload/informacoesss/caderno/informaca_06_2006.pdf. Acesso em: 8 out. 2006.

______. 2006b. "Caderno de Informação de Ressarcimento e Integração como o SUS". ANS, Brasília, DF. Disponível em: http://www.ans.gov.br/portal/upload/informacoesss/Caderno_Ressarcimento_Junho_2006.pdf. Acesso em: 8 out. 2006.

______. 2005. "Qualificação da saúde suplementar – Nova perspectiva no processo de regulação". ANS, Brasília, DF. Disponível em: http://www.ans.gov.br/portal/site/_qualifi cacao/pdf/texto_base.pdf. Acesso em: 12 dez. 2005.

ARIETA, C. E. L., NASCIMENTO, M. A.; LIRA, R. P. C. et al. 2004. "Desperdício de exames complementares na avaliação pré-operatória em cirurgias de catarata". *Cadernos de Saúde Pública* 20 (1, Jan.-Fev.): 303-310.

ASSOCIAÇÃO PAULISTA DE MEDICINA E CONSELHO REGIONAL DE MEDICINA. 2001. *Programa de controle da qualidade do atendimento médico-hospitalar: manual de orientação aos hospitais participantes*. São Paulo / Rio de Janeiro / Belo Horizonte.

AUDIT COMMISSION. 2000. "Getting better all the time: making benchmarking work". Management Paper. Audit Commission, London. Disponível em: http://www.audit-commission.gov.uk/products/guidance/80DDA381-E506-4769-9ED2-7E9DDD4D7C4B/archive_mpgettin.pdf.

AUTON, G. M. 1994. "Using benchmarking techniques to improve efficiency e quality in cardiology services, part one". *Journal of Cardiovascular Management* 5 (2): 16-18, 20-21.

AXENE, D. V.; McQUILLIAN, Susan J. 1999. *Analysis of potentially avoidable inpatient services.* Research Paper. Radnor, PA: Milliman e Robertson.

BANCO MUNDIAL (WORLD BANK 2007). "Brazil: governance in Brazil's Unified Health System (SUS): raising the quality of public spending and resource management". Report 36602-BR. Washington, DC: World Bank.

_______. 2006a. "Brazil: enhancing performance in Brazil's health sector: lessons from innovations in the state of São Paulo and the city of Curitiba". Report 35671-BR. Washington, DC: World Bank.

_______. 2006b. "Brazil: Country assistance strategy - update". Brasília, DF: World Bank.

_______. 2006c. *World development report 2006: equity and development.* Washington, DC: World Bank.

_______. 2005a. "Addressing the challenge of non-communicable diseases in Brazil". Report 32576-BR. Washington, DC: World Bank.

_______. 2005b. *World development indicators 2005.* Washington, DC: World Bank.

_______. 2004a. "Implementation completion report for Brazil health sector reform project - REFORSUS". Report 29325. Washington, DC: World Bank.

_______. 2004b. "Brazil country procurement assessment report". Report 28446-BR. Washington, DC: World Bank.

_______. 2004c. *Making services work for poor people.* Washington, DC: World Bank.

_______. 2002. "Brazil maternal and child health". Report 23811-BR. Washington, DC: World Bank.

_______. 1994. "Brazil. The organization, delivery and financing of health care in Brazil: agenda for the 90s". Report 12644-BR. Washington, DC: World Bank.

BANKER, R. D., CHARNES, Abraham; COOPER, William. 1984. "Models for estimating technical and scale efficiencies in data envelopment analysis". *Management Science* 30 (9): 1078-1092.

BARBOSA, Pedro R. 2007. "Fundações estatais: um novo modelo de gestão para as organizações públicas de saúde". In: QUALIHSAP, São Paulo, Maio 4.

BARBOSA, Pedro R.; PORTELA, Margareth Crisóstomo; UGÁ, Maria Alicia Dominguez; VASCONCELLOS, Migule Murat; LIMA, Sheyla Maria Lemos; GERSCHMAN, Silvia Victoria. 2002. Hospitais Filantrópicos no Brasil, vol. 1, 2, e 3. Rio de Janeiro: Banco Nacional de Desenvolvimento Econômico e Social.

BARBOZA, Denise Beretta; SOLER, Zaida Aurora Sperli Geraldes. 2003. "Nursing absenteeism: occurrences at a University Hospital". *Revista Latino-Americana de Enfermagem* 11 (2. Mar.-Abr.): 177-183.

BARCLAY, T. S.; PATTERSON, K. S. 1998. "An introduction to diagnosis-based risk adjusters". Research Report, Milliman e Robertson, Radnor, PA.

BARNUM, H.; KUTZIN, Joseph. 1993. *Public hospitals in developing countries: resource use, cost, financing.* Baltimore, MD: Johns Hopkins University Press for the World Bank.

BARNUM, H.; KUTZIN, Joseph; SAXENIAN, Helen. 1995. "Incentives and provider payment methods". Human Resources Development and Operations Policy Working Paper 51, World Bank, Washington, DC.

BARROS, Fernando C.; VICTORA, Cesar G.; HORTA, Bernardo L. 2001. "Ethnicity and infant health in Southern Brazil: a birth cohort study". *International Journal of Epidemiology* 30: 1001-1008.

BERMAN, B.; ARELLANES, Lisa; HENDERSON, Pamela; MAGNOLI, Alessandro. 1999. "Health care financing in eight Latin American and Caribbean nations: the first regional national health accounts network". In: *Partnerships for Health Reform.* Bethesda, MD: ABT Associates, Partnerships for Health Reform. Disponível em: http://www.phrproject.com.

BIBBEE, Alexandra; PADRINI, Flavio. 2006. "Balancing health care quality and cost containment: the case of Norway". Economics Department Working Paper 482, Organization for Economic Cooperation and Development, Paris.

BIRKMEYER, John D.; STUKEL, Therese A.; SIEWERS, Andrea E.; GOODNEY, Philip P.; WENNBERG, David E.; LUCAS, F. Lee. 2003. "Surgeon volume and operative mortality in the United States". *New England Journal of Medicine* 349: 2117-2127.

BITRÁN, R.; YIP, Winnie C. 1998. "A review of health care provider payment reform in selected countries in Asia and Latin America". Major Applied Research 2, Working Paper 1, Partnerships for Health Reform, Abt Associates, Bethesda, MD.

BITRÁN, R.; MÁ, C.; GÓMEZ, P. 2005. "The San Miguelito Hospital Reform in Panama: evaluation and lessons". In: LA FORGIA, Gerard M. (ed.) *Health System Innovations in Central America*, 89-108. Washington, DC: World Bank.

BLOOM, Abby L.; ACHIMIEDE, Annette. 2004. *The international experience with hospital services conversion, Australia*. Stockholm: Draft, Karolinska Institutet.

BLUMEN, Abrão. 2004. "Dificuldades e benefícios dos programas de qualidade implementados em hospitais selados pelo controle de qualidade hospitalar - CQH". In: QUINTO NETO, Antônio Quinto; BITTAR, Olímpio J. N. V. (ed.) *Hospitais - Administração da qualidade e acreditação de organizações complexas*, 81-98. Porto Alegre, RS: Dacasa Editora.

BOGAN, Christopher E.; ENGLISH, Michael J. 1994. *Benchmarking for best practices: winning through innovative adaptation*. New York: McGraw-Hill.

BOGUE, Richard; HALL, Claude H.; LA FORGIA, Gerard M. 2007. "Hospital governance in Latin America: Results from a four nation survey". HNP Discussion Paper, World Bank, Washington, DC.

BOHOMOL, E. 2003. "Erros de medicação: causas e fatores desencadeantes sob a ótica da equipe de enfermagem". Dissertação de Mestrado. São Paulo: USP, Escola Paulista de Medicina, Enfermagem.

BOLAND, Tony; FOWLER, Alan. "A systems perspective of performance management in public sector organizations". *International Journal of Public Sector Management* 13 (5): 417-446. Disponível em: http://www.emerald-library.com.

BORBA, Amariles de Souza; RIBEIRO, Maria Rosália; NOGUEIRA, Nadir do Nascimento. 2001. "Análise situacional da assistência obstétrica e perinatal em Maternidades de Teresina". Consultant report, United Nations Children's Fund (UNICEF), Brasília, DF.

BOWLIN, W. F.; CHARNES, Abraham; COOPER, William; SHERMAN, H. David. 1985. "Data development analysis and regression approaches to efficiency estimation and evaluation". *Annals of Operations Research* 2: 113-138.

BOYCE, N.; McNEIL, J.; GRAVES, D.; DUNT, D. 1997. *Quality & outcome indicators for acute healthcare services*. Report for the Department of Health and Family Services, Canberra: Australian Government Publishing Service.

BRESSER-PEREIRA, Luiz Carlos. 2003. "The 1995 public management reforms in Brazil: reflections of a reformer". In: SCHNEIDER, Ben Ross; HEREDIA, Blanca (ed.) *Reinventing Leviathan: the politics of administrative reform in developing countries*, 89-109. Miami, FL: North-South Center Press.

_______. 1998. "As organizações sociais". *Reforma do Estado para a Cidadania*. São Paulo: Editora 34.

BROSI, J.; PORTELLI, Rachel; WILLIAMS, Joanne; COLLOPY, Brian T.; RETI, L. 1997. *Measurement of care in Australian hospitals*. Sydney: Australian Council on Healthcare Standards. vol. 3.

BUENO, Ronaldo; LOURES, R.; PIERUCCINI, M. C. 2004. *Abertura de Escolas de Medicina no Brasil. Relatório de um Cenário Sombrio*. Diretoria da Associação Médica Brasileira e Diretoria do Conselho Federal de Medicina. São Paulo: Associação Médica Brasileira.

BULLIVANT, R. 1996. "Benchmarking in the UK National Health Service". *International Journal of Health Care Quality Assurance* 9 (2): 9-14.

BURGESS J. F. Jr.; WILSON, Paul W. 1996. "Hospital ownership and technical inefficiency". *Management Science* 42 (1): 110.

_______. 1993. "Technical efficiency in veterans administration hospitals". In: FRIED, H.; LOVELL, K.; SCHMIDT, S. (ed.) *The measurement of productive efficiency - techniques and applications*. New York: University Press. p. 335-351.

CAHSA (Comissão de Avaliação dos HH SA). 2006". Resultados da Avaliação dos Hospitais S.A". Presentation, Ministério de Saúde, Lisboa. Disponível em: http://www.min-saude.pt/portal/conteudos/a+saude+em+portugal/publicacoes/estudos/cahsa.htm.

CALIL, Jorge Said. 2004. "Situação dos hospitais brasileiros – Panorama da distribuição e dos custos de e manutenção de (alguns) equipamentos médicos para diagnóstico". Apresentado no Centro de Engenharia Biomédica (CEB)/UNICAMP, Campinas.

CALVO, M. F. 2002. "Hospitais públicos e privados no Sistema Único de Saúde do Brasil: o mito da eficiência privada no estado de Mato Grosso em 1998". PhD Dissertation. Florianópolis: Universidade Federal de Santa Catarina.

CAMINAL, J.; STARFI ELD, Barbara; SÁNCHEZ, Emilia et al. 2004. "The role of primary care in preventing ambulatory care sensitive conditions". *European Journal of Public Health* 14: 246-251.

CAMINAL, J.; SÁNCHEZ, Emilia; MORALES, Mariângela; PEIRÓ, Rosana; MÁRQUEZ, Soledad. 2002. "Avances en España en la investigación con el indicador 'hospitalización por enfermedades sensibles a cuidados de atención primaria.'" *Revista Española de Salud Pública* 76: 189-196.

CARVALHO, F. M., WIDMER, M. R.; CRUZ, M.; PALOMO, V.; CRUZ, C. 1991. "Diagnóstico clínico versus autopsia". *Boletin de la Oficina Sanitaria Panamericana* 110 (3): 213-218.

CASHIN, C.; SAMYSHKIN, Yevgenyi; O´DOUGHERTY, Sheila. 2005. "Case-based hospital payment systems: A step-by-step guide for design and implementation in low- and middle-income countries". Consultant report for United States Agency for International Development (USAID), Abt Associates, Bethesda, MD.

CASTAÑO, Ramón; BITRÁN, Ricardo; GIEDION, Ursula. 2004. "Monitoring and evaluating hospital autonomization and its effects on priority health services". Consultant report, Partners for Health Reform*plus* (PHR*plus*), Abt Associates, Bethesda. MD.

CASTELAR, R.; MORDELET, M. Patrick; GRABOIS, Victor 1995. "Gestão hospitalar: um desafio para o hospital brasileiro". Rio de Janeiro: Escola Nacional de Saúde Pública (ENSP).

CASTRO, M. S. M.; TRAVASSOS, Claudia; CARVALHO, Marilia S. 2002. "Fatores associados às internações hospitalares no Brasil". *Ciência & Saúde Coletiva* 7 (4): 795-811.

CDC (Centers for Disease Control and Prevention). 2000. "Hospital infections cost U.S. billions of dollars annually". CDC, Atlanta, GA. Disponível em: http://www.cdc.gov/od/oc/media/pressrel/r2k0306b.htm.

CECÍLIO, Luiz Carlos de Oliveira (ed.) 1994. *Inventando a mudança na saúde.* São Paulo: Hucitec.

CHARLSON, M. E.; POMPEI, P.; ALES, K. L.; McKENZIE, C. R. 1987. "A new method of classifying prognostic comorbity in longitudinal studies: development and validation". *Journal of Chronic Diseases* 40: 373-383.

CHARNES, A.; COOPER, William; RHODES, E. 1978. "Measuring efficiency of decision making units". *European Journal of Operational Research* 3: 429-444.

CHASSIN, Mark R. 2002. "Achieving and sustaining improved quality: lessons from New York State and Cardiac Surgery". *Health Affairs* 21 (4): 40-51.

———. 1997. "Assessing strategies for quality improvement". *Health Affairs* 16 (3): 151-161.

CHAUDHURY, Nazmul; HAMMER, Jeffrey; KREMER, Michael; MURALIDHARAN, Karthik; ROGERS, Halsey. 2006. "Missing in action: teacher and health worker absence in developing countries". *Journal of Economic Perspectives* 20 (1): 91-116.

CHAWLA, Mukesh; GOVINDARAJ, Ramesh; BERMAN, Peter; NEEDLEMAN, Jack. 1996. "Improving hospital performance through policies to increase hospital autonomy". Consultant report for United States Agency for International Development (USAID). Cambridge: Harvard University.

CHC (Consorci Hospitalari de Catalunha). n.d. "La reinvención del hospital". Consultant report for CHC. Barcelona.

CHIYOSHI, F. Y. 1989. "O sistema de assistência médico-hospitalar da Previdência Social". Apresentado no II Congresso Brasileiro de Saúde Coletiva, São Paulo, 3-7 Jul.

CHIYOSHI, F.; MOURA, A. 1989. "O sistema de assistência médico-hospitalar da Previdência Social (SAMHPS) – Sistema AIH".

CIHI (Canadian Institute for Health Information). 2005. *Health Care in Canada 2005.* Ottawa: CIHI.

COELLI, T.; RAO, D. S. Prasada; BATTESE, George E. 1999. *An introduction to efficiency and productivity analysis*. Boston. MA: Kluwer Academic Publishers.

COHN, A.; ELIAS, P. 1999. *O público e o privado na saúde*. São Paulo: Pan American Health Organization.

COILE, R. 1994. *The new governance: strategies for an era of health reform*. Ann Arbor: Health Administration Press.

COLLINS, David; NJERU, Grace; MEME, Julius. 1996. "Hospital autonomy in Kenya: the experience of Kenyatta National Hospital". Consultant report for United States Agency for International Development (USAID). Boston, MA: Management Sciences for Health.

CMS (Centers for Medicare and Medicaid Services). 2002. "Cost of caring: key drivers of growth in spending on hospital care". Washington, DC: PriceWaterhouseCoopers for American Hospital Association, COMISSÃO DE SEGURIDADE SOCIAL E FAMÍLIA (Congressional Commission on Social Security and Family Affairs). 2004. "Relatório 2004". p. 33-34. Disponível em: http://www2.camara.gov.br/internet/comissoes/cssf/relatorio.html/relatoriofinal2004.pdf.

COMMONWEALTH DEPARTMENT OF HEALTH AND AGED CARE, National Expert Advisory Group on Safety and Quality in Australian Health Care. 1999. *Implementing safety and quality enhancement in health care: national actions to support quality and safety improvement in Australian health care*. Canberra: Commonwealth Department of Health and Aged Care.

CONASS (Conselho Nacional de Secretários de Saúde). 2006. *SUS: avanços e desafios*. Brasília, DF: CONASS.

________. 2005. "Programa de reestruturação e contratualização dos hospitais filantrópicos do SUS". Technical Note. Brasília: CONASS.

________. 2003a. *A saúde na opinião dos brasileiros*. Brasília: CONASS.

________. 2003b. *Legislação do SUS*. Brasília: CONASS.

CONSELHO FEDERAL DE MEDICINA. 2006. "Sistema de processos ético profissional". Brasília. Disponível em: http://www.portalmedico.org.br. Acesso em: 27 abr. 2006.

CONSIDERA, C. M.; FILGUEIRAS, Heloíza Valverde; OLIVEIRA E SILVA, Antonio Braz; SOBRAL, Carlos César B.; ZAEYEN, Adriene. 1995. *Economia política da saúde: uma perspectiva quantitativa*. Série Economia e Financiamento 5. Brasília, DF: Pan American Health Organization, Brazil Representation Office.

COOPER, W. W.; SEIFORD, Lawrence M.; TONE, Kaoru. 2002. *Data envelopment analysis – a comprehensive text with models, applications, references and DEA-solver software*. Boston, MA/ Dordrecht, Netherlands: Kluwer Academic Publishers.

CORDEN, Simon. 2003. "Autonomous hospitals become a commercial network: Hospital Rationalization in Victoria, Australia". In: PREKER, Alexander; HARDING, April (ed.). *Innovations in health service delivery: the corporatization of public hospitals*. Washington, DC: World Bank, p. 345-390.

COSTA, I. C.; HINRICHSEN, S.; ALVES, J. L.; JUCÁ, M. Batista; SILVA, B. Alves da; ALBUQUERQUE, S. da Costa. 2003. "Prevalência e custos de processos infecciosos em unidade de terapia intensiva". *Revista de Administração em Saúde* 5 (20): 7-16.

COSTA, José Orleans; XAVIER, César Coelho; PROIETTI, Fernando Augusto; DELGADO, Margarida S. 2004. "Avaliação dos recursos hospitalares para assistência perinatal em Belo Horizonte, Minas Gerais". *Saúde Publica* 38 (5): 701-708.

COSTA, Nilson do Rosário; MENDES R., José. 2005. "Estudo comparativo do desempenho de hospitais em regime de organização social". FIOCRUZ/ENSP. *Consultant Report for World Bank*, Rio de Janeiro, RJ.

COUTTOLENC, B. F.; NICOLELLA, Alexandre C.; MACHADO, Carlos A.; ZAPPAROLI, Paulo; DIAS, Leni H. de S. 2005. "Estudo sobre gasto hospitalar no Brazil. Em busca da excelência: fortalecendo o desempenho hospitalar no Brasil". *Consultant report for World Bank*, São Paulo, SP.

COUTTOLENC, B. F.; DIAS, Leni H. de S.; NICOLELLA, Alexandre C.; FATHEAZAM, Shahbaz; MACHADO, Carlos A. 2004. "Estudo de custos, eficiência e mecanismos de pagamento, Fase II: eficiência e mecanismos de pagamento. Em busca da excelência: fortalecendo o desempenho hospitalar no Brasil". *Consultant report for World Bank*, São Paulo, SP.

CQH (Controle de Qualidade Hospitalar). 2003. *Manual de gestão hospitalar do CQH: livro de casos práticos*. São Paulo/Rio de Janeiro/Belo Horizonte: CQH.

CREMESP (Conselho Regional de Medicina do Estado de São Paulo). 2007. "Exame do CREMESP, 2007". *Jornal do CREMESP*. Disponível em: http://www.cremesp.org.br/?siteAcao=salaimprensa&id=190. Acesso: 7 dez. 2007.

_______. 2005. "Série SUS: A crise nas santas casas do Estado de São Paulo". *Jornal do CREMESP*. Disponível em: http://www.cremesp.org.br. Acesso: 10 abr. 2006.

_______. 2004a. "Avaliação das condições de funcionamento dos hospitais e prontos-socorros. 2001-2003". São Paulo: CREMESP.

_______. 2004b. "Médicos denunciados segundo número de denúncias". *Jornal do CREMESP*. Disponível em: http://www.cremesp.org.br/?siteAcao=JornalCremesp2&pag=grafi co05&req=sim.

_______. 2002. *Mercado de trabalho médico no Estado de São Paulo*. São Paulo: CREMESP.

_______. 2000. *Avaliação dos serviços de assistência ao parto e ao neonato no estado de São Paulo*. São Paulo: CREMESP.

DALMAU-MATARRODONA, E.; PUIG-JUNOY, J. 1996. "Market structure and hospital efficiency: evaluating potential effects of deregulation in a national health service". Apresentado na International Health Economics Association Conference, Vancouver, BC, Canada, Maio.

DAS, Jishnu; HAMMER, Jeffrey. 2005. "Money for nothing: the dire straits of medical practice in Delhi, India". *Policy Research Working Paper* 3669, Washington, DC: World Bank.

DAUCOURT, Valentin; MICHEL, Philippe. 2003. "Results of the first 100 accreditation procedures in France". *International Journal for Quality in Health Care* 15 (6): 463-471.

DEN EXTER, Andre P. 2005. "Purchasers as the public's agent". In: FIGUERAS, Josep; ROBINSON, Ray; JABUBOWSKI, Elke (ed.). *Purchasing to improve health systems performance*. Buckingham, UK: Open University Press. p. 122-139.

DEPARTMENT OF HEALTH. 2000. "An organization with memory: report of an expert group on learning from adverse events in the NHS". London: Stationery Office.

_______. 1998. "A first class service: quality in the national health service". London: Stationery Office.

_______. 1997. "The new national health service: modern and dependable". London: Stationery Office.

DEPARTMENT OF HUMAN SERVICES. 1997. "Performance indicators: paper prepared for acute health quality committee". Victoria, Australia: Department of Human Services.

DESAI, J.; O'CONNOR, P. J.; BISHOP, D. B. 1997. "Variation in process and outcomes of diabetes care in HMO owned and controlled clinics". *Proceedings*. Centers for Disease Control (CDC) Diabetes Translation Conference, Atlanta, GA: CDC. February.

DIAS, L. H. de S.; COUTTOLENC, Bernard F.; MATOS, Afonso J. de 2004. "Estudo de custos, eficiência e mecanismos de pagamento, Fase I: Análise de custos de procedimentos hospitalares. Em busca da excelência: Fortalecendo o desempenho hospitalar no Brasil". *Consultant Report for World Bank*. São Paulo, SP.

D'INNOCENZO, M. 2001. "Indicativo de qualidade dos recursos humanos de enfermagem das unidades de clínica médica de hospitais de ensino e universidades". PhD Dissertation. São Paulo: Universidade Federal de São Paulo – Escola Paulista de Medicina e Enfermagem.

DLUGACZ, Yosef D.; RESTIFO, Andrea; GREENWOOD, Alice. 2004. *The quality handbook for health care organizations*. San Francisco: Jossey-Bass.

DOCTEUR, E.; OXLEY, Howard. 2003. "Health care systems: lessons from the reform experience". *Economics Department Working Papers 374*. Paris: OCDE.

DONABEDIAN, A. 1980. *Explorations in quality assessment and monitoring*. Ann Arbor, MI: Health Administration Press. vol. 1: The definition of quality and approaches to its assessment.

DONAHUE, K. Tina; OSTENBERG, Paul van. 2000. "Joint commission international accreditation: relationship to four models of evaluation". *International Journal for Quality in Health Care* 12 (3): 243-246.

DREES (Direction de la recherche, des études, de l'évaluation et des statistiques)/Ministère de l'Emploi, du Travail et de la Cohésion Sociale/Ministère de la Santé et de la Protection Sociale. 2005.

"Données sur la situation sanitaire et sociale en France en 2004 – Annexe A au projet de Loi de Financement de la Sécurité Sociale en 2005". Paris.

DUBOIS, Carl-Ardy; McKEE, Martin; NOLTE, Ellen. 2006. *Human resources for health in Europe*. Berkshire, UK: Open University Press.

DUDLEY, R. A.; FROLICH, A.; ROBINOWITZ, D. L.; TALAVERA, J. A.; BROADHEAD, P.; LUFT, H. S. 2004. *Strategies to support quality-based purchasing: a review of the evidence*. Technical Review 10. AHRQ Pub. 04-P024. Rockville, MD: Agency for Healthcare Research and Quality.

EID, F. 2003. "Understanding good institutional design in hospital corporatization: a decision rights approach". *Working Paper 2028*, American University of Beirut. Disponível em: http://www.erf.org.eg/uploadpath/pdf/2028.pdf.

ENGLERT, Jan; DAVIS, Kenneth M.; KOCH, Karen E. 2001. "Using clinical practice analysis to improve care". *Joint Commission Journal on Quality and Patient Safety* 27 (6): 291-301.

ERIKSSON, Pär; DIWAN, Vinod; KARLBERG, Ingvar. 2001. *Health sector reforms: what about hospitals?* Göteborg: World Health Organization.

ERSOY, K.; KAVUNCUBASI, S.; OZCAN, Y. A.; HARRIS II, J. M. 1997. "Technical efficiencies of Turkish hospitals: DEA approach". *Journal of Medical Systems* 21 (2): 67-74.

FARRELL, M. J. 1957. "The measure of productive efficiency". *Journal of the Royal Statistical Society* 120 (III): 243-281.

FEDERATION OF STATE MEDICAL BOARDS. 2006. "Trends in physician regulation". Federation of State Medical Boards, Dallas, TX. Disponível em: http://www.fsmb.org.

FEDERIGHI, Waldomiro; PEDROSO, J. 2002. "Absenteísmo em hospitais". *O mundo da saúde* 1: 283-294.

FEHOSP (Federação das Santas Casas e Hospitais Beneficentes do Estado de São Paulo). n.d. "Panorama das Santas Casas e Hospitais Beneficentes". São Paulo, SP: FEHOSP. Disponível em: http://www.fehosp.com.br/index.php?option=com/content&task=view&id=/38&Itemid=27.

FERRAZ, Marcos Bosi. 2006. "Reconciling 21st century temptations with 20th century resources and problems". *British Medical Journal* 332 (April 8): 861.

FERREIRA, Regina Moreira. 1999. "Tumores do sistema nervoso central: fatores prognósticos relacionados à sobrevida em crianças e adolescentes em duas cortes hospitalares". PhD Dissertation. Rio de Janeiro, RJ: Fundação Oswaldo Cruz / Escola Nacional de Saúde Pública.

FERREIRA, Walter Cintra Jr. 2004. "Gerenciamento de hospitais estaduais paulistas: estudo comparativo entre a administração direta e as organizações sociais de saúde". Dissertação de Mestrado. São Paulo: Fundação Getulio Vargas / Escola de Administração de Empresas de São Paulo.

FIDLER, Armin H.; HASLINGER, Reinhard R.; HOFMARCHER, Maria M.; JESSE, Maris; PALU, Tomas. 2007. "Incorporation of public hospitals: a 'silver bullet' against overcapacity, managerial bottlenecks and resource constraints? Case studies from Austria and Estonia". *Health Policy* 81: 328-338.

FIEDLER, John; LA FORGIA, Gerard. 2005. "The Nicaraguan social security health insurance scheme – a promising work in progress". In: LA FORGIA, Gerard (ed.). *Health system innovations in Central America: lessons and impact of new approaches*. Washington, DC: World Bank. p. 135-172.

FIGUERAS, Josep; ROBINSON, Ray; JAKUBOWSKI, Elke (ed.). 2005. *Purchasing to improve health system performance*. Buckingham, UK: Open University Press.

FINKLER, M. D.; WIRTSCHAFTER, D. D. 1993. "Cost-effectiveness and data envelopment analysis". *Health Care Management Review* 18 (3): 81-88.

FIPE (Fundação Instituto de Pesquisas Econômicas da USP). 1994. "Proposta de um novo modelo para a saúde". São Paulo: FIPE/USP.

GARCIA ROSA, Maria Luiza Garcia; HORTALE, Virginia Alonso. 2000. "óbitos perinatais evitáveis e estrutura de atendimento obstétrico na rede pública: estudo de caso de um município da região metropolitana do Rio de Janeiro". *Cadernos de Saúde Pública* 16 (3): 773-783.

GASTAL, Fábio Leite; LA FORGIA, Gerard; GONÇALVES, Jaqueline K.; MELO, Juliana C.; SIQUEIRA, Laura P.; SOARES, Tany M. 2005a. "Qualidade em saúde e acreditação no Brasil – experiências acumuladas, análise crítica e resultados". Consultant report for World Bank and Organização Nacional de Acreditação. Brasília, DF.

______. 2005b. "O cenário da acreditação e da gestão da qualidade nos hospitais brasileiros: avanços, experiências, resultados, problemas e perspectivas". Consultant report for World Bank and Organização Nacional de Acreditação. Brasília, DF.

GAYNOR, M; ANDERSON, Gerard F. 1991. "Hospital costs and the cost of empty hospital beds". NBER. Working Paper 3872, Cambridge, MA: National Bureau of Economic Research.

GIARDI, Sabado Nicolau; BARROS, Maria Elizabeth. 2001. "Rede hospitalar filantrópica no Brasil: perfil histórico-institucional e oferta de serviços". Consultant report for Ministério de Saúde (REFORSUS Project). Brasília, DF.

GIFT, Robert G.; MOSEL, Doug. 1994. *Benchmarking in health care: a collaborative approach*. Chicago, IL: American Hospital Association (AHA).

GITTELL, J. H.; ELD, K. M. Fairfi; BIERBAUM, B.; HEAD, W.; JACKSON, R.; KELLY, M.; LASKIN, R; LIPSON, S.; SILIKI, J.; THORNHILL, T.; ZUKERMAN, J. 2000. "Impact of relational coordination on quality of care, postoperative pain and functioning, and length of stay: a nine-hospital study of surgical patients". *Medical Care* 38 (8): 807-819.

GOHLKE, A. 1997. "Benchmark for strategic performance improvement". *Information Outlook* 1 (8): 22-24.

GOMES, U. A.; SILVA, A. A.; BETTIOL, H.; BARBIERI, M. A. 1999. "Risk factors for the increasing caesarean section rate in Southeast Brazil: a comparison of two birth cohorts, 1978-1979 and 1994". *International Journal of Epidemiology* 28 (4, August): 687-694.

GOUVEIA, C. S. D. 1996. "Tendências recentes na assistência hospitalar no estado do RJ 1992-1995". Dissertação de Mestrado. Rio de Janeiro: Fundação Oswaldo Cruz (FIOCRUZ).

GOVINDARAJ, Ramesh; CHAWLA, Mukesh. 1996. "Recent experiences with hospital autonomy in developing countries – what can we learn?" Consultant report for United States Agency for International Development (USAID), Data for Decision-Making Project. Cambridge, MA: Harvard University.

GOVINDARAJ, Ramesh; OBUOBI, A. A. D.; ENYMAYEW, N. K. A.; ATWI, P.; OFOSU-AMAAH, S. 1996. "Hospital autonomy in Ghana: the experience of Korle Bu and Komfo Anokye teaching hospitals". Consultant report for United States Agency for International Development (USAID). Data for Decision-Making Project. Cambridge, MA: Harvard University.

GRASSETTI, L.; GORI, E.; BELLIO, R. 2003. "Efficiency estimation of hospital services: a survey and multilevel developments". Paper presented at Intermedio SIS, 2001, Plenary session on multivariate statistical analysis for social, economic, and natural science and technology. Napoli: Universidade de Nápoles/Departamento de Matemática e Estatística. Nov.

GRIFFIN, S.; KINMOUTH, A. L. 1998. *Diabetes care: the effectiveness of systems for routine surveillance for people with diabetes*. Oxford, UK: Cochrane Library.

GROSSKOPF, S.; VALDMANIS, Vivian. 1987. "Measuring hospital performance. A non-parametric approach". *Journal of Health Economics* 6 (2): 89-107.

GROSSKOPF, S.; MARGARITIS, Dimitris; VALDMANIS, Vivian. 2001. "The effects of teaching on hospital productivity". *Socio-Economic Planning Sciences* 35: 189-204.

GRUCA, T. S.; NATH, Deepika. 2001. "The technical efficiency of hospitals under a single payer system: the case of Ontario Community Hospitals". *Health Care Management Science* 4 (2): 91-101.

GUICHARD, Stéphanie. 2004. *The reform of the health care system in Portugal*. Economics Department Working Paper 405, Organisation for Economic Co-operation and Development. Paris. Disponível em: http://www.oecd.org/eco.

HAGEN, Terje P.; KAARBØE, Oddvar M. 2004. "The Norwegian hospital reform of 2002: central government takes over ownership of public hospitals". *Health Organization Research Norway* (HORN) Working Paper 2004: 1, University of Oslo.

HALM, Ethan A.; LEE, Clara; CHASSIN, Mark R. 2002. "Is volume related to outcome in health care? a systematic review and methodologic critique of the literature". *Annals of Internal Medicine* 137: 511-520.

HAM, Chris; HAWKINS, Loraine. 2003. "Implementing organizational reforms to hospitals in the public sector". In: PREKER, Alexander; HARDING, April (ed.). *Innovations in health service delivery: the corporatization of public hospitals*. Washington, DC: World Bank. p. 79-104.

HARDING, April; PREKER, Alexander. 2003. "A conceptual framework for the organizational reforms of hospitals". In: PREKER, Alexander; HARDING, April (ed.). *Innovations in health service delivery: the corporatization of public hospitals*. Washington, DC: World Bank.

HARVARD MEDICAL INTERNATIONAL. 1998. "Health reform in the municipality of São Paulo, Brazil: public finance and private provision". Consultant report to Municipality of São Paulo. Brookline, MA: Harvard Medical International.

HAY, J. 2002. "Hospital cost drivers: an evaluation of State-level data". Report for the National Association of Health Underwriters. Arlington, VA.

HEEREY, M.; NECOCHEA, E. 2005. "An overview of accreditation and certification for improving health service quality". Baltimore, MD: John Hopkins University. Disponível em: http://www.jhuccp.org/quality/accredit.shtml.

HEWITT, Maria; SIMONE, Joseph V. (ed.). 1999. *Ensuring quality cancer care*. Washington, DC: National Academy Press. Disponível em: http://www.nap.edu/catalog.php?record_id=6467#toc.

HIBBARD, J. H.; STOCKARD, J.; TUSLER, M. 2003. "Does publicizing hospital performance stimulate quality improvement efforts?" *Health Affairs* 22 (2): 84-94.

HIGGINS, I. 1997. "Benchmarking in health care: a review of the literature". *Australian Health Review* 20 (4): 60-69.

HOLANDA, M. C.; PETTERINI, Francis C.; NOGUEIRA, André G. 2004. "O SUS no Ceará: avaliação de efi ciência técnica nos municípios". Texto para Discussão 13. Fortaleza, CE: Governo do Estado do Ceará/SEPLAN/IPECE.

HSIA, C. D.; KRUSHAT, W. Mark; FAGAN, A. B.; TEBBUT, J. A.; KUSSEROW, R. P. 1988. "Accuracy of diagnostic coding for Medicare patients under the prospective-payment system". *New England Journal of Medicine* 318: 352-55.

HURST, Jeremy; JEE-HUGHES, Melissa. 2001. "Performance measurement and performance management in OECD health systems". OECD Directorate for Employment, Labour, and Social Affairs, *OECD Labour Market and Social Policy Occasional Paper 47*. Paris: OCDE.

HUSKAMP, H. A.; NEWHOUSE, Joseph P. 1999. "Future directions for the national health accounts". *Health Care Financing Review* 21 (2): 5-13.

IBERN, Pere. 1998. "Innovation in organization of health service delivery: case study: Spain". Consultant report, National Economic Research Associates, Madrid.

IBGE (Instituto Brasileiro de Geografia a e Estatística). 2005. *Pesquisa nacional por amostra de domicílios: acesso e utilização de serviços de saúde 2003*. Rio de Janeiro: IBGE.

______. 2004a. *Pesquisa de orçamentos familiares 2002-2003*. Rio de Janeiro: IBGE.

______. 2004b. *Projeção da população do Brasil por sexo e idade para o período 1980-2050, Revisão 2004*. Rio de Janeiro: IBGE, Diretoria de Pesquisas, Coordenação de População e Indicadores Sociais, Gerência de Estudos e Análises da Dinâmica Demográfica.

______. 2004c. *Pesquisa nacional por amostragem de domicílios 2003*. Rio de Janeiro: IBGE.

______. 2003. *Estatísticas da saúde – assistência médico-sanitária 2002*. Rio de Janeiro: IBGE.

______. 2000a. *Estatísticas da saúde – assistência médico-sanitária 1998*. Rio de Janeiro: IBGE.

______. 2000b. *Pesquisa nacional por amostra de domicílios (PNAD): acesso e utilização de serviços de saúde 1998*. Rio de Janeiro: IBGE.

ICHNOSE, R. M.; ALMEIDA, R. T. 2001. "Desmistificando a certificação e a acreditação de hospitais". Apresentado no II Congresso Latinoamericano de Engenharia Biomédica, Havana, May 23-25. Disponível em: http://www.hab2001.sld.cu/.

IHBF (International Hospital Benchmarking Forum). 2005. "International hospital benchmarking forum". Münster: Centrum für Krankenhaus-Management. Disponível em: http://www.hospital-benchmarking.de/conpresso/ihbf_start/index.php. Acesso em 15 maio 2005.

IHI (Institute for Healthcare Improvement). 2007. "Getting started kit: prevent surgical site infections: how-to guide". Cambridge: IHI.

______. 2006. *Patient safety*. Cambridge: IHI. Disponível em: http://www.ihi.org/IHI/Topicos/PatientSafety/SurgicalSiteINfections/Changes/.

INGENIX. 2007. *HospitalBenchmarks.com*. Disponível em: http://www.hospitalbenchmarks.com.

IOM (Institute of Medicine). 2001. *Crossing the quality chasm: a new health system for the 21st century*. Washington, DC: National Academy Press.

_______. 2000. *To err is human: building a safer health system*. Editado por Linda T. Kohn, Janet M. Corrigan e Molla S. Donaldson. Washington, DC: National Academy Press.

_______. 1999. *Ensuring quality cancer care*. Editado por Maria Hewitt e Joseph V. Simone. Washington, DC: National Academy Press.

IPEA (Instituto de Pesquisas Econômicas Aplicadas). 2001. *Tendências do sistema de saúde brasileiro. Estudo Delphi*. Brasília, DF: IPEA.

IPEA (Instituto de Pesquisas Econômicas Aplicadas); PNUD (Programa das Nações Unidas para o Desenvolvimento). 2000. *Atlas do desenvolvimento humano no Brasil*. Brasília, DF: IPEA.

JACOBS, R. 2001. "Alternative methods to examine hospital efficiency: data envelopment analysis and stochastic frontier analysis". *Health Care Management Science* 4: 103-115.

JAKAB, M.; PREKER, A. S.; HARDING, A.; HAWKINS, L. 2002. "The introduction of market forces in the public hospital sector". HNP Discussion Paper. Washington, DC: World Bank.

JCAHO (Joint Commission on Accreditation of Healthcare Organizations). 2005. *Comprehensive accreditation manual for integrated delivery systems*. Oakbrook Terrace, IL: JCAHO.

_______. 1990. *Primer on indicator development & application*. Oakbrook Terrace, IL: JCAHO.

KAMWANGA, J.; HANSON, K.; McPAKE, B.; MUNGULE, O. 2003. "Autonomous hospitals in Zambia and the equity implications of the market for hospital services". Consultant report to Ministry of Health, Republic of Zambia., London: London School of Hygiene and Tropical Medicine.

KANAMURA, Alberto H. 2006. "Organizações sociais e parcerias público-privadas". *Debates GV (Getulio Vargas) Saúde* 1 (1). São Paulo, SP: Fundação Getulio Vargas.

KAZANDJIAN, V.; WOOD, Parnell; LAWTHERS, Jane. 1995. "Balancing science and practice in indicator development: the Maryland Hospital Association quality indicator project". *International Journal for Quality in Health Care* 7 (1): 39-46.

KISIL, Marcos. 2004. "Qualidade hospitalar". Consultant report for World Bank. Brasília, DF.

_______. 2003. "Qualidade e performance hospitalar no Brasil: revisão analítica da literatura". Consultant report for World Bank. Brasília, DF.

KIZER, Kenneth W. 2003. "The volume-outcome conundrum". *New England Journal of Medicine* 349: 2159-2161.

KNAUS, W. A.; DRAPER, E. A.; WAGNER, D. P.; ZIMMERMAN, J. E. 1986. "An evaluation of outcome from intensive care in major medical centers". *Annals of Internal Medicine* 104 (3 mar.): 410-418.

KOHN, Linda. 2000. "Organizing and managing care in a changing health system". *Health Services Research* 35 (Parte I): 37-52.

KOWALSKI-DICKOW ASSOCIATES, INC.; ASSOCIATION FOR HEALTHCARE RESOURCE & MATERIALS MANAGEMENT. 1997. *Managing hospital materials management*. Milwaukee, WI: Kowalski-Dickow Associates, Inc.

KRAUSS DA SILVA, L.; COSTA, T. P.; REIS, A. F.; IAMADA, N. O.; AZEVEDO, A. P.; ALBUQUERQUE, C. P. 1999. "Avaliação da qualidade da assistência hospitalar obstétrica: uso de corticóides no trabalho de parto prematuro [Assessment of quality of obstetric care and corticoid use in preterm labor]". *Cadernos de Saúde Pública* 15 (4): 817-29.

LA FORGIA, Gerard Martin (ed.) 2005. *Health system innovations in Central America: lessons and impact of new approaches*. Washington, DC: World Bank.

_______. 1990. "Challenging health service stratification: social security – Health Ministry Integration in Panama". Doctoral dissertation. University of Pittsburgh, School of Public Health.

LANGENBRUNNER, J. C.; WILEY, Miriam M. 2002. "Hospital payment mechanisms: theory and practice in transition countries". In: *Hospitals in a changing Europe*. McKEE; Martin; HEALY, Judith (ed.). European Observatory on Health Care Systems Series. Buckingham, UK: Open University Press. p. 150-176.

LANSKY, Sônia; FRANÇA, Elizabeth; KAWACHI, Ichiro. 2007. "Social inequalities in perinatal mortality in Belo Horizonte, Brazil: the role of hospital care". *American Journal of Public Health* 97 (5): 867-73.

LANSKY, Sônia; FRANÇA, Elizabeth; CÉSAR, Cibele Comini; MONTEIRO NETO, Luiz Costa; LEAL, Maria do Carmo. 2006. "Mortes Perinatais e avaliação da assistência ao parto em maternidades do Sistema Único de Saúde em Belo Horizonte, Minas Gerais, Brasil, 1999". *Cadernos de Saúde Pública* 22 (1): 117-128.

LAWRENCE, David. 2003. *From Chaos to care: the promise of team-based medicine.* Cambridge, MA: Da Capo Press.

LEAL, Maria do Carmo; GAMA, Silvana Granado Nogueira da; CUNHA, Cynthia Braga da. 2005. "Desigualdades raciais, sociodemográficas e na assistência ao pré-natal e ao Parto, 1999-2001". *Revista de Saúde Pública* 31 (1): 100-107.

LEAPFROG GROUP. 2006. "Leapfrog Hospital rewards program". Leapfrog Group and Thomson Medstat, Washington, DC. Disponível em: https://leapfrog.medstat.com/rewards/.

LEBRÃO, M. L. 1999. "Determinantes da morbidade hospitalar em região do Estado de São Paulo (Brasil)". *Revista de Saúde Pública* 33 (1): 55-63.

LEONARD, L. Kenneth; MASATU, Melkiory C.; VIALOU, Alex. 2005. "Getting clinicians to do their best: ability, altruism and incentives". Consultant report to World Bank and National Science Foundation. Washington, DC.

LEVCOVITZ, E.; PEREIRA, T. R. C. 1993. "SIH/SUS (Sistema AIH): uma análise do sistema público de remuneração de internação hospitalar no Brasil, 1983-1991". Rio de Janeiro, RJ: Universidade Estadual do Rio de Janeiro/Instituto de Medicina Social.

LEVIT, K.; LAZENBY, Helen C.; BRADEN, Bradley R. 1996. "National health spending trends". *Health Affairs* 17(1): 35-51.

LIGHTER, Donald E.; FAIR, Douglas C. 2004. *Quality management in health care. Principles and methods.* Dubery, MA: Jones and Bartlett Publishers.

LOHR, K. N. (ed.) 1990. *Medicare: a strategy for quality assurance.* Washington, DC: National Academy Press.

MAARSE, Hans; RATHWELL, Thomas A.; EVETOVITS, Tamas; PREKER, Alexander; JAKUBOWSKI, Elke. 2005. "Responding to purchasing: provide perspectives". In: FIGUERAS, Josep; ROBINSON, Ray; JABUBOWSKI, Elke (ed.) *Purchasing to improve health systems performance.* Berkshire, UK: Open University Press. p. 265-287.

MACINKO, J.; GUANAIS, Federico C.; SOUZA, Maria de Fatima M. de. 2006. "An evaluation of the Impact of the Family Health Program on Infant Mortality in Brazil, 1990-2002". Consultant report to Ministério da Saúde. Brasília, DF.

MANIADAKIS, N.; Hollingsworth, B.; THANASSOULIS, E. 1999. "The impact of the internal market on hospital efficiency, productivity and service quality". *Health Care Management Science* 2 (2): 75-85.

MANNION, R.; GODDARD, M. 2001. "Impact of published clinical outcome data: case study in HNS hospital trusts". *British Medical Journal* 323: 262-263.

MARÇAL DOS SANTOS, A. A.; LOPES, F. F. de Paula; CARDOSO, R. Alves; SERUFO, J. C. 2005. "Diagnóstico do controle da infecção hospitalar no Brasil". Report prepared for Agência Nacional de Vigilância Sanitária (ANVISA). Brasília, DF. Disponível em: http://www.anvisa.gov.br/servicosaude/controle/Infectes%20Hospitalares_diagnostico.pdf.

MARE (Ministério da Administração Federal e Reforma do Estado). 1996. *Projeto organizações sociais.* Brasília, DF: MARE.

MARINHO, A. 2001a. "Estudo de eficiência em alguns hospitais públicos e privados com a geração de *rankings*". Discussion Paper 794. Rio de Janeiro, RJ: IPEA.

_______. 2001b. "Hospitais universitários: indicadores de utilização e análise de eficiência". Discussion Paper 833. Rio de Janeiro, RJ: IPEA.

_______. 2001c. "Avaliação da eficiência técnica nos serviços de saúde nos municípios do estado do Rio de Janeiro". Discussion Paper 842. Rio de Janeiro, RJ: IPEA.

MARINHO, A.; Façanha, L. O. 2001. "Hospitais universitários: avaliação comparativa de eficiência técnica". Discussion Paper 805. Rio de Janeiro, RJ: IPEA.

MARTÍN MARTÍN, José Jesús. 2003. "Nuevas fórmulas de gestión en las organizaciones sanitarias". Working Paper. Madrid: Fundación Alternativas.

MARTINS, M.; TRAVASSOS, Claudia M. R. 1998. "Assessing the availability of casemix information in hospital database systems in Rio de Janeiro". *International Journal for Quality in Health Care* 10 (2): 125-33.

MARTINS, M.; TRAVASSOS, Claudia; NORONHA, José C. 2001. "Sistema de informações hospitalares como ajuste de risco em índices de desempenho". *Revista de Saúde Pública* 35 (2): 185-192.

MATHIAS, T. A. F.; SOBOLL, Maria Lucia. 1998. "Confiabilidade de diagnósticos nos formulários de autorização de internação hospitalar". *Revista de Saúde Pública* 32 (6): 526-532.

MATOS, Afonso J. de 2002. "Apuração dos custos de procedimentos hospitalares: alta e média complexidade". Relatório do projeto REFORSUS 003/99. *Consultant Report for Ministério da Saúde*. São Paulo: PLANISA.

McCAUGHEY, Betsy (s/d). "Hospital infection fact sheet". New York: Committee to Reduce Infection Deaths. Disponível em: www.hospitalinfection.org/infectionfacts.shtml.

McKEE, Martin. 1997. "Indicators of clinical performance". *British Medical Journal* 315 (19 Jul.): 142.

McKEE, Martin; HEALY, Judith (ed.). 2002. *Hospitals in a changing Europe*. European Observatory on Health Care Systems Series. Buckingham, UK: Open University Press.

McKILLOP, Donal G.; GLASS, J. Colin; KERR, Christine A.; McCALLION, Gillian. 1999. "Efficiency in Northern Ireland hospitals: a non-parametric analysis". *Economic and Social Review* 30 (2): 175-196.

McLOUGHLIN, Vivienne; LETHERMAN, Sheila; FLETCHER, Martins; OWEN, John Wyn. 2001. "Improving performance using indicators: recent experiences in the United States, the United Kingdom, and Australia". *International Journal for Quality in Health Care* 13: 455-462.

McPAKE, Barbara; YEPES, Francisco José; LAKE, Sally; SANCHEZ, Luz Helena. 2003. "Is the Colombian health system reform improving the performance of public hospitals in Bogotá?" *Health Policy and Planning* 18 (2): 182-194.

MÉDICI, André C. 2005. "Financiamento público em saúde na América Latina e no Caribe: uma breve ánalise dos anos 1990". *Health Technical Note 3*. Washington, DC: Inter-American Development Bank.

MELLO, J. B.; CAMARGO, M. 1998. *Qualidade na saúde: práticas e conceitos, normas ISO nas áreas: médico-hospitalar e laboratorial*. São Paulo, SP: Best Seller.

MENDES, Eugênio V. 2005. "Redes de atenção a saúde". Consultant report for World Bank. Brasília, DF.

———. 2002. *A atenção primária à saúde no SUS*. Fortaleza, CE: Escola de Saúde Pública do Ceará.

———. 2001. *Os grandes dilemas do SUS*. Salvador, BA: Casa da Qualidade. 2. vol.

———. 1998. "A reengenharia do sistema de serviços de saúde no nível local". In: MENDES, Eugenio V. (ed.). *A organização da saúde no nível local*. São Paulo, SP: Hucitec. p. 57-86.

———. 1986. "Reordenamento do Sistema Nacional de Saúde: visão geral". Apresentado na Conferência Nacional de Saúde, 17-21 Março. Brasília, DF.

MENDES R., José; COSTA, Nilson do Rosário. 2005. "Mecanismos de governança e modelos alternativos de gestão hospitalar no Brasil". Osvaldo Cruz Foundation and National School of Public Health (FIOCRUZ/ENSP). Consultant report for World Bank, Rio de Janeiro, RJ.

MENDES, R., José; COSTA, Nílson do Rosário; BARBOSA, Pedro; GADELHA, Carlos; PINTO, Luiz Felipe; WERNECK, Antônio; SILVA, Pedro Luiz Barros; SORANZ, Daniel; REIS, Monica Chaves; GRABOIS, Victor. 2002. "Estudo de novos modelos de gerência de unidades hospitalares". Consultant report for Ministério da Saúde (REFORSUS Project). Brasília, DF.

MF (Ministério da Fazenda/STF). 2005. *Balanço geral da União 2004*. Brasília, DF: MF.

———. MF/SIAFI Database. Disponível em: http://www.stn.fazenda.gov.br/siafi /index.asp. Acesso em: 15 mar. 2005.

MINOTTO, Ricardo. 2003. *A estratégia em organizações hospitalares*. Porto Alegre, RS: PUC-RS.

MS (Ministério da Saúde). 2006a. *Saúde da família no Brasil – uma análise de indicadores selecionados 1998-2004*. Brasília, DF: MS.

———. 2006b. *Diretrizes para a implantação de complexos reguladores*. Série Pactos pela Sáude. Brasília, DF: MS. vol. 6.

______. 2006c. *Manual de orientações: central nacional de regulação da alta complexidade*. Brasília, DF: MS.

______. 2006d. "Preliminary report: Programa de Nacional de Avaliação de Serviços de Saúde (PNASS)". Brasília, DF: MS.

______. 2005. *Saúde Brasil 2005: uma análise da situação de saúde no Brasil*. Brasília, DF: MS, Secretaria de Vigilância em Saúde.

______. 2004a. *Política nacional de humanização*. Documento base para Gestores e Trabalhadores do SUS. Brasília, DF: MS.

______. 2004b. *Reduzindo as desigualdades e ampliando o acesso à assistência à saúde no Brasil 1998-2002*. Brasília, DF: MS.

______. 2004c. *Reforma do sistema da atenção hospitalar brasileira*. Brasília, DF: MS.

______. 2004d. *PNASS – Programa Nacional de Avaliação de Serviços de Saúde*. Brasília, DF: MS, Secretaria de Atenção à Saúde.

______. 2004e. *HumanizaSUS – Politica Nacional de Humanização*. Brasília, DF: MS, Secretaria Executiva.

______. 2004f. *Hospitais de pequeno porte – uma estratégia alternativa de organização e financiamento*. Brasília, DF: MS, Secretaria de Atenção à Saúde.

______. 2003. *Gestão financeira do Sistema Único de Saúde: manual básico*. 3. ed. Brasília, DF: MS.

______. 1998-2006. *Sistema de Orçamentos Públicos em Saúde (SIOPS)*. Brasília, DF: MS.

MS (Ministério da Saúde)/DATASUS. 2007. *Informações de saúde*. Brasília, DF: MS. Disponível em: http://w3.datasus.gov.br/datasus/datasus.php?area=359A1B378C5D0E0F359G22HIJd5L25M0N&VInclude=../site/infsaude.php&VObj=http://tabnet.datasus.gov.br/cgi/deftohtm.exe?sim/cnv/mat. Acesso em: 15 mar. 2007.

______. 2005a. *Indicadores e dados básicos* 2005 (IDB). Brasília, DF: MS. Disponível em: http://tabnet.datasus.gov.br/cgi/idb2005/matriz.htm.

______. 2005b. "Cadastro Nacional de Estabelecimento de Saúde (CNES)". Brasília, DF: MS. Disponível em: http://cnes.datasus.gov.br.

______. 1990-2006. "Sistema de Informações Hospitalares (SIH/AIH)". Brasília, DF: MS.

MS (Ministério da Saúde)/REFORSUS. 1998-2002. "Pilotos de modernização gerencial dos grandes estabelecimentos de sáude". Consultant report to MS, REFORSUS Project. Brasília, DF: MS.

MS (Ministério da Saúde)/RIPSA. 2000. "Indicadores e dados básicos (IDB)". Brasília, DF: MS.

MSPS (Ministère de la Santé et de la Protection Sociale). 2004. *Bilan Social 2002*. Paris: MSPS, Direction de l'Hospitalisation et de l´Organisation des Soins.

MURRAY, Michael D.; SHOJANIA, Kaveh G. 2001. "Unit-dose drug distribution systems". In: SHOJANIA, K.; B. DUNCAN;

McDONALD, K.; WACHTER, R. (ed.). "Making health care safer: a critical analysis of patient safety practices". Evidence Report/Technology Assessment 43, Agency for Healthcare Research and Quality, Rockville, MD. p. 101-109. Disponível em: http://www.ncbi.nlm.nih.gov/books/bv.fcgi?rid=hstat1.chapter.59276.

MURRAY, Robert. 2006. Presentation, human development week, September 9, 2006, Washington, DC: World Bank. Disponível em: http://info.worldbank.org/etools/BSPAN/PresentationView.asp?PID=1906andEID=883.

NAKAO, J. R. S.; EVORA,Y. D. M.; FÁVERO, N.; LAUS, E. 1986. "Análise de fatores que contribuem para que funcionários do serviço de enfermagem trabalhem em duas instituições hospitalares". *Revista Paulista de Enfermagem* 6 (2): 78-82.

NCSL (National Conference of State Legislators). 2003. *A framework for considering health care cost containment*. Washington, DC: NCSL.

NEWBLE, David; PAGET, Neil; McLAREN, Belinda. 1999. "Revalidation in Australia and New Zealand: approach of Royal Australasian College of Physicians". *British Medical Journal* 319: 1185-1188.

NISHIKUNI, Yasuko Y.; MINUCI, Elaine Garcia. 2006. "Comparação das médias dos indicadores: hospitais selados e os gerais". Report prepared for Controle de Qualidade Hospitalar and World Bank. São Paulo, SP.

NORCINI, John J. 1999. "Recertification in the United States". *British Medical Journal* 319: 1183-85.

NORONHA, José Carvalho; GARCIA ROSA, M. L. 1999. "Quality of health care – growing awareness in Brazil". *International Journal for Quality in Health Care* 11 (5): 437-441.

NORONHA, José Carvalho; PEREIRA, Telma Ruth da Silva. 1998. "Health care reform and quality initiatives in Brazil". *Journal on Quality Improvement* 24 (5): 251-263.

NORONHA, J. C.; TRAVASSOS, C.; MARTINS, M. C.; CAMPOS, M. R.; MAIA, P.; PANEZZUTI, R. 2003. "Avaliação da relação entre volume de procedimentos e a qualidade do cuidado: o caso de cirurgia coronariana no Brasil". *Cadernos de Saúde Pública* 19 (6): 1781-1789.

NOVAES, Humberto. 1999. *Manual brasileiro de acreditação hospitalar.* Brasília, DF: Ministério da Saúde/ Secretaria de Políticas de Saúde.

NOVAES, H. M.; NEUHAUSER, D. 2000. "Hospital accreditation in Latin America". *Pan American Journal of Public Health* 7 (6): 425-430.

NUNES, E. 1999. *Gramática política do Brasil: clientelismo e insulamento burocrático.* Rio de Janeiro, RJ: Jorge Zahar.

OCDE (Organização para a Cooperação e Desenvolvimento Econômico/OECD)2005. *OECD health data.* Paris: OCDE.

OLIVEIRA, E. X. G.; TRAVASSOS, Claudia; CARVALHO, Marília S. 2004. "Acesso à internação hospitalar nos municípios brasileiros em 2000: territórios do Sistema Único de Saúde". *Cadernos de Saúde Pública* 20 (Supl. 2): 5298-5309.

ONA (Organização Nacional de Acreditação). 2006. *Introdução a indicadores de desempenho – treinamento por educação á distancia.* Brasília, DF: ONA. Disponível em: http://www.ona.org.br.

________. 2005. *DOS – Diagnóstico organizacional simplificado.* Brasília, DF: ONA.

________. 2004. *Manual das organizações prestadoras de serviços hospitalares.* Brasília, DF: ONA.

OVER, Mead; WATANABE, Naolo. 2003. "Evaluating the impact of organizational reforms in hospitals". In: PREKER, Alexander; HARDING, April (ed.). *Innovations in health service delivery: the corporatization of public hospitals.* Washington, DC: World Bank. p. 105-151.

OZCAN, Y. A.; LUKE, R. D. 1993. "A national study of the efficiency of hospitals in urban markets". *Health Services Research* 27 (6): 719-739.

OZCAN, Y. A.; LUKE, Roice D.; HAKSEVER, Cengiz. 1992. "Ownership and organizational performance: a comparison of technical efficiency across hospital types". *Medical Care* 30: 781-794.

PALU, Toomas; KADAKMAA, Reet. 2001. "Estonian hospital sector transition". *Eurohealth* 7 (3, special issue, Autumn): 61-64.

PARTNERSHIPS FOR HEALTH REFORM PROJECT. 1998. *Cuentas nacionales de salude: México.* Informe sobre Iniciativas Especiales 11. Bethesda, MD: Abt Associates.

PEABODY, John W.; TAGUIWALO, Mario M.; ROBALINO, David A.; FRENK, Julio. 2006. "Improving the quality of care in developing countries". In: JAMISON, Dean T.; BREMAN, Joel G.; MEASHAM, Anthony R.; ALLEYNE, George; CLAESON, Mariam; EVANS, David B.; JHA, Prabhat; MILLS, Anne; MUSGROVE, Philip (ed.). *Disease control priorities in developing countries,* 2. ed. New York: Oxford University Press. p. 1293-1308.

PEREIRA, A. C.; FRANKEN, R. A.; SPROVIERI, S. R. S. 2000. "Iatrogenia em cardiologia". *Arquivos Brasileiros de Cardiologia* 75 (1): 75-78.

PEREIRA, Marcelo Farid; SILVEIRA, J. S. Tusi da; LANZER, Edgar Augusto. 1995. "Análise da eficiência produtiva de unidades hospitalares utilizando análise de envelopamento de dados (DEA)". *Anais do II Encontro de Economistas de língua portuguesa* (conference proceedings). Rio de Janeiro: Instituto de Economia Industrial da UFRJ.

PESTANA, Marcus; MENDES, Eugênio V. 2004. *Pacto de gestão: da municipalização autárquica à regionalização cooperativa.* Belo Horizonte, MG: Secretaria de Estado de Saúde de Minas Gerais.

PETERLINI, Maria Angélica Sorgini; CHAUD, Massae Noda; PEDREIRA, Mavilde da L. G. 2003. "Órfãos de terapia medicamentosa: a administração de medicamentos por via intravenosa em crianças hospitalizadas". *Revista Latino-Americana de Enfermagem* 11 (1, Jan.-Fev.): 88-95.

PHC4 (Pennsylvania Health Care Cost Containment Council). 2005. "Hospital-acquired infections in Pennsylvania". *PHC4 Research Briefs* 5 (July): 1-5.

PMSP (Prefeitura Municipal de São Paulo)/SECRETARIA MUNICIPAL DA SAÚDE/CeInfo. 2002. *Índice Saúde por Subprefeitura 2001-02, Painel de Monitoramento das condições de Vida e Saúde e da Situação dos Serviços de Saúde.* São Paulo, SP: Fundação SEADE.

PNUD (Programa das Nações Unidas de Desenvolvimento). 2004. *Atlas de Saúde – Brasil.* Brasília, DF: PNUD.

POSNETT, J. 2002. "Are bigger hospitals better?" In: McKEE, Martin; HEALY, Judith (ed.). *Hospitals in a changing Europe.* European observatory on health care systems series. Buckingham, UK: Open University Press. p. 100-118.

PRADE, S. S. 2002. "Desenvolvimento e validação de um instrumento de assessoria do programa de controle de infecção para as decisões do dirigente hospitalar". In: *Experiências inovadoras no SUS.* Produção Científica: Mestrado e Doutorado, Série C. Brasília, DF: Ministério da Saúde. p. 156-207.

PRADE, S. S.; OLIVEIRA, S. T.; RODRIGUES, R.; NUNES, F. A. 1995. "Estudo brasileiro da magnitude das infecções hospitalares em hospitais terciários". *Revista do Controle de Infecção Hospitalar* 1995 (2): 11-25.

PREFEITURA DA CIDADE DE RIO DE JANEIRO. 2002. "Avaliando a eficiência dos hospitais gerais do SUS através da metodologia da análise envoltória de dados – DEA". Coleção Estudos da Cidade. *Rio Estudos* 44 (Jan.), Rio de Janeiro, RJ.

PREKER, Alexander S. 2005. "Managing scarcity through strategic purchasing of health care". In: PREKER, Alexander S.; LANGENBRUNNER, John C. (ed.). *Spending wisely: buying health services for the poor.* Washington, DC: World Bank. p. 23-46.

PREKER, Alexander S.; HARDING, April (ed.). 2003. *Innovations in health sector delivery: the corporatization of public hospitals.* Washington, DC: World Bank.

PREKER, Alexander S.; LANGENBRUNNER, John C. (ed.). 2005. *Spending wisely: buying health services for the poor.* Washington, DC: World Bank.

PRESIDENT'S ADVISORY COMMISSION ON CONSUMER PROTECTION AND QUALITY IN THE HEALTH CARE INDUSTRY. 1998. *Quality first: better care for all Americans.* Washington, DC.

PRIOR, Diego. 2006. "Efficiency and total quality management in health care organizations: a dynamic frontier approach". *Annals of Operations Research* 145 (1): 281-299.

PROITE, A.; SOUSA, Maria da Conceição Sampaio de. 2004. "Eficiência técnica, economias de escala, estrutura da propriedade e tipo de gestão no sistema hospitalar brasileiro". Apresentado no Encontro ANPEC, João Pessoa, PB.

PUIG-JUNOY, J. 1999. "Ineficiencia técnica y asignativa en la producción hospitalaria: una aplicación AED-AR". Working Paper, Madrid: Fundación BBV.

PUPO, Tânia Regina G. Botelho. 2004. "Análise do instrumento vistoria técnica hospitalar". Tese de Doutorado. São Paulo: USP.

QUALIS HEALTH. 2006. "Surgical infection prevention (SIP) collaborative problem statement". Seattle, WA. Disponível em: http://www.qualishealth.org/sip.htm.

QUINTO NETO, Antônio. 2004. "Acreditação de organizações de saúde: a importância dos médicos na segurança da assistência e dos consumidores". In: QUINTO NETO, Antônio; BITTAR, Olímpio J. N. V. (ed.). *Hospitais: administração da qualidade e acreditação de organizações complexas.* Porto Alegre, RS: Dacasa Editora. p. 107-114.

_______. 2003. *Hospitais: administração da qualidade e acreditação de organizações complexas.* Porto Alegre, RS: Dacasa Editora.

_______. 1997b. *Acreditação hospitalar: proteção dos usuários, dos profissionais e das instituições de saúde.* Porto Alegre, RS: Dacasa Editora.

QUINTO NETO, Antônio; GASTAL, F. L. 1997a. *Acreditação hospitalar.* Porto Alegre, RS: Escola Superior de Gestão e Ciências da Saúde.

QUINTO NETO, Antônio; NOGUEIRA, Olímpio J.; BITTAR, V. 2004. *Administração da qualidade e acreditação de organizações complexas.* Porto Alegre, RS: Dacasa Editora.

RATTNER, Daphne. 2001. "Quality of care in childbirth: seeking a comprehensive approach". PhD dissertation. Chapel Hill, NC: University of North Carolina.

REGISTER, C. A.; BRUNING, Edward R. 1987. "Profit incentives and technical efficiency in the production of hospital care". *Southern Economic Journal* 53 (4): 899-914.

ROBINSON, Ray; JABUBOWSKI, Elke; FIGUERAS, Josep. 2005a. "Introduction". In: FIGUERAS, Josep; ROBINSON, Ray; JABUBOWSKI, Elke (ed.). *Purchasing to improve health systems performance.* Buckingham, UK: Open University Press. p. 3-10.

———. 2005b. "Organization of purchasing in Europe". In: FIGUERAS, Josep; ROBINSON, Ray; JABUBOWSKI, Elke (ed.). *Purchasing to improve health systems performance.* Buckingham, UK: Open University Press. p. 11-43.

RODRIGUES, P. S.; FONSECA, L.; CHAIMOVICH, H. 2000. "Mapping cancer, cardiovascular and Malaria research in Brazil". *Brazilian Journal of Medical and Biological Research* 33 (8): 853-867.

ROONEY, Anne L; OSTENBERG, Paul R. van. 1999. "Licensure, accreditation, and certification: approaches to health services quality". Preparado para a United States Agency for International Development (USAID), Quality Assurance Project, Bethesda, MD.

ROWLAND, Howard S.; ROWLAND, Beatrice L. 1984. *Hospital management: a guide to departments.* Rockville, MD: Aspen.

SALTMAN, Richard B.; FIGUERAS, Josep (ed.). 1997. *European health care reform – analysis of current strategies.* European Series 72. Kopenhagen: WHO Regional Office for Europe.

SAMPAIO, Luis Fernando R. 2004. "A qualidade do cuidado nas instituições hospitalares brasileiras". Consultant report for World Bank. Brasília, DF.

SÁNCHEZ CENTURIÓN, Carlos Alberto Segundo. 1993. *Avaliação da qualidade de assistência perinatal, no município de Taboão da Serra, São Paulo.* Dissertação de Mestrado. São Paulo: USP – Escola de Saúde Pública.

SANIGEST INTERNATIONAL. 2005. "Estudio de las herramientas contractuales entre el gobierno del Amazonas y las cooperativas prestadoras de servicios de salud". Consultant report for Gobierno de la República Federada del Brasil Secretaria de Salud del Estado del Amazonas.

SANTOS, N. Q. 1996. *Prática assistencial de enfermagem: o resgate da microbiologia como fundamento para o controle da infecção hospitalar.* Dissertação de Mestrado. Florianópolis: UFSC.

SCHIESARI, Laura Maria César. 2003. "Resultados de iniciativas de qualidade em hospitais brasileiros". Tese de Doutorado. São Paulo: USP.

SCHILLING, Claunara; REIS, Afonso Teixeira dos; MORAIS, José Carlos de. 2006. *A política de regulação do Brasil.* Série Técnica: Desenvolvimento de Sistemas e Serviços de Saúde, 12. Brasília, DF: Pan American Health Organization / MS.

SCHNEIDER, Pia. 2007. "Provider payment reforms: lessons from Europe and America for South Eastern Europe". Policy Note, HNP Discussion Paper. Washington, DC: World Bank.

SCHNEITER, Ellen J.; RILEY, Trish; ROSENTHAL, Jill. 2002. *Rising health care costs: state health cost containment approaches.* Portland, OR/Washington, DC: National Academy for State Health Policy. Disponível em: http://www. NASHP.org/Files/GNL56.pdf.

SCRIVENS, Ellie. 2002. "Accreditation and the regulation of quality in health services". In: SALTMAN, Richard B.; BUSSE, Reinhard; MOSSILOS, Elias (ed.). *Regulating entrepreneurial behaviour in European health care systems.* Buckingham, UK: Open University Press. p. 91-105.

———. 1997a. "Assessing the value of accreditation systems". *European Journal of Public Health* 7: 4-8.

———. 1997b. "Putting continuous quality improvement into accreditation: improving approaches to quality assessment". *Quality in Health Care* 6: 212-218.

SES-C (Secretaria da Saúde do Estado do Ceará). 2002a. *A experiência de implantação da microrregião de saúde de Baturité.* Fortaleza, CE.

———. 2002b. *Sistemas microrregionais de serviços de saúde.* Fortaleza, CE.

SES-MG (Secretaria de Estado de Saúde de Minas Gerais). 2007. *Por um SUS mais fácil em Minas Gerais.* Apresentação. Belo Horizonte, MG, abr. 17.

———. 2006. "Manual do Pro-Hosp. Programa de fortalecimento e melhoria da qualidade dos hospitais do SUS/MG". Belo Horizonte, MG.

———. 2005. "Caracterização da rede hospitalar do Sistema Único de Saúde em Minas Gerais: estudos de políticas de saúde e de avaliação econômica do SUS-MG". *Serviços Hospitalares 3,* Belo Horizonte, MG.

______. 2003. *O programa de fortalecimento e melhoria da qualidade dos hospitais do SUS em Minas Gerais – PROHOSP*. Belo Horizonte, MG.

SES-SP (Secretaria de Estado da Saúde de São Paulo). 2007. *Hospitais de ensino no Estado de São Paulo*. São Paulo, SP: Assessoria de Hospitais de Ensino, SES.

______. 2006. "Avaliação dos contratos de gestão. Coordenadora de contratação de serviços de saúde". São Paulo, SP: Dept. de Gestão e Controle de Contratos.

______. 2004. "Análise das UPS de custos trimestrais dos hospitais administrados por Organizações Sociais". São Paulo, SP: Coordenadoria de Contratação de Serviços de Saúde/DGCC.

______. 2003a. "Relatório de execução dos contratos de gestão". São Paulo, SP: Comissão de Avaliação.

______. 2003b. "Análise comparativa entre hospitais de administração direita e hospitais gerenciados por Organizações Sociais de Saúde". São Paulo, SP: Coordenadora de Contratação de Serviços de Saúde, Dept. de Gestão e Controle de Contratos.

SHAW, Charles D. 2004a. *Developing hospital accreditation in Europe*. Copenhagen: WHO Regional Office for Europe.

______. 2004b. *Toolkit for accreditation programs*. Washington, DC: International Society for Quality in Health Care.

SHEN, Y. C.; EGGLESTON, Karen; LAU, Joseph; SCHMID, Christopher. 2005. *Hospital ownership and financial performance: a quantitative research review*. Working Paper Series 11662. Cambridge, MA: National Bureau of Economic Research.

SHEPHERD, Geoffrey. 2002. "Public administration in the federal government of Brazil: civil service and organization issues". Consultant report. Brasília, DF: World Bank.

SHORTELL, Stephen M.; JONES, Robert H.; RADEMAKER, Alfred W. et al. 2000a. "Assessing the impact of total quality management and organizational culture on multiple outcomes of care for coronary artery bypass graft surgery patients". *Medical Care* 38 (2): 207-217.

SHORTELL, Stephen M.; GILLIES, Robin R.; ANDERSON, David A.; ERICKSON, Karen M.; Mitchell, John B. 2000b. *Remaking health care in America*. San Francisco, CA: Jossey-Bass.

SHORTELL, Stephen M.; ZIMMERMAN, Jack E.; ROUSSEAU, Denise M.; GILLIES, Robin R.; WAGNER, Douglas P.; DRAPER, Elizabeth A.; KNAUS, William A.; DUFFY, Joanne. 1994. "The performance of intensive care units: does good management make a difference?" *Medical Care* 32 (5): 508-525.

SILVA, A. E. B. C. 2003. "Análise do sistema de medicação de um hospital universitário do estado de Goiás". Dissertação de Mestrado. Riberão Preto: USP.

SILVER, L. D. 1992. "Quality assurance in health care issues in health care delivery and finance in Brazil". Consultant report. Washington, DC: World Bank.

SILVER, L. D.; TRAVASSOS, Claudia V.; NORONHA, Marina F.; MARTINS, Monica S.; LEITE, I. C. 1992. *Estudo da validade dos Diagnosis Related Groups (DRG) para internações hospitalares no Brasil*. Relatório final de pesquisa do projeto "Avaliação de métodos alternativos para racionalização e análise de qualidade nos serviços de saúde". Rio de Janeiro, RJ: Escola Nacional de Saúde Pública, Fundação Oswaldo Cruz.

SIQUEIRA, A.A. F.; TANAKA, Ana C. d'A.; SANTANA, Renato M.; ALMEIDA, Pedro A. M. de. 1984. "Mortalidade materna no Brasil, 1980". *Revista de Saúde Publica* 18: 448-465.

SOLUCIENT. 2004. *Solucient 100 top hospitals – national benchmarks for success 2003*. Thomas Healthcare, Stamford CT. Disponível em: http://www.100tophospitals.com/default.aspx.

SPATH, Patrice L. (ed.). 1999. *Error reduction in health care: a systems approach to improving patient safety*. San Francisco: Jossey-Bass.

SSENGOOBA, Freddie; ATUYAMBE, Lynn; McPAKE, Barbara; HANSON, Kara; OKUONZI, Sam. 2002. *What could be achieved with greater public hospital autonomy? Comparison of Public and PNFP Hospitals in Uganda*. Wiley InterScience. Disponível em: http://www.interscience.wiley.com.

STARFIELD, Barbara. 1998. *Primary care: balancing health needs, services and technology*. New York: Oxford University Press.

STARR, Paul. 1982. *The social transformation of American medicine*. New York: Basic Books.

STEVENS, Rosemary. 1989. *In sickness and in wealth: American hospitals in the twentieth century*. New York: Basic Books.

STRANDBERG-LARSEN, Martin; NIELSEN, Mikkel Bernt; KRASNIK, Allan; VRANGBÆK, Karsten. 2006. "Is Denmark prepared to meet future health care demands?" *Eurohealth* 12 (4): 7-10.

SWINKELS, J. A. 1999. "Reregistration of medical specialists in the Netherlands". *British Medical Journal* 319: 1191-1192.

TAMBOUR, M.; ZETHRAEUS, N. 1998. "Efficiency in the treatment of hip fractures". Working Paper Series. Economics and Finance 246. Stockholm: Stockholm School of Economics, Department of Economics, THOMAS, Eric J.; STUDDERT, David M.; NEWHOUSE, Joseph P.; ZBAR, Brett I. W.; HOWARD, K. Mason; WILLIAMS, Elliott; BRENNAN, T. 1999. "Costs of medical injuries in Utah and Colorado". *Inquiry* 36: 255-264.

THOMPSON, C. R.; McKEE, M. 2004. "Financing and planning of public and private not-for-profit hospitals in the European Union". *Health Policy* 67: 281-291.

TORO, Teresa M.; CUETO, Enriqueta; GIUFFRIDA, Antonio; ARANGO, Carlos; LÓPEZ, Alvaro. 2007. "Public hospitals and health care reform in Colombia". *Lancet*. Bogotá (no prelo).

UNIDAS (União Nacional das Instituições de Autogestão em Saúde). 2005. *Pesquisa nacional UNIDAS 2004/2005*. São Paulo, SP.

VALDMANIS, V. 1992. "Sensitivity analysis for DEA models". *Journal of Public Economics* 48: 85-205.

VALI, F. M. 2001. *Access to primary care in New Jersey – geographic variation of hospitalizations for ambulatory care sensitive conditions in 1995 & 1997*. Princeton, NJ: Health Research & Educational Trust of New Jersey.

VARGAS, Alexis. 2006. "Anotações sobre o contrato de gestão". *Debates GV Saúde* 1: 32-36. São Paulo, SP: Fundação Getulio Vargas, Centro de Estudos em Planejamento e Gestão de Saúde.

VERAS, C. M. T.; MARTINS, Mônica S. 1994. "A confiabilidade dos dados nos formulários de Autorização de Internação Hospitalar (AIH), Rio de Janeiro, Brasil". *Cadernos de Saúde Pública* 10 (3): 339-355.

VERAS, C. M. T.; BRAGA NETO, Francisco C.; NORONHA, Marina F.; MARTINS, Monica S. 1990. "Diagnosis Related Groups – DRG's: avaliação do uso de uma metodologia de mensuração do produto hospitalar com utilização de base de dados do SAMHPS/AIH na cidade do Rio de Janeiro". *Cadernos de Saúde Publica* 6 (3): 330-335.

VIACAVA, Francisco; ALMEIDA, Célia; CAETANO, Rosangela; FAUSTO, Márcia; MACINKO, James; MARTINS, Mônica, NORONHA, José Carvalho de; NOVAES, Heligonda M. D.; OLIVEIRA, Eliane dos Santos; PORTO, Silva M.; SILVA, Ligia M. Vieira da; SZWARCWALD, Célia Landmann. 2004. "Uma metodologia de avaliação do desempenho do Sistema de saúde brasileiro". *Ciência & Saúde Coletiva* 9 (3): 711-724.

VIANNA, S. M., ed. 2005. *Atenção de alta complexidade no SUS: desigualdades no acesso e no financiamento*. Brasília, DF: MS/IPEA. Vol. 1.

VICTORA, Cesar G.; VAUGHAN, Patrick; BARROS, Fernando C.; SILVA, Anamaria C.; TOMASI, Elaine. 2000. "Explaining trends in inequities: evidence from Brazilian child health studies". *Lancet* 356: 1093-98.

WATERS, H.; HUSSEY, P. 2004. "Pricing health services for purchasers: a review of methods and experiences". HNP Working Paper 31590. Washington, DC: World Bank.

WEBSTER, R.; KENNEDY, Steven; JOHNSON, Leanne. 1998. "Comparing techniques for measuring the efficiency and productivity of Australian private hospitals". Working Paper 98/3. Canberra: Australian Bureau of Statistics.

WHO (World Health Organization). 2005. *World health report 2005*. Genève: WHO.

_______. 2003a. *Quality and accreditation in health care services: a global review*. Genève: WHO.

_______. 2003b. *How can hospital performance be measured and monitored?* Kopenhagen: WHO Regional Office for Europe. Disponível em: http://www.euro.who.int/document/e82975.pdf.

_______. 2000a. *World HEALTH REPORT 2000*. Genève: WHO.

_______. 2000b. *Health care systems in transition: Germany, European observatory on health care systems*. Kopenhagen: WHO Regional Office for Europe.

_______. 2000c. *Health care systems in transition: France, European observatory on health care systems.* Kopenhagen: WHO Regional Office for Europe.

_______. 2000d. *Health care systems in transition: Switzerland, European observatory on health care systems.* Kopenhagen: WHO Regional Office for Europe.

_______. 2000e. *Health care systems in transition: The Netherlands, European observatory on health care systems.* Kopenhagen: WHO Regional Office for Europe.

_______.2000f. "Equity in access to public health". Working Papers, SEA-HSD-240. New Delhi: Fifty-Third Regional Committee of the South East Asia Region. New Delhi.

WILEY, Miriam. 2007. "Factors for consideration when developing a case mix based hospital payment system". Apresentado no World Bank Global Development Learning Network (GDLN) session. Dublin: Economic and Social Research Institute, 11 Abr.

WORK GROUP ON COMPUTERIZATION OF PATIENT RECORDS. 2000. *Toward a national health information infrastructure: report of the work group on computerization of patient records.* Washington, DC: U.S. Department of Health and Human Services.

WOUTERS, Annemarie; BENNETT, Sara; LEIGHTON, Charlotte. 1998. "Alternative provider payment methods: incentives for improving health care delivery". PHR Primer for Policymakers Series. Bethesda, MD: Partnerships for Health Reform, Abt Associates. Disponível em: http://www.phrplus.org/Pubs/pps1.pdf.

WRIGHTSON JR., Charles William. 1990. *HMO rate setting and financial strategy.* Ann Arbor, MI: Health Administration Press.

ZANETTA, S. F. R. s/d. *Uso de DRGs – Diagnosis Related Groups para qualificação das AIHs – Autorizações de Internação Hospitalar como instrumentos de gestão de serviços.* São Paulo.

ZERE, Eyob. 2000. "Hospital efficiency in Sub-Saharan Africa. Evidence from South Africa". Working Paper 187. Helsinki: World Institute for Development Economics Research.

ZERIBI, K. A.; MARQUEZ, L. 2004. *Approaches to healthcare quality regulation in Latin America and the Caribbean: regional experiences and challenges.* Latin America and Caribbean Regional Health Sector Reform Initiative (LACHSR), Report 63, for United States Agency for International Development (USAID). Bethesda, MD: Quality Assurance Project.

Índice Remissivo

Quadros, figuras, notas e tabelas são indicados por q, f, n e t respectivamente

A

absenteísmo de médicos, 247q
Academia Nacional de Medicina, 331, 332
acesso aos cuidados básicos, falta de, 1-2, 45, 360
ACO (avaliação das condições de oferta), 310q
acreditação, 15, 329, 340
  análise de custos, 335, 335t
  barreiras à, 335, 336
  CBA (Consórcio Brasileiro de Acreditação), 332-3, 334t
  cenário político, 336
  comparação entre diferentes sistemas, 333, 334t, 336
  comparações internacionais, 359
  conclusões e recomendações, 357
  CQH (Controle de Qualidade Hospitalar), 75, 85, 331, 333, 334t, 335, 340, 341t
  definição, 330q
  desempenho e, 337, 340, 341t
  histórico, 329, 331
  incentivos, 335
  JCAHO, 332, 350q
  Manual Brasileiro de Acreditação Hospitalar, 331
  ONA. *Ver* Organização Nacional de Acreditação
  pagamento, vínculo com, 337
  PBQP, 331
adequação no tempo como dimensão da qualidade da atenção à saúde, 297q
administração direta, 182-3, 217
  comparação com OSS, 208-10, 209t, 211t, 232t, 253-9, 255-6q
  comparada com arranjos alternativos/não tradicionais, 204-11, 205-6t, 207f, 209t, 211t, 228-31, 229t, 230f, 231t
  hospitais públicos, 183, 185-7, 190q
  INCL e FUNDACOR, 190q
administração indireta, 183, 187, 217-8
África do Sul, 149
Agência Nacional de Vigilância Sanitária (ANVISA), 20, 331q, 387
AIDS/HIV, 24, 297
AIH. *Ver* Autorização de Internação Hospitalar
Albânia, 233t
Alemanha
  alocação e uso de recursos, 100q
  arranjos organizacionais e de governança, 213q, 235t
  contratação com hospitais privados, 148
  planos diretores, 397
  práticas de governança, 292n48
alocação e uso de recursos, 5, 9-10, 55-123
  comparações internacionais, 46t
  compras estratégicas nas OSS, uso de, 280
  conclusões e recomendações a respeito, 99-100, 400-401
  conjunto de doenças não transmissíveis, custos com, 26t
  custos. *Ver* análise de custos
  eficiência. *Ver* análise da eficiência
  financiamento de hospitais, 40-4, 40f, 49t
  gastos com hospitais, 40-4, 41-2f, 44t, 47, 50-1t
  gastos com saúde no Brasil, 2, 9, 26-9, 26t, 28-9f
  licitação e compras em hospitais públicos, 246, 245f, 353
  limite de gastos, 138
  número de leitos por hospital, 3
  origem e fluxos de financiamento para o sistema de saúde, 28-9f, 28-31
  relacionados à política. *Ver* aspectos políticos
  resultados em saúde e gastos com saúde, 26-7, 26t, 55
Amapá, 53n31
Amazonas, 53n31, 151, 152q, 214
AMB (Associação Médica Brasileira), 130, 133, 166
ambiente externo, 3, 5f
ambiente interno, 3, 5f
AMS (Assistência Médico-Sanitária)
  benchmarking, análise de, 82, 85, 92
  DEA (Data envelopment analysis/Análise envoltória de dados), achados de estudos, 76
AMS. *Ver* Assistência Médico-Sanitária
análise de custos, 57-73
  acreditação, 334-5, 335t
  composição ou estrutura de custos, 67, 69, 67f, 68t, 68q
  conclusões e recomendações, 100-2
  custos por procedimento, 59-66, 62-6f
  Dias, Couttolenc e Matos (2004), estudo, 57

estratégias de contenção de custos, 69-70
gerenciamento da informação para, 58-9, 101
Matos (2002), estudo 57, 104-6, 108t, 140
medição de custos, desafios relacionados à, 57-9
MPP, 146, 147t, 147, 159-60
qualidade dos cuidados, 298
redesenhar os fluxos de financiamento para melhorar a consciência sobre custos, 390-3
setor privado, informação de custos para o, 62-3, 69t
sistemas de contabilização de custos, 57-58
análise de eficiência, 72-88
arranjos organizacionais e de governança, 205-6, 205t
Benchmarking. Ver benchmarking
compromissos com a qualidade, 73, 92f
conclusões e recomendações, 1002
conversões de hospitais, 269
CQH, 75, 85, 340, 341t
DEA. *Ver* análise envoltória de dados
MPP, 144f, 145t
pequenos hospitais, 8, 80-3
pesquisa brasileira em, 75-6, 121-3t
políticas de investimentos em hospitais, 98-9, 100q
qualidade dos cuidados, eficiência como dimensão da, 297q
redesenhar os fluxos de financiamento para promover a melhoria da eficiência, 390-93
tipos e conceitos de eficiência, 57q, 114-6, 114f
TOBIT, análise de regressão de, 10, 11, 94t, 109t
análise de regressão, 10, 94t, 109t, 118, 119
análise envoltória de dados (DEA), 9, 10, 72q
achados de levantamentos da AMS, 76-83, 76-9f, 79t, 80-1f
análise de regressão, 118-9
arranjos organizacionais e de governança, 205-6, 205t, 215
benchmarking e, 72, 93-4t, 94
classificação de hospitais em, 118
definição, 116
estudos internacionais que aplicam, 72-3
Excel Solver, 118
metodologia, 114-9
modelos para, 116-8
pesquisas brasileiras utilizando, 75-6, 121-3t
PPM e, 120, 144f
relação entre tamanho e eficiência, 73-4
software DEAP, 118
vantagens e desvantagens, 72q, 73, 74t
ANS (Agência Nacional de Saúde Suplementar)
formas de pagamento, 176n16
grupo de trabalho para políticas e práticas, 10
informações de custos pelo setor privado, 69t
limites nos aumentos de prêmios pela, 71
ONA e, 331q
responsabilidades regulatórias da, 20
ANS. *Ver* Agência Nacional de Saúde Suplementar
ANVISA (Agência Nacional de Vigilância Sanitária), 20, 331q, 387
Argentina, 181
Armênia, 233t
arranjos contratuais com o SUS, 11, 148-58
conclusões e recomendações a respeito, 161, 162, 377-409
hospitais de ensino, 155-8, 156t
hospitais privados, 32-4, 142-3, 149-51
OSS, 154, 155-6t
terceirização em hospitais públicos, 151-4, 151-2q
arranjos organizacionais e de governança, 3, 5f, 6, 11-3, 179-240
autarquias, 187, 219, 236n14
autarquia de regime especial, 219
autonomia, melhoria, 389-90
autonomia gerencial, 259-61, 260t
comparação de
análise de eficiência e *benchmark*, 205-6, 205t
arranjos alternativos ou não tradicionais e unidades de administração direta, 204-12, 205-6t, 207f, 209t, 211t, 228-31, 229t, 230f, 231t
formatos de hospitais públicos, 185t, 194-7, 195t, 197f, 206-8, 206t, 207f
metodologias, 228-32, 229t, 230f, 231-2t
OSS e hospitais da administração direta, 208-10, 209t, 211t, 253-9, 255-6q
comparações internacionais, 181, 213-4q, 234-5t. *Ver também* países específicos
comportamento do trabalhador em saúde afetado por, 247q
conclusões e recomendações, 211-6, 380, 383-6
conversões. *Ver* conversões de hospitais
corporações com fins lucrativos, 221
DEA, pontuações, 205-6, 205t, 215
desempenho e
análise de eficiência e *benchmark*, 205-6, 205t
autonomização, efeitos, 181-2
formatos de hospitais públicos, 185t, 194-7, 195t, 197f, 206-8, 206t, 207f, 215
hospitais privados, 215
OSS *vs.* hospitais da administração direta, 208-10, 209t, 211t, 232t, 253-9, 255-6q
relação entre organização, gerenciamento e desempenho, 12-3, 242-3

unidades de administração direta
comparadas com arranjos alternativos ou não tradicionais, 204-11, 207f, 209t, 211t
EP, 188,213, 236n17
FA, 188-9,236n18, 237n20
fundações públicas, 187, 218, 236n14
gerenciamento. *Ver* práticas de gerenciamento
hospitais públicos, 11-2, 183-97
administração direta, 184, 185-7, 190q
administração indireta, 183, 187
características e aspectos principais, 222-7t
comparação de formatos, 185t, 194-7, 195t, 197f, 206-8, 206t, 207f
comportamento gerencial e organização, 243-5, 244-5f
descentralização, efeitos da, 185-7
desempenho e organização, 185t, 194-7, 195t, 197f, 206-8, 206t, 207f, 215
organizações autônomas, 183, 188-91
OSS. *Ver* organizações sociais de saúde
reformas que afetaram os, 185
hospitais privados, 11, 197-204, 198t
autonomia de, 202, 204f
desempenho de, 215
em contexto de pesquisas, 182
estruturas gerenciais e estruturais, 201-4, 201q, 202t, 203-4f, 274-7, 275t, 276t, 277f
OFB (organização filantrópica ou beneficente), 200-204
quadro legal e regulatório para, 201
sem fins lucrativos, 11, 199-201, 215, 216q
SUS, financiamento e pacientes, 197, 198t
hospitais privados sem fins lucrativos, 11, 199-201, 215, 216q, 219-20
implementação e melhoria da qualidade de vida, 359-61
ONA, 331q
OS, 188, 189-91, 262q, 269q
OSS. *Ver* Organizações Sociais de Saúde
problemas e desafios, 383
relação entre organização, gerenciamento e desempenho, 12-3, 242-3. *Ver também* práticas gerenciais
SSA (serviços sociais autônomos), 188, 219, 260
tipos de, 180-183, 184t
unidades administrativas, 180
administração direta. *Ver* administração direta
administração indireta, 183, 187, 218
hospitais públicos, 183, 185-7
unidades autônomas, 180-1, 213, 218-9
efeitos da autonomia, 181-3
hospitais privados, 202, 204f
hospitais públicos, 183, 188-91
na Europa, 213-214q
unidades totalmente autônomas, 181

aspectos estruturais. *Ver* arranjos organizacionais e de governança; qualidade da atenção; sistemas e estruturas de saúde e setor hospitalar
aspectos físicos e materiais como componentes da qualidade da atenção, 301-8, 302f, 304-7t
Associação Médica Brasileira (AMB), 130, 133, 166
associações beneficentes, 200
associações comerciais, 200
associações filantrópicas e de caridade, hospitais fundados por, 199-203, 219-20, 292n49
atenção centrada no paciente como dimensão da qualidade, 297q
atendimento de emergência, 2, 9, 30
Austrália
alocação e uso de recursos, 73, 74q, 98
arranjos organizacionais e de governança, 182
avaliação da qualidade e implementação de melhorias, 365t, 366t, 368t
DRG (Grupo de Diagnósticos Relacionados), 171
implementação de reformas, 403, 410n7, 410n12
qualidade da atenção, 330
Áustria
arranjos organizacionais e de governança, 182, 213q, 233t
conversão de hospitais, 272- 4, 292n43
implementação e reformas, 410n7, 410n12
autarquia de regime especial (unidade de gestão autônoma sob regime especial), 219
autarquias, 187, 219-20, 236
autonomia gerencial, 259-60, 260t, 280
autonomia, melhoria, 388-9
Autorização de Internação Hospitalar (AIH), 30, 31, 53n22, 134, 136
análise crítica, 133, 135
bases históricas, 166-7
como fonte de informações, 388
componentes da, 125n18
conclusões e recomendações, 161-2, 386
contratação de hospitais privados e, 149, 154
custos, envolvimento com, 391
definição, 53n22, 131
distribuição por tipos de prestadores, 139
DRG comparados com, 132, 134q, 136, 172, 173t, 393
informações de custos derivadas de, 60, 66-7, 67f
Matos (2002) estudo comparado com a base de dados, 104, 105, 106, 108t
na história do Sistema de Saúde Brasileiro, 35q
pagamento prospectivo por casos, 132
política dirigida à contenção de custos, 34
problemas associados a, 159-60

problemas e desafios de, 379-80
repasses em bloco, substituindo, 137-8, 176n26
severidade de casos, falta de ajuste por, 159
taxas e custos, 140-1
avaliação com base em dados, 360
Avaliação das Condições de Oferta (ACO), 310q
avaliação e melhoria da qualidade, 7, 14-6, 329-77
acreditação. *Ver* acreditação
avaliação com base na, 360
comparações internas, 344, 371t, 373
conclusões e recomendações, 356f, 383, 387-8, 398-9
controle externo e mecanismos de responsabilização, 356f, 359
coordenação de cuidados, 348, 361
CQI, 360, 361, 387-8
desenvolvimento organizacional, 359-61
dificuldades de mensuração, 301
informação pública, 358-9, 370
licitação e compras com base na qualidade, 359
monitoração de desempenho e sistemas de *benchmarking*, 344-5, 345q
práticas de gerenciamento, 299, 323t, 338-40, 339-40t
programas do MS, 345, 347
redes. *Ver* redes
SCPA, estudo de caso, 342-4, 344t
sistema de apoio, 356-7, 356f, 365t, 370, 371t
tecnologia da informação, 360-1

B

Bálticos, estados. 213q *Ver também* Estônia
Banco de Preços em Saúde, 70
Banker, Charnes e Cooper (BCC), modelo DEA, 117
base de dados eletrônica e sistema de licitação, 70
Base de dados *online* e sistema de licitação, 70
BCC (Banker, Charnes e Cooper) modelo DEA, 117-8, 120
Bélgica, 213q, 223t
Belo Horizonte e UNIMED/BH, 315, 337, 338, 358, 359, 371
benchmarking, 10, 71
análise de estudo da AMS, 82, 92
arranjos organizacionais e de governança, 205-6, 205t
avaliação e melhoria da qualidade via, 344, 345, 345q
DEA e, 71, 93, 94t, 95
definição, 73, 345q
MPP (mecanismos de pagamento a prestadores), 145, 146, 145t
pesquisa brasileira utilizando-se de, 75, 72, 121t, 123t
pesquisa internacional usando, 73, 74q
Bretanha. *Ver* Reino Unido

C

Canadá
acreditação, 358
alocação de recursos e uso no, 68q, 73, 99
aquisição de tecnologia no, 410n11
arranjos organizacionais e de governança, 181
contratando com hospitais privados, 148
sistemas e estruturas em, 57, 42
taxas de mortalidade, 314
CartaSUS, 348, 387
case mix e índice de *case mix* (CMI), 60-1, 62-3f, 104-6, 162
CBA (Consórcio Brasileiro de Acreditação), 330, 332-3, 33t
CC (centros colaboradores), 346
CCR (Charnes, Cooper e Rhodes), modelo DEA, 116-7
CDC (Centros para o Controle de Doenças), Estados Unidos, 319, 327n29, 385q
Ceará, 237n23,
Central Nacional de Regulação da Alta Complexidade (CNRAC), 352
centros de regulação (CRs), 350-51, 355, 386
Centros para Controle de Doenças (CDC), Estados Unidos, 319, 327n29, 328n34, 385q
certificação
de acreditação. *Ver* sistemas de acreditação
de sistemas e estruturas descentralizados, 22-3
definição, 330q
processos de recertificação para médicos, 310-1
Charnes, Cooper e Rhodes (CCR) modelo DEA, 116-7
Cingapura, 149, 181, 182
cirurgia de revascularização miocárdica. *Ver* procedimentos tecnicamente complexos
CLT (Consolidação das Leis do Trabalho), 249, 254, 259, 283, 264, 269, 270q, 389
CMI (índice de *case mix*), 61, 62f, 104-7, 124n12, 124n15, 162
CMN (Confederação das Santas Casas de Misericórdia, Hospitais e Entidades Filantrópicas), 166
CNRAC (Centro Nacional de Regulação da Alta Complexidade), 352
Colégio Brasileiro de Cirurgiões, 330, 332
Colômbia, 181, 269-74, 292n43
comparações internacionais. *Ver também* Europa; países da Organização para Cooperação e Desenvolvimento Econômico (OCDE);
acreditação, 358
alocação e uso de recursos, 46t
arranjos organizacionais e de governança, 182, 213-4q, 234-5t
autonomização e desempenho, 182

avaliação e melhoria da qualidade, 344, 363, 371, 371t, 372, 373n31
benchmarking, aplicação de, 73, 74q
contratação de hospitais privados, 148
conversões de hospitais, 271-4
CSAA, internações, 95-6
DEA, aplicação de, 73-5
gastos com saúde, 25, 27t
MPP (mecanismos de pagamento a prestadores), 131, 133, 134q
países específicos
políticas de investimentos em hospitais, 100q
qualidade da atenção, 298, 299
redução de leitos, 98
taxas de funcionários por leito, 87
compras estratégicas pelas OSS, uso de, 280
CONASEMS (Conselho Nacional de Secretários Municipais de Saúde), 151, 177 n50, 331q
conclusões e recomendações, 378-409
acreditação, 383
AIH, 166, 387
alocação e uso de recursos, 99-103, 400-402
análise de eficiência, 99-102
análises de custo, 99-102
arranjos contratuais com o SUS, 386
arranjos organizacionais e de governança, 211-6, 379, 384-6
conversão de hospitais, 267-71, 283, 390
coordenação de cuidados e redes, 362, 382, 386, 393-401
implementação de, 401-3
informação, obtendo, 383-5, 388
iniciativas e inovações próprias, construindo com base em, 385-8, 385q
MPP, 158-65, 386, 390-3
Pequenos hospitais, 99, 382, 386, 396-398
políticas de prioridades-chave. *Ver* gerência de questões políticas, 277-83
problemas e desafios, resumo dos, 2-3, 379-85
qualidade, questões de, 320-1, 354-61, 356f, 383, 387-8, 398-9
SIA, 162, 165, 387, 388
sistemas e estruturas de saúde e setores hospitalares, 44-6
condições sensíveis à atenção ambulatorial (CSAA), 95-6, 95f, 127, 354p
Confederação das Santas Casas de Misericórdia, Hospitais e Entidades Filantrópicas (CMB), 166
Conselho Federal de Medicina, 310, 311
Conselho Nacional de Secretários de Saúde (CONASS), 151, 177n50, 331q
Conselho Regional de Medicina do Estado de São Paulo (CREMESP)
CQH e, 332
estudos e pesquisas sobre qualidade de cuidados, 303-5, 304-5t, 308, 309, 314, 315t, 319, 327n13
Conselho Regional de Medicina do Estado do Rio de Janeiro (CREMERJ), 311
Consolidação das Leis do Trabalho (CLT), 249, 254, 259, 262, 264, 269, 270q, 389
Consórcio Brasileiro de Acreditação (CBA), 330, 332-3, 334t, 335t
contratação e gerenciamento de contratos por OSS, 154, 155-6t, 193-4, 261, 2801,386
contrato com médicos, 233, 246-9, 263
Controle de Qualidade Hospitalar (CQH), 331,334
análise de eficiência, 76, 85, 86, 340, 315t
comparado à ONA e ao CBA, 332-4, 334t, 335
número e tipos de hospitais acreditados, 334t
sistema de *benchmarking*, 344
controles externos e mecanismos de responsabilização, 356f, 357-9
conversões de hospitais, 261-74
conclusões e recomendações, 271, 278-84
estudos de casos de conversões para OSS
exemplos internacionais, 271-4
FE, proposta para converter hospitais públicos em, 283
gerenciamento de recursos humanos 267-71, 273-4
impedimentos legais e oportunidades, 269q, 271-3
implicações políticas na implementação de OSS, 262q
Luzia de Pinho Melo, Centro de Emergência e Cuidados Ambulatoriais, 263-4
melhoria de desempenho a partir de, 270
no Brasil, 261-70
São José dos Campos, hospital, 265-9, 266t, 269q
conversões. *Ver* conversões de hospitais
cooperativas dirigidas por profissionais e empregados, 199, 200-1, 221
cooperativas ou sindicatos operados por empregados, 200-21
coordenação dos cuidados, 349, 361, 382, 386-7, 393-9, 395q. *Ver também* redes
Coreia do Sul, 171
Coreia, República da, 171
corporações, 221
corrupção, perigos da, 183
CQH. *Ver* Controle de Qualidade Hospitalar
CR (Central de Regulação), 349-51, 355, 386
CREMERJ (Conselho Regional de Medicina do Estado do Rio de Janeiro), 311
CREMESP
CSAA (condições sensíveis à atenção ambulatorial, 353, 354t
cuidados básicos, acesso a, 2, 38-44, 183, 352, 354
Curitiba (cidade), 16, 236n7,353, 386
custeio por absorção clássica, 58
custo médio por procedimento, 61

custos, variações intra-hospitalares, 66, 66f
custos de recursos humanos, 67
custos diretos, 58

D
DATAPREV, 166
DEA. *Ver* análise envoltória de dados
demografia e tendências de saúde, 25-6t,
descentralização do sistema de saúde
Dias, Couttolenc e Matos (2004), estudo de análise de custos, 57
Dinamarca, 234t, 395q
Diretoria Regional de Saúde, 352
disparidades
  em qualidade da atenção, 299-301
  na prestação de serviços de saúde, 1-2, 39
disparidades regionais
  do sistema hospitalar, 34-7, 48-9t
  na prestação de cuidados à saúde, 40, 40f
Disque Saúde, 348
divulgação pública, 358-9, 369
DNT (doenças não-transmissíveis), 25-6, 26t, 349, 353
doenças não transmissíveis (DNT), 25-6, 26t, 349, 353
Donabedian, A., 296, 301
DRG. *Ver* grupo de diagnósticos relacionados

E
EA (eficiência alocativa), 57q, 114f, 115f
educação
  hospitais de ensino
  qualidade da educação dos médicos, 309-11, 310q, 312t
EET (eficiência econômica total), 73, 93, 93t, 94, 114f, 115, 117, 205
efeitos ou resultados
  gastos com saúde e, 26-8, 26t, 55
  qualidade, como componente da atenção. *Ver* qualidade da atenção.
efeitos ou resultados na saúde
  gastos com saúde e, 27-8, 26t, 55
  qualidade como componente de. *Ver* qualidade de cuidados
efetividade como dimensão da qualidade dos cuidados, 297q
eficiência alocativa, 57q, 114f, 115f
eficiência técnica, 57q, 73, 80, 93, 93t, 94, 114-5f, 117
eficiência técnica interna (pura), 57q, 73, 80, 114f, 117
eficiência técnica pura (interna) (ET pura ou ETI), 57q, 73, 114f, 117
eficiência técnica total (ETT), 92, 93t, 94, 114f, 115, 117, 205
empresas públicas (EP), 188, 220, 236n17
ENC (Exame Nacional de Cursos), 310q
entidade privada não lucrativa (EPNL)
  organizações sem fins lucrativos, privadas e legalmente incorporadas, 192, 193-4, 238n27
entidade privada sem fins lucrativos, 193-4, 238n27
entidade privada sem fins lucrativos, legalmente incorporadas ou EPNL, 193-4, 238n27
Entidades Privadas Não Lucrativas (EPNL) 192-4, 238n27
EP (empresas públicas), 218-9, 236n17
equidade como medida da qualidade do atendimento, 297q
escala de eficiência, 57q, 73, 80, 114f, 116, 117
Eslovênia, 233t
Espanha
  acreditação, 358
  alocação e uso de recursos, 95, 100q
  arranjos organizacionais e de governança, 182, 213q, 214q, 235t
  contratação de hospitais privados na, 148
  conversão de hospitais, 272-4
estabelecimento de índices para MPP, 130
Estados Unidos
  acreditação nos, 336, 358
  alocação e uso de recursos, 73, 74q, 95, 99
  arranjos organizacionais e de governança, 181, 214, 216q
  avaliação e melhoria da qualidade, iniciativas, 337, 358, 363, 370-1, 371t, 372
  CDC, 319, 327n29, 328n34, 385q
  contratação de hospitais privados nos, 148
  DRG nos, 133, 171
  hospitais sem fins lucrativos, 215, 216q
  médicos, ações disciplinares contra, 312t
  NNISS/CDC, 319, 327n29, 328n34
  qualidade da atenção nos, 298, 299, 312t, 314, 344
  report cards, 369
  sistemas e estruturas, 42, 51f
  taxas de mortalidade, 314
Estônia
  arranjos organizacionais e de governança, 181, 213q, 234t
  conversão de hospitais, 272, 274
  implementação de reformas em, 410n7
ET (eficiência técnica), 57q, 73, 79t, 93, 93t, 94, 114-5f, 117
ETI (eficiência técnica interna (pura)), 57q, 73, 79, 114f, 117
Europa. *Ver também* países específicos
  arranjos organizacionais e de governança na, 213-4q, 233-5
  compras baseadas em qualidade na, 373
  contratação de hospitais privados na, 148
  DRG na, 132, 134q, 171
  qualidade de atendimento na, 299

Exame Nacional para Cursos Médicos (ENC), 310q
expectativa de vida, 25t

F
FA (fundações de apoio/fundações privadas de apoio), 188-9, 219, 236n18, 237n20
Fator de Incentivo ao Desenvolvimento de Ensino e Pesquisa em Saúde (FIDEPS), 29
FE (fundações estatais), proposta para a conversão de hospitais públicos em, 283
Federação Brasileira de Hospitais (FBH), 17n1
financiamento. *Ver* orçamento; análise de custo; alocação e uso de recursos
financiamento público dos cuidados com saúde, 22
Finlândia, 234t
formulários de informações hospitalares, 373
Fórum Nacional de Qualidade (FNQ), 375
Fórum Nacional de Qualidade (National Quality Forum, ou NQF), 375
França
  acreditação, 358
  alocação e uso de recursos, 98
  arranjos organizacionais e de governança, 235t
  contratação de hospitais privados na, 148
  práticas gerenciais, 292n48
  sistemas e estruturas na, 57
  taxas de mortalidade, 314
funcionalismo público, contratação 246-250, 247q
Fundação Cesgranrio, 333
fundações de apoio privadas (FA), 188-9, 220, 236n18, 237n20
fundações estatais (FE), proposta para converter hospitais públicos em, 284
fundações estatais, proposta para a conversão de hospitais públicos em, 282-3
fundações privadas, 220
fundações públicas, 187, 218, 236n14
FUNDACOR (fundação Pró-Coração), 190q

G
Gana, 182
gastos com atenção à saúde. *Ver* gastos
gastos hospitalares por elemento de despesa, 41-2, 41f, 67t
gastos. *Ver também* orçamento e finanças; análise de custos; licitação e compras, alocação e uso de recurso
  gastos com hospitais no Brasil, 40-4, 41-2f, 44t, 47, 50-1t
  gastos com saúde no Brasil, 2, 9, 25-9, 26t, 28-29f
  SUS
    por esfera do hospital, 41f, 51t
    por nível de cuidados, 44t
    por tipo de serviço, 42, 42f
gerenciamento de pessoal. *Ver* gerenciamento de recursos humanos
gerenciamento de recursos humanos. *Ver também* médicos
  CLT, trabalho privado sob regime da, 249, 254, 259, 262, 264, 269, 269q
  contratação de médicos, 246-9
  conversões de hospitais e, 267-71, 273-4
  em hospitais públicos, 247-50, 247q, 284-6
  OSS *vs.* Unidades sob administração direta, 253-9, 279-80
  qualidade da atenção, 308-9
GIH (Guia de Internação Hospitalar), 166
Goiás, 53n31
governança de hospitais. *Ver* arranjos organizacionais e de governança
Grã-Bretanha. *Ver* Reino Unido
Guia de Internação Hospitalar (GIH), 166

H
Harding, April, 180
HC (Hospitais Clientes) em Programas de Centros Colaboradores, 346
HIV/AIDS, 24, 298
Holanda, 100q, 181, 234t
Hong Kong (China), 181, 182
hospitais clientes (HC) em Programa de Centros Colaboradores, 346
hospitais com fins lucrativos, 11, 32-3, 41f, 79, 220
hospitais de ensino
  análise de custos por tipo de hospital, 62, 63f
  arranjos contratuais, 155-7, 156t
  custo dos procedimentos, 59-60
  DEA 73, 78, 79, 82f
  número e propriedade, 178n57
  taxa de ocupação de leitos, 84
hospitais no Brasil, 1-17
  base histórica, 35-7q
  bases conceituais para o estudo, 3-4, 5f
  centralização do sistema de saúde, 9, 100, 183
  conversão. *Ver* conversões de hospitais
  gerenciamento de. *Ver* práticas de gerenciamento
  literatura e fontes, 16-7
  maternidades, qualidade dos cuidados em, 308, 315t
  organização e governança. *Ver* arranjos organizacionais e de governança
  pagamento. *Ver* mecanismos de remuneração a prestadores
  privados. *Ver* cuidados de saúde privados
  problemas e desafios encontrados por, 2, 379-85
  públicos. *Ver* hospitais públicos

qualidade. *Ver* implementação e melhoria da qualidade; qualidade dos cuidados
questões políticas. *Ver* questões políticas
recursos, alocação e uso de. *Ver* alocação e uso de recursos
requisitos obrigatórios do comitê, 319-20, 319t, 328n33
sistemas e estruturas. *Ver* sistemas e estruturas de saúde e setores hospitalares. *Ver* Hospitais de ensino.
tamanho dos, 33-4, 33t. *Ver também* pequenos hospitais
hospitais privados sem fins lucrativos. *Ver também* hospitais privados
alocação e uso de recursos, 79t
arranjos organizacionais e de governança, 11, 199-201, 215, 216q, 219-20
contratação de médicos, 246, 249
MPP, 139-44
OFB, 200-4, 275, 292n49
práticas de gerenciamento, 274-7, 275t
qualidades da atenção, 308
sistemas e estruturas, 10, 34, 41f
hospitais públicos, 11-2, 30-2
arranjos organizacionais e de governança em. *Ver* arranjos organizacionais e de governança
custo por procedimento em, 62-65
eficiência, 79-80f
FE, proposta para a conversão de hospitais públicos em, 283
fontes externas em, 152-3q
gasto dos, 41f
hospitais de ensino. *Ver* hospitais de ensino
leitos, aumento no número de, 33-4, 34f
licitação e compras, 245-6, 245f, 284
MPP. *Ver* mecanismos de pagamentos a prestadores
orçamento e finanças, 195t, 250-2, 252q, 286
política para a expansão da rede, 34, 35-37q, 53n30
práticas de gerenciamento. *Ver* práticas de gerenciamento
hospitais religiosos, 35q, 199
Hospital de São José dos Campos, estudo de caso, 265-8, 266t, 269q
Hospital Santa Casa de Porto Alegre (SCPA), 342-4, 344t
HumanizaSUS, 346, 388

I

Implantação de qualidade em cuidados. *Ver* implantação e melhoria da qualidade
INAMPS (Instituto Nacional de Assistência Médica e Previdência Social), 35q, 134q
INCA (Instituto Nacional do Câncer), 299
INCL (Instituto Nacional de Cardiologia Laranjeiras), 190q
Índia, 182
Índice de Valorização Hospitalar (IVH), 166
Indonésia, 182
infecção hospitalar (IH), taxas de, 317-9, 317f, 319t
informação
falta de, 383-4
gerenciamento de, 58-9, 101
OSS, ambiente de informação na, 281-2, 388
promovendo uso efetivo da, 400-1
provendo, 388
qualidade, implementação e melhoria da, 360-1
SIH, 30-1, 53n22, 70, 149
Inglaterra. *Ver* Reino Unido
INSS (Instituto Nacional de Seguridade Social), 166
Instituto de Medicina Social, Universidade Estadual do Rio de Janeiro, 330, 332
Instituto Ludwig, 299
Instituto Nacional de Assistência Médica da Previdência Social (INAMPS), 35q, 134q
Instituto Nacional de Cardiologia de Laranjeiras (INCL), 190q
Instituto Nacional de Seguridade Social (INSS), 166
Instituto Nacional do Câncer (INCA), 299
INTEGRASUS, programa, 150-1
IOM (Institute of Medicine), abordagem da qualidade da atenção, 297-8, 297q, 325n1
Itália
acreditação, 358
alocação e uso de recursos 99, 100q
arranjos organizacionais e de governança, 213q, 235t
contratação de hospitais privados, 148
IVH (Índice de Valorização Hospitalar), 166

J

Jakab, M., 180
JCAHO (Joint Commission on Accreditaion of Healthcare Organizations), 331, 350q
JCI/CBA, programa (Consórcio Brasileiro de Acreditação), 330, 332-3, 334t
jesuítas, primeiro hospital no Brasil fundado pelos, 35q
Joint Commission on Accreditaion of Healthcare Organizations (JCAHO), 332, 350q

L

Laranjeiras, Instituto Nacional de Cardiologia de (INCL), 190q
Leapfrog, Grupo, 298, 371, 375n43
leitos
hospitais com pequeno número de. *Ver* pequenos hospitais
índice de rotatividade de, 83, 84f

número ótimo por hospital, 3
números gerais no Brasil, 32-3, 34f
reduzindo a oferta de, 98
relação de funcionários por leito, 10, 86-7, 87f, 88f
taxas de ocupação, 10, 83-5, 85f, 101
levantamento nacional de unidades de saúde. *Ver* assistência médico-sanitária
licenciamento
de médicos, 309-11, 310q, 312t
definição, 330q
Ministério da Saúde, exigências, 229, 357-8
ONA, exigências com respeito à, 332
licitação e compras. *Ver* alocação e uso de recursos
baseadas na qualidade, 359, 373n14, 374n-27, 371t
compra estratégica das OSS, o uso de, 281
em hospitais públicos, 245-7, 245f, 284
licitações. *Ver* licitação e compras; alocação e uso de recursos
Lula da Silva, Luís Inácio, 212, 262q
Luzia de Pinho Melo, Centro de Emergência e Cuidados Ambulatoriais, conversão de, 263-4

M

Malásia, 181-2
Manual Brasileiro de Acreditação Hospitalar, 331
Maranhão, 53n31
maternidades, qualidade da atenção nas, 308-9, 315t
Matos (2002) estudo de análise de custo, 57, 104-6, 108t, 140
MCQ (melhoria constante da qualidade), 359-60, 361, 387-8
mecanismos de informações públicas, 374n33
mecanismos de pagamento a prestadores (MPP) por elemento de despesa, prospectivo, 131-2, 137-8, 162
mecanismos externos para, 356f, 357
Mecanismos de Pagamentos a Prestadores (MPP), 5-6, 9-11, 130-48
acreditação ligada a, 336
AIH. *Ver* Autorização de Internação Hospitalar
ajustes para reembolso, 136, 170, 175n13
análise de custos, 146-7, 147t, 159-62
aspectos principais dos, 131t
base histórica, 166-7
como fonte de informações sobre custos, 59
conclusões e recomendações a respeito, 158-61, 387, 390-3
contenção de custos, estratégias usadas em, 70
DEA e, 119, 144f
definição, 130
desempenho e, 132, 144-8, 144f, 145t, 1478t, 159
distribuição entre tipos de unidades, 140f
DRG, modelos. *Ver* grupos de diagnósticos relacionados (DRG), modelos
eficiência, 144-6, 144f, 145t
limites de gastos, 138
médicos, pagamentos a, 130-2
OSS, 194
orçamento global prospectivo, 131
orçamento prospectivo por elemento de despesa, 131-2, 163
pagamento prospectivo baseado em casos, 133, 163
pagamento direto por serviços prestados, 133, 138
pagamento prospectivo por serviços prestados, 133, 138, 145
repasses em bloco, 137, 176n26
revisão crítica de, 133-42
setor privado, 10, 30
revisão crítica, 133-42
esquema de pagamento usado no, 131
hospitais privados sem fins lucrativos contratados pelo SUS, 142-3
tipos de MPP usados no, 133
deterioração dos pagamentos a unidades particulares, 36, 35-7q, 163
severidade de casos, falta de ajuste por, 159
setor público/SUS, 10, 29-30, 32t
AIH. *Ver* Autorização de Internação Hospitalar
características e efeitos, 163-165t????
contenção de custos, estratégias usadas em, 70
definição de valores, 136
hospitais sem fins lucrativos contratados pelo SUS, 142-3
no setor privado, 133
no setor público/SUS, 131-3, 168-9
qualidade da atenção, 148, 148t
revisão crítica do, 133-42
SIA. *Ver* Sistema de Informação Ambulatorial
tabelas de pagamento e custos, 140-2, 141f
tipos de MPP usados, 131-3, 168-9
mecanismos legais e regulatórios
conversões de hospitais, 269q, 271-3
corrupção, perigos da, 183
hospitais privados, 200
implementação e melhoria da qualidade, 357-8
papéis e responsabilidades, 20
médicos
absenteísmo e outros aspectos de comportamento, 247q
contratação de, 246-9
educação, licença e avaliação de desempenho, 310-1, 310q, 312t
pagamentos para, 130-1

recertificação, processo de, 310-1
melhoria contínua da qualidade (MCQ), 359-60, 361, 387-8
melhoria da qualidade. *Ver* Implementação e melhoria da qualidade
Minas Gerais
alocação e uso de recursos, 95, 215, 237n23
arranjos contratuais, 177n51, 178n61
arranjos de rede, 14, 353-4, 354t, 386
OSS, planos, 215, 237n23
qualidade da atenção em, 308
Ministério da Previdência e Assistência Social (MPAS), 166, 167
Ministério da Saúde
acreditação pelo, 330, 331, 335-7. *Ver também* Organização Nacional de Acreditação
base de dados de preços *online*, 70
contratação de reformas, 385
FE, proposta para a conversão de hospitais em, 284
fontes e fluxos financeiros para gastos em saúde, 28f, 28
gastos, tetos de, 138
licenciamento, requisitos para, 330, 358
políticas de investimento em hospitais, 99
políticas e programas federais, encorajando a adoção de, 23
programas de melhoria da qualidade, 345-7
propostas de financiamento baseadas no desempenho, 18n6
propostas de reformas, 7-8, 377-8
recomendações de custo e eficiência, liderança exigida, 102
responsabilidades de, 20, 21
satisfação do paciente, interesse na, 220
sistema unificado de acreditação, 7
modelos de grupos de diagnósticos relacionados (DRG), 171-5
APR-DRG, 178n65
comparação com AIH, 133, 134q, 136, 172, 173t
desenho e implementação, estratégia para, 173-4, 174q, 388, 392-4
estrutura hierárquica e classificação critérios, 171f
na Europa e nos Estados Unidos, 132, 134, 172
vantagens de, 171-2
mortalidade infantil, 25t, 299, 314-8, 318q
mortalidade neonatal, 25t, 299, 314-7, 318q
mortalidade perinatal, 25t, 306, 314-7, 318q
MPAS (Ministério da Previdência e Assistência Social), 166, 167
MPP baseado em casos, prospectivo, 133, 159
MPP pagamento direto por serviço (particular), 133, 138
MPP por serviços prestados
FIDEPS (Fator de Incentivo ao Desenvolvimento de Ensino e Pesquisa em Saúde), 30
pagamento particular, 133, 138
prospectivo, 133, 136-7, 138
MPP prospectivo baseado em casos, 133, 161
MPP prospectivo por elementos de despesa, 130-1, 137-9
MPP prospectivo por orçamento global, 130-1
MPP prospectivo por serviços prestados, 133, 137, 139
MPP. *Ver* mecanismos de pagamentos a prestadores
MS. *Ver* Ministério da Saúde
municipalização de hospitais federais, 2, 19-20

N

níveis de cuidados, 42-3, 44t
NNISS/CDC (Sistema de Vigilância de Infecções Hospitalares/Centros para o Controle de Doenças), 317, 327n29, 328n34
NOAS (Normas Operacionais de Assistência à Saúde), 353
Normas Operacionais de Assistência à Saúde (NOAS), 353
Noruega, 395q
Nova Zelândia, 181

O

OCDE. *Ver* Organização para Cooperação e Desenvolvimento Econômico, países
OFB (organizações filantrópicas beneficentes), hospitais fundados por, 199-204, 220, 275, 292n49
ONA. *Ver* Organização Nacional de Acreditação
operadora de plano de saúde nos EUA (HMO), 195, 216q, 220, 271, 289,
orçamento descentralizado PPM, 21-4, 131, 132, 139, 140, 144-8, 195, 198
orçamento e finanças
hospitais privados, 197-9, 198t, 201
hospitais públicos, 195t, 250-2, 252q, 286
OSS, 193, 391-2
práticas de gerenciamento de altos funcionários governamentais, 250-1, 252, 252q
problemas e desafios de, 380-2
redes, obstáculos do SUS para, 353
redesenhar os fluxos de financiamento para promover, 390-3
serviço público de saúde, 22
Orçamento global MPP, prospectivo, 131-2
Organização Mundial de Saúde (OMS), 74, 330
Organização Nacional de Acreditação (ONA), 264, 295, 331-2, 371
arranjos de governança, 331q

avaliação de ativos físicos e materiais, 305-8, 307t
barreiras para acreditação sob a, 335-6, 358
CBA e CQH, comparação, 332-4, 334t
número e natureza dos hospitais acreditados, 333-4, 334t
padrões desenvolvidos pela, 296, 362
programa de treinamento em iniciativas de desempenho de qualidade, 344-5, 388
Organização Nacional de Acreditação. *Ver* Agência Nacional de Saúde Complementar
Organização Pan-Americana de Saúde (PAHO), 330
Organização para a Cooperação e Desenvolvimento Econômico (OCDE), países da. *Ver também* países específicos
alocação e uso de recursos, 46t
benchmarking usado pela, 73
compras baseadas em qualidade, 375
coordenação múltipla da atenção/sistemas de rede na, 349
equipamento médico-tecnológico, disponibilidade, 35
fluxos de caixa na, 391-2
gastos com saúde, 26, 27t
gerenciamento de recursos humanos, 290n21
prestação de serviços de saúde, 38
taxas de funcionários por leito, 87
tecnologia da informação como controle de qualidade, 360
organizações filantrópicas e beneficentes (OFB), hospitais fundados por, 200-4, 220, 275, 292n49
organizações profissionais, cooperativas ou sindicatos formados por, 200, 201, 221
Organizações Sociais (OS), 188, 189-91, 262q, 269q
Organizações Sociais de Saúde (OSS), 12, 191-4
ambiente de informação em, 281-83, 388
aspectos organizacionais característicos da, 195
autonomia, administração 261, 279
compra estratégica, uso de, 281
Conselho Diretor, 193
contratação e gerenciamento de contratos, 154, 155-6t, 193-4, 261, 280-1, 386
conversão para. *Ver* conversões de hospitais
desempenho de, 208-10, 209t, 211t, 215
eficiência da, 80
financiamento da, 193, 391-2
gerenciamento de recursos humanos em, 252-9, 279-80
informações a partir de, 69
monitoramento de práticas, 388
MPP, 194
planos para introdução, 214-5, 237n23
práticas de gerenciamento, 13, 193-4, 238n25, 252-9, 255-6q, 257, 261, 278-81
razões para o sucesso de, 279
unidades da administração direta, comparação com, 208-10, 209t, 211t, 232t, 253, 255-6q
OS (organizações sociais), 188, 189-90, 262q, 269q
OSS. *Ver* organizações sociais de saúde

P

PAB (Piso de Atenção Básica), 137
pactos pela saúde, 8, 23, 401
Países Escandinavos
arranjos organizacionais e de governança, 214q
coordenação dos cuidados nos, 395q
Dinamarca, 395q
Finlândia, 234t
Noruega, 395q
Suécia, 98, 149, 395q
Panamá, 182
Pará, 53n31
Paraná, 330
parcerias público-privadas (PPP), 100q
PBQP (Programa Brasileiro da Qualidade e Produtividade), 331
Pelotas (cidade), 299
pequenos hospitais
aspectos de eficiência, 3-57q, 73-4, 80, 80f, 97, 97t
aspectos políticos relacionados a, 96-8, 388, 397-8
conclusões e recomendações a respeito, 100, 377-404
distribuição e tipo de propriedade dos, 128n66
procedimentos de alta complexidade tecnológica em, 97
proliferação de, 10, 33-4
Pernambuco, 320
pessoal, custos com, 67
PIB. *Ver* Produto Interno Bruto
Piso de Atenção Básica (PAB), 137
Plano Diretor de Investimentos, 98, 393, 410n11
Plano plurianual, 98
planos de saúde privados
arranjos organizacionais e de governança em hospitais privados. *Ver* arranjos organizacionais e de governança
custo dos procedimentos, 62-5
estabelecimento de arranjos com o SUS, 142-3, 149-51
financiamento, 199, 198t, 201
fontes e fluxos financeiros para gastos com saúde, 28-9f, 30
hospitais com fins lucrativos, 11, 32-3, 41f, 79t, 220
informações sobre custo para hospitais privados, 62-5, 69t

leitos, diminuição no número de, 33-4, 34f
MPP. *Ver* mecanismos de pagamento a prestadores
não lucrativos. *Ver* hospitais privados sem fins lucrativos
OFB, 200-3, 220, 275, 292n49
PPP, 100q
práticas gerenciais, 201-4, 201q, 202t, 204f, 274-7, 275t, 277f
prestação de serviços de saúde por, 38-9f
regulação. *Ver* Agência Nacional de Saúde Suplementar
planos diretores, 98, 393, 397, 410n11
PNASH (Programa Nacional de Avaliação dos Serviços Hospitalares), 302, 346-7
PNASS (Programa Nacional de Avaliação de Serviços de Saúde), 302-3, 302f, 347
PNHAH (Programa Nacional de Humanização da Assistência Hospitalar), 346
políticas de investimento
do SUS para expandir a rede hospitalar pública, 34, 35-7, 53n30
Plano Diretor de Investimento, 98, 393, 410n11
políticas de investimento em hospitais, 98-9, 100q
políticas e programas federais, MS encorajando a adoção de, 23
Porto Alegre, 299, 342-4, 372n10
Portugal, 213q, 214q, 235t, 269
PPI (Programação Pactuada e Integrada), 394
PPP (parcerias público-privadas), 100q
práticas clínicas, 7, 61-2, 64-5, 65f, 100, 315, 356
práticas de gerenciamento, 6, 13, 242-95
autonomia gerencial, 259-61, 260t, 279
conclusões e recomendações, 277-84
contratação e gerenciamento de contrato, 261, 280-1
conversões. *Ver* conversões de hospitais
gerenciamento de equipes, 255-76
hospitais privados, 201-4, 201q, 202t, 204f, 274-7, 275t, 276t, 277f
hospitais públicos, 243-61
autonomia gerencial, 259-61, 260t
desempenho e comportamento gerencial, 245-52, 245-6f, 247q, 252q, 253f
estrutura organizacional e comportamento gerencial, 243-5, 244-5f
funcionários públicos mais graduados, efeitos das práticas gerenciais dos, 250-2, 252q, 253f
gerenciamento de recursos humanos, 346-50, 247q, 284-6
licitação e compras em, 246, 245f, 285
orçamento e finanças, 250-2, 252q, 286
OSS *vs.* unidades da administração direta, 249-53, 255-6q
OSS, 13, 193-4, 238n25, 253-9, 255-56q, 261, 278-82
qualidade dos cuidados e, 299, 323t, 337-340t
relação entre organização, gerenciamento e desempenho, 12-3, 242-3
práticas médicas, 64-6, 65f, 100, 298, 300t
preços *online* e sistema de licitação, 70
pregão eletrônico, 70
Preker, Alexander, 180
prestação de serviços de saúde
características de, 37-40, 38-40f
definição, 124n7
disparidades na, 39
gastos por tipo de serviço, 41-2, 42f
responsabilidade pela, 22
PROAHSA (Programas de Estudos Avançados em Administração Hospitalar e de Sistemas de Saúde), 76
procedimentos
análise de custos, 59-66, 62-6f
definição, 124n7
eficiência dos, 100
produtividade cirúrgica, 88-9, 88f, 96, 97t
protocolos de tratamento, 60, 100
tecnicamente complexos. *Ver* tecnologia/ procedimentos de alta complexidade
variação no custo dos, 60-6, 63-6f, 110-3t
processo como componente da qualidade. *Ver* qualidade de cuidados
processo de recertificação para médicos, 310-1
produtividade cirúrgica, 88-9, 88f, 96, 97t
Produto Interno Bruto (PIB)
dívida pública e gastos como porcentagem do, 55
gastos com saúde como parcela do, 2, 9, 26
Guia de Internação Hospitalar (GIH), 166
peso das DNT em porcentagem do, 26t
Programa Brasileiro de Qualidade e Produtividade, 331
Programa de Centros Colaboradores, 346
Programa de Fortalecimento e Melhoria da Qualidade dos Hospitais (PROHOSP), 354
Programa de Saúde da Família (PSF), 137
Programa Nacional de Avaliação de Serviços de Saúde (PNASS), 302-3, 302f, 347
Programa Nacional de Avaliação dos Serviços Hospitalares (PNASH), 302, 326n7, 346-7
Programa Nacional de Humanização da Assistência Hospitalar (PNHAH), 346
Programação Pactuada e Integrada (PPI), 394
Programas de Centros Colaboradores, 346
Programas de Estudos Avançados em Administração Hospitalar e de Sistemas de Saúde (PROAHSA), 76
PROHOSP (Programa de Fortalecimento e Melhoria da Qualidade dos Hospitais), 354
prontuários médicos, 59, 305t
propriedade dos hospitais, 30-3, 32-3f, 41f

protocolos de tratamento, 60, 101
PSF (Programa de Saúde da Família), 137

Q

MS QUALISUS-REDE, Programa de investimento, 386
qualidade da atenção, 6-7, 13-6, 296-328
ativos físicos e materiais, 301-8, 302f
centros de excelência e quantidade de unidades, disparidade entre, 299-301
comparações internacionais, 298, 299
componentes estruturais, 301-311
conclusões e recomendações, 377-409
conversões de hospitais, 269
custos afetados pela, 298
definição, 296, 297q
dimensões da, 297q
disparidades na, 340
educação médica, licenciamento e avaliação de desempenho, 309, 310, 310q, 312t
efetividade como dimensão da, 297q
eficiência como dimensão da, 297q
eficiência nas trocas, 73, 92f
equidade como dimensão de, 297q
estrutura e processo, interação entre, 317, 318q
foco no paciente como dimensão de, 297q
gerenciamento de recursos humanos, 308
inovações políticas e gerenciais, 299, 323t
IOM, abordagem do, 297, 297q, 326n1
maternidades, 308, 315t
mecanismos de avaliação e melhoria. *Ver* avaliação e melhoria da qualidade
medindo a. *Ver também* avaliação e melhoria da qualidade
MPP, 147-8, 148t
oportunidade como dimensão de, 297q
pesquisa e prática médica, lacuna entre, 299, 300t
práticas gerenciais e, 299, 323t, 338-40, 339-40t
prioridade, qualidade como, 398-40
problemas nos arquivos, 305t
processo e estrutura, interação entre, 317, 318q
processos e resultados (conseqüências) como componentes de, 312-317
quadro de referência de Donabedian, 296, 301
questões políticas
redesenhar os fluxos de financiamento para promover a melhoria, 390-2
requisitos das comissões obrigatórias, 319-20, 319t, 328n33
revisão de literatura de estudos de pequena escala, 312-6, 313-4q, 315t, 323-5t, 327n19
satisfação do paciente, 319-20, 338
segurança dos pacientes como dimensão de, 297q
taxa de IH, 317-9, 317f, 319-20t
Quênia, 182
questões de desempenho
acreditação e desempenho, 336-40, 339-41t
autonomização e, 181-3
custos. *Ver* análise de custos
educação médica, implantação de licenciamento e avaliação de desempenho, 309-11, 310q, 312t
eficiência. *Ver* análise de eficiência
gerenciamento. *Ver* práticas de gerenciamento
implantação da conversões de hospitais, 269
monitoração e *benchmarking* por desempenho, 344-5, 345q
MPP, 131, 144-8, 144f, 145t, 147t, 148t, 159
organização e. *Ver* arranjos organizacionais e de governança
programa INTEGRASUS, 150
qualidade. *Ver* implementação e melhoria da qualidade; qualidade da atenção
recursos, uso de. *Ver* alocação e uso de recursos
relação entre organização, gerenciamento e desempenho, 12-3, 242-3
questões políticas, 3-4
alocação e uso de recursos
conclusões e recomendações, 101-2
custo e eficiência como aspectos políticos, 55
estratégias de contenção, 70
ambiente para revisão sistemática de, 7
MS, sua responsabilidade por, 20
pequenos hospitais, 96-8, 386, 396-9
políticas de investimento
do SUS na expansão da rede hospitalar, 34, 35-7q, 53n30
em hospitais, 98-9, 100q
Plano Diretor de Investimento, 98, 393, 410n11
políticas e programas federais, estimulando a adoção de 21
prioridades-chaves, 389-402
alocação e uso de recursos, 400-2
autonomia e credibilidade, melhoria da, 389-90
coordenação e formação de redes, 393-6
implementação de, 401-3
melhoria da qualidade, 398-9
pequenos hospitais, racionalizando, 396-9
redesenhar os fluxos de financiamento, 390-3
tabela resumida, 403-8t
tecnologia da informação, 400-2
qualidade dos cuidados
como prioridade-chave, 389
política e inovações gerenciais para melhoria da, 299, 323t

rede hospitalar pública, expansão da, 34, 35-37q, 53n30

R

RCE (retornos constantes de escala), 117
Recife (cidade), 320
recomendações. *Ver* conclusões e recomendações
redes de atenção regionais. *Ver* redes
redes regionais organizadas, 349, 350q, 351-2
reformas administrativas, 185, 212, 237n21,
reformas constitucionais, 29, 52n12, 53n20, 185, 188, 191, 215, 237n22
regulações. *Ver* mecanismos regulatórios
Reino Unido
  alocação e uso de recursos, 73, 100q
  arranjos organizacionais e de governança, 182, 214q, 235t
  avaliação de tecnologia, 410n12
  contratação de hospitais privados, 148
  iniciativas para implantação e melhoria da qualidade, 263-70, 369
  práticas de gerenciamento, 292n48
  qualidade de cuidados, 343
repasses em bloco como MPP, 137-8, 176n26
requisitos das comissões hospitalares obrigatórias, 314t, 319-20t, 328n33
  responsabilização aprimorar, 191
ressonância magnética (RM). *Ver* tecnologia/ procedimentos de alta complexidade
resultados ou efeitos
  gastos com saúde e, 26-8, 26t, 55
  qualidade, como componente de. *Ver* qualidade da atenção
retornos constantes de escala (RCE), 117
retornos variáveis de escala (RVE), 117
Rio de Janeiro (cidade e estado)
  alocação e uso dos recursos, 75
  CBA, iniciativa para acreditação, 332-3, 334t
  CREMERJ, 311
  densidade de leitos no, 53n31
  encampação federal de hospitais municipais, 29
  equipamentos técnicos, acesso a, 35
  hospitais terceirizados, cuidados nos, 151
  INCA, 299
  INCL e FUNDACOR, 190q
  OSS, planos, 215
  qualidade da atenção no, 300, 308, 311
Rio Grande do Sul, 331, 342-4
RM (ressonância magnética). *Ver* tecnologia/ procedimentos de alta complexidade
Rússia, 314q
RVE (retornos variáveis de escala), 117

S

SAMPHS (Sistema de Assistência Médico-Hospitalar da Previdência Social), 166
São Paulo (cidade e estado)
  CQH, iniciativa para acreditação, 83, 85, 86, 330, 332-4, 334t, 340-1t
  CREMESP. *Ver* Conselho Regional de Medicina do Estado de São Paulo
  cuidados em hospitais terceirizados, 152-153q
  disparidades no acesso a cuidados de saúde em, 43, 44t
  hospitais de ensino em, 178n62
  Instituto Ludwig, 299
  MPP, 144
  OS, 191
  OSS. *Ver* organizações sociais de saúde
  Programa Metropolitano de Saúde, 99
  qualidade da atenção em, 299, 300, 303-5
satisfação do paciente, 319-20, 388
SCPA (Santa Casa de Porto Alegre), hospital, 342-4, 344t
Secretaria de Vigilância em Saúde (SVS), 385q
segurança dos pacientes como dimensão de qualidade, 297q
serviços prestados. *Ver* prestação de serviços de saúde
Serviços Sociais Autônomos (SSA), 188, 218, 219, 260
setor saúde
  natureza hospitalocêntrica do, 9, 101
  sistemas e estruturas. *Ver* sistemas e estruturas dos setores de saúde e hospitalar
SIA. *Ver* Sistema de Informação Ambulatorial
SIH (Sistema de Informação Hospitalar), 30, 34, 53n22, 70, 161
sindicatos, operados por profissionais e empregados, 199, 200, 221
Sistema de Assistência Médico-Hospitalar da Previdência Social (SAMPHS), 166
Sistema de Informação Hospitalar (SIH), 30, 34, 53n22, 70, 149
Sistema de Informações Ambulatoriais. *Ver* SIA
Sistema de Informações sobre Orçamentos Públicos em Saúde (SIOPS), 52n12
sistema de suporte necessário para avaliação e melhoria da qualidade, 356, 357, 356f, 363, 371t
Sistema de Vigilância de Infecções Hospitalares/ Centros para o controle de Doenças (NNISS/CDC) EUA, 317, 327n29, 328n34
Sistema para autorização de internação. *Ver* autorização Autorização de Internação Hospitalar
Sistema Único de Saúde (SUS), 17
  arranjos contratuais. *Ver* arranjos contratuais com o SUS
  criação e estabelecimento do, 6, 9, 19-24
  CSAA, internações, 95
  custos por procedimento e repasses a partir de, 64
  disparidade na qualidade da atenção, 301
  estratégias de contenção de custos, 70

fontes e fluxos financeiros para gastos com saúde, 29-31, 29f, 32t
gastos
por nível de cuidado, 44t
por tipo de propriedade da unidade, 41f, 51t
por tipo de serviço, 42, 42f
legislação do, 51n2
mecanismos de construção estabelecidos por consenso, 22
MPP. *Ver* mecanismos de pagamento a prestadores
pactos pela saúde, 8, 23
política de expansão da acreditação, 15
políticas de investimento na expansão da rede de hospitais públicos, 34, 35-7q, 53n30
prestação de serviços de saúde pelo, 38, 41-2, 42f
problemas e desafios, 379-385
programas de melhoria de qualidade, 346-7
redes, obstáculos para a criação de, 351-2
redesenhar os fluxos de financiamento no, 390-3
Sistema de Informação Ambulatorial (SIA) 30, 53n23, 136-7
como fonte de informação, 388
conclusões e recomendações, 157, 211, 377, 404
contratando arranjos entre o SUS e hospitais privados, 149
distribuição por tipos de unidade, 139
dotações em bloco, 137-8
efeitos da eficiência, 144
efeitos do custo, 146
hospitais privados sem fins lucrativos e, 142, 176n26
na história do sistema de saúde brasileiro, 37q
pagamento prospectivo por serviços prestados
no setor privado, 138
no setor público, 130
problemas associados ao, 159, 172, 174
redesenhar os fluxos de financiamento, 390, 391
revisão crítica do, 134, 142
sistemas de contabilidade de custos, 58, 59
sistemas de referência, 350-1
sistemas e estruturas de saúde e setores hospitalares, 4, 5, 8-9, 19-51
certificação de estruturas descentralizadas, 22
conclusões e recomendações referentes a, 44-6
coordenação de, 20
descentralização, 22-4, 34
disparidades regionais em, 34-9, 48-9t
financiamento de hospitais, 40-4, 40f, 49t
financiamento público, 22
fontes de financiamento e fluxos para o sistema de saúde, 28-9f, 28-31
formulação de políticas para, 20
gasto por hospital, 40-2f, 40-4, 44t, 47, 50-1t
gastos com saúde no Brasil, 2, 9, 25-9, 26t, 28-9f
história dos, 35-7q
impacto epidemiológico de reformas, 25-6t
prestação de serviços de saúde por, 24, 37-40, 39-40f
qualidade, componentes estruturais da. *ver* qualidade da atenção
reforma de, 19-24
responsabilidades regulatórias, 20
SUS. *Ver* Sistema Único de Saúde
tamanho dos hospitais, 33-5, 32t
tipos/proprietários de hospitais, 30-3, 32t
SSA (serviços sociais autônomos), 188, 219, 260
Subsistema para hospitais. *Ver* sistemas e estruturas de saúde e setor hospitalar
Suécia, 98, 149, 395q
Suíça, 149
SUS. *Ver* Sistema Único de Saúde
SVS (Secretaria de Vigilância em Saúde), 385q

T

Tailândia, 171
Taiwan (China), 171
tamanho dos hospitais. 33, 34, 32t. *Ver também* pequenos hospitais
taxa de pessoal por leito, 11, 86-7, 86-8f
taxas de IH (infecção hospitalar), 317-9, 317f, 319-20t
taxas de mortalidade, 25t, 207-8, 207f, 314
TC (tomografia computadorizada). *Ver* tecnologia/procedimentos de alta complexidade
tecnologia/procedimentos de alta complexidade
aspectos da qualidade da atenção, ativos físicos e materiais como, 82f, 97, 100
complexidade, medição da, 119q
eficiência e, 83, 98-9
em pequenos hospitais, 97
intensidade de uso, 90-2, 90f, 91t
possíveis disparidades regionais, 35-9, 379
tempo de permanência
acreditação afetando o, 340
análise de custo do, 59, 65f
médio (TMP), 65, 76, 85-6, 97t, 207, 208
tempo médio de permanência (TMP), 64, 75, 85, 86, 95f, 207, 208
Teresina (cidade), 306
TMP (tempo médio de permanência), 60-1, 64-5, 206t
TMP. *Ver* tempo médio de permanência
TOBIT, análise de regressão de, 94t, 109t
tomografia computadorizada (TC). *Ver* tecnologia/procedimentos tecnologicamente complexos
TUNEP, 176n16

Tunísia, 182

U

União Nacional das Instituições de Autogestão em Saúde (UNIDAS), 69t
União Soviética (ex), 214q
unidades administrativas, 181
  administração direta.
  administração indireta, 184, 187, 218-9
  hospitais públicos, 183-4, 218-9
unidades com autonomia gerencial (autarquias), 220, 236n14, 238n29,
unidades com gerenciamento autônomo em regime especial (autarquia de regime especial), 220
unidades organizacionais autônomas. *Ver* arranjos organizacionais e de governança
unidades totalmente públicas, 181
UNIMED/BH, 337, 358, 359,387
uso de recursos. *Ver* alocação e uso de recursos

V

variações no custo de procedimentos, 61-6, 63-66f

Z

Zâmbia, 182
Zimbábue, 182